S0-AJC-812

DICTIONARY OF
MEDIEVAL LATIN
FROM BRITISH SOURCES

FASCICULE VII
N

DICTIONARY OF
MEDIEVAL LATIN
FROM BRITISH SOURCES

Fascicule VII   N

PREPARED BY

D. R. HOWLETT, M.A., D.Phil., F.S.A.

With the assistance of

T. CHRISTCHEV, M.A.
and C. WHITE, M.A., D.Phil.

UNDER THE DIRECTION OF A COMMITTEE
APPOINTED BY THE BRITISH ACADEMY

Published for THE BRITISH ACADEMY
by OXFORD UNIVERSITY PRESS

Oxford University Press, Great Clarendon Street, Oxford OX2 6DP

Oxford New York

Auckland Bangkok Buenos Aires Cape Town Chennai
Dar es Salaam Delhi Hong Kong Istanbul Karachi Kolkata Nairobi
Kuala Lumpur Madrid Melbourne Mexico City Mumbai
São Paulo Shanghai Singapore Taipei Tokyo Toronto

with an associated company in Berlin

Published in the United States
by Oxford University Press Inc., New York

© The British Academy 2002

Database right The British Academy (maker)

First published 2002

All rights reserved. No part of this publication may be reproduced,
stored in a retrieval system, or transmitted, in any form or by any means,
without the prior permission in writing of the British Academy,
or as expressly permitted by law, or under terms agreed with the appropriate
reprographics rights organization. Enquiries concerning reproduction
outside the scope of the above should be sent to the Publications Department,
The British Academy, 10 Carlton House Terrace, London SW1Y 5AH

You must not circulate this book in any other binding or cover
and you must impose this same condition on any acquirer

British Library Cataloguing in Publication Data
Data available

Library of Congress Cataloging in Publication Data
Data available

ISBN 0–19–726266–X

Typeset by John Waś, Oxford
Printed and bound in Great Britain by
Bookcraft Ltd
Midsomer Norton, Somerset

MEMBERS OF THE COMMITTEE

PROFESSOR J. N. ADAMS, F.B.A. (*Chairman*)

DR P. BRAND

MISS A. C. DIONISOTTI

MISS B. F. HARVEY, F.B.A.

DR L. A. HOLFORD-STREVENS

DR D. R. HOWLETT (*Editor*)

DR A. B. HUNT, F.B.A.

PROFESSOR D. R. LANGSLOW

PROFESSOR M. LAPIDGE, F.B.A.

PROFESSOR M. REEVE, F.B.A.

PROFESSOR R. SHARPE

PREFACE TO FASCICULE VII

The present fascicule, the second of the second volume of the Dictionary, appears with commendable speed after the first. It is a pleasure to acknowledge the generous financial support received during the past year from the Arts and Humanities Research Board, the British Academy, and the Classics Faculty of the University of Oxford, and the continued hospitality of the Bodleian Library. This fascicule marks the beginning of service of Tina Chronopoulos as Editorial Assistant. We wish to thank Professor J. D. Latham for provision of etymologies for words derived from Arabic, Dr Margaret Bent and Dr Susan Rankin for help with musical entries, and Mr Alan Piper for supply of quotations from unpublished sources.

J. N. Adams

N

N [CL]

1 N (letter of alphabet).

'eorundem' et 'earundem' per N exprimenda, non per M BEDE *Orth.* 24; plurium est seraphin per N si scribatur / per M nomen proprium [vero] designatur *Qui majora cernitis* 185; quandoque I stat immediate ante vel post M, N, vel U, potest mutari in Y ut legibilior sit *Orthog. Gall.* S 17.

2 musical note.

fit M cum N faciens semitonium ODINGTON 83.

3 (in formulary or sim., to designate unknown or unspec. personal name, X.)

satisfaciat tibi Domine . . pro anima fratris nostri N. beatae . . virginis Mariae . . oratio *RegulC* 68; sancte N., pie N., beate N. ANSELM (*Or.* 17) III 68; hoc audis, domine N., . . (*Sacramentum fidelitatis*) BRACTON 80; jurabis quod eris fidelis domino nostro regi N. et heredibus suis *MGL* I 41.

4 *f. l.*

largiflua philosophiae scientia redimito atque utriusque vitae, quam quidam sophistarum, immo . . sapientium mirifice per †ɴ [l. π] et †e [l. θ] Graecum tropice expressit . . Marcioni . . salutem ÆTHELWOLD *Ep.* 361.

naamare v. namare.

Nabataeus, ~thaeus [CL = *Nabataean, Arabian*]

1 eastern, oriental.

cum jam non esset terminus pleni lunii, sed fere synodi, ~teis in partibus sole relinquente lunam tertiam *Lib. Eli.* III 35 p. 273.

2 (as sb. m.) Nabataean.

absque Sarracenis et ~theis quorum gentes sunt duodecim BEDE *Nom. Act.* 1040 (cf. Orosius *Hist.* I 2. 24).

nabilis [ML]

1 able to swim or float; **b** (of artefact).

~is . . i. ad nandum habilis OSB. GLOUC. *Deriv.* 369. **b** cui cratere corium bovinum superducentes non solum ~em [v. l. nobilem] sed et aquis impenetrabilem reddunt AILR. *Nin.* 10.

2 that one can swim or float in, that facilitates swimming or floating.

[aqua] est labilis, ~is, potabilis *Natura Deorum* 15 (v. labilis 2).

nabilitas, capacity to enable to swim or float.

terra omnibus se communicat per supportacionem, aqua per suas proprietates na[ta]bilitatem [MS: nabilitatem], potabilitatem et labilitatem et ceteras DOCKING 113.

nabiliter, in a manner that enables to swim or float.

nabilis . . unde ~iter adverbium OSB. GLOUC. *Deriv.* 369.

nabla, ~um [LL < νάβλα < Heb. *nēbel*; CL nablia *pl. only*], ~ium

1 sort of stringed instrument, nable, psaltery, or sim.; **b** (dist. from *cythara* and *psalterium*).

~ium, psalterium *GlC Interp. nom.* 230; a**989** tu tuba caelestis, tu nabli cordaque cantrix (*Vers.; Ep. Dunst.*) *Mem. Dunst.* 371; caelica Deo turba festive nabla cieto *Trop. Wint.* 115; organa, nabla, lire, tympana, musae, / cymbala, sistra, chori, sidera, montes, / valles et fluvios laudibus implent GOSC. *Edith* 270; lite graves aule, jocundula nabla querelis HANV. IX

416; ~um Hebraice, psalterium Grece S. LANGTON *Chron.* 120. **b** cyneris ~is, i. citharis longiores quam psalterium nam psalterium triangulum fit *Gl. Leid.* 12. 40; quippe cum tubis et ~is et citharis et canticis variis stigmatibus rigoris et lenitatis firmatur civitas R. NIGER *Mil.* III 24.

2 (understood as percussive as dist. from plucked instrument).

in ~is, in cimbalis quae per pedes ponuntur *Gl. Leid.* 7. 1; *nacorne, instrumente off mynstralsy,* ~um PP.

nablarius [CL nabla + -arius], one who plays a sort of kettle-drum (*cf. nabla* 2).

nacornere, ~ius PP.

nablium, nablum v. nabla.   **nabsus** v. napsus.

nabulo [cf. nabulum], (?) one who collects passage-money or freight-fee.

c**1270** infra portam ~onis [de Scardeburg] *Cart. Fount.* II 630.

nabulum [ML; cf. CL nare + -bulum]

1 fee paid for travelling by boat, passage-money (also assoc. w. *naulum*).

~um, *ferescæt GlC* N 47; epilatis qui pervenient et dant ~um pro navigatione *Gl. Leid.* 38. 44; **10 . .** ~um, *feræscæt WW.*

2 (act of) transporting passengers or goods by boat. **b** goods transported by boat.

freyth or caryage . . ~um PP.   **b** ~um, -i, i. merces nautica eo quod nare videatur cum per mare transfertur OSB. GLOUC. *Deriv.* 369.

3 (in list of words).

~um, lilium, spiculum ALDH. *PR* 120 p. 164.

nabundus [ML], that permits swimming or floating.

~us . . i. facilis ad natandum OSB. GLOUC. *Deriv.* 369.

nacara, ~ium [Ar. *nakkārah*], naker, kettle-drum.

1303 Janino le Nakarer menestrallo principis . . ad quandam pellem emendam pro nakar' suis cooperiendis et reficiendis *KR Ac* 363/18 f. 21*d*; quando pilam per vices excutit, omnes eum laudant . . tubis innumerabilibus clangentibus et ~is [vel] tympanis raucis infinitis tonitruantibus S. SIM. *Itin.* 52; sonantibus tubis et nachariis AD. MUR. *Chr. Cont.* B 232; auditur ibi clangor tubarum, sonitus tympanorum et ~iorum, sicut fieri solebant in festis magnatum *Itin. Mand.* 104.

nacella [OF *nacele* < LL *navicella*], small boat. **b** boat-shaped artefact (usu. for incense).

1225 in j nascella cariare in partes transmarinas caseos et bacones *Cl* II 32b; **1225** habet licenciam quod . . ducere possit nascellam quandam . . cum . . mercandisis suis *Pat* 6; transivit Thamisiam in quadam ~a *Leg. Ant. Lond.* 164; **1290** pro fretto dicte nasselle *Doc. Scot.* I 140. **b** c**1218** thurribula iij argent' cum ~a una argent' ad thus *Process. Sal.* 171; **1254** unam ~am argenti deauratam, cum lapidibus et quatuor lez ~is de pondere lv solidorum *RGasc* I 484b; **1263** unam ~am argenti, ponderis septem li., duorum sol. et sex den. *Pat* 79 m. 11; **1265** pro una nascella argentea de plano opere *Pipe* r. 109; **1272** de ij^bus ~is arg' pond' viij li. xvij s. vj d. . . et de j ~a data regi *Ib.* r. 1.

nacharium v. nacara.

1 nacta [cf. ML nactum], sort of cloth. **b** artefact made of cloth, head-covering, hat.

de iij pannis adauratis de nakta (*Reg. Westm.*) *Miss. Westm.* II 676 n; **1368** casulam, tunicam, et dalmaticam cum j capa, de pannis rubeis et aureis que vocantur de nakta (*Test. Episc.*) *Reg. Exon.* 1550. **b** hec mitra, A. *mytyre;* hec galliare, idem; hec nata, idem *WW.*

2 nacta v. natta.   **nactaria** v. nattaria.   **nadayr, nader** v. nadir.

nadir [Ar. *nažīr = opposite*]

1 nadir, opposite point: **a** point opposite the highest point (of the sun). **b** representation of the nadir on an astrolabe.

a est autem ~ir punctus directe oppositus soli in firmamento SACROB. *Sph.* 115; usque ad ~ir solis quod est punctus in celo oppositus centro solis BACON *Maj.* II 175; ab ortu solis si sit de die, vel super ascensionibus ~ir solis si sit de nocte WALLINGF. *EPT* 194; illum . . arcum equinoccialem sic elevatum addat super ascenciones circuli directi cum nadayr gradus solis inventas, si fuerit ante meridiem N. LYNN *Kal.* 197; sol et gnadir ejus, licet in diversis emispheriis, semper consimiles describunt horas *Nav. Ven.* 379. **b** revolve clima quousque ~ir contingerit orizontem WALLINGF. *Alb.* 382.

2 lowest point.

relinquo sophistis quomodo idem corpus potest esse quantumcunque modicum et simul in maximo capitis, in ~ir et in polis WYCL. *Chr. & Antichr.* 662; cognitis . . hiis domibus per earum nadayr, alie domus faciliter cognoscentur N. LYNN *Kal.* 199.

3 artefact that represents the position of the stars and the signs of the zodiac.

pinacem . . perdidimus . . de omni genere metalli pro varietate siderum et signorum mirabiliter fabrefactum . . non erat tale nader in tota Anglia notum aut nominatum *Croyl.* 98.

naenia v. nenia.   **naevitas** v. naivitas.

naevose [ML], in a culpable manner.

nevus . . i. culpa, offensa . . ~e adverbium OSB. GLOUC. *Deriv.* 382.

naevositas [ML], culpability.

nevus, culpa, offensa, ~as OSB. GLOUC. *Deriv.* 385.

naevosus [ML]

1 marked with spots, moles, or blemishes (also fig.).

conflabant . . sub livido antro ~i pectoris et inopinatam in eum scabiem mendacii B. *V. Dunst.* 6; *spotty . .* ~us *CathA.*

2 culpable, blameworthy.

~us, culpabilis OSB. GLOUC. *Deriv.* 385.

naevulus [CL]

1 small spot, mole, or blemish.

putas naturam feminis mammarum ubera quasi quosdam venustiores ~os . . ornandi pectoris causa dedisse? DICETO *Chr.* I 44; tumorem video sed nullum nevulum / miror quo tumeat intactum vasculum WALT. WIMB. *Carm.* 144.

2 minor moral blemish, insignificant offence.

nevus, i. culpa, offensa inde hic ~us . . diminutivum OSB. GLOUC. *Deriv.* 382.

naevus [CL], ~um

1 spot, mole, blemish. **b** freckle.

nullis ~orum maculis deformatos, nullo saecularis scoriae atramento foedatos ALDH. *VirgP* 10; ~is, maculis *GlC* N 69; **10 . .** ~um, *wom . .* nevorum, *wlite-*

womma WW; ~um, *werhbræde* ÆLF. *Sup.* 190; *a spotte* .. labelare .. ~um *CathA.* **b** *a freckle*, ~us LEVINS *Manip.* 47.

2 defect: **a** (of prosody); **b** (of moral behaviour); **c** (of thought or abstr.).

a verum si fuerint bene haec enigmata versu / explosis penitus naevis et rusticitate / ritu dactilico recte decursa nec error ALDH. *Aen. pref.* 26. **b** ut homines terrenae levitatis ~is obscurantur BEDE *Luke* 447; imas / percontare volens nevo sine criminis iras FRITH. 620; a**984** variis vitiorum ~is contaminati (ÆTHELWOLD *Ch.*) *Conc. Syn.* 125; sed pater sum qui etiam ~os in liberis .. tolerat H. LOS. *Ep.* 41; pro nevo fornicationis J. FURNESS *Kentig.* 2 p. 166; ~us .. i. culpa, offensa OSB. GLOUC. *Deriv.* 382. **c** ut spurcum penitus vitarent pectore naevum / et maculam Veneris pullam, cum corde fugassent ALDH. *VirgV* 1177; precor .. almitatem tuam .. ut digneris corrigere .. aliquos ~as malignae haeresis ÆLF. *CH Praef. I* 3; **1050** compilator .. ~o fomitatus iniquae cupidinis (*Ch. Regis*) *Conc. Syn.* 530; sunt qui ingenti ejus gloriae ~um temptent apponere W. MALM. *GR* II 157; perpetue infamie ~o notatus GIR. *SD* 14; qualiter illi quod tam formidabile discrimen aspicimus, tum propter salutis ruinam, tum propter ~um opinionis, poterit fore provisum? AD. MARSH *Ep.* 104.

3 wattle of a pig.

ye wattle of a hog, ~us LEVINS *Manip.* 38.

nafa, *s. dub.*

GILB. III 132 v. 2 (v. nenufarinus).

nafissa [LL < Heb. *nafesh*], soul.

~a beth, anima *GlC Interp. nom.* 228.

nagare [AN *nager* < navigare], to float.

~are .. huc illucque fluctuare OSB. GLOUC. *Deriv.* 385 (v. huc 2a).

nagia [ME, AN *nages* < CL nates], buttock.

1227 et cum ita fatigatus esset quod non potuit eam plus verberare, ipse deposuit capam suam et discohoperuit ~ias suas retro et iterum eam attornavit circa vilia membra sua *CurR* XIII 297.

nagiliae v. Vergiliae. **nahamare** v. namare.

Naias [CL < Ναϊάς], **Nais** [CL < Ναΐς]

1 water-nymph, naiad.

~des, †fortium [l. fontium] nymphae *GlC* N 20; **10..** ~des, *sæælfenne WW*; ~ades, *sæelfen* ÆLF. *Sup.* 189; ~ades maris que et Nereides dicuntur OSB. GLOUC. *Deriv.* 240; chori .. Driadum, ~dum, Nereidum, id est chori silvarum, montium, fontium atque marium WALS. *AD* 33.

2 (gen.) nymph.

~ades, nimphe OSB. GLOUC. *Deriv.* 384.

3 (understood as) water.

Naiades .. dee dicuntur fontium, ~s enim aqua dicitur ALB. LOND. *DG* 5. 3.

nailforgium [ME *nail*+forgium], nail-smithy.

1357 de uno blomforgio et j ~io (v. blomforgium).

Nais v. Naias.

naivitas [OF *naivete=genuineness*; AN *naifte= neifty, bondage* < nativitas], (feud.) neifty, bondage.

1250 T. J. per attornatum suum optulit se quarto die versus Robertum Greggor' de placito nayvitatis unde eum inplacitat *CurR* 143 m. 25; **1264** noverit universitas vestra nos dedisse .. R. abbati Glaston' et ejusdem loci conventui .. J. F. de L. nativum nostrum quietum ab omni ~ate cum tota sequela sua *Cart. Glast.* I 203; de hiis qui in nayvitate sunt procreati *Fleta* 217; **1293** de placito †namitat' [l. naivitatis] *PQW* 600b; **1304** racione empcionis navietatis sue *CatAncD* IV A 9856 p. 470; **1354** ab omni nexu servitutis .. racione nativitatis seu neyvitatis sue *Reg. Heref.* 223; Ricardus .. filius Alani quondam nativi domini Petri .. dedit nobis .. xxij acras terre ... quam terram .. dominus Petrus ut jus suum, racione navitatis .. Ricardi, vendicavit *Meaux* II 34; **1403** manumisisse, liberum fecisse, ab omni jugo servitutis et sarcina nayvitatis liberasse Johannem Marchall de Langeford nativum nostrum .. et totam sequelam suam procreatam seu procreandam *Pat* 370 m. 27; **1414** noveritis nos remisisse .. Ricardo atte Mulle nativo nostro .. omnimodos acciones personales quas erga eundem R. habuimus .. racione neovitatis dicti R. *AncD* C 6205; **1443** manumisimus et liberavimus S. H. .. ab omni jugo et vinculo servitutis, naevitatis, et villenagii *Reg. Cant.* I 320; **1528** manumisisse .. ab omni jugo servitutis, villenagii, bondagii, seu noevitatis liberasse (*AncD*) *Arch. Soc. Brist & Glouc* XXXII 169.

najare, neare [AN *naire, neier*, OF *noiier* < necare], to drown.

cecidit de quodam batello in Usam et nayavit *Eyre Yorks* 296; Walterus .. inventus fuit mortuus in pratis .. et ~avit de equo suo *Ib.* 326; **1276** uxor Bateman' de Capele neavit in quadam marlura *Hund.* II 176a; preter puerum qui neavit in aqua *Ib.* 177a;

nakar' v. nacara.

nakerarus [cf. ME *nakerere*, nacara], one who plays the naker or kettledrum, nakerer.

1338 pro Johanne ~o regis *Pat* 192 m. 23; sciatis quod pro bono servicio quod dilectus nobis Johannes ~us noster nobis hactenus impendit et impendet *Ib.*

nakta v. nacta.

nam [CL]

1 (affirmative) yes, indeed, certainly.

[Deus] invenitur ab his qui non temptant illum .. nam isti sine respectu temptant Deum, cujus praecepta contumaci despectione contemnunt GILDAS *EB* 62.

2 (explanatory) for.

gentes .. opus cottidie praepedibant. nam Salomon in annis vij complevit opus aedificii templi Domini THEOD. *Laterc.* 12; claruit idcirco celebri rumore coruscans / nam pagana procul vulgi cultura manebat ALDH. *VirgV* 1518; pauca dictavi, multa .. omittens ne .. aliquis .. gravatus omnia simul respueret. nam etenim de hoc sileo, quomodo .. *V. Cuthb.* IV 18.

3 (causal) for, because; **b** (in parenthesis). **c** (w. *quia*).

nam quod a discipolo [v. l. discipulo] xxx argenteis venundatur Judaeis ante praesignatum est in Joseph THEOD. *Laterc.* 20; triumphus in diebus regis desinit. nam in primis annis .. populi bestiales Pictorum .. subjectionem Saxonum despiciebant EDDI 19; jamdudum .. sacramentis Christianae fidei inbutus est, sed frustra; nam rediens domum ab uxore sua .. seductus est BEDE *HE* II 15 p. 116; dicunt homines quod injuste habet; nam nemo eorum brevem regis .. vidit (*Surrey*) *DB* I 36va. **b** viij ergo kal. Aprilis .. conceptus est Dominus .. nam et eadem †diem [v. l. die] patibulum crucis ascendit .. et alia magnalia Domini in ea die gesta sunt THEOD. *Laterc.* 2; nondum igitur disserendi usus, nam adhuc tunc initium, nondum disserendi ars prius enim disseri oportuit BALSH. *AD* 3. **c** mandatum .. est lucerna. et lex .. est lux id est plena mentis illustratio. nam lucerna minus sufficiens est quia solas noctis tenebras illuminat ANDR. S. VICT. *Sal.* 36.

nama v. namium.

namare, ~iare [AN *namer, namier*; cf. AS *nam, preterite of niman=to take, seize*], (leg.) to distrain, put under distraint: **a** (intr. or absol.); **b** (person); **c** (livestock); **d** (land or tenement); **e** (moveable property); **f** (w. *super* and acc. of distrained person or object); **g** (w. dat. of distrained person); **h** (p. ppl. as sb. m.) distrained person.

a de utraque *stede* in aliam posse ~iari [AS: *man mot badian*], si non aliter rectum posset adquiri (*Quad.*) *GAS* 377; debent ~iare cum bedello et ceteris avermannis quociens summonentur *Reg. S. Aug.* 27. **b** si vicecomes injuste aliquem ~iet, convictus noxa causam suam perdat et dupliciter emendet (*Leg. Hen.* 51. 4) *GAS* 573; a**1136** burgenses possunt ~iare foris habitantes infra suum forum *BBC* (*Newcastle-on-Tyne*) 161; **1200** omnes .. qui ad forum de W. venerint a vespere die Veneris usque ad vesperam Sabbati non ~ientur nisi pro firma nostra *RChart* 39a; **1204** quod nullus eorum ~atus sit in terra nostra pro alterius debito nisi sit inde plegius vel capitalis debitor *Ib.* 135a; c**1230** liceat dicto Alexandro et heredibus suis ~are homines dictorum abbatis et conventus .. pro firma sua predicta *Reg. Dunferm.* 201; **1258** si aliquis burgensium dicte ville ~ietur pro vicino suo *BBC* (*Grimsby*) 233; **1290** ad respondendum .. quare ipsos in Anglia nahamavit de conventionibus et contractibus *Doc. Scot.* I 126; c**1390** quod tenens debet ter summoniri .. et ter nammiari per nammia sua *Lib. Kilken.* 75. **c** **1170** S. de W. r. c. de ij marcis pro bobus nameatis quos recepit *Pipe* 130; **1307** in sustentacione xx averiorum ~iatorum et fugatorum usque Wynton' (*Ac.*) *Doc. Bec* 151; **1523** eadem animalia libere ~are et detinere *Form. S. Andr.* I 53. **d** c**1270** licebit nobis ~are et distringere dictum tenementum juxta consuetudinem et legem regni *Reg. Pri. Worc.* 85b; **1492** terram .. pro firma ~are et usque ad plenariam ipsius solucionem .. libere distringere *Melrose* 586. **e** abbas .. quicquid pecunie desuper terram illam inveniri poterat ~ari jussit, et terram prohiberi *Chr. Abingd.* II 140; s**1227** cum distringerent Martinum Duc ad solutionem sue portionis [sc. auxilii de burgensibus] et nammiassent bladum super terram suam .. *Ann. Dunstable* 106; **1231** catalla burgensium non debent ~ari pro alicujus debitis nisi pro suis propriis *Ch. Chester* 435 p. 434; **1460** obligarunt se omnia bona eorum .. ad voluntatem prefatorum religiosorum fore naamanda, capienda, et distringenda *Reg. Dunferm.* 460. **f** c**1200** pro defectu predicti redditus .., nisi voluntario respectu ab eo dato et concesso, [procurator] poterit super predicta tenementa .. rationabiliter ~iare *Ch. Westm.* 442; c**1265** (1375) concessimus eisdem licenciam ~iandi pro debitis suis claris super plegios vel principales debitores (*Pat*) *EHR* XVI 102. **g** neque eis pro dominorum debitis liceat cuique namtire [v. l. nantire] *G. Hen. II* I 194. **h** **1258** satisfaciat dicto ~iato super namiacione illa infra quadraginta dies *BBC* (*Grimsby*) 233.

namatio, ~iatio [cf. namare], (leg., act of) seizing as pledge or surety, distraint: **a** (of person); **b** (of livestock); **c** (of land); **d** (of money or moveable property).

a **1258** si aliquis burgensium .. namietur pro vicino suo ... et si extra regnum Anglie namiatus fuerit .. satisfaciat dicto namiato super ~iatione illa infra quadraginta dies *BBC* (*Grimsby*) 233. **b** **1473** pro expensis factis circa induccionem et ~acionem lv martarum receptarum ab abbate de D. pro certa summa .. regi debita *ExchScot* 164. **c** c**1390** per terciam nammiacionem tunc per ejus defaltam terra capietur in manum domini *Lib. Kilken.* 75; **1451** asserit Johannem Verty, factorem Thome Ogilvy, ipsum super ~acionem dictarum terrarum deforciasse *Exch Scot* 450; **1466** ~acio terrarum .. pro annuo redditu debito monasterio *Reg. Aberbr.* II 152. **d** c**1360** per bonorum ~acionem et districcionem *Reg. Moray* 159.

namator, ~iator, (leg.) one who executes a distraint, distrainor.

1204 quod distringerentur per catalla inventa in feodo .. et missi fuerunt tria paria ~iatorum quos produxerunt baillivi *CurR* III 134.

namea v. namium. **nameare** v. namare.

namen [cf. CL nare+-men], course, flow.

1258 molendinum dicti prioris in ~ine dicte aque in terra dicta ejusdem prioris constitutum *Cart. Mont. S. Mich.* 40.

namiatio v. namatio. **namiator** v. namator. **naminare** v. nominare.

namium [ML; cf. AN *nam*, ON *nam*, Old High German *nama*]

1 (leg.) (something seized as) pledge, surety: **a** (unspec.); **b** (livestock); **c** (property); **d** (w. subj. gen.).

a **1080** si clericus .. duellum sine licentia episcopi susceperit, aut ~num ceperit (*Conc.*) ORD. VIT. V 5 p. 320; **1091** nulli licuit in Normannia *hanfare* facere vel incendium .. vel ~mum [v. l. ~num] capere quin fieret inde clamor (*Cust.*) *EHR* XXIII 507; c**1098** precipio ut nullo modo amodo aliquod *geld* de Norteisa capiatur. quia volo omnino ut dimittatur, nec aliquod ~ium amplius inde capiatur *Regesta* 412 *app.* p. 137; ne quis temere ~ium capiat. nullus ~ium [v. l. ~mum; AN: *namnul*] capiat in comitatu vel extra, nisi .. (*Leis Will.* 44) *GAS* 517; si ~um [AS: *bad*] capiatur ac alicujus pecunia pro alterius causa, perquirat ille ~um, pro quo captum est, vel de suo proprio restituat ei, cujus pecunia capta est (*Quad.*) *GAS* 377; a**1139** si quis prestiterit suam pecuniam alicui .. accipiet ~am pro ea *BBC* (*Bury St. Edmunds*) 162; c**1150** ad hoc si necesse sit per ~os nostros capiendos ubicumque *Reg. Newbattle* 6; c**1225** ballivi de Brembre ceperunt †navia [l. nama] dictorum plegiorum *RL* I 281; detentio ~ii pro districtione facienda pertinet ad

coronam domini regis BRACTON 155v; c1390 per ~mia
sua (v. namare b). **b** c1159 de averiis suis in
~um capiendis *Act. Hen. II* I 344; **1292** non ..
distringantur fugare ~eas suas nec alias captas in villa
de W. contra voluntatem eorum *BBC (Warrington)*
384. **c** c1180 precipio ut peccunia prenominate
ecclesie non capiatur in ~pnum *Act. Hen. II* II 194;
c1191 monachi de Egnesham jam dictum molendinum
in ~ium capient et tenebunt donec predictus redditus
eis persolvatur *Cart. Eynsham* I 80. **d** c1178 volo ut
nullo modo ~um eorundem monacorum pro eodem
servicio aliquis capere faciat *Ch. Chester* 159; a1273
comes Glouc' .. facit totam patriam forestam, et
ballivi sui capiunt chiminagium et ~ium hominum in
comitatu Wylt' in hundredo de Caddewurth' *Hund.*
II 233b.

2 (in phr): (~*ium capere super* w. acc. of distrained person or object) to take distress on.
b (~*ium excutere* or *recutere*) to rescue a pledge
or surety (*i. e.* to seize unjustly from one who
had made a lawful distraint). **c** (~*ium vetitum*
or sim.) 'vee de naam', distraint that has been
refused.

a c1126 precipio vobis ne capiatis aliquod ~um
super terram et super homines Sancte Trinitatis de
Dunfermelyn *E. Ch. Scot.* 66; **1160** prohibeo .. ne
aliquis ~um super illos vel in terra sua capiat pro
alicujus forisfacto vel debito nisi pro illorum proprio
Regesta Scot. 174; c1168 precipio ne quis unquam ~um
capiat super abbatem de Kelch' neque infra neque
extra terras ejusdem ecclesie *Kelso* 5; **1248** ne aliquis
†Nantum [l. namium] capiat super vos *Mon. Hib. &*
Scot. 51b. **b** nemo justicie vel domino suo ~ium
excutere presumat, si juste vel injuste capiatur (*Leg.*
Hen. 51. 5) *GAS* 573; **1166** Adam as Gernuns .. debet
v marcas pro ~is excussis *Pipe* 129; **1175** r. c. de xxvj
li' .. quia recussit ~mos Willelmi de Bovill' *Ib.* 122;
1178 Adam as Gernuns debet v m. pro ~mis excussis.
sed nichil habet *Ib.* 33. **c 1238** ne aliquis ipsorum
in hundredis predictis aliquod placitum teneat de ~iis
captis et vetitis contra vadium et plegium *Cl* 74;
placitum de vetito ~ii [v. l. ~io] BRACTON 14; **1252** de
~io vetito *CalPat* 143; **1258** episcopus et successores
sui .. habeant .. inperpetuum placita vetiti ~ii et
omnes exitus inde provenientes de omnibus terris *Reg.*
Pri. Worc. 160b; **1275** dicunt quod episcopus placitat
placitum de wetito ~io *Hund.* I 69a; tenent placitum
de naumeo vetito *Ib.* 79b; **1275** dictus comes [Surr']
in curia sua de Lewes et Willelmus de Breause in curia
sua de Brembre placitant placita de vetito ~io, quod
quidem placitum vocant placitum capcionis et
detencionis *Ib.* II 208b.

nammiare v. namare. **nammiatio** v. namatio. **nammium, nammum, nammus, namnum**
v. namium.

nampa, form of disease.

si infirmitate que ~a dicitur inprimetur [falco] succo
arthemisie cibus ejus abluatur UPTON 191.

nampnum v. namium.

namprossimalus, (rhet.) form of metrical sy-
zygy.

cribussus, ~us, phymarus ALDH. *PR* 141 (*recte* 142)
p. 201 (v. machaus).

namque [CL]

1 (affirmative) yes, indeed, certainly.

incipit ~e historia chronica THEOD. *Laterc.* 1; primo
~e de his sermo ad ortum prorumpit quae .. ab
humano genere distant *Lib. Monstr. prol.*; sicut patet
de motu. de motu ~e in universali determinat in
libro physicorum, de motu vero magis in speciali, in
libris sequentibus T. SUTTON *Gen. & Corrupt.* 47;
sufficit ~e ei earum in confuso degustare sentencias
FORTESCUE *LLA* 54 (v. confundere 1e).

2 (explanatory) for.

hic ~e loco licet inspicere quidquid pertulerit Christus THEOD. *Laterc.* 12; quam .. vocem .. anser
emittet? nova ~e palam an nota proponet? frequentata
.. fastidium generant; auctoritatem nova non habent
GIR. *TH intr.* p. 6.

3 (causal) for, because.

ita ~e vj et viij, xij et xviij fiunt simul xlv THEOD.
Laterc. 13; et substantia hominis erit auri pretium.
fraude ~e adquisita pecunia plus in anima damni
quam lucri addit in archa BEDE *Prov.* 977; sed ille
.. gaudere super mortuum [S. Albanum] non est

permissus; ~e oculi ejus in terram .. ceciderunt *Id.*
HE I 7 p. 21; c1140 concedo .. sicut prebendam .. et
antiquitus datam. certum ~e est quod pater meus ..
dedit dimidiam .. *Cart. Chester* 351 p. 234.

4 (concessive) still, nevertheless.

[Cristiani sunt] quamquam non omnes articulos
fidei .. tenent sicut nos. credunt ~e [ME: *nevertheles*]
in Patrem et Filium, et Spiritum Sanctum *Itin. Mand.*
98.

5 (adversative) however.

exploratis .. omnium remediorum stigmatibus, domum reversi sunt. quadam vero [v. l. ~e] die, cum
maesti parentes .. mortem magis quam vitam opta-
rent, fama volat FELIX *Guthl.* 41.

namtire v. namare. **namum, namus** v. namium.

nana, (mus.) intonation formula for a mode.

annes. plaga triti ... ~a annes. autentus tetrardus
Trop. Wint. 64.

nancisci [CL], ~**ere** [ML *also as true passive*]

1 to acquire, get, obtain; **b** (progeny); **c** (artefact or sim.); **d** (abstr.).

10.. ~unt, *begitaþ WW*. **b** hec est mater, igitur /
virum novit et est fracta, / sed Maria prolem nacta /
dicit quod non sequitur WALT. WIMB. *Virgo* 22.
c sapiens .. pauper parva quae ~itur custodit ALEX.
CANT. *Dicta* 3 p. 120; c1344 post nactam et adeptam
possessionem (*Stat.*) *Eng. Clergy* 279. **d** cruentus
carnifex victoriam de Victoria nanctus est ALDH.
VirgP 52 p. 309; illum visendi gratia / frequentant, ut
amnestia / nancta foret a numine (ÆTHELWALD) *Carm.*
Aldh. 2. 71; augmentum pacis ipsum nactae beatitudinis
statum designat de qua dicit Esaias BEDE *Prov.* 949;
801 nancta occasione illius pii patris absentia ALCUIN
Ep. 213 p. 354; essencia quedam, ipsa, unde ~itur tale
esse essencie, inde ~itur unitatem ei correspondentem
SICCAV. *PN* 92.

2 to capture.

navis .. dato conflictu lugubri, nacta fuit *Flor. Hist.*
III 99.

3 to reach (also fig.).

pars nacto [v. l. nancto] gaudet mortalis culmine
pompae BEDE *CuthbV* 520; rex etiam Christus magno
redimivit honores / namque sacerdotis summi fastigia
nanctus, / scilicet .. *Mir. Nin.* 52; nactus vero cul-
men regiminis, quantae fuerit in subjectos benignitatis
ABBO *Edm.* 4; Totonesium litus adiverunt. nacti ..
tellurem, patriam .. depopulant G. MON. IX 3.

4 to come across, find, meet.

sanctam merendo tristis non nancta sororem BONIF.
Aen. 80 p. 283; nanctus sum, inveni *GlC* N 6.

5 to experience.

~itur, fruitur *GlC* N 29; controversia verborum
inter ipsum et regem nacta, rege ipsum persequente
tandem captus eternis vinculis irretitus est *Eul. Hist.*
III 48.

nancum v. naucum. **naniacesti** v. noma.

nanire [cf. CL nanus], to dwarf, diminish.

sic sponsus nanitur conjugis arte D. BEC. 1925.

nantire v. namare. **nantum** v. namium.

nanus [CL < νᾶνος]

1 (as sb.) dwarf; **b** (at court, passing into
surname).

~us, id est pumilio ALDH. *PR* 116 p. 159; †navus
[l. nanus], pumilio, *duerg GlC* N 38; pygmaeus, vel
~us, vel pumilio, *dweorg* ÆLF. *Sup.* 190; dicebat
Bernardus Carnotensis nos esse quasi ~os gigantum
umeris insidentes J. SAL. *Met.* 900C; ha! miser innixus
humeris stas, nane, gigantis NECKAM *DS* II 923; est
aliquis grassans in ~os a plebe vocatus / pastor: sic
†navis [l. nanus] dicitur esse gygas GARL. *Hon. Vit.*
189. **b 1130** in liberatione Durandi ~i xij li. *Pipe*
44.

2 (as adj.) dwarfish, of unusually small stature
or size (in quot., fig).

vecta giganteis humeris gens nana moderna GARL.
Tri. Eccl. 78.

napa, nappa [OF *nape, nappe* < mappa], cloth,
napkin, or sim. **b** tablecloth. **c** (pl. as collect.)
household linen, napery.

c1160 adhuc in curia illa sunt .. xx scutelle et ij
~e, que sunt appreciate pro vj d. *Dom. S. Paul.* 131;
1187 pro lx ulnis tele ad ~as faciendas ad opus filie
ducis *Pipe* 194; c1190 refectorarius habet xx s. .. de
quibus invenit ~as et justas et scyphos *Cust. Abingd.*
324; **1203** Robertus le Napier unam ~pam pro feodo
j militis *Pipe* 47; **1247** in roberia abstulerunt .. duas
~pas (*Eyre Leic.*) *JustIt* 455 m. 7. **b** [Cartusienses]
super mensam nudam comedunt in cellulis suis, id est
sine ~is GIR. *Spec.* III 20 p. 249. **c 1217** faciatis
habere .. uni sumetario ~parum nostrarum *Cl* I 345b.

napaeus [CL < ναπαῖος], of wooded valleys,
(*deae* ~*aeae* or sim.) nymphs of wooded valleys.
b (as sb. f. pl., understood as) goddesses of
flowers or wild flowers.

et curare deas quas continet unda napeas R. CANT.
Malch. IV 219; Naides insequitur, Driades quoque
sepe napeas NECKAM *DS* II 57. **b** ~ee, dee florum
vel flores agrestes OSB. GLOUC. *Deriv.* 385.

naparia, ~eria, ~erium [AN *naparie, naperie*;
cf. mapparia]

1 household linen, napery; **b** (spec.) table-
linen.

1286 ad cariandas ceram et ~eriam garderobe de
Exon' *Rec. Wardr.* 132; **1390** pro lavacione ~rie et
pannorum lineorum *Ac. H. Derby* 13; **1395** item in
panno lineo et Westwale, lxviij uln' de canevas empt'
pro ~iria .. cum suicione et dealbacione dicte ~irie
Ac. Durh. 598; **1415** volo quod de utensilibus domus
ut lectis, linthiaminibus, ~paria, vasis eneis etc. *Reg.*
Cant. II 68; lego .. totam cameram meam .. cum toto
apparatu meo et omni ~reo meo *Ib.* 78; **1430** emat ..
aliquem pannum lineum de Flandria aut de Hanonia,
vel ~erii sine bokeram, in eisdem partibus confecti
(*Pat*) *Foed.* X 471; **1433** legavit .. generosis feminis
omnes vestes corpori .. inter se distribuendas, item
eisdem feminis de ~aria et linthiaminibus viz. cuilibet
earum ij paria linthiaminum cum uno mappali et uno
tuallo *Reg. Cant.* II 496. **b 1405** lego .. ~pariam
pro tabulis suis *Test. Ebor.* III 38.

2 office of naperer, custody of the household
linen (usu. royal).

1208 pro sella summar' de ~eria *Cl* I 101b; **1215** j
frenum ad summarium ~erie nostre *Cl* I 192a; **1219**
Willelmus Thorel tenet in Chaldewell' per serjantiam
~erie et valet terra ejus c. s. et diu tenuit *Fees* I
276; c1250 Willelmus Corell' tenet in Turrok Parva
per serjantiam ~arie *Ib.* 345; **1286** per manus magistri
Roberti pistoris et Edmundi de ~eria *Rec. Wardr.* 208;
mapparius .. mappas, canabum, manutergia et que ad
officium ~arie pertinent *Fleta* 80; **1300** valletti panetrie
et ~erie [regis] *AcWardr* 318; **1349** officium .. menagii
canevacii, linee tele, ~arie *Pat* 227 m. 12.

naparius, napparius [ME *naperer, napperer*;
cf. mapparius], naperer, officer in charge of the
household linen (in quot., royal); **b** (passing into
surname).

~parius [v. l. maparius] cibum consuetudinarium
Domus Reg. 130. **b** Audoenus ~parius *Lib. Wint.* f.
1va p. 531b; **1130** Torello ~ario iiij s. et vij d. *Pipe* 56;
Michaeli ~ario iij s. *Ib.* 86; in liberatione uxoris Oini
~arii *Ib.* 143; **1166** Rad' ~arius debet xxvj s. *Pipe* 128.

napellus, ~a [CL napus+-ellus], monkshood
(*Aconitum napellus*).

[venenum] citius interficiens cujus exemplum est
~us et gummi ejus GILB. VII 348v. 2; [venenum]
efficiens a tota substancia sicut ~us GAD. 104v. 2;
nappella est venenosa *MS Oxford Bodl. Ashmole 1447*
p. 212.

naper [cf. CL napus], turnip seed.

naper, i. semen napi *Alph.* 122.

naperia, ~ium v. naparia.

napero, ~ona [ME, OF *naperon*], cloth, tablecloth, or sim. **b** apron. **c** towel.

1215 ad naperon' faciend' viij ulnas linee tele *Cl* I
190a; **1221** ad napperonas faciendas ad opus nostrum
xliiij ulnas de linea tela *Cl* I 444a; **1265** ~ones, x d.
ob. *Manners* 5; **1285** v ulne canabi pro ~onis faciendis
(*KR Ac*) *Arch.* LXX 38; **1315** pro canabo empto pro
~onibus inde faciendis *KR Ac* 99/15; **1410** in .. canabo

.. pro napronis *Cant. Coll. Ox.* III 65. **b 1274** pro x ulnis canubie emptis ad cooperiendas robas . . et ad ~ones in coquina *Househ. Henry* 413; **1313** pro canabo empto pro napron' faciend' pro salvacione pannorum falconariorum in pascendo falcones *KR Ac* 375/8 f. 44*d*. **c 1313** in ix ulnis linee tele emptis . . pro ij tuall' et iiij napronibus inde faciendis pro pedibus dictorum pauperum tergendis et datis vj de predictis pauperibus nomine dicti mandati *KR Ac* 374/19 f. 3.

naphtha [CL < νάφθα], naphtha, flammable mineral oil; **b** (spec. as kind of alum). **c** ~*a nigra* or ellipt.) tar. **d** gum, resin. **e** (gen.) flammable material, tinder.

incendia naptarum fomite . . succensa ALDH. *VirgP* 21 p. 252; possumus artificialiter componere ignem comburentem . . ex oleo petroleo rubro et aliis. item ex malta et naptha et consimilibus BACON *NM* 536; napta, petroleum rubei coloris *SB* 31; nata, i. petroleum vel petrosillum rubei coloris *Alph.* 122; †nasda [? l. nafta] sinapta est petroleum vel asphaltum. . . napta alba, est petroleum album . . ~a candidum [*sic*] est petroleum nostrum *LC* 255a. **b** est . . quedam ejus species unctuosa . . cujus quandam speciem dicunt esse naptam *Ps.*-GROS. 643 (v. alumen). **c** napta, *blaec teoru GlC* N 17; ~a . . nigra, quae est forsitan illa Amiavi picea est glutinosa, bitumini persimilis, quae flagrans nulla alia re extingui possit, quam pulvere injecto. hanc nigram ~am, stercus daemonum quidam fuisse veteribus voluerunt: nos jam agnoscimus laserpitium, assam foetidam *LC* 255a. **d** napta est gumma *LC* 255a. **e** neptam, *tyndre GlC* N 55; nappa, genus fomitis *Gl. Leid.* 16. 10; napta, A. *herdys WW*; *schyfes of lyne*, stupa, napta . . *tundyr*; †incentinum [l. incentivum], araula, napta *CathA*.

napicium [cf. CL napus], kind of turnip.

bunias, napicium, rapia idem, que elixa comeditur *Alph.* 24.

napios v. napus.   **napiria** v. naparia.   **nappa** v. napa, naphtha.   **nappella** v. napellus.   **napreum, napria** v. naparia.   **napro, naprona** v. napero.

napsus [cf. napa, ME, OF *nape*+-sus], of cloth.

hiis familiariter prosequutis in medio, nabso indutus ad carnem cilicio, ingravescente egritudinis morsu vipereo, acceleranter affectavit dissolvi et esse cum Christo (*V. J. Bridl.*) *NLA* II 76.

napta v. naphtha.

napus [CL], ~**is**, turnip; **b** (paid as custom). **c** (~*us silvestris*) wild turnip, wild radish, or sim. **d** (*nap silvatica*) spearwort, wild nep, bryony.

~is, *næp GlC* N 40; ~us, *næp* ÆLF. *Gl.* 135; **10** . . ~us, *Englis næp WW*; invenio si forte napes tellure sub ima, / concurrunt avideque sues aprique voraces / eripiuntque napes michi quas de cespite vello *V. Merl.* 99; ~ios, i. sinapis; ~is, i. nep *Gl. Laud.* 1059–60; regine preclui mors equat vetulas, / que nervis vendicat distentis rapulas, / hillas, artocreas, placentas, hinulas, / napos, nasturcium, sinapim, cepulas WALT. WIMB. *Sim.* 119; ~us, *ney*, G. nep *MS BL Addit.* 15236 f. 19; ~is . . *nephele*, A. *nepe MS BL Sloane 420* f. 118v. **b 1162** in . . denariatis panis, in volucribus . . in summa ~ium . . in summa fabe vel alterius legumini *Act. Hen.* II I 362. **c** ~i silvestris, i. rapistri *SB* 31. **d** nap silvatica, *sperewyrt* vel *wilde næp* ÆLF. *Gl.* 135.

napy [CL < νᾶπυ], **napium** [LL], mustard seed.

napi, i. semen sinapis; nape vel napia, semen sinapis *SB* 31; napeum vel napei, i. semen sinapis *Alph.* 122; napei i. semen sinapis . . A. *cherloke* sed *MS Bodl. Digby 29* f. 41v; napei, i. semen sinapis, G. *la semence de mustarde MS BL Addit.* 15236 f. 5v.

narca, ~**os** [cf. CL narce < νάρκη = *numbness*]

1 torpedo, numb-fish.

~os piscis est tante virtutis . . quod mediante lino et calamo ad manum piscatoris calamum tenentis accedit stupor NECKAM *NR* II 44; mirantur subitum piscantis membra stuporem, / unco dum narchos lesus habere stupet. / nam stupor ad digitos calamo mediante recurrit, / et fit piscator immemor ipse sui *Id. DS* III 498; narchos vel narcha piscis est, teste Aristotele, adeo stuporifere nature . . ut mediante ligno vel calamo vel hamo vel rethi reddat manum piscatoris insensibilem et totum corpus, nisi citius dimittat *Alph.* 123.

2 centaury (*Centaurion*) or gentian (*Gentiana*).

centaurea major quam multi †martam [l. narcam]

vel gencianam dicunt *Alph.* 37; nartan, respice in centaurea major *Ib.* 122.

narceticus v. narcoticus.   **narcha, narchos** v. narca.   **narchoticus** v. narcoticus.

narcissus [CL < νάρκισσος], narcissus (usu. *Narcissus poeticus*); **b** (as proper name).

herba narcisus *þæt is halswyrt Leechdoms* I 26; crocis, ligustris, narcissis, vacciniis / et cinnamonis thalamus vernet floridus GOSC. *Edith* 47; si pediculis laborat, generi arboris que †nartiscus [v. l. narcissus] vel junipari cum fortissimo vino vel aceto distempera[n]s inunge ADEL. *CA* 5; tunc de narciso [*gl.*: i. de bonis] torquebitur et paliuro / et de pascentum manabit cornibus aurum J. CORNW. *Merl.* 25; bulbus quando simpliciter pro radice narcisi ponitur, vel bulbus est cepa canina *SB* 13; narciscus sive bulbus ematicus *Alph.* 123.   **b** praeterea beatae memoriae ~um . . sub silentii latibulo delitescere non feram ALDH. *VirgP* 32 p. 270; Valens, Docilianus, Narcissus, Dius, Germanio W. MALM. *GR* IV 368; Narcissus fit narcissus canfore nitescens, / hic periit stulto captus amore sui NECKAM *DS* VII 363.

narcodia [cf. ναρκώδης], numbness, stupor.

parotidas, steatema, tromtis, narcodia, pota *Gloss. Poems* 104.

narcos v. narca.

narcoticus [ML < ναρκωτικός], that induces numbness, stupor, or sim., narcotic; **b** (as sb. n.) a narcotic.

palpo volubilis vas est Sathanicum, / propinans regibus potum sophisticum, / quos reddit stupidos per lingue toxicum, / summe mortiferum, summe narcoticum WALT. WIMB. *Palpo* 77; multos mortalibus mors mittit nuncios, / nec tamen animos emollit Parios, / saxosos, stupidos, exsenses, inscios, / tanquam narceticis venenis ebrios *Id. Sim.* 156; narconticum medicamen, i. stuporiferum *SB* 31. **b** hinc est etiam quod stuporifera ut papaver et hujusmodi, dicuntur ~a NECKAM *NR* II 44; hic est quod quamvis narcotica rite feruntur / que vim letheam sive stuporis habent *Id. DS* III 501; a fortioribus ~is est abstinendum GILB. II 102 v. 2; omnes inebriat Choo narchotico / qui vivunt ambitu conclusi cosmico WALT. WIMB. *Sim.* 92; ledentia intellectum et rationem: melacre, opium, cepe, omne ~um BACON IX 74; cum ~is tunc operandum est, cujusmodi est opium et poma mandragore GAD. 38. 1; ~um, i. medicamen stuporiferum vel saporiferum [v. l. soporiferum] *Alph.* 123.

narcotizare, to induce numbness, stupor, or sim.

aliquando frigida [medicamenta] ~ando dolorem sedant et stupefaciendo GAD. 36. 2.

nardelaeon [νάρδος + ἔλαιον], nard-oil.

ungantur cum ruteleon, nardil', anetil', et similibus GILB. II 108. 1; inungatur epar oleis ca' vel unguentis ut est nardileon, ruteleon *Ib.* VI 236v. 1; nardileon est †olivum [l. oleum] de spica nardi *SB* 31; nardilium, olium de spikenard' *MS Cambridge Univ. Libr. Dd. 10. 44* f. 109rb.

nardestacium v. nardostachys.

nardifluus [nardus+fluere], flowing with nard, fragrant.

de cujus ~o horto carperent aromata vitae GOSC. *Aug. Min.* 762C; condignorum sanctorum Adriani confessoris et Mildrethae, Christi virginis, ~a pignora mira suavitate vernantia solemniter exportari . . fecit *Id. Transl. Aug.* 16A; erumpens vapor ~us *Ib.* 17C (v. evehere 2a); reddebat ~a virgo antiqua aromata GOSC. *Transl. Mild.* 14.

nardilium v. nardelaeon.

nardinus [CL < νάρδινος], of nard, (*oleum* ~*um*) nard-oil.

cum oleo . . ~o GAD. 7 v. 2 (v. laurinus).

nardostachys, nardostachium [LL < ναρδόσταχυς], spikenard (*Nardostachys Jatamansi*).

nardestacium, i. spica nardi *Gl. Laud.* 1055; a Grecis nardi spica nardostactes [TREVISA: nardostates] appellatur BART. ANGL. XVII 110; ~ium, spica nardi idem *SB* 31; nardostochium vel nardochium, spica nardi idem *Alph.* 123; nardostochium, i. spica nardi *MS BL Royal 12 E. 1* f. 97v; spykenarde, ~ium *PP*;

nardostaucium, spykenardi, *spikenard MS Cambridge Univ. Libr. Dd. 10. 44* f. 109rb.

nardulus [CL nardus+-ulus], little nard (transf., as term of endearment).

sic regit ipse domum totam sibi Nardulus [? Einhardus] istam / 'Nardule', dic lector pergens, 'tu parvule, salve' ALCUIN *Carm.* 30. 2. 7.

nardus, ~um [CL < νάρδος, νάρδον]

1 nard, spikenard (usu. *Nardostachys Jatamansi*); **b** (dist. as *Celtica, Indica, Syriaca*, or sim.); **c** (transf. & fig.).

~us est arbor cujus est fructus ut lauri bacae *Comm. Cant.* III 79; pigmentarii ~i spicas ac folia celebrant de quo scribunt fisiologi quod sit principalis in unguentis BEDE *Cant.* 1096; nam redolet nardus spicato gramine multum ALCUIN *Carm.* 30. 2. 3; ~um spica unde faciunt unguenta *Gl. Leid.* 10. 9; ~us est herba modica et spinosa, calida et odorifera BART. ANGL. XVII 110. **b** ~um Celticum, i. saliola vel spica Celtica *Gl. Laud.* 1070; de ~o. . . est ejus species triplex, sc. Indica, Syriaca, et Celtica . . ~us Celtica a regione Gallie ubi crescit est dicta BART. ANGL. XVII 110; ~us Celtica, i. spica Celtica *SB* 31; malabastrum multi putaverunt ~i Indi esse folium, sed falluntur *Alph.* 109; ~us Indica, spica Celtica idem *Ib.* 123. **c** non spernas nardum [sc. Einhardum], lector, in corpore parvum ALCUIN *Carm.* 30. 2. 2; hic ut mistica ~us in domo Domini fragravit karitate, largitate, multimodaque benignitate ORD. VIT. IV 10 p. 244; ~us virginitatis tue AILR. *Inst. Inclus.* 14; natus in Augusta, quasi fructibus arbor honusta / crevit et excrevit, nardumque suam redolevit, / nardum virtutis cum certa messe salutis *V. Anselmi Epit.* 13.

2 nard-oil or balsam that contains nard-oil among its ingredients.

flagrante delibutus lubrici liquoris ~o ALDH. *VirgP* 2; cum Maria Magdalena in typum Sanctae Ecclesiae Dominum ~o perfunderet BEDE *Cant.* 1141; ~um pisticum ex novemdecim herbis conficitur *GlC* N 47; **10** . . ~i, *elesealfe WW*.

3 (~*us agrestis* or *rustica*): **a** hazelwort (*Asarum*). **b** valerian (*Valeriana*).

a asarus, quam multi ~um agrestem vocant, folia habet edere similia *Alph.* 16; asarum . . rustica ~us TURNER *Herb.* A iii (v. asara). **b** fu multi ~um agreste appellant *Alph.* 69.

1 nare [CL]

1 to swim; **b** (fig.).

nam volucres caeli nantesque per aequora pisces ALDH. *Aen.* 29 (*Aqua*) 4; [boves] quidam nantes, alii se in aquis convolventes . . loca marina petierunt R. COLD. *Godr.* 555; canis nans in aqua ferens in ore frustum carnis NECKAM *NR* II 153; in Stige qua no vi, tua vis ea, quam bene novi SERLO WILT. 18. 80. **b** naufragium feret illa tibi cum nare putabis / criminis omne genus in te convertet iniqua D. BEC. 1906.

2 to be carried on the water, to float. **b** (pr. ppl. as sb.) one who is carried on the water, boatman.

frigida cum vitreis stupuerunt flumina flustris / corpus virgineum dum nat ceu planca carinae / ad ripas remeans rursus cum sospite vita ALDH. *VirgV* 2338; merces nautica . . nare videatur OSB. GLOUC. *Deriv.* (v. nabulum 2b). **b 1251** cum vj nautibus [MS: ? nantibus] et duobus garcionibus; . . et liberasse iij marcas †quotuor [MS: quatuor] aliis nautibus [MS: ? nantibus] transportantibus eum predicto thesauro (*Doc. Exch.*) *RIA Proc.* LXV 19.

2 nare v. noscere.

naricare, to have a runny nose, snivel.

to snyvelle, ~are *CathA*.

naricornu [cf. LL naricornus], rhinoceros.

rinocerus, ~u in nari namque cornu habet *Gl. Leid.* 19. 31.

naricula [CL naris+-cula], little nose, nostril (in quot., fig.).

adimit virtutis odorem / nariculis fame, superos fragrancia morum / balsamo delimat HANV. VI 109.

naricus [ML], who has a runny nose, snivelling.

snyvelande, naricans, ~us *CathA*.

nario, ~ius [cf. CL naris, narire], one who looks down the nose (fig.), mocker, derider.

~o, †subsannanis [l. subsannans] *GlC* N 15; ~ius, subsannator, derisor OSB. GLOUC. *Deriv.* 384.

narire [ML], to look down the nose at (fig.), to mock, laugh at.

to mowe, cachinnare .. ~ire et cetera, ubi *to scorne* *CathA*.

naris [CL]

1 (sg. m. & f.): **a** nose. **b** nostril.

a luxuriam ventris, lector, cognosce vorantis / putrida qui sentis stercora nare tuo ALCUIN *Carm.* 96. 2. 2; rinocerus .. in ~i namque cornu habet *Gl. Leid.* 19. 31; tu qui .. in supremo fine venerabilis vitae ~em claudendo omisisti spiritum *Nunnam.* 76; **11** .. ~is vel nasus, *nosu WW Sup.* 325. **b** intrante daemone per ~em [lunaticum] dementem facit *Comm. Cant.* III 43; hec ~is, *narine Gl. AN Glasg.* f. 19va; hic nar [l. naris], *naril Gl. AN Ox.* 19.

2 (pl.) nose, nostrils: **a** (human); **b** (of God or angel); **c** (of animal, mythical creature, or sim.) nose, snout; **d** (transf. & fig.).

a 'donec exeat per ~es vestras', pro odore malo per ~es dixit *Comm. Cant.* I 416; aquam si .. corruptam jejunis ~ibus olfacias, mors imminet GIR. *TH* I 35. **b** odore .. mirifice suavitatis quem ~es angelice .. norunt J. FORD *Serm.* 113. 11; nares [TREVISA: *nosepirles*] eis [angelis] pictores attribuunt BART. ANGL. II 3; in ejus [Dei] ~ibus *AncrR* 131 (v. 3 infra). **c** fingunt esse bestias .. [quae] ore ~ibusque ignem flammasque expirant *Lib. Monstr.* II 13; quidam spirituum obscurorum .. de ore et ~ibus ignem putidum efflantes BEDE *HE* V 12 p. 306; [mustela] ori et ~ibus [catellorum] quasi inspirando GIR. *TH* I 27 p. 60; in terra porcorum ~ibus eviscerata J. FURNESS *Pat.* 12. 94; sic nares ydre, Domine, penetrasti J. HOWD. *Cant.* 73. **d** os in ventre mihi est, quadrato in gutture nares / qui spirat fumum, dum calet ille foco ALCUIN *Carm.* 64 (*Fornax*) 2. 5; que multo suavius in anime ~ibus fragrat quam pretiosa unguenta in naribus corporis ANDR. S. VICT. *Sal.* 123; fodiamus igitur studio pietatis, et quam citius poterimus discretionis ~ibus pertingere ad odorem notitie veritatis R. COLD. *Osw.* 1 p. 338; melius est ~ibus anime magis odoriferum T. CHOBHAM *Serm.* 13. 50vb.

3 nose as organ of smell.

sed tamen insontum complentur nectare nares ALDH. *VirgV* 1401; primo in introitu ejus, ~es odore panis suavissimi repletae sunt *V. Cuthb.* II 2; fetor praeingenti complet putredine nares BEDE *Hymn.* 14. 103; ~es [TREVISA: *þe nosethrilles*] .. non sunt proprie instrumenta olfactus, que sunt cartilaginose et ideo sunt insensibiles BART. ANGL. III 19 p. 68; humilitas, abstinencia, columbina mititas et alie hujusmodi virtutes sunt amene in conspectu Dei et suaves in ejus ~ibus [ME: *in Godes nase*] *AncrR* 131.

4 nose as organ of discernment.

atque volantis apri vestigia nare sagaci / promptus ad ista canis certat ubique sequi L. DURH. *Dial.* II 63.

5 nose as instrument for expression of disgust.

angelus ait, "quare ~es tuas ita constringas?" *Latin Stories* 132.

6 (bot., *~is Apollinis* or sim.) mandrake (*Mandragora officinarum*).

†nape [l. naris] Apollinis, .. mandragora *MS BL Royal 12 E. 1* f. 97v; ~is Appolli, *mandrake MS Cambridge Univ. Libr. Dd. 11. 45* f. 110.

narius v. nario.

narramentum [CL narrare+-mentum], story.

predicatores reperient extrania ~a FORDUN *Chr. pref.* p. lii.

narrare [CL]

1 to relate, tell, say; **b** (w. acc. & inf. or nom. & inf.); **c** (w. indir. qu. w. ind. or subj.); **d** (w. *quod* or *quia* w. subj.); **e** (absol.). **f** (pr. ppl. as sb.) one who tells or relates.

nam quid Scriptura in consequentibus de filio ejus ~at? GILDAS *EB* 39; iterum vult ~are genus ejus *Comm. Cant.* I 60; ~abat .. visiones suas regi BEDE *HE* V 12 p. 309; et Danihel Christum narrat de monte recisum ALCUIN *Carm.* 70. 1. 6; ea se vidisse dicit que de meretricis ~at insidiis ANDR. S. VICT. *Sal.* 37. **b** 'a mari Rubro' .. quem ~ant historici non esse minorem Adriatico mari *Comm. Cant.* I 277; qui [hippopotami] quondam ccc homines .. crudelem in modum devorasse ~antur *Lib. Monstr.* II 9; alios quoque illic fuisse ~abat verae religionis cultores signis virtutibusque plurimis pollentes FELIX *Guthl.* 46 p. 142. **c** quantae .. sanctorum patientiae fuere ecclesiastica historia ~at GILDAS *EB* 9; cui comes instituit de se narrare, quis esset ALCUIN *SS Ebor* 797; longum est ~are quante devotionis in monasteriis edificandis .. fuerit W. MALM. *GP* V 246; in epistula .. ~at quomodo sompnium suum Danieli narraverit ANDR. S. VICT. *Dan.* 39; in evangelio ~atur quomodo ipsi ecclesie de gentibus apparuit nova stella AILR. *Serm.* 4. 17. 230. **d** tunc proles coepit verbis narrare parenti / quod vellet jugiter Christo servire pudica / atque torum sponsi mallet contemnere virgo ALDH. *VirgV* 1798; coepit ~are quia apparuerit sibi quidam vir Dei BEDE *HE* IV 8 p. 221. **e** cum .. fuisset puer Jesus annorum xij .. ut Lucas evangelista ~at .. THEOD. *Laterc.* 8; ut veterum narrat verax historia regum ALDH. *VirgV* 1353; ut et ipse ~are solet FELIX *Guthl.* 48 p. 148. **f** 'cum didicisset quae fecerat filius suus', i. a duobus aliis sibi ~antibus *Comm. Cant.* I 85; que oculis vidi vel ~antibus credidi AILR. *An.* II 8.

2 to account for.

Melchisedech .. et Job, nec utriusque genealogia ~atur *Comm. Cant.* I 98; voluit evangelista Mattheus ~are nobis totam progeniem Domini nostri AILR. *Serm.* 24. 3. 327; iste regule utuntur in pluribus libris antiquorum .. sed nesciebant ~are ipsas cum quibusdam aliis postpositis *Mens. & Disc.* (*Anon IV*) 46.

3 (leg.) to 'count', plead in court of law: **a** (intr., also w. *pro* or *versus*); **b** (trans.); **c** (w. internal acc.).

a **1220** P. quesitus si ita sit sicut W. senescallus pro eo ~avit dicit quod ita est *SelPlCrown* 138; **1268** non occasionentur propter miskennyngam in suis loquelis, viz. si non omnino bene ~averint *BBC* (*London*) 204; cives .. ~averunt versus illos de Norhamptona de transgressione *Leg. Ant. Lond.* 47; ulterius in curia regis pro aliquo ~are non audietur nisi pro semetipso *Fleta* 87; precepit .. Willelmo quod de novo ~aret versus atornatum .. adversarii sui *State Tri. Ed. I* 46; **1307** R. de T. .. tulit breve de recto de predicto manerio cum pertinenciis ~ando de seisina cujusdam J. antecessoris sui tempore regis R. (*Year Bk. Ed. II*) *Selden Soc.* XVII 2. **b** **1222** deadvocat quod narrator onus pro eo ~avit *BNB* II 113; **1275** ipse Ricardus ~at 'Ricardus tenuit predictum mesuagium .. per certum servicium ..' *SelCKB* I 15; **1334** ~avit versus eundem Johannem .. querelam suam *Ib.* V 80. **c** **1219** narrationem ~are, narrationem ~atam HENGHAM *Magna* 3 (v. narratio 3a).

4 to recite (verdict of a jury).

unus recognitorum .. assise .. in veredicto prefate assise ~ando illud veredictum contrarius fuit omnibus aliis recognitoribus *State Tri. Ed. I* 63.

5 to tell, count (money or artefacts).

1250 ad recipiendum et ~andum et ad tricandum denarios domini regis *Fees* II 1194; **1270** ex quo infans sciat ulnare unam ulnam panni et ~are duodecim denarios .. est plene etatis ad habendum terram suam secundum consuetudinem ville *JustIt* 618 r. 23*d*; **1285** tenet .. per servicium ~andi scaccos domini regis die Natalis Domini *Aids* II 6; **1289** venit ad domum suam sicut P. magister suus ~abat denarios *Rec. Leic.* I 207; **1329** ad ~andum famuliam scaccarii domini regis (v. familia 7).

6 to cry, announce (for sale).

1339 cum in navi pisces quos empserint ~averint et ad terram portaverint *Little RB Bristol* II 24; **1339** si quis burgensis .. qui sic ~ando pisces ad usus suos proprios hujusmodi pisces ex liberacione mercatoris piscium habuerit *Ib.* 25; **1344** nullus piscenarius nec eorum garciones pisces salsatos et aleces ementes decetero non portabunt ad terram nec ~abunt hujusmodi pisces et alleces nisi a tempore pulsacionis diei tunc primo incipiente usque ad solis occasum *Ib.* I 36.

narratio [CL]

1 (act of) story-telling, a narrative, story, tale, or sim.; **b** (w. subj. gen.); **c** (w. obj. gen.); **d** (w. *de*).

in Graeco ita incipit haec ~o BEDE *Retract.* 1024; paradigma, ~o per exempla ortans aliquem aut deterrens *Gl. Leid.* 28. 26. **b** est .. ~o fidelium, ante praedictum ejus pontificatum, Roman [*sic*] venisse quidam de nostra natione forma et crinibus candidati albis *V. Greg.* 84; infirmitatis tuae .. molestiam .. prius quorundam ~one, deinde litterarum tuarum lectione cognovi ANSELM (*Ep.* 9) III 112; de stultitia ejus .. totus hominum sermo fit et ~o ANDR. S. VICT. *Sal.* 132. **c** turpis rei geste ~o .. devenustare videtur artificem GIR. *TH* III 25. **d** nec obest si littere [rescripti] fuerint abrase in ~one de facto RIC. ANGL. *Summa* 32 p. 57; de regum .. gestis .. continua .. interrogatio, ~o jucundaque auditio est J. FORD *Serm.* 115. 7; ad vos non perveniat ~o [ME: *tale*] nec rumor de mundo *AncrR* 17.

2 (rhet.) part of a speech or a letter that sets out the facts.

ecce habeo quo modo exordiri debeat causa, nunc ~onis textum expone. ~o est rerum gestarum aut ut gestarum expositio, quae tria debet habere, id est ut brevis, ut aperta, ut probabilis sit ALCUIN *Rhet.* 22; secunda pars orationis rethorice est ~o T. CHOBHAM *Praed.* 262; oratio rhetorica .. habet sex partes sc. proemium sive exordium, ~onem, partitionem sive divisionem, confirmationem, confutationem .. conclusionem sive perorationem KILWARDBY *OS* 589; partes epistole, viz. littere, sunt sex vel quinque, sc. salutacio, exordium, ~o, peticio, conclusio, et subsalutacio *Dictamen* 338.

3 (leg.) declaration, plea, statement in court of law; **b** (w. subj. gen.); **c** (w. obj. gen.).

1196 per ~onem coram eis hinc inde factam *CurR* I 28; **1204** A. .. recedit sine die versus G. .. de placito ij bovatarum terre et xxij acrarum cum pertinentiis .. quia atornatus G. plus posuit in ~one sua quam continebatur in brevi *CurR* III 244; a**1217** quia ipse R. inventus est seisitus de roberia illa et variavit in ~one sua et vocando warantos .. suspendatur *SelPlCrown* 80; **1218** variat in ~one sua a brevi *BNB* II 4; **1219** post visum terre et post multa essonia per ~onem narrare et responsum dare recuperavit .. terram *CurR* VIII 24; potest autem petens si voluerit in curia illa prosequi loquelam suam usque ad discussionem litis per ~onem narratam vel per feriacionem duelli HENGHAM *Magna* 3. **b** ne fiat variacio inter breve et accionis ostensionem in ~one advocati *Fleta* 441. **c** si vero sine calumpnia recipiatur [judicium], et deinceps causam illam reformare quis cupiat, non procedet in celebrationibus, ut opus sit judicibus ~ones repetere judicii, maxime si dominus querimonie interfuerit .. vel congruum inde terminum habuerit (*Leg. Hen.* 33. 2a) *GAS* 565; **1269** isto modo debent ~ones querelarum et earum responsiones notari in comitatibus, hundredis curiis baronum, militum, et libere tenentium *CBaron* 83.

4 (act of) telling, counting.

1312 et xij d. amissos in ~one pecunie predicte *Rec. Leic.* I 277.

5 (act of) crying, announcement for sale.

1344 ordinacio super ~one piscium extra debitam horam *Little RB Bristol* I 35.

narratiuncula [CL], short story, or tale.

hec ~a OSB. GLOUC. *Deriv.* 381; quam verum sit illud .. ~a subdenda docebit NECKAM *NR* I 24.

narrative

1 in a narrative manner, narratively.

s**1455** totus iste processus qui in premissis ~e exponitur, subsequitur hic conclusive, conclusionaliterque in forma legis declaratur *Reg. Whet.* I 206.

2 by telling, counting.

s**1459** qua [sc. summa pecunie] in medium allata, et per ipsum .. regem ~e numerata *Reg. Whet.* I 324.

narrator [CL]

1 one who relates, narrator; **b** (w. ref. to *Sirach* xxii 6). **c** (w. implication of malice) tale-bearer, slanderer.

ut vel ab angelo vel ab evangelista . . nativitatis ejus sacramenta dicantur, cujus ~or rarissimus est BEDE *Acts* 963A; auctoritati veratium ~orum cedendum W. MALM. *GP* IV 144; fabulo . . i. fabularum ~or OSB. GLOUC. *Deriv.* 215.   **b** qui ~or fueras importunus fieri poteris opportunus GIR. *TH* III 12 p. 157.   **c 1279** hos homines talia dicentes et obloquentes . . et ~ores illos in prisona nostra custodient quousque a nobis . . mandatum habuerit speciale *Pat* 98 m. 13.

2 (leg.) 'counter', pleader, (~*or banci* or *de banco*) serjeant-at-law; **b** (royal); **c** (in the commune of London, *communis* ~*or*) common pleader; **d** (eccl. & mon.).

1220 Johannes Buckuinte in misericordia, eo quod ipse sedit ad judicium et fuit ~or loquele *CurR* IX 350; **1222** ~or (v. narrare 3b); metus . . placitantium advocatorum quos banci ~ores vulgariter appellamus *G. S. Alb.* I 316; **1257** ~orem osculari fecit posteriora equi sui et postmodum eum projecit in cloacam *Pat* 72 m. 16; **1263** idem A. desawoa suum ~orem S. le S. *Gild Merch.* II 7; **1268** venit quidam Robertus de Colevill', ~or de banco, et manus injecit in ipsum violentas (*MemR*) *Hist. Exch.* 236; **1294** Thomas Thorn capit ex utraque parte; set est ~or et sic capit *JustIt* 1095 r. 2; Alexander . . est narator et tam libenter narrat pro vera parte quam pro falsa; set non manutenet ad campi partem *Ib.* r. 2*d*.   **b 1280** Philippo le Clerk de Kedwelly ~ori nostro *Pat* 100 m. 29.   **c 1373** [Ralph Strode] communis ~or (*Pl. Mem. Lond.* A 19 m. 4) *Cal. Pl. Mem. Lond.* II 169; communarii . . per suum communem ~orem presentaverunt majori et aldermanni nomina duorum *MGL* I 21; **1491** admissus est in communem ~orem civitatis [sc. Lond'] *Treat. J. P.* 130.   **d 1281** postea venit quidam Willelmus de Kellawe ~or predictorum decani et capituli et protulit in manu sua quandam cartam *PQW* 439a; **1290** in iiij pannis et vj ulnis panni stragulati pro armigeris, ballivis, et ~oribus domini *Ac. Swinfield* 112.

3 teller (Exchequer official).

1357 Edmundus Sauvage, unus ~orum de recepta scaccarii nostri *Pat* 253 m. 3; a**1410** sunt narratores quibus est numerata moneta / nequam factores nisi sunt ibi munera leta (*Vers. Scac.*) *EHR* XXXVI 61; **1447** quatuor . . ~orum (v. 1 computator 1c).

narratus [CL]

1 a narrative, story, tale.

etiam levi ~u stili quislibet concinne valet referre plenitudine veri HERM. ARCH. 21 p. 54; narratu proprio caveas crispare cachinnos D. BEC. 2504; hic ~us, -ui OSB. GLOUC. *Deriv.* 381; **1239** sinceritatem . . nostram . . pollutis nisus est maculare ~ibus dictus Frethericus (*Lit. Papae*) M. PAR. *Maj.* III 591.

2 (leg.) (act of) pleading, declaration, statement in court of law.

1243 N. per atturnatum suum venit et dicit in ~u suo quod prior injuste secutus est placitum in curia *CurR* XVII 1851.

narritare [ML], to relate, tell repeatedly.

~o . . verbum frequentativum OSB. GLOUC. *Deriv.* 381; *to telle*, retractare, referre, retexere, recensere, narrare, enarrare, ~are *CathA*.

nartiscus v. narcissus.   **nas** v. nasus.

nasalis [ML]

1 (as sb. n.) nose-piece: **a** (of helmet). **b** (for horse).

cepit Hengistum per ~e cassidis G. MON. VIII 6; cum Hengysto dimicat, quem tenens per ~e cassidis infra concives extraxit *Eul. Hist.* II 302.   **b** ~e, ornamentum equorum OSB. GLOUC. *Deriv.* 384.

2 instrument by which medicine is inserted in or through the nose.

per nares cum ~i imponantur GILB. II 97. 2; injiciatur una pill'a in nares de dyncastor' distemperato cum succo blete per ~e *Ib.* 113. 1; ~e instrumentum injectorium dicitur *SB* 31; ~e, injectorium nasi instrumentum idem *Alph.* 122.

3 nozzle of candlestick.

1390 de . . ij parvis angelis argent' deaur' et aymell', quolibet cum uno ~i in manu sua pro candela imponenda *Ac. Foreign* 25 G *d*.

nasare [cf. CL nasus], to affect, mutilate, or sim., in the nose.

quia . . rex Ciprorum . . in naso fuerat mutilatus, Statinus ~atus in posterum sed contrarie fuerat nuncupatus *Meaux* I 259.

nasca [cf. LL nascaphthon < νάσκαφθον], (?) bark.

recipe . . mirtelle, ~e corvine, carbonum sambuci, petre Sancti Sepulcri, ~e vitis, blacce bisancie, ~e mirtine . . fac pulverem. dabis cum aqua frigida GILB. II 112v. 2.

nascale [ML], **nascaplere**, 'nascal', pessary or suppository.

de provocatione emorridarum . . al[iud] nastare. caricis tritis supponatur pulvis cimini, calamenti. sileris montani, et fiat nastare GILB. V 232. 2; nastare fiat ex radice bismalve *Ib.* VII 293v. 1; ~e equivocum est ad pessarium et ad suppositorium *SB* 31; ~e vel nascare vel nascaplere est equivocum ad suppositorium et ad pessarium *Alph.* 123; nastare *is a suppositorie or a pessarie MS Cambridge Univ. Libr. Dd. 10. 44* f. 109ra.

nascaphthon [LL < νάσκαφθον], fragrant Indian bark.

nascatinion affertur ab Yndia et est quasi cortex similis lanule sive corticibus, odore bone et vescide, calefaciens *Alph.* 123.

nascaplere, nascare v. nascale.   **nascatinion** v. nascaphthon.   **nascella** v. nacella.

nascentia [CL]

1 birth (in quots., in phr.); **b** (transf. or fig.).

s**1137** per ~iam Dei, nunquam rex dejectus appellabor! W. MALM. *HN* 466 p. 22; s**1139** per ~iam Dei! medietatem Anglie darem ei, si peteret *Ib.* 481 p. 39; per ~iam Dei, tali enim juramento consuevit confirmare verbum suum J. FURNESS *Walth.* 45.   **b** ut ~iam et originem loci vestri . . traderemus H. READING (I) *Adjut.* 1345B.

2 something born or procreated, offshoot, produce.

reverenter munusculum istud tue magnitudini de terre ~iis offero CHAUNDLER *Apol.* f. 16; culta terra . . germinaverit tibi spinas et tribulos de cujus ~iis prevaricacionis fructum de manu sensualitatis assumpseras *Ib.* f. 21.

nasci [CL; LL *fut. ppl.* nasciturus]

1 to be born: **a** (of person, also fig.); **b** (of hair or part of body); **c** (of animal); **d** (of seed, plant, fruit, or sim.; also w. ref. to growth); **e** (in phr.).

a Samuel . . Deo antequam ~eretur dedicatus GILDAS *EB* 38; salvator natus est THEOD. *Laterc.* 6 (cf. ib. 14: in Bethleem . . ~ere [*sic*] voluit Christus); montes . . in quibus ~untur homines toto corpore nigri *Lib. Monstr.* I 30; quibus [diebus] in vitam morientes †nascunter [l. nascuntur] . . in perpetuum V. Greg. p. 79; ille ~iturus praedicebatur BEDE *Hom.* II 19. 206; parvulus ex utero, mulier, tibi nascitur infans ALCUIN *WillV* 34. 21; [sancti] ut seculo et mundo moriuntur, ita tunc celo ~untur BELETH *RDO* 4. 17C; de Patre natus ante secula et ~atre natus in tempore, in suorum cotidie ~itur fidelium cordibus J. FORD *Serm.* 67. 8.   **b** ita hominem . . decalvavit ut nova cutis, pura et nitida sibi quam in palma vel planta, natum pilum videretur abnegare, nec quicquam ulli frontium nuditate debere GOSC. *Transl. Mild.* 21 p. 184; quasi resupinus quasi inde natus prominebat de coxa *Ib.* 24 p. 191.   **c** fauni ~untur de vermibus natis inter lignum et corticem *Lib. Monstr.* I 4; †lacisca [l. lycisca] catula ex lupa et cane ~it *GlC Interp. nom.* 192.   **d** Brittanica †floris [l. flos] quae in silvis ~itur *GlC* B 192; pars vitis unde uva ~itur *Ib.* P 135; Remigius Proserpinam a proserpendo vocatam dicit et ideo puellam, quod singulis annis semina ~antur et renoventur ALB. LOND. *DG* 7. 1; ciclamen, panis porcinus idem, A. *herthenote*. florem habet purpureum similem violis. ~itur in locis ubi crescunt castanee *SB* 15.   **e** c**1235** requisitus quomodo hoc sciret, dixit quod natus et nutritus fuit apud Hovedene *Feod. Durh.* 255.

2 (transf. & fig.) to come into existence, arise, be shaped, produced, or sim.: **a** (of person or group of people); **b** (of topographical feature or

heavenly body); **c** (of metal, mineral, or sim.); **d** (of artefact); **e** (var. & abstr.).

a ab eodem coetu nefandi Nicolaitae ~untur ALDH. *Met.* 2 p. 71.   **b** fons . . dividitur . . in quattuor ~entia flumina *Comm. Cant.* II 9; ponamus fontem de quo ~atur et fluat rivus ANSELM (*Incarn. B* 13) II 31; de sub pede montis . . tres nobiles fluvii ~untur GIR. *TH* I 7 p. 30; item insula in flumine publico nata publica non est VAC. *Lib. paup.* 249; queres quaenam sunt quae ~untur in celo? nempe stellae omnes quae illic natae fuerunt et manent in eternum COLET *Ep.* 176.   **c** in vicino Armenie montis loco, ubi margaritae ~i perhibentur *Lib. Monstr.* II 30; serpentes . . per quorum colla lapides pretiosi valde ~untur *Ib.* III 11; ~itur autem aurum in decursu hujus fluvii, quia, ut ait Plinius, 'regiones Indie pre ceteris venis aureis habundat' GROS. *Hexaem.* XI 16.   **d** emo res pretiosas, quae in hac terra non ~untur [AS: *ne beoþ acennede*] ÆLF. *Coll.* 96.   **e** ~itur . . molosus a verborum generibus tempore praeterito prefecto ALDH. *PR* 118 p. 162; ex hac nascuntur caedes cum strage nefanda *Id. VirgV* 2629; ~entem ibi novam heresim . . cum ipso quo exorta est initio . . attrivit BEDE *HE* II 1 p. 75; in ipso exordio ~entis ibi ecclesiae *Ib.* II 14 p. 115; de observatione paschae . . controversia nata est *Ib.* III 25 p. 182; ut magis de celibatu ~eretur virginitas GOSC. *Wulfh.* 1; **1169** de exhibita mansuetudine ~itur et dilatatur insolentia J. SAL. *Ep.* 268 (285).

3 (of person or inanim., w. ref. to innate quality, aptitude, or sim.) to be naturally suited or destined (to): **a** (w. inf.); **b** (w. ad).

a in rebus quae nate sunt moveri BACON *Maj.* I 378; communicat creature quidquid nata est capere PECKHAM *QA* 4 (v. communicativus a); non sunt nate sciri nisi ex isto immediato intellecto DUNS *Ord.* I 27; de essencia . . divina secundum eos, tantum natus est haberi unus conceptus realis, quia illa tantum nata est facere unum conceptum *Ib.* IV 258; cecus sic definitur: quod est ille homo qui non habet visum quem natus est habere OCKHAM *Quodl.* 547; si arguatur quod ipsa [noticia intuitiva] est nata causari perfeccius a sola causa prima per presenciam sue essencie apud intellectum divinum *Ib.* 744; pars non est nata excedere suum totum W. BURLEY *Pol.* 279.   **b** ad exterminium Anglie pene propter inertiam suam natus W. MALM. *GP* II 87 p. 190.

4 (p. ppl. w. acc. or abl., w. ref. to age) aged, old (so many years).

decessitque iiij et lxxx natus annos W. MALM. *GP* I 72 p. 138; decem et octo annos natus, urbem . . in Palatino monte constituit M. PAR. *Maj.* I 35 (cf. *Flor. Hist.* I 43: annis).

5 (p. ppl. as sb.) child (also fig.): **a** (m.) son; **b** (w. ref. to Christ); **c** (f.) daughter.

a tempore quo tenerum mactavit femina natum ALDH. *CE* 4. 7. 25; quidam de fratribus: "vis" inquit "mi nate, doceam te . .?" BEDE *HE* III 12 p. 151; gnatus, filius *GlC* G 136; heu fidei nati miseri sunt sub pede strati, / suntque doli geniti domini super alta locati D. BEC. 713; perfidie natis accredere si tenearis *Ib.* 1761.   **b** doxa Deo ingenito / atque Gnato progenito / simul cum Sancto superna / Flatu regenti saecula (ALDH.) *Carm. Aldh.* 1. 198.   **c** nonne sator soboles stupro cognovit adultas / ebrius? in thalamo natarum nescius errat ALDH. *VirgV* 2522; nata, *dohtor GlS* 212; hec nata, A. *a dowghter WW*.

nascibilis [LL =*who can be born*], who is being born, characterized by being born (of Christ as second Person of the Trinity).

in his 'Filius nascitur', 'Filius est ~is', eadem notio predicatur, sc. filiatio. filium ergo esse ~em non est Filium esse potentem nasci. qua ergo circumlocutione depingam hoc nomen '~is'? nonne ~is est nasci habilis? NECKAM *SS* II 16. 1.

nascibilitas [LL]

1 capacity to be born.

quero . . utrum, ~ate supposita, supponatur essentia divina. nonne . . ~as est aptitudo vel potentia nascendi? NECKAM *SS* II 16. 1.

2 fact, state, or condition of being born.

propter hujusmodi [Filii] ~atem . . Pater non est major [Filio] nascente BART. ANGL. I 3.

nasciosus v. nuscitiosus.

nascitura [cf. CL nasci], birth.

1372 infra quindenam proximam ante ~am predicti Johannis *IPM* 231/14.

nasculus v. nastale.   **nasda** v. naphtha.

nasellus [ML], 'little nose', nose-piece of helmet.

triumphator . . victum gigantem per ~um galee regi sub nomine presentat Sadii MAP *NC* III 2 f. 38v.

nasicellus, nasiculus [ML], little nose.

nasus . . inde hic ~ulus . . et ~ellus . . ambo diminutiva OSB. GLOUC. *Deriv.* 375.

nasiculus v. nasicellus.

naso [CL *as cognomen*], who has a large nose.

great nosed, ~o, -onis, hic LEVINS *Manip.* 213.

nasosus [ML], who has a large nose.

~us . . i. magnum habens nasum OSB. GLOUC. *Deriv.* 375.

nassa [CL], a fish-trap. **b** fish-basket.

a ~a, *bogenet* vel *leap* ÆLF. *Gl.* 167; scaurus quem fallax inclusit nassa, retrorsum / tendens, molitur rumpere claustra dolis NECKAM *DS* III 635; in predam piscium mors nassas conficit WALT. WIMB. *Sim.* 188; **1279** faciati fieri . . in flumine Dordonie . . unam ~am seu paxeriam piscatoriam ad opus nostri *RGasc* II 89b; **1307** ~a vicecomitalis quam rex habet ibidem, nichil, quia destructa est propter inundacionem aquarum *Reg. Gasc. A* I 85. **b** *trunk for kepyng of fysh*, ~a *PP*.

nassus [ME *nasse, nesse* < AS *næs*], 'ness', headland, promontory (in place-name of Nassoborough hundred).

1120 duo *hundred* de ~o (*Surv. Northants*) K. S. B. Keats-Rohan *Domesday People* (1999) 100; **1215** quod non permittatis regardum infra infra metas de Nesso Burgo *Cl* 191b; **1216** pro libertate quam ei concessimus de ~o Burgi deafforestando *Pat* 165b; **1220** ~us Burgi *Fees* I 326; **1322** J. de M. ballivus libertatis de ~o Burgi michi retornarunt quod . . (*Chanc. Misc.*) *EHR* XXXI 601.

nastale, nastula, ~ulus [ML], button or sim. **b** cord that fastens net to a rope.

~ale . . i. fibula que restringit pallium circa collum OSB. GLOUC. *Deriv.* 375; ~ilus, *butun* NECKAM *Sac.* 363; capam . . ~ulis aureis artificiose confibulatam GIR. *JS* VII p. 364. **b** *nostyl of nettys*, ~ula . . nasculus *PP*.

nastare v. nascale.   **nastilus** v. nastale.   **nastologus** v. nautologus.

1 nastula v. nastale.

2 †nastula, *f.l.*

†nastula [l. hastula], i. asfodillus *MS BL Royal 12. E. I* f. 97v.

nasturcium, nasturtium [CL], cress. **b** (~*ium aquaticum* or sim.) watercress (*Rorippa nasturtium-aquaticum*). **c** (understood as) groundsel (*Senecio vulgaris*). **d** (~*ium Gallicanum* or sim.) 'winter cress' (*Barbarea vulgaris*). **e** (~*ium hortulanum* or sim.) garden cress (*Lepidium sativum*). **f** (~*ium murilegi*) cat-mint (*Nepeta cataria*). **g** (~*ium porcinum* or sim.) shepherd's purse (*Capsella bursapastoris*). **h** (~*ium pratinum*) 'smith's cress' (*Lepidium heterophyllum*).

herba ~tium, *þæt is cærse Leechdoms* I 14; hoc narstutium, *kersun Gl. AN Glasg.* f. 18ra; hoc nausticium, A. *waterkyrs WW*; nastaricium, *watercresses* STANBR. *Vulg.* 11; cardamine sive sisymbrium alterum Dioscoridae officinis est ~tium aquaticum, Anglis *water cresses* TURNER *Herb.* A iii v. **c** ~cium . . aquaticum . . dicitur cresso ovis, senacio ovis *SB* 31; senacio, ~cium aquaticum, cresso idem *SB* 39. **d** ~ium Gallicum, *Frenche carse MS BL Royal 12. E. I* f. 97v; c**1450** *Freynch cresse or wymmannys medeworth*, nascorium Gallicanum *OED* s. v. meadwort 2. **e** ~ium, *tuuncressa GlC* N 14; **10** . . ~ium, *leaccersan, tuncers WW*; hoc ~cium, *kerson de cortil Gl. AN Ox.* 589; ~cii ortol' et avancie in albo vino coctis GILB. II 118v. 1; hoc ~cium i. e. Romanice *tunchers GlSid*.

f. 147; recipe . . [libram] unam de ~cio ortensi *Pop. Med.* 229. **f** ~ium mureligi, nepta idem *catmyte, nept MS BL Royal 12. E. I* f. 97v; nepta, ~ium mureligi idem, *catmynte Ib.* **g** ~ium porcinum, *swynescressen MS BL Sloane 420* f. 118v; ~cium porcinum, i. lingua aprina *MS BL Royal 12. E. I* f. 97v; ~cium agreste dicitur porcinum . . sanguinaria, A. *swynescarsen*, i. *wyld carsen MS BL Sloane 347* f. 90. **h** ~ium pratinum, *medicarse MS BL Royal 12. E. I* f. 97v; c**1450** ~ium pratinum, *medekerse MS Oxford Bodl. Ashmole 1447* p. 212.

nasulus [cf. CL nasus + -ulus], little nose.

~us, parvus nasus OSB. GLOUC. *Deriv.* 383.

nasus [CL]

1 nose; **b** (as organ of smell); **c** (as organ of discernment); **d** (used to express disgust); **e** (in physiognomy); **f** (fig.).

quidam homines . . ~o longo *Lib. Monstr.* I 20; vir . . ~o adunco pertenui BEDE *HE* II 16 p. 117; **11** . . †nas [l. nasus], *nebb WW Sup.* 336; **1221** ~us ei fuit abscissus et unum ex labris et facies ejus dissimulata et virilia ejus abscissa *PlCrGlouc* 106; de filio quodam patibulo adducto ~um patris morsu secante *Spec. Laic.* 38. **b** sensus olfactus non est nisi per actionem aeris in animali habente ~um BART. ANGL. III 19; ~us est instrumentum olfactus [TREVISA: *þe nose is þe instrument of smellinge*] *Ib.* V 13. **c** quid per ~um nisi provida sanctorum discretio designatur? BEDE *Cant.* 1234; si non vis credere, sit nasus arbiter! WALT. WIMB. *Carm.* 339. **d** non quia buccis dominus inrideat aut ~o subsannet BEDE *Prov.* 943. **e** ~us cum fuerit subtilis, ejus dominus est valde iracundus . . qui habet longum ~um . . est probus et audax etc. BACON V 168. **f** recte ergo ~us ecclesiae turri in Libano similis dicitur BEDE *Cant.* 1234; ne . . ~um cordis vestri [ME: *into ower heorte nase*] intret *AncrR* 78.

2 nose-shaped artefact: **a** a nasal, nose-piece of helmet. **b** nozzle of candlestick. **c** spout of ewer.

a per nasum galeae concitus accipiens, vultum telluri, plantas ad sidera volvit G. AMIENS *Hast.* 492. **b** c**1500** candelabrum cum duplici ~o prodeunte de stipite *Invent. Ch. Ch.* 129. **c** **1417** item una pelvi cotidiana argentea cum parvo lavacro cooperto, in capite, ~o, et pede aliqualiter deauratis *Reg. Cant.* IV 180.

nasutus [CL], who has a large or long nose; **b** (? w. ref. to sneering, condescension, or sim.).

~us . . magnum habens nasum OSB. GLOUC. *Deriv.* 383. **b** inferni dominus nequitieque sator, / nasutos equites ducit peditumque ministros / cornigeros, tonsum vulgus, agreste genus GARL. *Epith.* II 5.

nata v. 1 nacta, naphtha, nasci, natis, natta.

natabilis [LL = *capable of swimming*], of or pertaining to swimming.

alii ~i agilitate profunda rimantur J. FURNESS *Pat.* 99.

natabundus [LL], who or that swims; (pred.) by swimming. **b** (of bird, w. ref. to diving).

qui ~us usque ad lapidem sancti Cuthberti pervenit R. COLD. *Cuthb.* 75 p. 157; mirabantur . . quonam modo, siccantibus fluvii . . arenis piscis ~us advenisset *Id. Godr.* 151; qui cum ipso erant ~i de periculo emerserunt TORIGNI *Access. Sig.* 18. **b** [aves] ad maris gurgites ~i . . volitando prosiliunt quia de piscium preda naturaliter vivunt R. COLD. *Cuthb.* 27 p. 61.

natalicius [CL]

1 of or pertaining to birth; (*dies ~ius*) birthday. **b** (of place) native. **c** (w. ref. to a saint, martyr, or sim.) of or pertaining to physical death or martyrdom as birth into eternal life.

dies adest regis Asianorum ~ius MAP *NC* III 2 f. 35v. **b** de ~ia S. Wlsini Londonia urbe GOSC. *Wulsin* 11. **c** qui cum in ecclesia Christi sanctorum solent semper ~ios maximos celebrare dies, quibus in vitam morientes †nascunter [l. nascuntur] . . coheredes Christi *V. Greg.* p. 79; martyrologium de ~iis sanctorum martyrum diebus BEDE *HE* V 24 p. 359; ideo cum gaudio passionem eorum celebramus et passionem eorum vocamus ~iam, quoniam in

celis renascuntur et incipiunt eternaliter vivere H. HARTLEPOOL 199.

2 of or pertaining to Christmas; **b** (*panis ~ius*) Christmas cake or sim. **c** (*princeps* or *rex ~ius*) person selected to preside over Christmas revels.

revertens . . Cantuariam, ibidem ~ios dies celebrare disposuit DICETO *YH* I 342; c**1205** [rex] secundum ~ias leges (*Ep.*) *Med. Stage* I 411; s**1228** qui a rege cum honore susceptus dies cum illo ~ios celebravit M. PAR. *Maj.* III 164; s**1235** ubi cum gaudio festa ~ia celebravit *Ib.* 334; rex exinde apud Clipstone in Sirewode declinavit, ubi curiam suam tempore ~io tenuit TROKELOWE 92. **b** s**1188** hec eorum devotioni sufficere potuit panem conferre ~ium, nisi etiam conventui panem conficerent piperatum GERV. CANT. *Chr.* 405. **c** c**1205** [Roberto Grosseteste] regi ~io (*Ep.*) *Med. Stage* I 411; **1559** pro prandio principis ~ii eodem tempore (*Ac.*) *Ib.* I 411.

3 (as sb. n. or f.) birth (also fig.). **b** (of Christ, in dates; *v. et. incarnatio* 1b). **c** (~*ium Dominicum* or sim. or ellipt.) Christmas, feast of the Nativity. **d** (of a saint, martyr, or sim.) feast-day, day of physical death or martyrdom as birth into eternal life.

merito . . de rege Oswaldo tanti viri queritur originis ~ia, cujus natalium gloria species videtur esse virtutis, et insignis gratie prerogativa R. COLD. *Osw. pref.* p. 328; mos . . erat regi singulis ~ii sui diebus singula regine donaria pro voto conferre MAP *NC* III 2 f. 36; quare jam legis illius ~ia rimari nullatenus pigritemur FORTESCUE *NLN* I 33. **b** **1459** anno a Dominico ~io millesimo quadringentesimo quinquagesimo nono *Reg. Whet.* I 329. **c** post diem ~iae [vv. ll. ~ii, ~ia] Domini *V. Cuthb.* II 4; filiam . . regis, ad instans ~ium regi Scotie desponsandam AD. MARSH *Ep.* 22; **1304** ordinavimus quod Dominicum ~ium faceremus apud Aldyntone *Reg. Cant.* 1328; eas ad ornandum majus altare in festo ~ii assignavit GRAYSTANES 20. **d** ~ia earundem [Anatoliae et Victoriae] catholici celebrant ALDH. *VirgP* 52 p. 308; in ~iis tamen sanctorum [AS: *on gebyrdtidum . . haligra*] *RegulC* 54; hec sunt que mater colit Ecclesia ~ia martyrum vera, viz. que ipsi adepti sunt vere stabilia et eterna gaudia eternorum H. Bos. *LM* 1297D; generositatem quoque vini hujus nos cotidie probamus, qui in ~iis sanctorum martyrum velut a vino libaminum jucundamur J. FORD *Serm.* 86. 6.

4 wergeld (as birthright).

qui eum interim susceperit consilio foverit et auxilio juverit, were sue reus sit, vel secundum inculpati ~ium [v. l. natalium] perneget (*Leg. Hen.* 53. 1f) *GAS* 574.

natalis [CL]

1 of or pertaining to birth; (of place or sim.) native. **b** (w. ref. to martyr) of or pertaining to physical death or martyrdom as birth into eternal life.

~em . . locum in Bethlem adorando HUGEB. *Will.* 5; omnes . . ~e solum mutare putares *Enc. Emmae* III 12; reversus . . ad ~e solum *Canon. G. Sempr.* f. 39. **b** ut dies beatorum martyrum . . quibus de saeculo transierunt ~es vocitemus BEDE *Hom.* II 13. 157.

2 related by birth, consanguineous.

utrum pretium sanguinis, secundum legem ~ium parentum, propinquis ejus reddendum sit EGB. *Dial.* 408.

3 of, pertaining to, or celebrated at Christmas.

omnibus ehtemannis jure competit ~is firma [AS: *midwintres feorm*] et paschalis (*Quad.*) *GAS* 450; natalis misse pandit celebratio prime / ante sacram legem tempus GARL. *Myst. Eccl.* 355.

4 (as sb. m., f., or n.) birth; **b** (~*is* or ~*e Domini* or sim., or ellipt.) (feast of) the birth of Jesus Christ, Christmas; **c** (of St. John the Baptist). **d** (of a saint, martyr, or sim.) feast-day, day of physical death or martyrdom as birth into eternal life.

natalicium, nativitas, ~is OSB. GLOUC. *Deriv.* 383. **b** pro gaudio in ~e Domini THEOD. *Pen.* I 1. 4; **671** ~is Domini sollemnitatem . . in consortio fratrum trepudians celebrare ALDH. *Ep.* 1 p. 476; [Angli] incipiebant annum ab octavo kalendarum Januariarum die, ubi nunc ~em Domini celebramus BEDE *TR* 15 p. 212; quadraginta ante Dominicum ~e dies *Id. HE* IV 28 p. 276; Christi natalis . . / quam mundus celebrat, proxima lux aderat / G. AMIENS *Hast.* 753; ?c**1200** ad Nathale Domini *Ch. Westm.* 347; **1234** contra ~em, contra initium quadragesime (*Vis. Bury*) *EHR* XXVII 730. **c** a**1229** ad ~e S. Johannis Baptiste *Ch. Sal.* 117; ad ~em S. Johannis Baptiste vij sol. *Reg. Malm.* I 460; contra ~e Sancti Johannis *Meaux* I 337. **d** incensum Domini inundatur in ~e sanctorum pro reverentia diei, quia ipsi sicut lilia dederunt odorem suavitatis THEOD. *Pen.* II 1. 9; cujus . . ~is ibi solet . . celebrari die nonarum Juliarum BEDE *HE* III 8 p. 144; in ~e unius confessoris EGB. *Pont.* 93 (v. depositio 3b); accidit . . ut anni orbita ~is anniversariam denuo sanctissimi regis memoriam revocaret AILR. *Ed. Conf.* 786C; ~is vel ~e et natalitium vocantur sanctorum ex hoc seculo commigratio, quia ut seculo et mundo moriuntur, ita tunc celo nascuntur BELETH *RDO* 4. 17C; ideo dies mortis dicitur sanctorum ~is LYNDW. 104d (v. depositio 3b).

5 (as sb., usu. n. pl.) (status of) birth, origin; **b** (w. ref. to wergeld); **c** (transf. or fig.).

nititur indolem claris natalibus ortam / flectere cum precibus ALDH. *VirgV* 1266; nisi aut dignitas ~ium vel nobilitas generis majus reposcat pretium EGB. *Dial.* 408; jacebat in semita homo ~ibus Francus W. MALM. *Wulfst.* II 12; preciosis . . secundum ~ium suorum dignitatem utens indumentis *Canon. G. Sempr.* f. 39v; **1420** quantum vero ad etatem, ~ia, mores, scienciam, et conversacionem persone presentate dicti jurati nesciunt deponere *Reg. Cant.* I 180. **b** weregildo, id est ~is sui pretio se redimat (*Quad.*) *GAS* 97; si homo occidatur, sicut ~is ejus erit [AS: *swa he boren sy*] persolvatur (*Quad.*) *GAS* 393; si quem de homicidio accusetur et idem se purgare velit, secundum ~e suum perneget, quod est werelada (*Leg. Hen.* 64. 4) *GAS* 584; (*Ib.* 75. 6) *Ib.* 592 (v. abarnare). **c** omne enim quod est, iccirco est, quia unum est; unde, quoniam a primis verum ~ibus nobilitas in homine cursum unum vitae servare non potuit, ad sempiterna penarum incendia, cogentibus motibus, aberravit (*Quad. ded.* 9) *GAS* 529; si exordium . . consideretur ecclesie et a primis ejus ~ibus generationem ejus enarrare ceperimus J. FORD *Serm.* 56. 6; itaque ad orientem est gratia destituta, suisque derelicta ~ibus *Ib.* 62. 6.

natare [CL]

1 to swim: **a** (of person); **b** (of animal); **c** (fig.); **d** (pr. ppl. as sb. n.) animal that swims.

a 798 nescio de nostro itinere quid erit futurum: sive . . liceat . . ad Ligerensem fluvium revertere et ibi salmones ~ando colligere ALCUIN *Ep.* 146; quamvis arte nătes, tamen apparent tibi nătes SERLO WILT. 2. 82; quidam Turcus ignem Grecum ~ando deferens a nostris rete capitur *Expug. Terrae Sanctae* f. 19. **b** nec natura sinit celerem natare per amnem ALDH. *Aen.* 38 (*Tippula*) 4; serpentes . . ad terrae litus erectis ~abant pectoribus *Lib. Monstr.* III 10; [castores caudis] tanquam pro remigio ~ando funguntur GIR. *TH* I 26; piscis illo citissime ~at NECKAM *NR* II 45. **c** nox natat in meridie J. HOWD. *Cyth.* 34. 9. **d** ~antia . . omnia plus trahunt corpus per aquam quam propellunt GROS. *Hexaem.* VI 3. 2.

2 to flow, circulate.

videturque comminus aspicientibus in niveo ore ymaginis sanguinem ~are GREG. *Mir. Rom.* 12.

3 to float.

Effrem dicit quod in mari Rubro concae a profundo ~antes super aquas . . efficient margaritam *Comm. Cant.* III 29; mare . . stipitem . . ad hostium scopuli ubi ponendus erat in aedificium ~antem deportavit *V. Cuthb.* III 4; cibus . . in ore stomaci ~ans non bene digeritur *Quaest. Salern.* P 25; sumatur aqua quinte fortificacionis . . et ponatur super mercurium ut ~et desuper RIPLEY 210.

4 (trans.) to swim in. **b** to swim against, withstand.

stagna natabantur Stowe celeberrima cignis H. AVR. *Hugh* 1106 p. 45. **b** quasi tunc undas maris navigare non potest vel tunc impetum torrentis ~are non potest *Ps.*-BEDE *Collect.* 329.

5 to drown.

jussi sunt infantes mares Hebreorum in flumine ~ari *Eul. Hist.* I 37.

nataria v. natatorius.

natatilis [CL]

1 that swims or can swim, (*avis* ~*is*) aquatic

bird. **b** (as sb. n.) animal that swims, marine animal.

c**1170** stagnis . . piscium et avium ~ium nutritivis *Chr. Rams.* 8. **b** species . . reptilium et ~ium et volatilium BEDE *Gen.* 26B; inter quae diversa et magna ~ia capiuntur passim, delphini et vituli marini GOSC. *Aug. Maj.* 51C; ~ia enim de humido aqueo grossiori, volatilia vero de humido aqueo suspensibili producta sunt GROS. *Hexaem.* VI 1. 2; mortis sunt nuncii que vides omnia, / tam volatilia quam natatilia, / que secant aliis inmeabilia, / hec pennis aerem, hec pennis maria WALT. WIMB. *Sim.* 157.

2 that facilitates swimming.

aves . . biformis nature . . . dum . . mergunt emerguntque pede ~i in aquis se gubernant GIR. *TH* I 16.

natatio [CL], (act of) swimming.

sompniat de aquarum nimium et pluviarum inundatione, navigatione in aquis frigidis et etiam ~one [TREVISA: *swymmynge*] BART. ANGL. IV 9.

natator [CL], one who swims, swimmer.

nato, -as . . inde ~or OSB. GLOUC. *Deriv.* 369; ~or exuitur, ut flumen transeat P. BLOIS *Ep.* 44. 130B; s**1387** dux Hibernie . . equum compulit flumen intrare. in quo mox ex equite ~or factus, ad aliam ripam venit *V. Ric.* II 95.

natatorius [CL as adj.]

1 (as sb. f. or n., sts. pl.) place for swimming, swimming-pool, or sim.; **b** (w. ref. to *Joh.* ix 7).

10.. in natataria, *on sundmere WW* (cf. ib.: †nataria, *on fundmere*); ~ium, locus in aqua ubi frequenter natatur OSB. GLOUC. *Deriv.* 382; alter in Tine fluminis ~iis se suffocans J. HEX. 116. **b** 'in ~ia Sylloae', Siloe Hebraice missus *Comm. Cant.* III 135; nos illuminat in ~ia Siloae baptizatos BEDE *Luke* 376A; velut evangelicus caecus de Syloe ~iis GOSC. *Mir. Iv.* lx; ad fontem qui ~ia Syloe vocatur SÆWULF 69; vade ad ~ia Siloe, ad aquas que currunt cum silentio regis magni Ezechie, . . M. RIEVAULX (*Ep.*) 63 p. 177; effluo fiducia, / sperans quod loto vicio / Siloe natatorio / recandescet mundicia J. HOWD. *Cyth.* 15. 5; item ~ium Syloe, ubi Christus cecum a nativitate illuminavit BRYGG *Itin.* 384.

2 ford.

a forthe, ~ium *CathA*.

natatrix [cf. CL natator], **a** (as adj.) that swims or floats (f.; in quot., transf. or fig.). **b** (as sb.) swimmer (f.).

a hic crescit . . / natatrix / pinus GARL. *Epith.* IV 141. **b** nato . . inde natator, ~ix OSB. GLOUC. *Deriv.* 369.

natatus [CL], (act of) swimming.

ut ad eum omnes cum illo ~u aquam transcenderent G. *Herw.* f. 331; tunc quidam hanc dilationem non ferentes, sed vasto flumini se credentes, in ulteriorem ripam ~u celeri transmearunt W. S. ALB. *V. Alb. & Amphib.* 18; pedem . . clausum et pacificum solique ~ui idoneum GIR. *TH* I 16; volatus vero avium, licet videatur esse similis ~ui per pinnulas, multum tamen differt GROS. *Hexaem.* VI 3. 2.

nates v. natis. **nathale** v. natalis. **nathaneus** v. nathinaeus.

nathinaeus [LL < Heb. *něthinim*]

1 servant in the Temple.

apud Hebreos . . persone in templis erant . . ~ei BELETH *RDO* 12. 26C; hypodiaconi in locum ~eorum sunt substituti qui sic dicebantur quod in humilitate serviebant *Ib.* 13. 27A.

2 subdeacon.

ecce sacerdotes Christi sua jura tenebunt / officiale decus servant sibi rite ministri / nathaneique suo gaudent sub principe certo ALCUIN *Carm.* 26. 11; videbant eum inter natinneos tunica decoratum polimita leviticis . . ministeriis subservientem AD. EYNS. *Hug.* IV 1 p. 4; *sodekene*, ~eus *PP*.

natica [LL], buttock.

a buttok, nates, ~a *CathA*.

naticula [ML], little buttock.

a buttok . . ~a diminutivum *CathA*.

naticus v. natricus. **natinneus** v. nathinaeus.

natio [CL]

1 birth; **b** (in dates); **c** (w. ref. to birthright).

avibus aquaticis ~one, aeris habitatione GIR. *TH* I 11; versus Normanniam quam ~one fedaverat et conversatione . . fugam attemptavit *Id. Galf.* II 15. **b 1208** tradidit . . terram de *hocce dai* proximo post ~onem Henrici filii regis Johannes nati apud Wincestriam *AncD* A 248; **1242** anno . . ~onis domini regis qui nunc est *CurR* XVI 1626 p. 321. **c 1301** ipse pre omnibus aliis propinquior est de sanguine ad terram illam habendam per decessum ejusdem capellani et de ~one ejusdem ville de Kinges Ripton ut dicit *SelPlMan* 125.

2 social rank, class.

sic etiam ponimus de omni ordine vel ~one [AS: *be eallum hadum*] villanorum, comitum (*Quad.*) *GAS* 51.

3 nation, people, race. **b** extended family, kin group. **c** (~*ones*) gentiles, heathens, pagans. **d** (acad.) students grouped by national origin.

quid celabunt cives, quae non solum norunt, sed exprobrant jam in circuitu ~ones? *EB* 26; gens . . quam linguis omnium ~onum loqui posse testantur *Lib. Monstr.* I 40; in natura sexus, ~o, patria, cognatio, aetas consideratur: . . in ~one Graecus an barbarus ALCUIN *Rhet.* 25; **1012** Æthelredus rex ~onum totius gentis Britanniae *Text. Roff.* 160; inter circumfusas barbarorum ~ones W. MALM. *GR* IV 374 p. 435. **b 1336** J. concedit dicto O Kenedy et illis de sua ~one xiij carucatas *Cal. Deeds Ormond* I 288; **1566** inter . . dictos Walterum et Jacobum Brimidgham de septu sive ~one Thome Brimidgham *ActPCIr* 180. **c** a magis primo omnium gentium velut ~onum primitias adoravit THEOD. *Laterc.* 15; haec hostia . . locum istum ab inmunditiis ~onum expurget EGB. *Pont.* 57. **d** a**1350** de modo interdicendi festa ~onum *StatOx* 82; discordiam . . inter australes et boriales, qui omnes in veritate unius et ejusdem ~onis sunt *Ib.* 151; c**1411** item . . statutum fuit ut omnino essent quatuor ~ones (*Stat. S. Andr.*) *OED* s. v. nation 1c; **1453** rectores, . . decanos, procuratores ~onum, regentes, magistros, et scolares *Mun. Univ. Glasg.* I 6; **1482** divisio suppositorum per quatuor ~ones *Ib.* II 6.

4 country, territory, or sim.

vicinitas . . Scotie adhibebat tutelam . . ~o namque ad inhabitandum horribilis, evacuata civibus tutum receptaculum prestaverat G. MON. VIII 3; dedit . . eis ~onem juxta Scotiam et fedus cum eis confirmavit *Ib.* VIII 8.

natis, ~**es** [CL], buttock (usu. pl.); **b** (of animal).

quam bene plaga illa famosa qua Philistei in ~ibus feriebantur exprimit BEDE *Prov.* 969; **10**.. nattes, *earsendu WW*; rex Scottorum . . viros . . seminudis ~ibus ad bella produxit R. COLD. *Godr.* 107; excitat illa nătes, crissari pene putares SERLO WILT. 29. 29; post horam, si meridiana non fuerit, ponent psalteria sub ~as, ubi stant *Cust. Cant.* 386; hec ~is, *a bottoke WW*. **b** crede mihi, vetus est tibi cauda salubrior ista / nătibus innata quam foret illa nova NIG. *SS* 98; tales sunt similes symie que cum voluptuare vult caput ostendit terre et ~es ostendit soli T. CHOBHAM *Serm.* 17. 64ra.

natitare [LL], to swim often, repeatedly, or continuously.

~are, sepe natare OSB. GLOUC. *Deriv.* 382; seipsum ~ando salvavit *Plusc.* X 11 p. 330.

natiuncula [ML], little nation.

hec natio . . et inde hec ~a, -e diminutivum OSB. GLOUC. *Deriv.* 374.

native [ML]

1 by birth, innately, naturally.

nativus . . unde ~e adverbium OSB. GLOUC. *Deriv.* 374; in calida regione sunt gentes ~e brune in pelle M. SCOT *Phys.* 45.

2 (feud.) as a bondsman, in bondage; **b** (contr. w. *libere*).

1396 nativi homines et terram ~e tenentes *Pat* 346 m. 30; **1417** terram ~e tenentes (v. interligare 2); c**1442** cum . . terris et tenementis ejusdem manerii ~e tentis et ad voluntatem AMUND. II *app.* p. 285. **b 1402** de quibus idem W. obiit seisitus tam libere quam ~e *CourtR Banstead.*

nativitas [CL]

1 birth; **b** (astrol. w. ref. to horoscope); **c** (fig.).

quadragesimus quartus ut novi orditur annus mense jam uno emenso, qui et meae ~atis est GILDAS *EB* 26; omnis ~as masculi decimi mensis tangit initia THEOD. *Laterc.* 13; homo, quem materna fecunditas genuina ~atis matrice in mundum edidit ALDH. *VirgP* 18 p. 247; quedam .. mulier .. filiam parvulam habebat, annum et dimidium aetatis agentem, que a †navitate [l. nativitate] sic contracta fuerit, ut .. *Mir. Fridesw.* 24; istis omnibus peractis sequitur ~as cujus duo sunt termini, septimus mensis et nonus *Quaest. Salern.* B 25; sciendum quod homo a ~ate sua usque ad senium desiccari non cessat M. SCOT *Phys.* 45. **b** planete conjuncte in ~ate, quando sunt fortiores, dant plures annos vite T. SUTTON *Gen. & Corrupt.* 189; quedam influencia celestis, seu stellica, qualem astronomi solent in ~atibus seu concepcionibus somniare BRADW. *CD* 192A; et hinc est quod astrologi .. dicunt verum .. sicuti eciam qui vult, potest multocies experiri in ~atibus plurimorum, et aliis judiciis consuetis *Ib.* 467A. **c** duae ~ates sunt: naturalis ex carne, spiritualis ex baptismo *Comm. Cant.* III 24; nativitas illa dejecit ad mortem, ~as secunda, id est baptismi, erexit ad vitam BEDE *Ep. Cath.* 101D; sit .. corporalis ejus nativitas spiritalis nostre ~atis, id est sancte conversionis, exemplum AILR. *Jes.* II 11; consurgit ecclesia ut aurora .. et prime caliginem ~atis per lucem sacre regenerationis .. expellit J. FORD *Serm.* 56. 8; frustra profecto justicie ~atis modum pandimus, si non eadem explicacione eciam legis nature originem quam promere decrevimus revelemus FORTESCUE *NLN* I 36.

2 (w. ref. to social rank or class): **a** status of birth. **b** wergeld.

a et erit in personis, quae semper aequales esse debent, inaequalitas secundum dignitatem ~atum ANSELM (*CurD* 9) II 105. **b** redimat se pretio ~atis sue [AS: *be his wergylde*] (*Quad.*) *GAS* 55; qui in ecclesia fecerit homicidium .. regi pretium ~atis sue reddat (*Leg. Hen.* 11. 1a) *Ib.* 556.

3 (eccl. & mon.): **a** (of Christ); **b** (in dates, *v. et. incarnatio* 1b). **c** (*~as Domini* or sim., or ellipt.) (feast of) the Nativity, Christmas. **d** (of *BVM* or St. John the Baptist, w. ref. to their feast-days).

a quanta largiantur ecclesiae ab uno .. Christo .. in ~ate ..? THEOD. *Laterc.* 22; salvatrix superni ducis ~as ALDH. *VirgP* 21 p. 251; scripsit de loco Dominicae ~atis BEDE *HE* V 16 p. 317; Christique insignem de Virgine nativitatem / .. / omnia veriloquis haec praedixere loquellis WULF. *Brev.* 300. **b** in ij anno ~atis ejus magi venerunt in Hierusolyma THEOD. *Laterc.* 6; anno quo a ~ate Domini transacti sunt anni nongenti quattuor W. MALM. *GR* II 129; quidam .. annos Domini incipiunt computare ab Annuntiatione, alii a ~ate GERV. CANT. *Chr.* 88; **1308** anno a ~ate Dominica m°ccc^{mo}viij^{mo} *Lit. Cant.* III 386; ab origine mundi usque ad ~atem Domini Jhesus Christi *Ann. Exon.* 5. **c** ~as Domini nostri Jhesu Christi (*Cal. Willib.* f. 40) *HBS* LV 14; in xij diebus ~atis *DB* I 262va; Dominica proxima ante ~atem Domini M. PAR. *Maj.* III 121; anno quoque eodem, instante Dominice ~atis termino *Ib.* 441; **s1066** W. Bastard .. coronatus est rex Anglie ante ~atem Domini *Ann. Exon.* 8. **d** istam nempe diem, qua templi festa coruscant / nativitate sua sacravit virgo Maria ALDH. *CE* 3. 60; ~as Johannis Baptistae (*Cal. Willib.* f. 37) *HBS* LV 8; ~as S. Mariae Hierosolymis (*Ib.* f. 38v) *Ib.* 11; in assumptione vel ~ate S. Mariae *DB* I 262va; **1131** in festo ~atis beate Marie *Ch. Sal.* 6.

4 (celebration of) birthday.

1337 in ~ate episcopi vj d. *Comp. Swith.* 274.

5 birthplace, native territory, or sim.

finales orbis occidui terras, ~ati sue conterminas .. illustravit GIR. *JS* VII p. 333.

6 (feud.) 'neifty', serfdom, bondage, villein status.

1198 Johannes de Haremed versus priorem de Niuport de placito ~atis *CurR RC* I 222; **1238** faceret .. loquelam .. de ~ate ipsius Walteri eo quod idem prior petiit ipsum Walterum ut nativum et villanum suum *CurR* XVI 149J; **c1243** quietus ab omni ~ate et servitute remaneat *BBC* (*West Looe*) 137; **1256** ideo consideratum quod predicti Walterus et Adam et heredes sui de cetero sint liberi et quieti de predicto Henrico et heredibus suis ab omni nativatite [*sic*] et seculari servitute in perpetuum *AssizeR Northumb* 46; si .. nativi, domino suo negent ~atem suam *Quon. Attach.* 56. 3; clamando jus ~atis et servitutis in persona ipsius W. *Reg. Brev. Orig.* 78; *bondeschyp* ~as *PP.*

7 (transf.) origin, source.

quod quanto visibilis spiritus a sua ~ate elongatur tanto debilior efficitur *Quaest. Salern.* P 102.

nativus [CL]

1 concerned with begetting or reproduction, that causes birth. **b** that gives birth (in quots., fig.). **c** of or connected with birth, native.

contigit quod unum de ~is ejus lapidibus omnino pessundando conquassasset, et inexplicabili languoris molestia oppressisset R. COLD. *Cuthb.* 103 p. 230. **b** Britannie primas, ad divinum ministerium egens aqua, ex ~o silicis sinu laticem produxit W. MALM. *GP* I 19 p. 29; o malitia .. ab homine quasi fonte pietatis ~o omnem humanitatis dulcedinem sic exsiccas H. BOS. *Thom.* IV 13 p. 361. **c** perveniens .. pater B. in ~am patriam suam FOLC. *V. Bot.* 4 p. 402b; alienationem a ~o solo .. sustinent equanimius DICETO *YH* II 17; **s1244** comitissa [sc. Provincie] .. ad partes ~as remeavit M. PAR. *Maj.* IV 284.

2 natural, provided by nature.

in lino quod ex terra virens oritur sed longo ac multiplici exercitio amittit umorem ~um atque ad gratiam novi candoris pervenit BEDE *Prov.* 1031.

3 acquired by birth, inborn (also fig.). **b** (as sb. n.) birthright.

cum ~a vultus venustate ALDH. *VirgP* 57; hunc inmortalem, nativo jure perhennem / .. / hae meruere sacrum gestare in pectore sponsum WULF. *Brev.* 559; tanquam in speculo ~e puritatis ipsius anime J. SAL. *Met.* 878B; **s1257** inter quos fuit antiquum odium ~um et inexorabile M. PAR. *Maj.* V 657. **b** clericus .. ad .. Galfridum pro pace reformanda missus, hoc ab ipso .. Galfrido audiebat. "ut quid me venisti exheredare de meo ~o? num ignoras hoc naturaliter nobis fore proprium et ab atavis insertum ut nullus nostrum alterum diligat?" *Meaux* I 150.

4 (of language) native, spoken by one's parents or in one's native land.

litteris .. ad plenum instructus, ~e quoque lingue non negligebat carmina W. MALM. *GP* V 190; Francorum lingua tam recte, tam delicate et delectabiliter, tanquam materna sibique ~a, loquebatur GIR. *SD* 56.

5 who belongs to a certain place by having been born there, local, native; **b** (as sb. m.) a native.

veris eternativa juventam / floribus ipsa loci deitas nativa perhennat HANV. VI 25. **b** ut nec unus .. illius terre ~us permaneret ibidem FORDUN *GA* 4.

6 who holds a certain position by right of birth.

quis ~us dux .. tantum subditis contulit? GOSC. *Transl. Mild.* 6 p. 162.

7 (feud.) born in bondage, held in villeinage, (*homo ~us*) serf, villein. **b** (dist. from *liber*).

1164 ~os homines terrarum et ecclesiarum predictarum et eorum filios, preter illos qui a canonicis ipsis liberi et quieti clamati legittime ab eis recesserunt *Regesta Scot.* 243 p. 264; **c1170** precipio ut ubicunque .. invenerint fugitivos et ~os homines de terris suis .. eos juste habeant *Ib.* 44; **a1188** sciatis me hominem meum ~um Walterum Cheriessone et filios et filias ejus et omnes ab eis descendentes vendidisse *E. Ch. S. Paul* 210; **1315** cum serviciis libertenencium et ~is hominibus dicte terre debitis et consuetis *Melrose* 416; ~i convencionarii ad voluntatem *Capt. Seis. Cornw* 17; **1417** ~i homines .. abbatis (v. interligare 2). **b 1337** omnes convencionarii tam liberi quam ~i et eciam ~i de stipite (v. conventionarius 1b); **1460** panicio .. oppressorum generosos ac eorum liberos ~osque tenentes .. infestancium *Paston Let.* 611.

8 held by, resulting from, or connected with, the service of a bondsman: **a** (of land); **b** (of service or tenure).

a s1286 tota terra de Haren .. quam .. tres fratres tenuerunt, ~a fuerat ab antiquo *Ann. Dunstable* 328; tenet unam virgatam terre ~am *FormMan* 27; **1356** in defectu redditus j messuagii, j ferlingi terre ~e (*Ac.*) *Crawley* 270; quod nullus .. de novo reciperet ~am terram, nisi .. *G. S. Alb.* II 263. **b 1337** tenenda in ~a convencione, in libera convencione (v. conventio 2e); **1460** servissia ~a annualia inde nobis reddenda *Paston Let.* 57.

9 (as sb. m.) bondsman, serf, villein; (f.) female serf; **b** (*~us de sanguine* or *de stipite*) hereditary bondsman, villein at stock (as dist. from villein at will; cf. *Capt. Seis. Cornw* 17: *~i convencionarii ad voluntatem*) **c** (*breve de ~is*) writ of neifty.

de ~is [AN: *les naifs*] non recedant a terris suis nec querant ingenium, unde dominum suum debito servitio suo defraudent (*Leis Will.* 30) *GAS* 512; **1155** (1381) faciatis habere abbati et monachis de Gemmetico omnes fugitivos et ~os suos cum catallis suis qui fugerunt post mortem regis H. avi mei *CalCh* III 382; fiunt autem ~i a prima nativitate sua, quemadmodum si quis procreatus fuerit ex ~o et ~a ille quidem ~us nascitur GLANV. V 6; **1232** filius cujusdam ~e et non de libera *BNB* II 540; **1302** Athelina de Hulle ~a et Alicia de Hulle ~a domini deflorate sunt: ideo in misericordia *CourtR Hales* 450; quod Johannes Paston armiger esset ~us dicti regis W. WORC. *Itin.* 188. **b** ~i de stipite *Capt. Seis. Cornw* 22; **1339** de redditu assis' ~orum de stipite *MinAc* 816/11 m. 1; de redditu ~orum de stipite cum serviciis *Ib.* m. 6*d*; **1399** nonnulli ~i de sanguine .. cum sequelis, bonis et catallis suis quibuscumque extra manerium illud se totaliter elongarunt *Pat* 304 m. 13*d*. **c** cum quis petit alium in vilenagio positum tamquam nativum suum, habebit breve de ~is vicecomiti directum GLANV. V 1.

nator [CL nare+-tor], swimmer.

to swymme, nare .. *a swymmer*, ~or *CathA.*

natricus [cf. Ar. *naṭrūn*, *niṭrūn* < νίτρον+-icus], of natron or sodium.

cum vis facere sal †naticum [l. natricum] M. SCOT *Lumen* 262.

natrix [CL], snake. **b** water-snake. **c** blind-worm (*Anguis fragilis*). **d** serpent (w. ref. to Satan).

tunc rogitat cives felix bernacula Christi / quatenus in cripta sibi, natrix unde nefandus / aufugit, pariter dignentur condere cellam ALDH. *VirgV* 2410; sunt .. plurimi adhuc serpentini generis angues ut dipsades, reguli, haemorrhoides, spelagi, ~ices, de quibus jam nihil singulare et admiratione dignum repperi *Lib. Monstr.* III 24. **b** ~ix, serpens aquaticus qui veneno suo inficit aquas OSB. GLOUC. *Deriv.* 382; hic ~ix, -cis, violator aquarum *WW*. **c** hec †matrix [l. natrix], *a blyndwurme WW*. **d** truculentus superbiae ~ix qui .. almae civitatis municipes lugubriter conturbavit ALDH. *VirgP* 12; sed priscus dudum in paradiso viscere natrix / edidit invisam superis sub fraude maligna BONIF. *Aen.* 3 (*De Cupiditate*) 52.

natta [ML; cf. LL matta], **~us,** mat; **b** (for floor); **c** (for chair or bench).

1171 pro natis sub blado positis, ij s. *Pipe* 113; **c1190** incensum, carbonem, stramen .. et ~as per totum annum ecclesie comparare *Stat. Lich.* 18; **1290** expense garcionum custodiencium vinum in aqua cum natis *Ac. Swinfield* 25; **1326** pro nactis emptis ad utrumque scaccarium *IssueR* 218 m. 1; **1336** in factura ~orum de Gloy pro refectorio, ij s. vj d. *Ac. Durh.* 533; ex transverso vie ad caudam equi trahitur unum storium aut ~a .. quod ita ipsam arenam planam reddit S. SIM. *Itin.* 87. **b** ~a, qua orantes accubitare solebant W. MALM. *GP* IV 149; solum pallium illibatum remansit, et quod magis stupeas ~e ante sepulchrum strate; intacte reperte sunt SENATUS *Wulfst.* 106. **c 1290** in natis pro scannis aule domini Londonensis xiiij d. *Ac. Swinfield* 129; **1295** in iiij ~is ad bancos in aula, iiij d. *MinAc* 765 m. 17*d*; **1300** pro ij natis emptis ad scanna scaccarii, v d. *KR Ac* 233/12 m. 3; **1301** nactis *Ib.* 233/17 m. 3.

nattaria [natta+-aria], one who makes or sells mats, mat-dealer (f.).

1326 nactar' Hawysye Blakeman de Lamehuth' pro nactis ab eadem emptis ad utrumque scaccarium et scaccarium recepte *IssueR* 218 m. 1.

nattula [natta+-ula], (little) mat.

1236 debet .. invenire aquam, carbones, thus,

phialas .. et natulas in choro et coram altaribus *Stat. Linc.* 160 (=*Reg. Moray* 58).

natura [CL]

1 birth.

non ait 'Joseph quem genuit Levi' sed 'qui fuit Levi' ut daretur intelligi non secundum ~am, ut in Matheo, sed secundum adoptionem rationem dicti processisse SENATUS *Ep. Conc.* xlvii.

2 nature (usu. as the power that determines, shapes, or sim., the physical world); **b** (w. ref. to God as supreme nature); **c** (as God's agent in creation); **d** (dist. from *ars*). **e** (in phr., *~am facere*) to answer the call of nature, to relieve oneself, to defecate or urinate). **f** (*~ae debitum solvere* or sim.) to pay the debt to nature, usu. to die.

~a. crede mihi, res nulla manet sine me moderante ALDH. *Aen.* 4 (*Natura*) *tit.*; omnes homines ~a aequales genuit HUGEB. *Wynn.* 5 (v. disjungere 3a); ~a clementissima parens omnium .. hominem privilegio rationis extulit J. SAL. *Met.* 825C; quorum vero motuum ~a principium sit, ex libris phisicis constat ALF. ANGL. *Cor* 7. 5; **c1298** nemo potest tollere quod natura dedit (*Dunbar* 91) *Pol. Songs* 167; cursus ~e est immutabilis HOLCOT *Wisd.* 69. **b** a Deo, qui summa est ~a NECKAM *NR* II 155 p. 244; tria quidem sunt simplicia, sc. ~a suprema que est Deus, et natura infima, que est corpus, et natura media, sc. rationalis creatura FISHACRE *Sent. prol.* 91. **c** omnis ~a firma et solida quidquid protulerit ostendit, reparante auctore Deo dum generat THEOD. *Laterc.* 17; nam Deus eternus quod fecit non mediante / natura, stabit; quod mediante, cadet H. AVR. *Poems* 6. 56 (v. mediare 4d). **d** quia artium ~a mater est, immerito in injuriam parentis redundat contemptus earum J. SAL. *Met.* 839B; immo possibile est per artem et per ~am M. SCOT *Phys.* 24 f. 16ra; sciunt multa fieri per ~am et per artem juvantem ~am BACON V 8; nec advertunt homines ~e secreta et artis possibilia *Ib.* 24; dico quod licet ~a non facit aliqua superflua, tamen ars facit insitionem et ars est ad opposita *Id.* XI 249. **e** unusquisque ~am suam in ecclesia faciebat, quod factum a Christianis ante illa tempora fuerat inauditum *G. Durh.* 34. **f** cum generale mortis ~ae debitum suprema sorte persolverit ALDH. *VirgP* 24; super illam somno victa recumbebat ~e solvens debitum *V. Fridesw. B* 4; **1166** ~ae munus quod evitari non potest patienter excipiat J. SAL. *Ep.* 166 (147); comes Rohandus .. morte superveniente ~e debitum solvit G. CORNW. *Guy Warw.* 826.

3 (in spiritual history) nature as the age before the Law.

956 per tempora legis ~ae (v. gratia 5a); in .. aetatem ~ae, legis scriptae, et gratiae BEKINSAU 737 (v. gratia 5a).

4 natural or normal state or condition. **b** (*in rerum ~a*) the natural state or course of things. **c** (leg., with implication of existence). **d** (pl.) natural things, questions, or affairs that concern nature.

'accusavitque fratres .. crimine pessimo', i. contra ~am *Comm. Cant.* I 188; stantes nudi versis capitibus contra ~am deorsum ad terram *V. Cuthb.* I 3; fluvius, ministerio persoluto, .. reversus est ad ~am BEDE *HE* I 7 p. 21; contra ~am nature hominis H. BOS. *Thom.* IV 13 p. 361; aves .. quas mirum in modum contra ~am natura producit GIR. *TH* I 15 p. 47; **c1470** terre .. redierunt .. ad ~am suam pristinam (v. extraneare 1c). **b** quid .. in rerum visibilium videri valet ~a quod tam ingenti studio auctoris sui praecepto pareat? ALDH. *VirgP* 6; naturaliter potest subjectum esse in rerum ~a sine sua passione: et econverso passio potest esse in rerum ~a sine subjecto OCKHAM *Quodl.* 552. **c** jus proprietatis semper descendit ad primogenitum eo quod ipse inventus est primo in rerum ~a BRACTON 64b; omissis illis omnibus qui mortui sunt in vita antecessoris, ac si numquam essent in rerum ~a *Ib.* 67b; de .. Woluerico .. juratores nullam fecerunt mencionem, nec unquam talis Wolouericus fuit in rerum ~a *State Tri. Ed. I* 63; **1314** nuncquam fuit talis Johannes de Trays in rerum ~a nec natus nec inventus in patria *SelCKB* IV 60. **d** solertissimus ~arum inquisitor Plinius BEDE *TR* 34 p. 246.

5 (nature as) created artefact, creation.

anima simplex quedam ~a est et indivisibilis secundum essentiam BALD. CANT. *Serm.* 18. 29. 457; ~a infima .. ~a media FISHACRE *Sent. prol.* 91 (v. 2b *supra*); duplex est natura: naturata, et hec non est propter aliquid, cum sit effectus nature naturantis quia secundum non ordinatur ad primum; nec natura a naturans quia nichil ordinatur ad vilius se, sed ad nobilius BACON XIII 132; omnes credunt in Deum mundi creatorem quem Deum ~e vocant *Itin. Mand.* 142.

6 inherent quality, property, or sim., essence, nature, character: **a** (of God, also w. ref. to the two natures in Christ); **b** (of person or body); **c** (of animal, inanim., natural phenomenon, or sim.); **d** (alch., of the four elements or humours, and their combination). **e** (*quinta ~a*) quintessence; **f** (leg.) essence (of writ or action); **g** (of abstr.).

a qui eum corporaliter videre nequivistis, divinae suae ~ae donaret esse participes BEDE *Ep. Cath.* 69; hec disputatio magistri Acardi .. asserit duas esse ~as in Christo (ACHARD) J. CORNW. *Eul.* 4; Deus, cujus ~a bonitas est BALD. CANT. *Commend. Fid.* 63. 2. 613; quomodo enim non ita unibilis fuit humana natura divine ~e in unitatem persone ante corruptionem humane nature, ut post? GROS. *Cess. Leg.* III 1. 5; [Christus] habuit .. duas ~as et secundum unam impassibilis extitit, secundum aliam, viz. humanam, potuit vere pati HOLCOT *Wisd.* 96. **b** non solum .. hoc vitium, sed et omnia quae humanae ~ae accidere solent GILDAS *EB* 21; vir ~a sagacissimus BEDE *HE* II 9 p. 100; homo simplicis ingenii ac moderatae ~ae *Ib.* V 12 p. 310; qui ~am nostrae humanitatis copulavit naturae suae divinitatis *Trop. Wint.* 31; agnovit tamen se ~as corporis sui, quibus physici perniciem hominibus vel incolumitatem praedicunt, amisisse, mortisque imminentis conditionem evadere non posse ORD. VIT. V 19 p. 456; in ~a corporis sumus quasi bestie AILR. *Serm.* 34. 8; non habuerunt .. plus preter in celandis ~e tantum quam eis a prima luce natura texuerat tegumentum *G. Hen. V* 13 p. 92. **c** color ejus [sc. adamantini] erat album ut est ejus ~a *Comm. Cant.* I 295; hippocentauri equorum et hominum commixtam ~am habent *Lib. Monstr.* I 7; contra ~am hiemis in regionibus nostris W. MALM. *HN* 460; de ~is animalium et arborum et de ~a celi ad arbores GROS. *Hexaem. proem.* 13; planeta vel stella alia de ~a planete *Id. Com.* 25; **a1332** liber de ~is bestiarum ... liber de ~is lapidum *Libr. Cant. Dov.* 59. **d** est itaque siccitas humiditati contraria tam in effectu quam in ~a BART. ANGL. IV 3 p. 89; signa .. sunt duodecim, et distinguuntur per ~am elementorum, quia aries, leo, sagittarius sunt ignee ~e, calida et sicca etc. GROS. 42; aurum vivum habet in se quatuor ~as et quatuor humores RIPLEY 127. **e** stellarium corporum substantiam ex quinta quadam alia ~a consistere ratio concludit D. MORLEY 124. **f** nisi tunc demum cum mutata fuerit ~a brevis de ingressu in ~am brevis de recto BRACTON f. 344v. **g** ~a enim numeri hoc exigit ut .. ROB. ANGL. (I) *Alg.* 98; quandoque I stat immediate ante vel post M, N, vel V, potest mutari in Y, ut legibilior sit, vel stare in sua ~a *Orthog. Gall.* S 17.

7 organ of procreation, sexual organ.

pensandum autem est per visum accusantibus, visum concubitus propensius advertendum, ut sc. ipsas coeuntium ~as viderint commisceri (*Leg. Hen.* 82. 9a) *GAS* 599.

8 (of artefact): **a** sort. **b** ability or power.

a **1296** de R. S. pro falsitate facta .. vendendo oleum unius ~e pro oleo alterius ~e *Leet Norw.* 47. **b** vetule provinciales dant purpuram combustam in potu. habet enim occultam ~am curandi variolas GILB. VII 348v. 1.

9 (of behaviour or act) nature, form.

desicut quodlibet appellum de felonia et seduccione sit de tam alta ~a quod etc. *State Tri. Ed. I* 44.

10 matter, substance.

ut recipiat multum de spiritu inter se et ventositate que faciunt ipsam [virgam virilem] inflari et erigi cum opus fuerit et per ipsam deportari ~am seminalem vel materiam seminis *Ps.*-RIC. *Anat.* 40 p. 24.

naturalis [CL]

1 that occurs or exists in nature, natural, not artificially made.

bituminis .. sunt duo genera: alterum est ~e, quod in Mare Mortuo invenitur ..; alterum .. coquitur *Comm. Cant.* I 72; **a804** in fervente ~is aquae balneo ALCUIN *Ep.* 262; quamquam .. speciale a medicis accepisset remedium quatinus ~ibus poculis uteretur et puris W. DAN. *Ailred* 41; signum vero ~is argenti est quod quando percutis cum malleo .. facit sonum extraneum BACON *Min.* 378; figella dicitur apostema factum de colera ~i et melencolia ~i *Alph.* 66.

2 of or pertaining to nature. **b** of the age before the Law.

hec .. sunt jura ~ia .. que in ipsa natura naturante immobiliter sunt fundata BRADW. *CD* 233D. **b** prima saeculi tempora lege ~i .. illustrare dignatus est BEDE *TR* 64 (v. lex 3e); gravius judicabitur qui legem Moysi quam qui legem ~em contemnit *Id. Ep. Cath.* 20.

3 shaped, determined, or sim., by nature or natural cause, natural, innate (usu. of act, abstr., or sim.); **b** (dist. from *accidentalis, artificialis*, or sim.); **c** (dist. from *supernaturalis*).

proprium fuit Hebraeis et paene ~is leprositas *Comm. Cant.* I 208; ~i quadam .. latentium rerum curiositate contemplarer ALDH. *VirgP* 2; genus hominum .. in ~i nuditate *Lib. Monstr.* I 15; item quod omnibus inest, ~e est FISHACRE *Quaest.* 43; **1247** post decessum .. Cecilie .. ~em (v. civilis 4). **b** artificiali usus sum ordine potius quam ~i NECKAM *NR* I 4 p. 29; senilis corporis membra vix ossibus coherentia .. subtracto tam ~i quam accidentali calore *Canon. G. Sempr.* f. 60v; corpus humanum .. proprium anime rationalis organum ipsius operationibus tam ~ibus [TREVISA: *of kinde*] quam voluntariis deputatum BART. ANGL. IV 1 p. 82. **c** de omnibus virtutibus .. determinat Aristoteles .. et non facit mencionem nisi de ~ibus vel acquisibilibus aut consimilibus ... [virtus] ~is et supernaturalis. prima est proporcionata nature humane HOLCOT *Wisd.* 15.

4 (of period of time): **a** (*annus ~is*) calendar year. **b** (*dies ~is*) natural day, day of 24 hours.

a BRACTON 359 (v. annus 1b); **c1250** annus ~is (v. artificialis 2b); ossa ejus, ibi sepulta eodem anno ~i, in regnum Swecie portate fuerunt GASCOIGNE *Loci* 124. **b** trium dierum ~ium navigatione GIR. *TH* I 1; totus dies ~is, nox sc. simul et dies *Id. GE* II 8 p. 204; dies ~es NECKAM *NR* I 10 (v. 1 dies 1b); dies ~is GERV. TILB. I 5 (v. artificialis 2a); cum dies ~is sit una revolutio firmamenti GROS. 22 (v. 1 dies 2a); dies ~is BACON VI 45 (v. hora 2a); est .. dies ~is revolutio equinoctialis cum tanta parte quanta sol interim pertransit motu proprio contra firmamentum SACROB. *Sph.* 101; ad diem ~alem, qui continet xxiiij horas LYNDW. 24 (v. 1 dies 2a).

5 (w. ref. to the natural as) normal, usual, real, or sim.: **a** (of person); **b** (of act, abstr., or sim.). **c** (*~e est*) it is natural or normal (w. inf., *quod, si*, or *ut*).

a nec posset homo esse filius Dei adoptionis nisi Filius Dei ~is esset homo GROS. *Cess. Leg.* III 1 p. 126; cum felicitas sit .. finis cujuslibet hominis ~is BRADW. *CD* 105B. **b** praesbiter aut diaconus faciens fornicationem ~em sive sodomitam GILDAS *Pen.* 1; tres isti significant ~em, actualem, et contemplativam [vitam]: Petrus ~em, Jacobus activam, Johannes contemplativam *Comm. Cant.* III 40; cum in metro I corripiatur, in prosa tamen ~em servat accentum ABBO *QG* 16 (36); que commoditas a recto itinere et ~i circuitu planetas revocavit ADEL. *QN* 72. **c** sicut inrationabilibus animantibus ~e est .. in captionem .. incidere BEDE *Ep. Cath.* 77; nonne rectius, nonne ~ius .. foret si [planete] eodem circuitu cum aplano .. rotarentur ADEL. *QN* 72; ~e enim est ut semper aliorum .. miseriis compatiamur ANDR. S. VICT. *Sal.* 25; ~e .. est homini quod diligat consanguineos suos T. CHOBHAM *Praed.* 189; dicunt quod non est ~e homini sic mentiri *Ib.* 292; si virtus alicujus excedat virtutem aliorum, ~e est quod iste sit rex et dominus W. BURLEY *Pol.* 279.

6 (of science or sim.) natural, concerned with questions of nature as physical creation. **b** (as sb. n. pl.) natural questions (usu. as title of book). **c** (*~is philosophus*; also ellipt. as sb. m.) natural philosopher, one who deals with questions of nature as the physical creation.

Pythagorici ~is scientiae magisterio praediti BEDE *Ep. Cath.* 16; Plinius .. in octavo ~is Historie libro W. MALM. *GR* V 409; quedam pars speculative scientie considerat res mobiles et materiales .. et ista est ~is KILWARDBY *OS* 15; in scientia ~i procedit determinando prius communia magis et consequenter minus communia T. SUTTON *Gen. & Corrupt.* 47. **b** aliqua logicalia et pauca ~ia .. transtulit in Latinum BACON *Maj.* III 29; metaphisicalia sequuntur ~ia, quia

.. conclusiones aliarum scienciarum sunt principia in methaphisicis *Id.* II 1; **c1490** de anima et parva ~ia per sex septimanas (*Stat. Glasg.*) *EHR* XIV 251. **c** ~is philosophus dicit quod genus est equivocum, set logicus .. dicit quod genus dicitur univocum BACON *CSTheol.* 67; ~es .. in libro meteororum Aristotelis .. negotiantur circa hec certificanda *Id. Tert.* 43; in istis .. orbibus est contrarietas inter ~es et mathematicos ROB. ANGL. (II) 148; dicendum quod ~is considerat lineam et .. mensuram ut concernit corpus naturale KILWARDBY *OS* 182; ex quo, id est Deo, secundum ~em Empedoclem, omnia quecunque sunt, et post-modum erunt, processerunt BRADW. *CD* 212D; ut ~es dicunt, exercicium est unum de alcioribus et nobilioribus rebus que corpori humano possunt applicari in prolongacione vite .. J. MIRFIELD *Flor.* 140.

7 concerned with begetting or reproduction, genital. **b** (as sb. n. pl.) genitalia.

selle pars anterior ejus ~ia instrumenta ad terram arctius impingendo collideret R. COLD. *Cuthb.* 103 p. 230; vesica interim ~is de die in diem amplius magisque intumuit *Ib.* **b** anteriori selle assere ipsius ~ia ad lapides inlidente *Ib.*

8 (w. ref. to consanguinity) related by birth: **a** (of brother) who has the same mother and father. **b** (of child) natural, not adoptive. **c** illegitimate.

a si frater cum fratre ~i fornicaverit per commixtionem carnis, xv annos ab omni carne abstineat THEOD. *Pen.* I 2. 19. **b** filia uxoris Annae regis .. et filia ~is ejusdem regis BEDE *HE* III 8 p. 142; liberorum .. quidam sunt ~es et legitimi quidam ~es et non legitimi et quidam nec ~es nec legitimi *Fleta* 370. **c** Reginaldus, comes Cornubie, Henrici primi regis filius ~is DICETO *YH* I 401; premisso Duvenaldo ~i ejusdem filio et quanquam non legitimo in sua tamen gente GIR. *EH* I 3 p. 231; filii .. tam ~es quam legitimi *Id. DK* II 9 p. 225; **c1290** dicit 'filio suo' et non dicit utrum fuerit ~is vel legitimus *SelCCant* 641.

9 who belongs to a place by right of birth, native-born (and therefore rightful, legitimate): **a** (of king or his power); **b** (of noble or free subject); **c** (of bondsman or serf). **d** (as sb. m.) noble or free subject. **e** bondsman or serf. **f** (as sb. n.) birthright.

a a**988** primum ~i domino suo regi armillam auream *Ch. Roff.* 35 p. 52; mox proximus haeres, Eadraedus .. regnum ~e fratrem succedendo suscepit B. *V. Dunst.* 19; quidam .. procerum .. favebant .. Edgaro filio Edwardi, dicto *Irenside*, qui fuit rex ~is Anglie. quidam vero Haraldo propter suam potenciam *Eul. Hist.* II 197; sic a manibus regis tanquam a vero suo ~i rege .. terras suas recepit FORTESCUE *Tit. Edw.* 13. **b** **1204** dixit quod ~es homines et gentiles sunt de provincia *CurR* III 129; confluebant ad eum homines imperii ~es, qui per fidelitatem ei fuerunt astricti M. PAR. *Maj.* III 192; rex .. omnes ~es curie sue ministros a suis removit officiis, et Pictavenses extraneos in eorum ministeriis subrogavit *Ib.* 240; per idem consilium ~es homines de regno vestro de curia vestra expulsi sunt *Ib.* 270; vocatis et retentis alienigenis, suorum ~ium baronum merito incurrit odium inexorabile *Flor. Hist.* II 142. **c** si dominus ~i servo aliquid jusserit et servus .. domino oboedierit *Simil. Anselmi* 73; **c1200** homines qui ~es sunt ad terras predictas *Reg. Moray* 12. **d** **1217** ~is et fidelis noster esse debetis *Pat* 109; Gilebertum .. et alios regni ~es *Flor. Hist.* II 209; credens firmiter ex certa domini regis promissione, ut, mutata pristina voluntate et consilio, ~ium suorum se consiliis inclinaret *Ib.* 352; **1436** inter nos ligeos et subjectos nostros et carissimum fratrem nostrum regem Portugalie ac ~es et subjectos suos *Cl* 287 m. 15*d*; **1441** et ~ibus vestris [principis Venetorum] .. graciam rependamus BEKYNTON I 211; ~es de insula de Anglesey AD. USK 61. **e** sic .. inter Deum et homines agitur, quomodo inter dominum aliquem et servos illius qui vulgo ~es vocantur *Simil. Anselmi* 73. **f** a**976** filius falso dicens esse sibi ~e .. ab aecclesia Dei arripuit hereditariamque cartulam .. edidit *CS* 1150.

10 (of language) native, spoken by one's parents or in one's native land.

linguam .. Anglorum, quae sibi ~is est BEDE *HE* V 20 p. 331.

11 (as sb. n. pl.): **a** natural things, (the world of) physical creation. **b** natural condition, quality, or sim. **c** things required by nature, (*~ia facere*) to relieve oneself.

a facile est assequi ~ia arcana ex his que frequenter accidunt J. SAL. *Met.* 922C; quicquid incepit esse habet suum esse a summo esse. omnia ergo ~ia sua habet a summo esse NECKAM *SS* I 2. 3; metaphysicus habet considerare ea que sunt supra ~ia J. BLUND *An.* 17; intellectus est apprehendere ea que supra humanam naturam sunt, et ~ia per abstractionem formarum universalium *Ib.* 337. **b** in prima mora fuerunt omnes [sc. angeli] in ~ibus suis DUNS *Sent.* II 5. 1. 5 p. 304b; ~ia in damnatis angelis manent splendidissima *Ib.* II 5. 2. 9 p. 318b; **c1380** viri .. ~ium integritate ac morum gravitate multipliciter insigniti *FormOx* 380. **c** ad ecclesiam confugerunt et intus steterunt quamdiu comes fuit in villa, ita quod ~ia inhoneste oportuit eos facere in ipsa ecclesia *V. Montf. app.* 311.

naturalitas [LL]

1 state or condition of being determined by nature, naturalness.

quid ~atis [motus] habeant et quid non, patet ex predictis SICCAV. *PN* 177.

2 state or condition of having certain essence or nature, natural character.

humores naturales dico non quod maneant in sua ~ate dum fit febris GILB. I 8v. 2; omne enim ens diligit se permanere eadem ~ate qua appetit se perfici quando est imperfectum SICCAV. *PN* 154; sicut Pater celestis est perfectus ex se naturaliter, ~ate sibi competente essencialiter DUNS *Ord.* IV 15; si sudor veniat .. in statu paroxismi, .. tunc est naturalis ~ate virtutis expulsive; est tamen innaturalis racione quia mala a ~ate consuetudinis est naturalis GAD. 8. 1.

naturaliter [CL]

1 naturally, according to (the laws of) nature.

haec omnia erant in virtute et non adhuc in potentia .. sed ~iter in terra *Comm. Cant.* I 84; menstrua .. consuetudo .. quae ~iter accedit BEDE *HE* I 27 p. 56; aborior .. i. non ~iter oriri sicut monstra faciunt OSB. GLOUC. *Deriv.* 389; quod potius ex parentibus ~iter hec proveniat discoloritas GIR. *TH* I 12 p. 37.

2 inherently, naturally, by virtue of specific nature or essence.

si trocheus positione longus extiterit .. si vero ~iter producitur ALDH. *PR* 116 p. 160; cujus natura caritas est .. ~iter amat et vult amari BALD. CANT. *Serm.* 15. 17. 548D; in reti quedam sunt que ~iter ad ima tendant ut plumbum, quedam levia que rete ab imis elevant et natare faciunt NECKAM *NR* II 47; s**1409** hostia .. est verus panis ~iter, et corpus Christi figuraliter *Chr. S. Alb.* 48; novi enim quod a juventute sua fuit et est fatuus ~iter GASCOIGNE *Loci* 34.

3 according to the natural state of things, normally, without complication, difficulty, or sim.

1296 gratanter et ~iter gentes vestras ad costeram maris .. in obsequio nostro transmisistis, unde vobis scimus grates .. rogantes quatinus gratitudinem quam .. erga nos hactenus ostendistis continuare velitis in posterum (*Breve regis*) *MGL* II 76.

naturalizatio, (leg.) naturalization.

solent .. suo principe ejurato, fidem novo principi, in cujus terra feudum acquirere cupiunt, obstringere. Galli ~onem, Angli denizationem vocant *Jus Feudale* 95.

naturare [ML], to shape, create (usu. w. nature as cause or agent); **b** (*natura ~ans*) creative nature; **c** (*natura ~ata*) created nature, physical creation; **d** (p. ppl. as sb.) created thing.

cum autem est ~atus ut pirum et ficus cadit [embrio] M. SCOT *Phys.* 6 f. 11rb; erat juvenis bene ~atus, sed nimis luxuriosus GRAYSTANES 27 p. 84; scire quod in omnibus animalibus est res naturalis nobilis, quoniam non fuit ~atum ullum eorum ociose neque casualiter BRADW. *CD* 170E; quoniam illius est appetitus aliqua causa, illa vel est natura vel fortuna: si natura, ergo magis dicitur natura causa illius quam fortuna, et talis magis diceretur bene ~atus, quam bene fortunatus *Ib.* 269A; o natura viri que naturatur eodem / quod vitare nequit nec licet illud agi GOWER *VC* V 206. **b** natura ~ans BACON XIII 132 (v. natura 5); jura naturalia .. in .. natura ~ante .. fundata BRADW. *CD* 233D. **c** nisi .. hujusmodi animalia vilia .. majorem industriam ceteris haberent, cito corrumperentur nutrimento carendo .. et ita potentis nature ~ate etiam vacantis non in tantum quantum in se est esset manifesta BACON VIII 122; natura ~ata *Ib.* XIII 132 (v. natura 5). **d** cui [Creatori] ab ipsa natura et omni ~ato honor et gloria R. BOCKING *Ric. Cic.* II 7 p. 311A.

natus [CL *abl. sg. only*], (status of) birth; **b** (w. ref. to amount of) wergeld.

ceteri majores ~u ac regis consiliarii BEDE *HE* II 13 p. 112; rex .. ~u nobilis *Ib.* II 15 p. 116; majores ~u OSB. *V. Dunst.* 36 (v. exhalatio 1b); femine .. ~u nobiles et sobriis moribus probabiles TURGOT *Marg.* 4 p. 239. **b** qui de judicata et vadiata domino peccunia apud justitiam falso conqueritur et contradicit et molitur, secundum quod ~us est culpa sit erga justiciam cui mentitus est (*Leg. Hen.* 59. 14) *GAS* 579; si homo occidatur, sicut ~us erit, persolvatur (*Ib.* 76. 1) *Ib.* 593.

naucella v. navicella. **naucherus** v. nauclerus.

naucidus [CL naucum+-idus], fetid, stinking.

cenulentus, fetidus .. putidus, ~us OSB. GLOUC. *Deriv.* 144.

naucifacere [ML], to make little of, set at nought, be contemptuous of.

~ere, vilipendere OSB. GLOUC. *Deriv.* 385; *to sett at noȝhte* .. ~ere, naucipendere *CathA.*

naucipendere [ML], to make little of, set at nought, be contemptuous of.

vilipendere .. ~ere OSB. GLOUC. *Deriv.* 244 (v. floccifacere); lector .. ~endo nunc in nauseam nares contrahit GIR. *EH intr.* p. 207; *CathA* (v. naucifacere).

nauclerius v. nauclerus.

nauclerus [CL < ναύκληρος], **nauclerius** [LL]

1 ship-owner or captain; **b** (royal or sim.); **c** (fig.).

celerrimam agens liburnam aut lintrem instanter hortante proreta et crepitante ~u [vv. ll. ~ii, ~i] portisculo spumosis .. tractibus trudit ALDH. *VirgP* 2; quod ad ~os proretasque pertinet *Id. PR* 140 p. 193; consentienti ~io [vv. ll. ~o, nauchero] adgressus est navem WILLIB. *Bonif.* 4 p. 16; ~us, *scipes hlaford* ÆLF. *Gl.* 166. **b** **10..** ego, Restoldus, ~us quondam Roberti Normannie comitis *CartINorm.* p. 227; liberatio ~i, custodis sc. navis regie *Dial. Scac.* I 6K; **1433** quidam Johannes Wacker, vester †naucterus [l. nauclerus] notabilis et subditus de Campveer .. *Mem. York* II 186; **1471** Robertus Michelson de Hull, qui fuit ~us et ductor navis nostre vocate *le Antony* ad tempus quo nos dictam navim nostram in Seland hoc regnum nostrum Anglie applicatur[i] ceperimus *Pat* 527 m. 18. **c** **1255** archiepiscopus .. navicule fluctuantis ~us *Conc. Syn.* 503; tu naucleri nostri linter, / tu catella sive spinter / luto jungens figulum WALT. WIMB. *Virgo* 68.

2 helmsman, steersman.

10.. gubernator vel ~us, *steorman WW.*

3 purser.

hic naucherus, *a pursberer WW.*

4 (understood as) member of crew, seaman, sailor.

habeat etiam ~us [*gl.*: magister vel clericus navis, *mariner*] transtrum NECKAM *Ut.* 115.

naucum [CL], **~us,** thing of little value, (*homo ~i*) worthless person. **b** (indecl.) part of the fruit that envelops the kernel.

ignavus erat et piger .. homo ~i et defectus MAP *NC* II 23 f. 31v; ecclesie dedicate lintheamina, manutergia, pelves et ~a tanquam predones asportant omnia GIR. *GE* II 27 p. 294; **c1211** tanquam homo ~i aut nichili *Id. Ep.* 6 p. 218; ex fastu aut avaricia quibus nituntur suffocare simplices ut muscas cum telis aranee, quas forciores dirumpunt et destruunt tanquam †nanci [l. nauci] WYCL. *Ver.* II 136. **b** ~i nomen indeclinabile, i. putredo illa nucis in qua nucleum involvitur quod quidem nihil valet et pro nihilo ponitur OSB. GLOUC. *Deriv.* 381; hec sunt partes fructuum. hoc ~i, indeclinabile, *defe WW.*

naucupletio [CL navis+completio], (act or duty of) equipping a ship.

964 unam ~onem quod Anglice *scypfylleð* dicitur per se habere *Cart. Worc.* 1 p. 5; de istis tribus ..

hundredis . . constituant unam ~onem quod Anglice dicitur *scypfylleð oþþe scypsocne Ib.*

naucupus v. naupegus.

naufragare [CL], **~ari** [ML], to suffer shipwreck, be shipwrecked; **b** (w. ref. to running aground); **c** (fig., var.). **d** (pr. ppl. or p. ppl. as sb.).

Deus . . Paulum . . ~antem [AS: *scipdrincende*] de profundo pelagi liberavit *Rit. Durh.* 61; Eboracensi archiepiscopo Aldrado urbem Redemtoris Hierosolimam adeunti et in Adriatico ponto ~anti, invocata concivis Editha protinus affulsit Gosc. *Edith* 279; ~or . . verbum deponens Osb. Glouc. *Deriv.* 369; creavit . . navibus ~antis puelle W. Cant. *Mir. Thom.* III 3; in mari Brittanico regia classis pene ~ata Ad. Eyns. *Hug.* II 8; contigit . . regem . . nimia suborta tempestate pene ~ari *Ib.* **b** ubi maxima fugiencium caracarum que et mater omnium dicebatur timore insequencium violenter impulsa zabulo ~avit G. Hen. V 21 p. 148. **c** feminis quae nuper a fide ~averant Aldh. *VirgP* 47 p. 301; si . . a recto fidei tramite exorbitantes nefandae gentilitatis Charibdibus ~arent *Ib.* 50 p. 305; signat benedicta medica assueto sibi signo Salvatoris oculum ~antem Gosc. *Edith* 294; si videat ~ari innocentiam W. Malm. *GR* II 202 p. 251; s1141 de pace patrie que grandi periculo ~abatur *Id. HN* 493 p. 52; c1168 ut opem tulerit ecclesie ~anti J. Sal. *Ep.* 266 (262). **d** delphines . . subsidium ~antibus exhibuisse dicuntur Neckam *NR* II 27; in hujus vite salo / naufragantes nos a malo / tempestatum erue Walt. Wimb. *Virgo* 145; legem . . bona concedentem alii naufragorum [v. l. ~atorum] Ad. Mur. *Chr.* 93.

naufragium [CL]

1 shipwreck; **b** (fig.).

ac si undis quassati . . veluti post ~ium Gildas *EB* 110; in periculo ~ii magis nautarum scientia . . quam militum arma prodesse valebant Bede *Acts* 992; aliquando ~ium [AS: *forlidenesse*] patior . . vix vivus evadens Ælf. *Coll.* 96; numquam audivi regem ~io interi[i]sse W. Malm. *GR* IV 320. **b** illi periculoso saeculi ~io Aldh. *VirgP* 10 p. 238; quae tandem cuncta sollicite fugiens, portum monasterii petisse ex hujus vite ~io nudus evadens *V. Greg.* p. 76; tot libertatis ~ia W. Malm. *GR* II 135 p. 151; sanctimonialis quedam ~ium pudoris incurrerat *Id. Mir. Mariae* 44 p. 220; ad conjugii portum de fornicationis ~io fugientes Ailr. *Spec. Car.* III 35. 91. 611.

2 that which remains from a shipwreck: **a** (leg.) wreck; **b** (w. ref. to) right of flotsam, jetsam, and wreck. **c** the body of a shipwrecked person.

a ne quid ex ~iis diripiatur vel ne quis extraneus interveniat colligendis eis Gir. *PI* I 20 p. 119. **b** thesaurus inventus, ~ium, maris laganum *GAS* 556 (v. 2 laganum); c1198 concessi . . eisdem ut uti et gaudere possint ~io in omnibus terris suis et litoribus (*Ch.*) *MonA* V 673b. **c** ipsae mortifero carmine navigantes decipiunt et illa per vim fortitudinis marinis succincta canibus miserorum fertur lacerasse ~ia *Lib. Monstr.* I 14.

naufragosus [LL], full of wrecks, perilous (in quot., fig.).

retrahat a portu in ~os turbines mundi Anselm (*Ep.* 161) IV 33; ecclesia maxima tempestate persecutionum, procellis passionum involvitur, ac diu per ~os diversorum cruciatuum gurgites enatans Hon. *Spec. Eccl.* 947A.

naufragus, navifragus [CL]

1 (as adj.) shipwrecked; **b** (fig.); **c** (w. implication of wastefulness).

audiamus . . post classis amisse dispersionem et tam piam hospitis ~i, . ., suorum consolationem Gir. *Ep.* 4 p. 184. **b** ave, parens, / per cujus viscera / mira fecit / Creator opera, / mundi hujus / siccavit pelagus, / ut respiret / peccator naufragus, / o virgo decoris Edmund *BVM* 2. 15. **c** prodigus autem dicitur nimis largus, profusus, sive ~us, consumptor vel rerum dilapidator monasterii, vel stirpator substancie fratrum *Cust. Cant.* 128.

2 that causes shipwreck.

navifragi, *scyphrucules GlP* 959.

3 (as sb.) shipwrecked person; **b** (fig.).

Turfridus . . obiit in pelago ~us preda piscibus expositus W. Malm. *GR* II 134. **b** c799 ego . . saeculi tempestatibus turbatus, casso multis in locis labore desudavi, sed modo quasi ~us, . . ad portum dejectus quietis Alcuin *Ep.* 187; succurre, mi pater Augustine, et erue ~um tuum solita subventione ab instanti nece quatinus . . Gosc. *Transl. Mild.* 11; naufragus in sicco reperit mare carnis amare, / ardet et in medio fluctuat igne caro Garl. *Epith.* I 265; tu lechitus es olivi, / tu vitalis via rivi, / Dei brevigerula; / tu columpna clinicorum, / tu celeuma naufragorum / et secunda tabula Walt. Wimb. *Virgo* 64.

naulagium [CL naulum + -agium], fee for passage, charge for freight.

1289 quod . . possint . . percipere . . chaiagia, lociones . . et ~ia *RGasc* II 312a.

naulicus [CL naulum + -icus], of a fee for passage, of a charge for freight.

ex mea parte piscem defer episcopo. pro ~a vero mercede cetera tibi tolle Ailr. *Ed. Conf.* 756D (=Flete *Westm.* 37).

naulificator, pilot, helmsman.

1528 ibidem hujusmodi ductorem seu ~orem . . certo prelio conduxit *SelPlAdm* I 31.

naulizator [cf. ML naulizare], pilot, steersman, helmsman.

1524 Johannem Greneway nuper capitalem mercatorem sive naulisatorem principalem, cujusdam navis vocate le Sancta Maria de Valencia (*Warrant*) *HCA* 39/1 n. 30.

naulum [CL < ναῦλον], fee for passage, fare; **b** (for hire of vessel) charge for freight; **c** (w. ref. to transportation of goods or people); **d** (~*um mortuum*) dead-freight, amount paid for the part of a vessel not occupied by cargo. **e** (fig.).

adgressus est navem, ~oque inpenso . . pervenit ad Dorstet Willib. *Bonif.* 4 p. 16; ~um, *sciptol* Ælf. *Gl. Sup.* 182; vix dato ~o †unam [l. una] cum equo permittitur intrare Herm. Arch. 33. **b** 1289 pro †haulo [l. naulo] navis de Cain usque Gernemutham *Arch. J.* XXXII 167; c1310 cum ~o navis, portagio, et aliis expensis *Ac. Durh.* 510; 1327 et pro ~o cujusdem batelle cariantis victualia usque Leth, xxvj s. et viij d. *ExchScot* 63. **c** 1368 pro ~o duorum lapidum pro tumbis regine construendis apud Dunfermelyne et cariando de Londiniis, x li. *Ib.* 300; 1460 pro ~o trium lastarum et unius barilis salmonum salsorum *Ib.* 19; 1461 pro ~o domine regine versus W. *Ib.* 79; 1531 pro nallo: . . pro ~o viiij barrell' salmonum a Bervico usque Novum Castrum *Houseb. Bk. Durh.* 16. **d** 1542 pro vectura sive ~o mortuo vocato *dead freight SelPlAdm* I 115. **e** c1168 michi . . de benedictione, quam recessurus quasi viaticum itineris et ~um seculi contulit, confido quos in exilio et proscriptione repperi provenisse successus J. Sal. *Ep.* 256 (257).

naumachia [CL < ναυμαχία], **~ium**

1 naval battle or campaign.

~ium, pugna navalis *GlC* N 44; **964** ~ie expeditionem que ex tota Anglia regi invenitur faciant *Cart. Worc.* 1 p. 5; *schyppe were*, ~ia, . . navale *PP*.

2 mock sea-fight, exercise.

~ium, exercitatio illa que agitur in navi Osb. Glouc. *Deriv.* 382.

3 place in which naval battle occurs.

~ium, locus navalis exercitationis *GlC* N 10; ~iae, lacus *Ib.* 50.

naumeum v. namium.

naupegus [LL < ναυπηγός], ship-builder or ship-owner.

naupicus, i. navis pater Osb. Glouc. *Deriv.* 369; *schyppe wryth*, naucupus *PP*.

naupicus v. naupegus.

nausa [Prov. *nauza* < Gall. **nauda*], swampy ground.

1291 qui mons satis est propinquus cujusdam platerie sive ~e que dicitur ~a de Pudhpudent *RGasc* III 11b.

nausea, nausia [CL < ναυσία, ναυτία], **~ium**

1 sea-sickness.

navigante vero eo quandoque Corinthum et tempestate facta, ~iam passus est et expavit W. Burley *Vit. Phil.* 148.

2 feeling of sickness, nausea; **b** (caused by inebriation); **c** (as personified agent); **d** (fig.).

ubi fetida damnatorum cadavera . . horrida vermium examina ebulliebant, squaloris ~iam perpetitur Aldh. *VirgP* 36 p. 283; mandragora illis mederi perhibetur qui ~ia laborant Bede *Cant.* 1204; quando vomebat materia erat circa os stomaci; quando habuit ~iam, circa spiritualia in stomaco *Quaest. Salern.* Ba 75. **b** crapula, ~ia post potum *GlC* C 914; pejor est bruto animali qui se incrapulat usque ad ~eam T. Chobham *Serm.* 17. 65ra. **c** nulla salus inopis, opibus debentur honores, / nausia divitibus pauper amicus erit Nig. *Poems* 400. **d** huc . . non accessi pro sermonibus audiendis, quorum copia frequenter usque ad ~eam imbutus sum a grammaticis Ord. Vit. V 10 p. 379; Sacra Scriptura . . potat in ebrietate sine ~ea T. Chobham *Serm.* 4. 22ra.

3 feeling of irritation, disgust, or loathing.

10 . . fastidium, i. altitudo, odium longum, contemptum, vel ~ia *WW*; si tectorum poterunt evitare ~iam W. Malm. *GP* I 40; ne importunitate sua indigenarum ~iam irritare videretur *Ib.* 68 p. 127; non solum ei fastidium sed et ~eam generat J. Ford *Serm.* 24. 3.

4 substance that induces sickness; **b** infusion of tanbark. **c** (fig.).

sine pane omnis cibus in ~ium [AS: *wlættan*] convertitur Ælf. *Coll.* 98. **b** barkaris, barkwater, naucee, fem. prime *PP*. **c** perjurus . . et se priore pejor . . tocius ecclesie ~ea fit populi contemptus Map *NC* IV 6 f. 50.

5 substance that issues from sickness, vomit. **b** (transf.) object or substance hurled from a catapult.

cum universum falsae garrulitatis incestum velut fetidam melancoliae ~iam de recessibus falsi pectoris evomuisset Aldh. *VirgP* 32 p. 274. **b** saxivoma . . impetuosa ~ea resistencia quasi parvipendendo robora parietes validos dirimunt *Ps.*-Elmh. *Hen. V* 52 p. 129.

nausealiter, with feeling of sickness, squeamishly.

si . . more tuo pertinax in temeritate persisteres, . . talia . . fastidientis ad instar ~iter aspernari non erubesceres E. Thrip. *SS* IV 16.

nauseare, nausiare [CL], **nausire**

1 (intr.) to feel sea-sick or nauseous, to be sick (of), feel disgust (at); also fig.; **b** (w. *ad*); **c** (w. *ex*); **d** (w. *in* and abl.); **e** (w. *super* and acc. or abl., *cf. et. Num.* xxi 5); **f** (pr. ppl. as sb.).

novi . . accidisse ut . . criminis conscios . . imo a ~eantis animi sinu summo horrore rejicerent Ailr. *Spec. Car.* III 28. 601D; non referam rem, Petre, feram qua sordeat aër, / nauseet auditor; fetet; in equor eat L. Durh. *Dial.* II 372. **b** ad feditatem ~eans ipsam unde laverat eos aquam . . hausit Map *NC* I 23 f. 16. **c** Herodes piceus in pice balneat, / ex cujus sordibus infernus nauseat Walt. Wimb. *Carm.* 257. **d** Swithunus, in terrenis ~ians, Dominum ad celestia informabat W. Malm. *GR* II 108. **e** sunt . . quidam qui circa spiritalia desides et pigri . . super manna celeste ~eant Ailr. *Inst. Inclus.* 28 p. 661; gaudent brevitate moderni super prolixis operibus ~eantes Ockham *Pol.* I 228. **f** mandragorae formam tenet, quia vitae alimentum in ~ientium cordibus figit Bede *Cant.* 1204.

2 to cause nausea or disgust, to induce loathing.

alii patrie dulcedinem in ~ientem amaritudinem intuentes conversam exteras magis regiones inhabitare eligere G. *Steph.* 78.

3 (trans.) to be sick of, to feel disgust at, to loathe or abhor; **b** (w. inf.).

qui jam cruditatem ~iabant Scoticam W. Malm. *GP* III 100 p. 214; felicem esse qui mundanas ~iaret illecebras *Id. Wulfst.* I 3; seculum ~eantes *Chr. Rams.* 28. **b** quod asportare ~ians sub se in terra defodit W. Malm. *GR* II 131.

4 to vomit, spit out: **a** (food, as result of nausea; also fig.). **b** (transf., stone from a catapult).

a jamque plena ~iabis insula hec hortamenta Gosc. *Lib. Confort.* 81; continuis septem ebdomadibus .. stomachi indignatione cibos ~ians W. MALM. *GR* I 60 (=[*V. Bedae*] *NLA* I 110: ~eans). **b** jam nutant turres, ferreorum monstrorum, saxa ~eantum, insultus perpesse Ps.-ELMH. *Hen. V* 94 p. 273.

nauseatio [CL nauseare+-tio], sensation of nausea, act of vomiting.

prohibet ~ionem et inviscationem in villis ysophagi GILB. I 17v. 1.

nauseativus [nauseatio+-tivus], that induces nausea.

replecio ~a GAD. 11v. 1; de genere spermatis non generantis est sperma infantis et pacientis ~am sacietatem *Ib.* 37v. 1.

nauseola [CL], slight attack of sickness.

nausea .. et hec ~a OSB. GLOUC. *Deriv.* 381.

nauseus, ~ius [cf. CL nausea, nauseosus], that induces nausea or disgust.

956 (12c) abicientes sententiam euuangelice veritatis quasi ~ium nectar et cenose laticis fabulas *CS* 964.

nausia v. nausea. **nausiare, nausire** v. nauseare.

nausitare [cf. nausiare]

1 (intr.) to experience nausea, disgust, or loathing.

nempe dum sic tantus in inquilinatu cum vidua ~aret inquilinus, fatalitate functus est vidue filius E. THRIP. *SS* X 6.

2 (trans.) to cause irritation, disgust, or loathing to.

hoc idem aures regis ~ans HERM. ARCH. 25 p. 61.

nausium v. nausea. **nausius** v. nauseus. **nausticium** v. nasturcium.

naustrologus [cf. CL nauta, navis+astrologus], one who guides a ship by study of the stars, steersman.

clava e manibus ~i amissa a grassante procella in salebris spumosis submersionem minitata est carina BOWER XIII 33.

nauta, navita [CL < ναύτης], ~us

1 sailor; **b** (w. ref. to impressed member of crew); **c** (fig.).

~arum in mari cursus accelerantes GILDAS *EB* 17; ponti spumosas ut nauta transfretat undas ALDH. *VirgV* 2804; bestia .. quae devorabat ~as *Lib. Monstr.* I 12+; navita, navigator *GlC* N 41; navita si fueris, altum transcendere pontum / discas D. BEC. 1768; **1617** pro incremento navigacionis et ~orum *Gild Merch.* II 286. **b** 10.. ~a, *nedling WW.* **c** 796 si tempestas undique immineat, guberna viriliter navem Christi, ut quandoque cum tuis ~is in portum pervenias prosperitatis ALCUIN *Ep.* 116.

2 ship-warden.

hic navita, -e, i. navis custos OSB. GLOUC. *Deriv.* 369.

nautabilis [nautare+-bilis], that can be crossed, carried, or sim., by boat.

~is, *noable* GARL. *Unus gl.* 166.

nautare [cf. CL nauta]

1 (intr.) to travel by boat.

1279 episcopus habet viij cotarios, quorum quilibet eorum debet metere in autumpno per ix dies ..; et debent ~are et brevia portare de loco ad locum quando necesse fuerit .. item habet tres cotarios; et faciunt in omnibus sicut predicti viij, preterquam non debent ~are nec brevia portare *Hund.* II 442b.

2 (trans.) to carry by boat, to ship.

1342 pro batell' conduct' pro iiij lignis dicti maerem' nautant' usque Grenewych .. et alibi reportand' (*AcWardr*) *KR Ac* 389/14 m. 4.

nautarius [CL nauta+-arius], overseer of the crew of a boat, coxswain.

1352 item solutum ~io pro coquinario a festo Michaelis usque nativitatem beate Marie xlix s. *Comp. Worc.* 51.

nautegildum v. noutegeldum.

nauticus [CL < ναυτικός]

1 of, pertaining to, or used in a ship, nautical.

camellum, funem ~um *GlC* C 184; **1341** commisso gravi prelio navitico cum hostibus (*Lit. Regis*) W. GUISB. *Cont.* 382.

2 (of merchandise) carried by boat.

merces ~a eo quod nare videatur cum per mare transfertur OSB. GLOUC. *Deriv.* 369.

3 (of star) that guides the crew of a ship (in quot. transf., w. ref. to *BVM*).

promissam canimus laude prophetica, / que lux est miseris stellaque nautica GARL. *Poems* 1. 5.

4 of a sailor, of the crew of a ship. **b** characteristic of a sailor, rough, coarse.

sic .. ~a multitudo intravit portum cum laetitia F. MALM. *V. Aldh.* 73C. **b** quin et remiges, immodice mero ingurgitati, voluptate ~a quam potus ministrabat W. MALM. *GR* V 419; barbari cum ~a lascivia aggrediuntur *Id. GP* V 224; c1155 vos autem tumultuoso strepitu, et clamore ~o de nugis assidue disputantes, inutiliter aera verberatis P. BLOIS *Ep.* 6. 18A.

5 (as sb. m.): **a** sailor, seaman; **b** (w. ref. to impressed member of crew). **c** ship-warden.

a exigentibus .. ~is .. quo pretio navem locaret G. CRISPIN *Herl.* 89 p. 202. **b** 10.. ~os, *nedlingas WW.* **c** navis custos, quod etiam hic ~us .. dicitur OSB. GLOUC. *Deriv.* 369.

nautologus [LL < ναυτολόγος = *man in charge of ship's stores*], (understood as) ship's stores given to sailors (? as wages).

†nastologis [l. nautologis], mercedes quae dantur nautis propter regimen navis *Gl. Leid.* 38. 43.

nautor [ML], ship-owner, captain of boat, or sim.

ille ~or in cujus nave fuerunt HUGEB. *Will.* 4 p. 95.

nautus v. nauta. **nauvia** v. navigium. **navacula** v. novacula. **navagium** v. navigium.

1 navalis [CL]

1 of, pertaining to, or used in a ship, nautical. **b** (as sb. n. pl.) equipment of ship (in quot., rudder).

thelonius dicitur domus negotiacionis vel princeps ~is tributi *Comm. Cant.* III 12; ~is res, ad naves pertinens *GlC* N 35; in pice ~i resoluta GILB. II 83v. 2. **b** 10.. ~ia, *sciprobor WW.*

2 that is a ship, ship-.

ibi verberibus fluctus horriduli / navalis quatitur doma vehiculi WALT. WIMB. *Carm.* 178.

3 (of place) that can harbour ships, litoral. **b** (as sb. n.) harbour, port.

impulit in locis ~ibus fines Angliae HERM. ARCH. I (v. gentilis 5c). **b** ibimus ad ~ia, naves sine mora habituri G. CRISPIN *Herl.* 86 p. 201; si navem ad ~e dimittimus, nemine conservante eam, peribit W. CANT. *Mir. Thom.* III 47; navem in ~e reduxit *Ib.* IV 12.

4 of a journey by ship.

ut hunc absque scapha .. vel navicula nemo transire potuerit, imo sub ~i precio quisquis illac opus habet transmeare *Mir. Hen. VI* III 97.

5 concerned with navigation. **b** (ellipt. as sb. f.) navigation.

[Thales] inventor fuisse Urse Majoris et ~is astrologie dicitur W. BURLEY *Vit. Phil.* 2; si ~is sciencie et astrologice consideremus terminos J. BURY *Glad. Sal.* 579. **b** cursus siderum .. navalis .. metitur. .. et .. de motibus astrorum et ~is et astronomia agunt *Ib.*

6 concerned with marine warfare fought or performed by ships, naval: **a** (of war or battle; also as sb. n.). **b** (of exercise or assistance).

a contra Caesarem ~e proelium gessit *Lib. Monstr.* III 23; abiit in ~e prelium contra Willelmum regem (*Essex*) *DB* II 14v; in bello campali vel ~i (*Leg. Hen.* 10.1) *GAS* 556; eorum .. bella ~i certamine fiunt GIR. *TH* II 11; Geryon duorum capitum canem habuit, quia terrestri et ~i prelio plurimum potuit *Deorum Imag.* 22; schyppe were .. ~e *PP* (v. naumachia 1). **b** naumachium, locus ~is exercitationis *GlC* N 10; **1333** jam versus partes Scotie profecti simus et ad hoc ~e subsidium oporteat nos habere *RScot* 240a.

7 (as sb. m.) one who is employed on a ship, sailor, or sim.

consimiles leges quiritum, militum, ~ium, et commerciorum, et hujusmodi FORTESCUE *NLN* I 50.

2 navalis v. novalis.

navarchus [CL < ναυάρχης, ναύαρχος]

1 commander of a ship.

672 procellosum .. salum reducere ovante navarco dignatus est ALDH. *Ep.* 1 p. 490; navarcus, princeps navis *GlC* N 2; quocirca ~us ipse .. desuper de celo querebat auxilium *Mir. Hen VI* III 124.

2 ship-owner.

schyplord, or owner of the chype naverchus .. navargus *PP.*

3 (? part of) ship.

1535 fatebantur quod navergus .. non est aliquo signo domini nostri regis signatus neque eidem jure dominii spectat. .. fatebantur dictum navergum exportari fecerunt et mandarunt extra possessionem Thome Stepkyn post vendicionem hujusmodi navergi eidem Stepkyn auctoritate hujus curie factam *HCA Act. Bk.* 2/420.

navare [CL], to carry out or pursue with diligence or persistence.

~are, extremi [? l. strenue] aliquid facere *GlC* N 30; ~at, continuat *Ib.* N 32.

navargus v. navarchus.

navata [ML], ship-load.

c1155 in Humbra unam ~am lignorum *Danelaw* 173; **1193** pro iij ~is lapidum que fuerunt misse Windr' ad petrarias *Pipe* 165; **1201** ~as bladi emere, carcare, et in partes Navar' abducere *Pat* I 2b; **1224** venire faciat unam ~am vini usque London' *Pat* 464; **1233** mandatum est thesaurario .. quod .. faciat habere patribus minoribus et Lond' tres ~as busche *Cl* 241; **1300** in una bargeata petrarum .. in j ~iata petrarum de Kain empta *Fabr. Exon.* 9; **1308** pro una ~a farcostata (v. farcostata); **1310** [*2 boat loads*] ~eatis [*of ..*] Kain [*stone*] *Fabr. Exon.* 51.

navatim, by ship.

1322 volumus quod .. ad nos .. usque dictam villam Novi Castri ~im veniant *Foed.* III 947.

naveata v. navata. **navegium** v. navigium.

navella [OF *navel*], small ship, little boat.

ex quibus navibus et ~is circa horam terciam illius diei exilierunt (*V. S. Thomae Dovoriae*) *NLA* II app. p. 555.

naverchus, navergus v. navarchus.

naveria [cf. OF *naviere*], hithe, harbour.

1293 constructione .. molendini quod in aqua Baisie .. construere .. intendit in loco in quo alias esse consuevit ab antiquo relicta ~ia *RGasc* III 78a.

navetta, ~um [AN *navette*], incense-boat.

emit .. iiij turibula de argento cum iiij ~is et iiij coclearibus argenteis .. pro conventu incensando WHITTLESEY 156; unum thurribulum et ~um cum cocleari argentea J. GLAST. 139 p. 260.

naviagium v. navigium. **naviata** v. navata.

navicella, naucella [LL]

1 small boat; **b** (fig., usu. w. ref. to the Church as St. Peter's ship).

inde Aelfegus naucellae injectus ad Grenewic vehitur EADMER *HN* p. 5; illa ~a in qua detinebatur gravidata puella J. FURNESS *Kentig.* 3 p. 167; indiscreto regimine ~e rectoris decepti . . in aque medio . . perierunt *Flor. Hist.* III 170; s1343 appropinquantes . . naucelle, alter eorum . . navem ascendit (*V.S.Edm.*) *NLA* II 669; tam prior cum uno canonico suo quam miles ~am ascendentes ac unius miliaris spacio versus meridiem navigantes, insulam . . protinus pervenerunt J. YONGE *Vis. Purg. Pat.* 5. **b** [abbas] cum summo labore inter fluctuum multimodos naucellam strenue gubernabat scopulos *Chr. Battle* f. 38v; qui non parum ~am Petri, sponsam Christi, matrem Christiani populi perturbarunt WALS. *HA* I 385.

2 boat-shaped artefact, incense-boat.

1518 cum ~a et cocleari incensi *Reg. Aberd.* II 173.

navicrepita [cf. CL navis + crepido 2b], builder of the hold of a ship, shipwright.

booth wryth, ~a, -te, fem., prime; -cularius, -ii, masc., 2 *PP*.

navicta v. navicula.

navicula [CL], **~us**

1 small ship, little boat; **b** (fig. var., usu. w. ref. to the Church as St. Peter's ship).

in modum loculi vel ~ae parvissimae de papirione textum *Comm. Cant.* I 216; cum ~am . . nostram ab undis exportaremus BEDE *HE* V 1 p. 282; curimbata, ~a fluviorum *GlC* C 959; c1140 me dedisse . . monachis Gerodonie unam ~am in perpetuum [*sic*] elemosinam . . ad piscandum ad pontem Cestrie et ubicumque voluerint in aqua Cestrensi *Ch. Chester* 41; a1173 debent habere portum et theloneum . . et navictam [MS: navicl'am] ad transfretandum *BBC* (*Sandwich*) 233; 1321 ubi tam de nocte quam de die naves, navitule, et batelli frequenter applicant *PQW* 468b; 1349 ubi naves et ~i habent passagium suum (*CoramR*) *Pub. Works* II 269; rex cum majore parte exercitus sui in ~is, batellis, et cimbis terre se appulit [v. l. applicuit] *G. Hen. V* 3 p. 22. **b** ~a . . deserviens Domino in mari ecclesia est congregata de gentibus BEDE *Mark* 157; a797 fluctus saeculi nostram ~am procellosis ventis in voraginem divitiarum rapuerunt ALCUIN *Ep.* 53; nostra ecclesia . . sc. ~a Petri, que semper fluctuat et non submergitur T. CHOBHAM *Praed.* 174; de qua tamen navi multi . . transeunt in ~am Simonis *Id. Serm.* 19. 68va; 1417 Petri ~a inter Scille scopulos et Caribdis voraginem pene periclitatur *Reg. Cant.* III 48.

2 nave of a church.

relicto choro . . locum tutiorem . . arbitrabantur adeundum . . et descenderunt in ecclesie ~am *Mir. J. Bev. C* 346; ut orientalem partem ~e ipsius ecclesie in chorum opporteret accomodare *Ib.* 347.

3 artefact that resembles a boat: **a** incense-boat. **b** weaver's shuttle. **c** (~a de Venetiis) sort of astronomical instrument. **d** *s. dub.*

a c1160 duo turribula argentea et deaurata j . . unam ~am argenteam *Cart. Rams.* II 274; 1171 et pro j ~a argenti et j pixide ad capellam regis *Pipe* 147; 1245 ~a ad aquam . . ad thus *Invent. S. Paul.* 467; c1250 ~a ad imponendum incensum *Vis. S. Paul.* 15; de alio turribulo argenteo . . de una ~a cum cocleari argenteo vendita *Ac. Exec. Ep. Lond.* 49. **b** ~a . . intercurrens parvum habebit in medio sui, spola vestitum, que penso seu glomere materiam operi ministraturo operietur NECKAM *NR* II 171; trama . . beneficio ~e [*gl.*: *shitel, del navet, espoule*] transeuntis transmissa consolidet opus totum . . . dum manus altera ~am [*gl.*: *espoule* vel *navet*] textoris jaculetur *Id. Ut.* 107; nec navecula, *schetylle WW*; *a schutylle* ~a, panus *CathA*. **c** ad construccionem ~e de Veneciis tria ad minus sunt instrumenta valde necessaria *Nav. Ven.* 375; in hoc instrumento ~e *Ib.* 378. **d** c1230 noveritis . . me . . dedisse unam salinam . . cum xxxij *weyes* plumbi et duabus navi[cu]lis *Cart. Dieul.* 344.

navicularius [CL]

1 captain, owner, or warden, of a ship.

nauclerus Graece, Latine ~ius dicitur BEDE *Acts* 991; ~ius . . i. navis custos OSB. GLOUC. *Deriv* 369; ut nauþe caupones stabularii recepta restituant . . et si hoc non fiat de recepto tamen ~ius tenebitur VAC. *Lib. paup.* 66; 1414 quidam [de parochianis] sunt ~ii et naucleri *Reg. Exon.* (*MS Devon RO Charter* 9 f. 291).

2 shipwright.

~ius, *scipwyrhta* ÆLF. *Gl.* 112; *booth wryth*, navicrepita . . -cularius *PP*.

naviculata, ship-load.

1259 septem operariis qui discarcaverunt ~am maeremii *Ac. Build. Hen.* III 362; 1274 Johanni le Meeriner pro iiij ~is gris' petre v m. et dim. *KR Ac* 467/6/2 m. 2; Waltero le Chalkere pro j ~a crete iij s. *Ib.*

naviductor [CL navis + CL ductor], ship's captain, skipper.

1442 de qua navi sua fecit unum ex familiaribus suis . . magistrum et ~orem (*DipDoc*) *Bronnen* II 778.

navietas v. naivitas.

navifactivus [CL navis + factivus], **navisfactivus** [al. div.], **a** (as adj.) concerned with ship-building. **b** (as sb. f.) art of ship-building.

a ars edificandi naves, seu navisfactiva SICCAV. *PN* 192. **b** quidam enim fines sunt operaciones sicut navifactive navigacio, militaris vero victoria vincere T. SUTTON *Quodl.* 120.

navifragus v. naufragus.

navigabilis [CL], **navigalis** [ML], suitable for shipping, navigable.

~abilis, ut pontus *GlC* N 8; c1362 arundines . . sunt tante proceritatis, ut inter singula nodula alveo ~ali trinos homines interdum ferant *Eul. Hist.* II 16; amnes ~ales *Ib.* 90.

navigalis v. navigabilis.

navigare [CL]

1 (intr.) to travel by ship; **b** (w. acc. of direction); **c** (w. *ad, contra, in,* or *versus*); **d** (fig.); **e** (pr. ppl. as sb.) sailor, seaman.

in Dominico Greci et Romani ~ant et aequitant THEOD. *Pen.* II 8.1. **b** ~avit Brittaniam BEDE *HE* IV 1 p. 203. **c** intransmeabili undique circulo absque meridianae freto plagae, quo ad Galliam Belgicam ~atur GILDAS *EB* 3; propter quam Jason . . ad Colchos ~avit *Lib. Monstr.* II 33; in Normanniam ~am W. MALM. *GP* I 23 p. 36; ~emus contra occidentalem plagam, ad insulam que dicitur terra repromissionis sanctorum (*V. S. Brendani*) *NLA* I 139; 1426 pro victualibus Simonis heraldi regis Norevagie, ~antis versus Daciam *ExchScot* 411. **d** veluti inter Scillam Siciliae et barathrum voraginis ~antes ad portum coenobialis vitae ALDH. *VirgP* 10; s1136 in portu jam ~abant . . gaudentes (v. conspirator a); tanquam procelloso erepti e pelago, jam secure ~antes, in portu salutis et pacis constituti GIR. *SD* 62. **e** sirenae sunt marinae puellae quae ~antes . . decipiunt *Lib. Monstr.* I 6; necessitates peregrinantium, pericula ~antium AILR. *Inst. Inclus.* 28 p. 661.

2 (of ship) to sail.

ecce navis ~abat NEN. *HB* 216.

3 (trans.) to sail across or through.

quasi undas maris ~are non potest *Ps.-*BEDE *Collect.* 329; aedificatque domus, placidas et navigat undas ALCUIN *Carm.* 58.29; c797 timeo paganos propter peccata nostra, qui antecedentibus non temptaverunt temporibus mare nostrum ~are et maritima patrie nostre devastare *Id. Ep.* 130.

4 to direct, steer, or manage (a ship).

ecce navis navigabat ad se de mari et duo viri ~antes eam et corpus sancti hominis erat cum illis in navi NEN. *HB* 216; non habetur aliqua profunditas per quam batelli . . ~ari possunt absque tali ingenio predicto vocato *le wynch'* (*AncIndict* 182 m. 19) *Pub. Works* II 127.

5 to carry by boat.

1376 item duobus hominibus ~antibus bursarium et socios suos del Scheles usque W. et W. et retro, vj d. *Ac. Durh.* 583.

navigatio [CL]

1 (act of) travelling by boat, navigation; **b** (used to indicate distance or extent of navigation); **c** (fig.).

tranquillam ~onem et merita propria et intercessio beati martyris Albani paraverunt BEDE *HE* I 20 p. 39; epibatis qui . . dant nabulum pro ~one *Gl. Leid.* 38. 44; cum navibus suis et aliis instrumentis ~onis . .

(*Lincs*) *DB* I 337ra. **b** unius contractionis diei ~one GIR. *TH* I 1. **c** periculo anime tue et omnium que intra navem sunt ingrediens ~onem istam J. FORD *Serm* 12. 4.

2 (act of) carrying by boat (usu. w. obj. gen.).

1501 sol' pro ~one viiij *barellys* salmonum a Berwyk usque Novum Castrum *Ac. Durh.* 656; 1505 sol' pro ~one anguillam, *waynscottes,* et aliorum necessariorum a Hull usque Novum Castrum *Ib.* 658.

navigator [CL], one who directs, steers, or manages a ship, navigator.

navita, ~or *GlC* N 41; ~or, A. *a rower WW.*

navigatorius, concerned with navigation, (as sb. f.) the art of navigation.

1267 hec se habet ad alias [artes] sicut ~ia ad carpentariam, et sicut ars militaris ad fabrilem BACON *Maj.* II 221; non magis haeret arti cuiquam bona fortuna quam ~iae LIV. *Op.* 144.

naviger [CL]

1 that carries ships, navigable.

navigeros calles ut pandam classibus index ALDH. *Aen.* 92 (*Farus*) 4; illum nec terrae nec possunt cingere caeli / nec mare navigerum spumoso gurgite vallat *Id. VirgV* pref. 31; 10 . . ~eros, *þa scipliðendan WW.*

2 (as sb. m.) one who steers a ship, pilot, helmsman.

1547 ~eros sive pilotas ac navium magistros, nautas, naucleros (*Pat*) *Foed.* XV 161.

navigium [CL], **navagium, naviagium** [OF *navage, naviage*]

1 ship, boat; **b** (fig.).

proximante terris ~igio BEDE *HE* I 1 p. 12; rex . . adiit ~igium, vallatus armato milite *Enc. Emmae* I 4; adhesit cautoribus tragedis, aurigis, ~igiis, et aliis hujuscemodi artificiis mechanicis G. Ed. II Bridl. 91. **b** ne inter fluida pericula presentis intencionis ~igium submergatur *Regim. Princ.* 55.

2 journey by ship, travel by boat.

consentientibus elementis tranquillo ~igio Brittanias petit BEDE *HE* I 21 p. 40; pericula longissimi ~igii ALCUIN *WillP* 9; magnum ~igium [AS: *rewyt*] mihi est ad mare ÆLF. *Coll.* 94; 1262 in ~agio et transfretacione nostra [*sic*] in Wasconiam *Cl* 22; 1391 Henrico Hertyk pro ~iagio domini de Prucia usque Angliam *Ac. H. Derby* 98.

3 right to carry (goods) by boat. **b** (feud.) 'navage', (right to levy) duty on carriage by boat.

1383 in navibus carcare . . solutis prius subsidio sex denariorum de libra pro ~igio nobis nuper concesso *RScot* 48b. **b** 1163 nulla persona . . aliquid . . exigat, non equitationem . . non castrorum edificationem . . non vectigalia, non ~igia, non opera, non tributa *Act. Hen.* II I 373; 1174 (1324) liberi sint ab . . omni carego, et summagio, et ~igio *MGL* II 660; 1284 liberi sint ab . . omni cariagio, summagio, ~agio, passagio, muragio (*Ch.*) *MonA* V 647b; 1308 dominus habet nauviam [*sic* MS] suam a ponte de Wevere usque Swarteskere *IMisc* 69/16.

4 ship-load.

1285 pro quatuor ~iagiis petrarum emptis pro uno muro faciendo (*KR Ac*) *Arch.* LXX 29.

5 fleet, navy. **b** (obligation to provide) naval service, equipping of ships, or sim.

redit Ædelredus a Normannia cum decentis ~igii manu valida HERM. *ARCH.* 9; c1080 die qua novissime . . geldum acceptum fuit ad ~igium faciendum et ad istud deplacitandum *Cart. Heming.* I 77; a Flandria in Humbram ~igio sexaginta navium delatus W. MALM. *GR* II 228 p. 280; 1263 dicitur enim pro certo quod rex Dacye, una cum rege Noreweye cum magna multitudine ~egii, in forenciis insulis Scocie applicuit *Foed.* I 772; s1296 apud Berewyc venit et ~agium suum ad urbem applicuit nimis prope. in refluxu vero aque remanserunt naves in sicco et palude *Ann. Dunstable* 402. **b** reddentes . . expeditiones et ~igia, et placita ad predictum hund' (*Worcs*) *DB* I 173ra; in exercitu et ~igio, et in Danegeld (*Lincs*) *DB* I 336vb.

navila v. navicula.

navilis [ML], that can harbour ships.

cum consilio et consultu nautorum ~ia adepti fuerant loca HUGEB. *Wynn.* 2.

1 navis v. nanus.

2 navis [CL]

1 ship, boat: **a** (unspec. or as sb. f.); **b** (as sb. m.); **c** (w. gen. of name); **d** (fig. var., usu. w. ref. to the Church).

a Johannes Crisostemus ait de hac piscatione .. ut .. sponte misissent se in ~em *Comm. Cant.* III 97; licet revelatio quam dicunt Pauli in ~e aurea florentis paradisi dilicias eundem adisse garriat ALDH. *VirgP* 24 p. 256; **1327** habuerunt in custodia sua .. duas ~es domini regis *KR Mem* 103 r. 139*d*; **1352** in j corda de canabe empta pro ~e in Sabrina mensa extrahenda *Comp. Worc.* 51. **b** illic relicto ~e, in quo pergebant HUGEB. *Will.* 4 p. 93; s**1009** ~es ad litus projecti (v. deperire 1*d*). **c 1261** de ~i que vocatur ~is Beate Marie de Bajonia *Cl* 403. **d** quasi sopitus gubernator clavum amittit quando mens ad regendam ~em corporis studium sollicitudinis perdit BEDE *Prov.* 1008; totam Tanetum ac si mare effusum obruit ipsamque apostolicam ~im virginalis templi beate Mildrethe suis fluctibus aperit GOSC. *Transl. Mild.* 5 p. 160; professio crucis Christi ~is est et potest homo per istam ~im transire ad Christum AILR. *Serm.* 22. 4. 317; sic transeuntes mare hujus mundi hanc ~em intramus, sacramentum baptismatis suscipiendo, sed naufragium patimur, cum mortaliter peccamus S. GAUNT *Serm.* 206; sicut extra navem Noe non remansit bestia salvata in diluvio, sic extra ~em Ecclesie non restat homo salvandus WYCL. *Eccl.* 12.

2 (dist. acc. material of manufacture).

mioparo, ~is ex vimine et corio contexta OSB. GLOUC. *Deriv.* 174.

3 (dist. acc. size or speed).

parve ~es dicuntur cimba, carabus .. OSB. GLOUC. *Deriv.* 174; celox .. velox dicitur ~is *Ib*; c**1450** de corpore cujuslibet magne ~is .. cujuslibet minoris ~is .. *EEC* 216.

4 (dist. acc. motive power).

'in trieribus', i. in ~ibus tres ordines remorum habentibus *Comm. Cant.* I 446; agea, locus in ~i in quo hortator accedit [v. l. per quem ad remos habetur accessus] OSB. GLOUC. *Deriv.* 49; antenna, corda capitalis in ~i que dirigit velum *Ib.* 52; biremis, ~is bina remigatione agitata *Ib.* 76; ~es .. que velis feruntur GIR. *Spec. Eccl.* IV 9 (v. 2 galea a).

5 (dist. acc. function): **a** (~*is longa, de guerra*, or sim.) warship. **b** (~*is mercatoria* or sim.) merchant ship. **c** (~*is oneraria*) freighter. **d** (~*is ad piscandum* or sim.) fishing boat. **e** (~*is piratarum*) pirate ship. **f** ? (used as) ferry-boat.

a tribus, ut lingua ejus [gentis] exprimitur, cyulis, nostra lingua longis ~ibus GILDAS *EB* 23 (cf. W. MALM. *GR* I 5); Hengist et Horsa cum Saxonibus et Anglis tribus longis ~ibus in Britanniam advecti sunt ORD. VIT. V 9 p. 340; **1204** rex .. custoditbus longarum ~ium et portuum maris Anglie salutem. prec[ip]imus vobis quod non impediatis J.D. mercatorem venientem per longas ~es vestras *Pat* I 44a; **1333** quatuor ~es guerrinas .. provideri *RScot* 226a; unam ~em de guerra .. provideri *Ib.* 228a. **b 1151** si ejusdem ~is mercatores jurare potuerint *Act. Hen. II* I 19; barca, ~is mercatoria OSB. GLOUC. *Deriv.* 174; **1214** quod deliberari faciant omnes ~es mercatorum *Cl* 211a. **c** cladicarie, ~es honerarie OSB. GLOUC. *Deriv.* 148. **d** una ~is quae piscatur in mara per consuetudinem (*Cambs*) *DB* I 190vb; et iiij piscariae in Eli et j ~is ad piscandum (*Suff*) *DB* II 392; **1173** ~es in mari piscantes *Act. Hen. II* I 476. **e** paro, ~is piratarum OSB. GLOUC. *Deriv.* 174; s**1265** ~es piraticas (v. 2 galea a). **f** ibi theloneum et ~is reddens xxx sol' (*Gulnetorp, Notts*) *DB* I 285vb.

6 ship-load.

1198 pro medietate ~is waisde *Pipe* 61; **1399** in vj ~ibus lapidum emptis de quarera de Tevedall *Fabr. York* 14; **1433** Thome Bocher pro sleddacione xxxvj ~ium lapidum a ripa Use apud Cawod usque navem xxvj s. *Ib.* 49.

7 (obligation to provide) ship-service, equipping of ship, or sim.

1086 Bedeford T.R.E. dimidio hundreto se defendebat, et modo facit, in expeditione et in ~ibus (*Beds*) *DB* I 209ra.

8 nave of church.

turrim praefatis porticibus supereminentem augusto fastigio extulerat, dum reliquam templi ~im protendere flagrat GOSC. *Transl. Aug.* 15C; structura ~is ecclesiae procedit *Ib.* 27A; sepulti sunt ambo in ~i ecclesie, ante crucifixum W. MALM. *GP* IV 151; ~em .. basilice ubi oratorium S. Frodmundi habetur eleganter auxit ORD. VIT. XI 30 p. 270; **1534** dicti inhabitantes ipsam capellam plene et integre, tam in ~i quam in cancello reparabunt *Reg. S. Bees* 370.

9 boat-shaped artefact: **a** incense-boat. **b** vessel for collection of alms.

a de una ~e ad incensum cum uno cocleari argenteo *Ac. Exec. Ep. Lond.* 50; **1368** cum ij thurribulis melioribus .. et ~i majori pro thure ac campanilia [*sic*] majori argenteis (*Test. Episc.*) *Reg. Exon.* 1552; **1411** due ~es pro incenso imponendo *Lit. Cant.* III 113; **1443** j ~is enea pro thure *Cant. Coll. Ox.* I 2; c**1500** una ~is argentea pro thure deferendo deaurata cum uno cocliari argenteo deaurato *Fabr. York* 217. **b 1390** de una ~i pro elemosina stante super iiij rotas, ponderante per pondus aurifabri x li. xviij s. ij d. *Ac. Foreign* 25G; **1440** donavit .. ~em argenteam .. pro elemosina imponenda *Lit. Cant.* III 171.

10 (understood as) ounce (in quot., of gold).

c**1250** horum autem militum quilibet in bracchiis suis duas habebat armillas aureas xvj ~es vel uncias appendentes M. PAR. *Maj.* I 514.

navisfactivus v. navifactivus.   **navita** v. nauta. **navitas** v. naivitas, nativitas.

naviter, gnaviter [CL], diligently, industriously. **b** bravely, with prowess.

olimpiaci agonis triumphum .. propriae exercitationis viribus ~iter nanciscuntur ALDH. *VirgP* 2; coeptum iter ~iter Romam usque complevit BEDE *HE* V 19 p. 324; boves vero in illis .. jugum legis gnaviter portantes *Id. Hab.* 1252; his dans grammaticae rationis gnaviter artes, / illis rhetoricae infundens refluamina linguae ALCUIN *SS Ebor* 1433. **b** ferratis virtutum venabulis ~iter certandum ALDH. *VirgP* 11; ~iter, valde *Gl. Leid.* 1. 78; aprum audacter et ~iter cum meo venabulo jugulavi ÆLF. *BATA* 6 p. 81; licet in .. expeditione multa manu consilioque gnaviter peregerit ibi tamen multum deliquit ORD. VIT. IX 12 p. 571.

naviticus v. nauticus.   **navium** v. namium.

navum [LL nave < Heb.] seed, germ.

~um, germen *GlC Interp. nom* 229.

1 navus v. nanus

2 navus, gnavus [CL], diligent, industrious.

gnavus, fortis, agilis *GlC* G 138; ~us, strenuus *Ib.* N 7; ~us, obsequens, impiger *Ib.* 24; ~us, celer, industrius, fortis *Ib.* 25.

nayare v. najare.   **nayvitas** v. naivitas.

1 Nazaraeus [LL < Heb. *nazar*], one consecrated to God, Nazarite (cf. *Num.* vi 1–21); **b** (applied to Christian saint).

p**675** in Veteri Testamento tonsurae signum a ~eis id est sanctis .. sumpsit exordium ALDH. *Ep.* 4 p. 483; in caput Samuhelis quia perpetuus Domino ~eus, id est sanctus BEDE *Cant.* 1178; ~eus Domini .. id est consecratus Domino AILR. *Serm.* 35.13; radat capillos suos sicut ~ei facere solebant *Ib.* 36. 18. **b** solum id conaminis in hoc nazareo / mori sive vivere non offenso Deo *Poem S. Thom.* 74; Kentigerni ~ei Nazareni nostri Jesu Christi vitam .. scribendi principium J. FURNESS *Kentig.* 1 p. 162.

2 Nazaraeus [LL < Ναζωραῖος]

1 Nazarene, a native of Nazareth (of Jesus Christ).

Nazareth, viculus in Galilaea .. unde et Dominus noster Jesus ~aeus est vocatus BEDE *Nom. Act.* 1038 p. 174.

2 member of the sect of Nazarenes.

in Ewangelio ~eorum legitur qui illi fuerint et quomodo cum Judeis disputaverint T. CHOBHAM *Praed.* 110.

Nazarenus [LL < Ναζαρηνός]

1 Nazarene, a native of Nazareth (of Jesus Christ).

o Jesu ~e, fili Marie *Ps.*-BEDE *Collect.* 384; quia .. passio ac resurrectio ad nullum alium quam ad Jesum ~um pertinere BEDE *Acts* 979; sapientia Jesu ~i crucifixi BALD. CANT. *Serm.* 8. 14; ~i nostri Jesu Christi J. FURNESS *Kentig.* 1 p. 162 (v. 1 Nazaraeus b); Christus prius fuit ~us et postea Galileus T. CHOBHAM *Serm.* 7. 32vb.

2 Christian, follower of Jesus of Nazareth.

illo .. tempore Christiani pro obprobrio ~i vocabantur BEDE *Acts* 990; venit Meni quidam rex cum lege que est inter paganos et ~os BACON *Tert. sup.* 3.

3 member of the sect of Nazarenes.

postea vero inter Judaeos surrexit heresis quae dicta est ~orum qui in Christum credunt filium Dei BEDE *Acts* 990.

ne [CL]

1 not: **a** (*ne .. quidem*) not even; **b** (with ellipsis of *quidem*).

ne nunc quidem, ut antea, civitates patriae inhabitantur GILDAS *EB* 26; ut ne sexui quidem muliebri .. parceret BEDE *HE* II 20; ut ne unum quidem movere ipsa membrum valeret *Ib.* IV 9; ne ad horam quidem .. se .. elongans EADMER *HN* 184; nisi nox prelium diremisset, ne nuncius quidem cladis repatriavisset ORD. VIT. IV 5 p. 190. **b** minutus ne unam guttam fleumatis .. supernatare videbat W. CANT. *Mir. Thom.* II 7 p. 165; ne gutta sanguinis ulterius effusa est *Ib.* II 17 p. 174; ut nullus in procinctu laberetur dies, quin legeret, scriberet, declamaret DICETO *Chr.* 53; **1051** de tam fera exactione ne jota unum voluit retinere *Croyl.* 65.

2 (as negative in imperative clauses): **a** (w. imperative); **b** (w. subj.).

a ne despice parva potentem WALT. ANGL. *Fab.* 18. 23; **b** ne adicias ultra GILDAS *EB* 35; ne discooperias nuditatem patris tui *Comm. Cant.* I 85; memento .. quod promisisti facere ne differas BEDE *HE* II 12 p. 111; **786** ne quislibet .. nudis cruribus ad missam celebrandam accedere audeat *Conc. HS* 451; ne multum ames difficile dictare ANSELM V 260 (v. dictare 2a); ne miremini .. si vobis ante non scripsi D. LOND. *Ep.* 15; ad liberum tenementum vel liberum statum rehabendum per breve 'Ne vexes' HENGHAM *Parva* 8.

3 so that .. not.

jam ne nos fallant multoloquio [l. multiloquio] suo Scottorum scolaces [l. sculaces] .. THEOD. *Laterc.* 1; ne forte inlusoria esset visio BEDE *HE* V 9 p. 297; ne vestra memoria laberentur etiam litteris digessi ABBO *QG* 2 (5); conjurasse referuntur ne umquam Aethelwlf rex .. in regno reciperetur FL. WORC. I 75; ne populus suus nimia tyrannide oppressus non respiret H. HUNT. *HA* IV 20; hac classe per hujus mundi mare vehimur ne submergamur *Best. Ashmole* f. 72v; **1201** dant .. regi l m. ut remaneat ne transfretent *ROblat* 127.

4 (after verb signifying to request or sim.).

obsecro ne sit longum spatium in medio BEDE *HE* IV 9 p. 223; **798** rogans ne .. periclitaretur *CS* 291; emulos nostros exorare volo ne que omnem latinitatem astipulatur .. lacessant OSB. GLOUC. *Deriv.* 368.

5 (after verb signifying to hinder, forbid, beware, or sim.).

inhibentibus ne .. scriberem GILDAS *EB* 1; laboravit multum ut eos .. ne a fide deficerent .. contineret BEDE *HE* II 9 p. 98; prohibuerunt amici, ne hoc bellum iniret *Ib.* IV 26 p. 267; **966** diabolus invidus ne ascenderet impediebat *CS* 1190; ne in aliquam heresim neophiti inciderent .. precavebant ORD. VIT. II 13 p. 347; videamus ne faciamus Christum mori in nobis T. CHOBHAM *Serm.* 11. 45vb; defendo ne aliquis eos super hoc disturbet ELMH. *Cant.* 362.

6 (after verb signifying to fear or sim.).

timere coepit et pavere ne .. raperetur BEDE *HE* III 13 p. 152; movit haec quaestio .. corda multorum timentium ne forte .. in vacuum currerent *Ib.* III 25 p. 182; si pulvis es, timere debes ne cibus sis serpentis T. CHOBHAM *Serm.* 21. 151ra.

7 (in negative consecutive clauses, usu. for *ut .. non*).

tantam multitudinem . . quantam ne possint vivi humare GILDAS *EB* 22; Sanctus David ita linguarum gratia ditatus est ne inter barbaros interprete egerent W. MALM. *Glast.* 30; tali volumus firmitate roborari, ne prudentius ordinata . . possint convelli G. FOLIOT *Ep.* 355; Domine . . sic me corripias ne corrumpas; sic emendes, ne destruas P. BLOIS *Serm.* 704D; racio sic temperet, discrecio frenet, ne ante damnet quam audiat, judicet quam cognoscat BEKYNTON I 110; nates cecidit adeo, ne cutis in iis sane relinquatur WHITTINGTON *Vulg.* 102.

8 on condition that . . not.

tributum ecclesiae sit, sicut consuetudo provinciae, ne tantum pauperes inde in decimis aut in aliquibus rebus vim patientur [v. l. patiantur] THEOD. *Pen.* 2. 14. 9; c**1166** ea condicione ne liceat molendinariis predicti R. consuetudinarios nostros subtrahere *Act. Hen. II* I 279; **1199** finivit cum justiciario . . ne predicta crementa exigerentur ab eo *Pipe* 231.

9 (for *nec, neque*).

cum nichil eorum . . neque de raptu regis, ne de ejectione ejus, neque de morte contigissset G. COLD. *Durh.* 20; eodem autem tempore conventus in loco minori morabatur, eo quod locus major necdum perfectus esset ne proinde dedicatus *Chr. Witham* 499.

-ne [CL], (enclitic interrogative particle).

verene, Colmane, haec . . dicta sunt a Domino? BEDE *HE* III 25 p. 188; ergone sic potuit sors infortuna nocere? *V. Merl.* 40; ab Hibernia potestne aliquid boni esse? GIR. *TH intr.*; cui mater "videsne fili?" at ille "video" *Mir. Wulfst.* II 13; postpositive, quarum sequitur exceptis encleticis que, ne, ve *Ps.-*GROS. *Gram.* 58.

neare v. najare.   **neatus** v. 2 netus.

nebris, nebrida [CL]

1 animal skin, usu. of deer or fawn.

tu ~is vulpiculi! ÆLF. BATA 4. 27 p. 52; ~is, corium cervinum, et dicitur pluraliter ~ides OSB. GLOUC. *Deriv.* 385; ~idem habens pectore stellis stellatam MAP *NC* II 15 f. 28; ~ides a sinibus uxorum raptas *Ib.* IV 6 f. 48v; in pectore ~idem habet stellatam ad stellarum imaginem ALB. LOND. *DG* 8. 2; *herthys leyre or lethyr*, ~is *PP*.

2 garment made of skin: **a** apron. **b** muff.

a *a rybbynge skyn*, ~ida, pellicula *CathA*; hec ~yda, *a rybschyn WW*;   **b** *a snufkyn*, pellicudia, ~ida *CathA*.

nebula [CL]

1 mist, fog.

neque caelorum culmina / carent nocturna nebula (ALDH.) *Carm. Aldh.* 1. 56; constat . . ~as ab inferioribus ad superiora surgere ADEL. *QN* 64; dum . . adhuc collibus incumbunt, ~e nuncupantur; altius elevati, et a terreno contagio libere sublimati, nubes vocantur GIR. *TH* I 6; ~am de terris ortam. . . aquila, quia supra ~am est, plus videt ALB. LOND. *DG* 6. 24; quare ~e magis fiant mane et sero quam in nocte vel meridie? . . ~e fiunt ex grossis fumositatibus actionibus caloris dissolutis aquis . . *Quaest. Salern.* P 16; ~a nascitur ex paludibus et fumo terre T. CHOBHAM *Serm.* 23. 90vb; o regem mirabilem, cui impensa officia quasi ~e pertranseunt matutinales, offense autem per tot tempora thesaurizantur! M. PAR. *Maj.* V 569.

2 cloud.

erectis . . ad ~as undis GILDAS *EB* 17; a**801** illum autem transcendisse ~am qua tegitur omnis terra et pervenisse ad liquidum caeli lumen ALCUIN *Ep.* 213; nēbula dejecit nimbis aquilone remotis GOWER *VC* I 1913; hec nubula, *a clowde WW*.

3 (fig.).

densissima quaedam eorum ~a atraque peccaminum omni insulae ita incumbit nox GILDAS *EB* 93; qui visa luce veritatis gravioribus peccatorum ~is obcaecatur BEDE *Hom.* I 18. 81; **801** ~a perversitatis ALCUIN *Ep.* 229; ut . . nulla erroris impediaris ~a *Enc. Emmae prol.* p. 6; fugerunt infestationum ~e, rediit sereni cordis tranquillitas W. MALM. *Wulfst.* III 27; recole nunc . . corruptiones meas cum exhalaretur ~a libidinis ex limosa concupiscentia carnis et scatebra pubertatis AILR. *Inst. Inclus.* 32 p. 674; eos . . inanis jactantie ~a tetra corrumpit J. FORD *Serm.* 60. 6; **1326** potens . . est Deus . . instantem ~am dissolvere *Lit. Cant.* I 196.

4 nebulous being, phantom.

10. . ~am, *scingedwolan WW*.

5 mist-coloured or cloud-shaped artefact. **a** wafer, waffle, obley. **b** (*s. dub.*).

a oblatas, fructus, species, galfras nebulasque / mappula contineat D. BEC. 2572; precones ~arum et gafrarum pronunciant de nocte gafras et ~as [*gl.: wafurs*] et artocreas vendendas in calatis relatis albo manutergio GARL. *Dict.* 126; **1295** ferrea ad . . neulas (v. galetta); **1331** ferrea rotunda ad ~as (v. ferreus 4e); panis pastillorum . . et tortellorum non valet in eis nec ~e GAD. 33v. 1; nubula, *a wafur*; . . nomina pertinencia ad coquinam: . . nec ~a, A. *noble* [i. e. *an oble*]; hec uafra, A. *wayfyre*; . . hec ~a, *oblys*; est nubis nebula tenuis panisque rotundus *WW*.   **b** **1342** pro iiij nebul' argenti, pro qualibet xij gr[oss'] *KR Ac* 389/14 m. 7.

6 (med.) cloud-like substance: **a** (in eye); **b** (in urine).

a glaucoma, ~a *GlC* G 108; ad claritatem oculorum fac pulverem de cumino et camphora . . ~am manducat et claritatem prestat *AN Med.* II 221.   **b** ~a suspensa in medio urine GAD. 4. 2.

nebulare [cf. CL nebula]

1 (p. ppl. as sb. f.) something that has been made misty or cloudy, (in quot.) misty rain, cloudy weather.

timebant . . ne autumnale sibi defeceret tempus, et pluvia gelida hiemis aura nibata et ~ata orride inruentes congelescerent HUGEB. *Wynn.* 2.

2 (p. ppl. her.) nebulé, supplied with wavy edges like the outline of a cloud.

sequitur de armis partitis secundum longum. bipertitorum quedam sunt ingradatorum colorum, . . quedam ~atorum BAD. AUR. 178.

nebularius, baker of wafers, waffles, or obleys.

~ius, consuetudinarium cibum et iij ob. homini suo in die *Domus Reg.* 131; c**1145** R. filius ~i *Ch. Westm.* 380.

nebulator

1 baker of wafers, waffles, or obleys.

cellerarius curare inveniet ~orem et farinam, coquinarius centum ova AMUND. II 314.

2 jester.

regis enim curiam sequuntur assidue . . caupones, ~ores, mimi, barbatores P. BLOIS *Ep.* 14. 49A; **1286** iij furure et iij capucia de boga empta ad opus Perroti ~oris (*Ac. Exch.*) *Arch.* LXX 50.

nebulatrix, scoundrel (f.), woman of dubious morality.

W. et due mulieres ~ices capti fuerunt pro morte illa et inprisonati apud G. . . nescitur que fuerunt ille meretrices *PlCrGlouc* 106.

nebulescere, to cloud (fig.), render obscure.

anus est etas faciesque puella, / nec speculum longi nebulescit temporis umbra HANV. VIII 304.

nebulo [CL]

1 scoundrel, rascal. **b** trickster, magician. **c** fool, jester.

portento simile paradigma gerit vafer atque / furcifer insipidus . . / . . / garrulus ac nebulo *Altercatio* 18; ambitum ~orum fregerat, qui . . mancipia sua Hiberniam venditabant W. MALM. *GR* III 269; Arturus . . civitatem adivit atque infra receptum Modredum ~onem obsedit G. MON. XI. 2; ~o, -nis, i. ille qui vanus est ut nebula OSB. GLOUC. *Deriv.* 378; non tibi sint socii nebulones D. BEC. 51; puella "libera me" inquit "cito a ~one isto, qui me inquietat, et somnum capere non permittit" WEND. II 294; te etenim pro nequissimi ~onis anima nequaquam decuit esse solicitum W. BURLEY *Vit. Phil.* 148.   **b** Anatolii ~onis praestigias ALDH. *VirgP* 26; omnis praestigiarum scena, quam callido fantasmate falsi ~ones schematizarunt *Ib.* 44; nonnulli ut atrum ~onis fantasma exsufflantes *Ib.* 50; ~onis, *scinlaecan GlC* N 65; *Ib.* 94 (v. inductor 2b); s**1251** eodem prestigio dicebatur . . infinitos infatuasse . . memoratus . . ~o et omnes ipsum sequentes cruce signabantur M. PAR. *Maj.* V 247.   **c** c**1292** ~oni domini Philippi B. xij d. *Comp. Worc.* I 11; quis ~onum debaccaciones

eciam in aliis comitatibus explicare possit ad plenum? *V. Ric.* II 30.

2 wafer, waffle, obley.

1335 in mandato conventus . . xl s. . . in ~onibus eodem die pro conventu emptis xij d. *Comp. Swith.* 232.

nebulonicus, characteristic of a scoundrel, rascally, bragging.

totam viciniam vultu ~o despicere MORE *Ut.* 47.

nebulose, cloudily (fig.).

ne ignorancie affectate ~e valeant qui nequam sunt, aliqualiter excusare pretextu veritatis occultate W. GUISB. *Cont.* 376 (=WALS. *HA* I 238).

nebulositas, cloudiness.

hujusmodi ergo splendori elementari a sole descendenti si cristallus apponitur velut parum ~atis habens, fit pervia et calore coalente fit gravida ANSELM *Misc.* 302.

nebulosus [CL]

1 misty, cloudy; **b** (fig.).

799 quia domi manentibus nostros oculos ~a aquarum exalatio vel Belgici pulveris iter agentibus ventuosa aspersio caliginare facit ALCUIN *Ep.* 170 p. 280; pluvioso et ~o die W. MALM. *HN* 491 p. 50; de vidente in monte et vidente inferius aerem ~um et superius lucem sinceram DUNS *Ord.* III 168.   **b** quorum haec paterna audiantur responsa: "sine modo, filia sciens quia tuarum virtutum radiis evanescet haec ~a tela, dicant . ." GOSC. *Lib. Mild.* 14.

2 cloudy, opaque.

opacus, obscurus, nebulus, ~us, tenebrosus, caliginosus OSB. GLOUC. *Deriv.* 401; lapis . . aliquando ~us aliquando purus ALB. LOND. *DG* 8. 7 (v. hyacinthus 2a); urina rubea et ~a *AN Med.* II 258.

3 obscure.

qui per divinae suffragia pietatis hanc ~am impietatis sectam clara veritatis luce pridem discutere studuistis ALCUIN *Dogm.* 231C; quanto ~e tenebrositatis et turbationis densior incumbit obscuritas GIR. *EH* II 28; alia quoque quamplurima non minus hiis ~a ipse detegit, que legenti relinquimus FORTESCUE *NLN pref.*

4 (med.) affected by cloud-like substance.

ad clarificandum visum et oculos ~os *AN Med.* II 221.

5 (fig.) dark, obscure (perhaps with implication 'characteristic of a scoundrel, rascally'). **b** (as sb. m.) scoundrel, rascal.

ille ~us illusor agnitus est velut umbra nigerrima in praedicto scemate confusus abscedere B. *V. Dunst.* 17; at proditor ille . . regem . . jugulavit . . sicque clarum regalis convivii principium ~us rerum gestarum exitus terminavit M. PAR. *Maj.* I 456.   **b** infixit ille ~us hastam falcastri tam valide in terram ut uno ictu suum abscideret turpissimum caput cum collo . . BYRHT. *V. Ecgwini* 393.

6 (her.) nebulé, supplied with wavy edges like the outline of a cloud.

symbola . . imbricata, filicata. . . ~a, taumales SPELMAN *Asp.* 105.

nec v. neque.

necabilis, deadly, lethal.

fructus necabilis, / mane mulcens, sero pungibilis J. HOWD. *Ph.* 467.

1 necare [CL]

1 to kill, put to death.

qui ~at filium suum sine baptismo . . vij annos peniteat THEOD. *Pen.* I 14. 30; **10**. . ~arent, *cwealdon WW*; Eboracum . . civibus pene delevit fame et ferro ~atis W. MALM. *GR* III 248; quid enim vilius cruce, in qua latrones suspendebatur, sacrilegi interficiebantur, parricide ~abantur AILR. *Serm.* 10. 27; ~o . . inde nectus vel ~atus, ambo namque inveniuntur sed in diverso sensu quia nectus dicitur qui in aqua tantum mortuus est, ~atus vero aliqua alia re occisus OSB. GLOUC. *Deriv.* 371; ave, cujus natum / agno comparatum / amor necuit J. HOWD. *Sal.* 43. 3.

2 to slaughter (animal).

c**1280** negat' j ove et j vitulus de stauro *Househ. Ac.* 161; **1348** in pannagio eorundem porcorum et x aliorum porcorum nec' pro lard' *MinAc* 899/7 m. 2 (*Kent*); **1382** die lune ~at pro lardario domini iij porcos. item j multo ~atus de empcione *Househ. Ac.* 259; **1453** de precio cxlvij coriorum bovinorum ut extra ~atorum infra hospicium . . venditorum *Ac. H. Buckingham* 16.

3 to drown.

est summersus in undis / vorticibus raptus atque necatus aquis ALCUIN *Carm.* 57. 16; hostium pars prostrata, pars in flumine Tamensi ~ata W. MALM. *GR* II 177; et chaos et fractae maris et caeli cataractae / ferruerant gentem nectum (v. l. gentes nec tamen) genus omne dolentem R. CANT. *Malch.* V 364; in sinu maris . . submersus est. . . dum semel hic transit mare nectus in urbe remansit ELMH. *Cant.* 126.

4 to flood.

~at exclusa abbatis ccc acras prati *DB* I 203va; de hac terra ~avit stagnum regis ij molendinos novos *Ib.* 298rb; estive pluvie ~averunt messes *Feudal Man.* 88.

5 to destroy.

si tu vis ante commissa crimina abluere, inminentia ~are, carnem tuam abstinentiae flagellis adflige FELIX *Guthl.* 30 p. 98; cognatum comitis necuere Rogerum / damna, pudor, carcer, ira GARL. *Tri. Eccl.* 80 (v. diaeta 1e).

2 necare v. negare.

necatio [ML], killing, slaughtering.

c**1300** computat in ~ione ad lardarium domini *Form Man* 40; **1308** porci . . in ~ione pro lardario faciendo, x *Bec* 168; **1335** de coreis . . boum . . de ~ione venditis *Comp. Swith.* 227; **1452** de ccxlviij carcosiis bovinis receptis de ~ione tot boum *Ac. H. Buckingham* 37.

necator [LL], murderer.

~ores hominum ALCUIN *Dub.* 1095D; **1261** Deo odibiles, et quantum in ipsis est, fratrum ~ores *Conc. Syn.* 678.

necatrix [LL], murderous, that causes death.

judicans magis fuisse Domini ~icem linguam Judaeorum quam militum manus BEDE *Mark* 288.

necatura, slaughter (of animal).

~a [multonum] ad lardarium *Reg. Rough* 223.

neccessarius v. necessarius. **neccha** v. necka. **neccligere** v. neglegere.

necdum [CL], not yet.

bilustro supradicti turbinis ~um ad integrum expleto GILDAS *EB* 12; necessitudinis primordia et ~um matura rudimentorum tirocinia ALDH. *Met.* 1; puellam . . ~um turgentibus mammis repertam *Lib. Monstr.* I 13; positum [est] corpus ejus foras juxta ecclesiam, . . quia ~um fuerat perfecta BEDE *HE* II 3 p. 86; una virga terrae quam Aluric habuit in vadimonio . . et ~um est redempta *DB* I 75vb; erat quidem . . umbra quedam pacis, sed pax ~um perfecta *G. Steph.* 75; **1317** qui omnes . . de omnibus predictis feloniis . . indictati fuerunt ~um attachiantur *Arch. Cant.* XIII 91.

necearius v. necessarius. **nececitas** v. necessitas.

necessarie, ~io [CL]

1 necessarily, of necessity, as a necessary consequence; **b** (log. & phil.).

ibi nos ~ie providenter salubriter nostrae fragilitatis ammonuit BEDE *Ep. Cath.* 89; quia singulari numero proferre nequibat, ~io pluraliter 'tenebras' posuit *Id. Retract.* 1000; alia . . quae de Deo sive de ejus creatura ~ie credimus ANSELM (*Mon.* 1) I 13; necessarius . . i. utilis; unde ~ie et ~io adverbia OSB. GLOUC. *Deriv.* 382; una radix ejusdem quadrati ~io nascatur ROB. ANGL. (I) *Alg.* 86; **b** ~io consequitur ut omnia quae sunt in illo . . eodem modo sint in verbo ejus ANSELM (*Mon.* 35) I 54; ille enim finis qui ~io movet efficiens, puta agens naturale, movet ~io metaphorice DUNS *Ord.* II 107; **1314** opera Trinitatis . . sunt indistincta de facto, non tamen ~io *MunAcOx* I 100; ad illud argumentum dicendum est quod si Socrates movetur, ~io movebitur—ita quod iste terminus '~io' denotet necessitatem consequencie KILVINGTON *Soph.* 29 p. 67.

2 necessarily, as a result of obligation.

803 si vero voluntarie vel ~ie pertingat *CS* 324; convenit . . ut ~io servi [AS: *nydþeowan*] sc. testamentales operentur (*Quad.*) *GAS* 478; omnes sumus Dei ~o servi [AS: *nydþeowan*] (*Ib.*) *Ib.* 479. **1258** faciat habere . . minuta ligna quibus ~io indiguerit ad dicta molendina reparanda *Cl* 237; ~ie . . compellimur ad arma recurrere AVESB. f. 88b; dixerunt se fore artifices et operarios [qui] victum et vestitum operibus manuum suarum ~io haberent adquirere *Chr. Westm.* 153; si oportet ipsum [regem Anglie] contra regem Francorum continua bella fovere, ~io haberet suum populum novis imposicionibus semper gravare *Ib.* 160. **1478** quilibet eorum taliter incepturus teneatur ~io regere per xxiiij menses *StatOx* 290.

necessarius [CL]

1 necessary, essential; **b** (w. dat.); **c** (w. *ad*); **d** (dist. from *superfluus* or *perfunctorius*).

pauca . . de sapientia Salomonis . . huic opusculo inserere ~ium duxi GILDAS *EB* 62; de multis vel diversis malis et quae non nocent ~ia THEOD. *Pen.* I 7 *tit.*; libello . . quem . . de ~iis ecclesiae causis utillimum composuit BEDE *HE* II 1 p. 77; a**975** emptis ~iis fratrum indumentis *CS* 1159; diffusam et ~iam historiam studiosis exhibuit W. MALM. *GR* I *prol.*; juxta regulas supradictas posset invenire reliqua ~ia per se *Mens. & Disc.* (*Anon. IV*) 49; contra quos librum contexuit de eadem ~ium J. READING 177. **b** ea tantum quae victui ~ia videbantur . . accipiendo BEDE *HE* I 26 p. 47; ~ia est . . homini peccatorum remissio ANSELM (*CurD* 10) II 67; rex cui ~ior visa est pecunia illius quam persone presentia DEVIZES f. 32v; fraterna dilectio saluti tam ~ia GIR. *Ep.* 4 p. 182; aratrum humane vite . . ~ium [*gl.*: *covenable*] NECKAM *Ut.* 112. **c** nullum aliud verbum est ~ium ad rem cognoscendam ANSELM (*Mon.* 10) I 25; ipsa quidem ad omne disserendi genus ~ia sunt BALSH. *AD* 13; ad ipsum denique purificandum ignis illius eterne caritatis Dei summe ~ius est J. FORD *Serm.* 13. 4; investigationem . . eorumque ~ia sunt ad vivendum T. CHOBHAM *Praed.* 133; nihil theologie est simpliciter ~ium ad salutem DUNS *Ord.* I 33. **d** ita oratione pro anima deposita; fiebat defuncto si tempus sineret sermo brevis et perfunctorius, vel longus et ~ius W. MALM. *Wulfst.* III 11; quamdiu non querimus superflua sed ~ia, ministrabit Deus AILR. *Serm.* 17. 14. 296; primo ostendit quod hoc opus videatur [non esse] superfluum. . . postea quod neccessarium sit hoc opus S. LANGTON *Chron.* 63.

2 (*~ium est*) it is necessary: **a** (w. inf. or acc. & inf.); **b** (w. *ut*).

a valde ~ium est justum [sc. hominem] in hac vita et vitiis tentari et verberari flagello *Ps.*-BEDE *Collect.* 286; **798** ~ium est . . ecclesias Dei . . corrigere *CS* 291; cum . . de inherentia dubitatur, ~ium est aliquod inquiri medium J. SAL. *Met.* 909B; valde ~ium est scire significationes vocabulorum T. CHOBHAM *Praed.* 285; nec est necearium totam superfluitatem illam dispergi per membra *Ps.*-RIC. *Anat.* 37; aliqui addunt modos alios, sed non est ~ium illos numerare GARL. *Mus. Mens. P* 1 p. 91. **b** ~ium . . erat ut . . ipse Deus salus ejus accederet ad eam AILR. *Serm.* 2. 11. 266; ~ium . . fuit ut sanguini admisceretur BART. ANGL. IV 10.

3 (of person): **a** who performs necessary or obligatory service. **b** associated by obligation, friendship, or kinship. **c** (as sb.) person associated by obligation, friendship, or kinship.

a hi qui valde ~ii [AS: *neodbehefe*] sunt . . nimia praegravantur infirmitate *RegulC* 68. **b** **804** amici ~ii mei et fidelissimi *CS* 313; socios . . ~ios [AS: *geferan . . neodþearfe*] ÆLF. *Coll.* 99; pro ~iis personis, ut sunt consanguinei vel affines RIC. ANGL. *Summa* 26. **c** ~ius, amicus *GlC* N 72; scelus hominis istius a proximis suis et ~iis taceri non potuit GIR. *SD* 66; tempore Stephani regis, propinqui et ~ii sui, quamquam minus in hoc ~ii *Id. IK* I 13; cum adheserit quis uxori sue, quecumque est ad parentes sive ad alios ~ios, dormitat et languet affectio J. FORD *Serm.* 29. 2.

4 qualified, suitable, fit: **a** (of person); **b** (of product or abstr.).

a **1175** rex . . noluit ut tunc consecretur [Gaufridus], quod . . infra annos etatis erat, et nesciebat si ~ius esset ad regimen suscepti ordinis *Conc.* I 483; **1271** volumus quod alius . . fidelis et officio [monetarii] . . volens et ~ius loco . . Ricardi substituatur *Cl* 371; c**1280** bene scio ipsum esse ~ium ad domum vestram servandam aut manerium spectandum *AncC* VII 3; **1293** J. dictus L. bonus est et ~ius domino ad custodiendum oves matrices *SelPlMan* 168; **1461** tunc ad vos veniemus cum duobus vel tribus famulis nostro proposito ~iis, R. Botilere, Mattheo Gowh, vel Johanne Lore *Paston Let.* 655. **b** id . . quod erutum est . . impurum proveniat nec multo usui ~ium nisi multo igne conflatum J. FORD *Serm.* 13. 4; **1288** illi de S. emunt scienter porcos superseminatos et vendunt in foro N. . . hillas et pundinges non ~ias corporibus hominum *Leet Norw.* 8; una trabium ~ia curtior aliis inventa fuit (*V. Aldhelmi*) *NLA* I 38.

5 unavoidable, compulsory; **b** (of expenditure). **c** (as sb. n.) necessary expenditure.

1166 licet multas domi pro tempore ~ias habeam occupationes, tum . . J. SAL. *Ep.* 182 (179 p. 192). **b** c**1337** expense ~ie (v. expendere 3d). **c** **1293** in diversis ~iis per ipsos factis racione guerre . . viz. tam in stipendiis quam aliis expensis medicorum, cirurgicorum, carpentariorum . . (*Pipe*) *RGasc* III p. cxl n; **12..** vicaria iiij m., nullo ~io deducto *Val. Norw.* 239.

6 of or for a necessary function: **a** (*domus ~ia* or ellipt. as sb. f. or n.) privy, latrine. **b** (*officium ~ium*) natural bodily function. **c** (as sb. n. pl., *~ia naturae* or ellipt.) necessities of nature, natural bodily functions.

a domum ~iam *Inst. Sempr.* *lv; **1195** recepit . . unum cellarium cum solario desuper de petra, et ~iam tegulatam . . et re[tro] in curia unam ~iam et unam magnam domum de terra *Cart. Osney* II 283; in domo ~ia BRAKELOND 129; inter ~ias pertransiens et considerans ne quis ibi . . inordinate se habeat *Obs. Barnwell* 56; **1356** W. B. pro emundacione gutture sub ~io infirmarie, vj d. *Ac. Durh.* 557. **b** domus purgatoria . . que . . omnibus erat advenientibus pro officiis ~iis . . semper aperta R. COLD. *Godr.* 321. **c** post prandium vero surgens a mensa abiit ad ~ia *Chr. Abingd.* II 284; ad ~ia nature secedenti adfuit ex more inimicus J. FORD *Wulf.* 21; supra modum gravatus est . . adeo ut cellulam ~iorum perhorrescens in olla sepius egereret *Ib.*; stratis exiliantes prius quidem ad ~ia nature eant, deinde, ablutis manibus . . oratorium petant *Cust. Westm.* 262; domus ~iorum *Cust. Cant.* 32; divertens per forum Constantii ad ~ia facienda se evisceravit, et ita miserabiliter expiravit *Eul. Hist.* I 340.

7 (log.) that cannot be otherwise. **b** (of argument or proof) irrefutable, incontrovertible; **c** (dist. from *voluntarius*); **d** (dist. from *probabilis*). **e** (as sb. n.) something that cannot be otherwise, necessity.

hoc . . ~ium est quod aliter esse impossibile est J. SAL. *Met.* 870D; videtur quod datio gratie ~ia sit, cum sit ex mera Dei voluntate immutabiliter GROS. *Quaest. Theol.* 198; **b** monstravi me non infirma sed satis ~ia argumentatione probasse ANSELM (*Resp. Ed.* 10) I 138; tua disputatio veris et ~iis apertisque rationibus concatenatur *Id.* (*Casus Diab.* 20) I 264; immensam donacionem nulla causa utili vel ~ia suadente nec eciam aliqua causa . . facere presumpserit *Reg. Paisley* 32. **c** tres ordines humane conversationis occurrunt, primus naturalis, secundus ~ius, tertius voluntarius AILR. *Spec. Car.* III 32. 605; hoc unum ei non voluntarium tantum, sed et ~ium J. FORD *Serm.* 55. 11; fiat . . voluntarium quod est ~ium futurum HOLCOT *Wisd.* 173. **d** sunt [sententie tue], licet non ~ie, tamen . . possibilitate nature probabiles ADEL. *QN* 42; demonstrative ergo principia ~ia sunt, dialectice probabilia J. SAL. *Met.* 871B; si vero abfuit ex probabili et non ~ia causa, non restituetur RIC. ANGL. *Summa* 41 p. 112. **e** idcirco, adiciente ~io, subjungitur quia nec sanus est nec insanus ABBO *QG* 21 (47); deinde habita modalium ratione transit ad commixtiones que de ~io sunt aut contingenti cum his que sunt de inesse . . J. SAL. *Met.* 918B; ad hoc dicendum quod dupliciter est Deus esse ~iorum causa GROS. *Quaest. Theol.* 196; alioquin ~ium dependeret necessario a non-necessario DUNS *Ord.* II 72; triplex est proposicio de ~io. quedam de ~io condicionali ut, 'vacuum, si est, ne necessitate est locus'; alia de ~io quando . . sed tercia est de ~io simpliciter (*Duns*) *GLA* III 132.

8 (as sb. n.) something that is necessarily required, a necessity. **b** (*~ia vitae*) necessities of life.

ad judicandum ~ia cum eo *Comm. Cant.* I 449; **1100** nolo ut vicecomes . . propter aliquod ~ium suum . . faciat ea sedere aliter. . . faciam ea satis summonere propter mea dominica ~ia ad voluntatem meam (*Ch. Regis*) *GAS* 524; ~iorum copia W. MALM. *GR* I 49. a**1168** divina gratia supra et contra merita mea et citra operam amicorum ~ia contulit etiam in exilio J. SAL. *Ep.* 270 (251); **1196** et R.B. et R.T. xxxv li. et xiij

d. ad inveniendum neccessaria in pannis et equis R. Navarie *Pipe* 19; **1228** illi qui ~ia capiunt ad carucas vel mortuum boscum *Feod. Durh.* 232; **1340** furtive cum hamo per fenestram .. abstraxit duo tapeta et alia ~ia *CBaron* 98; **1379** in .. factura in diversis ~iis *Ac. Durh.* 587; **1409** Willelmo de Couton, fabro, emendanti diversa ~ia ferrea iiij d. (*Ac.*) *EHR* XIV 522. **b** ut .. sibi donec viveret ~ia vitae inde donaret *DB* I 59rb; de vite hujus ~iis modico usu pro regno celorum didicistis esse contenti J. Ford *Serm.* 117. 11; **1414** quidam .. sunt artifices .., vite ~ia et suam sustentacionem arte et manuum labore acquirentes *Reg. Exon.* (*MS Devon RO Charter 9* f. 291).

9 (as sb. n. pl.) needs.

de ~iis ecclesiae Anglorum .. tractaturus Bede *HE* II 4 p. 88; cum .. Christus non defecerit in ~iis ecclesie militantis Ockham *Dial.* 517.

necesse [CL]

1 necessary: **a** (quasi-adj. as adv.); **b** (superl.).

si est ex se possibile esse, ergo ~e esse ex se componitur ex possibili, et ita non erit ~e esse Duns *Ord.* IV 160; ~e esse nihil commune habet cum alio, quia illa intencio communis est 'non ~e esse' *Ib.* 204. **b** **1340** vobis .. ~etissima postulacione compellor supplicare quatinus .. *FormOx* 308.

2 (*~e est*) it is necessary; **b** (w. inf. or acc. & inf.); **c** (w. *ut* & subj.); **d** (w. *quod* & subj.); **e** (w. subj.).

confessio autem Deo soli agatur licebit si ~e est Theod. *Pen.* I 12. 7; cum puncto divisionis quando ~e est Haudlo 142. **b** ne sit ~e .. per tam prolixa terrarum et maris spatia .. fatigari Bede *HE* II 18 p. 120; **966** magis sequi ~e est Dominicam vocem *CS* 1177; ~e est Eduuardo restaurare de suo (*Wilts*) *DB* I 69ra; quinque .. ex octo subtractis, iij manere ~e est Rob. Angl. (I) *Alg.* 78; necesse indeclinabile aliquando ponitur pro inevitabili sicut dicimus ~e est hominem mori Osb. Glouc. *Deriv.* 381; ipso .. sciente non ~e est hoc fieri Gros. *Quaest. Theol.* 197; **1269** non est ~e in aliquo placito ponere horam facti *CBaron* 84. **c** ~e est ut in suis sanctis Dominus requiescat Theod. *Laterc.* 24; ~e est ut eorum vita desperetur Bede *Cant.* 1204; ~e est ut et divinum in cunctis flagitemus auxilium *Id. Prov.* 946; **967** omnibus hominibus ~e est ut .. aeternam mereamur habere portionem *CS* 1196. **d** ~e est, quod ejus memoria omnino deleatur Holcot *Wisd.* 69. **e** [caro] se ~e est jejuniorum .. laboribus subigat Bede *Tab.* 456; nihilominus ~e est frequenter mugiat bos, cum ante vacuum presepe steterit M. Rievaulx (*Ep.*) 63 p. 177.

3 (*~e est*) it is useful.

necesse .. aliquando ponitur .. pro utili sicut dicimus ~e est hominem jejunum comedere Osb. Glouc. *Deriv.* 381.

4 (*~e habere*) to have need (of); **b** (w. dir. obj.); **c** (w. *de*).

701 presbiterum .. si ~e habuerint .. sibi ordinari .. expostulent *CS* 105; **1276** per servicium duorum militum ad bellum, quando dominus rex habuerit ~e *Hund.* I 89. **b** omnia quae ~e habebat .. donabat Bede *HE* V 19 p. 324. **c** **1242** ad sustentacionem guerre .. tam de pecunia quam de gente plurimum ~e habemus *RGasc* I 4b.

5 (*~e habere*) to need, to be obliged: **a** (w. inf.); **b** (w. *ut*); **c** (w. ger.).

a ~e habet in januam inferni .. introduci Bede *HE* V 14 p. 314; **798** primum ~e habet per se catholicae fidei experientiam innotescere *CS* 286; non .. ~e habeo ire W. Cant. *Mir. Thom.* II 37; **1242** quia .. R. ~e haberet terram illam ei warantizare *CurR* XVI 2296; **1279** dominus rex non est legibus astrictus nec habet ~e uti brevibus communibus *SelCKB* I 54; **1384** ad quod iidem Thomas et Elizabetha non habent ~e respondere *PlRCP* 495 r. 496. **b** ~e habeo ut hoc apertius exponas Anselm (*CurD* 9) II 61. **c** **1249** concordia facta fuit inter [partes] ita quod H. non habuit ~e veniendi coram justiciariis ad cognoscendum .. *CurR* XIX 613; **1283** ita quod .. executores ad nos ~e non habeant redeundi *RGasc* II 197a.

6 (as indecl. sb.; *cf.* CL *~is*, as gen. n. sb.) necessity.

quos cum de proprio cogit prandere necesse / parce vescuntur D. Bec. 1805; sunt indefesse cui vires stante necesse *Pol. Poems* I 96; **1460** de quodam apparatu vocat' *cables* eidem navi de ~e spectan' destituta existunt *Pat* 488 m. 3*d*.

7 (as indecl. sb.) need.

ministri Domini .. clament ad Deum pro Christiani ~e populi (*Quad.*) *GAS* 288; in oratione perseverent pro ~e communi (*Ib.*) *Ib.* 536.

necessetissimus v. necesse 1b.

necessitabilis

1 that can become necessary.

talis veritas, quamvis per se sit ~is .. non tamen per se quoad causam, sed ab aliis Wycl. *Act.* 77.

2 that can be compelled by necessity.

imo et ita libera, sicut creatura irracionalis est naturaliter necessaria, seu ~is sive serva Bradw. *CD* 449B.

necessitare [CL]

1 to be necessary.

causando illam veritatem remissius quam ~at Wycl. *Act.* I 63.

2 to render necessary.

non ~avit talia mala (Kyn.) *Ziz.* 97; **1412** sicut Deus ~at futuracionem parcium *Conc.* III 349; plus quam decet aut res ~at *Reg. Whet.* II 434.

3 to compel, constrain; **b** (w. *ad*); **c** (w. inf.); **d** (w. *quin*) ; **e** (absol.).

cum voluntas Dei sit summe nobilis, neque a se neque ab alio potest ~ari Middleton *Sent.* I 403; intellectus ~atus a principio ~atur a conclusionibus in quantum verum, non tamen in quantum necessarium ad finem; et ideo non ~atur voluntas *Quaest. Ox.* 352; si enim bestia ~etur ab aliqua causa secunda, ~abitur a qualibet forciori Bradw. *CD* 449B; si habitus potest augeri tantum quod ~et voluntatem Ockham *Quodl.* 175; nec mirum si Judam non ~avit Netter *DAF* I 76. **b** si voluntas non impedita ~atur ex natura sua ad volendum finem ultimum Duns *Ord.* II 67; Christus non artabatur neque ~abatur ad salvandum genus humanum Ockham *Pol.* II 1173; Deus .. nec ~at homines ad peccandum Wycl. *Ver.* II 9; **1384** Deus me ~avit ad contrarium (Wycl. *Ep.*) *Ziz.* 342. **c** **1369** dominus noster .. notorie ~atur .. arma .. resumere *Pri. Cold.* 39; nec est Deus ~atus electoribus istis condescendere dando isti pape graciam et virtutem Wycl. *Chr. & Antichr.* 10; hic regem populos taxare necessitat hostis Elmh. *Met. Hen. V* 104; **1440** ne .. victum suum mendicitus querere ~etur Bekynton I 34. **d** potest Deum sic ~are quin non includat contradiccionem Ockham *Sent.* III 455. **e** certum est quod anima racionalis non infunditur donec corpus fiat materia ~ans respectu anime racionalis Peckham *QR* 91.

necessitas [CL]

1 quality of being necessary or essential, indispensability.

de panniculo propter multam nececitatem in corpore creato *Ps.*-Ric. *Anat.* 42; sic ergo patet sacre Scripture ~as Fishacre *Sent. Prol.* 83.

2 necessity, compulsion, constraint: **a** (as inherent in the nature of things); **b** (as imposed by external circumstance). **c** (*~atem habere*) to have need (of), to be obliged (to). **d** (*de ~ate*) from necessity, necessarily.

a quod certa ~as cogit ut fiat Bede *Prov.* 953; ~as naturalis non stat cum libertate Duns *Ord.* II 60. **b** Greci in Dominica non scribunt puplice; tunc pro ~ate seorsum in domu scribunt Theod. *Pen.* II 8. 2; **705** nunc instante ~atum causa quid agi debeat .. inquirere opere pretium reor *CS* 115; nisi si major forte ~as compulisset Bede *HE* III 5 p. 136; **1071** ~ate urgente expectare non potui quoadusque redirent Lanfr. *Ep.* 2 (2); **s1139** ut tradant claves [sc. castellorum] ~ati temporis debent cedere W. Malm. *HN* 475 p. 33; servientes ad mutuum accessum tam regis quam ducis et divisi exercitus, si foret ~as *G. Hen. V* 6. **c** advocatus .. standi ~atem habeat Ric. Angl. *Summa* 27 p. 35; dum non habeat ~atem de peccato pecuniam adaugere *Flor. Hist.* I 555. **d** est .. causa antecedens, sc. preordinans secundum cursum nature [ut] eveniat aliqua res de ~ate, ut quod futura est eclipsis solis et lune Gros. *Quaest. Theol.* 196; sic de ~ate erit una sexta discordans, si ditonus vel semiditonus fuerit a tenore tertia supra *Mens. & Disc.* (*Anon. IV*) 81; cujus opposicio creat de ~ate aliquam proprietatem Haudlo 272; quesierunt a me, utrum esset de ~ate salutis ut quis confiteatur vocaliter. "necessarium est" dixi Wyche *Ep.* 533; **1471** penitenciarii .. retulerunt eis de ~ate fore .. quod restitucionem parentibus de acceptis pecuniis facerent *Lit. Cant.* III 290.

3 need, requirement, demand; **b** (of body); **c** (of legal obligation); **d** (of abstr.).

683 ad serviendum ~atibus monachorum Deo servientium *CS* 65; non vetat bibere vinum ad ~atem Bede *Prov.* 1007; ut .. velim fraternis ~atibus succurrere Abbo *QG* 1 (3); **1086** iiij homines qui .. debent servire abbati cum propriis equis in omnibus ~atibus suis *Inq. Cantab.* 193; **c1168** ligna nemorum et materiem ad suas ~ates *Regesta Scot.* 62 p. 164; Domine Jesu, ~atum nostrarum arbiter et medicus infirmitatum, utilitatumque dispensor J. Ford *Serm.* 38. 2; nec dicat aliquis nos hoc opus .. propter propriam tantum commoditatem incepisse, sed vere propter evidentem ~atem et .. Hauboys 180. **b** pergamus sic ad latrinam propter ~atem corporis nostri Ælf. Bata. 4. 1; **1451** claustrum, librariam, dormitorium, et verete ~atis locum *Mon. Francisc.* II 87; movente se forsan ~ate aliqua nature *Mir. Hen. VI* II 50. **c** **680** (10c) absque †triinoda [l. trimoda] ~ate totius Christiani populi, id est arcis munitione, pontis emendatione, exercitu congestione, liberam perstrinxi *CS* 50; **796** legalis pro parvissimis .. culpis edicti ~as exigebatur Alcuin *Ep.* 111 p. 161; **956** excepta omnibus indicta ~ate, rata viz. expeditione pontis arcisve restauratione *CS* 924. **d** productas syllabas .. nulla ~as metri corripit Abbo *QG* 4 (11).

4 need, distress, trouble, difficulty; **b** (in phr.). **c** (*extrema ~as*) death.

ut .. in ~atibus suis .. ab ea consilium quaererent Bede *HE* IV 23 p. 254; triduo .. permansit in magnis ~atibus suae animae, quasi prae oculis habendo diem mortis Byrht. *V. Osw.* 467; o erumnam et ~atem humanam *V. Kenelmi B* 82v. 2; auxilium et consolationem in ~atibus Anselm (*Ep.* 432) V 378; si quis in ~ate mortali .. deserat patrem (*Leg. Hen.*) *GAS* 604; nisi cum summa ~as incubuerit G. Mon. VIII 10; si ~atis non incumbit articulus J. Sal. *Pol.* 592B; quantacunque tibi mortis ~as, aut discrimen exheredationis incumbat, non intrahis ad regem P. Blois *Ep.* 14. 50C; **1204** auxilium quod .. petimus in hac neccessitate nostra *RChart* 133b. **b** amicus in ~ate [AS: *æt þearfe*] probandus est *Prov. Durh.* 3; ~as [AS: *seo nydþearf*] plura doc[et] *Ib.* 36; ex ~ate quc legem non habet Gir. *GE* I 12; tanquam de ~ate virtutem facientes *Id. TH* I 19; **s1317** illi, in tanta perplexitate constituti, de ~ate virtutem faciebant Trokelowe 98; isti sunt valde fatui quia, si de sua ~ate virtutem facerent .. Holcot *Wisd.* 35; ~ate pauperitatis compulsum que legem non patitur *Reg. Paisley* 58. **c** vocatis magistro et aliis sacerdotibus, ut ei tanquam moriture in sacramentis extreme ~atis subvenirent, .. infusa est ori ejus aqua .. *Canon. G. Sempr.* f. 145v.

5 need, want, poverty.

804 aliquantulam terrae partem .. ad ~atis refugium *CS* 317; omnis exprobratio est subsannatio et omnis egestas atque ~as J. Ford *Serm.* 26. 4; **c1300** dedit mihi .. v marcas in nostra summa nescessitate *Form Man* 9; **1499** circa lucracionem feni tempore ~atis *Ac. Durh.* 101; pecunie summam .. quam abbas et conventus mihi solverunt in magna ~ate mea ad exoneracionem debitorum meorum *Reg. Paisley* 58.

6 person associated by obligation, friendship, or kinship.

nos dulcia amittimus pignora, nos suaves ~ates morti exponimus Ciren. II 163.

7 necessary artefact.

mineram ferri infra R. ad carucas at alias ~ates faciendas *Boldon Bk. app.* X.

necessitatio, compulsion.

licet quid necessitatus fuerit ad faciendum quicquam boni vel mali, si tamen ~onem illam ignoret, et faciat hoc voluntarie et libere, quantum in eo est meretur Bradw. *CD* 644B; amplius autem pro isto et omnibus similibus de peccato et ~one peccandi, seu ad peccandum, aliter fortasse subtilius et probabilius dici potest quod .. *Ib.* 739C.

necessitativus, that makes necessary, that compels.

activa nec motiva voluntatis, sicut objectum delectabile eam movet, quare nec coactiva aut ~a ipsius

BRADW. *CD* 460A; per idem quodcunque futurum est a Deo necessitatum, cum non majoris efficacie ~e sit assercio Christi secundum humanitatem WYCL. *Ente* 182.

necessitudo [CL]

1 bond between persons, associated by obligation, friendship, or kinship.

contribulibus ~inum nexibus conglutinatae ALDH. *VirgP dedic.* p. 229; **744** eorum . . qui mihi contribulium ac ~inum nexibus conglutinati sunt *CS* 168; ~o, amicalis affectio *GlC* N 71; Balduino cognato, arctissime ~inis propinquitate conjuncto W. MALM. *GR* IV 376; omnia . . vincula ~inum humanarum seu parentum ad liberos . . seu quod his fortius et arctius est sponsi ad sponsam J. FORD *Serm.* 14. 5; frater et soror, consobrinus et consobrina et alia multa; quas viz. ~ines quisquis amaverit plus quam Christum non est eo dignus ROB. BRIDL. *Dial.* 160.

2 necessity, compulsion.

c**680** vel viae longinquitate vel varia ~ine praepediti *CS* 48; ~o autem infertur, cum vi quadam reus id quod fecerit fecisse defenditur . . ALCUIN *Rhet.* 15.

3 need, requirement.

†c**771** (11c) in usus aecclesiasticae ~inis dedissem *CS* 205.

necgligens, ~entia v. neglegens, ~entia.

necifer [CL nex+-fer], that brings death, death-dealing.

~eros turbines *Lib. Eli.* I 39.

necire v. nescire.

necka [AS *naca*], transport ship.

hoc . . accessit ad consolationem plurium adventus nectarum [l. neccarum] *Itin. Ric.* III 6; cum bargis onerariis et ~is que victualia veherent et homines armatos *Ib.* IV 5; **1212** serjanteria custodiendi neccham *Fees* I 106.

neclegere v. neglegere.

necne [CL]

1 (in dir. qu.) or not.

moriturosne esse asseris ~ne? PETRUS *Dial.* 57.

2 (in indir. qu.) or not.

in dubio utrum condemnaretur a Christo ~ne *Comm. Cant.* III 134; utrum ex parte regis nec n' fuisset saisitus illud ignorant *DB* II 424; deliberamus utrum illud expleamus ~ne AILR. *Serm.* 32. 18; secum tractaret ad videndum utrum esset compos mentis sue ~ne *State Tri. Ed. I* 74; **1338** si velint contribuere ~ne *Hosp. in Eng.* 4; **1341** Amia morata fuit inde in judicium si eadem verificacio esset admittenda ~ne *SelCKB* VI 8.

3 (syn. w. *necnon*) and also; **b** (*necne et*).

verbo necne cibo triduo turbam satiavit FRITH. 470; psalmi qui . . solent cani ~ne [AS: *ne*] letaniae ante Missam . . intermittantur *RegulC* 56; quo cum pervenisset homo ille, fatigatus ex itinere ~ne gravatus sopore, cepit paululum dormire LANTFR. *Swith.* 3; temperantiam atque justitiam ~ne fortitudinem BYRHT. *V. Osw.* 424; adjuvabant eum Polenia, Frisia ~ne Saxonia ORD. VIT. IV 5 p. 191. **b** silvis, pratis, pascuis, ~ne et aucupiis *Text. Roff.* 108.

necnon [CL]

1 and also, and furthermore; **b** (*necnon et*).

933 pro . . sanctorum omnium auctoritate ~non pro venerabilis episcopi . . datione *CS* 694; cum medicinalem vincit dolor improbus artem, / necnon artifices nequeunt prodesse medentes GREG. ELI. *Æthelthryth* II 164; **1453** eundo morando et redeundo . . ~non equitantis de Landewade (*DL Ac. Var.*) *JRL Bull* XL 414. **b** nec non et tres germanos puerulos . . ad regis praesentiam simul introducunt ALDH. *VirgP* 33; provinciae Orientalium simul et Occidentalium Saxonum nec non et Orientalium Anglorum BEDE *HE* pref. p. 6; Merciorum genti ~non et ceteris australium provinciarum populis praefuit *Ib.* III 24 p. 180; **946** cum pratis pascuis ~non et silvis silvarumque densitatibus *CS* 814; Pater ergo et Filius et Spiritus Sanctus, ~non et angeli Dei BALD. CANT. *Commend. Fid.* 619; c**1170** et custodia ~non et monachorum

Regesta Scot. 46; ?c**1235** pro salute anime mee et patris mei ~non et antecessorum meorum *Cart. Mont. S. Mich.* 26; contra dictum dominum . . ~non et contra quascunque alias personas ecclesiasticas *Reg. Paisley* 144; ~non et omnes lectos nostros vocat' trussyngbeddes (*Test. Hen. V*) *EHR* XCVI p. 95.

2 (syn. w. *necne* in dir. or indir. qu.) or not.

dubitative ut an, ne, nonne, ~non *Ps.-GROS. Gram.* 57; si per finem factum his decidatur ~non HENGHAM *Magna intr.*

necopinus [CL], unexpected.

~um, nec expectatum *GlC* N 77.

necotiana v. Nicotiana.

necromantia [LL < νεκρομαντεία, also assoc. w. niger]

1 necromancy, divination by supposed communication with the dead.

excepto Zambri, qui tunc necromantia fretus / ignarum populum . . fefellit ALDH. *VirgV* 578; ~ia, mortuorum divinatio *GlC* N 83; Bladud . . docuit nigromantiam per regnum Brittanie G. MON. II 10 (=M. PAR. *Maj.* I 29, *Flor. Hist.* I 35: nicromanciam); ad nigromantiam jam accedit, que inde dicitur quod tota in mortuorum inquisitione versatur J. SAL. *Pol.* 408A; sine gaudio . . dicitur locus ille, quod ~ia et sciomantia ibi exerceri consueverant, que sine hominis occisione non fiebant ALB. LOND. *DG* 6. 2; mantice in quinque partes dividitur, prima est ~ia, que . . interpretatur divinatio in mortuis *Ib.* 11. 12.

2 (gen.) sorcery, black magic.

nichromancia PETRUS *Dial.* 112 (v. necromanticus a); thesauros olim a gentilibus defossos arte nigromantie molibus eruderatis inventos cupiditatibus suis implicuit W. MALM. *GR* II 168; luna . . significat super nigromantiam et mendacium BACON *Maj.* I 262; **1331** invenerunt ibidem quosdam . . in quodam circulo rotundo operando circa invocationem malorum spirituum et de aliis artibus nigromancie *SelCKB* V 54; exorcismi et benedicciones facte super vinum, panem, etc. . . sunt vera practica ~ie potius quam sacre theologie (*Conc. Loll.* XII) *Ziz.* 362; **1432** bene . . se . . gerat . . et se de arte magica nigrimancia seu sorceria non intromittat *Cl* 282 m. 2d; s**1441** et quedam sortiloga [*sic*] cremata propter conspiracionem nigramancie contra personam regis HERRISON *Abbr. Chr.* 6.

necromanticus [LL], of or for necromancy. **b** (as sb. m.) necromancer, sorcerer. **c** (as sb. f.) sorceress.

quousque altius potestas eorum qui in nichromantica [v. l. nicromantica] arte [v. l. nichromancia] operantur, possit ascendere PETRUS *Dial.* 112; erat is nigromanticis artibus instructus magicas excitare figuras, demones territare W. MALM. *GR* II 205; omnis enim ars nigromantica aqua diluitur R. NIGER *Chr. II* 156; lex lune erit nigromantica et magica et mendosa BACON *Maj.* I 262; Libri ~i de officio spirituum BRADW. *CD* 17C; s**1387** factum est . . caput de cera opere nigromantico . . [quod] tria verba protulit KNIGHTON *Cont.* 258. **b** asserunt nigromantici, in experimentis . . solos oculos virgineos prevalere GERV. TILB. 897; maxima incommoda per marinam tempestatem perpessus est, que utique per negromanticos regis Francie dicebantur procurari AD. MUR. *Cont. A* 173; **1406** incantores, nigromantici, divinitores, arioli et phitones *Foed.* VII 427; **1419** supersticiosis ~orum operacionibus *Conc.* III 393a; **1447** quendam nigromanticum . . consuluit *Eng. Clergy* 221; vellet ire ad maleficum quendam ~um *Ghost Stories* 420; a nygromancier, nigromanticus *CathA.* **c** de ~ae oraculo certior redderetur BOECE 93.

necrosis [LL < νέκρωσις], act of causing to die, mortification.

nicrosis, i. mors *Alph.* 125.

necta v. necka.

nectar [CL < νέκταρ]

1 nectar, sweet fluid produced by plants. **b** honey. **c** (fig.).

mel lentescens . . / atque favi croceum destillans flumine nectar ALDH. *VirgV* 1600; examen neque spargebat mihi nectar in ore *Id. Aen. praef.* 11; apis quoque de variis floribus colligit et ~ar ad dulcem potum et ceram ad lumen construit HON. *Spec. Eccl.* 892B. **b** ~ar, mel vel vinum vel †carere [l.

carenum] *GlC* N 58; **10** . . ~ar, *hunig oððe mildeaw WW.* **c** a**796** accepimus . . cartam . . caritatis floribus depictam ac mellifluo . . sapore refertam unde et nos . . in abundantia roriflui ~aris . . laetati sumus ALCUIN *Ep.* 60; o quicumque legis divine scemata legis / mel latet internum, scito, nectarque supernum M. RIEVAULX (*Vers.*) 46. 2.

2 sweet drink made with wine, honey, and spices; **b** (as food of the gods).

nectaris idcirco contemnit pocula mulsa / atque opulenta fugit pro Christo fercula virgo ALDH. *VirgV* 2541; nectare cauponis complens ex vite tabernam *Id. Aen.* 78 (*Cupa vinaria*) 4; **10** . . ~ar, *win, þone swetan smæc*; ~are, *wingedrince WW*; hoc ~ar, -ris, eo quo nectat et alliciat mentes potantium OSB. GLOUC. *Deriv.* 372; ~ar, pigmentum *Ib.* 383; hoc ~ar, *pieument Gl.* AN *Glasg.* f. 19rd; hoc ~ar, A. *pyment WW*; crama . . i. vinum herbatum sive ~ar *Alph.* 35 (v. crama). **b** ~ar, potus deorum *GlC* N 75; ~ar, potum caelesti[um] *Ib.* N 99.

3 first milk.

10 . . ~ar, *frummeoluc WW.*

4 (fig., as type of sweetness): **a** (of liquid); **b** (of speech or behaviour).

a cum praedictus episcopus ad colloquium . . Guthlaci pervenisset, . . sese alterutrum haustibus evangelici ~aris [v. l. evangelicae veritatis] circumfundere coeperunt FELIX *Guthl.* 46 p. 144; c**738** arida pectora mea imbre superni ~aris cotidie caelesti irrigantur *Ep. Bonif.* 98 p. 220; sed celeste ~ar quod hauserat sine livore aliis propinavit W. MALM. *Wulfst.* I 1 p. 6; effundens super se animam suam, celestium secretorum ~are debrietur AILR. *Spec. Car.* II 11. 556; non enim celicus favus fel fundere, vel divinum ~ar veneno misceri potuit J. FURNESS *Walth.* 25; tuum nectar est medela / qua peccatum . . / . . detergitur WALT. WIMB. *Virgo* 110; laus nobis ejus nectare plus dulcescat J. HOWD. *Cont.* 128. **b** hic quia saepe tuos perfudit nectare sensus / mellifluo dulces eructans pectore succos ALCUIN *SS Ebor* 1409; jam quia mellito dulcescat nectare gutur FRITH. 49; revera est gratia et nomine Mildretha, quod patria lingua sonat 'pia' vel 'pietate fundata', que in quascumque gentes se poscentes pio ~are redundat in saecula GOSC. *Transl. Mild.* 1; accedunt ad continentiae praecepta mores quos virginem decet, sicut Ambrosius familiari illi suo, et aliis inimitabili ~are docet EADMER *Virt.* 583; Franci et Angli diu luxerunt funus eorum [regum], qui post illos vix adepti sunt dominos illis consimiles virtutibus et ~are morum ORD. VIT. IV 1 p. 162; mens aloen celat, sed nectar stillat ab ore WALT. WIMB. *Scel.* 149.

5 fragrance (also w. ref. to odour of sanctity).

ambrosio ecclesiam perfundit nectare totam ALCUIN *WillV* 26. 2; ede sub hac cellave putas quasi surgere mella, / ede sub hac sentitur odor nectaris jacenti R. CANT. *Poems* 20. 18; materne pietatis ~ar redolentes W. MALM. *GR* V 400; eum sanctitatis Bonefatii ~ar spirantem *Id. GP* I 6; oscula mel sapiunt, ~aris exit odor GIR. *Symb.* II 2 p. 348.

nectarere, to fill with nectar, to make sweet.

delicatus torrens nectareat / cordis hortum J. HOWD. *Ph.* 625; cum mel ovis ejus nectareat / mundum *Ib.* 846.

nectareus [CL]

1 of or tinged with nectar.

~eam, dulcem, *hunitearenne GlP* 123; perspexit . . ibi fluvium mellifluum et ~eum J. FURNESS *Walth.* 103.

2 of or resembling first milk. **b** that produces first milk (in quot., fig.).

mater uberculum producit niveum, / liquorem exprimit nato nectareum WALT. WIMB. *Carm.* 39. **b** **1435** a sue gratuite recordacionis non abradet registro ubera ~ea que sugebat *EpAcOx* 120.

3 (transf. & fig.) sweet as nectar: **a** (usu. w. ref. to word or speech); **b** (of action).

a jam jamque dulcorante saporis ~ei fauce forte quidam inportunus dagmate adsurgeret B. *Ep.* 386; quos ~eis illecebrarum venenis inebrias GOSC. *Lit. Conf.* 71; qui adversantes obtineret dicendi fulmine, discentes mulceret ~eo docendi flumine W. MALM. *GP* V 200; curia regalis si te subnutriat alis / famine nectareus habearis D. BEC. 876; insculptum fuit illud 'ave' ~eum *V. Edm. Rich P* 1783A; a philosophie ~eo poculo R. BURY *Phil. prol.* **b** in libro quem de moribus ejus et actibus ~eisque dogmatibus luculenter edidit ORD. VIT. X 3 p. 14; labiorum motu ~io verba serena profudit R. COLD. *Godr.* 267.

4 sweet-smelling, fragrant.

putor et caligo luce serena et odoramentis fugantur ~eis ALDH. *VirgP* 35; balsama ~eis spirantque virentia guttis WULF. *Swith.* II 948; balsami . . manui ergo Edmeri ~eus liquor quantus erat infusus, vix vole medietatem madefecerat W. MALM. *GP* I 66; roseo nectareus / odor infusus ori P. BLOIS *Carm.* 4. 4b. 63; ut nostris quoque naribus de odoriferis eructationibus ipsorum nonnula portio odoris ~ei aspirasse sentiatur J. FORD *Serm.* 20. 41.

5 (as sb. n.) part of flower that produces nectar, nectary (in quot., fig.).

ipsa se nobis veritas liquidissimis labiorum promat ~eis THEOD. *Laterc.* 1.

nectarinus, of or tinged with nectar, sweet as nectar.

lingue sermones pocula nectarina J. HOWD. *Cant.* 642.

nectere [CL], **~are**

1 to make by plaiting or interweaving (also fig.).

vincla jugalia nectit ALDH. *VirgV* 125; succensus amore / nectere non cessat verborum retia *Ib.* 1847; sibi perditionis laqueas . . ~unt BEDE *Ep. Cath.* 77; nexui, nud[a]vi [i. e. nodavi], ~it, alligat *GlC* N 86–7; Gundulfus perspectis tantis perturbationibus multum elaboravit ut pacis vincula inter regem et adversarios ejus . . ne posset *V. Gund.* 35; vincire, ligare, vinculare, ~ere, nodare OSB. GLOUC. *Deriv.* 624. inprovidi ex eis laqueum erroris ~ere temptabunt R. MELUN *Sent.* 270.

2 to join (one thing to another). **b** to attach. **c** (fig.).

quod collum in medio positum capiti ~et corpus BEDE *Cant.* 1133; quaecumque sacris nectebant vincula membris FRITH. 893. **b 691** (12c) comitum suorum ibi praesentium subscriptionibus, quorum hic infra ~untur nomina *CS* 89. **c** tales libri hereticorum in quibus prava pravis ~entes BEDE *Prov.* 959.

3 to join together, unite.

cum dissonas et moribus / et voce plebes antea / nectebat unus spiritus BEDE *Hymn.* 7. 13; nemus dicitur a ~endo ubi divisi tauri pro multitudine arborum se ~unt *Natura Deorum* 17.

4 to weave together, compose (words into speech or literary text).

a verbis . . quae in dactilo superius nexuimus ALDH. *PR* 124; quaecumque solo lingua nectente ligarent / haec simul in celo maneant sine fine soluta WULF. *Brev.* 430; nectit . . / sacros de Christo sermones H. AVR. *Poems* 103 p. 59; nec a facie ducum superciliosa verba ~ancium formidavit WALS. *HA* II 85.

5 to contrive, prepare (trap, ambush, scheme, trick, or sim.; also fig.). **b** (*moram* ~*ere*) to contrive delay.

piscibus insidias nectens ALDH. *CE* 4. 5. 6; sibi fraudes insidiasque ~entem BEDE *Sam.* 661; **1170** cui mortis injuste ~ebat laqueos G. FOLIOT *Ep.* 212; quasi medium ~ens, laudabili principio augmentum dedit GIR. *EH* II 33. **b** nec illi moras nexuere W. MALM. *GR* IV 349; quo ultra mare moras ~ente *Id. GP* III 100; [rex] cur moras ~erent inquisivit *Chr. Battle* f. 111v; moram ~ens . . ait: . . GIR. *GE* II 27 p. 303.

6 to trap, enmesh.

avem nectit nodosis retibus auceps ALDH. *VirgV.* 1937; tamdiu . . circa illum torserunt funiculum iniquitatis eorum, seipsos potius in eo nexuri quam illum B. *V. Dunst.* 13 p. 23.

nectilop- v. nyctalopia.

nectrix, weaver, knitter (f.): **a** (of cap). **b** (of net).

a ad diverticulum a leva videas textrices bombicinarias / nectrices birrhetarias STANBR. *Vulg.* 66. **b** ad diverticulum a leva videas . . nectrices plagiaris vel rhetiarias *Ib.*

nectura, sequence.

rerum . . ~a secundi libri finem respicit BEDE *Luke* 423.

necula [CL nex + -ula], little death.

nex . . et inde hec ~a, -le diminutivum OSB. GLOUC. *Deriv.* 371; *dede*, . . funus, . . ~a *CathA.*

nedacra [ME *nedacre*], acre subject to ploughing service.

1283 debet arrare et herciare unam acram que vocatur ~a *Cust. Battle* 60; non arrabit nisi ~a et grasacra *Ib.* 75; metet et ligabit j ~am in autumpno *Ib.* 75; **1357** ligate fuerunt xvij acre ordei, lxv acre avene, et iiij acre vesciarum per perticam de consuetudine pro niedacra *Crawley* 281.

nedelum [ME *nedel* < AS *nædl*]

1 needle (of compass).

1436 in uno diallo et uno nedello emptis . . et liberatis super salva custodia et gubernacione ejusdem balingere *KR Ac* 53/5 f. 10.

2 post used as temporary support for a wall.

1434 pro le *bedde* molendini afforciand', ut in plankis, ~is et alio meremio, cum sarracione et *rammyng MinAc* 1126/7.

nedripium [ME *nedrip*], compulsory manorial service at harvest time.

1287 cariabit fenum et metet in autumpno xx acras de *nidrip Rec. Crondal* 91; **1408** inveniet j hominem ad nederipium *Reg. Ewell* 136; inveniet iij homines ad precaria servicia et j hominem ad nederepium et j hominem ad pratum levandum *Ib.* 148; de Johanne Osemond . . j bederipium, j nederipium et Kyngesmede *Ib.* 172.

nedulus [νη- + δοῦλος], unservile, noble, splendid.

bifax o ales, anim- ab heri / nudiusque- nisus -tertius mei / modo- quit -quoquo tam vim -adverti / quam tis nedulum [*gl.*: splendidam] normam ingenii (*Rubisca*) *Peritia* X (1996) 72; nedulos [*gl.*: splendidos] quibus humeros utrae / hinc inde aeque junctae tam scamnae / plumaria tergora quam costae / imisque turgunt tolotae pennulae (*Ib.*) 74.

nedum [CL]

1 much less, let alone; **b** (w. subj.).

quod vix cogitare, ~um facere, audent *Enc. Emmae* I 1; vix raro exercitui alimoniam ministrare sufficeret, ~um tante multitudini W. MALM. *GR* IV 357; nec potest estimari numero, ~um comprehendi scripto multitudo . . sanatorum *Id. GP* IV 181; **1167** quesitum . . an a Christianis talia liceat observari, ~um a pastoribus dissimulari J. SAL. *Ep.* 227 (230 p. 410); nullum omnino malum, ~um facinus tam horrendum, transire permittit impunitum GIR. *GE* I 34. **b** difficultatem quam ipsi doctiores nequeunt intelligere, ~um sufficiant aliis explanare J. SAL. *Met.* 887C; regis Anglie liberalitatem, ~um dicam prodigalitatem *Flor. Hist.* II 337.

2 (w. *sed* or *verum etiam*) not only.

1287 precipimus quod ~um de segetibus decime persolvantur verum etiam pomis etc. *Conc. Syn.* 1053; que ~um morti contrariantur sed ipsam mortem destruunt (TYSS.) *Ziz.* 152; **1396** ne qua . . ut ~um sibi videbatur sed et multis aliis . . *MunAcOx* 236; venerunt ad urbem . ., ubi ~um sacram docuerunt scripturam, verum eciam alias liberales sciencias . . juvenibus manifestarunt CANTLOW *Orig. Cantab.* 267; **1447** omni solicitudine illorum ~um utilitatem et honorem curo BEKYNTON I 177; eidem sentencie militant ~um tota illa distinccio, sed et tota subsequens distinccio FORTESCUE *NLN* I 5.

neelare [OF *neeler* < nigellare], to niello, to inlay with niello.

1245 candelabra . . argentea undique ~ata (*Stat. S. Paul.*) *Arch.* L 468.

nefande [LL], wickedly.

multas clades ~issime seminaverunt AD. USK 3.

nefandus [CL], unspeakably awful, wicked, impious; **b** (of person or animal; also as sb. m.); **c** (of word); **d** (of action or event); **e** (of weapon).

dicunt, quod dici ~um est, monstrum quoddam nocturnum fuisse *Lib. Monstr.* I 42; ~a, non dicenda *GlC* N 62; scelestus, scelerosus, iniquus, nefarius, ~us OSB. GLOUC. *Deriv.* 564; ~us, A. *a cursed WW.* **b 676** (12c) ubi truculentus et ~us prius draco errorum deceptionibus serviebat *CS* 43; pervenit ad aures ~i principis BEDE *HE* I 7 p. 18; **799** quandoque divina gratia vobis concedat libertatem a populo ~o Saxonum . . ALCUIN *Ep.* 177; Ætheluuoldus . . expulit . . ~os blasphematores Dei de monasterio ÆLF. *Æthelwold* 12; **s1141** combusta est . . abbatia . . de W. a quodam W. de Ipra, homine ~o, qui nec Deo nec hominibus reverentiam observaret W. MALM. *HN* 499 p. 60; cultro cujusdam ~issimi miserabiliter interiit *Eul. Hist.* III 13; ut ferias bellum cum Colibrando nephando Saraceno Affrico KNIGHTON I 23; **1480** terre que . . ad frontem ipsius ~issimi Turci tenentur *Pat* 545 m. 20. **c** soror dictis parere nefandis / rennuit ALDH. *VirgV* 2302; verborum ~orum enunciacionem ne facias W. BURLEY *Vit. Phil.* 46. **d** erant . . canonici ~is scelerum moribus implicati WULF. *Æthelwold* 16; fratrem regis ~issima proditione interemit *Enc. Emmae arg.* p. 6; mox totum corpus morbo ~o extabuit W. MALM. *GP* V 271; mens veneno hujus ~e pestis infecta AILR. *Spec. Car.* II 25. 574; ~issima idolorum cultura *Ib.* III 15. 590; miser homo . . veniebat nudus ante illam [Christinam] . . tam ~o genere se agens . . *V. Chris. Marky.* 43 p. 114; marsupium cum nummis nescienti, ~o precidit artificio *Mir. Fridesw.* 47; o indignum facinus et ~um GIR. *TH* II 23; **1298** ~iores . . consequencias inducunt *Conc.* II 242b; [mater et filius] in peccatum carnis prolabuntur, et filium ~a libidine procrearunt *Latin Stories* 106; hac nephanda pressura FORTESCUE *LLA* 35 (v. depilare 2a). **e** latera regiorum tenerrima puerorum . . ~o ense . . laceravit GILDAS *EB* 28; alium . . sica ~a peremit BEDE *HE* II 9 p. 99; occubuit statim rex ense nefando ALCUIN *SS Ebor* 111.

nefarie [CL], wickedly, nefariously.

multum ~ie peremtus est BEDE *TH* 24 p. 180; te . . quem Beferthus . . ~ie interemit W. MALM. *GP* IV 161; in lesionem clericorum manus nepharie iniciunt *Hexham* I 125; c**1211** corde perverso temerarie . . et ~ie spoliare presumpsit GIR. *Ep.* 6 p. 218.

nefarius [CL], that offends against moral law, nefarious: **a** (of person); **b** (of action or abstr.). **c** (as sb. n.) crime.

a nebulo nepharius quem nephas fugat fugit ut profugus *NLA* II 459; si hoc credis nepharius convinceris, qui filiam tuam Effigeniam virginem immolasti Dyane TREVET *Troades* 26; colluvie populi tam tetri ac nepharii MORE *Ut.* 255. **b** neque versutiam ~ae persuasionis refutare BEDE *HE* I 17 p. 33; concupiscentia oculorum omnis curiositas quae fit in discendis artibus ~is *Id. Ep. Cath.* 92 p. 293; omnino absit ~ium illud nefas, quod Salvator proditori diabolo Deus se inclinans pretiosam obtulerit mortem PULL. *Sent.* 821B; a**1150** nullus igitur deinceps idem monasterium vel bona sua temere turbare vel ausu nephario inquietare presumat *Doc. Theob.* 128; Benjamite qui ~o concubitu occiderunt uxorem Levite S. LANGTON *Chron.* 103; timens . . nepharias abusiones quorundam qui temporalibus ipsa postponunt celestia *V. Edm. Rich C* 609; pura menciendi libidine, ut contingit in quibusdam ludis ~iis WYCL. *Ver.* II 11; putans se regem ex suo ictu nephario occidisse BLAKMAN *Hen. VI* 18. **c** nepharium est quod sedes apostolica approbavit PECKHAM *Paup.* 16 p. 77; canonum sancciones et omnia jura ab hujusmodi nephario clericos refrenare suadent FAVENT 15; nepharia facere . . coepit MYLN *Dunkeld* 49.

nefas [CL]

1 offence against divine law, impious or sacrilegious deed.

nescitis quod fana Dei sint ilia vestra ? / . . / quae temerare nefas est et maculare piaclo ALDH. *VirgV* 152; mandere quae nefas est et gustare profanum BONIF. *Aen. prol.* 17; sanctum praefixit nobis fore Pascha colendum, / atque nefas dixit, si quis contraria sentit FRITH. 259; coram Deo, quem invocare testem mendacii ~as esse scio ANSELM (*Ep.* 160) IV 30; hoc autem de Deo credere ~as est PETRUS *Dial.* 16; in sacrificio enim aliquid religatum esse ~as erat ALB. LOND. *DG* 6. 30.

2 offence against moral law, crime, sin. **b** (*fas* ~*asque* or sim.) right and wrong.

cum tale nefas gestiret mente malignus ALDH. *VirgV* 1850; abluit omne hujus sanguinis unda nefas ALCUIN *Carm.* 116. 2; cognovitque nefas grave se patrare WULF. *Swith.* 152; mulier . . quia tantum ~as commisit pena digna W. MALM. *GR* II 162; cecus uxoris dolo et fraudibus fidem adhibuit, ac nephas omne remisit *Latin Stories* 79; cum .. nephas illud rex per comitem de Marchia cognovisset, hos tres optimates, mox ad mortem judicatos, celerius jussit decolari STRECCHE *Hen. V* 151. **b** fas nefasque, *alyfyd ond unalyfed GlP* 187; exactores vectigalium .. fas ~asque juxta metientes W. MALM. *GR* II 213; gens impia .. / miscebit .. fasque nefasque *V. Merl.* 642; per quod prelati principibus in fas omne nefasque subditi sunt GIR. *GE* II 6; nec per fas et nephas, secundum legem eorum, querunt [Judei] temporalia set auctoritate Dei et secundum jura BACON *Mor. Phil.* 191.

3 (as interjection) oh horrible! shock! horror!

permulcentque, nefas! perverso fasmate regem / spernere singraphas FRITH. 814; sed proh ~as! nil lacrime valere pie W. MALM. *GR* II 204.

nefastus [CL]

1 contrary to or forbidden by divine law. **b** (*dies ~us*) day on which business could not be transacted.

~us et nefarium, i.e. sceleratus *GlC* N 56. **b** fasti dies sunt in quibus operari licet, ~i in quibus non licet *GlP* 661 n.

2 cursed, hateful, dreadful.

nefasta damnet limina *trume* [? l. *untrume*] *GlP* 661; infandus .. et nefandus .. et nefastus, -a, -um, omnia pro execrandus OSB. GLOUC. *Deriv.* 216.

neffartarum v. nephrocatharum. **nefflatum** v. rieflacum. **nefflum** v. neflum.

neflum, ~a [AN *nefle*, OF *nesfle* < mespila], medlar.

1300 pro pomis, piris, nucibus, castaniis, ~is et aliis fructibus diversis *AcWardr* 90; **1315** pro pomis, piris, nucibus grossis et minutis, casteneis, nefflis, cerisis, prunis, pomis granatis, dattilibus et aliis fructubus diversis *KR Ac* 369/11 f. 50; pira, citonia, nespila vel nephile, quod idem est GAD. 58v. 1.

nefrenda v. nefrens.

nefrendicium [ML < CL nefrens+-icius], customary gift or rent, orig. a sucking pig.

offerynge or presaunte at Cristmas, or tymys, ~ium; .. *presaunt, 3yft,* .. ~ium; .. *rente, 3eerly dette* .. ~ium; .. *3yfte yove to a lord or master at certeyn tym,* ~um *PP.*

nefrendis, nefrendus v. nefrens.

nefrens [CL] **nefrendis, ~dus, ~da**

1 piglet that cannot yet grind its teeth, sucking pig. **b** galt, boar. **c** gilt, sow.

a suilli vel porcelli vel ~des, *fearas* ÆLF. *Gl.* 119; adicit .. ~dem, i.e. adolescentem et virginem suem MAP *NC* V 3 f. 60; hec ~dis, *porcel malade Gl. AN Glasg.* 21va; porculus en porcum furiens .. / consequitur ... / federa cum socio dat verres juncta nefrendo GOWER *VC* I 307; *sokyng gryce,* ~dus, -i, masc. *PP.* **b** *galte swyne,* ~dus, -i, masc. *PP*; hic frendis, A. *galt*; .. hic ~dus, *a galtte WW*; *a galte,* ~dis, ~dus, majalis *CathA*; tres aluerat porcos qui apud rusticos ~di nuncupantur *Mir. Hen. VI* I 7. **c** hic neufrendis, A. *gylt*; .. hec ~da, *a hoge*; .. hec ~da, *a geldyd sow WW*.

2 unweaned child.

alii .. dicunt ~des infantes quasi nondum frendentes, i. nondum dentibus concutientes OSB. GLOUC. *Deriv.* 379.

3 (understood as) child that suffers from inflammation of the kidneys.

neufresis .. hinc dicimus ~des, -um, i. teneros infantes qui hunc dolorem sepius patiuntur OSB. GLOUC. *Deriv.* 379.

nefresis v. nephresis. **nefreticus** v. nephreticus.

negamen [CL negare+-men], denial, refusal.

s1461 hic peciit regimen, rex obstat, datque negamen *Reg. Whet.* I 414.

negare [CL]

1 to deny; **b** (log.); **c** (leg.); **d** (w. acc. & inf.); **e** (w. *quin* & subj.); **f** (w. additional neg.); **g** (absol.).

Matha credidit, Joca ~avit vitam, elegit mortem *Ps.*-BEDE *Collect.* 71; quicumque .. hoc ~at, intelligit et cogitat 'quo majus cogitari nequit' ANSELM (*Prosl.* 9) I 138; ij voluerunt dixisse falsum testimonium et non potuerunt, quia quod unus dixit alius ~avit MELTON 252. **b** quedam absque privatione ~ata, vera sint, que privatorie affirmata, vera esse non possint ABBO *QG* 21 (46); oppositum consequentis est ~andum KILVINGTON *Soph.* 120; ~o primam proposicionem OCKHAM *Quodl.* 125; ad ~andum unum conceptum ab alio sufficit sola diversitas modorum significandi *Id. Sacr. Alt.* 122. **c** **1203** cum veniret coram justiciariis totum hoc ~avit et ideo meruit mortem set per dispensacionem eruantur ei oculi *SelPlCrown* 77; **1262** W. inculpatus de recett[amento] H. le D. in decenna sua ~avit ideo ad legem *SelPlMan* 181; **1269** B. defendit vim et injuriam et omnes transgressiones .. et quicquid ei imponitur ~at *CBaron* 83; **1278** A. de B. necavit partem R. D. *Rec. Leic.* I 172. **d** 'oppido' .. quod ~at Theodorus esse adverbium Graece *Comm. Cant.* I 115; illos .. Deo dilectos esse non ~o BEDE *HE* III 25 p. 187; vicecomes quoque ~at se praeceptum vel sigillum regis de hac re unquam percepisse *DB* I 32ra; non esse vero dicimus esse, quando aliquo ~ante aliquid esse asserendo dicimus, quia ita est sicut ille dicit esse .. ANSELM *Misc.* 337; si .. ob noctis obpacitatem signum quod fecerit videre ~ant, tunc eis illud palmarum sonitu imperabit *Cust. Westm.* 14. **e** non potes ~are quin necessario sit respectus activi ad passivum DUNS *Ord.* IV 54. **f** id, quod datur crimini, ~at neque ad se neque ad officium suum reus pertinuisse .. ALCUIN *Rhet.* 14; '~are quod hoc non sit illud' pro 'negare hoc esse illud' BALSH. *AD* 97; **1203** ~avit quod nunquam per illum factum fuit illud inbreviamentum *CurR* II 285; **1283** ~avit quod nunquam argentum suum fuit nec cum eo inventum *LTR Mem.* 12 m. 9*d*; sepius ab uxore quesivit, si verum esset; illa simpliciter ~avit quod nullum alium preter ipsum intantum dilexit *G. Roman.* 339. **g** at illi ~abant *Comm. Cant.* III 115; infitiandi, ~andi *GlC* I 189; sive affirmando sive ~ando ANSELM (*Ver.* 2) I 177; inficiari, ~are, abdicare, diffiteri OSB. GLOUC. *Deriv.* 291; Judei enim credebant illum esse Christum, sed ipse ~avit unde ipse ait se non esse sponsum S. LANGTON *Ruth* 117; non est in curia Dei sicut in comitatu. ibi qui ~at [ME: *nickeð*] poterit liberari et dampnari qui fatetur *AncrR* 117.

2 to deny the existence of.

corporis omnino resurrectionem ~antes animam perire cum carne dicebant BEDE *Acts* 955; ~ante languido surgendi facultatem, praetende, inquit manum GOSC. *Mir. Aug.* 3; Plato negat vacuum T. SUTTON *Gen. & Corrupt.* 80; **1360** illam convencionem predictus P. totaliter negguit .. et dicit quod nullam convencionem predicto Henrico fecit *CourtR Carshalton* 24.

3 to refuse to give or provide: **a** (w. acc.); **b** (w. dat. of indir. obj.); **c** (w. acc. of object and *ab* w. abl. of person) to deny someone something; **d** (w. inf.) to refuse (to do something).

a mansit nolens, qui pridem sponte negavit / quod germana petit ALDH. *VirgV* 2047; neque ~are potuit opus quod sibi fraternus amor .. inponebat BEDE *HE* II 1 p. 75; nihil in ea [olea] otiosum vel sterile, nec quod omnimodam messem ~et OSB. BAWDSEY cliv; benevolentia [Dei] que nihil ~at eorum que ad salutem AD. MARSH *Ep.* 246 p. 428. **b** negarentur latices morientibus herbis ALDH. *VirgV* 261; fontem paenitentiae peccantibus veniam ~ando praecludit BEDE *Prov.* 1024; **800** quapropter, beatissime pater, noli te ipsum nobis ~are ALCUIN *Ep.* 196; a**1081** peticioni nostrae effectum ~avit LANFR. *Ep.* 33 (49); cui das, si ~as petenti? ANSELM (*Med.* 3) III 91; **1214** dictum fuit ei quod homines armati tenuerunt se in feudo illo et ei ~are ingressum *SelPlCrown* 71. **c** qui ~at a papa potestatem suam est hereticus reputandus OCKHAM *Dial.* 754; Eusebius .. talem superioritatem [sc. super alios apostolos] videtur ~are a Petro *Ib.* 848. **d** ossa .. deferre negantes ALCUIN *SS Ebor* 368; rex prodire negat, renuens sua solvere vota WYKES *Vers.* p. 132; audire eis ~are non debet OCKHAM *Dial.* 650; **1369** ~avit vendere cervisiam vicinis *Hal. Durh.* 88; captivos .. reddere non ~abant *Meaux* I 262.

4 (w. dat.) to refuse to respond to, to resist.

equum .. aut recalcitrosum .. aut stimulis ~antem NECKAM *NR* II 158.

5 to refuse to acknowledge, disown, deny belief in; **b** (w. ref. to Peter's denial of Christ). **c** (absol.) to deny one's faith.

sanctus ille archiepiscopus, qui propter reges Deum ~are noluit GERV. CANT. *Chr.* 211; **1310** ivit ad Saracenos ~ando fidem *Conc.* II 358b; si metu mortis fidem ~avit, dicendo fidem Christianorum esse falsam OCKHAM *Dial.* 448; si quis .. ~aret Christum et veneraretur Machometum *Ib.* 706; cum ad votum .. cicius non eriperetur, ~ato Marie filio, eo quod eum non liberaret, diabolum ad suam liberacionem invocasset *Meaux* I 283. **b** beatus Petrus postquam Deum ~averat *AncrR* 129; fuit timoris indicium ~are pastorem BEKINSAU 744. **c** si qui .. pondere persecutionis ~are .. compulsi, duobus annis inter catecuminos .. habeantur BART. EXON. *Pen.* 129; clericus quidam a Sarracenis sagittabatur ut ~aret MAP *NC* I 19 f. 14v.

6 to deny claim or authority of: **a** (person or assembly); **b** (diplomatic or legal convention).

a si concilium generale erraret .. ille cui hoc constaret, ei credere non deberet, et eidem liceret in hoc contradicere, et ~are concilium generale OCKHAM *Dial.* 823; ad principale [argumentum], ~o Commentatorem, quia erravit in hac parte sicut in multis *Id. Quodl.* 68. **b** ~ando plegia (*Quad.*) *GAS* 25; qui igitur aliquid ~at, aut ~at jus aut factum RIC. ANGL. *Summa* 29 p. 39; si nativi domino suo ~ent nativitatem *Quon. Attach.* 56. 3.

7 to refuse, forbid (w. ref. to Ovid *Amores* iii 4. 17).

semper enim in vetitum nitimur et quicquid ~atur pretiosius putatur W. MALM. *GR* II 167; nitimur in vetitum semper cupimusque ~ata GIR. *GE* II 18.

8 (inf. as subst.).

sed ejus asserere vel sui negare / non est factum aliquid liquide probare *Pol. Poems* I 260.

negaterius v. negatorius.

negatio [CL]

1 denial, negative statement, negation (dist. from affirmation).

infitiae, ~ones *GlC* I 402; particularis sit ~o tua, non omnis affirmatio constare poterit parte subruta LANFR. *Corp. & Sang.* 417D; quinque vero sequentes habent ~onem pro contrario suae affirmationis ANSELM *Misc.* 346; geminata ~o J. SAL. *Met.* 829B (v. negatorius 1); non ex equo tum affirmationis tum ~onis ad hec fit responsio BALSH. *AD* 178; patet eciam quod nullas ~ones cognoscimus de Deo nisi per affirmaciones DUNS *Ord.* III 4; de ista nota ~onis 'non' HOLCOT *Wisd.* 173.

2 (log. & phil.) absence of a quality, privation.

siquidem privatio exigit ~onem, ~o vero privationem necessario nomine, quia non omne quod non videt caecum est ABBO *QG* 21 (47); post tenebras ~onis existencie sue et post tenebras privacionis GROS. *Hexaem.* II 7; dicunt quidam quod veritas ~onis ~o est et veritas propositionis significantis privationem esse privatio est *Id. Quaest. Theol.* 203; quia sic non devenimus in cognitionem materie nisi per ~onem aliorum patet intellectus Aristotelis dicentis, quod materia cognoscitur per ~onem SICCAV. *PN* 68; in hoc autem signo 'nullus' includitur ~o et distribucio DUNS *Ord.* IV 7.

3 refusal to grant something asked for.

'ulciscere prius filios Israel de Madianitis', i. pro .. ~one itineris per terram eorum *Comm. Cant.* I 450; **801** quapropter forsan temperamentum quoddam inter meam ~onem vestramque petitionem inveniri posse video .. ALCUIN *Ep.* 213 p. 356; ut benigna ~o plurima videretur largitio *V. Ed. Conf.* f. 40v; suam ait injustam petitionem, illius justissimam ~onem MAP *NC* III 5 f. 42v.

4 denial, refusal to acknowledge, disavowal; **b** (w. ref. to Peter's denial of Christ).

propria autem Judaeorum est haec ~o ut dicant quoniam Jesus non est Christus BEDE *Ep. Cath.* 95; hinc odium Judeorum adversus Christum, quem impia ~one impiaque voluntate pariter persecuntur BALD. CANT. *Commend. Fid.* 24. 2. 589; ydolotita, quod est apostatare a Deo et ~o coram Altissimo M. RIEVAULX (*Ep.*) 56. **b** pro Petro rogans .. ut post lapsum ~onis BEDE *Luke* 600; **799** proverbialis in fabula lupus gallo tulit vocem; ne forte cantante illo apostolica ~o renovaretur in urbe anitquae potestatis ALCUIN *Ep.* 181; Petrus, recordatione predicte sue ~onis, ad penitentiam revocatur BALD. CANT. *Commend. Fid.*

95. 4. 632; fortior post ~onem Petrus Gɪʀ. *IK* I 5; Petri quoque trina ~o trina amoris interrogatione in eorumdem uberum lacte diluta est . . J. Foʀᴅ *Serm.* 17. 8; Christus predixit ~onem Petri *Ziz.* 99.

5 denial, rejection, renunciation. **b** denial of leg. charge, exculpation.

abjuratio, ~o *GlC* A 77; non est exemplificata potestas a Christo . . excommunicandi subditos, precipue propter ~onem temporalium Waʟs. *HA* I 355. **b** non parcatur alicui latroni . . quod reus sit et ad ~onem aliquam non possit, quin occidatur (*Quad.*) *GAS* 173; habeatur furti reus ille qui in manus habet, quia semper est ~o fortior quam affirmatio (*Ib.*) *Ib.* 226; si se purgare velit, secundum facti mensuram sit, vel per triplicem ~onem vel per simplicem (*Ib.*) *Ib.* 288.

6 (med.) blockage, stoppage.

†suria [l. disuria] est totalis urine ~o *SB* 41.

negatiuncula [ML], (little) denial.

a deniynge, . . negacio, ~a, negativus *CathA.*

negative [LL]

1 negatively, in the negative.

ponat affirmative in tertio quod dixi ~e in quarto Aɴsᴇʟᴍ *Misc.* 346; statue caput . . nonnisi interrogatum loqueretur, sed verum vel affirmative vel ~e pronuntiaret W. Maʟᴍ. *GP* II 172; omnia ad que e diverso affirmative responderi potest etsi negandum etiam ~e Baʟsʜ. *AD rec. 2* 175; ad alios articulos, super quibus increpatus fuerat, ~e responsum fuerat M. Paʀ. *Min.* III 37; lex evangelica est lex libertatis respectu Mosaice legis, quod saltem debet ~e intelligi, ut non sit tante servitutis Ockʜaᴍ *Pol.* I 29; s**1452** quia quidam responderint affirmative . . alii vero ~e *Reg. Whet.* I 19.

2 (leg.) by negation, by denial.

1306 lite per ipsum ~e contestate *Reg. Cant.* II 1079; reus si non vult litem ~e contestari, potest fateri libellum et litem contestari affirmative *Praxis* 31.

negativus [CL]

1 that implies or expresses denial, negative; **b** (gram.); **c** (log.); **d** (leg.).

1573 quiquidem burgenses in hujusmodi parliamento habebunt voces suas tam affirmativas quam ~as *Pat* 1104 m. 30. **b** adverbiorum . . alia ~a, ut 'non', 'haud' Aʟcᴜɪɴ *Gram.* 888. **c** pro ~o quoque verbis, etiam pro 'non facere', ponitur saepe 'facere'. . . sic ponitur 'facere' pro omni verbo positivo vel ~o, et omne verbum est 'facere' Aɴsᴇʟᴍ *Misc.* 337; dividitur autem enuntiatio secundum qualitatem in affirmativam et ~am (Sʜɪʀwooᴅ) *GLA* III 13; omnes paralogismi tam affirmativi quam ~i solvuntur per fallaciam accidentis Ockʜaᴍ *Quodl.* 16; in proposicione ~a Coɴwaʏ *Def. Mend.* 1423 (*recte* 1323). **d 1296** proposita . . peticione . . et lite ad id verbis ~is . . contestata *Reg. Cant.* I 122.

2 (as sb. f. or n.) negative statement or proposition.

'nomen Adonay non indicavi eis', non est ~o *Comm. Cant.* I 234; litotes, duo ~a unum adfirmant *GlC* L 168; pro judicio enim quorundam omnes ~e que de Deo proponuntur vere sunt; affirmative vero figurative et incompacte Necʜaᴍ *SS* I 18. 3; talis ~a non infert affirmativam Ockʜaᴍ *Quodl.* 18; illa ~a habet unam causam veritatis veram que est ista . . *Id. Pol.* I 312; istas tres excusaciones . . tollit Spiritus Sanctus per duas ~as Hoʟcoᴛ *Wisd.* 48; ~a supradicta in forma que prescribitur est diffinita catholica atque vera Coɴwaʏ *Def. Mend.* 1422 (*recte* 1322); unde inter doctores quidam ponunt affirmativas, quidam ~as *Ziz.* 151.

3 refusal.

fortissimis ~is depulsus Maᴘ *NC* 5 f. 42v.

negator [CL]

1 one who denies, negator: **a** (of diplomatic convention); **b** (of leg. charge).

a †**677** (16c) ne quis forte improbus ~or hujus donationis erumpat *CS* 87. **b** de possessionibus repetendis judicia talia sunt apud eos [sc. Sarracenos], qualia sane apud Hebreos ipse optime nosti—ut petitor testibus comprobet et ~or juramento semel expurget Peᴛʀᴜs *Dial.* 64.

2 one who refuses to acknowledge, one who denies belief in.

Dominicae resurrectionis incredulus ~or Aʟᴅʜ. *VirgP* 23; qui carnis ac sanguinis ~or existis Laɴғʀ. *Corp. & Sang.* 416; antea ter eum negabis ante ~or quam eris martyr Gosc. *Lib. Confort.* 94; quum praefatus ~or suus [sc. sancti Yvonis] per villam . . transiret . . obdormivit *Id. Mir. Iv.* lxxi.

negatorie, negatively, by negation, by denial or refusal.

fratres ejus et optimates Francorum aspere nimis et ~ie et nugatorie responderunt M. Paʀ. *Maj.* V 650; nec amicabiliter sciveritis honestum quicquam petere, in quo licebit nobis ~ie aut dilatorie, seu . . excusatorie respondere *Reg. Whet.* II 454.

negatorius [CL]

1 negative (dist. from affirmative).

plerumque vim affirmationis habet geminata negatio, itemque vis ~ia ab impari numero convalescit J. Saʟ. *Met.* 829B; nuntii vero illuc destinati post verba dura, nugatoria, ac ~ia taciti redierunt M. Paʀ. *Maj.* V 659.

2 that implies or expresses denial or rejection.

nefande abnegationis cyrographum et ~iam cautionem Doᴍɪɴɪc *Mir. Virg.* f. 141c.

3 (leg.): **a** (*actio ~ia*, also ellipt. as sb. f.) action that denies the defendant has a right to do something of which the plaintiff complains; **b** (*pars ~ia*).

a per communi dividundo judicium, non per ~iam Vac. *Lib. paup.* 104; actio ~ia est quam dominus fundi intendit adversus te solito euntem per fundum suum dicens tibi non esse jus ire per fundum suum Bʀacᴛoɴ 103. **b** adjudicabitur petenti quod probet qui in isto casu pars negateria non respicietur *Cust. Fordwich* 25 p. 260; in omni placito baterie . . pars negateria, si possit habere acquietationem suam, debet petere illam debito modo quamvis pars petens . . *Ib.* p. 263.

negglectus v. neglectus.   **negglegere, neggligere** v. neglegere.

negitare [CL], to deny or refuse repeatedly.

cumque illa ~antem suis adhuc rationibus tenere voluisset, motus ille aliquantisper . . inquit . . Osʙ. *V. Dunst.* 23 p. 96.

neglectim, carelessly, in a careless manner.

penula ~im ab humero dependente . . Moʀᴇ *Ut.* 25.

neglectio [CL], lack of regard or attention.

componitur quoque negligo . . i. despicere . . et hec ~io, -nis Osʙ. Gʟouc. *Deriv.* 298.

neglector [LL]

1 one who pays no attention to, one who fails to respect or care for, neglector.

cujus ~or fuerat in sanitate, sue anime deprecatur saltem misereatur in infirmitate H. Los. *Serm.* 4. 108; sue ~or vite ut ejus vitam extingueret Maᴘ *NC* I 14 f. 12; eram salutis mee ~or et immemor P. Bʟoɪs *Ep.* 31. 105C; ne igitur tam racionalis consuetudinis contemptor videar vel ~or, aut nove consuetudinis temerarius fabricator, incumbit michi . . *Incept. Ox.* 169; scholaris . . librorum ~or pocius quam inspector R. Buʀʏ *Phil.* 17. 221. s**1436** mors est multorum medicus neglector egrorum Aᴍuɴᴅ. II 121.

2 one who fails to carry out an obligation.

denique si quem monachorum videret matutine synaxi desse, quamvis tunc dissimularet, ceteris post officium sompno cedentibus ~orem leniter suscitans, debitum implere cogebat W. Maʟᴍ. *Wulfst.* III 9; quia factores vel ~es illius retributio manet revera, sive hos in bono, sive illos in malo, multa nimis Aᴅ. Eʏɴs. *Visio* 23.

neglectus [CL]

1 inattention, disregard, neglect. **b** (w. subj. gen.); **c** (w. obj. gen.).

705 si non tuum judicium in ordinatione episcoporum implere festinarent quod adhuc ~ui habentes non perficiebant Weaʟᴅʜᴇʀᴇ *Ep.* 22; non est in terris . . virgo stultior . . / existens cunctis neglectu audacior una Boɴɪғ. *Aen.* 359. **b** sed sic stultorum neglectus

corripiatur / ut per eum sapiens sapientior efficiatur Nɪɢ. *Laur.* 63. **c** ~u paterni pontificatus Bᴇᴅᴇ *Hom.* II 19. 203; ve in his diebus ecclesie a ~u nutricum et nutriciorum suorum J. Foʀᴅ *Serm.* 54. 59; ut nec ~u nostro sui juris detrimentum incurrant *Lib. Eli.* III 110.

2 failure to perform a task or carry out an obligation.

vel ~u officii vel arrogantie tumore nutantes Gɪʀ. *TH* I 22.

3 oblivion resulting from inattention or neglect.

[signa] innumera que negglectui tradita ignoramus *Canon. G. Sempr.* f. 119; alia signa . . non sunt discussa, quia pleraque ~ui tradita *Ib.* f. 156.

neglegenter [CL] in a careless manner, negligently. **b** inadvertently.

quare tam ~legenter ac tepide dixisti . . quae tibi dicenda praecepi? Bᴇᴅᴇ *HE* V 9 p. 297; **1080** pecunia tribus ferme annis in Galliis me agente ~legenter collecta est (*Lit. Regis*) Laɴғʀ. *Ep.* 7 (39); non est autem ~ligenter pretereundum quod fiunt interdum designationes ex quibus negari accidit Baʟsʜ. *AD rec. 2* 119; necligenter Maᴘ *NC* IV 13 (v. insulse); qui ~ligenter orant sine devocione Hoʟcoᴛ *Wisd.* 14–15; s**1466** vicariam necligenter et dolose . . admisit *Reg. Whet.* II 58. **b 949** nisi digne coram Deo satis et satis faciant emendantes in melius quod negligenter deliquerant *CS* 883; erat . . quedam femina, Sabilla, que etiam dum templum Domini esset ingressa, negligenter super illam sanctam trabem resedit *Holy Rood-Tree* 52; pro duabus horis, si casualiter et non ~ligenter omiserit, reprehendi non solet *Cust. Westm.* 19.

neglegentia [CL]

1 want of attention, carelessness, negligence; **b** (w. obj. gen.). **c** (*~am facere*) to act negligently.

si quis autem in Dominica die pro ~ligentia jejunaverit, ebdomadam totam debet abstinere Tʜᴇoᴅ. *Pen.* I 11. 2; ea quae quondam cognita longo usu vel ~legentia inveterare coeperunt Bᴇᴅᴇ *HE* V 20 p. 331; cujuscumque negligencia casu vel eventu sive ~ligentia *DB* II 252ra; **1155** si abbas in curia sua aliqua negggligencia de justitia deciderit *Regesta Scot.* 118; **1293** oves non fuerunt abducte per aliquam maliciam nec reducte vel per ~ligenciam *SelPlMan* 168; **1396** E. de sua propria ~ligencia et insania cecidit in puteum predictum *SelCCoron* 50. **b 1396** propter ~ligenciam firme tenure manuum suarum cecidit in aquam et sic per infortunium submersus fuit *Ib.* 51; s**1452** ~ligencia studii *Reg.Whet.* I 25. **c 1411** si prior et capitulum . . in . . collacione cantariarum . . cum vacaverint . . ~ligenciam fecerint *Lit. Cant.* III 130.

2 (pl.) thoughtless offences, faults committed by negligence.

priusquam . . praeteritas ~legentias, quas in pueritia . . commiserat, perfectius ex tempore castigaret Bᴇᴅᴇ *HE* III 27; circumitores monasterii . . circumire debent monasterii officinas observantes incurias et ~ligentias fratrum Laɴғʀ. *Const.* 145; Paulus . . et . . Mildretha me mittunt ad te, praecipientes summopere quatinus vigilantiori respectu satagas circa ecclesiam suam pristinas ~ligentias corrigere Gosc. *Transl. Mild.* 21 p. 184; inde preteritarum ~ligentiarum et presentis sui imperfectionis cum dolore et luctu detrimenta deplorans Aᴅ. Eʏɴs. *Visio* 1; **1410** in summis forisfactis . . et per eorum ~ligencias non levatis . . *StatOx* 207.

3 neglect, sloth.

961 pro desidia nostra . . et ~legentia nostra excruciemur *CS* 1069; a**1237** potest . . istud peccatum [sc. accidia] appellari negggligentia in operibus divinis *Conc. Syn.* 217; **1282** ne, igitur, dispendiosa solucionis retardacio in premissis nobis ad necligenciam ascribatur *Reg. Ebor.* 42; ~legentia est species accidie, qui non premunit alium de dampno vel comodo, nonne est ociosa necglegencia vel odium? *AncrR* 74; ~ligencia, A. *slowthe WW.*

neglegere [CL]

1 to neglect, fail to pay attention to, respect, or care for.

iterum ~ligenti eo verba precepti ejus plorans et lacrimans quem pene nullus consolari potuit *V. Cuthb.* I 3; hoc sompnium R. non ~ligendum arbitratus W.

MALM. *GR* IV 333; idem est pene propter gentilium nugas duuinam [*sic* MS; l. divinam] scripturam
neggligere et eandem predicari nolle *Id. Wulfst.* I 8
p. 15; [opus] novum assumitur sed et ipsum eadem
facilitate ~ligitur NECKAM *NR* II 186; c**1350** ne que
pro quiete religiose conversacionis disposita sunt, discant neccligere *FormOx* 270; c**1410** contingit ut,
quod . . procuraverit parens . . necligat filius *Ib.*
195; **1514** dum . . ecclesie . . non defraudentur suis
obsequiis in eisque cura animarum minima necligatur
Eng. Clergy 199.

2 to fail to carry out; **b** (absol.).

qui quod debuit facere ~lexit ANSELM (*Ep.* 464) V
413. **b** si . . ~lexerit, xl dies peniteat prima vice
THEOD. *Pen.* I 5. 4; si . . scit et neglexerit et postea
penitentiam egerit, x annos peniteat *Ib.* 5. 7.

3 (w. inf.) to neglect, omit, fail (to).

750 quod si qui forte observare ~lexerint et absque
digna satisfactione . . impleberint *CS* 160; alienigene
qui suam venerem corrigere negligunt, a patria cum
sua substantia et peccato discedant (*Cons. Cnuti*) *GAS*
349; quemadmodum quoque is qui pauper est, qui
pauca tritici grana colligere ~ligit, modium numquam
implebit ALEX. CANT. *Dicta* 3 p. 120; ergo qui neglicit
vitam corrigere / debet cum nesciat per me descendere (*Vers.*) *Medium Ævum* XXXVI 250; infra quem
terminum, si ipsi ad hoc facere ~lexerint, dictus ballivus communis de suo proprio, tales reparationes fieri
faciet . . *Laws Romney Marsh* 13; si medicus iste
respicere neclexerit dando medicinam, ab effectu cura-
cionis necessario multociens privabitur, quia virtus celi
contrarium operabitur N. LYNN *Kal.* 211; **1417** cum
. . marito suo cohabitare seu sibi adherere nexglexit et
contempsit ac neccligit et contempnit in presenti *Reg.
Durh.* II 134.

4 to bring to nothing, cancel each other.

unde 10 res adjecte et 10 res diminute seu ablate . .
~ligunt ROB. ANGL. (I) *Alg.* 96.

5 (pr. ppl.): **a** (as adj.) negligent, remiss, fail-
ing to fulfil an obligation; **b** (w. gen. or prep.).
c (as sb.) negligent or lazy person.

a si casu ~ligens quis sacrificium aliquod perdat
GILDAS *Pen.* 9; rex iniquus, episcopus ~ligens, plebs
sine disciplina Ps.-BEDE *Collect.* 176; qui, dum celebratur opus Dei, ~legens aut sompnolentus exstiterit
Cust. Cant. Abbr. 265; s**1265** nisi . . dicti prelati inveniantur notorie necligentes *Reg. S. Thom. Dublin*
81 p. 72. **b** noli esse ~ligens ad operandum, noli
esse segnis ad operandum cum Propheta AILR. *Spec.
Car.* I 15. 519; in populi . . correctione desides nimis
sunt et ~ligentes GIR. *TH* III 28; hec propter aliquos
vestrum latius fortiusque inculcaverim, qui voti sui
~ligentiores velut obliti unde venerint aut quo vadant
. . J. FORD *Serm.* 110. 6; **1276** si in executione istius
mandati nostri negligentes fueritis *Val. Norw.* 620;
1293 permisit porcos domini deperire et nimis ~ligens
fuit circa custodiam eorundem *SelPlMan* 170; **1293**
in prosequendo . . negocium neccligentem esse *RGasc*
III 88a; **1340** R. prepositus semper utitur foris et
tabernis et . . necligens est in omnibus operibus suis
CBaron 103. **c** aposta[ta]s, sceleratas ~entesque
GlC A 695; bonum est conjungi psallentibus, somno-
lentos excitare, ~ligentes arguere J. FORD *Serm.* 87. 6.

6 (p. ppl.): **a** (as adj.) neglected. **b** not cared
for, careless, artless, informal. **c** (as sb. n.) neglected thing.

a ~lectis fidei sacramentis . . ad . . idolatriae me-
dicamina concurrebant BEDE *HE* IV 25 p. 269; **798**
~lectis praenominati archiepiscopi . . dictis et factis
CS 291. **b** mea oratio quanto accederet proprius ad
illius ~lectam simplicitatem MORE *Ut.* 2. **c** deinde
. . destructa renovare, ~lecta quaeque justificare . . B.
V. Dunst. 28.

negotialis [CL], practical, concerned with affairs.

illa . . controversia . . habet partes duas, juridicialem
et ~em. ~is est in qua qui juris sit ex civili more et
aequitate consideratur ALCUIN *Rhet.* 11.

negotiari [CL], **~are** [ML]

1 to be active, to be busy. **b** (tr.) to cause to
be active, to make busy.

de beatitudine, que convenit Deo ex natura rei
ante omnem actum intellectus negociativi, quia actus
~iandi non est formaliter beatificus DUNS *Ord.* IV
248; si per impossibile non esset intellectus ~ians
circa ipsam *Ib.* V 83; naturales . . ~iantur circa hec

certificanda BACON *Tert.* 43. **b** cum lane et flocci
regni nostri Hibernie antehac non fuerunt conversi
et operati in pannum . . nec populi illius regni . .
~iati fuerunt, Anglice *have bene sett on worke*, in
conversione et manufactura eorundem . . *Gild Merch.*
II 285.

2 to do business, deal, trade. **b** (pr. ppl.) one
doing business, dealer, trader. **c** (supine of purpose) on business, for trade. **d** (tr.) to acquire by
trade.

foras omnes simul cum his quae ~iabantur ejecit
BEDE *Hom.* II 1. 115; **1235** eant per totam terram
nostram . . emendo et vendendo et ~iando bene et
in pace *BBC* (*Newcastle under Lyme*) 289; ut mercar-
tores Anglie possent ~iare in Flandria *Leg. Ant. Lond.*
137; si quis istorum ~ietur, matrici ecclesie decimas et
oblationes de sua negociacione conferet *Cart. Chester*
522 p. 299; ipsi cives infra civitatem illam libertatem
et licenciam haberent nogociandi, mercanizandi, etc.
STRECCHE *Hen.* V 174. **b 1178** exhibe te Joannem
incestuosis, . . ~iantibus Christum P. BLOIS *Ep.* 15.
54A; neque fenerantibus neque officiose ~iantibus W.
FITZST. *Thom.* 2. **c** multi eo ante a Monte Pessu-
lano navigio venientes ~iatum fidem ejus . . in celum
tulerant W. MALM. *GR* IV 388. **d 918** qualiter de
terrenis ~aremur caelestia *CS* 661.

3 to go about one's business, to deal with
one's concerns.

si quis sine spe reditus chorum egredi voluerit, licentiam ~iandi petit a priore *Obed. Abingd.* 345; valeas,
et ~iare consultius P. BLOIS *Ep.* 79. 247A; philosophus
. . demonstrativa utens ~iatur ad veritatem, dialecticus
ad opinionem J. SAL. *Met.* 861D; reversus . . ad natale
solum, de talento scientie quod copiosius ~iari cepit *Canon. G. Sempr.* f. 39v; c**1210** ut in casi-
bus similibus discant decetero cautius ~iari GIR. *Ep.* 2
p. 164.

4 to function.

exigitur . . preparatio organorum multiformium ad
texturam humani corporis ordinandam, per que virtutes ~ientur *Ps.-RIC. Anat.* 1.

negotiatio [CL]

1 transaction, exchange, business deal; **b** (w.
ref. to non-material goods).

thelonius dicitur domus ~onis *Comm. Cant.* III 12;
nolens ipse Dominus aliquid in domo sua terrenae
~onis BEDE *Hom.* II 1. 115; ~o, *cypincg* ÆLF. *Gl.* 164;
te potius lectione quam ~one, artibus quam mercibus
occupares P. BLOIS *Ep.* 17. 63A; Judas . . exivit ad
pessimam ~onem suam ut venderet Dominum suum
T. CHOBHAM *Praed.* 210; **1290** ordinaverimus . . quod
. . per ~ones et labores suos ducererint vitam suam
SelPlJews xl; navigantibus e Phorthea aestuario ~onis
causa in Flandriam BOECE 154. **b** in prima ~one
dedisti michi regnum celorum pro paupertate ANSELM
Misc. 326; o ~o detestanda, pro honore transitorio
animam perdere P. BLOIS *Ep.* 120. 353C;

2 activity, occupation, business; **b** (w. ref. to
Prov. xxxi 18); **c** (w. ref. to *Matth.* xxv 14–30).

1166 rei familiaris angustia et ~io litterarum, que
michi solacium pariter et subsidium prebet J. SAL.
Ep. 168 (167) p. 98; essencia divina, ut est primum
objectum ipsius intellectus, visa prima cognicione in-
tuitura ante omnem ~onem cujuscunque intellectus
DUNS *Ord.* VI 205; o quam felix ~o . . pro vite temporalis . . decima vitam permanentem . . commutare
GIR. *GE* II 7; abierunt, alius in villam suam, alius ad
~onem suam HOLCOT *Wisd.* 75. **b** bona est ~o vitae
immarcescibilis BEDE *Prov.* 1033; non bona est ~o ejus
J. FORD *Serm.* 107. 4. **c** pro mei ~one talenti *Canon.
G. Sempr.* f. 35v.

negotiativus [ML], (phil.) that involves activity.

ex hoc — ~us circa illud — potest omnes raciones
reducere in actum DUNS *Ord.* VI 206; ille non beatifi-
catur per actum ~um *Ib.* IV 248 (v. negotiari 1a).

negotiator [CL], business man, dealer, trader,
merchant; **b** (w. ref. to spiritual transaction or
profit).

Chananaeus interpretatur ~or *Comm. Cant.* III 150;
dicitur a ~onibus se obtinuisse ut in cratere occultatus
educeretur *V. Greg.* p. 82; dispulit ~ores injustos et
foras omnes simul cum his quae negotiabantur ejecit
BEDE *Hom.* II 1. 115; is audierat a ~oribus oceanum
causa commercii transmeantibus esse sanctum noviter

inventum in transmarinis partibus LANTFR. *Swith.* 34;
per eos, qui in rota, ut Ixion, rotantur, ~ores ostendit, qui semper tempestatibus turbinibusque volvun-
tur ALB. LOND. *DG* 6. 5; ~ores autem qui fraudibus
emptores decipiunt . . carius justo precio vendentes
GROS. *DM* VII 8; Pytagoras . . ~oris divitis filius fuit
W. BURLEY *Vit. Phil.* 66. **b** esto ~or devotus. eme
tibi regnum Dei poenitentie lucris ALCUIN *Moral.*
653; a**796** esto scriba sapiens, ~or fidelis: vende terrena, eme caelestia *Id. Ep.* 52; quasi ~or ostendens
talentum suum GIR. *GE* II 34.

negotiatorius [ML], of business or a business
man, of trade or a trader.

ne . . tui ordinis reverentiam ~io crimine dehonestes
P. BLOIS *Ep.* 17. 65C; per tabernam jurisconsulti in-
telligunt tabernam ~iam sive cauponariam *Jus Feudale*
187.

negotiatrix [CL]

1 business woman, tradeswoman.

de strenua et vigilanti operaria et prudenti ~ice
loquitur ANDR. S. VICT. *Sal.* 90.

2 one who seeks to gain by trade.

caritas in sorores estuans facit, non sue ~ix laudis
sed aliene avida salutis J. FORD *Serm.* 48. 1.

negotiolum [CL], little business, small matter
or affair.

negotium . . et inde ~um, -ii OSB. GLOUC. *Deriv.*
393.

negotiose [ML], actively, busily, diligently.

negotiosus . . i. utilis vel in rebus agendis intentus,
inde ~e adverbium OSB. GLOUC. *Deriv.* 393.

negotiositas [CL], state of being active, in-
volvement in business, occupation by trading.

negotiosus . . i. utilis vel in rebus agendis intentus . .
et hec ~as, -tis OSB. GLOUC. *Deriv.* 393; plus domorum
dispositioni prudentique rerum regimini . . confert . .
plus actio . . quam lectio, plus ~as quam otiositas GIR.
Spec. 3. 16.

negotiosus [CL]

1 active, busy, occupied.

OSB. GLOUC. *Deriv.* 393 (v. negotiose); [rex] princi-
pali more ~us existens GIR. *EH* I. 1.

2 that causes or entails activity or work, labo-
rious.

ut ibidem sibi fundaret cenobium, futurum sibi
gratiosum, illi ~um W. MALM. *GP* IV 160; quantum
diei sinit malitia, a ~is actibus feriamur AILR. *Spec.
Car.* I 33. 538; labor scholasticus otium est, sed otium
~um P. BLOIS *Ep.* 9. 25C; nullus ~e vite strepitus *Ib.*
138. 413A; illic pax fraterna ~e sollicitudinis labore
redimitur, hic quietis intime deliciis et amoris Jesu
studiosius indulgetur J. FORD *Serm.* 68. 7; producit
quoque reptile ~e actionis et volatile pacate contemplationis GROS. *Hexaem.* VI 13.

negotita, business man, dealer, trader, merchant.

~a, -e, i. mercator OSB. GLOUC. *Deriv.* 393.

negotium [CL]

1 lack of leisure, activity, business (sts. dist.
from *otium* or sim.).

cum a ~io quiescit actionis vacat liberius luci
supernae contemplationis BEDE *Prov.* 1034; majori
cura stimulavit ~ium, quamquam ante nichil segni-
tiei admisisset W. MALM. *GR* IV 371; indubitatum
tenens quod simul ire non posset innocentiam otium et
archipresulis ~ium ORD. VIT. IV 6 p. 212; occupati
~iis, otium studio suppeditare nequivimus GIR. *EH*
II *pref.*; ut unicum sit ejus otium idemque ~ium
intendere in faciem Jesu J. FORD *Serm.* 68. 8; mox
perdenda . . fructuosa cellule sue otia, pro quibus
succederent dispendiosa palatiorum ~ia AD. EYNS.
Hug. III 4 p. 100.

2 business, affairs. **b** (~*ia saecularia*) secular
business, worldly affairs. **c** (*in* ~*io, in* ~*iis* w.
gen.) engaged in business on someone else's
behalf.

tractaturos de necessariis ecclesiae ~iis BEDE *HE*

IV 5 p. 215; p**1128** habeant liberam potestatem in omnibus nemoribus meis et forestis capiendi tantum de materia quantum eis placuerint et voluerint . . ad quelibet ~ia sua facienda *E. Ch. Scot.* 153; **1166** ille cum quo vobis ~ium geritur J. SAL. *Ep.* 167; **1221** R. exivit cotidie de domo sua et ivit ad carucam suam et ad alia ~ia sua facienda *SelPlCrown* 107; propter diversa negosia coram ipso, venire non potuit *Mir. Montf.* 79; **1370** veniant . . ad tractand' de communibus ~iis *Hal. Durh.* 94. **b** ut presbiteri non sint ~iorum secularium dispositores W. MALM. *GP* I 5; si tota mente militans Deo ~iis se secularibus cavet ac refugit implicare J. FORD *Serm.* 68. 4; qui enim implicitus est secularibus ~iis, divinis negotiis intendere non potest T. CHOBHAM *Serm.* 5. 26va; secularibus ~iis non vacabant sed solummodo regularibus disciplinis vocantes ELMH. *Cant.* 199. **c** hii erant summi in ~io imperatoris N. DUNSTABLE *Rel.* f. 188v; **1222** in ~iis domini regis *Ac. Build. Hen. III* 138; **1273** in literis deferendis . . in ~iis comitisse in Devon' et alibi *Ac. Stratton* 42; **1346** in carucis fugandis, dum carucarii fuerunt in diversis ~iis manerii, cxvij opera *Rec. Elton* 336; in ~iis ecclesie *Stat. Linc.* 804.

3 matter, concern, interest. **b** particular activity, enterprise, task.

de iis quos Varro commemorat vel parum ad presens ~ium attinere, vel ea ipsa memorie commendari vix digna estimavi ALB. LOND. *DG* 1. 10; in presenti autem ~io magister noster hac divisione non utebatur WALCHER *Drac.* 87; quam [sc. opinionem Avicenne] improbare non est presentis ~ii DUNS *Metaph.* I 4 p. 55; in isto ~io tua jurisdiccio . . a nobis nullum adjutorium reportabit *Proc. A. Kyteler* 15; ut in eo Dei majestas et religionis ~ium violetur JEWEL *Apol.* 9. **b** tanti operis ~ium BEDE *HE* V 11 p. 302; huic rex injunxerat ~ium W. MALM. *GR* II 157; comitibus exponit inimicorum otium, leve vincendi ~ium *Ib.* II 121; ut igitur ab artis initio ~ii initium sumi possit, sit trium premonstrandorum primo prius ultimum BALSH. *AD* 1; †c**1200** si aliquod ~ium in terra mea emerserit, . . predicti homines de W. invenient duodecim servientes et eos tenebunt ad custum suum quamdiu ~ium terre durabit *Ch. Chester* 276.

4 need, purpose, requirement.

jusserat hunc raptim complere negotia carnis / omnibus ut fieret parvus sopor, esca sub ictu ALCUIN *SS Ebor* 865; †p**1147** mihi accomodaverunt ad meum magnum ~ium *E. Ch. Scot.* 194; a**1154** ad usus suos et ~ia sua *Ib.* 249; c**1170** ad lumen prefate ecclesie viginti solidos de firma mea de P. et ad idem ~ium decem solidos de firma duorum molendinorum meorum *Regesta Scot.* 118; a**1220** dedit mihi . . ad urgens ~ium meum, x solidos sterlingorum *Cart. Beauchamp* 70; pro x marcis argenti quas in meo magno ~io et urgenti neccessitate mea michi . . dedit *Feod. Durh.* 147 n.

5 imposition, duty, tax.

704 (12c) absque tributo fiscalium ~iorum soli Deo serviant *CS* 108; **866** (11c) libere et quiete . . ab omnibus saecularibus ~iis praeter expeditionem . . *CS* 514; **933** terra libera ab omnibus saecularibus ~iis *CS* 699; a**963** ab omni terrenae servitutis jugo saecularisque ~ii liberum tribus his exceptis *CS* 1319.

6 (leg.) action, case, lawsuit; **b** (eccl.).

~ium est ipsum factum in quo inter accusatorem et defensorem controversia est ALCUIN *Rhet.* 27; ~ium, *sace Catal. MSS AS* 451; ~iis, i. causis, *intingum GlP* 310. **b 1281** in tuitorio appellacionis ~io *Reg. Heref.* 38; **1305** duo alii evaserint . . ad prosequendum in tuitorio ~io in curia Eboracensi G. DURH. 9; quia ad curiam Eboracensem pro ~io appellabatur tuitorio G. S. ALB. II 117.

7 merchandise, goods.

~ium . . i. mercatum OSB. GLOUC. *Deriv.* 393; c**1220** si . . ballivi mei ex eis ~ia mea mutuo accipiant . . infra quadraginta dies debitam persolvatur *BBC (Bradninch)* 89; ne rediret inanis, negociata Damasci magnas opes facit . . ~ia in navi posuit LIV. *Op.* 136; **1457** pro cariagio diversorum ~iorum fabrorum *Exch Scot* 322.

negotius [cf. CL negotium = *annoyance*], (w. ref. to *Psalm.* xc 6) demon.

~us, -cii, hic dicitur demon nocturnus qui illudit homines, vel qui ludit cum hominibus, A. *the game gobelyn WW*; *hobb trusse*, prepes, ~us *CathA*.

negromanticus v. necromanticus.

---

neilanda [ME * *neiland* < AS *atten eilande* < *æt þæm eglande*], island.

1453 cum parcis . . stagnis, neytis, neylandis . . passagiis *FineR* 272 m. 7.

nemellum v. numella.

nemesare [νεμεσεῖν], to feel just resentment, be angry at fortune.

tunc non esset ~andum et indigne ferendum quod indigni in magnis dignitatibus preferuntur BRADW. *CD* 291A.

nemifer v. nenufar. **nemirum** v. nimirum.

nemo [CL]

1 no one, nobody; **b** (w. partitive gen.).

~o scit THEOD. *Laterc.* 24; ~inem reor expertem ALDH. *VirgP* 26; mendacia ne ~ini iteranda putassem *Lib. Monstr. prol.*; ~o praeter ipsum . . est raptus de mundo BEDE *HE* IV 14 p. 235; non . . dicit 'nemo' quasi 'nullus homo', sed ac si diceret 'omnino nullus' ANSELM (*De Proc.* 7) II 198; poterit jam vivere nemon / tutus in hoc aevo R. CANT. *Malch.* II 443; illa capta erat, ~ine resistente AD. MUR. *Cont. A* 213. **b** ita ut, quod ~o Anglorum ante eum, omnes Brittanniae fines . . sub dicione acciperet BEDE *HE* II 9 p. 97; ~o eorum brevem regis . . vidit DB I 36va; ~o clericorum a Quinquagesima usque in Pascha carnes comedat W. MALM. *GR* IV 345; illa [sc. nigredo] est . . quam ~o sanctorum umquam potuit vitare AILR. *Serm.* 26. 20. 343.

2 (as quasi-adj. or adj.) no.

vere fateor quia ~inem unquam alium oculis meis vidi nec auribus audivi tam diligenter gratias Deo vivo referre CUTHB. *Ob. Baedae* clxi; ~o dubitat fidelis ABBO *QG* 22 (49); ~o Christianus confitetur Patrem et Filium . . unam rem esse ANSELM (*EpInc*) II 12; qui [tamen] simul habuit uxorem et concubinam, ~o presbiter faciat ei rectitudinem (*Cons. Cnuti*) *GAS* 349; sic hominem intellectus attingit ut ad ~inem hominem aspectus illius descendat J. SAL. *Pol.* 438B.

nemon v. nemo.

nemoralis [CL]

1 wooded, forested, sylvan.

cujus collis descensum nemoralis amictus opacat L. DURH. *Dial.* II 27; in illo secretissimo loco ~i BOWER X 20 p. 354.

2 (of animal) that inhabits woodland.

aves . . ~es sicut . . fasianus GAD. 10v. 1; serpentes ~es *Ib.* 3v. 1.

3 (*judex ~is*) forester, official in charge of woodland.

pauperes vicecomitum aut ~ium judicum et aliorum collateralium sunt esca et potus P. BLOIS *Ep.* 95. 298D.

nemorarius [ML], forester.

a *woodwarpe*, ~ius LEVINS *Manip.* 33.

nemoreus [LL]

1 wooded, forested, sylvan.

nulla . . in illis ~is finibus esse casa potuit pre nimia . . luporum insania R. COLD. *Godr.* 31.

2 made of wood, wooden.

Collect. W. Worc. 567 (v. molinetus); quedam statere ferree munite duabus pelvibus ~is *Ib.* 568.

nemoricolus [CL nemus + -cola], forest-dweller.

~us, *forster* (NECKAM *Ut.*) *Teaching Latin* II 89.

nemorista [cf. CL nemus], forest-dweller.

sanctus Dei . . abiit in desertis montibus vagans ut ~a (*V.S. Bertellini*) *NLA* I 167.

nemorosus [CL]

1 wooded, forested, sylvan. **b** leafy. **c** shady. **d** (fig.).

nemorosis cespitibus (ÆTHELWALD) *Carm. Aldh.* 4. 38; lucus, locus ~us *GlC* L 324; terra . . arboribus ~a, hortis opima ORD. VIT. IX 9 p. 520; vallibus ~is egregie comparantur S. LANGTON *Serm.* 4. 32.

---

b sic nemorosa simul non spernitur ilex ALDH. *Aen.* 84 (*Scrofa Praegnans*) 9; ~um, frondosum *GlC* N 68. **c** opacum, ~um *GlC* O 192. **d** in tam densa totius Latinitatis silva et ~is sillabarum saltibus ALDH. *VirgP* 8.

2 located in woodland.

dum ad silvas venaturi perveniunt diversos cales ~orum tramitum certatim arripiunt B. *V. Dunst.* 14; qui locus ~is undique vallatur arboribus V. *Neot. A* 5.

3 (as sb. n. pl.) woodlands, forests.

frugibus arva, pecore montes, ~a feris abundant GIR. *TH* I 5; Aquitania . . licet . . sua . . ~a venatui noverit optime respondere, nichilominus appellationis originem mutuatur ab aquis DICETO *YH* 293.

nempe [CL]

1 assuredly, without doubt.

Domini ~e deambulatio intelligenda est per subjectam aliquam creaturam facta et, ut dicunt, angelicam *Comm. Cant.* I 43; ~e feras gentes et Ponti barbara regna / Judas ad Dominum doctrinis flexerat almis ALDH. *CE* 4. 12. 23; facillime cum consensu omnium potuerat invenire, ~e quia et sapientia et cunctis moribus . . fratres . . praecellebat ASSER *Alf.* 42; **940** hoc ~e veridico potest oraculo Wulfrik . . proferre *CS* 751; **10..** nemphe, *cudlice WW*; ~e gaudium illud tam magnum est ALEX. CANT. *Dicta* 5 p. 140; ~e res que sub tali forma significatur . . ipsa non est in certitudine omnimoda *Ps.-GROS. Gram.* 32; **1461** sumus ~e equestres pessimi *Paston Let.* 655.

2 (introducing explanation of what precedes) for in fact.

nunc mihi forma capax glacieque simillima lucet. / nempe volunt plures collum constringere dextra ALDH. *Aen.* 80 (*Calix Vitreus*) 5; habet ~e amor semper comitem rationem AILR. *Spec. Car.* III 8. 584; omnes fere moderni episcopi Corithe sunt; hodie ~e fere omnes intruduntur GIR. *GE* II 34; ~e imperialia non accepit insignia GERV. TILB. II 18 (v. consecrare 3f); studiis literarum quibus addictus fuerat ferventer adhesit. fuit ~e in sententiis subtilus *Chr. Witham* 497; jactitaverant ~e Galli se nemini velle parcere WALS. *HA* II 310.

3 (in answer to question) of course.

quis numerare valet populosis oppida turbis / . . / credula pandentes regi praecordia Christi? / nempe vicem Domino solvebat calce cruenta ALDH. *CE* 4. 3. 13; ADEL. *QN* 71 (v. distrahere 5a); quid ad hec Cornificius? ~e quod cujusque deficientis ingenii est . . criminatur J. SAL. *Met.* 931A; anne est una cythara in moribus nostris singulorum singulis . .? ~e! BALD. CANT. *Serm.* 2. 29. 439; quis nisi pauper, et pauper spiritu? ejus ~e vox est *Ib.* 16. 45. 491.

4 namely.

in tres etates dividemus, ~e etatem nature, legis scripte et gratie BEKINSAU 737.

nemus [CL]

1 woodland, area planted with trees; **b** (as pasture for animals); **c** (as source of revenue); **d** (fig.).

paradisus . . e cujus medio fons prorumpens totum ~us irrigat *Comm. Cant.* II 9; vimina virgultorum silvestria e frondosia ~oribus allata mutavit in obrizum ALDH. *VirgP* 23; mansio . . ~ore raro et vallo circumdata BEDE *HE* V 2 p. 283; ~us vel lucus, *bearu* ÆLF. *Gl.* 137; iiij solina . . inter ~us et planum DB (*Kent*) I 2rb; a**1153** abbas et conventus habeant liberam potestatem in omnibus ~oribus meis et forestis *E. Ch. Scot.* 153; que foris in ~oribus, pratis, vineis, et agris facienda sunt ANDR. S. VICT. *Sal.* 74; ~oris . . habebit vivus canonicus custodiam et liberam administrationem *Stat. Linc.* 345. **b** ibi parvum ~us de xij acris pasture DB (*Kent*) I 9va. **c** decimamque nundinarum ejusdem ville et molendini ac ~oris Deo concessit ORD. VIT. X 11 p. 67; a**1180** dedimus fratribus . . minagium . . et totum dominicum ~us nostrum *Act. Hen. II* II 122; item quod arbores ~orum ecclesie non dentur extraneis nec vendantur absque capituli . . assensu *Norw. Cath. Pri.* 113. **d** nascitur utra frutex ex ista radice [sc. Superbia] frondens / et nemus umbrosum diro de semine surgit ALDH. *VirgV* 2711.

2 forest or part of forest; **b** (w. ref. to hunting).

957 tam in campis, pratis, pascuis, ~orumque densitate *CS* 1001; quo tempore succisa sunt ~ora in Wallia, que prestabant indigenis latibula tempora belli *Feudal Man.* 148; Plumbelund . . a ~oris circumcintu ita vocata, quia silvarum densissima plenitudine undique cirumsepta R. COLD. *Cuthb.* 129; **1313** quidam furatus fuit . . bona et ea in . . ~ore abscondidit *Eyre Kent* I 89; ~ora, i. e. silvas non clausas prosternando arbores aptas ad edificandum LYNDW. 259a; hic ~us, -ris, *a forest WW.* **b** exercitio ~orum adeo deditus W. MALM. *GR* III 279; c**1150** sciatis me dedisse . . totum ~us . . et ideo prohibeo . . ut nullus omnino venetur in eo *E. Ch. Scot.* 205.

3 area planted with bushes.

931 rite pertinentibus pascuis, pratis, silvis silvorumque ~oribus *CS* 682; terra . . silvis immensis et fruticosis ~oribus . . obsita GIR. *TH* III 2.

4 wood as material: **a** for fuel; **b** for construction; **c** for making of artefacts.

a ~us . . ad focum *DB* I 202va; c**1090** concedo iterum eidem abbatie . . ad suum ignem jacens ~us et stans siccum *CartINorm.* 244; c**1124** concessi . . de mortuo ~ore meo ad ardendum in ministeriis ecclesie quantum necessarium fuerit *Regesta Scot.* 7. **b** ~us ad sepes et domos reficiendas *DB* I 200va; c**1150** tantum ~oris . . quantum eis ad ignem proprium et ad domorum edificationem suffecerit *Act. Hen.* II I 137; p**1161** mortuum ~us de forestis meis ad eos calefaciendos et . . vivum ~us ad eos hospitandos *Ib.* I 260; c**1215** adhuc concedo ut milites qui in antiquis forestis meis suum ~us habeant, ~us amodo ad herbergagia sua et ad ardendum (*Ch.*) *EHR* VIII 291. **c 1435** voglare positum in ~ore *Collect. W. Worc.* 566; ingenium . . compositum de ~ore et ferro *Ib.* 568; **1444** lego . . dim. dos. pewdre *wessell* de nimore pale de senibus *Test. Ebor.* II 103.

5 wooden tablet.

quas civiles leges . . civitatis partim membranis descriptas, partim nimoribus inscisas, habuerunt COLET *Rom. Exp.* 260.

nemusculum [ML], small wood or grove; **b** (dist. from *nemus*).

ibi habet S. . . j agrum ~i et xvj agros prati *Dom. Exon.* 173; habet abbas . . iiij agros ~i et iij agros prati *Ib.* 182; a**1154** dedit . . eis quoddam ~um quod vocatur Stokeho *Doc. Theob.* 255; corilus . . illa, de quo ramusculus scisus est . . in ~um silvescere cepit J. FURNESS *Kentig.* 6 p. 173. **b** xl agros nemoris et xxx agros ~i *Dom. Exon.* 83.

nenia, naenia [CL]

1 funeral song, dirge. **b** epitaph.

~ias, carmen funebre mulierum *GlC* N 54; nec de morte boni ceu nenia facta patroni / plangit supponi necis illum conditioni NIG. *Poems* 422. **b** exequiales . . ~ie super mausoleum ORD. VIT. V 9 p. 372.

2 incantation, spell.

incantationum ~ias B. *V. Dunst.* 6; **10** . . ~ias, *bismerleoð WW.*

3 nursery rhyme, lullaby.

alii dicunt ~ias esse cantus nutricum ad sedandos fletus puerorum et ad eos consopiendum GROS. *Hexaem. proem.* 150.

4 idle talk, untruthful account.

apocriforum ~ias et incertas fribulorum fabulas ALDH. *VirgP* 54; contra omnes apocriphorum ~ias BEDE *Luke* 546; ~ias, mendatium *Gl. Leid.* 28. 35; **993** Arrianas . . proterendo ~ias (*Ch. Regis*) *Conc. Syn.* 182 (v. infrustrare); **10** . . ~ias, *leasspellunga WW*; Arturis sepulchrum . . unde antiquitas ~iarum adhuc eum venturum fabulatur W. MALM. *GR* III 287; c**1155** puerilium derivationum ~ias P. BLOIS *Ep.* 6. 17A.

5 worthless thing, trifle.

~ia, i. minuta, quae in sole videmus vibrare, quod paene nihil *Comm. Cant.* I 7; quid his ~iis immoramur? GOSC. *Lib. Mild.* 3; in talibus ~iis nollem vitam deterere LANFR. *Corp. & Sang.* 409; vir Dei . . orationem suam in talibus ~iis non arbitraretur gratum expendere J. FURNESS *Kentig.* 37 p. 227.

6 complaint, criticism (cf. Jerome *Ep.* 57. 13).

941 sed . . surgunt . . nenia machinantium quomodo possunt infringere statuta priscorum *CS* 770.

neniari [LL]

1 to talk nonsense.

~or, vana loquor *GlC* N 80; nenior, *trufler Teaching Latin* I 156; *to trufylle,* nugari, de-, ~ari, trufare *CathA.*

2 to speak or sing soothingly.

to lulle, ~ari *CathA.*

neniphar v. nenufar.

nenora, kind of fish marked with spots of different colours.

a vario tu que nomen sortita colore / diceris, es variis picta, nenora, notis NECKAM *DS* III 650.

nenufar, ~aries [ML < Ar. *ninufar,* Pers. *nilufal,* Skr. *nilôtpala=blue lotus*], water-lily.

queritur quare ~ar occidente sole submergitur in aquam, surgente sole oritur? *Quaest. Salern.* B 221; digeritur cum . . sirupo nenuf' addito aceto GILB. I 16v. 2; potetur syrupus de ~arie *Ib.* VII 287v. 1; debet frangi . . caliditas cum viol' et flore ~aris GAD. 4v. 1; olei nemiferis . . misceantur J. MIRFIELD *Brev.* 86; ~ar est flos ungule caballine aquatice, vel est lilium quod crescit in aquis et habet folia lata supernatantia aquam *SB* 31; **1414** oleum newfaris ij lb., viij d. . . oleum ninuferis iij quartron', iij d. . . *EschF* 1066/1; *water lyly,* ninifar *PP*; hec minifera, A. *waterlylle WW;* limphea aquatica, lilium aquaticum, neniphar *Alph.* 103.

nenufarinus, made from water-lilies.

cum syrupo ~o GILB. I 18v. 1; de aqua nenupharina, i. nafe, et vino al[bo] decoctis *Ib.* III 132v. 1; sirupus ~us et de berberis optimi sunt GAD. 58v. 1; flos est album, de quo fit oleum nenupharinum *Alph.* 124.

neoapostolus [νεο- + ἀπόστολος], new or first apostle.

Franci . . beatum Philippum apostolum suum specialem protodoctorem et ~um adhuc tenent *Croyl.* 83.

neofitus v. neophytus.

neomartyr [ML < νεομάρτυρ], new martyr, one who has been recently martyred.

de vita et actibus gloriosi ~yris nostri beati Thome, . . historiam exaravi H. BOS. *Thom. pref.* p. 155; hic cum ~yre nostro in tentationibus ipsius strenue et viriliter ad finem usque permansit *Ib.* VII I p. 524; archipresuli . . ecclesiam seu capellam in honore . . ~yris Anglorum Thome . . construere festinanti AD. EYNS. *Hug.* III 12.

neomenia [LL < νεομηνία], time of a new moon, beginning of a lunar month. **b** festival held at the beginning of a lunar month.

Hebraei . . non alia mensium exordia quam ~ias, i. e. novilunia norant BEDE *TR* 13; luna . . in ~ia, hoc est novilunio, dicitur Neonides GERV. TILB. I 6 p. 889; Phebe vel luna †cyntania [l. Titania, Cynthia], mene, / ac novitas lune neumenia dicitur usque GARL. *Syn.* 1586B (=*CathA*: neomenia); *nu mone,* ~ia *PP.* **b** ad sabbati solemnitatem accendebant ~iarum dies BEDE *Mark* 154C (=Jerome *in Matth.*); ne ~ias vel quaslibet alias festivitates pristino more coleretis PETRUS *Dial.* 59; earundem tubarum acceptus est usus, quoniam sonore placido cantu populi letitiam in ~iis et in aliis festivitatibus concinnant R. NIGER *Mil.* III 62; apud Ysaiam . . ostendit Dominus finienda esse holcaustomata, . . ~iam et sabatum . . GROS. *Cess. Leg.* I 10. 11; ~ia seu novilunium, a *véov,* quod est novum, et μήνη quod est luna, non erat festum feriale BACON *Tert.* 217.

neopellum [cf. nere+pellere], whorl of a spindle.

a qwherel of a spyndylle, giraculum, ~lum, . . *a wharle,* giraculum, ~lum, vertibulum *CathA.*

neophitus v. neophytus.

neophytus [LL < νεόφυτος]

1 newly planted, (transf. w. ref. to *I Tim.* iii 6) newly planted in the Christian faith, recently converted.

post rudimenta fidei neophitus discipulus efficitur dogmatista praecipuus ALDH. *VirgP* 35; gramina ela-

tionis . . concupivit eradicare . . a cordibus †~um [l. ~orum, sc. clitonum] discipulorum BYRHT. *V. Ecgwini* 361; invocato rex ~us Christi nomine commisit cum Prusiensibus WALS. *HA* II 284.

2 (as. sb. m.) recent convert to the Christian faith. **b** one who is newly baptised.

neofitus et nuper ad fidem conversus fuerat ALDH. *VirgP* 36 p. 283; mentientes Deo ~os ad mortem usque perduxit BEDE *Cant.* 1212; ne in aliquam heresim neophiti inciderent . . precavebant ORD. VIT. II 13 p. 347; ~us, noviter conversus tiro OSB. GLOUC. *Deriv.* 385; ~us noviter instructus sive baptizatus sive non BELETH *RDO* 34. 44; in ipso . . mausoleo tumulabatur beatus Albanus, die qua decollatus est, ab amicis et parentibus et neophitis M. PAR. *Maj.* V 608; sacre fidei ~os veterana hujus forsan laus in ecclesia Dei corrupisset J. BURY *Glad. Sal.* 571. **b** neophitus, nuper baptizatus *GlC* N 63; **1240** baptizato, quasi neophito, hoc est, novo Christi militi *Conc. Syn.* 298; proinde fit luctus intolerabilis per exercitum, Hastingum obiisse ~um WALS. *YN* 9; *newly turned in to the fathe,* cathecuminus, neophitus, unde versus: hic cathecuminus est ad fontem qui preparatur, / ille neophitus est qui nuper inde levatur *CathA.*

3 (w. ref. to one who has recently become a monk). **b** (as sb. m.) novice.

neophitum gregem . . educavit ORD. VIT. VI 10 p. 114. **b** ministrare . . hospitibus advenientibus statim neophitus a familia electus est *V. Cuthb.* II 2; ad fidem . . ~orum [AS: *gedwolena*] corroborandam *RegulC* 46; novum monasterium . . instituit . . neophitisque optimos ritus rigide conversationis tradidit ORD. VIT. VI 4 p. 15; [theologie positio] actualis, qua planities historie primitias fovet frugum novellarum, id est primordia neophitorum SENATUS *Ep. Conc.* xlvi; eo quod ipse frater neophitorum magister nichil hac vice ibidem est locuturus *Cust. Cant. Abbr.* 255.

4 one who is inexperienced.

unde bene Petrus alium pro Juda ordinare volens apostolum non hunc neophitum sed probatum extempore curavit eligere BEDE *Hom.* II 16. 182; eligimus hunc presbyterum . . fide catholicum . . sue domui bene prepositum, non ~um, habentem testimonium bonum in gradibus singulis EADMER *HN* p. 88; **1236** duos de discretioribus ~is qui repariri potuerunt in regno nostro ad vestram majestatis presentiam destinamus *RL* II 9; ~us, nova plantacio, ut que noviter positus est in aliquo statu vel officio BACON *Gram. Gk.* 137.

5 innovator.

ritus Cluniacensium . . imitatus non est, sed modernas institutiones ~orum prout sibi placuit amplexatus est ORD. VIT. VIII 27 p. 450.

Neoptolemus [CL < Νεοπτόλεμος]

1 Neoptolemus, son of Achilles.

Hermionam . . quae . . ~o nupsit ALDH. *Ep.* 3 p. 479.

2 new soldier, fresh recruit.

hunc ego locum Christi miles eligens, tamquam ~us, nunc primo conversus *V. Neot. B* 322; inde etiam ~us novus miles et neomenia, id est nova luna BERN. *Comm. Aen.* 19; miles, eques, tyro, tyrunculus, atque quirites, / atque neoptolomus, novus est regnator in illis GARL. *Syn.* 1586C; hic ~us, *a ʒong knyght WW.*

3 (as adj.; cf. Νεοπτολέμειος) of Neoptolemus, as a fresh recruit.

tellus pubescit florum lanugine crispa. / adversus Boree militat illa minas. / terra Neoptolomos ad brume funera flores / parturit et varia veste venustat eos GARL. *Epith.* II 265.

neotericus [LL < νεωτερικός]

1 new, recent.

in rudibus et neutericis catholicae fidei sectatoribus ALDH. *VirgP* 22; neotricis, nova fide *Gl. Leid.* 3. 50; quicquid neutericis confinxit apocripha biblis / cassetur priscis legatio, censeo, dictis FRITH. 1210; hic, quem nobis ~i Papistae tradunt, modus inquirendi BEKINSAU 747.

2 (as sb. m.) one who is new or recent. **b** novice. **c** modern writer.

neutricis, novis *Gl. Leid.* 42.5; **10** . . neutericis, *þæm niwum WW.* **b** ~us, novicius OSB. GLOUC. *Deriv.*

385.   **c** prebita est ~is erroris occasio LINACRE *Emend. Lat.* lxxiii.

neotis [νεότης], boy.

neutis est puerulus *Gloss. Poems* 103.

neovitas v. naivitas.

1 nepa [CL]

1 scorpion; **b** (as calendrical beast).

in summitate pedum . . caudas scorpionum gerunt, quibus se . . per aculeos ~e serpentinos ostendunt ORD. VIT. XI 11 p. 208; Giraldus de Barri Giraldo archidiacono de Brechene, nepoti suo, et vere a ~a dicto, salutem et salutacionem quam meretur GIR. *SD* 2. **b** †Augustus [l. Augusti] mensem Leo †fervidas [l. fervidus] igne perurit / Augusti nepa prima fugat †desinet s'c'dum [l. de fine secundam] *Kal. M. A.* II 429.

2 crab.

nepa mihi nomen veteres dixere Latini ALDH. *Aen.* 37 (Cancer) 1; ~a, *haebern GlC* N 61; **10** . . ~a, *crabba, oððe hæfern WW*.

3 kind of serpent.

~a dicitur serpens quidam eo quod in coitu ex nimio furore accense et estuantis libidinis caput sui comparis dentibus precidit NECKAM *NR* II 106.

2 nepa [AS *næp*, cf. napus], neep, turnip or parsnip.

a pasnepe, rapa [v. l. nepa] *CathA*.

nepadadma, absence of noise in the ears.

~a est tranquillitas cum nec †tumatis [l. tinnitus] nec intus nec extra auditur *Alph.* 124.

nepenthes [CL < νηπενθές], drug supposed to remove sorrow.

nepentes est laudanum quoddam, videas composicionem in Beguino pag. 233 *LC* 287.

nepeta [CL], kind of calamint (*Calamentum majus* or *minus*), catmint (*Nepeta cataria*).

herba ~itamon, þæt is nepte, . . wiþ nædram slite *Leechdoms* I 40; catte autem quoniam calor in eis debilis est, ad excitacionem caloris fricant se ad ~itam ut sic earum calor augmentetur *Quaest. Salern.* B 134; asmaticosque juvat nepta, venena fugans NECKAM *DS* VII 114; **12** . . ~a, i. *nepte*, i. *kattesminte WW*; si fuerit propter retencionem menstruorum, addatur radix rubee tinctorum, arthemisie, ~ita GAD. 34. 1; calamentum minus, ~ita *SB* 14; ~ta est herba de qua impregnantur catti *Ib.* 31; ~ta, calamentum majus, hasta regia idem, crescit ad modum urtice, et valet ad concipiendum et inde educit, A. *catwort Alph.* 125; ~eta, Grecis est calaminthe, Anglis *nepe* aut *catmynte* TURNER *Herb.* Biii v.

nephandus v. nefandus.   **nephas** v. nefas.   **nephila** v. neflum.

nephilis [LL < νεφέλη], cloudiness on the surface of urine.

similiter per partem urine superiorem quam ~em nuncupant BART. ANGL. V 45.

nephresis [ML < νέφρησις], pain in the kidneys, kidney disease.

tisis, emathoicus, nefresis, cacexia, brancus *Gloss. Poems* 104; neufresis, dolor laterum OSB. GLOUC. *Deriv.* 384; minutis de sopbena . . valet contra . . nefresim GILB. V 230. 1; nefresis renum est dolor, sive lumborum *SB* 31; nephresim [MS: nefresim] *Reg. Whet.* I 9 (v. diamnes).

nephreticus, ~iticus [LL < νεφριτικός]

1 that affects the kidneys.

nefretici et circa vesicam dolores laboriose sananntur in senibus GAD. 97. 1.

2 who suffers from kidney disease. **b** (as sb. m.) one who suffers from kidney disease.

de sacerdote nefretico W. CANT. *Mir. Thom.* IV 16 *tit.* **b** neufreticus, qui dolorem laterum patitur OSB. GLOUC. *Deriv.* 384; nefrecticis medus confert NECKAM *DS* VI 275 (v. 1 medus 3); hydropicos nefreticosque juvant *Ib.* VII 60; differunt tamen, quia dolor colicorum mutabilis est et instabilis, . . nephriticorum dolor

stabilis est BART. ANGL. VII 54; ad timpanitem cardamomum, epilenticis, sciaticis, nefreticis BACON IX 101.

3 (*passio ~a*, ellipt. as sb. f.) kidney disease.

quedam vene grosse que miro modo contra . . nefreticam incise valent RIC. MED. *Anat.* 227.

nephrocatharum   [νεφρός + καθαρός],   (med.) substance that cleanses the kidneys.

neufrocatharum, id est renes mundans GILB. VI 273v. 2; nefrocatari GAD. 97. 2 (v. lithus b); neffartarum, i. renes denudans *Alph.* 125.

nephron [νεφρός], kidney.

nefron est renes per quos aquosa pars sanguinis colatur et ad vesicam fertur *Gloss. Poems* 103.

nepita, nepitamon v. nepeta.

nepo, worm that infests the nose.

~ones GAD. 131. 1 (v. 3 baro).

nepos [CL], **nepotus, neptus**

1 grandson. **b** descendant.

798 [Christus] adoptivus est filius illius personae, qui hominem adsumpsit, id est Filii Dei, et est ~us Patris ALCUIN *ad Beatum* 319 (=*Id. Ep.* 166: **799** ~os); Karolus, frater istius Ludovici, ~os Karoli Calvi ex filio Ludovico W. MALM. *GR* II 127; ~otem suum, ex filia puerum, . . clamantem audivit W. CANT. *Mir. Thom.* II 15; dicitur miles quidam . . ex ea [uxore sua] filios et ~otes suscepisse MAP *NC* II 13 f. 27v; filiorum Nemedi, ~otum abnepotumque successio GIR. *TH* III 3; hic ~os, est filius filii *WW*. **b 796** non sint alienae participes tui; ut benedictio tibi a Deo data in longam ~otum procedat posteritatem ALCUIN *Ep.* 119; transivit de patre ad tertium ~otem AILR. *Serm.* 24. 4. 327; videtur mirum si tot ~otum temporibus vixit Caim, usque ad hunc Lamech R. NIGER *Chr.* I 2.

2 nephew; **b** (spec. as sister's son); **c** (spec. as brother's son); **d** (w. ref. to act of nepotism).

multi opinantur Lucam evangelistam ~otem fuisse Pauli apostoli *Comm. Cant.* II 33; dicit ~os Herberti quod episcopus Baiocensis concessit illum fieri avunculo suo (*Kent*) *DB* I 11a; Robertus . . regine laudabilis Emme ~os OSB. CLAR. *V. Ed. Conf.* 2; ut patruus juvenis ~otem septuagenarium haberet W. MALM. *GP* V 188; **s1139** cancellarium, qui ~os esse vel plusquam ~os ejusdem episcopi [sc. R. Salesberiensis] ferebatur, compeditum duxit *Id. HN* 469 p. 27; **1293** Reymundo de Poy et ~to Roscelyn mercatoribus de Luka (*Chanc. Recognizances of Debt*) *PRO* C241/20/49; regina [sc. Cordeilla] regnante duo ~oti [v. l. ~otes] ejus contra eam machinati sunt, quod aut regnum eis redderet aut pro eo decertaret *Eul. Hist.* II 232; *a nevowe*, ~os *CathA*. **b** ~os Aedilbercti ex sorore Ricula BEDE *HE* II 3 p. 85; Walwen . . Arturus ex sorore ~os W. MALM. *GR* III 287; legato, ~ote ex sorore Anselmi *Id. GP* I 68; **1180** Johanni . . ~oti Sancti Thome ex sorore sua *Lit. Cant.* III 357. **c** tunc audito fama venerabilis viri Cantuariorum archiepiscopi Athelmi cujus ipse erat ~os et filius fratris OSB. *V. Dunst.* 9; fuit ille Athelmi archiepiscopus ex fratre ~os W. MALM. *GP* IV 182; Sancti Oswoldi ex fratre ~os *Chr. Rams.* 112; regnavit Malcolmus, ~os ejus ex fratre *Plusc.* VI 17. **d** magistro G. cardinali . . sane pro ~ote vestro . . quoad potuimus fecimus A. TEWK. *Ep.* 13 p. 55; ~otes et cognatos magnis reddit ibus in regno plantavit . . unde papa . . facetum hoc . . verbum emisit: "filios episcopis Dominus abstulit, ~otes autem diabolus dedit" GIR. *GE* II 27 p. 304; **1201** ipse R. quandam ecclesiam dederat cuidam ~oti ejusdem H. *SelPlCrown* 41; **1268** dedimus . . ~oti nostro Henrico de Alemannia redempcionem *Cl* 445; Nigellum Eliensem episcopum, quia ~os . . Rogeri Sarisburiensis episcopi fuerat, a suo episcopatu effugabat *Meaux* I 123.

3 cousin.

istis enim regalibus . . Henricus secundus et Stephanus ~os dicti Henrici secundi . . fuerunt coronati (*Bulla*) CIREN. II 36; *a cosyn*, cognatus, cognata ejusdem originis est, ~os, propinquus sanguine vel affinitate, neptis *CathA*.

4 kinsman.

magi ~otes . . consilium fecerunt ut virum Dei occiderent, et sic sanguinem fratris sui vindicarent (*Berachus* 23) *VSH* I 84; **1220** appellaverunt ipsi quosdam de ~otibus W. de C. *SelPlCrown* 78; **1253** duo

~otes, sc. Nicholaus filius Aconis et Galfridus filius Nicholai de Leycestria, quoddam vadiaverunt duellium pro quadam terra *Rec. Leic.* I 41.

nepotatio [ML; cf. CL nepotatus], extravagance.

de sanctitate et miraculis sanctorum mallem scribere multo libentius, quam de nugis infrunitorum frivolisque ~onibus ORD. VIT. VIII 10 p. 327; ~io, luxuria vel prodigalitas OSB. GLOUC. *Deriv.* 384.

nepotulus [CL = *little grandson*], young nephew; **b** (w. ref. to act of nepotism).

nisi forte ~us meus adeo transfuderit in se patris affectionem, ut nichil caritatis . . reliquerit patruo J. SAL. *Ep.* 236 (147); ~us, parvus nepos OSB. GLOUC. *Deriv.* 384; quidam monachus quondam veteres sotulares cuidam ~o dedit *Spec. Laic.* 71; Prosperum de Columnis, ~um Martini quinti GASCOIGNE *Loci* 158. **b** ?**1161** archidiachonatus . . minori ~o conferendus quam cito in legitimam etatem videbitur excrevisse ARNULF *Ep.* 35; quidam episcopus . . plus quam centum animas cuidam ~o suo commisit O. CHERITON *Par.* 162; ~o suo puerulo contulerat canonicatum HIGD. VII 36; episcopus . . promovit in ecclesiis juvenes et ~os suos GASCOIGNE *Loci* 194.

nepotus v. nepos.   **nepta** v. naphtha, nepeta, neptis.

nepticula, short garment.

~a, *schorte garment PP*; ~a, *scut, garment Ib.*

neptigallus [cf. Neptunus + gallus], cockle.

quid capis in mari? . . nusculas, torniculi, ~i [AS: *sæcoccas*] ÆLF. *Coll.* 94.

neptis [CL], **nepta**

1 granddaughter.

hic quandam habebat ~em ex filia sua W. CANT. *Mir. Thom.* VI 6; Belides, . . id est Beli ~es, hac pena afficiuntur *Natura Deorum* 190; **1200** cujusdam Gode que fuit mater Roberti patris predicte Agathe . . ipsa Agatha est ~e [*sic*] predicte Gode *CurR* I 250; hec ~is, est filia filii vel filie *WW*.

2 niece.

invenit puellam ibi ~em patris familias BEDE *HE* III 9 p. 146; uxoris ~am BONIF. *Pen.* 430; **10** . . ~is, *broðer dochter, vel suster dohter, nefene WW*; dedit . . cum ~e sua in maritagio *DB* I 138va; Heleuris ~is Ervasti episcopi tenuit ab Ervasto *Ib.* II 200v; ~em regis Anglie, filiam sc. Guidonis comitis Engolismi M. PAR. *Min.* III 324 (=*Flor. Hist.* II 381); ~em meam, filiam regis, patri non posse in regno succedere, . . ad me fratrem regis regnum . . pertinebit FORTESCUE *NLN* II 12.

3 cousin, kinsman.

ad quem accessit ~is ejus, Mathildis imperatricis filius et rex Anglie futurus, a matre missus MAJOR 110.

4 young girl.

domus neptim patris turbata gemebat ALCUIN *SS Ebor* 327.

neptula, short garment.

~a, *stuke, schorte garment PP*.

Neptunus [CL]

1 Neptune, god of the sea in Roman mythology. **b** the sea.

Neptunus, fama dictus regnator aquarum ALDH. *VirgV* 1338; si non Neptunus pelago demerserit illos ALCUIN *Carm.* 4. 35; habet . . ~us tridentem ALB. LOND. *DG* III 22; rogavit dominum ~um deum maris ne dimitteret illam stellam tingi in mari ROB. ANGL. (II) 183. **b** naves suas intravit et ~um pro castris habere letatur G. MON. IV 3; quomodo sit sola in mari relicta. . . 'si vita sit digna, neptuno tradatur' SIM. GLASG. *V. Kentig.* 6; se ~o commisit M. PAR. *Maj.* V 383; ut vel insuti culleis enatent ad ~um R. BURY *Phil.* 4. 56; **s1338** nondum ullus Gallicus in navim pedem posuerat, ~um nullus hostis ascenderat *V. Ric.* II 73.

2 supernatural being, imp.

Anglia demones quosdam habet . . quos Galli ~os, Angli Portunos nominant GERV. TILB. III 61 p. 980.

neptus v. nepos.   **nequa** v. nequaquam.

nequam [CL]

1 (of person, creature, or part of body): **a** worthless. **b** bad, wicked. **c** (w. ref. to *Sir.* xiv 8).

nisi si qui velint sub nomine *Nithing*, quod ~am sonat, remanere W. MALM. *GR* IV 306; sicut zizania in messe triticea importune oriuntur .. sic filii ~am succrescentes agmini piorum inseruntur ORD. VIT. III 3 p. 42; ex ore ergo tuo te judico, serve ~am heretice asinine PECKHAM *Paup.* 16. 80; servus equidem multo pejor servo illo ~am, qui talentum a domino suo receptum ad negociandum tenuit inutiliter et abscondit UHTRED *Medit.* 202. **b** boni regis ~am fili GILDAS *EB* 31; exi hinc, draco ~issime ALDH. *VirgP* 52; erigentium se contra auctorem ~am angelorum BEDE *Ep. Cath.* 126; ~am hominem, in ecclesia sepultum, a demonibus foras ejectum W. MALM. *GR* II 204; nequius hoc nihil est quia nulli parcit .. / .. / nequior est aliis qui verbis Gillia rebus / Demea .. vivit J. SAL. *Enth. Phil.* 1661–3; **s1218** Saphadinus .. regni Asie usurpator ~issimus M. PAR. *Maj.* III 39. **c** an oculus tuus ~am est, quia ego bonus sum? AILR. *Spec. Car.* I 15. 518; cujus nequam oculus pacis perturbator *Carm. Lew.* 84 p. 3.

2 (of abstr.) wicked, morally corrupt. **b** (of devil or demon, w. ref. to *Eph.* vi 16); **c** (of the world, w. ref. to *Gal.* i 4).

divitias .. quae intelleguntur in voluptatibus ~am animae carnisque GILDAS *EB* 71; pro vitiis meritisque nequam factisque nefandis WULF. *Swith.* I 168; virum in pernitiem insontum ~am consiliis armare W. MALM. *GR* II 113; nequius invidia nichil est, nichil equius illa M. RIEVAULX 70; quendam vicarium pessime fame et ~am vite GASCOIGNE *Loci* 32. **b** ubi prius ~am spiritus domicilia .. usurpabant BEDE *Cant.* 1139; duo ~issimi spiritus .. percusserunt me *Id. HE* V 13 p. 312; dolebat ~am spiritus de se agitari ludibrium W. MALM. *GP* V 213; numquam .. te ~am spiritus inveniat otiosam AILR. *Inst. Inclus.* 9; sic potest esse ut diabolus male agat, ~ior non fiat et tamen male agat PULL. *Sent.* 799C. **c** in his diebus malis, in hoc seculo ~am *Canon. G. Sempr.* f. 34; seculo ~am valefecit extremum *Hist. Arthuri* 88.

3 (repr. surname).

magister Alexander ~am de Naturis Rerum NECKAM *NR* I *tit.*

nequando [CL]

1 (w. subj.) lest at some time; **b** (w. ref. to *Psalm.* ii 12).

861 sunt roboranda ~o labentibus annis .. adversus veritatem aditum .. reperire .. valeant *CS* 855; timeto .. ~o, tanquam flos agri qui hodie est et cras in clibanum mittitur, sic effloreas *Flor. Hist.* III 130. **b** qui .. ad philosophiam aspirat apprehendat lectionem .. ~o irascatur Dominus J. SAL. *Met.* 853D.

2 never.

similiter ex eo composita, aliquando, ~o ALCUIN *Gram.* 887.

nequaquam [CL]

1 by no means, not at all; **b** (in response); **c** (in antithetical statement).

cum .. diceret Dominus quia Johannes quidem baptizavit aqua, ~am subjunxit, "vos autem baptizabitis" BEDE *Acts* 940; motus ejus insanos conprimere conati ~am valebant *Id. HE* III 11 p. 150; fuit sane in predicta Bentona puella generis stemate ~am ignobili *V. Fridesw. B* 14; manifestum arbitror in presenti ~am nos omnibus frui posse AILR. *Comp.* 36. 644; ratio vero ~am contrariorum susceptibilis est J. SAL. *Met.* 941D; **1262** si hoc faciendum ~am duxeritis *Cl* 131; *least any way*, nequa[quam] LEVINS *Manip.* 197. **b** num centennis tu .. paene omni prole servaberis? ~am GILDAS *EB* 30; "egredere" ait "ut moriaris." "~am", ait ille, "egrediar." PETRUS *Dial.* 33; "dic si te sentire dubites." "~am" AILR. *Anim.* I 54; alii vero .. dicebant: "~am, sed terra est" GIR. *TH* II 12; respondit ~am ita esse *Id. IK* I 12; cuidam .. dicenti "es Atheniensibus privatus," "~am" ait "sed illi me" W. BURLEY *Vit. Phil.* 82. **c** adamans .. si in sanguine arietis missus fuerit .. mollificatur, aliter ~am mollificatur *Comm. Cant.* I 295; beatitudinis avida semper est, sed ad beatitudinem ~am ipsa sibi sufficiens est AILR. *Spec. Car.* III 8. 584; licet enim ratio quodam modo virtus divina sit, ~am tamen pars ejus est J. SAL. *Met.* 926A; AD. SCOT *OP* 447C (v. curvus 1b); in refrectorio [*sic*] ad prandium si sit dies piscium, sin autem ~am *Norw. Cath. Pri.* 120.

2 at no time, never.

dicunt bestias esse nocturnas, et non tam bestias quam dira prodigia, quod ~am in luce sed in umbris cernuntur nocturnis *Lib. Monstr.* II 20; quem [Johannem Baptistam] ~am talia ut apostolus signa fecisse didicimus, eum tamen potuisse talia non dubitamus *V. Greg.* p. 78; **a957** ea quae velut umbra transeunt ~am reversura *CS* 936; alioquin esse beati ~am poterimus ALEX. CANT. *Dicta* 3 p. 118; **1167** utinam dominus papa peccatum alienum ~am fecisset suum J. SAL. *Ep.* 201 (234) p. 432.

neque, nec [CL]

1 not.

ipse 'in uno ictu oculi' perfecit nec cherubin ante hominem sed simul omnia *Comm. Cant.* I 30; scimus quod nec inventa est inter feminas humilior Maria, sic nec inter viros humilior Johanne *Ib.* III 23; hoc celerarius cernens .. nec celare audebat ALCUIN *WillP* 18; clarescentibus culpis judicio sinodi depositus est unde nec in catalogo pontificum computandus est ORD. VIT. XII 31 p. 432; **1412** rescripta docent hec, / gestis preteritis que cronographi reticent nec (*Vers.*) *Couch. Furness* I 22; nec, A. *nougt WW.*

2 and not; **b** (w. addit. neg.).

Melchisedech .. sacerdos dicitur sicut et Job nec utriusque genealogia narratur *Comm. Cant.* I 98; cognatae sibi sunt virtutes rectitudo et simplicitas ~ue ab invicem queunt separari BEDE *Prov.* 946; ecclesia .. ad caelestia tendit ~ue a coeptis desistit *Id. Cant.* 1122; tenuit de Osuuardo nec quolibet ire potuit *DB* I 20rb; totum .. corpus tegit arenis nec ullum indicium sui prebet *Best. Ashmole* f. 81; struciones .. ova ponunt in sabulo et relinquunt ~ue fovent T. CHOBHAM *Serm.* 13. 50va. **b** **s871** nec non (v. applicatus a); sic nec regis dimissa .. nequeunt in inritum devocari *Dial. Scac.* I 8F; **c1320** sume aliquociens serum cum acerimo aceto et liberabis nec nunquam postea renascantur *AN Med.* II 213; ignorancia juris divini apud omnes promulgati non excusat: sicut nec ignorancia juris naturalis non excusat OCKHAM *Dial.* 451; **1418** nec .. nichil (v. currere 8a).

3 not even; **b** (*nec etiam*); **c** (*nec .. quidem*). **d** (*nec vel*).

nec Pan, Arcadiae quem gens colit exta litando / .. / contulit auxilium fani fundamine fracto ALDH. *VirgV* 1383; quamvis nec idolis ultra servivit BEDE *HE* II 9 p. 100; **798** nisi quod omnis praedicator in ecclesia Christi nec suos verbo pietatis sanare inimicos desistat ALCUIN *Ep.* 136; nunquam gloriatus triumpho .. imo nec multae in eum vindictae compos W. POIT. I 35; **1168** nec dubito quin super hoc dominus papa conventus sit, cum certum sit ipsum respondisse se neminem unquam, nec maximum patriarcham, .. revocaturum J. SAL. *Ep.* 238 (277 p. 594); **1297** quia nec ea vidit, cum remotus esset *Finc.* 18. **b** eo tempore de pace .. nec etiam tenuissimus sermo erat P. BLOIS *Ep.* 124. 368A; Christus adeo mundum contempsit quod nec etiam passum pedis habuit super terram T. CHOBHAM *Serm.* 11. 45vb; corpus ejus habet squamas ita consertas quod nec etiam aer potest per eas intrare *Id. Praed.* 206; **1326** jurisdiccio .. archidiaconalis vacare non potest nec eciam dormitare *Lit. Cant.* I 180. **c** sed nec istorum quidem gradus .. ullus hominum plene cogitare .. sufficit ANSELM *Misc.* 358; nec hoc quidem simplicitati ejus prejudicat J. SAL. *Met.* 877D. **d** in cujus vita nec vel suspitio mali ANDR. S. VICT. *Dan.* 50.

4 (*neque .. neque*) neither .. nor; **b** (*neque .. vel*); **c** (*neque .. aut*); **d** (*neque .. seu*); **e** (w. suppression of first negative).

nemo scit, ~ue †angelis [l. angeli] in caelo ~ue Filius, nisi Pater solus THEOD. *Laterc.* 24; 'terra autem erat inanis', i. nihil habens, ~ue hominem ~ue animantia nec aliquos fructus *Comm. Cant.* I 19; **679** ~ue a me ~ue a parentibus meis ~ue ab aliis *CS* 45; mentem Deo dicatam nec minarum ferocitas reflectit nec blandimentorum lenitas demulcet ALDH. *VirgP* 33; nec secunda die, nec tertia, neque umquam BEDE *HE* III 12 p. 151; nec Gareum nec Godricus filius ejus nec ullus alius dare potuerunt extra civitatem nec extra parentes eorum nisi concessu regis *DB* I 336rb; Gildas, ~ue insulsus ~ue infacetus historicus W. MALM. *GR* I 20; essentia nec distinguit nec distinguitur BART. ANGL. I 4. **b** nec membrorum crudelis dilaceratio compescere .. vel torrida carbonum incendia .. vincere valuerunt ALDH. *VirgP* 41; ~ue .. viderunt brevem regis vel sigillum *DB* I 59rb; nec a lacrimis cessabo vel osculis AILR. *Jes.* III 28; nullus .. nec quid egerimus vel quid locuti fuerimus aduerterat P. CORNW. *Rev.* I 205; **s1312** nec in campis occisus, vel aliqua Gallicorum fraude circumventus, sed naturali febre vexatus, spiritum emisit TROKELOWE 72. **c** nec Venus aut Veneris prodest spurcissima proles ALDH. *VirgV* 1330; **792** nec canes aut accipitres ~ue equos venatoresve *CS* 848; ut neque velit seminare .. aut metere ANDR. S. VICT. *Sal.* 134; ut nec per simplicitatem fides ipsius denigretur aut rei familiaris incurrat detrimentum AD. MARSH *Ep.* 123; **s1307** nec patris sui preceptum aut suasio magnatum eos ab invicem .. potuit separare TROKELOWE 64. **d** **697** ut nec ego seu heredes mei aliquid minuere praesumant *CS* 97. **e** fenus oculos nec pectus inescet D. BEC. 1773; **1235** quod ipse Johannes nec antecessores sui unquam communam habuerunt in terra ipsius Roberti .. ponit se super patriam *CurR* XV 1474; **1241** Herbertus de Alencun' testis nominatus in carta nec aliquis juratorum venit *CurR* XVI 2726; **1268** (v. depraedo); **1384** dicit quod predictum manerium .. nec aliqua parcella ejusdem nec villate de Esthathilsay et Westhathilsay nec aliqua parcella earundem se extendunt infra libertatem de Osgodcrosse *PlRCP* 495 r. 49b.

5 nor: **a** (prec. or foll. by *non*); **b** (prec. or foll. by *nemo, nullus, nihil, numquam*, or sim.).

a mulieres .. menstruo tempore non intrent in aecclesiam, ~ue commonicent, nec sanctimoniales, nec laicae THEOD. *Pen.* I 14. 17; tantae animositatis erat ut sibi conspectis hominibus non tela ~ue ignes nec ulla vitaret pericula *Lib. Monstr.* II 16; quod pascha non suo tempore observabat .. non adprobo nec laudo BEDE *HE* III 17 p. 161; non est in populo tam simplex necque fatuus qui tunc nesciat ethimologiam nominis ejus [sc. Werburgae] LUCIAN *Chester* 55; **1306** vicecomites .. non irrotulant nec irrotulari permittunt legitimas excepciones nec allegaciones .. parcium *MGL* II 90; quoniam non fuit naturatum ullum eorum ociose ~ue casualiter BRADW. *CD* 170E. **b** si .. nemo mundum habet cor ~ue ullus est purus a peccato BEDE *Prov.* 994; anima que numquam peccavit nec peccat nec peccatura est ANDR. S. VICT. *Dan.* 40; ignis eternus .. nullum habet fomentum ~ue materiam T. CHOBHAM *Praed.* 111; cum post Deum nichil sit ita bonum ~ue ita utile sicut virtus *Ib.* 187; nullus venit, se neque ostendit aliquis hostis LIV. *Hen. V* f. 16b.

6 (w. *quis, aliquis*) and no one.

~ue potest aliquis rectitudinem velle, nisi rectitudine ANSELM (*Praesc.* 12) II 284; ~ue aliquis rationabilis intellectus *Id.* (*Ep.* 355) V 297; ~ue enim .. Indie aut Ethiopie deserta quis penetrare potuit *Best. Ashmole* f. 37v.

7 (*neque enim*) for neither, for .. not.

nec enim simplicitatem columbarum habetis GILDAS *EB* 95; sciebat apostolus .. de tenebris oculorum mentis posse resurgere lucem; nec enim merebatur habere carnis oculos qui mentis oculos aliis auferre laborabat BEDE *Acts* 974; ~ue enim domus quam vir sapiens aedificavit ideo non cecidit quia violentias tempestatum non pertulit sed quia fundata erat super petram *Id. Ep. Cath.* 56; hic autem oculus terram respicit et non celum; mundum et non Deum ... nec enim potest BALD. CANT. *Serm.* 12. 12. 480; ~ue enim omnes omnia possunt J. SAL. *Met.* 906C; ut quamquam tres hi amores omnes simul habeantur ~ue enim aliter potest AILR. *Comp.* 629.

8 (*~ue vero*) nor indeed.

~ue vero umquam in acta historiarum relatum est tante sanctitatis tres fuisse pariter reges et fratres W. MALM. *GR* V 400; ~ue vero quorum propinqua est demonstratio, ~ue quorum valde longe J. SAL. *Met.* 866B; ~ue vero fides putanda est eorum tantum que continentur in simbolo BALD. CANT. *Serm.* 7. 47.

9 (syn. w. *ne* or *neve*): **a** (in indir. commands); **b** (in final cl.); **c** (in neg. imp.).

a adjurat sponsus ne suscitent sponsam .. ~ue inquietare praesumant BEDE *Cant.* 1106; me hortatur vestra dilectio, ne patiar ~ue velim vestram .. contumeliam ANSELM (*Ep.* 250) IV 161. **b** sedula sollicitum pulset ne lectio pectus / lumina nec vigilum scripturae tramite tendant ALDH. *VirgV* 2677. **c** vide ne exeas nec de loco movearis BEDE *HE* III 12 p. 151; ~ue doleatis ~ue contristemini de illarum infestatione ANSELM (*Ep.* 414) V 361; nec dicas .. esse nugacio J. MIRFIELD *Flor.* 118.

10 (*sed nec*): **a** but not even. **b** (*non modo .. sed nec* or sim.) not only .. but not even.

a flanteque flores turbine non ledentur, / set neque vinea plantata silvescet J. HOWD. *Cant.* 17; cui nec thorax sed nec hasta valebit *Ib.* 170; grauem lapidem non possum ad remota proicere, sed nec ad genua mea leuare Ric. *Armagh Serm.* 35. **b** non modo non queant ad rerum vocabula evagari, sed nec a quibus indita sunt longe recedere J. Sal. *Met.* 846B; contemptor grammatice non modo litterator non est sed nec litteratus dici debet *Ib.* 856C; nec enim singula, sed ~ue precipua gestorum ejus atque verborum a nobis modo recensenda promittimus Ad. Eyns. *Hug.* III *prol.*; non solum patrum studia . . emulari detrectant, set ~ue relegere . . codices sacros student *Ib.* V 15.

nequiosus v. nequitiosus. **nequidquam** v. nequiquam.

nequiquam [CL]

1 in vain, to no purpose.

exacuere leves inimici frustra ligones, / nequiquam ancipites inspicant acrius enses Frith. 843; nequidquam tamen tenax ille temptator in famulum Dei nefandis versutiae suae fraudibus insanivit B. *V. Dunst.* 16; cepit itaque magno conatu vim sibimet inferre ut verbum proferret, sed ~am Alex. Cant. *Mir.* 28 (I) p. 216; miser ille, ~am fortiter faciens, animam amisit W. Malm. *GR* I 42; stagnum transire paramus, sed ~am *Ib.* II 170; judicium rectum nulla persona nequicquam ab eo postulavit Ord. Vit. IV 1 p. 164; cornu quoque pregrandi sed nequicquam in aurem ejus vehementer buccinari fecerunt Ad. Eyns. *Visio* 3.

2 without reason.

necquicquam, sine causa Osb. Glouc. *Deriv.* 385.

nequire [CL]

1 to be unable; **b** (w. inf.); **c** (w. inf. implied by context); **d** (w. dir. obj.); **e** (w. double negative); **f** (impers.).

queo quis quivi verbum neutrum et caret supinis et componitur ~eo, -is Osb. Glouc. *Deriv.* 491; additur enim non . . ad queo et dicitur ~eo Holcot *Wisd.* 173. **b** dicebat de templo corporis sui, cujus dispensationem adpraehendere ~iverunt Judaei Theod. *Laterc.* 12; flagellatus a cultura Christi flecti ~ivit Aldh. *VirgP* 36 p. 282; ut [provincia] . . episcopum proprium habere ~iret Bede *HE* IV 14 p. 236; ex his paucis plura cognosci possunt quae a nobis enarrari ~eunt Wulf. *Æthelwold* 37; medici curare corpora possunt, animas ~eunt Pull. *Sent.* 803D; tale debet esse templum sacerdotis: amplum ad suscipiendum eum quem totus mundus comprehendere ~id [*sic*] Gros. *Templ* 1.1; **1337** peticiones vestro conspectui ~iunt presentari *FormOx* 92; intrare illuc malum non est, sed ~ire exire W. Burley *Vit. Phil.* 144; ut ipse me . . continere ~iverim, nec etiam opinor debuerim Robertson *Rolloc* 12. **c** multa illic, quae in patria ~iverat, . . utilia didicit Bede *HE* V 20 p. 332; ad fontem recurro, ultra ~eo Anselm (*Or.* 12) III 49; utique corde et litteris, quia verbis praesens ~eo, . . supplicarem *Id.* (*Ep.* 158) IV 25; sedulo explens consilio quod manu ~ibat pre senio W. Malm. *GR* II 199 p. 360. **d** nam nihil hinc nequeo neque forsitan omnia possum L. Durh. *Dial.* II 431 (v. et. 1e infra). **e** quae nullus nequit numero conputare in calculo (Aldh.) *Carm. Aldh.* 1. 117; L. Durh. *Dial.* II 431 (v. 1d supra). **f** negari ~it infantes in Adam fuisse cum peccavit Anselm (*Orig. Pecc.* 23) II 163.

2 (leg.) to be unable, not to be permitted.

~iverunt recedere cum terra *DB* (*Hants*) I 42v; dum . . ejus precepta nolueritis servare, liberari ~ibitis a captivitate Petrus *Dial.* 33; servitia et redditus dictorum tenementorum . . recuperare ~iramus *Meaux* II 293n.

nequiter [CL], wickedly.

qui fraudulenta mente simulat se esse bonum ~iter vivens in occulto Bede *Prov.* 977; ~iter, *manfullice GlP* 74; etsi judicem sic me ~ius illo primo peccatore deliquisse Anselm (*Or.* 8) II 29; **1201** quod ipse ~iter occidit virum suum *SelPlCrown* 1; virus et viscera fusa reinduit / et terram nequius quam ante polluit Walt. Wimb. *Sim.* 13; sumus contra Deum et justiciam ~issime impediti Avesb. f. 132.

nequitia [CL]

1 wickedness, malice; **b** (w. ref. to heresy).

qui per ~iam inebriat alium, xl dies peniteat Theod. *Pen.* I 1. 7; non procedebat ex apostolorum justitia, sed ex malivolorum ~ia Anselm (*Praesc.* 12) II 285; timida est . . semper impietas et ~ia Andr. S. Vict. *Sal.* 46; sicut sapientia vicit malitiam,

ita . . benignitas ~iam superavit J. Ford *Serm.* 84. 6; sub pacis obtentu nequitie telis male tuta regni juventus occubuit Gir. *TH* II 18. **b** ab hereticorum ~ia prohibet Bede *Prov.* 956; ad debellandam . . hereticorum vel malorum catholicorum ~iam *Id. Cant.* 1114; quantos Sabellii aliorumve hereticorum ~ia . . seduxit? *Id. Ep. Cath.* 56.

2 wicked deed, crime, sin.

peccata mea, ~iae meae Anselm (*Or.* 5) III 13; Duvenaldi patrui ~ie particeps, frater ne non inscius necis fuerit W. Malm. *GR* V 400; Proetus uxorem habuit Antiam, que amavit Bellerophontem, quem, quia sue non assensit ~ie, apud maritum suum accusavit Alb. Lond. *DG* 14. 4; **1221** D. de W. . . captus fuit pro quodam rapo et pro aliis ~iis *PlCrGlouc* 73; terciam adjungunt ~iam quod . . ducis filiam, cujus forme fama percrebuerat, adduci precepit *Eul. Hist.* III 20.

3 (*~iae spiritales*) evil spirits.

hunc affectum dicimus spiritalem, pro eo quod a spiritalibus ~iis generatur Ailr. *Spec. Car.* III 11. 588; nemo . . contra ~ias spirituales sue audeat inniti prudentie sive virtuti J. Ford *Serm.* 114. 8; armis . . materialibus utebatur contra ~ias spirituales *V. Edm. Rich C* 591.

nequitiola [ML], minor misdemeanour.

hec nequitia, -e, unde hec ~a, -e, diminutivum Osb. Glouc. *Deriv.* 491.

nequitiosus, wicked.

illa que speciem boni habent ~a subversione depravat R. Bury *Phil.* 18. 229; frequenter illa que spem habent boni †nequiosa [l. nequitiosa] subversione deprivat *Cop. Pri. S. Andr.* 74.

nera [OF *neire* < CL nigra], black cherry tree.

recipe . . nigelle, uzifur, i. minium corticis ~e, mabathematicon [etc.] Gilb. VII 358. 1; ~a arbor est que fert cerasa nigra *SB* 31; ~a, i. arbor que fert ceresa nigra *Alph.* 124.

nere [CL]

1 to spin; **b** (w. ref. to the Fates); **c** (pr. ppl. as sb. f.) spinner.

solent femine nentes fusum in dextera, colum tenere in sinistra Bede *Prov.* 1034; nentes, fila torquentes *GlC* N 82; [femina] defertur cum . . filaticis telis sicut nebat in ecclesiam Gosc. *Wulsin* 15; verba . . nentium in plateis mulierum Petrus *Dial.* 5; nente illa vel urdiente seu quippiam aliud operis efficiente R. Cold. *Cuthb.* 124; omphale . . que eum nere et mulierum officia coegit exercere Alb. Lond. *DG* 13. 1. **b** nesque mihi, Lachesis, pollice fila truci *Babio* 242; fataque segnia fila tenacia nendo morari Nig. *Paul.* f.50v l.654; *Reg. Whet.* I 156 (v. epigrammatice). **c** a nentibus linum in longum producitur Ailr. *Inst. Inclus.* 26; nec pectrix nec nens . . / sint ibi, nec carpens lanam nec lina flagellans D. Bec. 2214.

2 to sew.

netum, *gesiuwid GlC* N 74.

Nereis v. Nereus. **nerenus** v. ninnarius.

Nereus [CL]

1 name of a sea god in Greek and Roman mythology. **b** (? as sb. m. sg. or n. pl.) the sea.

~us, deus maris *Gl. Leid.* 43. 17; Portinus, Neptunus, ~eus Osb. Glouc. *Deriv.* 474; ~us, deus maris *Ib.* 385. **b** ceruleum rapidis sulcabat Nerea remis Frith. 204; *salte water or se water* ~eis, -idis *PP*.

2 name of a Christian martyr and saint.

ibi jacet Damasus papa . . et non longe sancta Petronilla, et ~eus et Achilleus W. Malm. *GR* IV 352.

neriges, nightmare.

~es, est spiritus malignus torquens homines de nocte, A. *the mare*, i. epialtes *WW*.

neriodendron [cf. CL nerium < νήριον + δένδρον], oleander (*Nerium Oleandrum*).

nerodendro *Alph.* 124 (v. nerium).

nerium [CL < νήριον], oleander (*Nerium Oleandrum*).

nerion aut nerodendro aut redodapion frutex est, folia habet similia amigdaline, sed majora et pinguiora, et flores rodo similis, semen eciam patens sicut cornu, radix oblonga et angusta, gustu salsa. nascitur locis aquosis et †maritinis [l. maritimis] *Alph.* 124.

Neronianus [CL], of or like the emperor Nero.

quem [David Walensem] . . tanquam ~us revera discipulus, impie percutere voluistis Gir. *SD* 70.

Neronizare [ML], to act like the emperor Nero.

primis non habundat lingua Latina, alia frequenter inveniuntur, ut lecturio, docturio, . ., ~o, lectico, doctito *Ps.*-Gros. *Gram.* 52.

nervalis, of a nerve.

unus nervus habens tres tunicas ~es Bacon *Maj.* II 14; in epilepsie ~is paroxismo est spasmus consequens ipsam, in artariali non Gad. 60v. 1.

nervare

1 to hamstring, to cut a tendon of.

si quis vicinus vicinis seva propinet / . . / cum pede, cum cornu feriens mala germinet illis / . . / . . pes nervetur, cornu resecetur D. Bec. 447.

2 to string (a bow).

1266 in arbalest' emend' nervand' et cordand', quarell' faciend', reparand' *MinAc* 1087/6 v. 1.

nervena v. verbena.

nervicose, muscularly, strongly, powerfully.

nervicosus . . et inde ~e adverbium Osb. Glouc. *Deriv.* 381.

nervicosus, muscular, strong, powerful.

nervus, -vi, inde ~us, -a, -um, i. fortis Osb. Glouc. *Deriv.* 381; nervosus, ~us, firmus, stabilis, insolubilis *Ib.* 385.

nervinus, of or pertaining to a nerve or sinew.

c**1415** ~as . . substancias (v. medullaris 1) *FormOx* 424.

nervicus [LL]

1 of sinew or muscle.

brachiorum . . flexibilis productio, quibus vivacitate ~a nulla cujusque erant . . apciora Rish. 76.

2 composed of a nerve, muscle, or bowstring.

ecce Dalila, post septem †vervicos [l. nervicos] funes . . adhuc me parat subvertere per tocius capitis mei rasuram J. Godard *Ep.* 230.

3 (fig.): **a** strong. **b** proud.

a ~us et nervicosus, pro fortis dicuntur Osb. Glouc. *Deriv.* 385. **b** ~us et nervicosus . . quandoque pro superbus dicitur *Ib.*

nervitia, muscularity (fig.), strength, nerve.

s**1269** regis astutia, immo ut verius dicam extorsionis cupidinose ~ia prevalente . . concessum est quod . . sibi vicesima solveretur Wykes 227.

nervositas [LL], structure of nerve or muscle, musculature.

brachiis ceterisque membris ossosis, plus ~atis habentibus quam carnositatis Gir. *EH* II 9; avis illa multum de spiritu et ~atis habet circa caudam *Quaest. Salern.* B 183; ratione sue ossuositatis et ~atis [Trevisa: *synewynes*] Bart. Angl. V 26.

nervosus [CL]

1 (anat.) composed of nerves; **b** (w. ref. to pleural membrane).

matrix enim in se complexionaliter est facta ex pelliculis quibusdam ~is contexta Alf. Angl. *Cor* 12. 4; materie prime permixte dominio siccitatis in ~am et ab interiori villosam essentiam transeunt *Ib.* 5; ~um prorsus spirituque distentum virile est organum, ut ad operis venerei officium animal [quo]que disponi habile esset *Ib.* 15. 11; superior pars [stomachi] ~a valde sensibilis propter nervos Ric. Med. *Anat.* 223. **b** ~a tunica quae thoracem intrinsecus vestit D. Edw. *Anat.* B 3v.

2 (med.) that affects a muscle, of a muscle.

spasmus est egritudo ~a *SB* 40.

3 (of person or part of the body) sinewy, muscular.

672 ~is tenso lacertorum volis arcu ALDH. *Ep.* 5 p. 493; sanam lectoris cernite dextram / necnon nervosam cuncti spectate sinistram *Id. VirgV* 1009; ~us lacertis, thorosus pectore, robustus et procerus toto corpore W. MALM. *GR* III 253; vir albus et procerus, membris ossosis et ~is GIR. *EH* II 18; sunt autem cilia in substancia ~a [TREVISA: *ful of synewes*] et tenua propter facilitatem motus BART. ANGL. V 8.

4 strong.

semita stricta polum poterit reserare supernum, / illam nervosus siquis adire cupit *De lib. arb.* 134; ~us, .. firmus, stabilis, insolubilis OSB. GLOUC. *Deriv.* 385.

nervus [CL]

1 nerve. **b** (*~us audibilis*) auditory nerve. **c** (*~us concavus* or *opticus*) optic nerve. **d** (understood as) vein or penis.

'tetigit ~um'; putabatur .. quod in capite eum ferierit et postea, quia ~us inde derivatus est, emarcuit in femore *Comm. Cant.* II 14; ~i vero instrumenta sunt sentiendi et motus ALF. ANGL. *Cor* 16. 4; a cerebro .. ~i, a corde arterie, ab epate vene oriuntur *Ib.* 16. 5; notandum est quod omnes ~i principium habent a cerebro *Quaest. Salern.* B 85; tactus est vis ordinata in ~is cutis totius corporis extensis fere per totam carnem animalis ad apprehendendum calidum, frigidum, siccum, humidum J. BLUND *An.* 217; ~i [TREVISA: *þe synewes*] qui suscipiunt spiritum animalem a cerebro et deferunt ad singula membra, ad motum et sensum faciendum BART. ANGL. V 1; videri potest quod sonus esse habeat in aere tantum et non in ~o sensibili *Ps.*-GROS. *Summa* 509. **b** pertransit aer inmutatus ad ~um audibilem, et sic fieri auditum contingit J. BLUND *An.* 115; in illa concavitate [auris] fit reflexio inmutationis ad ~um audibilem, et fit auditus *Ib.* **c** spiritus visibilis .. habet .. egressum per duos ~os concavos quos Greci vocant opticos a cerebro usque ad oculos protensos ADEL. *QN* 23; per nervos liquet opticos lucem radiosam / mitti NECKAM *DS* IX 379; visus est vis ordinata in ~o concavo J. BLUND *An.* 24; oritur .. a fantastica cellula .. ~us opticus RIC. MED. *Anat.* 215; ~um opticum, in quo conveniunt duo nervi, in quorum extremitatibus situati sunt oculi R. MARSTON *QD* 385. **d** 'tetigit ~um'; dicunt alii virilem, alii autem ipsam [venam] quae de capite descendit tetigisse *Comm. Cant.* I 184.

2 muscle, sinew, tendon. **b** (*~os succidere*) to hamstring (also fig.).

genu tumente adstrictis ~is claudicans *V. Cuthb.* I 4; mortua contractis fluitabant viscera nervis FRITH. 864; qui grossos tibiarum ~os truncaverit alicui .. xij solidos emendabit (*Leg. Hen.*) *GAS* 610; ea sit natura conditorum corporum ut carne tabescente cutis exterior ~os, ~i ossa contineant W. MALM. *GR* II 206; spasmus est extensio vel contracio ~orum et lacertorum ex inanicione vel replecione proveniens *SB* 40; FORTESCUE *LLA* 22 (v. 2 eculeus 2a). **b** provintie quondam fertiles .. incendio, preda, sanguine, ~i succisi W. MALM. *GR* III 249; adhortans ne clarissime olim patrie ~os dissimulatione sua succidi sineret *Ib.* V 405.

3 bowstring.

1204 ~os et cornu ad balistas faciendas *Liberate RC* 79; in ~is et cordis et clavibus balistarum nostrarum *Ib.* 100; **1284, 1337** (v. ballista 2); **1303** Willelmo C., atillatori turris London', pro .. iiij lib. ~orum, pellibus .. pro balistis et arcubus .. inde reparand' .. xiij s. ij d. *KR Ac* 363/18 f. 7; ~os arcuum doliis plenis rex fecit congregari [*sic* MS] una cum infinitis securibus, sarris et cuneis pro silvis prosternendis et lignis secandis et findendis STRECCHE *Hen. V* 150.

4 string of a musical instrument; **b** (w. ref. to vocal cords).

habet chitaram, id est orationem rethoricam, in qua diversi colores quasi diversi ~i sonant BERN. *Comm. Aen.* 54; non carmina nervi / ad vocis mendicat opus J. EXON. *BT* II 96; invenit lyram .. inventa concha testudinis .. cujus ~e arefacte .. ad aurem .. sibilum reddiderunt *Eul. Hist.* I 41. **b** ad apostolicum .. misit, justitiam suscepti belli quantis poterat facundie ~is allegans W. MALM. *GR* III 238; contentaque nervis arterie non artis opem .. mendicat J. EXON. *BT* II 95.

5 artefact that restrains: **a** leather thong. **b** fetter, stock. **c** (fig.).

a in torrido solis caumate sensim siccantibus ~is ALDH. *VirgP* 35 p. 279; dum crudis ~orum flagris truciter caederetur *Ib.* 43. **b** narravit .. nobis Aelfegus episcopus .. quod ipse quendam furem flagellatum misisset in ~um ÆLF. *Æthelwold* 28 (=WULF. *Æthelwold* 46: cippum); in ~um, quod est genus carceris. .. unde Job: posuisti in ~o p[edem] m[eam] S. LANGTON *Chron.* 167; *stokkys of presonment* cippus, ~us *PP*; ~i, *fotcopsas* *WW*. **c** coram te exhibeo animam meam ~is virtutum dissolutam, catenis vitiorum ligatam ANSELM (*Or.* 9) III 32; **1285** ~um .. discipline (v. dissolvere 4a).

nescessitas v. necessitas.

nescienter [LL] unknowingly, unwittingly, in ignorance.

canum .. quos in se .. irruentes tenui virga ~er fugavit ADEL. BLANDIN. *Dunst.* 2; scio componitur nescio .. unde ~er adverbium OSB. GLOUC. *Deriv.* 528; utrum gentes ex ~er gestis debeant accusari PULL. *Sent.* 659C; ille .. dicitur ignoranter sive ~er pertinax in errore hereticali qui assercionem suam nescit esse contrariam fidei Christiane OCKHAM *Dial.* 446; distinccionem inter .. scienter hereticum et ~er hereticum .. aliter quam prius intelligo *Ib.* 447.

nescientia [LL], ignorance.

scio componitur nescio .. unde .. hec ~ia OSB. GLOUC. *Deriv.* 528; in organo puro et triplicibus majoribus semper in tenore non ponebant nisi quatuor, nisi fuerit ex ~ia regulatoris, sed semper in superioribus quinque *Mens. & Disc.* (*Anon. IV*) 60; non est repugnancia vel falsitas de ~ia diei judicii WYCL. *Ver.* II 103.

nescire [CL]

1 not to know: **a** (w. acc.); **b** (w. *de* & abl.); **c** (absol.).

a ne quis .. putet aliquid scire Patrem quod ~iat Filius .. THEOD. *Laterc.* 24; respondit presbiter dicens, "~io illum locum" *V. Greg.* p. 91; ridiculum videtur ejus artis ~isse praecepta, cujus cotidie occupatione involvi necesse est ALCUIN *Rhet.* 1; discant ea que ~iunt ORD. VIT. VI 1 p. 2; hinc accidit ut scientissime plerique se ~iendo senescant GIR. *TH intr.* p. 5; **1220** ~ivit alium latronem *SelPlCrown* 124; Paulus ~ivit Cesarem manifestum inimicum doctrine sue OCKHAM *Dial.* 528. **b** fama hominum .. loquentium quod ~iunt de me ANSELM (*Ep.* 85) III 210; de te autem ~itur quis sis G. MON. VI 17; **1220** ipsi ~iverunt de homicidio quod fecit cum sociis in domo sua *SelPlCoron* 122; **1369** ~ierunt de concessione .. regi facta per .. prelatos *Conc.* III 84b. **c** qui ~it et non interrogat *Ps.*-BEDE *Collect.* 97; ~ire, *cunnan* [*glossing* scire] *GlS* 211; hund' testatur se ~isse *DB* II 360b; additur enim 'non' .. ad scio et dicitur ~io HOLCOT *Wisd.* 173.

2 not to know (that): **a** (w. acc. & inf.); **b** (w. *quia* or *quod*).

a si .. ~isset se non debere velle quod injuste voluit ANSELM (*Casus Diab.* 22) I 269. **b** si quis dederit aut acceperit communionem de manu heretici, et ~it quod aecclessiae catholicae contradicit, postea intellegens annum integrum peniteat THEOD. *Pen.* I 5. 7; ~iebat etiam nec intellegens quod talis temptatio frequenter Christianis accidere solet *V. Cuthb.* II 8; ~it adultera, ~it haereticus quia immundi spiritus suas domus habitant BEDE *Prov.* 968; ~iebant quia verum est quod fiebat, existimabant enim se visum videre AILR. *Ed. Conf.* 777C; **1282** Jacobus le P. vadiat legem quod nessivit quod bona Walteri de E. fuerunt defensa *Hund. Highworth* 194.

3 (w. indir. qu.): **a** (w. subj.); **b** (w. indic.); **c** (without verb).

a ita ut quid esset vel quo sederet vel quid †parabat [v. l. pararet] facere ~iret FELIX *Guthl.* 42 p. 132; ~io si venias ALCUIN *Carm.* 57. 22; ~itur quod hidae sint ibi *DB* I 75rb; homo qui sepe fuerit accusatus et reus fiat et ~iat quis eum sumat in plegium, ponatur in carcere (*Quod.*) *GAS* 155; ~io annon laudabilius .. sit cum istis .. errare ANDR. S. VICT. *Dan.* 104; si [virgo] ~iret unde concepisset AILR. *Serm.* 38. 7; quid agant Jerosolimis ~io MAP *NC* I 23 f. 16; qua morte puniam latronem nescio WALT. WIMB. *Carm.* 455; 'distraxit animum', sc. meum, ut ~iam quid sit agendum TREVET *Troades* 48; quantus sit ille [sc. angelus] ~io OCKHAM *Quodl.* 27. **b** litteris quae ~io si ad vos pervenerunt ANSELM (*Ep.* 307) IV 230; **1212** nessciunt quis tenet modo tenementum illud *Fees* I 210; cantores .. ~iunt quandoque quantum ascendit vel descendit *Mens. & Disc.* (*Anon. IV*) 56; **1248** propter spissitudinem bosci .. forestarii ~ierunt quo devenerunt *SelPlForest* 77; **1255** nesquit qui ipsi fuerunt *Ib.* 115. **c** ~io quare, aut pro .. infestationibus .. aut .. pro nimia illius gentis .. divitiarum abundancia ASSER *Alf.* 93; **1212** necimus per quod servicium *Fees* I 164; ova, set nessio quot, et caseum .. set nessio quid *Reg. S. Aug.* 206.

4 (w. inf.): **a** not know how to, be unable to. **b** to be unwilling to.

a sibi ipsi avis illa insensata mortem cavere cum ~isset *V. Greg.* p. 98; si paganus .. ~it accipere nostra donaria, offeramus ei qui novit BEDE *HE* III 24 p. 177; ~it [AS: *ne wat*] suave diligere qui amarum non gustaverit *Prov. Durh.* 29; si mortue [sc. avicule] sicco in loco serventur putrescere ~iunt GIR. *TH* I 18; hoc ~iunt homines distinguere in multis locis *Mens. & Disc.* (*Anon. IV*) 35; **1468** asserit se ~ire reddere computum exituum et firmarum dicti burgi *ExchScot* 597. **b** predam / reddere nescit avis WALT. ANGL. *Fab.* 13. 2; **1221** P. filius W. tenet xx sol[idatas] terre per serjantiam coquine; ~iunt aliud dicere *PlCrGlouc* 50.

5 not to recognize, to fail to acknowledge.

~iet pater filium proprium G. MON. VII 4.

6 (pass. as impers.).

~itur quid intus lateat AILR. *Serm.* 38. 17; dies judicii adeo terribilis est quia ~itur qua hora venturus est T. CHOBHAM *Praed.* 49; si ~iatur [ME: *ȝef me hit nat naut*], neglegencia est, species accidie *AncrR* 74; **1221** quedam M. de C. occisa fuit in domo sua a latronibus; ~itur a quibus *PlCrGlouc* 2; s**1251** advenit Guido ..; ~itur si de prelio fugitivus M. PAR. *Min.* III 104; **1293** ad quam litteram necitur qualiter pervenit *Law Merch.* I 65; est dubitanda aliquando quando ~itur a me utrum sciatur KILVINGTON *Soph.* 47 [48] dd p. 135.

7 a (*~io quis* or sim.) I know not who, someone or other. **b** (*~io quid*) I know not what, something or other; **c** (w. partitive gen.); **d** (w. pron. adj. & sb.); **e** (in adverbial phr.).

a te loquentem vespere et mane audiebam ~io cum quo FELIX *Guthl.* 50 p. 156; **1166** vos lecto decumbere compulerat egritudo, quam non natura .. casus intulerat sed malitia veneficorum, qui ~iocujus instinctu vobis .. toxicum miscuerunt J. SAL. *Ep.* 146 (165). **b** ~io quid spirituale ejus vultui inesse conspexit ALEX. CANT. *Mir.* 50 (II) p. 260; Turchi .. ~io quid dirum stridentes W. MALM. *GR* IV 357. **c** sensit ~io quid frigidi suo lateri adjacere BEDE *HE* III 2 p. 130; ~io quid carnium attingens W. MALM. *GP* V 259; ecclesia .. ~io quid divine sanctitatis jam inde a principio redoluit *Id. Glast.* 6; habet .. ~io quid latentis aphonie J. SAL. *Met.* 844A; ~io enim quid latentis energie .. habet in se viva vox NECKAM *NR* I 20 p. 66. **d** statim, ~io quo ordine, fuimus in summitate BEDE *HE* V 12 p. 307; fuge, tu horribilis ~io quae substantia ANSELM (*Or.* 8) III 27; cujus doctrinam ~io quod infortunium usibus nostris invidit W. MALM. *GP* V 196; ~io qua simultate irritatus *Id. GR* III 258. **e** ~io qua de causa *Ib.* II 199; sed quo ~io fugisset penitus ignoraverunt *V. Chris. Marky.* 34.

8 (pr. ppl): **a** (as adj.) unknowing, ignorant. **b** (in abl. absol.) without the knowledge of. **c** (as sb.) one who does not know (something). **d** one who does not know (how to do something). **e** (as adv.) unknowingly.

a **1344** ~iens fuit ad hujusmodi litteram scribendam *SelCKB* VI 36. **b** ~iente abbate neque ministris suis *DB* II 360b; nobis ~ientibus capilli oriuntur de capite AILR. *Serm.* 3. 20; quidam satellites de suis, ipso ~iente, .. *Found. Waltham* 31; **1388** per custumam quorundam coriorum aliquorum nautarum de Prucia, qui recesserunt ~ientibus custumariis a portu sine coketa *ExchScot* 186; quidam dicunt quod vivus est adhuc, et sanus et incolumis, quia illis ~ientibus raptus est *Hist. Arthuri* 90. **c** me .. quendam hominem in primordio operis utriusque sexus cognovisse testor, qui tamen ipsa facie plus et pectore virilis quam muliebris apparuit et vir a ~ientibus putabatur *Lib. Monstr.* I 1; hoc in loco ~ientibus intimandum est ASSER *Alf.* 39. **d** age causam vel non valentis loqui vel ~ientis ANDR. S. VICT. *Sal.* 89. **e** sepe dum unum bonum agimus, ~ientes ab alio impedimur AILR. *Serm.* 31. 8.

nescius [CL]

1 who does not know, ignorant. **b** (as sb. m.) one who does not know, ignorant person.

~io [v. l. nesciente] eo fecerant BEDE *CuthbP* 8; a**798** numquid quasi ~ius Deus nos confiteri hortatur peccata, qui priusquam gesta essent, praesciebat? AL-CUIN *Ep.* 131 p. 195; ~ii, *nytynde oþþe ungleawe GlP* 96; scienter ~ius et sapienter indoctus AILR. *Spec. Car.* I 100. 540; non enim sum adeo ~ius adeoque rationis expers ut . . FREE *Ep.* 55. **b** quibus . . inge-ritur . . pro ductore caecus, pro doctore ~ius ANSELM (*Ep.* 269) IV 184; prima ad instructionem ~iorum secunda ad consolationem miserorum T. CHOBHAM *Praed.* 18.

2 (w. obj. gen.) ignorant (of), who has no experience (of). **b** (w. acc.) who does not know, admit, or acknowledge.

aetas tempestatis illius ~a et praesentis tantum serenitatis experta GILDAS *EB* 26; non ignara mali, recti sum nescia vivens BONIF. *Aen.* (*Neglegentia*) 365; barbari qui adhuc veri Dei ~ii bachanalia vivebant W. MALM. *GP* III 100; o quam innumeris nodis ad hostium / mors modi nescia pulsat mortalium! WALT. WIMB. *Sim.* 155; dum vie nescii vadunt in avio *Id. Palpo* 1; omnis ~ium est meroris FORTESCUE *NLN* II 42. **b** Alanus . . vir nefandus . . malicia parem ~ius H. HUNT *HA* X 15 (cf. W. MALM. *GR* I 35 religione parem nescias).

3 (w. indir. qu.) who does not know, ignorant as to.

remansit . . solus . ., quid ageret quoque pedem verteret ~ius BEDE *HE* II 12 p. 108; ~ius quid in se divinitus ageretur ADEL. BLANDIN. *Dunst.* 2; quantum se inviscaret ~ius W. MALM. *GP* I 6; ~ius ergo quid faceret principes Gallie adivit G. MON. III 6.

4 (w. inf.) who does not know how to, unable to.

fallere ~ia Mildretha GOSC. *Transl. Mild.* 18 p. 178; excellentiam stilo commendare omnino impotens atque ~ius? DOMINIC *V. Ecgwini prol.*; probitas de vero ~ia flecti W. MALM. *GR* II 133; ligna perennis honor putrescere nescia ditat L. DURH. *Hypog.* 70; brume torpescunt [frigora] / set nescit sequi tempora / mens nescia torpere P. BLOIS *Carm.* 6. 3; o quam fallax est fortuna, / que mutatur sicut luna / diu stare nescia! WALT. WIMB. *Van.* 5.

nespila v. mespila, neflum. **nesquire, nessire** v. nescire.

nessum [AS *næss*, ON *nes*], promontory, ness.

1212 omne jus quod dixerat se habuisse erga mona-chos de Melros in domibus et terra quas habent super ~um in villa de Berwic . . *Melrose* 27; c**1264** que jacet super ~um inter terram Willelmi de Cuthe et terram Willelmi Spure *Reg. Newbattle* 189.

nestis [LL < νῆστις], (anat.) the jejunum.

nistis est jejunum intestinus, neurosus, triplex, in sinistra parte positus, in quem multe currunt vene, per quas maxima pars suci emanat *Gloss. Poems* 103.

Nestoreus [CL], **1 Nestorinus,** belonging to or typical of Nestor (esp. as example of longevity).

si in Latialis scientie ediscenda arte ~eos compleve-rint annos OSB. GLOUC. *Deriv.* 203; octogenariumque illum . . qui in ~inis annis Hectoris audacia delirabat W. CANT. *Mir. Thom.* VI 95.

Nestorianus, 2 Nestorinus [LL Nestorius + -ianus, -inus], Nestorian.

c**793** beatus Cirillus in epistola ad monachos directa contra ~ianam heresem inter multa sic ait: . . ALCUIN *Ep.* 23 p. 63; heresis latrat ~iana duas predicans per-sonas, Dei et hominis R. NIG. *Chr. II* 130; Christiani ~ini qui sunt mali Christiani BACON *Maj.* I 368; ~iana nequicia R. BURY *Phil.* 10. 164.

Nestorinus v. Nestoreus, Nestorianus.

1 neta [cf. **2** netus, AS *geneatland*], (w. *terra* or ellipt.) land granted to a *geneat* or associate for service or rent.

1453 cum . . neytis (v. neilanda); ?**1466** de . . age-stamento pro averiis custumariorum, viz. . . pro viij bidentibus j d. . . et non plus, quia bidentes custuma-riorum ~e super faldam domini (*MinAc* 885/35) *Econ. Condit. app.* 90; tenet . . iiij quarteria terre ~e vocate Rokehay *Surv. Pembr.* 76; tenet . . iiijᵃᵐ partem virgate terre nove ~e *Ib.* 78.

2 neta, kind of fungus.

~a similis est ypoquistidos, sed est subnigra, i. succus rose canine *Alph.* 124.

netarius [ME *netter, netiare*], netter, netmaker.

1374 venit quidam J. de Colcestre, ~ius et dixit quod tota curia ista excommunicata est *Pl. Mem. Lond.* 181.

nete [CL < νήτη f. of νῆτος], highest note in a tetrachord.

~e synemmenon, id est ultima conjunctarum. . . ~e diezeugmenon, id est ultima disjunctarum. . . ~e hy-perboleon, id est ultima excellentium ODINGTON *Mus.* 81; ~e hiperboleon . . ~e diezeugmenon WILL. 18.

netila v. **2** nitela.

netlum [ME *netles* < AS *netele*], nettle, plant of the genus *urtica*.

1268 de ~is et erb' in curia castri venditis, xviij d. *MinAc* 991/16.

netorium [cf. CL *nere*], spindle.

nitorium, *spinil GlC* N 108; ~ium, *inspinn* ÆLF. *Sup.* 187; **10** . . nitorium, *inspin WW.*

netrix, one who spins (f.), spinster.

1355 Cecilia Rulyng' ~ix *JustIt* 312r. 1.

1 netus [LL], thread.

netus, -us, i. filamen OSB. GLOUC. *Deriv.* 381; at-tendat locuples . . / . . / quod netum Attropos sororis medie / occabit WALT. WIMB. *Sim.* 91.

2 netus, ~is [ME *net* < AS *geneat*], tenant, villein.

de ~is, Robertus tenet dimidiam hidam *Cust. Abingd.* 302; hi sunt ~i de villa *Ib.* 304; Rogerus P. . . operatur sicut *neth Inq. Glast.* 26; Radulfus *niet* tenet dimidiam virgatam *Ib.* 48; **1189** nieti tenent ix acras, unde reddunt iij s. *Ib.* 51; ~i idem sunt quod *neiatmen* qui aliquantulum liberiores sunt quam *cot-men* (*BB Rochester*) *Villainage in Eng.* 144; cotsetle debet metere quantum unus *nieth* (*Cart. Shaftesbury*) *Ib.* 145; tempore Henrici regis fuerunt in T. xviij ~i . . et vij cotmanni (*Ib.*) *Ib.*; si moriatur neatus, dabit melius catallum (*Ib.*) *Ib.*; habebit unum animal qui-etum in pastura si est *net* (*Ib.*) *Ib.*; **1234** sex ~es de villa de Westun' tenent de antiqua tenura j pratum juxta Westmere, reddunt inde annuatim per totum iij sol. *Cust. Glast.* 29; **1348** in acquietencia prepositi qui est unus de ~is, v s. (*Chilbolton*) *Ac. Man. Wint.*

neu, neve [CL]

1 nor (after *ne*, adding an alternative in a neg. final cl.); **b** (*neve . . aut*).

exhortans ne . . aestimarent, neve . . celebrarent BEDE *HE* II 19 p. 122; ne forte corde peccarem neve aliis praedicans ipse reprobus efficerer *Id. Hab.* 1250; ne . . seminaria . . deprimant, neu . . praecidant B. *V. Dunst.* 1; rei tenorem contulit inscriptum ne laberetur neve successores necessitatem perverterent in tirannidem W. MALM. *GP* V 225; quisquis . . agit . . prudenter, ne sibi noceatur, neve a quoquam supplantetur neve suo jure defraudetur BALD. CANT. *Serm.* 14. 33. 447. **b 1163** neve prioratus aut capellanie quelibet monachorum aut clericorum annua distractione vendantur (*Conc. Turon.*) W. NEWB. II 15.

2 (after *ut*, adding neg. cl. to a positive one).

qui . . ita inter amorem pavoremque incedit medius, ut illi in admiracionem eciam ea que sunt concupisci-bilia convertantur, neu certo queat tramite utrumlibet adipisci *Mir. Hen. VI* I prol. p. 10.

3 (in neg. imper.) do not, may . . not: **a** (w. subj.); **b** (after *ne*) and do not, and may . . not; **c** (w. imper.).

a ebrius initiat vobis neu vincula Bachus / mentibus inscriptas deleat neu noxius artes ALCUIN *Carm.* 59. 22–3; neu temnas modico, lectore pro corpore librum *Ib.* 80. 2. 7; neu abhorreas, quod juxta stellarum status prospera nobis vel adversa dicantur destinari ALB. LONG. *DG* 9. 7. **b** ne metuas juvenis sortiri dote puellam / dulcia neu rigidus frangas decreta parentum ALDH. *VirgV* 1280. **c** ne . . devotas sperne puellas / neuque . . vultum contemne sororum *Ib.* 721.

4 (w. *non* or *nec*) neither . . nor (syn. w. *nec . . nec*).

non vereor rigidi discrimina ferri / flammarum neu torre cremor ALDH. *Aen.* 9 (*Adamas*) 2; nec sermonum stimulis cedebat acerbis / neu blanda flecti . . fraude valebat *Id. VirgV* 1819; nec . . exultat . . de morte tyrannus / neu gratatur . . pro Christi virgine caesa *Ib.* 1835; non aciem cordis . . perdunt / otia neu propriam linquunt obtundere mentem *Ib.* 2768; non praedura vel aspera neu me fervida terrent TATWINE *Aen.* 27. 4; FRITH. 457 (v. dissologia a).

5 and . . not (syn. w. *nec*).

672 neu tamen haec philosophando Scotticos scio-los . . sugillare a quoquam autumer ALDH. *Ep.* 5 p. 493; neve illectus paulatim, ingrediente fantasmate cu-juslibet voluptatis ad secularia declinaret, dominicam semper habebat pre oculis passionem *V. Edm. Rich C* 607.

neufrendis v. nefrens.   **neufresis** v. nephresis. **neufreticus** v. nephreticus.   **neufrocatharum** v. nephrocatharum.   **neula** v. nebula 5.

1 neuma [ML as sb. f. and n. < νεῦμα]

1 tone, (sounding) note, musical sound.

et laudes Deo quasi cum melodia resonaret, dulces faciens modulos, et pneumata multa laudando super-naliter componens ROLLE *IA* 151; et infuso in se sono divinitus, quasi cum quadam pneuma canens, preces modulatur *Ib.* 208; in qua jubilo coram Jhesum et pneumata resono suavissimi concertus *Ib.* 233.

2 a passage of wordless chant. **b** melisma added to the last vowel of an antiphon. **c** melis-ma or jubilus vocalized to a vowel at the end of an alleluia, responsory, or gradual. **d** vocalized melismatic repeat of a verse of a sequence after performance of that verse with text.

a accidunt autem antiphone intonacio, differencia, et ~a. . . ~a est pars cantilene ODINGTON *Mus.* 102–3. **b** in his festis subjungitur pneuma vel jubilus in fini principalium antiphonarum (*Ord. Gilb.*) *HBS* LIX 8; ~a in feminino genere est jubilus sicut in fine antiphonarum BELETH *RDO* 38. 46; **1276** suspense sunt Laudes de Omnibus Sanctis, et pneume in fine antiphonarum GERV. CANT. *GR cont.* 284; pollens excellencia literarum, cum dulci modulacione ~arum. . composita quattuor antiphonarum cantilena *NLA* II 619; s**1426** non prius presumat precentor tonare psalmum, nisi quatenus vocis indisposicio aut sciencie imbecillitas intravenerit, quam antiphonista plenum ~a, vel tonum saltem perfectum, cantaverit AMUND. I 213. **c** dicebatur ~a cantus qui sequebatur post alleluja BELETH *RDO* 121. 126; gaudia neuma notat nulla manifesta loquela GARL. *Myst. Eccl.* 206. **d** ad omnes neupmas et ad omnes versiculos . . fratres se vertent versus sanctuarium *Obs. Barnwell* 88.

3 song, melody, tune: **a** (of human); **b** (of bird).

a auscultantur . . non Dei laudes canora Christi tironum voce suaviter modulante ~aque ecclesiasti-cae melodiae GILDAS *EB* 34; homo quidem religioso-rum morum . . cum dulci modulatione ~arum HERM. ARCH. 70; neumata spirituum retinendo melosque su-pernos / sepe suos docuit NIG. *BVM* 411; in neumati-bus NECKAM *Eccles.* III 6, pneuma *CathA* (v. hemus); tu thema laudatoris, / neuma [v. l. neupma] concin-natoris J. HOWD. *Viola* 132; Anglica pneuma datur, organa clara sonant ELMH. *Metr. Hen. V* 626; ~a, -tis, neut. tercie . . vel ~a, -e, fem. prime . . et est differencia inter neupma scriptum cum p, que est can-tus, et neuma, -tis, sine p, quod est Spiritus Sanctus secundum quosdam *PP*. **b** concludens hosti mox infert ergo canorum / Martem, concludit pneumate preco sui [galli] NECKAM *DS* II 834.

2 neuma v. **2** pneuma.

neumaticus [ML], of a tone, that makes a sound, vocal.

sunt . . due arterie magne . . utrimque tracheam arteriam circumstantes . . et dicuntur a Grecis ~e quasi vocales, a Latinis autem et vulgariter dicuntur vene organice, quia loquendo et cantando valde inflantur in gutture RIC. MED. *Anat.* 222.

1 neumatizare [ML]

1 to make a tone or musical sound.

quoniam pre habundancia interni gaudii et sonori-tate singulari pneumatizando moram faciens ROLLE *IA* 237; hic est amor qui Christum rapit in corda nostra, . . et in melum ex internis hymnidicis erumpamus et quasi pneumatizando jubilemus *Ib.* 272.

2 to make a melisma vocalized on a vowel at the end of an alleluia.

alleluia . . in hujus fine ~amus BELETH *RDO* 38. 46.

2 neumatizare v. 2 pneumatizare.

neumatosis v. pneumatosis. **neumenia** v. neomenia.

neurosus [neurus + -osus], consisting of or endowed with nerves or sinews.

nistis est jejunus intestinus, ~us, triplex, in sinistra parte positus *Gloss. Poems* 103.

neurotrotos [νευρότρωτος], (med.) disorder of the tendon.

neutrorocos [l. neurotrotos], id est nervi duricies *Alph.* 125.

neurus [νεῦρον], nerve, muscle, sinew, tendon.

nervi sunt corporis partes quas Greci vocant ~os [TREVISA: ~os] BART. ANGL. V 60.

Neuster, Neustrian, Norman.

Falcasius de Breute, ~er et spurius ex parte matris bastardus M. PAR. *Maj.* III 88; ipse igitur juxta patrie sue consuetudinem, qui ~er erat, magniloquus, factus est sterilis et pusillus *Ib.* IV 630; dominus Thomas, natione ~er *Ib.* V 253.

Neustrensis, Neustrian, Norman.

indeque Neustrenses ligno trans equora vecti *V. Merl.* 654; a ~ibus, id est Normannis FORDUN *Chr.* III 17.

Neustria [Frk. *niust = newest, most recent*]

1 (orig. western kingdom of the Franks, dist. from *Austrasia*, the eastern kingdom) Normandy.

cum . . Danorum fremeret tam grandinosa tempestas, ad avos suos in ~iam gloriosus puer transducitur OSB. CLAR. *V. Ed. Conf.* 3 p. 72; in regione que olim ~ia, nunc vero vocatur Normannia ORD. VIT. III 1 p. 4; rex Willelmus . . legibus Anglicanis . . transmarinas ~ie leges . . adjecit *Dial. Scac.* I 16A; pelagus quod inter ~iam Britanniamque limitatur AD. EYNS. *Hug.* II 8; Secana te gremio nutrit, Borgundia, magnum / Francia majorem, Neustria leta videt NECKAM *DS* III 776; apud ducem ~ie, quam vulgo Normanniam vocant, educatur GERV. TILB. II 20 p. 945; brevem tabulam compilare studui que facit a principio conquestus ~ie per Normannos usque ad conquestum Anglie per eosdem WALS. *YN* 4; rex . . versus Neutriam in grandi classe navium ccc^arum maria sulcavit STRECCHE *Hen. V* 151; cum excellenti exercitu gentis sue versus Neutriam erectis velis nobiliter maria sulcavit *Ib.* 161.

2 western part of the Roman province of Gallia Lugdunensis.

Gallia . . a Rheno fluvio usque Sequanam, Gallia Belgica sive Francia proprie dicitur. inde usque ad Ligerim fluvium dicitur Gallia Lugdunensis, que nunc superius vocatur Burgundia, inferius vero ~ia dicitur HIGD. I 27 p. 270.

Neustricus, Neustrian, Norman.

Neustrica vidit / in sompno domina se peperisse suo GARL. *Tri. Eccl.* 23.

Neustrigena, born in Normandy.

pater ejus Jocelinus nomine . . ~a natione, plures habens possessiones in partibus provintie Lincolnie *Canon. G. Sempr.* f. 37v.

neutegeldum v. noutegeldum.

neuter [CL]

1 neither (of two): **a** (as adj.); **b** (as pron.).

a operatione et doctrina confirmare memineris. ~a . . haec virtus sine altera rite potest impleri BEDE *Egb.* 2; constat quia nec Pater est nec Filius, qui ~ram earum personarum differentiam sortitur ABBO *QG* 21 (45); ~ro sexui pepercerunt *Eul. Hist.* III 159. **b** quamvis . . gentem Anglorum et totius catholicae ecclesiae statum . . impugnent, . . in ~ro cupitum possunt obtinere propositum BEDE *HE* V 23 p. 351; ex his [domibus] xvj reddunt geldum

et gablum. aliae ~rum reddunt *DB* I 158rb; cum virginitas melior sit conjugio, ~rum . . ab homine determinate exigitur ANSELM (*CurD* II 18) II 128; ut . . jactura ~er lederetur enormi GIR. *EH* II 31; ~er alteri invideat, et ~er alterius crimen revelaret T. CHOBHAM *Praed.* 103; ~er ipsorum aut per se aut per suos subditos quoscumque adversus alterum . . arma levaret *Ps.*-ELMH. *Hen. V* 50.

2 (gram.) of neuter gender.

sunt nomina in singulari numero generis masculini et plurali ~ri secundae declinationis, ut hic locus et haec loca . . . item in singulari numero ~ra ordinis secundi et in plurali feminina ordinis primi, ut hoc balneum et hae balneae BONIF. *AG* 490; fiunt verba ex oblico casu nominis ~ri generis, ut 'munus' ABBO *QG* 6 (15); ~rum *is nador cynn, ne werlices ne wiflices* ÆLF. *Gram.* 18; ponitur in ~ro genere magis quam in feminino, cum dicit Priscianus quod ~rum substantivum magis competit ad significandum esse rerum BACON XV 185; 'vespere' . . est ablativi casus et ~ri generis *Ib.* 190.

3 neutral, that occupies a middle position.

numquid homo . . ~er est? NECKAM *NR* II 155 (v. neutralitas 2); possent homines esse ~ri quoad propositum politicum WYCL. *Ente* 214 (v. neutralitas 1); est confirmacio alterius racionis: omnis conceptus communis est ~er respectu illorum quibus est communis; nullus est conceptus ~er respectu contradictoriorum, quia est alter eorum; ergo . . DUNS *Ord.* IV 171.

4 (phil.) neutral, indifferent.

ideo oportet signanter distinguere inter opera ~ra quoad mores WYCL. *Ver.* III 190.

5 doubtful, undecided.

nec [Aristoteles] de mundi eternitate problema ~rum fecisset, . . si . . R. BURY *Phil.* 7. 111.

neutericus v. neotericus.

neuterque [cf. CL uterque], neither.

et neutroque modorum dictorum BACON II 119.

neutiquam [CL], by no means, in no way.

Hugonem, quem propiore familiaritate conspectavimus, dictatu longiusculo aliis indicare ~am gravamus quoniam ejus cognitionem aliis non dubitamus profuturam W. POIT. I 58.

neutis v. neotis.

neutralis [CL]

1 neutral (in quot., sb.).

1406 cum eciam ~es . . de facili ad eorum convocacionem non venirent *Conc.* III 300b.

2 (gram.) intransitive.

est enim contra naturam verbi ~is transire *Ps.*-GROS. *Gram.* 64.

neutralitas [ML]

1 (political) neutrality.

quamvis quoad consideracionem humanam possent homines esse neutri quoad propositum politicum, tamen quoad Deum non est ~as WYCL. *Ente* 214; tenens se sub quadam ~ate id est nec adherens uni pape nec alteri *Ziz.* 307; **1437** pro hac ~ate in unum tractanda principes et magnates utriusque obediencie . . congregari non possent BEKYNTON II 28; plus de ~ate quam Scoti vel Angli in hac parte sapere videntur MAJOR V 7 p. 212.

2 (med.) neutral state between health and sickness.

sanitatis egritudinis et ~atis censores sunt J. SAL. *Pol.* 476A; medicus efficaci virtute medicine dicitur sanare aliquem dum, egritudinem fugans, ipsum reducit ad statum ~atis NECKAM *SS* III 23.1; cum animus eger est . . corpus autem sanum est, numquid homo ipse neuter est? numquid hec ~as est in primo significato aut secundo aut tertio? *Id. NR* II 155 p. 242.

3 (phys.) neutral state.

idem patet ex materia, quia corpora illa erunt redacta in ~atem ut supra dictum est. nec enim erunt gravia nec levia PECKHAM *QA* 18 p. 154; talis determinacio sequitur qualitatem naturalem, ut gravitatem

sursum, levitatem deorsum, vel ~atem DUNS *Metaph.* VI 1 p. 315.

neutraliter [LL]

1 with a neutral attitude, without taking sides.

s1254 Frisones, qui ~iter se habebant, a Willelmo de Holande hostiliter impetuntur M. PAR. *Abbr.* 334; licet aliunde ad limitatum sibi officium hactenus improvisus ~iter . . respondeam *Reg. Whet.* II 438.

2 without implying inclusion in either category, indifferently, neutrally.

cum nominantur tres virtutes, fides, spes, caritas, melius est dicere ~iter 'major horum' quam 'major his est caritas' ABBO *QG* 19 (41); que ~iter insunt accidencia sunt OCKHAM *Quodl.* 127; 'serviens' ~iter intelligatur pro quocumque faciente suo superiori quod debet WYCL. *Dom. Div.* 5; nec est bonum confidere in Domino nec in homine, sed ~iter reputare NETTER *DAF* II f. 25.

3 (gram.) in neuter gender.

'ambo' et 'duo' ~iter, 'ambos' et 'duos' masculine BEDE *Orth.* 11; NECKAM *SS* I 20. 3, 31. 8 (v. masculine).

4 intransitively.

verba vero que inpersonalia sunt, id est que non concernunt suppositum cum motu et significant motum aut active aut passive aut ~iter, exigunt casus *Ps.*-GROS. *Gram.* 63.

neutrare

1 (gram.) to put in neuter gender.

per N quando scribitur seraphim neutratur / sed per M masculinum genus comitatur *Qui majora cernitis* 61.

2 (p. ppl. as sb.) one who has been neutered, castrated man.

miratur rediisse virum neutratus: ocelli / succedunt oculis, albus hic, ille niger GIR. *Rem.* 27 p. 52.

3 (p. ppl.) of no definite colour.

pudibunda parum mixtoque nitore / sidereas neutrata genas [sc. Helen] J. EXON. *BT* III 361.

neutropassivus [LL]

1 (gram.) semi-deponent.

ausus, gavisus . . quorum verba veteres transgressiva vocarunt, posteriores ~a LINACRE *Emend. Lat.* 16.

2 (as sb.) one who is passive like a neutered man in sexual intercourse, one who is sexually passive like a eunuch.

semivir antivirum patitur: nec femina nec vir, / neutropassivum nomen habere potest GARL. *Epith.* II 396.

neutropogoldium, lump of bread.

~ium, A. *a lumpe of brede* WW.

neutrorocos v. neurotrotos.

neutrubi [CL], **~ubique**, in neither part or place.

neuter, i. nullus et inde ~ubi, i. in neutra parte quod etiam ~ubique dicitur OSB. GLOUC. *Deriv.* 621.

neve v. neu. **nevus** v. naevus. **newfar** v. nenufar.

nex [CL]

1 violent death, murder. **b** slaughter, massacre. **c** (*neci dare* or sim.) to put to death. **d** (*ad necem*) to the point of causing or suffering violent death. **e** (fig.).

emarcescentibus nece suorum auctorum nefariis edictis GILDAS *EB* 12; rex . . impia nece occisus BEDE *HE* II 14 p. 114; Christus nece plectitur et homo mortuus vite redditur HON. *Spec. Eccl.* 927D; de crimine lese majestatis, ut de nece vel sedicione persone domini regis HENGHAM *Magna* 2. **b** necis horrendae stolidum sedare tumultum ALDH. *VirgV* 1554; manifeste denuntiat luctum sanctae ecclesiae quo de injusta membrorum suorum nece gemit BEDE *Hom.* I 10. 50; necem dominorum vindicare conantes

W. MALM. *GR* II 179; insequentes hostes nece afficiebat G. MON. IV 9; contra tyrannicum Pharaonis imperium quo masculos Hebreorum neci destinaverat AILR. *Spec. Car.* III 15. 590; ipsam totius humani generis necem ipsius consequenter armavit manus J. FORD *Serm.* 101. 8. **c** qui ipsum vitae auctorem neci tradiderunt BEDE *Prov.* 940; necique universa dederent *Chr. Abingd.* I 431 (v. crematus); quinque milia armatorum de regnicolis Gallorum in dictum comitem subito irruerunt ut eum caperent vel neci darent plene proposuerunt STRECCHE *Hen.* V 181. **d** varia miseria prope ad necem contritos W. POIT. I 41. **e** ni fuerint vitiorum crimina septem / ad diram prostrata necem grassantibus armis ALDH. *VirgV* 2476.

2 death as punishment. **b** damnation, death of the soul.

praedira necis pariter tormenta tulerunt ALDH. *VirgV* 1882; iccirco nece seu privatione membrorum puniri meruerunt ORD. VIT. XII 39 p. 460; princeps, si ebriosus fuerit, dampnetur nece W. BURLEY *Vit. Phil.* 16. **b** 956 eterna perditi nece *CS* 942.

3 (gen.) death.

letum, mors, nex, obitus, interitus OSB. GLOUC. *Deriv.* 323; necem ipsius . . celare . . satagebant GIR. *EH* II 14; ipsa procuravit necem per quam vivo ego, jam non ego J. FORD *Serm.* 30. 6; *dede*, . . *necis* CathA.

2 nex, *f. l.*

hec nex [? l. vex, i. e. ibex], -cis, media producta, animal simile capre *WW*.

nexare, ~ere [CL]

1 to tie up, bind.

tormentorum genera . . filiam ~atura cruentus carnifex . . machinatur ALDH. *VirgP* 47; trementes catene pede ~are devitant EADMER *Wilf.* 36; **1323** in j catena empt' pro equis ~andis in stabulo iiij d. *Sacr. Ely* II 30.

2 to knit.

1555 caligae nexat' . . iij s. iiij d. *pair AcWardr* 428/5 f. 19.

nexatio, joining or linking together, connection.

~io, et concatenatio juncturarum *Ps.*-RIC. *Anat.* 5.

nexibilis [LL], that can be plaited or tied.

necto . . inde . . nexilis et hoc nexile vel ~is OSB. GLOUC. *Deriv.* 372.

nexibiliter, nexiliter, that involves tying or binding.

necto . . inde ~iliter vel ~ibiliter, adverbia OSB. GLOUC. *Deriv.* 372.

nexilis [CL]

1 suitable for tying.

~is, ad nectendum habilis OSB. GLOUC. *Deriv.* 383.

2 plaited.

nexilis a tergo coma compta recomplicet aurum VINSAUF *PN* 601.

nexilitas [LL], (of style) intricacy.

985 prosapia de moderna . . sine ~ate exorno ÆTHELW. *prol.*

nexiliter v. nexibiliter.

nexim [ML], jointly.

necto . . hic . . ~im, i. conjunctim OSB. GLOUC. *Deriv.* 372.

nexio [CL], connection.

nexus . . et hec ~io OSB. GLOUC. *Deriv.* 372; sunt qui rimantur nature viscera; sunt quos / nexio causarum, signaque vota tenent J. SAL. *Enth. Phil.* 782.

nexuose, in a tied, plaited, or coiled manner.

nexus . . unde ~e adverbium OSB. GLOUC. *Deriv.* 372.

nexuositas, the condition of being tied or having links.

a necto . . ~as, -tis OSB. GLOUC. *Deriv.* 372.

nexuosus [LL], that is tied or has links.

~us, nexibus plenus, quod et laqueosus dicitur OSB. GLOUC. *Deriv.* 383.

nexura [ML], link, (in quot.) vertebra.

duas ~as spine nascentis orbiculorum ex integro habere videatur. quas orbiculorum ~as spondilia physici appellant R. COLD. *Osw.* 51 p. 381.

nexus [CL *4th decl.*; ML *also 2nd decl.*]

1 fastening, link.

vittarum ~ibus assutae ALDH. *VirgP* 58; curtinae . . diversis ansularum ~ibus assutae *Id. Met.* 2 p. 64; lichini . . aureis ~ibus adstricti copulabantur *Ib.* 2 p. 66.

2 physical bond or connection, joint.

abscisis nervorum ~ibus ALDH. *VirgP* 32 p. 273; femorum nexus dissolvere; carnem / sentio, que sensu pene carere facit SERLO WILT. 29. 27; que mola inferior quodam familiari ~u alligatur stomacho mediantibus nervis *Quaest. Salern.* C 27; [mors] nexus phisicos deloricaverit WALT. WIMB. *Sim.* 137.

3 bond, union: **a** (of natural condition); **b** (of kinship); **c** (of marriage); **d** (spiritual & fig.).

a aque . . algoris aerei nexibus astricte GIR. *TH* I 6; mel cere nucleusque nuci nexu sociali / unitur M. RIEVAULX (*Vers.*) 1. 9; nexos armonicos WALT. WIMB. *Sim.* 136 (v. dissuere 1b). **b** contribulibus necessitudinum ~ibus conglutinatae ALDH. *VirgP prol.* p. 229; **960** consanguinitatis ~u copulato *CS* 1054. **c** copula matrimonii et conubii ~u nodaretur ALDH. *VirgP* 53; conjugalibus ~ibus liberi castimonie sublimiora sectantur J. FORD *Serm.* 52. 5. **d** tantisque sacramentorum vinculis tamque sacratis numerorum ~ibus . . caritas constringatur ALDH. *Met.* 4; Christi caritas hos ~us dissolvere poterat GOSC. *Edith* 41; ne peccem in Spiritum Sanctum qui est amor et ~us, unitas et pax BALD. CANT. *Serm.* 15. 50. 554; dulcis postremo est, qui Deo per mentis excessum suaviter unit, et per adhesionem spiritus individuo ~u astringit J. FORD *Serm.* 97. 5; ut Walensium fides fluida firmiori ~u adhereret regi et regno *Mir. Wulfst.* I 7a p. 120; pacis nexus GARL. *Tri. Eccl.* 11 (v. complexio 4d); pure proles puerpere, / quam caritatis tenere / nexus potenter alligat J. HOWD. *Cyth.* 106. 3; sempiternaeque pacis . . ~u firmando *Plusc.* VI 22.

4 bond, fetter; **b** (of sin, death, or sim.). **c** (*morarum ~us*) obstructive delay.

ferreis catenarum ~ibus ALDH. *VirgP* 35; miser, a furtis, cessa, et sis solutus a ~u compedis hujus WULF. *Æthelwold* 46; de debili redintegrato et aliis a ferreis ~ibus solutis GOSC. *Edith* 293; in carcere regis tenaci ~u constricti ORD. VIT. XII 39 p. 458; civibus . . in artis ~ibus positis *Ann. Paul.* 289. **b** ut . . ~us peccatorum confringerent THEOD. *Laterc.* 20; primae praevaricationis ~ibus adstricti ALDH. *VirgP* 20; liberi . . vocamur quia per baptisma peccatorum sumus ~ibus absoluti BEDE *Ep. Cath.* 53; qui cunctorum criminum absolutus ~ibus baptismalis subire voluisti fluenta *Nunnam.* 65; ~u humane conditionis exuti W. MALM. *GP* V 221; detenta . . esset mortis ~ibus nisi resurrexisset T. CHOBHAM *Serm.* 13. 51ra; hoc autem desiderium suum de Scripturis sacris intelligendis et de expediendo se a ~ibus seculi, per epistulam expresserat beato Jeronimo GROS. *Hexaem. proem.* 1; nature humane ~u perpetuo FORTESCUE *NLN* I 34. **c** expeditis morarum ~ibus W. MALM. *GR* III 237; absolutis morarum ~ibus *Id. GP* I 56; **1139** comes R., tandem ~us morarum eluctatus, . . invectus est Anglie *Id. HN* 478 p. 34.

5 obligation.

ita rex omnibus ~ibus legationum, donationum, adulationum allicere sibi Vulfildam sanctam temtabat GOSC. *Wulfh.* 3; ab omnibus curie ~ibus Anglicane ecclesie redditus fuerit absolutus H. BOS. *Thom.* III 35 p. 300; **1227** ab omnibus nexibus curie . . absolutum *Pat* 109.

neylanda v. neilanda. **neyta** v. neta. **neyvitas** v. naivitas.

1 ni [CL]

1 (as simple negation) not; (*quid ni?*) why not?

quid ni, †quod non [l. quid non] *GlC* Q 58; cum tu subdideris modicas proprio studio res / divitis es vene sic, sed, te judice, flores / ingenio. quid ni? sed fedi sunt tibi mores NECKAM *Poems* 455.

2 (to introduce conditional cl.) supposing . . not, if . . not (usu. w. subj. in protasis and apodosis).

et, ni pro contribulibus apostolicae caritatis affectu ut illos plaga non tangeret mori optasset . . inconsideratam cordis elationem propria morte piaret GILDAS *EB* 39; quod scelus infandum patraret crimine numquam / ni mero madidus nesciret jura tororum ALDH. *VirgV* 2524; Beda . . / ni praevenisset nostras prius ipse camoenas / inciperem lyricas omnes extendere fibras ALCUIN *SS Ebor* 744.

3 except in the event of, unless: **a** (w. ind. in protasis and apodosis); **b** (w. subj. in protasis and ind. in apodosis); **c** (w. subj. in protasis and subj., future, or sim., in apodosis).

a eodem modo . . ni fallor . . mentis ingenium . . decurrit ALDH. *VirgP* 4 p. 232. **b** haec solet ad bellum ferratos ducere contos / horrida facturos animabus vulnera sanctis / nostras ni Dominus mentes defendat inermes *Id. VirgV* 2642. **c** et ni profusior eis munificentia cumularetur, testantur se cuncta insulae rupto foedere depopulaturos GILDAS *EB* 23; sed me subnixum nulla virtute videbis / viscera ni fuerint nitidis quassata medullis ALDH. *Aen.* 40 (*Piper*) 6; **955** si quisque . . cartulam infringere temptaverit, ni prius in hoc seculo digne castigetur, in futuro perenni cruciatu prematur *CS* 903.

4 (*nullus . . ni* or sim.) except, save for.

cum nil ni latices mea possint vincere fata ALDH. *Aen.* 44 (*Ignis*) 4; nullus erat potior muliebri viscere natus / ni medicus mundi, proles generata Tonantis *Id. VirgV* 420; nulla manus cartam discingat, ni tua, praesul ALCUIN *Carm.* 29. 2. 1.

2 ni v. ny.

nibarius v. nivarius.   **nibatus** v. nivatus.   **nicalalbum** v. Nicolaus 2.

nicatus [νικάω + -atus], overcome.

blepomen agialos / nicatos dodrantibus / sic mundi et vitam hujus (*Adelphus Adelpha Mater*) *Peritia* IX (1995) 39.

nice [LL < νίκη], victory.

niche . . Grece victoria dicitur OSB. GLOUC. *Deriv.* 384.

niceterium [CL < νικητήριον]

1 sign or prize of victory (usu. ornamental necklace).

niceterium, signum victorie OSB. GLOUC. *Deriv.* 383; quibus victoriam . . consequentibus victoriarum serpita, utpote nichiteria [*gl.: frunt de victorie*] punctis pupplicis non illaudabiliter committantur NECKAM *Ut.* 105; nichiterium, A. *koler* HALES *Exoticon* 322; *cooydone*, ~ium . . victoriale . . niciteria sunt felecteria victorialia muliebria ornamenta *PP*.

2 (understood as) sort of ointment.

niciterium . . quoddam unguentum OSB. GLOUC. *Deriv.* 383.

niche v. nice.   **nichil-** v. nihil-.   **nichiterium** v. niceterium.   **Nicholaita, Nicholaita** v. Nicolaita.   **Nicholaus** v. Nicolaus.   **nichromant-** v. necromant-.   **niciterium** v. niceterium.

Nicolaita [LL < Νικολαΐτης], Nicolaitan heretic.

nefandi ~ae ALDH. *Met.* 2 p. 71; Basilidianos, ~as, Ebionitas BEDE *Ep. Cath.* 77; hereticos vel scismaticos vel Nestorianos aut Nicholaitas vel alterius secte homines BACON *Tert. sup.* 11; nec tamen odio dignos sibi Nicholaitas conjunxerat in amore *Reg. Whet.* II 428.

Nicolaus [CL < Νικόλαος]

1 (as proper name) Nicholas; **b** (w. ref. to church of monastery of St. Nicholas).

sancte ~e, tibi committo orationem meam ANSELM (*Or.* 14) III 61; a Nicholao papa Rome sacratus W. MALM. *GP* IV 163 p. 300. **b** **1242** monachis sancti ~ai Exon' *Pipe* 341.

2 (bot.) kind of date.

mellifluos palmeti dactilos et mulsum nectaris ~um ALDH. *VirgP* 9 p. 236; cum palmeti dactilis quos ~os vocant *Ib.* 38 p. 290; ~um idem quod dactylum *GlC* N 115; **10** . . palmeti, *palmbearwes*; dactulus, pomis;

~um, alius nomen ejus; . . ~os, *palmæppla WW*; **10** . .
†nicalalbum [l. nicolaum album], *milisc æppel WW*.

nicon [νικῶν], battering ram.

arietem . . quem Hebrei ~onta vocant quasi vicens [*sic*] omnia *Flor. Hist.* III 119.

niconlituum [νύχι < ὄνυξ = *claw*, *nail* + lituum = *curve*], curved nail, hoof.

~uum, i. ungule *Alph.* 125.

Nicotiana [*name of Jacques Nicot* + -iana], tobacco.

1634 necotianam exoticam salubrem non corruptam seu vitiatam *CalPat* 150; licencia specialis ~am exoticam vendere *Ib.*

nicrosis v. necrosis.   **nicrum** v. incrum.   **nictalmus** v. nyctalmus.

nictamen, (act of) staying awake.

~en, vigilamen, pernoctamen, excubamen OsB. GLOUC. *Deriv.* 383.

nictanter, by staying awake, with alertness, vigilantly.

~er, i. vigilanter adverbium OsB. GLOUC. *Deriv.* 372.

nictare, ~ari [CL = *to blink*], to stay awake.

edormire, vigilare, ~are OsB. GLOUC. *Deriv.* 198; nictitare, vigilare, quod etiam ~ari dicitur *Ib.* 383.

nictecula v. noctiluca.   **nictelium** v. nyctelium.
nicteris v. nycteris.   **nicticorax** v. nycticorax.

nictire [CL]

1 (of dog) to whine or bark.

citharae sonant, canis venatica ~it, elefanti barriunt ALDH. *PR* 131 p. 180; ~o [l. ~io], latro *GlC* N 120.

2 to sniff.

canibus . . sagaci nare ~ientibus G. *Steph.* 91; nictire, olere sicut canes faciunt OsB. GLOUC. *Deriv.* 383.

nictitare [cf. CL nictare], to stay awake repeatedly.

~are vel nictari, frequenter vigilare OsB. GLOUC. *Deriv.* 383.

nictus [CL], a wink, (*in ~u oculi*) in the twinkling of an eye, quickly.

quando super ipsum projicitur in nictu oculi (*Vers.*) RIPLEY 15.

nicula [cf. CL nix + -ula], snow.

sleete or snow, ~a *PP*.

nidere [ML; cf. CL nidor], to emit strong smell.

~eo, *odorer Teaching Latin* II 33; *to savyr wele*, . . redolere, fragrare, odorare, ~ere, ut carnes assate *CathA*.

nidifer [CL nidus + -fer], (of bird) that builds a nest, 'nest-bearing'.

799 dum ~er passer omni aequaliter sidere in tectis tinnit fuliginosis ALCUIN *Ep.* 181.

nidificare [CL], to build a nest, to nest; **b** (w. ref. to *Psalm.* ciii 17); **c** (w. ref. to *Jer.* xlviii 28); **d** (fig.).

prohibuit . . eos [sc. corvos] . . ne hanc injuriam fratribus ~antes facerent *V. Cuthb.* III 5; alites . . illic ~are coeperunt FELIX *Guthl.* 39; nos . . hupupe quodammodo que ~at in stercoribus suis similes extitimus GIR. *SD* 6. **b** ideo enim cedros Libani plantavit Deus, ut illic passeres ~ent PULL. *Sent.* 918C; illic eo tempore quidam boni passeres . . in cedris Libani quas plantavit Dominus ~are ceperunt ROB. BRIDL. *Dial.* 4. **c** in quibus . . foraminibus columba resident ac ~at BEDE *Cant.* 1111C; occurrit in hac avi species quedam gratie septiformis. ~avit quippe in summo, ut scriptum est, ore foraminis J. FORD *Serm.* 18. 5. **d** c792 Flaccus recessit, Virgilius accessit, et in loco magistri ~at Maro? ALCUIN *Ep.* 13; exultat et gaudet . . quia in foraminibus petre, in Christi piis vulneribus, per bona opera ~are contendit *V. Birini* 14.

nidificatio [ML], (act of) nest-making, nesting; **b** (transf., w. ref. to birth of child).

aquila . . tercia ~one gaudebit G. MON. VII 3 p. 387; [auce] contra ~ionis tempora austro spirante revertuntur GIR. *TH* I 23; falcones igitur gemini, ~ioni aerie instinctu legis nature indulgentes, in regione qua nidificaverunt dominium inter aves ceteras vendicasse visi sunt NECKAM *NR* I 27; tres ~iones aquile esse exponunt tres reges G. COLD. *Durh.* 14. **b** Ricardus . . tertia ~ione notatus maternum nomen . . intendebat extollere DICETO *YH* II 67.

nidor [CL], strong smell (var.); **b** (partly fig.).

milites . . putentissimis [v. l. potentissimis] illum perfundunt lotii ~oribus ALDH. *VirgP* 35 p. 279; nitor [l. nidor], foetor vel odor *GlC* N 114; cujus tantus erat fragrantis nidor odoris, / a me foetorem mox ut depelleret omnen ALCUIN *SS Ebor* 965; donec a mole ponderis et ~ore cadaveris ipsa quoque defecit W. MALM. *GR* II 207; carnium ~ores vaporabant R. COLD. *Cuthb.* 65 p. 132; ut transeuntes ~orem [*gl.: flavur*] qoquine sentirent NECKAM *Ut.* 109. **b 799** epistolam tuam a rectae fidei tramite deviam, ~ore sulfureo horrificam, superstitioso sermone scriptam, exeunte Julio accepimus relegendam *Ep. Alcuin.* 182 p. 301; quasi desiderate ~orem patrie naribus trahens GIR. *EH* I 2.

nidula v. fidula.

nidulus [CL], little nest; **b** (fig.).

responsum est ab archidiacono quod forte [avicule] quererent de ~o suo, quem sepe reedificatum famuli demoluerant ALEX. CANT. *Mir.* 42 (II) p. 242; ~us turturis *Best. Ashmole* f. 44. **b** ~us anime fidelis *Ib.*; statuit animo inibi latitando cum beato Job in ~o suo mori, et sicut palma multiplicare dies, . . J. FURNESS *Walth.* 19; ut ita veritas per nummi circulum / in mundi circulo non habet nidulum WALT. WIMB. *Sim.* 22; ave, virgo, mater alma, / que divinum es agalma, / nidilus et camera *Id. Virgo* 55.

nidus [CL]

1 nest: **a** (of bird); **b** (of insect); **c** (of animal, in quot. of dog); **d** (fig.).

a vidit duos corvos . . ~um . . sibi facientes *V. Cuthb.* III 5; sicut avis quae ~um suum neglegit BEDE *Prov.* 1018; **1285** debent . . custodire j ~um spervarii si inventus fuerit et eis demonstratus fuerit, qui vocatur *hundredesnest* (*Cust. Wadhurst*) *DC Cant. MS E. 24* f. 117v; **1336** cuidam garcioni pro ~ibus corvorum destruendis et prosternendis in curia *DL MinAc* 242/ 3886 m. 1d. **b** in ~o formicarum MALACHY *Ven.* 11v. **c** indignans ait illa: "potes si sola meorum / turbam natorum pellere meque nido" NECKAM *Fab.* 18. 10. **d 798** dum vos audivi ab ~um dulcissime quietis de transalpinis collibus convolare, magna dubitanti animo de vobis requies repente eluxit . . ALCUIN *Ep.* 159; Edgarus et Marcherius . . ~um tirannidis sepe fovebant W. MALM. *GR* III 248; Dominus . . ipsum, ubi firmius stare putabat, titubare permisit et exheredatum penitus a ~o perturbari GIR. *SD* 68; in nostra diocesi . . ~um unum invenimus diabolicum *Proc. A. Kyteler* 18; ~us sacrilege symonie WYCL. *Sim.* 89.

2 (w. ref. to) brood, colony, or swarm.

in . . ejusdem ~i fetibus hanc diversitatem . . videbis GIR. *TH* I 12 p. 37.

3 (leg., feud.) 'nest', birthplace of villein.

1302 idem Georgius predictum Willelmum in villenagio suo ubi idem Willelmus natus fuit ut in ~o suo cepit et ipsum detinuit tanquam villanum suum *PlRCP* 144m. 317d; **1308** idem S. . . inventus in villenagio ipsius R. in quo natus fuit tamquam in ~o suo rebellus fuit recusans servire . . in officio prepositure (*Year Bk.*) *Selden Soc.* XVII 13.

4 set of boxes or sim.

1472 in nave Gherardi Nicolai de Aernemude duos ~os computatoriorum (*KR Ac*) *Bronnen* II 1077; **1473** unus nydus cistarum de Prucia *Ib.* 1083; **1474** ~us computatoriorum *Ib.* 1101.

niedacra v. nedacra.   **nietus** v. 2 netus.

nigellare [cf. OF *neeler*], to niello, to inlay with niello; (*opus ~atum*) niello work.

opera, que ex argento fiunt ~ari solent; aureum vero opus ~atum me vidisse non recolo AD. SCOT *TT* 659D; in una igitur parte anuli . . insculpitur et ~atur hec litera J., ex altera vero O. M. PAR. *Maj.* VI 385;

1295 morsus . . de cupro, partim ~atus *Vis. S. Paul.* 311b; **1300** justa argenti deaurat' nigell' cum dublettis *AcWardr* 342; **1303** cyphus argenti . . aymelat' et †ingellat' [l. nigellatus] de diversis armis (*AcWardr*) *DocExch* 282.

nigellastrum, corn-cockle (*Agrostemma* or *Lychnis githago*).

githago sive ~um . . vulgus appellat *coccle* aut *pople* TURNER *Herb.* B iv (v. githago).

nigellulus [ML], somewhat black.

nigellus . . i. niger et ~us . . in eodem sensu ambo diminutiva OsB. GLOUC. *Deriv.* 373.

nigellus [CL]

1 (somewhat) black; **b** (of person, also as nickname) having black or dark hair or complexion; (as sb. m.) black-haired man.

alba columba redit corvo pereunte nigello ALCUIN *Carm.* 115. 13; ~us, aliquantulum niger, quod subniger dicitur OsB. GLOUC. *Deriv.* 383; **1265** bullarum ~arum (v. dozena a). **b** interemerunt Album . . Heuualdum veloci occisione gladii, ~um autem longo suppliciorum cruciatur BEDE *HE* V 10 p. 300; hos subito raptos crudeli morte necarunt: / album sed trucidant statim mucrone cruento / longa sed exquirunt duro tormenta nigello ALCUIN *SS Ebor* 1056; viderat inimicum sub cujusdem homuncii ~i [v. l. Aethiopis] specie salientem B. *V. Dunst.* 31.

2 (as proper name) Nigel.

1085 testimonio ~i militis (*Ch.*) *MonA* III 216b; **1123** ~us de Plinthon' et Willelmus Warewast (*Ch.*) *EHR* XIV 421; ~us et Rannulfus in fidem recepti W. MALM. *GR* III 230.

3 (as sb. f. or n.): **a** black cumin (*Nigella sativa*). **b** darnel (*Lolium temulentum*) or corn-cockle (*Agrostemma githago*).

a oleum de ~o [v. l. ~la] BACON IX 55; melancium, ~a idem *SB* 30; git, sive ~a, Grece melanthion dicitur, officine cura cum vulgo ~am Romanam appellant TURNER *Herb.* B iv. **b** maturat partum sed et apostemata rumpit / sit licet agricolis grata nigella minus NECKAM *DS* VII 282; hec ~a, *neele Gl. AN Ox.* 632; cura communis [verucarum] est ~a cum urina GAD. 29. 2; ~a, i. zizania, *cocle SB* 31; lollium, zizania, ~a idem G. *nele*, A. *kokkel Alph.* 105; *popylle* gith indeclinabile, lollium ~a *CathA*.

niger [CL]

1 black or dark; **b** (of person, w. ref. to hair or complexion); **c** (of animal); **d** (of substance or artefact). **e** (as sb. n.) black colour.

noctem nigram nubiculis / lucens lustrat corniculis (ÆTHELWALD) *Carm. Aldh.* 4. 33; melinus color, ~us *GlC* M 130; **800** quod ~rum in capillis videtur candidum in corde amatur ALCUIN *Ep.* 194. **b** sunt . . Aethiopes toto corpore ~ri *Lib. Monstr.* I 9; unus ~er Heuualdus, alter Albus Heuuald BEDE *HE* V 10 p. 299; albus hic, ille niger, distantia sola capillis ALCUIN *SS Ebor* 1047; **s1404** duo religiosi de Yndia ~erimi barbati papam salutant AD. USK 93. **c** kastis ambobus ceu bellico / nigrioribus spectu corvino / vaciniensi seu abjectico / ainis vitreo neu nigerrimo (*Rubisca*) *Peritia* X (1996) 74; cornices ~re vel nulle sunt hic vel rarissime GIR. *TH* I 22; **1287** inquirendum est si jumentum . . †ingrum [l. nigrum] moriebatur per malam custodiam vel per fugam *CourtR Ramsey* 273; convictum est per vicinos jurato quod unum jumentum †ingrum [l. nigrum] moriebatur per malam custodiam *Ib.* 275. **d** mulieres possunt sub ~ro velamine accipere sacrificium ut Basilius judicavit THEOD. *Pen.* II 7. 1; nimium enim de grisia lana appositum fuisse dicens et de ~ra nativa parum asserens GIR. *SD* 38; melancolie fumus in se ~er est et ideo imaginabatur nigra corpora ut demones *Quaest. Salern.* Ba 79; vitriolum ~rum . . cum isto mulieres vulvam constringunt ut virgines appareant M. SCOT *Lumen* 262; coque in vino ~errimo GILB. II 79.2 (v. cupula); **1468** de cona tam duri . . quam de ~ra moneta (v. moneta 3e). **e** inpossibile est quod nigredo redeat in albedinem, id est quod ~rum tingatur in album T. CHOBHAM *Serm.* 1. 7rb; auris intus pallet sine ~ro CAIUS *Anim.* 2.

2 (of metal) unrefined; **b** (*opus ~rum*, w. ref. to the refining of lead).

1508 sufflatoribus sive fabricatoribus stanni albi de stanno suo ~ro proprio (*Pat*) *Rec. Stan.* 31; **1508**

stannatoribus . . emptoribus . . stanni ~ri vel albi ac factoribus . . stanni albi *Pat* 605 m. 29/ 3; plumbum candidum nostrum ~ro plumbo est purius et perfectius *LC* 288a. **b 1296** summa totalis plumbi per fornellas hotte, quod dicitur ~rum opus *KR Ac* 260/ 9 m. 1.

3 (fig., w. ref. to black as dire, evil, or sim.): **a** (of person, also as nickname); **b** (of substance); **c** (of act or abstr.).

a Novatus . ., porcus ~er GILDAS *EB* 67 (v. 1 mulcator 1); **1167** Ricardus de Nevill' est ~er et malus homo *Pipe* 208; **1306** quod nullus receptet . . Simonem filium ~re Matildis *Rec. Elton* 117; **s1400** de morte Archibaldi de Douglas ~ri *Plusc.* X 16 *tit.* (cf. BOWER XV 11: A. . . de Douglas, dictus Grym sive Terribilis). **b** atra venenorum non sensit damna nigrorum ALDH. *VirgV* 477; aureum colorem super ~rum venenum componens *Ps.-*BEDE *Collect.* 326. **c** quamvis ante nigrae lustrassent limina mortis ALDH. *CE* 4. 1. 18; ~ro . . praesagio *Id. VirgP* 44 p. 297; nudata facie apparebunt ibi ~errima peccata ANSELM (*Medit.* 1) III 78; nocte sub obscura que fiunt multa nefanda, / et que nocte nigra sint nigriora satis NIG. *SS* 3144; subdola comminuit fortuna nigerrima nullum WALT. ANGL. *Fab.* 42. 29.

4 (as nickname, passing into surname).

1167 David ~er *Pipe* 23; **1230** Benedictus ~er r. c. *Pipe* 187; elegerunt . . Rogerum cognomento ~rum M. PAR. *Maj.* III 164; **1240** Thomas le Neyr . . remanet eo quod Thomas ~er . . obiit *JustIt* 868 m. 2.

5 (in place-name).

1257 apud ~rum monasterium in Pictavia [i. e. *Noirmoutier, Vendée*] *Cl* 123; **1267** Beotia ubi Thebe civitas famosa a qua in orientem xviij milliaribus est civitas nota que ~er Pons vocatur BACON *Maj.* I 374; **1296** apud ~ram aulam *Melrose* 348.

6 (in plant-name).

spina ~ra, *slahþorn GlC* S 474; ~ra spina, A. *blacthorn MS BL Sloane 420* f. 118v.

7 (eccl. & mon., w. ref. to colour of habit) dressed in black: **a** (Benedictine); **b** (Augustinian); **c** (Dominican).

a niger monachus NIG. *SS* 2077 (v. monachus 2a); **1200** ne monachi aut canonici ~ri vel moniales ~re cappis coloratis utantur set tantum nigris *Conc. Syn.* I 1070; Templariis . . albis monachis . . ~ris monachis T. CHOBHAM *Serm.* 20. 97va; **s1218** abbates ~ri (v. abbas 1a). **b** de canonicis ~ris GIR. *Spec.* III 19 (v. abbatia c). **c 1527** pro fratribus ~ris scholast' (v. frater 7c).

8 that consists of black monks or nuns, Benedictine.

s1210 abbatias ~ras (v. fiscare); **1219** monialibus ~ri ordinis (v. monialis 4a).

9 (acad., of congregation) that consists of scholars dressed in black.

14 . . ut congregacioni ~re . . intersint (v. congregatio 1d).

10 (w. adj. or sb. denoting colour) dark.

1213 pro ij ulnis . . tinctis in ~ra burnetta (v. brunettus b); **1278** unam vaccam ~ram brunam (cf. brunus 1c); **1310** unam tunicam de ~ro blueto (v. bluettus a); **1317** pro restauro . . unius equi ~ri badii cum stella *RGasc* IV 1749; **1342** supertunicas de ~ro brunetto vel bluetto (v. brunettus b).

11 (as sb. m.) person dressed in black, monk, bishop, or sim.

cesarie caput ille niger pie talia dicta, / cui relegendo placent quos facit ille modos ABBO *QG* 18 (40).

12 (as sb. f.) name of comet.

~ra est ex natura Saturni, magis attinens cerulei-tati quam nigredini . . mortalitatem et decollationes importat *Ps.-*GROS. *Summa* 586-7.

13 (mus.) black note.

in cantibus ubi sint diversitas colorum . . ~re sunt perfecte, idcirco sunt ~re perfecciores quam alie WALS. *Mus. Mens.* 97.

14 (as sb. n.) darkness.

cornua non lune vidi confundere nigrum GARL. *Tri. Eccl.* 30.

15 (as sb. n., also pl.): **a** black cloth or fabric. **b** black clothing.

a 1315 omnia rubea excepto una capa de ~ris ad opus Cayphe (*MS Lambeth 729*) *Invent. Ch. Ch.* 25n; **1393** xv ulnas de blanketo, xv ulnas de ~ro (*Cl*) *Foed.* VII 745. **b** ut homines ~ris indutos non refugiant GIR. *IK* II 1 p. 109; **1393** tempore exequiarum . . sint xxiiij pauperes ~ro induti stantes circa corpus meum (*Test. Episc.*) *Reg. Exon.* II 742.

1 nigēre [cf. CL nigrescere], to become dark or black in colour.

accipies in manu salem tenuem quem in manu feres donec ~eat ADEL. *MC* 84 p. 208.

2 nigĕre [ME *nigen, nihen* < AS *hnǽgan*], to neigh (in quot., of stag).

cervorum est ~ere *CathA.*

nigramancia v. necromantia.

nigramen, nigramentum, black colour, blackness.

hoc ~en, -nis, et hoc ~entum, -ti, ambo pro nigredine OSB. GLOUC. *Deriv.* 373.

nigrare [CL]

1 (intr.) to be black; **b** (w. acc. denoting black part); **c** (w. abl.).

dum caput ex herebo nigrantis filia noctis / tollit ALDH. *VirgV* 2637. **b** quid moror? accipitres nigrantes undique linguam, / albentesque pedem dant loca culta parum L. DURH. *Dial.* II 165. **c** florida me genuit nigrantem corpore tellus ALDH. *Aen.* 97 (*Nox*) 1.

2 (trans.) to make black (p. ppl. as adj.).

lucida nigratis fuscans anfractibus arva ALDH. *Aen.* 59 (*Penna*) 5; crine ~ato [v. l. nigro] et juxta frontem profugo *Eul. Hist.* III 57.

3 (in gl.).

~o, -as, quod non est in usu OSB. GLOUC. *Deriv.* 373.

nigre [LL], in a black or dark manner or sim.

niger . . unde ~re, ~rius, ~errime adverbia OSB. GLOUC. *Deriv.* 373.

nigredo [CL]

1 black or dark colour, blackness, or sim.; **b** (med., w. ref. to unhealthy discoloration); **c** (w. ref. to sombre clothing); **d** (mus., of note); **e** (fig., usu. pejorative).

velut Aethiopica ~ine fuscatus ALDH. *VirgP* 50 p. 306; nec mirandum nos . . ~ini comparatos esse corvorum BEDE *Cant.* 1162; ~o monachilis habitum humilitatem indicat HAM. S. ALB. 1454; sicut . . Gallia a candore populi, ita Mauritania a ~ine nomen sortita est *Eul. Hist.* II 44. **b** ut si ~o lingue vel ejus fit asperitas GILB. I 29v. 1; inopos est color urine vergens in ~inem ut vinum nigrum *SB* 25. **c** burgenses quos omnes consimilis ~o vestiverat *Ps.-*ELMH. *Hen.* V 129 p. 337. **d** in cantibus ubi sit diversitas colorum. ~o et albedo sunt perfecciores omnium colorum WALS. *Mus. Mens.* 97. **e** nostri . . reatus ~inem baptismatis unda dealbavit BEDE *Acts* 962; vitiorum nigritudine [vv. ll. ~ine, ~inem] exuit ac virtutum decoravit ornatu *Id. Hom.* I 21. 255; **799** 'de radice colubri egressus est regulus, et de foramine aspidis egressus est basiliscus', id est Albinus, ~ine teterrimus *Ep. Alcuin.* 182 p. 301; accesserunt interim anime ex toto ~ine resperse ad libram cum magno timore et trepidatione . . COGGESH. *Visio* 14.

2 black dye.

1287 pro ~ine panni predicti xj s. viz. pro xx ulnis viij d. *Comp. Worc.* 6.

Nigredulus [CL nigredo+-ulus], person with black hair or complexion, Negro.

gens larvalis, colore nigerrimo, qui etiam non inconvenienter ex re nomen habent, quia sicut sunt nigri, vocantur ~i *Itin. Ric.* IV 18 p. 262.

nigrefacere v. nigrificare.

nigrescere [CL]

1 to become dark or black in colour; **b** (of

substance, also med., w. ref. to loss of original colour); **c** (fig.).

nam sobolem numquam dapibus saturabo ciborum / ni prius in pulpis plumas nigrescere cernam ALDH. *Aen.* 63 (*Corbus*) 9; [gruum] penne nigrescunt cunctarum quando senescunt *V. Merl.* 1310; licet . . possibile sit albere gentem Ethiopum speciemque cignorum ~ere J. SAL. *Met.* 901B. **b** sed nimium insipienter faciunt, quia [sacrificium] ~it ac putrescit tam diu conservatum Ælf. *Ep.* 3. 45; ferrum rubigo corripiet, ~ent era NECKAM *NR* II 156 p. 251; urina . . tenuis . . et in causone ex nimio incendio quandoque viret in superiori parte quandoque ~it GILB. I 25. 1. **c** nam pius albescit, sed adhuc sub agone nigrescit / corpus iter fuscat, mens inviolata coruscat R. CANT. *Poems* 7. 19.

2 to grow dark or dim from loss of light.

sic mea non tenebris nigrescant lumina furvis ALDH. *VirgV* 938; ecce septentrionalis caeli plaga fuscis atrarum nubium caliginibus ~ere videbatur FELIX *Guthl.* 31 p. 104; ~it aer sagittis H. HUNT. *HA* VII 6; **1200** anima exeunte a corpore nox incipit sempiterna ~ere et horrescere P. BLOIS *Ep. Sup.* 34. 9; sol furvescit, sol languescit, / sol noctescit et nigrescit / sol eclipsim patitur WALT. WIMB. *Van.* 50.

nigricare [CL], to shade into black, to verge on black.

duas itidem [sc. cappas] villosas et byssinas ~antes FERR. *Kinloss* 76; [unciae] auris intus pallet sine nigro, foris ~at sine pallore CAIUS *Anim.* 2.

nigrifer [CL niger+-fer], that brings darkness.

garrula nigriferas noctis discurro per umbras HWÆTBERHT *Aen.* 58 (*Noctua*) 1.

nigrificare, nigrefacere [LL], to make black or dark, to blacken.

non omne illud quod nigrificat est nigrum ROB. ANGL. (II) 155; tunc pono quod cum A albefecerit primam medietatem in B, quod D sit unum nigrefaciens et incipiat moveri super B, continue nigrefaciendo, in duplo velocius quam A moretur albefaciendo KILVINGTON *Soph.* 23b; nam hec una . . nigrificat et albificat RIPLEY 144.

nigritudo [CL], black or dark colour, blackness; **b** (fig.).

1517 Stygem arbitror non longe illinc abesse, ea est aquarum ~o et amarulentia (C. TUNSTALL) *Ep. Erasm.* II 663. **b** qui vitiorum ~ine exuit ac virtutum decoravit ornatu BEDE *Hom.* I 21. 255 (v. nigredo 1e).

nigrogemmeus [LL], that shines with black or dark gloss, 'black-sparkling'.

[gagates] est ~eus et ardens BEDE *HE* I 1 p. 10 (v. gagates 1a); [gagates] est . . ~eus et ardens; igne accensus serpentes fugat H. HUNT. *HA* I 1 (ed. OMT: est niger, gemmeus et ardens); gignit eciam hec insula lapidem gagatem, cujus si decorem requiras, ~eus [v. l. nigra gemma] est HIGD. I 41 p. 16.

nigromant- v. necromant-.

nigror [CL], dark or black colour, blackness.

~ores, q.° affr° ig° *Alph.* 124.

nihil, nihilum, nil [CL *decl., indecl.*]

1 not anything, nothing; **b** (w. gen. of price).

quibus . . ~il de rebellione suspicantibus GILDAS *EB* 6; nil vereor, magnis sed fretus viribus altos / belliger impugnans elefantes vulnere sterno ALDH. *Aen.* 60 (*Monocerus*) 4; superbiam eorum etiam cum maxime valere conspicerent pro ~ili [v. l. ~ilo] contemnerent BEDE *Prov.* 944; **s1009** sicut ante factum est, ita quoque et hoc ad nichilum omnino devenit *AS Chr.*; quapropter si ~il non potes probare esse aliquid per nomen nihil ANSELM (*Casus Diab.*) I 248; hoc primum ponere curavit quod ad nihilum utilis est ANDR. S. VICT. *Sal.* 35. **b** nichili pendit jussa complere *Found. Waltham* 2.

2 (w. adj.).

omnia possidere ~il proprium habentes BEDE *Acts* 951; montem . . ascendit . . in quo ~il repente arduum, ~il praeceps, ~il abruptum *Id. HE* I 7 p. 20; nil aliud agitabant nisi divinum, nichil aliud exercebant nisi sanctorum . . ritum *V. Neot. A* 2 p. 112; unde mihi videtur ~il aliud esse peccatum nisi liberi arbitrii malum usum AILR. *An.* II 34.

3 (w. partitive gen.) no amount (of), none (of), no; **b** (w. *de*).

nil pecuniarum . . habebant BEDE *HE* III 26 p. 190; milites . . ~il insidiarum tetendisse reperiuntur *Id. Retract.* 1008; ex Maria Eustachius nichil liberorum tulit W. MALM. *HN* 498 p. 57. **b** si ipsa diutius vivat quam qui eam abduxit, nichil [AS: *nawiht*] de pecunia ejus habeat (*Quad.*) *GAS* 55.

4 (as quasi-adv.) in no respect, not at all.

si . . pro infirmitate aut quia longo tempore se abstinuerit . . et tunc plus non accipit quam decretum est a senioribus, ~il nocet THEOD. *Pen.* I 1. 4; ~il ab eo laesi immo multis beneficiis adjuti BEDE *Retract.* 1008.

5 (as adj.) insignificant, worthless.

quos enim de nihilo conceptos, ~iliores natura pepererat P. BLOIS *Opusc.* 1022C.

6 (*nihilominus*; al. div.): **a** (adversative, usu. after concessive cl. or sim.) none the less, notwithstanding. **b** likewise, as well.

a silui . . una cum vilibus me meritis inhibentibus, ne qualemcumque admonitiunculam scriberem. legebam ~ilominus admirandum legislatorem ob unius verbi dubitationem terram desiderabilem non introiisse GILDAS *EB* 1 p. 25; quia nimirum cogitationes electorum . . etsi terrena agunt ~ilominus caelestia intendunt BEDE *Cant.* 1129; Arriana heresis . . detecta atque damnata ~ilominus . . perfidiae suae viris . . aspersit *Id. HE* I 8 p. 22; tametsi coetus est factus . . ~ilominus temtavit *Ib.* V 9 p. 298; nilhominus [l. nihilominus], nil minus *GlC* N 112; s**1453** non obstante quod . . stricte vixerimus . . nichilominus adhuc stamus in pauperiori statu quam prius *Reg. Whet.* I 109. **b** sumuntur . . iambici pedes a participiis illorum verborum . . ut rigans, litans . . veniunt ~ilominus a secunda conjugatione ALDH. *PR* 115 p. 158; s**995** nam rex [viz. Æthelbertus] statim, paratis nuntiis suis, misit Romae et Augustinus nichilo minus suos *AS Chr.*; regite . . sensus, sed ~ilominus regite cogitatus AILR. *Serm.* 28. 11; **1306** Johannes K. male verberavit Ricardum filium B. et nichilominus hamsoken super eum fecit *Rec. Elton* 121.

nihilare [ML], to reduce to nothing, destroy.

si pius es, pietate velis quod obest nihilare D. BEC. 835; c**1250** rationes quas pred' J. proponit ad nichilandam possessionem suam custodie *Couch. Furness* I 466; predat opes, vires nichilat, disjungit amicos [sc. mors] GOWER *VC* VII 965.

nihilensis [CL nihil + -ensis], 'nothing-being', worthless person.

quidam episcopati dotati, quidam nichilenses vocati WYCL. *Compl.* 89.

nihilfacere [ML]

1 to make little of, set at nought.

nihilifacio, i. parvipendere OSB. GLOUC. *Deriv.* 206 (v. floccifacere); *to sett at noghte* . . nichilfacere *CathA.*

2 to do or make nothing (w. implication of worthlessness; in quot., as nickname of Louis the Stammerer).

filius Ludovici 'Nichil-fecit' ORD. VIT. V 9 p. 360.

nihilominus v. nihil 6.

nihilpendere [ML; al. div.]. to make little of, set at nought.

~o . . pro parum appretiari OSB. GLOUC. *Deriv.* 446; nichili pendit *Found. Waltham* 2 (v. nihil 1b); quam ~ant sapientes pecuniam comparacione librorum R. BURY *Phil.* 3. 41.

nihilitas, nothingness.

a ~ate representati per idolum (TYSS.) *Ziz.* 163.

nihtfirma [AS *niht* + *feorm*, *fyrm*], (right of) board or provision for one day.

c**930** de duabus nihtfirmis [AS: *minra feorma*] detur ei singulis mensibus una ambra plena farine *Conc. Syn.* 48 (=(*Quad.*) *GAS* 148).

nileos v. nilios.

nilios [LL], ranunculus.

nileos est quidam junctus cujus radix assimulatur galange *Alph.* 125.

---

nima v. 3 mina.   **nimba** v. nympha.

nimbidus [cf. CL nimbus], full of rain, rainy.

nimbosus, ~us . . pluviosus OSB. GLOUC. *Deriv.* 384.

nimbosus [CL]

1 full of or surrounded by rain-clouds; **b** (of constellation, w. ref. to bad weather); **c** (of weather, wind, or sim.); **d** (of person, fig.) who has his head in the clouds.

exin nimbosas transcendit passibus Alpes ALDH. *CE* 3. 24. **b** ~us Orion BEDE *NR* 11 (cf. GROS. *Hexaem.* V 23.1). **c** regnans nimbosus Auster adauget aquas NECKAM *DS* II 100; tempore nimbose pluvie prenuntia magne / est ampulla natans *Ib.* IV 484. **d** si mea dona tibi cupias, nimbose viator ALCUIN *Carm.* 64. 1. 1.

2 full of rain, rainy.

~us, nimbidus . . pluviosus, aquosus OSB. GLOUC. *Deriv.* 384.

3 of rain.

umida nimbosis dum stillant aethera guttis ALDH. *CE* 4. 9. 8; et segetum glumas nimbosis imbribus auges *Id. VirgV* 9.

nimbus [CL]

1 cloud, usu. rain-cloud; **b** (dist. from *nubes*).

cujus tangebant praecelsa cacumina nimbos ALDH. *VirgV* 340; ~i, nubes *GlC* N 103; me circum validus ventus, nix, undique nimbus ALCUIN *Carm.* 39. 4. **b** denote nimbo ac nubibus torve teguntur [sc. caelorum culmina] trucibus (ALDH.) *Carm. Aldh.* 1. 59.

2 downpour, shower, torrential rain.

si procella fortior aut ~us perurgeret BEDE *HE* IV 3 p. 210; ~us, *scur* ÆLF. *Gl.* 175; in tertia nocturna dum evangelica lectio pronuntiatur, aer cum auditrice expergefacta movetur ~umque parturiens nubes pendula tela protenditur GOSC. *Lib. Mild.* 26; legimus Salmoneum in Elide regnasse et adeo emulum Jovis fuisse quod mundum suum quattuor elementa habentem et fulgura et tonitrua et ~os sibi faciebat BERN. *Comm. Aen.* 109; arva Phari non expectantia nimbos NECKAM *DS* II 249.

3 storm.

10 . . ~is, *stormum WW.*

4 halo, nimbus (of a saint, in work of art).

~us, *mid golde gesiwud bend* ÆLF. *Gl.* 152.

nimie [LL], excessively.

pro ceteris vitae hujus neccessariis Dominum petere, si tamen haec non ~ie petantur BEDE *Hom.* II 14. 171; quod nec ~ie nec semper agendum est *Id. Prov.* 1027.

nimietas [CL], excess, 'too-muchness'.

papam Benedictum tam inhianter huc proficiscendi praecatus est dedisse licentiam, ut precis sue non potuit declinare ~atem *V. Greg.* p. 85; etiam cum prae ~ate languoris equitare non valens caballario ferreretur in grabato *Hist. Abb. Jarrow* 33; ut . . equi . . ~ate aquarum perirent *Itin. Ric.* IV 34 (v. distemperare 1b); a**1237** crapula est in sumptione ciborum ultra quam sufficit nature, que interficit animam propter ~atem *Conc. Syn.* 219; **1420** ramorum arborum . . ventorum aliquando †inimetate [l. nimietate] prostratorum *Reg. Heref.* 89.

nimiro v. nimirum.

nimirum [CL], without doubt, evidently.

duce Ambrosio Aureliano . . qui solus . . occisis . . parentibus purpura ~um indutis superfuerat GILDAS *EB* 25; multi . . non solum viri, sed etiam feminae . . sitim hanc ad sedandam ardenti cum desiderio frequentari hujus nostri ~um saeculi singularis scientiae hominem festinabant THEOD. *Pen. pref.*; haec . . amo, quia ~um haec Deo placuisse non ambigo BEDE *HE* III 17 p. 161; quod ita fieri oporteret illa ~o ratio cogit (*V. S. Colfridi*) *NLA* I 196; **1440** nostris nemirum precordiis . . certe . . leticie materiam intulere BEKYNTON I 184.

nimis [CL]

1 excessively, too much: **a** (w. vb.); **b** (w. adj.); **c** (w. adv.).

---

a dum vero ~is cavet . . ad temeritatem accedit J. SAL. *Met.* 922D. **b** sed ~is grave est (*Sussex*) *DB* I 16va; dominatio ~is crudelis ANDR. S. VICT. *Dan.* 56; magister Robertus cognomento Grosseteste, vir quidem ~is literatus M. PAR. *Maj.* III 306; homo potest esse ~is [ME: *alto*] sapiens *AncrR* 100. **c** in ipsa se aciei fronte constituens ~is tepide steterat BEDE *Acts* 977; sequitur zelum suum et ~is severe arguit AILR. *Serm.* 31. 10; repperi magistrum Gillebertum ipsumque audivi in logicis et in divinis, sed ~is cito subtractus est J. SAL. *Met.* 869A; licet ~is aspere aliquem increpaverit T. CHOBHAM *Praed.* 68.

2 (as quasi adj.) excessive, abundant.

imber erit nimis et suffocacio grani (*Vers.*) AD. MUR. *Chr.* 173.

nimius [CL]

1 excessive, exceedingly great. **b** (as sb. n. pl.) excessive things.

mare Mortuum, quia ~ia ejus salsugine non potest in eo aliquid vivere *Comm. Cant.* I 458; leonem, quem regem esse bestiarum . . ob . . ~iam fortitudinem poetae . . fingunt *Lib. Monstr.* II 1; prae ~ia humilitate BEDE *Cant.* 1163; sicut malum . . est multum comedere mel, ita ~ius divine majestatis scrutator a gloria majestatis . . opprimitur ANDR. S. VICT. *Sal.* 77; superficies vero corporum nostrorum circa mores et condiciones exteriores versatur, que [per] †mimam comitatorum [MS: nimiam communicacionem] stultorum et mendacium et adulatorum nimium viciantur [*sic*] *Quadr. Reg. Spec.* 37. **b** a**805** esto senior in moribus, quamvis junior in annis. ~ia quaeque nocent ALCUIN *Ep.* 281.

2 (as sb. n.) excessive or very great amount. **b** (*in ~ium*) to excess, excessively, too much.

a ~ium . . de grisia lana appositum fuisse dicens GIR. *SD* 38. **b** qui studet in nimium, cito precipitatur in imum, / nec simul ire diu stultus, opesve queant L. DURH. *Dial.* III 403.

3 (n. acc. sg. as adv.) excessively, to a very large degree, or sim., too much: **a** (w. vb.); **b** (w. adj., also in compar.).

a c**705** licet adolescens aetate existas, vanissimis tamen oblectamentis hujus mundi nequaquam te ~ium subicias ALDH. *Ep.* 8; se iratos fuisse . . quod ille ~ium suis parcere soleret inimicis BEDE *HE* III 22 p. 173; maxime qui non ~ium a tuis dissentiat moribus AILR. *Spir. Amicit.* III 58. 687. **b** unde ~ium tristis effectus W. MALM. *GR* II 166; non igitur videtur ~ium gravis vel innaturalis ascensus AILR. *Spir. Amicit.* II 20. 672; obscuriora ~ium et mutila magis quam ut veritati historiae copulari . . queant FERR. *Kinloss* 11.

nimpha v. nympha.   **nimphaea** v. nymphaea. **nimphus** v. nymphus.   **nimus** v. nemus.   **nina** v. ninna.   **ninarius, ninerus, ninirus** v. ninnarius.

ningere, ninguere [CL]

1 to snow: **a** (impers.); **b** (w. *nix* as subj.).

a importunum videtur omnimodis tempore messis ~uere BEDE *Prov.* 1013; ~uit, *sniuwið GlC* N 117; illuc ibatur, ~ueret, plueret; quecumque porro incommoditas aeris esset W. MALM. *Wulfst.* III 4; ~it, *snawes WW.* **b** nix etenim ningit, cernite, grando ruit ALCUIN *Carm.* 55. 8. 2.

2 to descend like snow.

dent Domino grates mittit qui ad vota piorum / aligeras volucres †mingentque [l. ningentque] ad septa sacelli ÆTHELWULF *Abb.* 175.

3 to shine like snow.

vivida stat vultu, cui candor ningit in ore / et sanguis vernat, purpura nupta nivi GARL. *Epith.* VI 197.

4 (trans.) to drop like snow.

candidior nivibus, dum ningit vellera nimbus ALDH. *Aen.* 100 (*Creatura*) 54.

ninguere v. ningere.

ninguidus [ML]

1 abundant with snow, snowy.

preterea ~us ymber vel nix pluvialis, utroque enim modo seviebat aer; impedimento essent W. MALM. *Wulfst.* III 4; post languidiores temporis hiberni ~os menses *Itin. Ric.* II 26 p. 174.

2 that resembles snow.

~us, nivi similis Osb. Glouc. *Deriv.* 383.

ninifar v. nenufar.

ninna [cf. nenia 4–5, Eng. *ninny*], trick, ruse, artifice.

communis . . medicina ab inferiori parte infirmitatis amoris illius incipiens est, quod homo regat suum corpus in sex rebus non naturalibus moderate, quia dum fidelis utitur in istis bono corporali regimine dyabolus non habet ninas per quas fidelis Domini taliter seducatur Wycl. *Versut.* 103.

ninnarius [ML: cf. CL ninnium < νιννίον], cuckold.

~ius, cujus uxor mechatur, scit et tacit *GlC* N 125; ~ius, cujus uxor mechatur et tacet Osb. Glouc. *Deriv.* 384; si unus vocaverit alium argam, ninerum vel cuculum Upton 78; ninerus, A. *a cokewolde* . . hic ninarius, A. *cokwalde* . . hic zelotopus, *a kukwald*, hic nerenus, idem est *WW*; *a cukewalde*; curuca, ninirus, zelotipus *CathA*.

ninufer v. nenufar.

†**nirra**, *f. l.*

1499 dedit . . unam stantem †nirram [l. murram] cum coopertorio *Reg. Merton* 229.

nisa [cf. 1 nisus], female hawk.

gratior aspectu, major prestantior artis, / aptior obsequio, femina nisa mihi est Neckam *DS* II 260.

Nisan [Heb.], Nisan, first month of Jewish ecclesiastical and seventh month of the civil calendar.

Hebraei . . primum mensem . . ~an appellantes, qui propter multivagum lunae discursum nunc in Martium mensem, nunc incidit in Aprilem, nunc aliquot dies Maii mensis occupat Bede *TR* II p. 203; Ebruus aequivocat Nisam Xanticos Graiusque *Kal. M. A.* I 403; Hebr', ~an . . Sax' *Eastormonað* . . Aprilis habet dies xxx *Miss. R. Jum.* 12; fuit quoque mundus factus in mense ~an, in vernali viz. equinoctio, de quo mense scriptum est in Exodo: mensis iste vobis principium mensium: primus erit in mensibus anni Gros. *Hexaem.* I 10. 2.

niscus v. nitidus.   **nisere** v. nitere.

nisi [CL]

1 (to introduce conditional cl.) except if, unless: **a** (w. ind. in protasis and ind. in apodosis); **b** (w. subj. in protasis and ind. in apodosis); **c** (w. subj. in protasis and subj. or fut. in apodosis); **d** (w. *si*).

a cyrogillum et hirax unum sunt . . ~i quod minores sunt quam porci *Comm. Cant.* I 354; ~i me nimius amor mei fallit, nulli varietatem relationum displicituram opinor W. Malm. *GR* III 304.   **b** si episcopus juberit, non nocet illi, ~i ipse similiter faciat Theod. *Pen.* I 1. 4; sorores . . ~i diis timiama turificarent, torquendae traduntur Aldh. *VirgP* 50 p. 305; **705** nullo modo possum inter illos reconciliare et quasi obses pacis fieri ~i maximum communionis consortium inter nos misceatur Wealdhere *Ep.* 22; neque aliter quod petebat inpetrare potuit, ~i fidem Christi ac baptisma . . acciperet Bede *HE* III 21 p. 170.   **c** quod non tam grave esset ~i fratricida fuisset *Comm. Cant.* I 51; ~i quis obstinata nefandae infidelitatis frena . . confregerit . . velut . . scotomaticus contemplabitur arcana legum Aldh. *Met.* 2 p. 66; sequentis opusculi sarcina . . laboriosis oneribus non lassescere nitar, ~i praecedentis scripturae stilum vestrae sagacitati fore ratum experiar *Id. VirgP* 60; **938** (12c) maledictus . . sit in die judici ~i prius emendaverit *CS* 731.   **d** non equorum dorso sed pedum incessu vectus, ~i si major forte necessitas conpulisset Bede *HE* III 5 p. 136; ~i si quis tam nubilus est W. Malm. *GR* III 304.

2 (without vb., after word of negation) but, except, only; **b** (w. *tantum*); **c** (without word of negation).

ad quemlibet ecclesiasticum . . gradum quem non ~i sancti atque perfecti suscipiunt Gildas *EB* 66 p. 63; nemo scit . . ~i Pater solus Theod. *Laterc.* 24; si quis a catholica aecclesia ad heresim transierit, et postea reversus, non potest ordinari ~i post longam abstinentiam, et pro magna necessitate *Id. Pen.* I 5. 2; oleum non ~i ab episcopis licet confici Bede *Ep.*

Cath. 39; ut nulla ~i caelestia cogitare soleret *Id. HE* II 1 p. 74; **1321** non debent esse plures gramatici . . ~i xiij (*Inq.*) *Educ. Ch.* 262.   **b** nulla participia ~i praesentis tantum temporis Aldh. *PR* 136 p. 190; nihil ardebit ~i tantum delicta Alex. Cant. *Dicta* 5 (v. gehennalis c); **1290** habuit magnas naves piscatorum ubi non deberet habere ~i batellos tantum *RParl* I 29a.   **c** in his duabus terris ~i Nigellus tenet de Willemo Esmerewic (*Sussex*) *DB* I 26vb; indigene regni, qui ~i coronato regi servire hactenus erant soliti Ord. Vit. III 14 p. 156; **c1200** pro defectu . . redditus ad terminos nominatos solvendi ~i voluntario respectu ab eo dato et concesso, poterit super . . tenementa . . namiare *Ch. Westm.* 442; **1290** naves habuit ubi ~i batellos habere deberet *RParl* I 29a.

3 (~i quod) except that, save for the fact that.

[insula] in qua nascuntur homines rationabili statura, ~i quod eorum oculi sicut lucerna lucent *Lib. Monstr.* I 36; humano generi similes ~i quod draconum caudas [homines] habuerunt *Ib.* I 49; [pisces] thymallis . . persimiles, ~i quod capite degenerant grossiore Gir. *TH* I 10.

4 (leg., ~i prius) Nisi prius, form of writ (orig. clause in a writ relating to the adjournment of a jury); **b** clause introduced by this formula.

1347 prefigendo diem partibus . . absque aliqua mencione facte de aliquo ~i prius (*CoramR*) *SelCKB* VI 56; **1444** circa quoddam breve, vocat' ~i prius *Ac. Durh.* 185; per breve nostrum de ~i prius apud Roff' *Reg. Brev. Orig.* 122v.   **b** coram justiciariis specialiter nominatis in clausula de ~i prius *Fleta* 318.

nisilla v. 1 nitela.   **nistis** v. nestis.

1 Nisus [CL]

1 Nisus, king of Megara who was turned into a sea-eagle.

de Scilla mutata in alaudum et Nyso in alietum Wals. *AD* 119.

2 hawk or sparrow-hawk; **b** (dist. from *accipiter*); **c** (~us rubeus, sorus, or sim.) sore or red hawk, not moulted.

teque ipsum . . id asserere audivi ~um sc. silvestrem, quem non alia ratione domare poteras, musico instrumento domesticum fecisse Adel. *ED* 26; ~us, accipiter Osb. Glouc. *Deriv.* 385; monachi . . sicut ~us alaudam territam ita predam suam agnoscunt Map *NC* I 25 (v. deplumare b); Neckam *NR* I 32 (v. 2 nisus a); videtur quod alietus idem sit quod ~us parvus qui Gallice dicitur *muschet* vel ipse ~us [Trevisa: *sperhawke*] Bart. Angl. XII 3; **c1260** in iij pullis ad ~os *Househ. Ac.* 153; pro carne empta ad ~os domini Henrici *Househ. Henry* 408.   **b** plurimi civium delectantur, ludentes in avibus celi, ~is, accipitribus et hujusmodi W. Fitzst. *Thom. prol.* 18; **1206** salvis mihi et heredibus meis aeiriis accipitrum et ~orum et falconum *Ch. Chester* 341.   **c** a1171 singulis annis daturus est michi loco servicii ~um unum sorum *Ch. Mowbray* 330; c1180 reddendo pro uno nysum sor' ad nundinas Rokeburgie *Melrose* 59; c1200 dedi . . terram . . reddendo annuatim T. . . sori ~um sive xij denarios (*Cart. Westwood*) *MonA* VI 1005b; c1250 precium rubei ~i xij denarii . . precium albi de *mut* extracti xxiiij denarii *Leg. Wall. B* 200; c1270 inde annuatim reddendo pro anni servitio unum ~um sarum, sive sex denarios *Reg. S. Thom. Dublin* 170; c1318 reddendo . . unum rubeum ~um *RMS Scot* 34; **1348** onerat se de . . xx d. vel de uno rubeo ~o, per redditum assise de Ordeley *ExchScot* 542.

2 nisus [CL], physical effort or strain. **b** endeavour, striving.

regem Walensium . . bello vicit et postmodum multis ~ibus resurgere conantem capite privavit W. Malm. *GR* II 228; ille ~u quo poterat clamabat *Id. GP* I 48 p. 82; nisus multo ~u eam [mustelam] reluctantem ad fluvium propinquum detulit Neckam *NR* I 32; arripuit . . juvenis puellam . . et velut in eccho resultu ab ictu fecundavit vi oppressam totis ~ibus reluctantem Sim. Glasg. *V. Kentig.* 2.   **b** paenitentiae tabulam toto animi ~u exquirite Gildas *EB* 110; nisu virtutis validae disrumpo feraces Aldh. *Aen.* 83 (*Juvencus*) 4; **786** omni ~u hortamur ut ecclesiam Dei . . omnes honorent in facto Alcuin *Ep.* 3 p. 23; **1445** contra ~us vilissimos Saracenorum *Stat. Linc.* II 527.

nita, kind of plant.

de herbis: . . hec ~a, *nie* Gl. *AN Glasg.* f 18ra.

nitatus v. nivatus.

nitedula [CL], kind of dormouse.

nitidulam Gl. *Leid.* 3. 17; ~a . . i. animal quoddam quasi ignis in nocte lucens Osb. Glouc. *Deriv.* 371.

1 nĭtēla [CL nitor + -ela], **nitella**, **~ellus** [CL nitor + -ella, -ellus], little shine, faint glitter, or sim.

~elli, nitores diminutive *GlC* N 124; ametistus precipuus, / decore violaceus, / flammas emittit aureas / nitelasque purpureas Frith. *Cives* 13.4; nisilla, A. *a lytyl shynynge WW*.

2 nītēla [CL], kind of rodent, shrew-mouse or dormouse.

10 . . netila, *hearma WW*.

nitellus v. 1 nitela.

nitēre [CL]

1 to emit light, gleam.

totis contendere viribus, ut tibi clara lux ~et in caelo Burginda 10; solque nitebit glorie singularis J. Howd. *Cont.* 218; niseo, A. *to shyne WW*.

2 to shine with reflected light, flash, glitter: **a** (of part of body); **b** (of precious stone); **c** (of artefact).

a torrida dum calidos patior tormenta per ignes: / nam cineri facies nivibusque simillima nitet Aldh. *Aen.* 19 (*Salis*) 4; candida forma nitens necnon et furva nigrescens *Ib.* 31 (*Ciconia*) 1; quorum nos quendam vidimus carbonea nigredine, dentibus et oculis tantummodo et unguibus ~entem *Lib. Monstr.* I 30.   **b** aer si nitidus rideat, ille [jacinctus] nitet Neckam *DS* VI 212.   **c** Xriste, tui est operis quia vestis et ipsa sepulchro / inviolata nitet (*Vers.*) Bede *HE* IV 18 p. 248; talis sermo, qualis vestis: / hac nitente nitens est is Walt. Wimb. *Van.* 82.

3 (of person) to shine, excel, be notable.

induit egregium pretiosa veste nitentem Aldh. *VirgV* 1148; Aedilthryda nitet nostra quoque egregia (*Vers.*) Bede *HE* 18 p. 248; ut ea puritate . . virgo illa ~eret Anselm (*Orig. Pecc.* 18) II 159; terra, Maria, / tua pretiosis rebus habundans, / signat quod niteas hiis pretiosa magis Garl. *Epith.* IV 240.

nitescere [CL], to (begin to) shine, become bright: **a** (of part of body); **b** (of tree); **c** (of gem or artefact); **d** (of abstr. or fig.).

a discolor ornat eam vestis, candore nitescit / venter Neckam *DS* III 437.   **b** ~at ergo cedrus cypressus se in altitudinem tollat Bede *Cant.* 1103.   **c** unio de conca ut ponti sordente nitescens / nascitur et proprio matrem praecellit honore Aldh. *VirgV* 170; clarius ante thronum sanctorum serta nitescunt *Ib.* 1659.   **d** quae . . sicut lilium . . ~is Bede *Cant.* 1102; a804 in moribus tuis fulgeant exempla sanctitatis et in verbis veritatis praedicatio ~at Alcuin *Ep.* 285; scis me tanta generis gloria ~ere *Eccl. & Synag.* 55; tanta cordis tui munditia nituisti Anselm (*Or.* 13) III 50.

nithingus [AS *niþing*], villain, worthless person.

wealreaf id est mortuum refare, est opus nidingi [AS: *niðinges dæde*] (*Quad.*) *GAS* 393; jubet ut compatriotas advocent ad obsidionem venire nisi qui velint sub nomine *nithing*, quod nequam sonat, remanere W. Malm. *GR* IV 306.

niti [CL], **~ere** [CL *imp. only*]

1 to stand or lean (on), be supported (by), (also fig.).

[Æðelstan] quem Deus Angligenis solii fundamine nixum / constituit regem (*Vers.*) *ASE* IX 95; bona que per adulationem dicuntur non satis veritate ~untur Andr. S. Vict. *Sal.* 79.

2 to put one's faith in (also fig.), rely (on), make use (of): **a** (w. abl.); **b** (w. dat.); **c** (w. *de* or *ex*).

a stilo qui manibus ~itur quia nimirum alas quibus feratur non habet Bede *Prov.* 1026; sed, ne putetis me sola ~i auctoritate, rationem accipite W. Malm. *GR* II 202 p. 250; ad reprimendam partem oppositam rationis sue ~untur aculeis J. Sal. *Met.* 896A; obedientia . . sicut proprie voluntati renititur, ita Dei voluntate semper ~itur Bald. Cant. *Serm.* 9. 56. 429.   **b** haec pro modulo meo non propriae ~ens scientiae quae vel nulla vel admodum rara et exilis est Nen. *HB*

126; licet major pars Christianorum vellet constituere plures apostolicos simul, non esset standum cum eis, quia majori racioni minor ~eretur, sc. ordinacioni Christi, qui instituit unum solum apostolicum Ockham *Dial.* 816. **c** dissolvit . . instantiam eorum qui ex solis ~untur accidentibus J. Sal. *Met.* 842D; magni preclarique viri in philosophicis studiis enituissent si de magno literarum ~erentur fundamento *Ib.* 867D.

3 to make violent physical efforts, to strain, struggle; **b** (partly fig.).

~ente jumento contra ascensum *V. Chris. Marky.* 43. **b** c1156 ut si quis ea perturbare voluerit, . . non ignoret se contra ipsum mundi Salvatorem ~i *Regesta Scot.* 118 p. 184; si ceperit . . concupiscentias abicere et ~i contra desideria carnis sue Ailr. *Serm.* 24. 27. 331.

4 to strive (for), endeavour, or sim.: **a** (absol.); **b** (w. *ad* or *in*); **c** (w. inf.).

a qui habet spem in Domino sanctificat se quantum potest ipse ~endo et ejus per omnia gratiam flagitando Bede *Ep. Cath.* 100. **b** vestrum . . propositum semper debet ~i ad profectum Anselm (*Ep.* 403) V 347; ab imis ad summa ~entem Gir. *TH* I 12 p. 38; questio quare ~imur in vetitum? *Quaest. Salern. N* 1; c1212 sed frustra quidem ad hoc ~itur Gir. *Ep.* 5 p. 198; ad hoc semper ~untur hostes . . ut inermes simus T. Chobham *Praed.* 153. **c** has duas . . species . . indagare et explanare nisus sum Aldh. *Met.* 9 p. 81; frustra ~itur Pelagius adfirmare quod . . Bede *Ep. Cath.* 119; rex ipse cultellum arripiens occidere nisus est histrionem *Spec. Laic.* 5; **1293** molestare et inquietare †intimini [l. nitimini] in prejudicium libertatis sue predicte manifestum *PQW* 605b; **1363** ~unt nos artare in . . capitulo [sc. provinciali] comparere *Lit. Cant.* II 449.

nitide [CL]

1 brightly, shiningly, brilliantly; **b** (fig.).

nitidus . . unde ~e, ~ius, ~issime, adverbia Osb. Glouc. *Deriv.* 371. **b** florent filii . . monasterii ~ius sole Byrht. *V. Osw.* 417; nonne multo ~ius placet ejus perseverantia cum illa sola perseverandi causa videtur Anselm (*Casus diab.* 24) I 272.

2 elegantly, in a refined or polished manner.

in eis [sc. libris] invenies, quam profunde, quamque ~e idem vir de his disserat, quem inter ceteros constat fuisse doctores et ingenio acutum, et in eloquio decorum Ad. Scot *QEC* 27. 849A.

nitidulus [LL = *smartly dressed*], somewhat bright or shining.

~us, aliquantulum nitidus, candidulus Osb. Glouc. *Deriv.* 383.

nitidus [CL]

1 bright, radiant, shining (also fig.).

noctique ereptum nitidas me duxit in auras Alcuin *SS Ebor* 958; de quam ~o, de quam jucundo statu me praecipitasti Anselm (*Medit.* 2) III 80; angele, qui mentis nitide verax es amator R. Cant. *Malch.* VI 360; ~issime fame vestre candorem macule quedam obfuscant Gir. *TH* III 48 p. 192; o quam pium igitur et quam sanctum foret veritatem que jam queritur, ab omni erroris velamine exutam nudam et ~am revelare Fortescue *NLN* I 1; †niscus [l. nitidus], *shynynge WW*.

2 that shines with reflected light, glittering, glossy: **a** (of body or plant); **b** (of artefact); **c** (fig., of person).

a capud candescens crinibus / cingunt capilli nitidis (Æthelwald) *Carm. Aldh.* 5. 28; pascuntur sancti doctores puris ac ~is Scripturarum divinarum floribus Bede *Cant.* 1135; est . . piscis marinus . . qui ~issimum corpus eliget Neckam *NR* II 45. **b** tosta ministrantes nitidis et fercula mensis Tatwine *Aen.* 4 (*De litteris*) 3 p. 171; quoddam genus ~issimi unguenti Osb. Glouc. *Deriv.* 371; intus habuit omnia dissimilia: preciosis et ~is . . utens indumentis *Canon. G. Sempr.* f. 39v. **1422** pannus ille ~us de Wurseto, cui magis militans quam monachalis censetur . . penitus interdictus existat *Conc.* III 413b. **c** si . . in his omnibus [sc. curis mundi] ~us ac crassus incedas, noli, queso, de tuis lacrymulis multum gloriari Ailr. *Spec. Car.* II 14. 559.

3 (of bread) white.

quare non et nobis porrigis panem ~um [AS: *þone*

hwitan hlaf] quem et patri nostro . . dabas Bede *HE* II 5 p. 91; panem ~um et cibos delicatos quasi pudicitie venenum Ailr. *Inst. Inclus.* 12.

4 (of person) who shines or excels, eloquent, elegant, or sim.

vir . . sermone ~us et scripturarum . . eruditione mirandus Bede *HE* V 18 p. 321; qui sermone fuit nitidus sensuque fidelis Alcuin *Carm.* 99. 17. 5; his dictis subito nitidus disparuit hospes *Id. SS Ebor* 1613.

5 (of literary work, style, or sim.) refined, elegant, polished.

praeclarus nitido Beda sermone magister Alcuin *SS Ebor* 743; hoc sacer egregius, hoc versificator et ille / Sedulius, noster nitido sermone magister, / considerans scribit, jubilans qui talia dicit Wulf. *Brev.* 83; Paulinus pro Theodosio principe librum quendam prudenter ornateque composuit, habentem expressam et ~am eloquentiam . . Gros. *Hexaem. proem.* 1.

nitificare [CL nitere + -ficare], to make bright or shiny, to polish.

obrutere, limpidare, clarificare, ~are Osb. Glouc. *Deriv.* 400.

1 nitor v. nidor.

2 nitor [CL]

1 brightness, splendour (also fig.).

ambo spargunt spiramina / igni aethralis lumina / neque nocent nitoribus (Æthelwald) *Carm. Aldh.* 4. 37; quo usque albis induantur stolis et ~orem purificatae mentis splendore habitus praemonstrant hymnum Deo devotae laudis offerimus Bede *Hom.* II 16. 188; Christus deleto pius atque mitis: / pectus et puro rutilet nitore / tempore noctis Alcuin *Carm.* 121. 8. 3; quam [ecclesiam] baptismi ~ore mundatam . . invitat ut sponsam *Gl. Leid.* 10. 1; emicuit clarusque fuit, radiante nitore Nig. *Paul. f.* 50rb. 647.

2 reflected light, shine, glitter, or sim.: **a** (of the moon); **b** (of body, plant, or natural substance); **c** (of metal or precious stone); **d** (of artefact); **e** (w. play on *nidor*).

a solem in tenebras conversum et lune ~orem in sanguinem deformatum Peckham *Paup.* 21. **b** jocosos ~ore carnis elatos omni levitate seculi facetos quorum mala colloquia corrumpunt mores bonos admittebant ultro *V. Chris. Marky.* 8; oleum, lac . . pinguedinem habent et ~orem Bald. Cant. *Serm.* 1. 20. 566; bene ergo et juste ubi fructuum deest libertas, foliorum quoque ~or excutitur J. Ford *Serm.* 45. 6. **c** lapides pretiosi . . ~ores quorum zmaragdi nuncupantur *Lib. Monstr.* III 11; in ~ore gemmarum Egb. *Pont.* 1; ~or auri argentique Adel. *ED* 5. **d** 793 nec vestimentorum vanum ~orem, sed sanctitatis et castimoniae nobilem interius splendorem Alcuin *Ep.* 15; [gloriam] quam sibi pollens sapientia docto digito donorum spiritalium, varietate etiam studiorum, necne gemmante ~ore aureorum ornatuum, dictavit B. *V. Dunst.* 5; ob . . perspicuum . . ~orem vestium *V. Neot. A* 13. **e** amara / viscera sed ructans bonus ibit nitor odoris Hwætberht *Aen.* 30 (*De atramentorio*) 4.

3 (of literary work, style, or sim.) elegance, polish.

non ulla sensus ratione sed nudo sermonis ~ore Bede *Acts* 984; Anglorum lingua hoc nomen ex duobus integris constare videtur, hoc est *guth* et *lac*, quod Romani sermonis ~ore personat belli munus Felix *Guthl.* 10; a805 mirabilis sapientiae vestrae litterarum serie perlecta, invenimus eas eloquentiae ~ore splendidas et profunditate sensuum subtilissimas et inquisitionis gratia jocundissimas Alcuin *Ep.* 308; quem [Aldelmum] si perfecte legeris, et ex acumine Grecum putabis, et ex ~ore Romanum jurabis, et ex pompa Anglum intelliges W. Malm. *GP* V 196 p. 344.

nitorium v. netorium.

†nitra, *f. l.*

ipsa restaurant naturalem humiditatem et quoddam electuarium . . sicut et †nitra rosa [v. l. zucharum rosatum], de qua loquitur Avicenna in capitulo de ptisi Bacon IX 36.

nitrositas [CL nitrosus + -itas], state or condition of being nitrous, nitrosity.

salsedine autem et ~ate sua stomachum et intestina

mordificant Bart. Angl. XIX 44 p. 1175; ex . . ~ate que pungit et stimulat Gilb. VII 334. 1.

nitrosus [CL], that contains nitre or soda, nitrous.

quod habet fontes raros sed ~os Bede *Cant.* 1144; liquores . . quidam ex venis terre hauriuntur ut aqua salinativa, ~a, aluminosa Bart. Angl. XIX 51

nitrum [CL < νίτρον]

1 natron, sodium nitrate or sim. (also as solution); **b** (contained in water); **c** (quasi-fig.).

sed magis arbitror, quod sic errata reorum / Nitria purgavit, sicut corpuscula nitro / sordibus expurgata malis et lota nitescunt Aldh. *VirgV* 1466; ~um . . et medendis infirmitatibus et abluendis sordibus esse solet aptissimum Bede *Cant.* 1144; ~um a Nitria provincia ubi maxime nasci solet nomen accipit nec multum a salis ammoniaci specie distat *Id. Prov.* 1014; ~um in terra invenitur. instar atramenti pro sapone habetur *Gl. Leid.* 8. 17; jam abstulimus nigredinem id cum sale anatron, id est sale ~i, et almizadir, cujus complexio est frigida et sicca, fiximus albedinem Rob. Angl. (I) *Alch.* 514b; burrith est herba fullonum . . et eandem vim habet ~um et faciunt vestimenta candida T. Chobham *Serm.* 19. 69va; ~um, *fullers cley WW*. **b** cum earum [aquarum] quedam ~um sapiant Adel. *QN* 59. **c** notam ac mendam que tam atra nevi fuligine, quam multo ~o nullaque fullonis herba diluere quantalibet purgatoris cura valebit Gir. *Ep.* 4 p. 182.

2 (var.).

sal ~um est multiplex. est enim ~um qui est pulvis niger. est etiam sal ~um Allexandrinum et Indicum sive rubeum salsum M. Scot *Lumen* 246; ~um; baurach, sal petrosum, ~um quasi sal petrae cal' et siccum in secundo gradu. est ~um res cognata sali et quae est species salis. hinc sal lucidum, sal Alexandrinum, sal Anderenae, sal ~um unum et idem sunt *LC* 255a.

3 (understood as) rock salt.

quidam ~um, quidam salis gemmam vocant W. Malm. *GR* IV 377 (v. 2 gemma 5).

4 saltpetre.

nitriales, sunt res omnes adurentes et in calcem redigentes, ut sal petrae vel ~um *LC* 255b.

5 (~um vegetis) potash.

oleum ~i vegetis preparatum, jus radicis lilii preparatum, et succus radicum aliarum herbarum preparatus Bacon IX 122.

6 (assoc. w. *nitor*) shine, brightness, splendour.

~um, regale signum vel splendor Osb. Glouc. *Deriv.* 384.

†nitus, *f. l.*

hec tribus ad solis †nitus [? l. motus] suspende diebus et noctibus *AN Med.* II 226.

nivalis [CL]

1 marked by snowfalls, snowy, wintry.

pro frigore ~i *Lib. Monstr.* I 9; quadam die in matutina hora hiemali et ~i tempore *V. Cuthb.* II 2; ibi ~i frigore gelatus W. Malm. *GP* I 17 p. 26.

2 that resembles or feels like snow, mixed with snow. **b** (as sb. m. pl.) snow waters.

gemma rubens jam non essem sed grando nivalis Tatwine *Aen.* 202; ~is, *snawlic* Ælf. *Gl. Sup.* 175; ex frequenti usu aquarum nivealium efficiuntur . . strumosi *Eul. Hist.* II 123. **b** ex frequenti usu nivialium efficiuntur sub mento turgidi et strumosi *Ib.* II 87.

3 covered with snow, snow-clad.

sunt gemine zone media fervente nivales, / et suus affines temperat ordo duas Garl. *Tri. Eccl.* 24.

4 that resembles snow in colour, snow-white (also fig.).

hunc ~em pannum artificiosae texturae ac dictaturae ubi jussu patris sustulere, inventus est enormis longitudinis in quadros aut amplius cubitos ductilis Gosc. *Lib. Mild.* 19 p. 87.

nivarius [CL], that glimmers like snow, bright, shiny.

nibarius, splendidus *GlC* N 127.

nivascere v. nivescere.

nivatus [CL]

1 cooled or mixed with snow.

aura nibata et nebulata orride HUGEB. *Wyn.* 2; †nitata [l. nivata] dicitur aqua per nivem infrigidata *Alph.* 125.

2 made of snow.

~a aqua, ex nive facta *GlC* N 123.

nivealis v. nivalis.

nivenodium [CL nix+nodus+-ium], snowball.

snayballe, floccus, ~ium *CathA.*

1 nivĕre [CL = to snow], to become snow-white.

embloncher ~ere *Gl. AN Ox.* f. 154v.

2 nivĕre [LL], to wink.

oculis ~ere, ore cachinnare *AncrR* 69.

nivescere [LL]

1 to begin to snow.

ninguit verbum defectivum inde nivasco [v. l. nivesco] .. verbum incoativum OSB. GLOUC. *Deriv.* 375; nivascere, inchoat ningere *Ib.* 383.

2 to become white or resplendent as snow (also fig.).

morum candore nivescat / a vicii mens pura luto HANV. VII 466; embloncher ~ere *Gl. AN Ox.* f. 154v.

niveus [CL]

1 of snow. **b** made of snow; (*globus ~eus*) snowball.

aque .. in ~eam glacialemve naturam concrete GIR. *TH* I 6. **b** iste caseus est lacteus, id est de lactis materia. similiter globus ~eus, id est de nivis materia GERV. MELKLEY *AV* 139.

2 covered with snow, snow-clad; **b** (in place-name, *~eus mons*) Snowdon.

non horror nivei tramitis obstitit WULF. *Poems* 166. **b** truseruntque ducem Nivei trans ardua Montis *V. Merl.* 1013.

3 that resembles snow in colour, snow-white; **b** (of animal, complexion, natural feature, or sim.); **c** (of artefact); **d** (of abstr.).

~eus, snawhwit ÆLF. *Gl. Sup.* 175. **b** fontibus lucidis crebris undis ~eas veluti glareas pellentibus GILDAS *EB* 3; genae gemellae collibus / glomerantur cum mollibus / pedetemptim purpureo / pictae fuco et niveo (ÆTHELWALD) *Carm. Aldh.* 5. 36; [Petri] cui mandavit oves altitonans niveas *De lib. arb.* 164; in adjectivis transumptis solet advocatio frequentius deesse ut hic: facies ~ea placet intuenti. ~ea pro alba licet GERV. MELKLEY *AV* 130; mater uberculum producit niveum, / liquorem exprimit nato nectareum WALT. WIMB. *Carm.* 39; ordeum, bonum est †muncum [v. l. niveum] et mundum *Alph.* 131. **c** angelorum ejus est proprium in habitu ~eo claritatem suae designare virtutis BEDE *Prov.* 1035; qui [legatus] steterat niveo nimium praeclarus amictu ALCUIN *SS Ebor* 629; cum subito intrantem niveo jam tegmine vatem / conspicit *Mir. Nin.* 316; sicut si mala punica in lectis argenteo candore ~eis ponantur ANDR. S. VICT. *Sal.* 75; quod male patravit, niveo nummo clipeavit WALT. WIMB. *Scel.* 12. **d** flammeus aspectu, niveo candore coruscus ALDH. *VirgV* 2369; meritorum suorum candore ~eo BEDE *Prov.* 1035; o quam perspicuo radians splendore refulget / coetus apostolicus, niveo candore venustus! WULF. *Brev.* 399; nimie parcitatis et inconstantie nevi tante laudis ~eum nitorem denigraverunt GIR. *EH* II 18; oro te, Domina, ut sicut ille flos angelicorum montium sine lesura tui ~ei pudoris in te .. effici dignatus est J. FURNESS *Kentig.* 3 p. 166.

nivialis v. nivalis.

Nivicollinus [CL nix+collis+-inus], of or who inhabits Snowdon.

cum adversus ~os Britones regia esset expeditio producenda J. SAL. *Pol.* 461D.

nivosus [CL], full of or covered with snow, snowy.

~us, nive plenus OSB. GLOUC. *Deriv.* 383; queritur quidam transiens per ~a loca arreptus est algore *Quaest. Salern.* B 83.

1 nix [CL]

1 snow (pl. *nives* usu. w. ref. to snowfall or sim.); **b** (*pila de nive*) snowball; **c** (as type of whiteness); **d** (fig.).

ubi nives sub gelido septemtrionis arcto in vij ulnas consurgunt *Lib. Monstr.* I 9; jam enim nivis [v. l. nix] erat super faciem terrae *V. Cuthb.* II 2; ita ut raro ibi nix plus quam triduana remaneat BEDE *HE* I 1 p. 12; turbinibus hiemalium pluviarum vel nivium *Ib.* II 13 p. 112. **b** c1256 unam pilam de nive (v. exoculare 1a). **c** candidior nivibus dum ningit vellera nimbus ALDH. *Aen.* 100 (*Creatura*) 54; calix aureus in leva cum aurotexta sindone super nivem candida miraque varietate florigerata GOSC. *Transl. Mild.* 22 p. 186; cum illo [sale nitri] .. lavant mulieres Sarracenorum pannos lineos et faciunt eos albissimos ut nix M. SCOT *Lumen* 247; vena nos lavet lateris elimata / ut mentis substancia nives excellat J. HOWD. *Cant.* 53. **d** si ruga lineas suas araverit, / senecta capiti nives asperserit P. BLOIS *Carm.* 28. 3. 12.

2 (w. ref. to snow-clad terrain).

transcendens nives Alpinas in Italiam veni W. MALM. *GR* II 170.

3 (transf.) snow-white colour; **b** (of hair or complexion).

nix, hwitnys *GlP* 23. **b** siquidem tu, cui nix capitis credi compellit ABBO *Edm. pref.* p. 68; nec multo post nivem capitis respiriens, Jerosolimitanum iter vovit W. MALM. *GR* IV 388; ave, virgo decus Dei / que formose faciei / nive nives superas WALT. WIMB. *Virgo app.* 1 32.

2 nix v. vix.

nixari [CL], to exert oneself (w. ref. to labour during childbirth).

cum parturiendi tempus inmineret et viscera ~andi inscia ignota violentia vexarentur FELIX *Guthl.* 4.

1 nixus v. niti.

2 nixus [CL]

1 support, prop, or sim.

~u †twerþeode [? l. wreþede] *GlC* N 131.

2 physical strain or effort. **b** (labour during) childbirth.

utraque [hernia] fit a .. levatione violenta nixutoria vel ~u noxio ludi GILB. VII 289v. 1. **b** hic ~us, -ui, i. partus OSB. GLOUC. *Deriv.* 380.

3 (act of) striving, endeavour, or sim.

quam plurimum .. affectans totis ~ibus meum propositum claudere RIPLEY 180.

nixutorius [cf. CL nixus+-torius], that involves great physical strain or effort.

[hernia] fit a .. levatione ~ia GILB. VII 289v. 1 (v. 2 nixus 2a).

noa [cf. CL nare], swimming-bladder in a fish.

c1150 preter de grespeis, cujus sinistram ~am de jure antiquo habere debent (*Ch.*) *MonA* VI 304.

noannoeane [ML < νοαννοεανε], (mus.) intonation formula for a mode.

ODINGTON *Mus.* 103 (noeane).

nobba [ME *knobbe*], knot, lump.

ij cape brodate Indi coloris cum ~is de argento (*Ord. Exon.*) *HBS* XXXVIII.

nobilata [cf. nobilis 5], a noble's worth.

1385 assignamus .. tres denarios de qualibet ~a cujuscumque generis piscis *Pat* 319 m. 32d.

nobilia [cf. CL nobilis], name of a subsidy.

1406 prelati et clerus .. unam decimam, ac eciam aliud subsidium ~iam .. duxerunt concedendum. ..

mandamus quatenus decimam hujusmodi et ~iam predictam in forma concessionis predicte levetis *Conc.* III 303b.

nobilis [CL]

1 remarkable, outstanding, splendid; **b** (of region or city); **c** (of river); **d** (of building or artefact).

798 sub tam ~i sinothis [v. l. ~is synodi] testimonio *CS* 291; et corona inclita, clitan Grece, ~is Latine ANDR. S. VICT. *Sal.* 30; vir .. ex pretioso vestium .. ornatu inter ceteros est ~is, id est notabilis *Ib.* 91; fuerunt ~ia hastiludia AD. MUR. 159; aliorum nobilium pugnatorum ~is numerus *Ps.*-ELMH. *Hen. V* 88. **b** Creta, Graeciae insula centum quondam urbibus ~is BEDE *Nom. Act.* 1036; Macedonia, provincia .. ~issima et virtutibus Alexandri magni ~ior facta *Ib.* 1038; Tarsum, Cilitie urbem ~em W. MALM. *GR* IV 374. **c** vallata duorum ostiis ~ium fluminum Tamesis ac Sabrinae GILDAS *EB* 3; super Sequanam vel Ligerim, ~es Gallie fluvios W. MALM. *GR* II 121; de sub pede montis Bladine tres ~es fluvii nascuntur GIR. *TH* I 7 p. 30. **d** est monasterium ~e in provincia Lindissi BEDE *HE* III 11 p. 148; ~issimamque bibliothecam Eboraci constituit W. MALM. *GR* I 65; tam ~e monasterium episcopus non multum pecuniosus fecerit *Ib.* IV 339; **1504** libitinam, Anglice *a heeler*, ornatam ~ioribus ornamentis universitatis *StatOx* 320.

2 noble: **a** (of lineage or family); **b** (of person); **c** (as sb.) noble man. **d** (in AS law) thane; **e** (as nickname, passing into surname Noble); **f** (fig., w. ref. to the soul).

~i prosapia oriundus fuit ALDH. *VirgP* 36; †a679 (14c) donabo .. ministris meis ~is generis *CS* 60; regia progenies produxit ~e stemma W. MALM. *GR* II 133; ancilla Christi .. glorietur se ~ibus ortam natalibus AILR. *Inst. Inclus.* 24. **b** erat carnis origine ~is BEDE *HE* 7 p. 94; a1089 [Margareta] regaliter educata, ~i regi nobiliter copulata LANFR. *Ep.* 61 (50); quid est ~is homo nisi vilissime corruptionis generosa propago BALD. CANT. *Serm.* 1. 4. 563; si qui .. superstites essent de genere Karoli, utrum censendi essent ~es an ignobiles? NECKAM *NR* I 155; magnates nobiliores (*Vers. Corpus*) *Hist. Chess* 519 (v. magnas f). **c** accepit rex .. cum cunctis gentis suae ~ibus ac plebe perplurima fidem BEDE *HE* II 14 p. 113; extinctos fuisse .. suae gentis ~issimos minime obliti sunt W. POIT. I 2; cum totidem ~ioribus gentis sue .. obviam venit GIR. *TH* III 40 p. 185; propter ~es qui Kambrice *hucheilwer*, quasi superiores viri, dicuntur *Id. DK* I 2; **1255** preditum ~em [sc. Guidonem de Lezinguam] *RGasc* I sup. p. 33; **1304** fervor zeli quem dictum ~em scimus erga rem publicam habuisse *Lit. Cant.* I 30; **1340** rex Francie ex dono concessit domino comiti .. et aliis ~ibus de comitiva sua *ExchScot* 464. **d** de duodecimhyndo (qui est plene ~is) cujus wera sunt duodecies c solidi (*Quad.*) *GAS* 19; si dominus accusetur .. adlegiet se cum v tainis (id est ~ibus) (*Ib.*) *Ib.* 337; twelfhindus est homo plene ~is, id est thainus (*Leg. Hen.* 76. 4a) *Id.* 593. **e** **961** ~i Eadric appellatur vocabulo *CS* 1075; Radulfus ~is *Feod. Durh.* 1on. **f** tale convivium facimus nos corpori et anime quia corpus est servus et anima ~is T. CHOBHAM *Praed.* 253

3 morally excellent, noble, brave.

vir .. longe animo quam carne ~ior BEDE *HE* III 19 p. 164; quartus igitur borealem [plagam] ~i custodia ab omni hostis incursione servavit BYRHT. *V. Ecgwini* 363; specimen ~is militie ostentans W. MALM. *GR* IV 388; gloriam .. mundi propter Deum contempnere, ~is est superbia BALD. CANT. *Serm.* 16. 41. 490; ~es ausus GIR. *TH Intr.* p. 5; superbia .. est vitium ~e: anima .. humana attendens suam ymaginem et se ad ymaginem Dei factam, et dedignatur se contempni T. CHOBHAM *Serm.* 19. 67vb; addidi que agentia possunt complere suas species et que non. nam agentia ~ia non possunt, ut angeli et celestia et homines BACON *Tert.* 109; quod tam ~is olim fortitudo et milicia Gallicana si adhuc esset cor vel aliqua humanitas in eis non possent tolerare tanti dedecoris maculam *G. Hen. V* 9.

4 excellent, noble, valuable: **a** (of animal or bird); **b** (of plant); **c** (of stone, metal, or element); **d** (gram., log., & mus.); **e** (med. w. ref. to organ essential for life).

a opima praeda invenitur, ~es equi W. POIT. I 40; melior sit vilissima bestia, canis vivens, ~issima fera, leone mortuo [cf. *Eccles.* ix 4] ANDR. S. VICT. *Sal.* 130; falconem ~em in saxo quodam sedentem cum forte conspiceret GIR. *EH* I 29; **1280** transmittimus vobis ad solatium et recreationem .. duos ~es gerofalcones altos *Foed.* II 1075. **b** ~iores ceteris vineae nascuntur BEDE *Cant.* 1097; vinum .. pigmentorum ~ium admixtione conditum *Ib.* 1208. **c** carbunculus lapis in primis ~is W. MALM. *GR* II 169; ex .. mutacione ~iora fient metalla M. SCOT *Lumen* 240; corpus humanum quod inter omnia elementa est ~issimum [TREVISA: *nobilest*] BART. ANGL. IV 1; BACON *Tert.* 40 (v. metallum 2b); ignis .. ~issimum elementum est T. SUTTON *Gen. & Corrupt.* 133; ensis .. de ~issimo auro KNIGHTON I 20 (v. Arabicus a). **d** ~issimum illud iter alternans ut nunc ab individuis .. ascendat, nunc .. ad individua .. descendat ADEL. *ED* 22; septimus modus ~issimus et dignissimus *Mens. & Disc.* (*Anon. IV*) 85; ~is quando .. aliud perficit ut ipsum perficiatur, indigens quando id in quod agit perficitur *Ps.*-GROS. *Gram.* 46; BACON *Tert.* 43 (v. conclusio 4b); racio qua potest fieri est quod ~ius accidens est potens ad se concipere minus ~e *Id.* XV 71; ista sciencia honorabilissima, ergo est de subjecto ~issimo sub racione ~issima; hujusmodi est racio finis et boni DUNS *Ord.* I 93; cognicionem practicam circa finem esse ~iorem omni speculativa *Ib.* 229. **e** quod materia traheretur per medium pectoris, et ita ad membrum ~e GILB. IV 193 r. 2.

5 (as sb. m. or n.) gold coin minted from 1344, noble: **a** double florin, one third of a pound, one half of a mark (worth six shillings and eightpence); **b** (worth eight shillings and fourpence); **c** (worth ten shillings); **d** (var.).

a s**1339** [rex] fecit monetam novam, ~e, obulum, et quadrantem GERV. CANT. *app.* II p. liii; monetam .. ordinavit novam .. et vocantur ~es, et digne, quia nobiles sunt pulchri et puri AD. MUR. *app.* 242; scutorum quorum semper duo valebunt unum ~e, sc. sex solidos, octo denarios argenti J. READING f. 176; s**1344** eodem tempore ~e et obolus et *ferthing* de auro ceperunt florere in regno KNIGHTON II 30; incepit moneta de auro, sc. ~e seu scutum auri (J. BRIDL.) *Pol. Poems* I 139; **1372** duos nobulos ipsius P. .. asportavit *SessP Lincs* I 183; s**1376** visum est sibi invenisse septem aureos quos florenos sive ~es appellamus *Chr. Angl.* 71; **1412** (v. contumacia b); **1413** Willelmus .. vi rapuit a depositoribus .. centum ~ia et ultra *ExchScot* 189; usque ad summum xl millia scutorum annuatim, quorum duo semper valent unum ~e Anglicanum ELMH. *Hen. V Cont.* 139; s**1465** georgius ~is pro vj s. viij d. (v. georgius); Thomas Stompys *handles*, et voluit sagittare pro noblem W. WORC. *Itin.* 190; **1489** ad valorem unius ~is Anglie vocate *angelot* et unus grossus .. valeat in Britannia iiij denarios Anglie et xx grossi .. valeant j ~e vocatum *angelot Foed.* XII 369; **1502** triginta millia aureorum ~ium Anglicorum, vocatorum *angel nobillis Foed.* XII 790. **b** p**1466** in ~ibus antiquis boni et justi ponderis ij[m] cccc ~ia, precii ~e viij s. iiij d., faciunt m li .. *Paston Let.* 906; quod unum ~e regis Henrici valeret viij s. iiij d. W. WORC. *Ann.* 783; **1470** decem antiqua ~ia Anglicana ad valorem singuli ~is viij s. iiij d. *Pri. Cold.* 218; Rex Edwardus .. auxit valorem [sc. nummismatis] aurei, adeo ut unum ~e aureum valeret viij s. iiij d. (*Chr.*) *Camd. Soc.* XXVIII 177. **c** **1464** pro novo auro ponderant' s' ~i x s. di. *nobyl* et quadrant .. et pro nobili de vj s. viij d. di. nobil et quadrant' (*Compotus*) *N & Q* II (1850) 411. **d** **1434** in viginti quatuor ~ibus Anglie, precium ~is quindecim solidi, de secundo anno dicte financie ... pro quinquaginta sex ~ibus Anglie, precium ~is decem et octo solidi, de financia ejusdem anni *ExchScot* 578.

nobilitare [CL]

1 to make outstanding or splendid, to distinguish, to celebrate: **a** (person, or his virtue); **b** (place); **c** (building). **d** (intr.) to be famous.

animadverte .. laudem suo generi asscriptam ipsius decori claritudinis .. ~are gloriam *Enc. Emmae arg.* p. 6; praesul celeberrimus .. / qui regem sacret .. / et regale caput stemmate nobilitet G. AMIENS *Hast.* 794; **1166** in civitate sua florere gloriosum est, et jocundum ~ari in patria J. SAL. *Ep.* 155 (170). **b** cum adhuc .. illa glorie nostre corona Mildretha suam insulam pretiosissimi corporis ~aret presentia, ego .. GOSC. *Transl. Mild.* 30 p. 198; illustriores electos .. qui sua vel vita vel morte ~arunt orbem terrarum W. NEWB. *Serm.* 902; corpore par aquile phenix Arabum regionem / nobilitat NECKAM *DS* II 186; a memoria vestra urbes preclaras non ventilavit oblivio, quas felix titulus prius ~avit ad gloriam D. LOND. *Ep.* 3. **c** peregrinas ecclesias usque ad hoc tempus cineribus ~arunt suis W. MALM. *GR* II 121; percuntantibus, cur .. illud oratorium suis ~aret precibus *Id. Wulfst.* II 3; hoc quoque monasterium sepedictus pater .. pace excellenter ~avit *Hexham* I 19. **d** †claut [l. cluit], pollet, viget, ~at *þihþ GlH* C 1140.

2 to ennoble, raise in rank; **b** (pass., by lineage or birth).

illos .. rex cum de infimo genere essent ~avit, regali auctoritate de imo erexit ORD. VIT. XI 2 p. 167; ~are, nobilem facere, insignire OSB. GLOUC. *Deriv.* 383; tales qui seipsos perdunt ut filios .. ditent aut ~ent *Latin Stories* 109; rex .. eis libertatem perpetuam eosdem ~ando concessit *Plusc.* X 31 p. 366; quando dominus rex aliquem ~at, solet una cum feudo .. liberatam suam ~ato condonare UPTON 33; nam licet princeps sit nobilitatis fons et ~are quem velit possit *Jus Feudale* 56. **b** Stephanus .., vir preclara ~atus prosapia *G. Steph.* 2; vere felices .. dixerim Christianos, qui tanto ac tali genere ~antur, qui in Dei filios adoptantur AILR. *Serm.* 28.3; non inflatus eas, licet ortu nobiliteris D. BEC. 382.

3 to render excellent, ennoble spiritually, morally or intellectually.

histrio, cor audax nimium quem nobilitabat / .. / hortatur Gallos verbis G. AMIENS *Hast.* 391; cum ratio origine divina ~etur J. SAL. *Met.* 926A; **1169** utinam videant oculi mei vos pre ceteris .. ~ari posse *Id. Ep.* 289 (292) p. 670; memento o homo qualem te fecerim .. quali dignitate te ~averim BALD. CANT. *Serm.* 11. 15. 514; sunt, quos virtus inhabitat, / quos natura nobilitat, / quos evehit fortuna P. BLOIS *Carm.* 27. 3. 14; absit ut [simia] hominis ratione ~ati possit ingenio parificari NECKAM *NR* II 129.

4 to behave as a nobleman, act nobly.

~o .. i. nobilem imitari OSB. GLOUC. *Deriv.* 374; crure supraposito cruri non nobilitando / elatus sedeas, nisi prefueris dominando D. BEC. 1219.

nobilitas [CL]

1 renown, celebrity, distinction.

singularis generosae virginitatis ~as ALDH. *VirgP* 15; quanta ~ate vigebat in armis *Ps.*-ELMH. *Hen. V* 45.

2 nobility of origin or rank.

discipolos [v. l. discipulos] ex piscatoribus facit, ut non ex sanguine ~atis THEOD. *Laterc.* 18; de generis ~ate gloriantes BEDE *Acts* 954; ~atem vero illam, quam ad saeculum videbatur habere, totam ad nanciscendam supernae gloriam dignitatis .. convertit *Id. HE* II 1 p. 74; quod si ~as est, .. laus veniens de meritis parentum, quis in hac ~ate .. eminentior me inveniri poterit? *Eccl. & Synag.* 54; nebulo cui ~as opes peperat W. MALM. *GR* II 165; gloriabantur .. Hebraei de ~ate generis sui AILR. *Serm.* 28. 1; neque libertas neque ~as .. vite diuturnitatem aut sanitatem confert NECKAM *NR* II 155.

3 (collect.) the nobility, nobles. **b** (*iuventutis ~as*, by hypallage) young nobles. **c** (*clericorum ~as*) higher clergy.

?**693** tot ~atis gradibus roboratum *CS* 121; a**888** mecum tota ~as West Saxonicae gentis .. consentiunt *CS* 555; Radulfus comes .. multaque ~as Francie affuit ORD. VIT. IV 2 p. 168; ~atis oppressor existens, in terre sue magnates .. deseviebat GIR. *EH* I 1; s**1381** ~as erat servituti subjecta, et rusticitas ad dominationis fastigium sublimata *V. Ric.* II 26; pene tota ~as milicie Gallicane *G. Hen. V* 14 p. 96. **b** omnis pene juventutis ex Anglia et Normannia ~as W. MALM. *GR* IV 306. **c** s**1231** cum .. ~ate .. magistrorum et clericorum (v. consistorium 2b).

4 (as title of honour used esp. in addressing royalty). **b** (*~as regalis* or *regia*, w. ref. to the king).

rogo ne despiciat vestra dives ~as ANSELM (*Ep.* 10) III 113; litteras igitur vestre ~ati transmittimus AILR. *Ed. Conf.* 758; nobilissime rex, delata est imperio meo missa littera tue ~atis .. in qua scripsisti .. DICETO *Chr.* 257; **1224** ~ati vestre notificamus *Pat* 432; premissa .. velit vestra ~as debite ponderare AVESB. f. 98b; **1452** non possumus aliud vestre ~ati rescribere *Foed.* XI 312. **b** regalis ~as stricta obsidionis indagine circumcinxit utrumque *Ps.*-ELMH. *Hen. V* 49; ~as regia .. fedus inivit *Ib.* 50; fratri regis .. regalis ~as .. assignavit custodiam *Ib.* 52.

5 nobility of nature or character, honourableness. **b** noble reputation, honour. **c** (pl.) moral principles.

793 te de Dei caritate ammoneo et ~atem imaginis illius serva ALCUIN *Ep.* 15; non ad ~atem animi sed sanguinis nostra .. se transfert consideratio NECKAM *NR* II 155 p. 244; honeste generacionis ~atem HOLCOT *Wisd.* 147 (v. ignobilitas 2). **b** indelebili macula ~atem suam respersit W. MALM. *GR* IV 389; absit ut mea ~as maculetur proditione nefaria ORD. VIT. IV 13 p. 262. **c** de ~atibus, sapienciis, et prudenciis regum MILEMETE *Nob.* 1; regnorum Anglie et Francie ~ates, modos et gesturas .. videre desiderat *Ps.*-ELMH. *Hen. V* 31.

6 excellence.

~atem religionis non minore quam parentes et cognati virtute devotionis exercuit BEDE *HE* II 1 p. 73; sunt .. quedam nomina locorum inhabitatorum que causa ~atis singulare non habent sed tantum plurale, ut Athene, Londinie, et consimilia *Ps.*-GROS. *Gram.* 40; finaliter nobis hujus legis ~as et omnia ejus carismata inde luculentissime redundabunt FORTESCUE *NLN* I 33.

nobilitatio

1 ennoblement.

hec nobilitas est magna quia datur per principem. sed ex hac ~one non consequitur quis generositatem quia generositas descendit ex jure nature UPTON 6; patet quod tales principes aut domini suos sic acceptos nobilitantes solent in illa ~one certum feudum eis assignare *Ib.* 33.

2 granting of franchise.

1361 omnia et singula .. libertates, privilegia et immunitates, pardonationes, ~ones, et franchisias .. duximus confirmanda *Foed.* VI 342.

3 (mus.) enhancement.

~io soni est augmentatio ejusdem vel diminutio per modum superbie GARL. *Mus. Mens.* P 15. 22 p. 96.

nobilitatrix, ennobler (f., in quot., of Virgin Mary).

vetusti .. dedecoris expiatricem et sexus muliebris ~icem W. NEWB. *Serm.* 826.

1 nobiliter [CL]

1 outstandingly, splendidly, in a distinguished or celebrated manner.

fundamenta ecclesiae, quae ~iter jacta vidit BEDE *HE* II 4 p. 87; scientia scripturarum ~issime instructus *Ib.* V 15 p. 315; vere famulus Dei erat quem ~iter episcopi hujus patriae consecraverunt BYRHT. *V. Ecgwini* 355; quamvis primo cepisset austerius, multa per eum ibi ~iter cepta et consummata in ornamentis et libris W. MALM. *GR* IV 340; November Romanum regnum denotat, quod per duas septimanas .. in Occidente ~iter durabat HON. *GA* 688A; [corpus humanum] quod inter omnia elementa est nobilissimum et ~issime inter omnia composita ordinatum BART. ANGL. IV 1; **1415** capa de auro .. cum orphreis enbroudata ~iter cum imaginibus *Foed.* IX 273.

2 nobly, in a socially elevated state.

vir ~iter natus OSB. GLOUC. *Deriv.* 603.

3 in a spiritually or morally noble way.

Beroea, civitas in Macedonia quae verbum Domini ~iter accepit BEDE *Nom. Act.* 1036; magis ~iter mori quam miserabiliter vivere peroptarunt ORD. VIT. XI 26 p. 250; contra superbiam que omni dignitate indigna est, ~iter superbit BALD. CANT. *Serm.* 1. 39. 570; inter opera nequitie sue unum ~iter et honeste fecisse dicitur MAP *NC* II 23 f. 32.

4 nobly, with the action of a nobleman.

regno Merciorum ~issime .. praefuerat, ~ius multo regni sceptra reliquit BEDE *HE* V 19 p. 321; nobiliter patrias et rexit habenas ALCUIN *SS Ebor* 566; regia nobilitate, sed ~ius morum probitate ANSELM (*Ep.* 10) III 113; nobiles de comitatu illo ~iter se habebant AD. MUR. *Chr.* 159.

nobilus, noblis, nobulus v. nobilis.

1 noca, ~ium [ME *nok*]

1 piece, portion.

1341 unam ~ium carnis die carnium *Mem. Ripon* I 224.

2 nook, corner (of land).

1172 dimidiam virgatam et unam ~am in Uffinton[a] *Papsturkunden in England* I 383 n 114; **1231** Agnes que fuit uxor W. de R. per atornatum suum petit versus W. de R. tertiam partem trium noctarum terre *CurR* XIV 1714; **1239** Cristiana . . petit versus Willelmum . . terciam partem j nocke terre cum pertinentiis in Ludeford *Ib.* XVI 1016; **1250** de una *noke* terre et tribus solidatis redditus . . unde . . L. unam nokam exceptis quatuor acris terre et . . W. quatuor acras terre et tres solidatas terre inde [*sic*] tenent *Ib.* XIX 1444; W. de Wallecroft tenet unam nokam terre *RBHeref.* 16; **1281** in Bearston' sunt sex virgate terre et dimidia virgata et dimidia noka *IPM* 27 (5) m. 3; **1347** dedit tres ~as terre de dominico suo dicte capelle *Reg. Heref.* 39.

2 noca [OF *noiz* < nux], nut.

1309 in pomis et ~is iij d. *Rec. Leic.* I 264.

nocata [cf. 1 noca], nook, corner, measure (of land).

1255 tenet in eadem quinque nokate terre *Hund.* II 60b; intraverunt in tres nokatas terre *Ib.* 72; **1301** duas ~as terre . . in Shawebury *Cl* 118 m. 14; **1310** illi . . qui tenuerunt dimidiam virgatam terre vel ~am terre *Antiq. Warw.* II 911; **1324** de j ~a terre quam Philippus Caitebat tenuit . . et pro j ~a ij plac' et ij acr' terre quas Willelmus Faber tenuit *MinAc* 965/5; **1418** noverit . . nos dedisse . . unam nokatam terre . . *Reg. Heref.* 26; **1552** unam ~am terre *CalPat* IV 366.

nocenter [CL]

1 harmfully, injuriously.

ille apparentie . . aut innocenter transeunt aut ~er MAP *NC* II 13 f. 27v; cum . . libido iniquorum judicum abutitur ejus ministerio, tanto ~ius urit quanto subtilius incidit R. NIGER *MR* 250.

2 blameworthily.

quanto . . in innocentes ~ius insurgebat *G. Steph.* I 1.

nocentia [LL], harm, damage, injury.

sicut nigredo maliciam et ut ita loquar ~iam notat, sicut candor bonitatem et innocentiam ANDR. S. VICT. *Dan.* 62; promisimus . . eidem Roberto ut nunquam super aquam dicti molendini ad illius ~iam molendinum faciemus *Reg. S. Thom. Dublin* 66; peccatum carnis est primum quoad hostis applicacionem atque ~iam, cum 'nemo leditur nisi ledatur principaliter a se ipso' WYCL. *Civ. Dom.* I 16; in ~iam et gravamen sui domini suis fallaciis [et] blandiciis illuserunt AMUND. I *app.* 428.

nocēre [CL]

1 to harm, injure physically; **b** (w. dat.); **c** (w. acc.); **d** (absol.).

rex . . non est ~itus ab eis *Flor. Hist.* III 115. **b** si episcopus juberit, non ~et illi, nisi ipse similiter faciat THEOD. *Pen* I 1. 4; fingunt ideo his non ~uisse hominibus *Lib. Monstr.* II 32; vir fuit hic felix, qui nulli nocuit umquam *Mir. Min.* 481; cur hoc autem, nisi quia tante sanctitatis esse credebatur que nec obsessis ~itura esset nec obsidentibus? *V. Gund.* 28; uterque alteri ~ere concupivit ORD. VIT. VIII 24 p. 413; quodlibet nocumentum corporale carni ~ens [ME: *ðet eileð þe vlesche*] *AncrR* 60. **c** nullus alium ~eat aut inquietat *Cust. Westm.* 140; ut non ~iatis hunc famulum Dei *AN Med.* II 224. **d** si . . tunc plus non accipit quam decretum est a senioribus, nihil ~et THEOD. *Pen.* I 1. 4; per totum pene anni circulum carnes ad esum et vaccine valent et porcine ~ent GIR. *TH* I 33; non multum ~uit ignis AD. MUR. *Chr.* 88.

2 a to cause to ache. b (intr.) to ache.

a asserebat . . sermonem plurium capiti suo ~iturum G. MON. III 17. **b** *to ake*, ~eo . . †ubi [?l. verb.] *to hurt CathA.*

3 to harm in respect of circumstances or interests.

peccatum Adae cunctis hominibus ~et BEDE *Cant.* 1073; an peccata mea potentia sunt ad ~endum et merita tua impotentia sunt ad subveniendum ANSELM (*Or.* 12) III 47; viduae et pupillo non ~ebitis (*Quad.*) *GAS* 39; **1258** contra homagium quod . . abbati fecerat et contra fidelitatem eidem factam tenuit quendam j ad ~endum sibi et hominibus suis *SelPlMan* 56.

4 (pr. ppl. as adj.) harmful, injurious, damaging. **b** (as sb.) harmful or injurious person.

fervida mox hominis turgescunt membra nocentis ALDH. *Aen.* 46 (*Urtica*) 4; ne forte quid per eos allocutionis aut consilii ~entis accipiat BEDE *Ep. Cath.* 39; hominum sanguini, quamquam ~entissimo, parcere

---

maluit solita illa temperantia W. POIT. I 38; eo quod sibi visum est crimen dulcius quo ~entius MAP *NC* III 4 f. 42v; prodicio pessima pestisque pre ceteris omnibus ~entissima GIR. *SD* 18. **b** Christus non dubitavit manibus tradi ~entium *Rit. Durh.* 24; divina lex . . precipit ut comprimant ~entes ne perimant innocentes ORD. VIT. VII 16 p. 245; tribulationem patitur a malis, sicut . . innocens a ~ente, justus ab injusto BALD. CANT. *Serm.* 14. 30. 447; Theodosius . . populum in circo fecit interfici sine delectu ~entis et innocentis R. NIGER *Chr.* I 45.

nochia v. nusca.

nocibilis [LL], harmful, injurious; b (w. dat.).

aqua . . nascens in terra lapidosa . . est gravis infirma ~is BACON V 90; nulla res ~ior nec sanguinis provocabilior quam dolor et inclinatio membri GAD. 9. 2. **b** presentantes ei . . ea quibus juvatur, custodientes . . ipsum ab omni eo quod est ei ~e BACON V 132.

nocifer [ML], that brings injury or ruin.

tanquam lethalis quedam pestis ~era et per regnum et per sacerdotium longum nimis et circumplexum traxit post se funem malorum H. BOS. *Thom.* III 21.

nocimentum v. nocumentum.

nocitivus, harmful, injurious. b (as sb. n.) harmful or injurious thing.

non solum infectionis sustinent malitiam sed etiam quicquid onerosum et superfluum ipsius complexioni ~um suscipitur *Quaest. Salern.* B 107; utrum res sit fugienda propter intentionem si . . intentio sit ~a, vel appetenda . . si ipsa sit expediens J. BLUND *An.* 254. **b** sensus quidem nature est vis quedam nei naturaliter insita, que ~a repellit, juvantia vero attrahit *Quaest. Salern.* B 271; superfluitas evagans in angulos in quibus lateant ~a *Ps.*-RIC. *Anat.* 21; ad expellenda ~a in membris pectoris superflua GILB. 186v. 1.

nocitura [cf. CL nocere], harm, injury, damage.

quoniam ipse rex pietatis et pacis erat, immo quia est, non ~e alicui operam dedit, sed hostes liberos abire permisit J. WORC. 49.

nocium v. 1 noca.

nocive [LL], harmfully, injuriously.

ulcisci promptissima est, tam argute quam ~e NECKAM *NR* II 123.

nocivitas [LL], harmfulness.

ab hujusmodi intentionibus veris seu falsis intentiones concipit utiliter et delectabiliter, itemque ~atis et tristabilitatis *Ps.*-GROS. *Summa* 468; cum ergo dantur homini potencia et instrumenta ad benedicendum tam bonis quam malis, quam innaturalis perversio legis Dei foret sic maledicere; ex quo patet ejus ~as WYCL. *Mand. Div.* 416.

nocivus [CL]

1 physically harmful, injurious; b (med.).

~iva viperarum venena ALDH. *VirgP* 35 p. 278; Lernaeum anguem poetarum fabulae fingunt dirum fuisse spiramine et tartareo ~um veneno *Lib. Monstr.* III 1; **12. .** ad herbarum ~arum consumptionem *Cart. Glouc.* III 218; aque potus supra modum ~us H. BOS. *Thom.* III 16; duo tantum animalium genera ~a insulam habere Beda describit GIR. *TH* I 27; que sunt eis periculosiora et ~iora, puta foveas, laqueos, hostes . . et alia que possunt inferre corpori lesionem OCKHAM *Dial.* 702. **b** quod venenum in eo calorem non extinguit ex fortitudine nature et ex abundantia ~e superfluitatis contingit *Quaest. Salern.* B 78; colera que ceteris est nimis calida et ~a BART. ANGL. IV 10; cibus remanet in fundo stomachi ponderosus indigestus et ~us BACON V 72; si sub contrariis circumstanciis ipsum coitum assuescatis, vobis plurimum erit ~ius KYMER 19.

2 harmful in respect of circumstances or interests; b (moral or spiritual). c (as sb. n.) harmful or injurious thing.

si parit invidia socios tibi forte nocivos, / audi, dissimula D. BEC. 398; ipsa dissolutio aut erit ~a aut expediens J. BLUND *An.* 225; apes . . eligunt flores sibi competentiores et sibi ~os respuunt *Ib.* 412; non in vaniloquiis aut ceteris ~is dictis aut loquelis BLAKMAN *Hen.* VI 15; quod multum difficile est et ~um dicto domino episcopo *Reg. Paisley* 143. **b** ne rupto interius foedere fraternitatis pandatur exteris janua

---

~ae inruptionis *Hist. Abb. Jarrow* 25; ~am maestitiae pestem . . repellite BEDE *Ep. Cath.* 39; dedecorose . . me honorant qui me . . ~o obsequio infamant GOSC. *Lib. Mild.* 25; ea [superbia] . . quae est in voluntate, ~ior est quam sit illa, quae est in opinione ALEX. CANT. *Dicta* 2 p. 117; qui modestus esse voluerit, voluptates ~as et universa que carni blandiuntur abiciat W. DONC. *Aph. Phil.* 3. 33; Aristoteles est tua consciencia sive racio, que semper murmurat et contradicit illis, que sunt anime ~a *G. Roman.* 288. **c** ad nomen divum procul effugat omne nocivum *Poem. Hild.* 105; parit imaginatio cautelam que ~a declinet J. SAL. *Met.* 922D; anima est respuitiva ~i J. BLUND *An.* 71; tamen in ove sic mutata non esset intentio ~i, sed convenientis DUNS *Ord.* III 43; jugiter amantibus te ~a transeunt, et prospera et leta in spiritualibus succedunt ROLLE *IA* 217.

3 that causes nuisance, noxious.

cur creavit Deus muscas et culices et alia que sunt homini ~a? HON. *Eluc.* 1117B; **1269** ad malefactum insolencias et alia magistris et scolaribus universitatis ejusdem velle ~a . . reprimenda *BBC* (*Cambridge*) 163; **1371** habet quandam viam ex opposito domus sue ~am *CourtR Winchester*; **1409** latrina . . ~a valde (v. exprecari); **1441** ad emendacionem viarum ~arum *Reg. Cant.* 574.

4 (astr.) baleful.

[luna] si proprium haberet ignem, ~um haberet ardorem ADEL. *QN* 69; tunc est luna deterior, cum fuerit in secunda medietate reproba vel ~a BACON V 109; cum illa stella ~a in celo que canis primus dicitur oriatur cum sole (J. BRIDL.) *Pol. Poems* I 170; [stella Saturni] gelida, quia ~a est et malivola FOXTON *Cosm.* 82. 1. 3.

nocka v. 1 noca. **nocta** v. 1 noca, notta. **noctabundus** v. noctuabundus.

noctanter [LL], by night.

1278 feras suas cepit ~er contra pacem *Reg. Heref.* 69; **1301** non contra pacem aut ~er . . immo cum pace et de die *Law Merch.* II 66; **1340** Willielmus . . muros dicti prioratus Dunolmie ~er ut apostata transcendens . . *RScot* 581a; piscis ~er adductus in civitatem non removeatur extra batellum ante ortum solis *MGL* I 345; **1462** ipsi ~er invaderent J. Harres . . et eum occiderent, viz. guttur ejus scindendo *MunAcOx* 696; **1583** ~er, sc. circa horam undecimam post meridiem *Pat* 1236 m. 27.

noctare [ML], to spend the night.

hec nox . . unde . . ~o, -as, quod non est in usu OSB. GLOUC. *Deriv.* 370; veniam . . tecum noctare D. BEC. 1406.

noctescere [CL], to grow dark, turn to night; b (fig.).

sidera texuntur jaculis, superosque sagitta / territat et densa noctescit harundine celum HANV. V 349; sagittarum umbris claritas ~ebat ethera *Ps.*-ELMH. *Hen.* V 37. **b** dum voto accommoda fiunt / omnia, [virtus] noctescit HANV. VIII 114; sub fati tenebris me noctescente, diescat / hic liber *Ib.* IX 479; perfectio versificatori non hyemet, non estivet, non ~at, non diescat sine astronomia GERV. MELKLEY *AV* 214; per te fit sol ypogeus, / dum de celo lapsus Deus / carnis toga tegitur; / sic noctescit, sed psalmista / teste sicut dies ista / nox illuminabitur WALT. WIMB. *Virgo* 127; sol furnescit, sol languescit, / sol noctescit et nigrescit *Id. Var.* 50; dum utraque noctescit species, / tunc diescit luctus congeries J. HOWD. *Ph.* 301.

noctevagus v. noctivagus.

nocticinium [cf. CL nox, conticinium], night.

ab hora quasi undecimum diei usque ad ~ium *Mir. Margaretae* f. 31v.

nocticola [LL], one who haunts the night.

nocticulam quandam vel Herodiadem vel presidem noctis dominam J. SAL. *Pol.* 436A (v. domina 1f).

nocticorax v. nycticorax. **nocticula** v. nocticola, noctiluca.

noctifer [CL], that brings the night, night-bearing; b (w. ref. to the fallen condition of Lucifer).

mundique minoris / sidera noctiferum sepelit caligine peplum HANV. VII 267. **b** o infelicissime Lucifer, jam non lucifer sed ~er P. BLOIS *Serm.* 679C; unde et

Lucifer vocabatur nunc autem ~er sive tenebrifer *Ib.* 722D.

noctifigus v. noctivagus.

noctifugus [ML], that puts darkness to flight (in quot., fig.).

animi sollercia, lampas / previa, noctifugam ferat insopita lucernam HANV. VIII 163.

noctilopa v. nyctalopia.

noctiluca [CL]

1 the goddess Hecate, assoc. w. the moon.

natura ~e *Sculp. Lap.* 451 (v. Hecate).

2 animal that shines in darkness: **a** glowworm. **b** firefly.

a ~a, vermis nocte lucens OSB. GLOUC. *Deriv.* 382; hec nictecula, *vers qui luist par muit Gl. AN Glasg.* f. 21vb; stellio, i. animal parvum lucens de nocte, A. glareseye, alio nomine dicitur noctoluca *Alph.* 168; hec noctoluca, A. *glydeworme*; . . hec nocticula, *a glouberd WW*; *a worme*, . . gurgulio . . noctiluga [v. l. noctiluca] est vermis lucens in nocte *CathA*. **b** ~a est modica bestiola, multipes et alata . . . in tenebris lucet ut candela BART. ANGL. XVIII 75; philosophi . . posuerunt summum premium philosophorum magnorum hoc esse, quod post mortem in apes, aut ~as transirent BRADW. *CD* 95A.

noctilupa v. nyctalopia.

noctivagare [cf. CL noctivagus], to wander or prowl by night. **b** (pr. ppl. as sb. m.) one who wanders by night.

1326 inventus fuit ~ans (v. custos 5b); **1435** magna multitudo armatorum de predictis legistis ~abat *EpAc Ox* 134; **1452** arma portantes †notivagaverunt [MSS: noctivagaverunt] *MunAcOx* 634. **b 1395** sunt ~antes et communes pacis perturbatores *Proc. J. P.* 134; quidam capellanus positus fuit in Tonello, quia ~ans *MGL* I 601.

noctivagax [noctivagare + -ax], one who wanders by night.

1371 est communis ~ax contra pacem et de die in diem ad bonum apparatum et victum et vestitum et nichil habet in bonis in terris nec tenementis *SessPLincs* 182; W. R. est communis transgressor et affraiator pacis et communis ~ax *Ib.*

noctivagus [CL]

1 who wanders by night, that roams at night.

sibi credula fingit / noctivagas ululasse striges J. EXON. *BT* II 412; noctivagus monstrat sopor hanc mihi pauca locutam / sicque probat patriam, Virgo beata, tuam GARL. *Epith.* IV 251.

2 (as sb. m.) night-walker, prowler; **b** (in phr. *communis ~us*).

tota nocte ~us cum sociis oberrabat R. COLD. *Godr.* 94; **1280** presentatum . . quod iidem J. et R. ~i sunt *Gaol Del.* 35 B m. 40; omnes noctevagos causa furandi *Conc. Scot.* II 72; ecclesiam subintravere ~i *Mir. Hen. VI* II 59. **b 1375** J. depredatus fuit . . et est communis ~us et male fame *Leet Norw.* 6; **1391** communis notivagus *Rec. Norw.* I 383; **1414** [juratores] dicunt quod predictus Thomas est communis ~us *AncIndict* 205/3 m. 114; **1445** J. T. est communis noctifugus et solet stare ad fenestras per noctem *CourtR* 208/25 m. 2; **1467** communis ~us vocatus Anglice *a nyghtwalker* contra formam statuti *Rec. Nott.* II 264; **1475** inquiratur . . si . . sit communis ~us per vicos plateas et fenestras ad audiendum consilia et secreta vicinorum suorum sub fenestris suis *Proc. J. P.* 239.

noctoluca v. noctiluca.

noctu [CL], by night, at night.

lagoenas . . ~u coruscantes GILDAS *EB* 69; dicunt . . monstrum quoddam nocturnum fuisse quod semper ~u per umbram caeli et terrae volabat *Lib. Monstr.* I 42; quem dum orationibus continuis . . die ~uque studere conspiceret BEDE *HE* I 7 p. 18; divinum officium die ~uque devote perficeretur Gosc. *V. Iv.* 90C; militem ~u a matre redeuntem filius offendens GIR. *IK* I 2; **1201** nequiter et ~u interfecit patrem suum *SelPlCrown* 85; priorissa ejusdem manerii strangulata fuit de cato suo in lecto suo ~u *Reg. S. Aug.* 283; die noctuque W. BURLEY *Vit. Phil.* 116.

noctua [CL], night-owl; **b** (as bad omen); **c** (prov.).

~ae ALDH. *PR* 131, ~arum *CathA* (v. cuccubire); nomina avium: strix vel cavanna vel ~a vel ulula . . *ule* ÆLF. *Gl.* 131; quales aves sepissime capis? . . capio . . ~as, i. strices, et turtures ÆLF. BATA 6 p. 85; vespertiliones et ~ae non nisi in nocte caelum videntes ANSELM (*Incarn. A*) I 284; ubi . . visibilis spiritus est valde subtilis . . in die ex splendore solis nimis dispergit, ut in ~is *Quaest. Salern.* B 291; nox ergo noctuas vocat in tenebris WALT. WIMB. *Carm.* 439; sic ~a videt in tenebris, in luce cecatur *Regim. Princ.* 130. **b** prenuntia fati / noctua precedit, properanti morte propinquos / occasus infausta canens HANV. VI 159. **c** poscitur ad rapidum noctua tarda diem L. DURH. *Dial.* IV 476.

noctuabundus [CL = *who travels by night*], who spends the night.

ad Godrici tumbam noctabundus evigilavit R. COLD. *Godr.* 378.

noctualis [ML], that occurs at night.

13 . . tide ~es *Little RB Bristol* I 57 (v. daitida).

noctuatim [ML], nightly, each night.

1503 collecta ~im post completorium *Reg. Glasg.* 505.

nocturnalis [LL]

1 nocturnal, of the night. **b** that occurs or appears at night.

fontes in Garamantia . . tempore ~i ita ignescunt quod nullus hominum illos audeat appropinquare pre nimio calore *Eul. Hist.* II 201. **b** an nocturnalia timent prodigia? WALT. WIMB. *Carm.* 446.

2 (eccl. & mon.) of the office of nocturn.

~i peracto officio [AS: *þæt nihternra gedonre þenunge*] *RegulC* 29; ~e officium agatur secundum quod in antifonario habetur ÆLF. *EC* 9; ad signum ~ium laudum Gosc. *Mir. Iv.* lxiii; cum ergo ~ia ibi solennia celebraret, claviger ejus in cubiculo dormiebat *Id. Lib. Mild.* 8; tunc statim pulsatum est ad ~e officium *Canon. G. Sempr.* f. 111v; quales in ~ibus ejus officiis lectiones deberent recitari *Ib.* f. 114.

3 (of music appropriate to nocturn): **a** (tone); **b** (hymn).

a due lectiones . . leguntur, una sub tono ~i, altera sub tono conmuni BELETH *RDO* 90. 92. **b** ~es hymnos in vigiliis . . preoccuparet *Chr. Evesham* 51; in fine . . psalterii sunt ympni tam ~es quam diurnales ELMH. *Cant.* 97.

4 (of clothing worn during nocturn): **a** (nightslipper); **b** (belt).

a eant fratres ad exuendas diurnales calceas induantque ~es [AS: *nihtlice*] *RegulC* 25; sotulares diurnos et ~es *Inst. Sempr.* *xliv; botis ~ibus calciati *Cust. Westm.* 144; preterea subcamerarius faciet per famulos suos ungere sotulares ~es tocius conventus *Cust. Cant.* 196. **b** se cingent consequenter cingulo ~i *Cust. Cant.* 192; cingulis ~ibus *Ib.* 271 (v. cingulum 1c).

5 (as sb. m. or n.): **a** book containing night-office. **b** night-slipper.

a presbyter debet habere . . divinos libros, sc. missalem, . . psalterium, ~em, gradalem ÆLF. *Ep.* 2. 137. **b 1072** statim surgentes fratres calcient se ~ibus suis LANFR. *Const.* 105; calciati ~ibus suis . . . . ~es suos calcient *Ib.* 159; cuilibet fratri unum par ~ium *Cust. Cant.* 196; **1091** ~ibus nostris indutus . . in claustrum descenderem, ibi . . omnia coruscabant *Croyl.* 96.

nocturnaliter [ML], by night, during the night.

haec quaeque ~iter visa protestans verissima verax creditur HERM. ARCH. 18 p. 50.

nocturnare [ML]

1 to spend the night.

1274 ~are quasi totaliter pervigil (v. diuturnare); diluculo et clam ~ando aufugit *Eul. Hist.* III 212.

2 to say the office of nocturn.

in basilica cum suis ~abat Winwaloeus (*V. S. Winwaloei*) *NLA* II 570.

nocturnicanis, dog that prowls at night.

clericus respondit "mallem ut ~es te haberent corrosam diris morsibus, quam dorso imponerem meo tam inhonestum pondus!" LANTFR. *Swith.* 20; sic demum decoriata pelle capitis cum crinibus, per omnia pene membra mortuus relinqueretur in agris, devorandus a feris et avibus atque ~ibus *Ib.* 26.

nocturnitas, darkness (of night).

nubium ~ate picea *Ps.*-ELMH. *Hen.* V 77 (v. delucere).

nocturnix, one who acts by night.

1361 Matheus de Fistewell ~ix communiter furavit . . blada *Proc. J. P.* 355.

nocturnus [CL]

1 nocturnal, of the night. **b** that occurs or appears at night.

surrexit . . Christus . . ora [v. l. hora] ~a x circa diluculo THEOD. *Laterc.* 11; ecce, nocturno tempore / orto brumali turbine (ALDH.) *Carm. Aldh.* 1. 19; scire volens quomodo vitam ~am transegeret *V. Cuthb.* II 3; habeat . . frater laternam qua ~is [AS: *nihternum*] horis . . videndo consideret *RegulC* 57; quidam monacus . . ivit ad episcopum ~o intervallo ÆLF. *Æthelwold* 24; per somnium in ~o tempore revelavit Dominus Danieli secretum ANDR. S. VICT. *Dan.* 23. **b** ~o sole non longe sub terris . . redeunte BEDE *HE* I 1 p. 11; in visione ~a apparuit *Ib.* V 10 p. 301; ~is autem adpropiantibus umbris FELIX *Guthl.* 52 p. 164; diurnis ac ~is sollicitudinibus ANSELM (*Ep.* 117) III 252; calor diurnus et humor ~us beneficia sua rebus largiuntur NECKAM *NR* II 156; GAD. 12. 1 (v. disconvenientia c).

2 (of person, animal, or sim.) active at night; **b** (w. adverbial force).

dicunt . . monstrum quoddam ~um fuisse quod semper noctu per umbram caeli et terrae volabat *Lib. Monstr.* I 42; cavens sibi ad occursum hostis ~i *V. Birini* 3 p. 6; non solum enim contra seu fures ~os seu latrones diurnos canis ad latrandum erat DOMINIC *V. Ecgwini* I 4; striges . . i. aves ~e OSB. GLOUC. *Deriv.* 544. **b** basilicam . . ~a [sc. regina] cum suis aggrederitur ÆLNOTH *Cnut* 66; cum caelestia signa ~us et notares et dividere ADEL. *QN* 73; ut manifestetur, nocturnus in igne videtur *V. Anselmi Epit.* 19 (cf. EADMER *V. Anselmi* I 16); pinxit characteres ~us, diurno quippe non vacavit AD. MARSH *Ep.* 191.

3 (eccl. & mon.) of the office of nocturn.

dominica nocte tribus psalmis . . agitur ~a laus [AS: *uhtsanglic lof*] *RegulC* 59; in crastino ante ~as vigilias pulsentur signa, bina et bina, dehinc simul omnia LANFR. *Const.* p. 131; "quo laus nocturna canatur / tempus" ait "quero". famulus: "jam stat prope, spero" *Poem. Hild.* 531.

4 (of music appropriate to nocturn).

jam enim hora transierat qua ~a cantica celebrare consueverat *V. Chris. Marky.* 52.

5 (of clothing worn during nocturn).

canonicorum . . sotulares tam diurni quam ~i rubei corei sint *Inst. Sempr.* *xlv.

6 (eccl. & mon., as sb. m., f., or n.) nocturn; **b** (dist. as *primus, secundus, tertius*).

804 ~os celebramus propter quod media nocte ad judicium venturus esse creditur Dominus ALCUIN *Ep.* 304a; finitis eisdem psalmis, incipiant ~am [AS: *uht sang*]. peractis ~is [AS: *nocturnum*] dicant duos psalmos *RegulC* 17-18; dum lectiones leguntur ad ~os [AS: *nocturnum*] *Ib.* 57; canatur hymnus . . ad completorium 'te lucis ante terminum', ad ~as [AS: *niht sange*] 'nocte surgentes', ad matutinas 'ecce jam noctis' *Ib.* 60; surrexi de lectulo et exivi ad ecclesiam et cantavi ~am [AS: *uhtsang*] cum fratribus ÆLF. *Coll.* 101; quis excitat te ad ~as [AS: *uhtsancge*]? *Ib.* 103; post ~a et familiares psalmos officium mortuorum LANFR. *Const.* p. 89; inter psallendum et ante ~am pulsentur signa in duodecim lectionibus *Ib.* 104; post decantatum ~um dominus noster archipresul ut pausaret in lectum suum se recepit H. Bos. *Thom.* IV 30; accipitur . . ~orum pro ipsis officiis BELETH *RDO* 20. 32; quandocumque ad matutinas ~um dicitur *Reg. S. Osm.* I 26; **1236** habeantur candele ardentes . . ad utrasque vesperas, et ad ~os et ad laudes et ad missas *Ann. Wav.* 317; ardebunt cerei . . per totos ~os et matutinos *Cust. Westm.* 255; hymnus in duas dividitur partes, prima pars ejusdem dicatur ad vesperas et ad

~um, altera vero pars dicatur ad laudes *G. S. Alb.* II 423. **b** tertium enim ~um de dominica die nunquam erit, nisi praecedentia duo de ea fiant LANFR. *Const.* p. 138; raro quando dicebatur secundum ~um sedebat, nisi infirmitas gravis aut lassitudo multa coegisset *V. Gund.* 22; ad vesperas super psalmos quatuor antiphonas condidit, et in secundo ~o tres ultimas adjecit ORD. VIT. III 7 p. 96; in solemnitatibus ad secundam ~am pariter surgebant ministri BELETH *RDO* 20. 32; **1257** articuli autem tantum continent litere quantum duo ~a vel tria M. PAR. *Maj.* V 638; circa medietatem secundi ~i *Cust. Westm.* 26; qui primam antiphonam super primum ~um . . incipit *Obs. Barnwell* 102.

7 (as sb. f.) time for recitation of nocturn.

et sciendum cum nocturnus dicitur, cantus intelligitur, cum autem ~a, tunc hora accipitur HON. *GA* 620C; accipitur . . ~a, ~e pro hora BELETH *RDO* 20. 32; ~e, ~arum dicuntur tempora quibus psalmi cantantur *Ib.*

8 (as sb. m., f., or n., w. ref. to certain psalms chanted during the night office).

~us . . cantus HON. *GA* 620C (v. nocturnus 7); ~a, ~e psalmi appellantur qui dominicis diebus dicuntur antequam recitantur lectiones BELETH *RDO* 20. 32; ~i . . dicuntur novem psalmi et novem lectiones cum suis responsoriis in sollempnitatibus *Ib.* 20. 32; iterum lectura unum Joannem et super tertium ~um psalterii TREVET *Ann.* 290; **1346** R. luminabit omnes psalmos de grossis literis . . et omnes litere in incepcione ~orum erunt grosse litere unciales *Fabr. York* 166; statutum . . quod redderent annuatim certos ~os psalterii David prophete et antiphonas cordetenus *Process. Sal.* 154; unum psalterii ~um . . memoriter pronunciavit FERR. *Kinloss* 63.

9 (as sb. f.) night.

quanta sit horarum planetarum nocturna (ELVEDEN *Cal.* 5) *SB* 5 (v. aurora a).

nocumentivus, harmful, prejudicial (in respect of circumstances or interests, in quot. w. obj. gen.).

1394 nisi mercata . . sint ~a vicinorum mercatorum *Reg. Heref.* 49.

nocumentum [LL]

1 harm to the body, physical injury. **b** (med., something that causes) ache or pain.

displicencia exterior, sicut morbus, miseria, pudor, infortunium et quodlibet ~um corporale carni nocens *AncrR* 60; vas aque . . veneno infectum . . bibit et nullum omnino ~um . . sensit (*V. S. Finani*) *NLA* I 445; ~um in corpore est causa doloris T. SUTTON *Quodl.* 299. **b** vitalibus . . multa vice removendo ~a RIC. MED. *Anat.* 234; an aking, ~um *CathA*.

2 damage.

ad ~um castelli *G. Hen. II* I 354; s**1403** ferro et flamma devastando ~a tenere non modica intulerunt Anglicis AD. USK 85; **1438** quod nullus predictorum regum . . faciet, inferet, . . aut inferri permittet . . per terram . . aut per mare . . molestiam, ~um, invasionem, dampnum sive gravamen *RScot* 307b.

3 harm in respect of circumstances or interests; **b** (w. *ad* or *in*); **c** (w. obj. gen.); **d** (w. dat.).

ne quis faciat . . per quod damnum vel ~um eveniat vicino BRACTON 221; poterit esse ~um injuriosum propter communem et publicam utilitatem quod . . non esset propter utilitatem privatam *Ib.* 232; **1297** hec sunt ~a que archiepiscopi . . monstrant domino nostro regi (*Petitio*) WALS. *HA* I 67; **1317** non absque nocimento dicti studii [sc. universitatis] *FormOx* 28; **1343** nulla ~a . . in prejudicium treuge fiant (*Treuga*) W. GUISB. *Cont.* 399; **1456** nec alicui afferrent ~um *ObitR Durh.* 93. **b** victum et alimentorum copiam in urbem intulerunt in duplex ~um M. PAR. *Min.* I 82; **1373** utrum sit ad ~um vel non ignorant *SelPlForest intr.* 1. **c** **1196** ad ~um liberi tenementi *CurR* I 26; **1201** concessimus eis feriam . . ita tamen quod non sit ad ~um vicinarum feriarum *BBC* (*Pembroke*) 174; **1202** mercatum sit per diem Martis ita quod non sit ad ~um vicinorum mercatorum *SelPlCrown* 9; **1227** ubi competentius et ad minus ~um foreste capi possunt [quercus] *Cl* 11; **1295** diligenter inquiras si sit ad . . ~um civitatis predicte *Reg. Carl.* I 53; castrum Calvi Montis, quod comes Blesensis . . in ~um regis Anglie munierat TREVET *Ann.* 50; **1378** resultat quod . . fossata apud P. non est scurata ad ~um totius patrie *Banstead* 359. **d** si supercilorium

suorum hispiditatem ad ~um sibi tantum provenire posse novisset GIR. *JS* 5 p. 393; **1394** ubi ad nullum ~um poterit esse communitati ville *Doc. Bev.* 24.

4 obstacle, hindrance.

sic logica . . movet quantum inertie et ignorantie ~o non retardatur J. SAL. *Met.* 869C; **1283** rogamus . . quatenus . . nullum velitis prestare ~um PECKHAM *Ep.* 382.

5 nuisance; **b** (leg.).

locus est amenus sine omni tempestate, sine omni ~o, sine omni distemperantia T. CHOBHAM *Praed.* 112; **1314** ubi ex fetidis fetibus aer inficitur et singulis sensibus inferuntur singula ~a (*Doc. Dominicana*) *EHR* V 109; debet aldermannus . . corrigere omnes defectus et ~a . . per juratores presentata *MGL* I 38. **b** quotiens aliquid fit ad ~um regii tenementi vel regie vie vel civitatis, placitum inde ad coronam domini regis pertinet GLANV. IX 11; fiat breve de ~o versus eos *Reg. Brev. Orig.* 199.

6 (w. ref. to) weed.

1483 Roberto Labrer pro labore suo in purgando et expugnando diversa ~a crescencia circa muros dicte ecclesie *Ac. Churchw. Sal.* 29.

nocuplus v. nonuplus.

nocuus [CL]

1 harmful, injurious, noxious: **a** (physically); **b** (morally or spiritually or to one's circumstances or interests).

comperimus te . . loco . . illi semper ~us esse W. MALM. *GR* II 151; fluvius . . Tiberis . . equis utilis est, sed hominibus inutilis et ~us habetur GREG. *Mir. Rom.* 18; a**1399** qui solet a domibus expellere rite nociva / tunc nocet et nocuas provocat esse domos GOWER *VC* I 498; est nocuum ferrum ferroque nocencius aurum *Ib.* VII 347. **b** voluptates ~as vitare W. DONC. *Aph. Phil.* 10. 6e; gratia rore suo nocuum restringit amorem, / sed cupidam mentem non facit absque fame J. SAL. *Enth. Phil.* 1657; malus vicinus homini bono ~us est T. CHOBHAM *Praed.* 131.

2 (as sb. m. or n.): **a** harmful or injurious person. **b** noxious plant. **c** dangerous thing.

a sepe nocere solet nocuus tutore carenti D. BEC. 433. **b 1463** pro exstirpacione urticarum et aliorum ~orum *Ac. Churchw. Sal.* 10. **c** in Scorpio vero grandines, item in alio signo fulmina, in alio ventos, in aliis alia ~a apportat ALB. LOND. *DG* I. 3.

nodabilis [LL], that can be knotted, tied, or fastened.

nodo . . i. ligare unde . . ~is OSB. GLOUC. *Deriv.* 380.

nodabiliter, so as to be knotted, in a manner that allows tying or fastening.

nodo . . i. ligare, unde . . ~iter et nodatim adverbia OSB. GLOUC. *Deriv.* 380.

nodamen [LL], knot.

nodo . . i. ligare, unde . . hoc ~en OSB. GLOUC. *Deriv.* 380.

nodare [CL]

1 to tie with a knot, to secure or fasten.

10.. ~aretur, *gefæstnod WW*; licium, filum sub tegmine tele ~atum OSB. GLOUC. *Deriv.* 324; hostiam consecratam . . in capite pepli cujusdam serici ~atam in cista reposuit GIR. *GE* I 11; **1221** ipsa debuit ~are filum ad suum pedem *PlCrGlouc* 254; vel loculum ~a, vel, si dare vis, propere da WALT. WIMB. *App.* 2. 9. 33; in camera igitur debet esse una grossa corda in fine ~ata et suspensa J. MIRFIELD *Flor.* 140; **1427** volumus insuper ut omnes codicilli huic testamento vestro conjuncti sub signeto vestro clausi et ~ati *Reg. Cant.* 394.

2 to knot together, construct by use of knots.

1300 ultra assisam . . per quam rethia predicta debent ~ari ac probari (*IPM*) *MS PRO C.* 133 95/12.

3 (fig.) to bind, constrain. **b** to bind (to or with, w. dat. or *cum* and abl.). **c** (phr. *nodante Dei gratia*, perhaps w. play on *donante Dei gratia* by *scinderatio phonorum*; v. Virgilius Maro Grammaticus *Epitoma* X).

proprium nodabat nexibus aevum / carnea lascivae vincens ergastula mentis ALDH. *VirgV* 829; alterius disco, cum te nodat famulatus, / non mittas digitos, nisi jussus sive rogatus D. BEC. 1116; insilit arma furor, acies discordia nodat, / terror agit currus HANV. V 367. **b 823** separatum a communione sanctae Dei aecclesiae et a participatione omnium Sanctorum Dei et aeternis ignibus esse ~atum *Ch. Roff.* 18; **831** sciat se a Deo . . alienatum et . . aeternae anathematis vinculis esse ~atum *CS* 400; tibi digne damus odas, / que cum Deo limum nodas / et matrem cum virgine WALT. WIMB. *Virgo* 7. **c 935** ~ante Dei gratia *CS* 708; **939** ~ante Dei gratia *CS* 743.

4 (*moras ~are*) to contrive delay.

cumque sancta mulier moras ~aret veniendi, flebat monachus W. MALM. *Mir. Mariae* 216.

5 (in board game): **a** (*punctum ~are*) to secure a point on the board. **b** (*hominem ~are*) to protect a piece by adding another.

a sciendum quod ille qui sedet ex parte AM potest ~are quodlibet punctum in pagina . . *Ludus Angl.* 162; si illa puncta non sunt occupata per aliquem de suis propriis nec ~ata per adversarium *Ib.*; multum expedit in hoc ludo ~are punctum G et F . . quod punctum G ~are impediet egressum adversarii sui *Ib.* **b** ubicunque inveneris hominem adversarii tui non ~atum, potes capere eum *Ib.*; hominem . . non nodatum *Ib.* (v. incipere 12b).

6 (as p. ppl.) **a** embossed. **b** knotty, knobbly.

a 1295 lego . . illud cochlear quod ori meo deputabatur et duo cochlearia in medio ~ata (*Test.*) *EHR* XV 524. **b** [inmundi spiritus] erant . . squalida barba, . . genibus nodatis [v.l. nudatis] FELIX *Guthl.* 31 p. 102.

nodatim, so as to be knotted, in a manner that involves tying or fastening.

OSB. GLOUC. *Deriv.* 380 (v. nodabiliter).

nodatio, knot.

ligetur convenienter ex duabus ~onibus convenientibus permanentibus GAD. 127. 1.

nodellus, small knot.

~us, nodulus, parvus nodus OSB. GLOUC. *Deriv.* 384.

nodifex, maker of knots (for lace or other artefact).

1561 A. de Moor, ~ex, proles habet iij, quarum duae hic natae (*SP Eliz.*) Hug. *Soc.* X 273.

nodile, button.

1403 unum coclearium de argento et ix ~ia de argento *Ac. Churchw. Bath* 18.

nodissimus v. nodosus. **nodolus** v. nodula.

1 nodosa [cf. NGML nauda 2+-osa, NGML nodula 2], bird that lives near a stream, blackbird, chough, jackdaw, or ouzel.

~a, *a nosul*, avis est *WW*.

2 nodosa v. nodosus.

nodose [LL], in a knotty manner (fig.), obscurely.

nunc quod nodosius obstat / ingeniumque tenet ne tollat in altius alas HANV. III 115.

nodositas [LL]

1 knottiness.

nodus . . unde . . hec ~as OSB. GLOUC. *Deriv.* 380.

2 (med., condition of having a) hard lump or knotty protuberance.

[morbus] qui omnes articulos ~ate quadam constringeret W. MALM. *Wulfst.* II 13; sic ~as articulorum, sic pellis et nervorum integritas omne deludebat ingenium *Ib.* III 22; artheticus . . qui . . ~atem in membrorum patitur juncturis OSB. GLOUC. *Deriv.* 8; in omnibus duritiebus unde ista ~as est quasi gutta innodata GAD. 29. 1; istud enim valet in apostemate duro et in duritie splenis et in ~ate juncturarum *Ib.* 84v. 1; ~ates *SB* 17 (v. condyloma).

3 (partly fig.) knotted condition (with allusion to intricate or obscure literary style).

nodositas

a989 si linguae ~atem jubilatione non desperarem infirmari (*Ep.*) *Mem. Dunst.* 374.

nodosus [CL]

1 constructed with knots, full of knots.

avem nectit nodosis retibus auceps ALDH. *VirgV* 1937; celeberrimum illud habetur quod .. pro spectaculo soleant exhibere, tauri ferocissimi qui ~issimis vinculis astricti .. adducuntur .. conquiescunt W. MALM. *GP* III 110 (= M. PAR. *Maj.* I 329, *Flor. Hist.* I 367: †nodissimis); semper enim stimulos gerit aut nodosa flagella NIG. *SS* 803; per totum corpus, quod fuit ~is flagellis asperrime cesum .. *Spec. Incl.* 2. 2 p. 95; accipe nunc in dextra flagellum et durum et ~um CHAUNDLER *Apol.* 21a.

2 full of knots or nodes: **a** (of plant or wood); **b** (of skin or fabric).

a sanctum nodoso vimine miles / caederet ALDH. *VirgV* 1214; **10** .. ~a, *by ostihan WW*; sudes ferri, clave ~e [*gl.*: *nousse*], fustes NECKAM *Ut.* 104; radicem ~am *SB* 21 (v. filipendula). **b** ciliciis ~is et filis grossioribus contextis *Lib. Mem. Bernewelle* 68; in adventu .. corium quoddam nihilominus durum induens et ~um *V. Edm. Rich P* 1785C.

3 (med.) knotty, having a lump or excrescence: **a** (of joint); **b** (of wart).

a ~um genu Gosc. *Transl. Mild.* 24 p. 191; ~os integer artus W. MALM. *GR* IV 373. **b** si [veruce] sint glandulose et ~e GAD. 29. 2.

4 entangled, interwoven: **a** (of plant); **b** (of intestine); **c** (of manuscript illumination).

a producunt tanquam frutices increscentes et condensos, quasi sentes ~os et intricatos J. GODARD *Ep.* 221. **b** hoc intestinum rectum .. est ... omnis penetratio per rectum et extensum facilior est quam per ~um et tortuosum *Ps.-RIC. Anat.* 35. **c** liber quatuor evangeliorum .. ~as et vinculatim colligatas .. intricaturas GIR. *TH* II 38.

5 (fig., of problem) knotty, involved, difficult.

quaestio ~a de hac re oritur *Comm. Cant.* III 41; omnes questiones regni difficiles et ~e referuntur ad nos P. BLOIS *Ep.* 6. 17C.

nodula, 1 nodulus [cf. NGML nauda 2+-ula, NGML nodula 2], bird that lives near a stream, blackbird, chough, jackdaw, or ouzel. **b** (her.) representation of such a bird.

1410 pro exclusione [n]odularum ab ecclesia *Ac. Durh.* 403; hec ~a, A. *kae WW*; *a dawe* monedula, nodus, ~us *CathA*; servabit ecclesiam ab ingressae columbarum, nodolorum, corvorum *Reg. Aberd.* II 104; usque nidum nicticoracis, sive ~e aut cornicis *Extr. Chr. Scot.* 193. **b** cornicem sive ~am in armis portare signat garrulatorem magnum BAD. AUR. 169.

nodulatio, knotting (of cloth), removal of knots.

1465, 1586, absque diversitate in .. ~one (v. burlura).

nodulatus

1 knotted, equipped with knots or buttons.

1299 sotulares .. ultra medium tibie coreo circa tibiam laqueatos aut de eodem coreo ~atos *Reg. Cant.* 828; nec induatis cilicium .. nec disciplinam accipiatis cum stragulis ~atis vel plumbacis *AncrR* 170.

2 (her.) decorated with knobs or trefoils, botoné, treflé.

vocatur crux ~ata, id est fibulata, quia fines ejus aptantur ad modum nodi sive fibule BAD. AUR. 126; dicitur crux ~ata pro eo quod in singulis suis finibus habet certos nodos sive nodulos ... crux florida aliquando invenitur ~ata .. hoc est quando tales, ut predixi, nodi sive noduli reperiuntur in finibus et angulis florum dicte crucis UPTON 218.

1 nodulus v. nodula.

2 nodulus [CL], ~um

1 small knot or button.

OSB. GLOUC. *Deriv.* 384 (v. nodellus); tulit ad vendendum .. sotilares ad laqueos .. et ad ~os [ed. Scheler: note] GARL. *Dict.* 122; **1274** ad petendas furruras et ad emendas viiij duodenas ~orum *Househ.*

Henry 402; manubria tunice sint clausa .. non ~is vel filo, ad modum secularium, laqueata G. S. *Alb.* II 504; hic ~us, A. *boton WW*; *a button* fibula, ~us *CathA*.

2 (bot.): **a** a bud, node. **b** knot, joint.

a centum .. similis est amarusce, ~os habet superius *Alph.* 38. **b** arundines .. sunt tante proceritatis ut inter singula ~a alveo navigali trinos homines interdum ferant *Eul. Hist.* II 16.

3 boss, knob.

pro circulis et ~is de latone deargentatis *MGL* I 604; **1448** ciphum stantem deauratum habentem iij folia claudencia j ~um blodium in suo coopertorio (*Invent.*) *ArchJ* LI 120.

4 sort of geometrical instrument.

a**1400** capias unum istorum [*sc.* instrumentorum] per quod philum cum ~o regetur *Nav. Ven.* 376.

1 nodus [CL]

1 knot formed by tying thread, rope, or sim.; **b** (in a noose); **c** (on string used for arithmetical calculation).

exertis absolvens vincula nodis ALDH. *VirgV* 588; **7** .. ~us, *wrasan, ost WW*; dum ~um solvere studuimus, astrinximus ANDR. S. VICT. *Dan.* 81; mulieres ibidem [in Man] navigaturis ventum vendunt, quasi sub tribus fili ~is inclusum; ita ut, sicut plus de vento habere voluerint, plures ~os evolvant HIGD. I 44 p. 42; ille nichilo minus de sero introducta scala, preparatum laqueum ad eminenciorem quandam domicilii sui trabem firmissimis ~is connexuit *Mir. Hen. VI* III 110 p. 198. **b** laquei ~us BEDE *Acts* 944 (v. laqueus 1a); conticuit stringens silenti guttura nodo *Mir. Nin.* 180. **c** cum .. ~i numerorum et cum illis aliquot unitates proposite fuerint .. tunc multiplicatio quater repetenda erit, hoc est ~i primo cum ~is, unitates deinde cum ~is, et ~i cum unitatibus .. ROB. ANGL. (I) *Alg.* 90.

2 (bot.) node or bud on plant stem; **b** (~*um in scirpo quaerere*) to look for a knot on a bullrush, to look for difficulty where none exists; **c** (applied to bodily organ).

rose rubor suis audet / nodis explicari, / Aquilonem sibi gaudet / nodum non novercari P. BLOIS *Carm.* I. 3. 38; marinarii .. implent ~os harundinum .. de illa aqua *Med. Sci.* 297; sicut in terre nascentibus radix est primum supra quam figitur et post sequuntur ~i ascendentes .., ita et in animali supra radicem ipsius, quod est cor, elevantur membra consequentia ipsum que sunt in conparatione ~orum in terre nascentibus .. *Ps.-RIC. Anat.* 24; cortex assimilatur cuti, lignum carni, ~i nervis, vene venis BACON XI 228; radicem nodosam habet unico ~o subrubeo oblongo *SB* 21 (v. filipendula); circa .. ~os folia .. habet *Alph.* 101 (v. fructuosus 1d); *the joynt of a straw*, ~us LEVINS *Manip.* 215/33. **b** nimis haeres in nihilo .. et .. quaeris ~um in scirpo ANSELM (*CurD* 16) II 122; si genus a Bruto ducens Brito querere nodum / estuet in scirpo, quis moveatur eo? L. DURH. *Dial.* III 207; quid tenebras in luce querimus? quid ~um in scirpo? AILR. *Spec. Car.* III 94. 612; nuper enim dixit quod ~us erat in cirpo NIG. *Cur.* 159; incidunt a minoribus in majores, ~um in scirpo querentes, dum super instabili firmum sibi statum stabilire conantur SICCAV. *PN* 110. **c** ex parte .. aeris .. exigitur ~us quidam qui est pulmo supra quem elevatur canna cum cartilagine .. et ex parte vie sanguinis exigitur alius ~us magnus qui est epar *Ps.-RIC. Anat.* 24.

3 knot, button.

1352 iiij duoden' ~orum auri pond' xv s. ij d. .. dat' .. domine regine pro j gite *Reg. Black Pr.* IV 44; ~us, *a cnotte or a botun WW*; **1589** pro viij ~is de tincell wyer *Ac. LChamb.* 80 f. 19v.

4 a mass or bunch of something secured by a knot: **a** (hair); **b** (hank of thread); **c** (material of a garment).

a crinis ex multis capillis colligitur et in uno ~o constringitur ne capilli sine lege soluti .. defluant BALD. CANT. *Serm.* 12. 24. 483. **b** **1312** filabit x nod' optimi fili de lino *Essex R.O.* D/DC 21/12. **c** peplum invenit et ~um ubi hostia fuerat quasi sanguine recenti cruentatum GIR. *GE* I 11 p. 40.

5 (anat.): **a** joint. **b** lump formed in a joint. **c** tumour or wart. **d** (~*us capitis*) back of the head, noddle. **e** (~*us virginitatis*) female pudenda.

---

a nequaquam ulterius attingere potuit quam ad eum ~um quo sura jungitur pedi, qui vulgo cavilla vocatur PETRUS *Dial.* 30; sunt .. animalium quedam quibus ossa dorsi adeo multiplicitate ~orum intricantur et complexio naturali frigiditate confecta, ut .. *Quaest. Salern.* B 73; hic ~us, *knokylle WW*. **b** ~i sunt duriciei in juncturis manuum et pedum GAD. 29.1; ~i sunt articulorum tumores indurati *LC* 255. **c** ~us est ut plurimum in nervis et est mansivus magis in loco uno quam glandula GAD. 25. 1. **d** **1411** cum quodam gladio vocato *bastardswerd* predictum Willelmum super ~um capitis felonice percutere debuit, faciendo sibi plagam mortalem *Pat* 384 m. 25; **e** si fortuitu hujus puelle ~um virginitatis tangere valerem, forsitan mihi postea consentiet SIM. GLASG. *V. Kentig.* 2.

6 (arch.) knob, boss: **a** (on cup); **b** (on wall hanging); **c** (on ceiling); **d** (on support in a mine).

a **1245** calix argenti .. ~o deaurato et virgulato *Arch.* L 465; **1315** calix .. aureus .. cum gemmis in ~o pedis *Invent. Ch. Ch.* 69; **1329** ~os deamelatos (v. deamelare); **1454** item j pixis argent' cum ~o deaurato *Ac. Durh.* 149; **1464** calicem .. cum ~o deaurato at annamelato *MunAcOx* 707; **1503** calix .. cum ~o amellato *Invent. Ch. Ch.* 133. **b** **1397** *hangings* etc. cum ~is et capitibus leopardorum *Ac. Durh.* 214. **c** abbas capellam beate Virginis mane cum fenestris et volta honesta et ~is deauratis decenter fecit *Chr. Evesham* 286; **1425** pro clavis .. ad idem hostium et pro ~ys tecti *Ac. Churchw. Bath* 32; **1426** navis ipsius ecclesie .. ~os .. deaurari fecit *Chr. Pont. Ebor.* 435; **1471** soluti David Carver pro les *carvyng* ~orum certorum xvij s. iiij d. .. in vadiis trium virorum laborancium apud C. circa succisionem lignorum pro ~is emptorum, vj s. *Fabr. York* 74. **d** **1302** pro factura avidodorum et reparacione et emendacione minerarum et ~orum et defectuum in eisdem *KR Ac* 260/22 m. 6.

7 (her.) knob.

crux florida nodulata .. habet flores in finibus suis et in quolibet puncto cujusque floris habet unum ~um sive fibulam *Ib.*; ~i .. reperiuntur in finibus UPTON 218 (v. nodulatus 2).

8 (astr.) point at which the ecliptic cuts the equator.

dicis quod zodiacus a cancro ad capricornum obliquatus sit .. id enim ipsum ad ~um incidit ADEL. *QN* 71; de mundo .. Latine subscribam, hoc prescripto ~o ut .. quicquid de spera dixero, de mundo dici intelligatur *Id. Astr.* 29; luna igitur plena existente in altero ~orum vel prope, cum tunc sit sub ecliptica vel prope eclipticam, necesse est, ut transeat per umbram terre GROS. 30.

9 (fig.) bond, fetter.

qui maturius Basilium de ~o follis hujus absolveret GILDAS *EB* 75; sprevit opum nodos mundique reliquit habenas ALDH. *VirgV* 2103; si Deus .. me .. ~ibus [v. l. ~is] infirmitatis .. non obligasset *V. Cuthb.* I 4; stringebat vincula socialis gratie, maxime ~us cujusdam amicitie AILR. *Spec. Car.* I 79. 531; fidei sacramentique ~is .. astrictum GIR. *IK* I 10; in tota vita hominis, dum ~us necessitatis solvitur, alius stringitur BALD. CANT. *Serm.* 20. 5. 517; indissolubilis ~us amoris J. FORD *Serm.* 113. 7; omnesque actus suos sub arctioris censure ~o cohibuit P. BLOIS *Ep.* 38. 117C.

10 group associated in fig. bond, company of foot soldiers.

~us, *getrum* ÆLF. *Gl.* 110; *a company*, agmen, cetus fortuito congregatus, ~us peditum est *CathA*.

11 (fig.) knotty problem.

hac responsione .. non est interrogationis ~us patenter solutus ALDH. *PR* 140 p. 194; cujus tamen ~um quaestionis apertissima ratio solvit BEDE *Hom.* II 18. 200; c**798** ~us .. propositae quaestionis .. hujusmodi constrictus fuit .. ALCUIN *Ep.* 136 p. 205; ~os sophisticos aperit ADEL. *ED* 21 (v. disceptatio a); ad laxandum dubietatis ~um queritur W. MALM. *GR* II 121; Parisiis ubi difficilium questionum ~i intricatissimi resolvuntur P. BLOIS *Ep.* 19. 69C.

2 nodus [cf. NGML nauda 2, nodula 2], bird that lives near a stream, jackdaw, rook.

~us, *a roke WW*; *a dawe*, .. ~us *CathA*.

noeagis [ML], (mus.) intonation formula for a mode.

noeagis, plaga proti *Trop. Wint.* 62; noeagis, plaga deuteri *Ib.* 63; noeagis, plaga tetrardi *Ib.* 64.

noeane [ML], (mus.) intonation formula for a mode.

neane, autentus tritus *Trop. Wint.* 63; quod autem neuma vocamus Greci vocant in authentis noannoeane, in plagalibus noeane. . . sunt apud eos affectus quidem gaudencium vel flencium vel vagancium infancium, qui interdum soli positi dum aliud nesciunt ea proferunt saltando cantantes. et interpretantur sic: noean sensus, noeane sursum vel superius . . et similiter noeane quasi flatus sursum mediocris cujusmodi sunt apud nos eya et cetera Odington *Mus.* 103.

noeletta [LL nola+OF dim. suffix *-ette*], (falc.) little bell.

1215 omnes ~as ad osturcos quos habet *Cl* 229b; **1235** aurifil' cum noelect' aur' (v. jactus 8).

noetifer v. notifer. **noevitas** v. naivitas.

noffus [cf. LL nafus]

1 coffin.

si quis corpus in terra vel ~o vel petra vel pyramide vel structura qualibet positum . . effodere . . presumpserit (*Leg. Hen.* 83.5) *GAS* 600.

2 roof-tree.

querebant . . grossissimam quercum atque longissimam de qua facerent ad mensuram spinetam ecclesie, quam nophum populariter apellare solemus, quod viz. ex more cavatum poneretur in tecti culmine, cujus partem utramque tegeret et duobus junctum pinnaculis totam fabricam non incongrue in summitate uniret (G. Burton *V. Modw.* 41) *MS BL Addit.* 57533 f. 107ra.

noka v. 1 noca. **nokata** v. nocata.

nola [LL], small bell; **b** (eccl. & mon.); **c** (used to decorate garment); **d** (hung round animal's neck).

aliquando solus auditus, ut cum hominem delectat ad aurem suam diu ~am percutere, quia eam audit dulciter sonare *Simil. Anselmi* 14; tintinnabulum . . est parva ~a [Trevisa: *belle*] vel campanella Bart. Angl. XIX 146; quarum [sc. statuarum] quelibet nomen provincie sue gerebat in pectore et †volam [l. nolam] argenteam circa collum, que si qua gens contra Romam insurgere proponeret, continuo statua †volam [l. nolam] pulsaret *Eul. Hist.* I 411. **b** sex . . instrumentorum genera quibus pulsatur: squilla, cymbalum, ~a, nolula vel duplula, campana, signa. . . pulsatur . . ~a in choro Beleth *RDO* 86. 90; instrumenta ecclesiastica: ~e [*gl.*: *cheles, cloket*] et immense campane Neckam *Ut.* 119; [recepit] David in monasterio . . ~am et altare Gir. *David* 398; ad excitandos fratres in dormitorio ~am pulsare *Obs. Barnwell* 72; precedentibus ceroferariis cum accensis cereis et ~a pulsante *Flor. Hist.* III 162; ad matutinas vigilias . . persolvendas . . ~am pulsavit pro fratribus excitandis *Croyl.* 75. **c** **1245** fieri . . faciat unum [*sic*] capam ad chorum de bono samitto rubeo vel indo . . et frettari faciat cum ~eis argenteis deauratis *Cl* 344; **1520** cappam . . inferius et per circuitum centum et quadraginta ~as argenteas . . habentem *Invent. Ch. Ch.* 44. **d** ~a bovis, collarium canis (*Cons. Cnuti*) *GAS* 195; ~am antiqui operis quales bestiarum collo applicare solet antiquitas *Found. Waltham* 6; nola Sancti Eltuti ablata fuit et in collo cujusdam equi suspensa Brompton 870 (=Ciren. II 127).

nolea v. nola.

nolentia [LL], unwillingness.

furor . . dilectionis exhortatione leniatur in altero, quamvis amicorum idemptitas sit volentie et ~e *Ep. ad Amicum* 11.

noli me tangere v. nolle.

nolitio, unwillingness, disinclination, desire for something not to be.

~io efficax est qua non tantum nolens impedit aliquid sed si possit omnino destruit illud Duns *Sent.* I 47. 1; volicio et ~o sunt contraria que possunt successive esse in eodem subjecto Ockham *Quodl.* 67; hic autem per voluntatem intelligo omnem actum voluntatis, sive volucio sive nolucio fuerit, sive actus alius qualiscunque Bradw. *CD* 224C; intelleccio, volucio et nolucio, vocantur actus potenciarum non organicarum Wycl. *Misc. Phil.* I 1.

nolle [CL]

1 to be unwilling, not to wish; **b** (w. dir. obj.).

si vero ~uerit aut non potest, constitutum tempus penitentiae manet per omnia Theod. *Pen.* I 3. 3; tam in ~endo . . quam in volendo Ad. Scot *OP* 510D; nunc ergo rogo te, . . quod tu me diligas saltem post talis facti mortem, ex quo ~uisti dum viverem *AncrR* 153; additur . . non ad istud verbum volo et dicitur ~o Holcot *Wisd.* 173. **b** intellexi quia ~ebat reditum meum in Anglia Anselm (*Ep.* 315) V 242; nisi ab hac improbitate resipueris, quod ~es patieris Ord. Vit. III 3 p. 52; amantes nihil possunt . . quod expediat ~le Ailr. *Spir. Amicit.* I 48. 666; non posset voluntas illud ~le Duns *Ord.* II 100; homo experitur quod, quantumcumque racio dictet aliquid, potest tamen voluntas hoc velle vel non velle vel ~le Ockham *Quodl.* 88.

2 to be unwilling: **a** (w. inf.); **b** (w. acc. & inf.); **c** (w. *ne, ut,* or *quod* and subj.); **d** (w. ellipsis of *ut*).

a quamvis contradicant qui hoc percipere ~unt Theod. *Laterc.* 24; ea quae sospes facere ~uerat Bede *HE* V 13 p. 311; ~unt accipere legem nisi regis E. *DB* I 44vb; †**1163** contra istas libertates ~o ipsum . . in aliquo aggravare *Regesta Scot.* 238; ?c**1210** si . . antedictos vj d. . . solvere ~uerrimus, . . *Cart. Mont. S. Mich.* 41; **1221** eum verberavit et turpiter tractavit quod ~uit ita verberari pro c solidis *SelPlCrown* 109; **1301** dominus R. P. ~uit permittere decenarios intrare curiam suam *SelCCoron* 59; ~uit Francorum duplicitas . . peticionibus justissimis assentire *G. Hen. V* 19 p. 136. **b** asinae . . ~entis se vehiculum fore Gildas *EB* 2; Deo ~ente animam hominis interire *Ib.* 50; humanum genus restaurari ~ebat Anselm (*CurD* 9) II 63; ~imus hunc regnare super nos: regnum ejus accipiat alter *Quadr. Reg. Spec.* 36. **c** ~uit ut illud peterem Anselm (*Ep.* 176) IV 58; ~ebat ut tantum differretur Ailr. *Serm.* 9. 5. 252; **1220** quoniam ~lemus ne . . dampnum eveniret *Pat* 250; c**1228** dicit quod, si esset episcopus, ~let pro mille marcis quod pars illa [bosci] . . alienaretur ab episcopatu *Feod. Durh.* 238; s**1282** (v. liberalitas 2a); **1368** ~o . . quod familiares mei induantur vestibus nigris (*Test. Episc.*) *Reg. Exon.* 1550; ~umus . . ut . . gravamen aliquod in posterum inferatur Elmh. *Cant.* 398. **d** nolo fidem frangas Aldh. *Aen.* 41 (*Pulvillus*) 1.

3 (imp. w. inf. as prohibition); **b** (w. ellipsis of inf.).

o mulier ~i flere *V. Cuthb.* IV 6; ~i tristari Felix *Guthl.* 52 p. 166; **793** ~ite gloriari in vanitate vestium Alcuin *Ep.* 20; ~ite credere mundo Anselm (*Ep.* 81) III 206; securi estote et ~ite timere Gir. *TH* II 19; ~i michi imputare causam belli Trevet *Troades* 65. **b** fac illud et ~i hoc Ailr. *Spec. Car.* I 12. 516; hoc ergo quere. ubi, inquis? ~i in salute corporis . . ~i in divitiis *Id. Comp. Spec. Car.* 5. 624.

4 (*velit nolit* or sim.) willy-nilly, whether one wants or not.

705 ecclesiastici etiam in hanc ipsam dissensionem . . volentes ~entesque . . inplicantur Wealdhere *Ep.* 22; jam velim ~im cogor fateri Anselm (*Ep.* 148) IV 4; sciant omnes, velint an ~int, quoniam . . in manu illius revertetur . . imperium W. Malm. *GR* II 111; delectatio . . quam patimur velimus ~imus Ailr. *Serm.* 43. 14; s**1230** Judei . . tertiam partem rerum suarum . ., vellent ~lent, regi persolverunt Wend. II 383; s**1385** vellet ~let (v. descendere 8b).

5 (pr. ppl.): **a** unwilling, against one's will; **b** (in abl. absol.).

a aut volens hoc facit aut ~ens Anselm (*Lib. Arb.* 8) I 220; nullus enim ~ens negavit Ailr. *Anim.* 2. 31; vim mihi ipsi inferens, ut jam essem volens, qui ante fueram ~ens Ad. Scot *QEC prol.* 801C. **b** illo ~ente et contradicente Bede *HE* III 18 p. 163; ~entibus illis *DB* I 2rb.

6 (inf. as sb.).

omnipotens . . suo ~le potest impedire vel destruere omne possibile Duns *Ord.* II 235; per suum ~le *Ib.*

7 (w. inf., forming negative auxiliary of future tense).

1420 si bona mea et catalla mobilia . . satisfacere ~uerint ad complementum denariorum in presenti testamento meo legatorum *Reg. Cant.* 220.

8 (*noli me tangere*) (med.) ulceration of the skin.

quamvis quedam sint tactus poscentia crebros, / sunt que tractari vulnera sepe timent, / est, medici norunt, noli me tangere morbus / huic similis Neckam *Poems* 459; pessimas et mortiferas inducit in corpore passiones sicut herisipilam et ~i me tangere et cetera Bart. Angl. IV 10; omnes estuant hoc mali genere / quod vocant medici noli me tangere Walt. Wimb. *Palpo* 135; [aqua vite] cancrum et fistulam et ~i me tangere curat Gad. 67. 1; noli me tangere dicitur morbus qui fit in ore aut in vultu et naso . . et dicitur ~i me tangere quia inficit tangentem *Ib.* 121; ~i me tangere est apostema venenosum faciei *SB* 31.

nolubilis, that can be refused, unwanted.

immo necesse videtur quod circa quodcunque futurum vel non futurum, immo et circa quodcunque objectum volubile vel ~e habeat [sc. Deus] aliquem actum distinctum et proprium voluntatis Bradw. *CD* 214A; sicut enim prima racio volubilis et amabilis est bonum vel apparens bonum, ut premissa testantur, ita ~is et odibilis, malum vel apparens malum *Ib.* 447C.

nolula [LL nola+-ula], small bell.

pulsatur . . ~a in horologio Beleth *RDO* 86. 90.

noluntas [cf. CL voluntas], unwillingness.

si enim hoc generale est, inerunt voluntas et ~as secundum eandem vim, similiter detestatio et electio Neckam *SS* III 91. 1; **1304** injungimus ut . . diligencius exequi studeretis, aut causam ~atis vestri . . rescriberetis *Reg. Cant.* 793; Deus non habet in se potenciam qua posset ipsi inesse ~as ejus quod vult Bradw. *CD* 843E.

nolutio v. nolitio.

noma [CL nome < νομή], (med.) corrosive ulcer.

†naniacesti interpretatur comestia [? l. noma comestio interpretatur] et est gravius quam corrosio *Alph.* 125.

nomaimia v. nomannia.

nomannia [ME *no man*+-ia], no man's land.

1366 †nomaimiis [l. nomanniis] London in comitatu predicto (cf. ib. 3 in loco qui vocatur *Nomannesland*) *SelCCoron* 55.

nomella v. numella.

nomen [CL]

1 personal name. **b** (*~en, ~ine, ex ~ine, ~inetenus*) by name. **c** (*~ine, in ~ine, sub ~ine*) under the name (of), in the name (of), on behalf (of); **d** (w. ref. to authorship). **e** (*~en puerile*) nickname.

si . . alius recitavit ~ina mortuorum . . Theod. *Pen.* I 5. 12; Aedilbergae . . quae alio ~ine Tatae vocabatur Bede *HE* II 9 p. 97; **889** testibus . . quorum hic ~ina tenentur adscripta *CS* 562; proprio pronomine non ad / nos valet hoc nomen, sed ad illos, quos voco nomen M. Cornw. *Hen.* 52; **1337** cognoscebatur per ~en Ricardi de Oldynton' et Ricardi de Beckebury indifferenter *JustIt* 1413 r. 3; cui ~en erat Johannes Avesb. f. 98b. **b** nomine hanc Teclam veteres dixere parentes Aldh. *VirgV* 1976; vir sanctus ~ine Furseus Bede *HE* III 19 p. 163; **942** has terras ~inetenus subnotatas *Ch. Burton* 6; unus sochemanus ~en Godricus *DB* II 353; plures eis ~inetenus proponebant *Chr. Battle* f. 111; prelatus . . in subpriorem constituendum [sc. canonicum] vocabit ex ~ine *Obs. Barnwell* 50; **1410** vos vocavit et vocat ex ~ine per presentes *FormOx* 195; s**1479** quedam generosa ~ine Elizabet Katerina Holsted, vidua *Reg. Whet.* II 202. **c** non dicit aliquis 'in ~ine meo baptizo te' *Comm. Cant.* III 49; contra quos sub ~ine Manicheorum pugnabat [Julianus] Bede *Cant.* 1069; dum me a praecipitio mortis eripiens longioris vitae spatia in tuis ~inibus concessit Osb. *V. Dunst.* 18 p. 92; veteres vel perempti vel sub ~ine Anglorum reservati W. Malm. *GR* II 125; noverce que . . filium provehere conabatur ut ipsa potius sub ejus ~ine imperitaret *Ib.* II 161; sub ~ine regis Eduardi juratur *Ib.* II 183; **1248** cum S. decanus ecclesie S. Probi moveret questionem ~ine dicte ecclesie contra priorem montis S. Michaelis *Cart. Mont. S. Mich.* 88; **1293** eidem Rogero, ~ine Roberti Le Blund, . . pro iiij lapidibus de marmore *Manners* 134; **1404** ~ine nostro (v. finire 8a); **1514** possessio . . deliberata fuit per Thomam . . Willelmo . . et Johanni . . in ~ine omnium feoffatorum infrascriptorum *FormA* 414n. **d** 'Pytagoram', ~en libri et philosophi qui primus scripsit *Comm. Cant.* I 12; liber .. qui sub ~ine ejus offertur non vere ab illo scriptus BEDE *Ep. Cath.* 129; **p1236** loquitur sub ~ine meo *Feod. Durh.* 204 n 1 (v. loqui 3c). **e 1304** predicta Elena cognoscitur in patria per ista duo ~ina puerilia, sc. Nelle et Elot *PlRCP* 149 m. 361.

2 name of place.

Mellena abbatissa unde et ipsa civitas ~en accepit *Comm. Cant.* I 1; **692** monasterium .. cui ~en est Fledanburg *CS* 76; Elge .. regio .. a copia anguillarum .. ~en accepit BEDE *HE* IV 17 p. 246; Anglia .. ~en patrie OSB. GLOUC. *Deriv.* 41.

3 name, designation. **b** name of person or thing as uttered, arousing certain emotions by its associations. **c** (*per ~en*) by name, namely, specifically. **d** (*~inetenus*) with regard to the name.

fecit eos duos ~en viri et feminae *Comm. Cant.* I 29; sub ~ine panis, piscis, et ovi tres summae virtutes, fides sc., spes, et caritas exprimuntur BEDE *Tob.* 934; vir a virtute ~en accepit *Id. Cant.* 1219; singula litterarum ~ina *Id. HE* V 2 p. 284; potentia proprium ~en sortita est ADEL. *ED* 8; linea binomia non dividitur nisi in suas lineas ex quibus conjuncta est et in duo ~ina tantum *Id. Elem.* X 36; abaco .. depicto, karacterum figuras cum ~inibus et significationibus uniuscujusque sibi addamus THURKILL *Abac.* f. 55v; agit .. sobrietas que alio ~ine dicitur temperantia AILR. *Jes.* 3. 20; **s1241** non sub ~ine aut titulo liberi adjutorii .. sed talagii M. PAR. *Maj.* IV 95; sapor est ~en generis physici, propter cujus ydemptitatem est mutua passio T. SUTTON *Gen. & Corrupt.* 64; minima manente in suo gradu, mutato ~ine, minor vocatur HAUBOYS 192. **b** ferocissimi illi nefandi ~inis Saxones GILDAS *EB* 23. **c 1507** que quidem tenementa .. per ~en unius mesuagii, unius gardini .. et unius rose redditus .. recuperavimus *Cl* 604 m. 26*d*. **d** a dicta civitate Gallie dicta Meldis ~ine tenus differretur *Meaux* I 78.

4 word, term. **b** the mere appellation or appearance without correspondence in fact or reality. **c** (*~inetenus*) in name only.

in ~ine .. caeli et terrae simul comprehendit caelestia et terrestria omnia et recapitulat *Comm. Cant.* I 18; tu, sine his ~inibus, quod moliris non impariter posses asserere LANFR. *Corp. & Sang.* 418D; nisi forte indigentia ~inis proprie convenientis coactus, elegerit aliquod de illis ~inibus quae pluraliter in summa essentia dici non possunt, ad significandum id quod congruo ~ine dici non potest ANSELM (*Mon.* 79) I 86; hec tamen in consideratione speciali formas individuales tollunt sed obliviscuntur, cum a speciali ~ine non ponantur ADEL. *ED* 11; duplicitatem vero hujus significationis ~en a Greca quidem origine contrahit, quoniam ibi logos nunc sermonem, nunc rationem significat J. SAL. *Met.* 837C; non me recolo usquam hoc ~en 'liberum arbitrium' invenissse AILR. *Anim.* 2. 35; nam hoc ~en 'incarnatus' notat quod ille incarnatus fuerit priusquam incarnaretur S. LANGTON *Quaest.* 140. **b** quamvis ~en et professionem haberet Christiani, .. tamen erat animo ac moribus barbarus BEDE *HE* II 20 p. 125; Cuthredus octo annis solo sc. ~ine regnavit W. MALM. *GR* I 15; sepius ad ~en quam ad rem videntur plurimi disputare J. SAL. *Met.* 876C; colligitur eos amicitie solo ~ine gloriari .. non veritate fulciri AILR. *Spir. Amicit.* I 36. 665; episcopi qui non omen sed ~en .. amplectuntur GIR. *TH* III 28; olim quidem ~ine, nunc autem re Albanus W. NEWB. *Serm.* 876. **c 797** non vult rex celestis cum paganis et perditis ~inetenus regibus communionem habere ALCUIN *Ep.* 124; iste ~inetenus Christianus .. scienter peccavit GOSC. *Mir. Iv.* lxxiii; ille duo regna Mertiorum et Westsaxonum conjunxerit, Mertiorum ~inetenus, quippe commendatum duci Etheredo W. MALM. *GR* II 125; [Radulphus] qui Niger ~inetenus dicebatur .. squalore custodie .. niger efficiebatur W. CANT. *Mir. Thom.* III 47 p. 304; multi nostrum ~inetenus Cristiani vel dictis vel factis negant scripture sensum WYCL. *Ver.* I 245.

5 (gram.) word.

ecclesia et sinagoga Graeca ~ina sunt BEDE *Prov.* 957; novem sunt ~ina derivativa sc. patronomicum, possessivum, comparativum, superlativum, diminutivum, nominale, verbale, adverbiale, participiale BACON *Gram. Gk.* 153; ~ina synonyma non sunt inventa propter necessitatem significationis sed propter ornatum sermonis OCKHAM *Quodl.* 513.

6 noun. **b** (*~en proprium*) proper noun. **c** (*~en commune*) common noun. **d** (*~en collectivum*) collective noun. **e** (*~en verbale*) verbal noun.

haec sunt ~ina primae declinationis .. ut corona, carina .. ALDH. *PR* 121 p. 167; ~en est pars orationis cum casu, rem corporalem aut incorporalem, proprie, communiterve, significans BONIF. *AG* 475; quae sunt fixa ~ina? quae in alterum genus transire non possunt, ut pater et mater ALCUIN *Gram.* 862C; 'homo' est ~en, 'currit' est verbum J. SAL. *Met.* 904B; ~en est pars orationis significans substantiam cum qualitate propria vel communi *Ps.*-GROS. *Gram.* 36; res significata per hoc ~en 'amans' et per hoc participium 'amans' idem significat BACON *CSTheol.* 56. **b** Maeander, proprium ~en fluvii OSB. GLOUC. *Deriv.* 362; media producitur hujus ~inis proprii Maria BACON *Gram. Gk.* 5; supposita per accidens sunt ~ina propria, puta hoc nomen 'Sortes' et 'Plato' OCKHAM *Quodl.* 530. **c** *Ps.*-GROS. 351, OCKHAM *Pol.* I 319 (v. communis 2a); in hoc ~ine communi maria pro aquis salsis breviatur BACON *Gram. Gk.* 5. **d** *Dial. Scac.* I 5U, BACON XV 28 (v. collectivus). **e** differentia est inter ~en verbale desinens in -dus et gerundium BACON XV 89.

7 reputation, fame. **b** (*sibi ~en facere* or sim.) to make a name for oneself.

nemo in ecclesia amplius nocet quam qui ~en et opinionem sanctitatis habet *Ps.*-BEDE *Collect.* 22; vir sacer et sapiens, cui ~en crescit in horas W. MALM. *GR* III 284; Cyrus .. majoris ~inis et glorie quam avunculus ejus Darius fuit ANDR. S. VICT. *Dan.* 71; si aliqua magni ~inis .. persona, abbas sc. aut prior, .. AILR. *Inst. Inclus.* 7. **b s1034** apud exterarum dominos regionum pepererat sibi ~en plurimum TORIGNI *Access. Sig.* 27; ut sibi faciat ~en J. SAL. *Met.* 876C (v. cudere 2d); **1450** ibi usurpavit sibi ~en fortitudinis in jactando lapidem in civitate Romana ultra omnes naciones (*Origo Baronum de M.*) *MonA* VI 77.

8 (honorific) title.

~en dignitatis, ut Pharao apud Ægyptios, ut Caesar cum Romanis *Comm. Cant.* I 124; Penda .. apud Mertios regis ~en presumpsit W. MALM. *GR* I 74; jubeo ut .. ~en et honorem .. archiepiscopi non deponas *Id. GP* I 52; ecclesiae Beccensi cui hactenus sub ~ine abbatis praefui ANSELM (*Ep.* 159) IV 27; **s1168** Endonem, vicecomitem de Porrohoit, qui eatinus umbratico ~ine comes vocabatur .. TORIGNI *Chr.* 236; ~ina .. honorum, ~ina dignitatum. archidiaconus, episcopus .. et similia: magna ~ina sunt BALD. CANT. *Serm.* 5. 19. 534.

9 name (of God, with implication of power inherent in it). **b** (*in ~ine* w. gen., in invocation of person of Godhead) in the name of.

'iste coepit invocare ~en Domini .. decemque ~inibus nominavit eum *Comm. Cant.* I 59; Christum .. qui .. sui gloria ~inis orbem inpleret universum BEDE *Hab.* 1240; **793** per magnum omnipotentis Dei ~en *CS* 267; invoco, Sancte, tuum, quod nescio promere, nomen WULF. *Swith.* II 903; oriens splendor justitie, qui illuminat omnem hominem venientem in hunc mundum et ad agnitionem sui ~inis vult venire *Canon. G. Sempr.* f. 37v; **1300** personis .. per quas divini ~inis et fidei catholice cultus protenditur *MunAcOx* 78. **b 679** in ~ine Domini nostri *CS* 45; **811** in ~ine Domini nostri Jhesu Christi .. ego Coenwulf. . trado terram juris mei *CS* 339; **1295** in ~ine Patris et Filii et Spiritus Sancti *FormA* 425; **1386** in Dei ~ine Amen *Ib.* 427.

10 (*~en Christi* or *Christianum*) Christianity, the Christian faith.

Penda .. idolis deditus et Christiani ~inis ignarus BEDE *HE* II 20 p. 125; eodem .. tempore quo ipsa provincia ~en Christi susceperat *Ib.* IV 14 p. 233; qui se Christiani ~inis honore gaudere fatentur ANSELM (*Ep.* 136) III 280; sub unius fidei confessione et Christiani ~inis professione BALD. CANT. *Commend. Fid.* 610; titulus ipse ~inis Christiani umbraque sacre fidei J. FORD *Serm.* 67. 12.

11 authority, power.

bone Iesu, non est res tui ~inis, dampnare dampnantem se BALD. CANT. *Serm.* 3. 14. 521; scruta .. ne forte sub ~ine sacerdotis heresim introducat T. CHOBHAM *Praed.* 193; destinatus est in Angliam procurator quidam .. ad predictam domini Pape collacionem ~ine procuratorio suscipiendam *Flor. Hist.* II 445; **1310** ~ine executorio (v. exsecutorius 1a); **1314** quarum petit ~ine procuratorio dictos religiosos in statum percipiendi *Reg. Dunferm.* 347; procuratores predictos procuratorio ~ine predicti regis *Plusc.* VIII 19; **1468** ~ine et ex parte ballivorum burgi de J. *ExchScot* 597.

12 reason, cause.

siquidem privatio exigit negationem, negatio vero privationem necessario ~ine, quia non omne quod non videt cecum est, cum omne quod cecum est non videat ABBO *QG* 21 (47).

13 heading, category. **b** (*~ine, de eo ~ine, sub ~ine*) under the heading (of), by way (of), in respect (of). **c** on pain (of).

1403 de xxviiij li. .. de arr. hujus comp. quorum ~ina deliberantur in quaterno *Ac. Durh.* 222; multis ~inibus satagebat rerum suarum dominus Thomas Chrystall ut .. FERR. *Kinloss* 39; **1599** contra .. et singula bona res .. pecuniarum summas ~ina et debita quaecunque *SelPlAdm* II 197. **b** soles .. sub ~ine levitatis et inconstantie propositum accusare .. ADEL. *ED* 4; ut ei ~ine vectigalis annuatim viginti libras auri .. penderent W. MALM. *GR* II 134; **1197** sacriste Westmonasterii ad luminare magni altaris ejusdem ecclesie ~ine pensionis quinque marcas argenti persolvemus *Ch. Westm.* 481; **1258** ei contigit ~ine dotis *SelPlMan* 65; **1375** W. S. recepit j *blanket* precii xij d. quam K. famula sua furata fuit de eo ~ine *thefbote Leet Norw.* 66. **c 1213** sub ~ine culvertagii et perpetue servitutis WEND. II 66; **1304** in centum solidis sterlingorum .. ~ine pene .. persolvendis *Reg. Aberd.* I 39.

nomenclator [ML], administrative official of the church in Rome.

745 Gregorius notarius regionarius et numenculator dixit .. (*Syn.*) *Ep. Bonif.* 59 p. 109.

nomenclatura [CL=*the assigning of a name to a thing*], list of words.

ad cujus tandem ~am accessit epacta, quod additionem significat BELETH *RDO* 108. 112 (ed. *PL*).

nomicus [*νομικός=lawyer, legal advisor*], steward.

'Oeconomicon', oeco, i. domus, ~us, i. dispensator *Comm. Cant.* I 11.

nominabilis [ML]

1 that can be named or called.

hic enim talis est ~is, ut ait apostolus, qui confitetur, vel ordine judiciario convincitur (*Leg. Hen.* 5. 18a) *GAS* 550; cum autem finiti ad infinitum nulla sit proportio, nullius nominis ad ipsum Deum proportio est: ergo nullo modo ~is est MIDDLETON *Sent.* I 201.

2 (as sb. n.) something that can be called by a name.

quinque cum de ~i enuntiatur, tria cum de non idoneo nominari BALSH. *AD* 27n; non enim licet michi pusillo ampliare modus loquendi in tam alta et subtili materia, concedendo asinum et quodlibet ~e esse Deum WYCL. *Misc. Phil.* I 239.

nominalis [CL]

1 of a noun.

interrogativa dictio ~is BACON XV 153; determinaciones .. ~es, verbales, et adverbiales (TYSS.) *Ziz.* 173.

2 (phil.) nominalist, concerned with names; **b** (as sb. m.) nominalist.

~is secte acerrimus impugnator .. J. SAL. *Met.* 867C. **b a1168** nosti pridem ~ium tuorum eo michi minus placere sententiam, quod in sermonibus tota consistens utilitatem rerum non assumpserit *Id. Ep.* 240 (238); epistola Barnardi de condempnacione magistri Petri, principis ~ium MAP *NC* I 24 f. 17; secundum .. doctrinam ~ium NECKAM *NR* II 173 p. 298; in logicis quidem dicerem ~em non opinari genus esse nomen *Id. SS* I 18. 6; **1413** dispensacio consueta cum plerisque realibus sed suppressis apostatis, ut ~es fiant capellani honoris, notabilis est dissipacio religionum *Conc.* III 365a.

3 list of names, roll call.

compertum est per lecturam ~is quod .. W. Campyon J. Carpenter .. faciunt defaltum *DL CourtR* 127/1899 m. 4.

nominaliter [ML]

1 by name.

1312 ad execucionem .. petendam personaliter non venerunt, sicut et ~iter superius prosecuti sunt in querela sua *Law Merch.* I 92; ~iter electe CIREN. II

208; **1438** illis in hac voluntate specialiter legatis ac ~iter dumtaxat exceptis *Reg. Cant.* II 601.

2 (gram. & log.) as a noun, with reference to a noun.

sive hec dictio 'melius' teneatur ~iter sive adverbialiter NECKAM *SS* I 18. 4; talis qualitas copulatur et predicatur de hoc termino 'unctus', quando ponitur ~iter S. LANGTON *Quaest.* 368; quando idem significatur ~iter et participialiter ut 'amans illius' nomen est et 'amans illum' participium est BACON II 51; 'esse' aliquando est nomen et tunc significat omni modo grammaticali et logicali idem cum 'essencia'. aliquando est verbum et tunc significat ~iter verbaliter quod 'essencia' significat ~iter OCKHAM *Quodl.* 144; non ~iter sed adverbialiter *Id. Summa* I 59 (v. adverbialiter); 'fortunare', i. per fortunam ut accipiatur ~iter in ablativo casu (J. BRIDL.) *Pol. Poems* I 208.

nominanter, by name, specifically.

~anter has assignavit virtutes: de sene facit juvenem et senem revirescere facit naturam *Correct. Alch.* 14.

nominare [CL]

1 to name (w. proper noun or title): **a** (person); **b** (place or topographical feature); **c** (artefact); **d** (abstr.).

a decem . . nominibus ~avit eum, quibus Judaei adhuc utuntur *Comm. Cant.* I 59; quem tamen ille Agrippam ~at BEDE *Acts* 972; mater quoque ejusdem Osburh ~abatur ASSER *Alf.* 2. **b** ad flumen quod Uuir ~atur *V. Cuthb.* I 6; in loco qui Saxonico vocabulo Haethfelth ~atur BEDE *HE* IV 17 p. 239; c**1080** ego V. abbas monasterii S. Petri quod Westmonasterium ~atur *Ch. Westm.* 234; unum manerium Derbei ~atum *DB* I 269va; a Gallia . . mare Gallicum ~atur GIR. *TH* I 2; quod ille ~at Narewesike iste ~at Rennindesike *Feod. Durh.* 258. **c** dicitur bucella panis quando rotunda et plana fit et non torta . . sic moris est vilissimum cibum semper principio ~are *Comm. Cant.* I 107; 'alabastrum', proprium nomen lapidis, et vas sic ~atur de illo lapide factum *Ib.* III 56; liber ipse ut scripsistis 'caritatis speculum' ~etur AILR. *Spec. Car.* III 40. 620; **d** cum ~antur tres virtutes, fides, spes, caritas, melius est dicere neutraliter 'major horum' quam 'major his est caritas' ABBO *QG* 19 (41); hic numerus numero senario, qui Arabice alszarar ~atur, est appositus ROB. ANGL. (I) *Alg.* 122.

2 to call aloud by name.

homines de longinquo venientes, eorum cognitos ~ando, adtonitos faciunt *Lib. Monstr.* I 40.

3 to designate as; **b** (implying potential discrepancy between name and substance).

hi non leonum sed aptius vulpium cubilia ~antur BEDE *Cant.* 1138; a**1085** non probo quod papam Gregorium vituperas, . . quod legatos ejus spinosulos ~as LANFR. *Ep.* 59 (52); figurarum alie simplices, alie composite ~antur HAUBOYS 184. **b** si quis ~atur frater et est fornicator GILDAS *EB* 100; illi qui religiosi ~antur deteriores fiunt secularibus AILR. *Serm.* 17. 19. 297; boni viri ~antur et sunt J. SAL. *Met.* 853C; quod . . celebre est, aliud sc. esse quod appellativa significant et aliud esse quod ~ant; ~antur singularia, sed universalia significantur *Ib.* 881A.

4 to mention. **b** to mention by name, to provide the name of. **c** (*prius* or *infra* ~*atus* or sim.).

si . . alius recitavit nomina mortuorum, et simul ~avit hereticos cum catholicis, . . ebdomadam peniteat THEOD. *Pen.* I 5. 12; cum sororem ~at, communionem indicat et nature et gratie BALD. CANT. *Serm.* 12. 6. 479; **1280** ad valorem octodecim marcarum vel circiter de pecunia ~ata *MunAcOx* 781 (cf. *ib.*: de pecunia jam predicta); licet . . prius ~etur [in sacra scriptura] celum quam terra, propheta tamen dicit Deum terram prius fundasse *Eul. Hist.* I 7; **1389** recognovit se ad solvendum communitati Ebor' xl s., si ipse amodo ~et unum verbum vocatum *pissyngpeny*, in obprobrium textorum Ebor', quod legitime probari poterit *Mem. York* II 30. **b** Agarreni ipsi sunt qui nunc abusive Sarraceni ~antur *Comm. Cant.* I 195; omni honorificentia ~andus famulus Christi . . Ecgberct BEDE *HE* V 9 p. 296; ex quibus ad notitiam posterorum libet quosdam ~are et presenti breviter in pagina denotare ORD. VIT. VII 16 p. 251; si sit auctoritas alicujus Sancti expositoris, bonum est ~are illum auctorem T. CHOBHAM *Praed.* 286. **c** 786 trado terram . . in his post ~atis locis *CS* 248; 867 hanc libertatem prescriptam cum his testibus infra naminatis firmiter

in Jhesu . . confirmantes roboravimus *CS* 516; **961** abstulerunt michi duas superius ~atas terras *CS* 1065; iste sex species prius ~ate multum appropinquant ipsi equalitati GARL. *Mus. Mens.* 10. 9*.

5 to specify. **b** to nominate, to designate legally. **c** (w. dat.) to assign to.

de ~atis vel innominatis placitis (*Leg. Hen.* 46. 1) *GAS* 570 (v. innominatus 2a); c**1195** per easdem rectas divisas que scripte sunt et ~ate in carta predicti A. *Regesta Scot.* 378; c**1205** quando eam desponsavi, nichil ei concessi vel ~avi in dotem quod ad masagium illud pertineat *Ch. Westm.* 438; bene contenta fuit in desponsatione sua dote quam ei ~avi *Ib.* **b** duo modi testium sunt, ~ati et electi, electi et non ~ati (*Leg. Hen.* 31. 8a) *GAS* 564; in hiis vero secundum legem ~ati consacramentales vicini habendi sunt (*Ib.* 66. 6b) *Ib.* 586; **1315** proceres et alios de comitate . . ~ati et electi fuerunt *RScot* 136b; precentor . . ~abit primum electorem *Cust. Cant.* 73 (v. elector 2b). **c** c**1418** omnia ornamenta et libri ac alia bona capelle ~ata et per me ante hec tempora disposita seu ordinata *Reg. Cant.* II 165.

6 to fix, determine.

precor ut mihi aliquem proximum terminum ~etis . . quando possim legatum vestrum . . exspectare ANSELM (*Ep.* 368) V 312; die ~ata et determinata W. MALM. *GP* I 62.

7 (p. ppl., usu. as adj.) known by name, renowned, celebrated.

de actu ~ati sunt jurgiorum *Comm. Cant.* I 154; **959** quae sita est in ~atissimo loco qui dicitur Westminster *CS* 1048; non scripsi omnes sanctos sed ~atos sanctos *Descr. Constant.* 263; relicto ~atissimo vexillo suo quod, quia demoniaco instinctu corvina effigie deformaverant, *raven* vocabant AILR. *Gen. Regum* 355; cives ~atiores urbis Londonie W. FITZST. *Thom.* 124; inter quoslibet post dominum regem ~atos in regno ~atissimus *Chr. Battle* f. 107v; civitas illa opulentissima Londoniarum quos habebat ~atissimos exhibuisset *Mir. Hen. VI* I 23 p. 57.

nominatim [CL]

1 by name.

pande ~im earundem vocabula caesurarum ALDH. *Met.* 10 p. 92; patrum memoriam faciens beata Maria recte. Abraham ~im exprimit BEDE *Hom.* I 4. 21; alii plures quod ~im proferre perlongum est ORD. VIT. VII 16 p. 251; c**1180** hujus conventionis hii sunt testes ~im: P. sacerdos infirmarum mulierum et Turoldus et . . *Ch. Westm.* 288; non cessat evocare singillatim et ~im convicaneos suos MAP *NC* II 27 f. 33; excommunicavit eos, utrum ~im vel in genere nescit *Feod. Durh.* 246.

2 namely, specifically, in particular.

1101 contra omnes homines et ~im contra Rotbertum comitem Normannie (*Brev. Regis*) *EHR* XXI 506; omnium placitorum de quibus ~im implacitabatur incurrit emendaciones (*Leg. Hen.* 50. 1) *GAS* 573; c**1130** ita ut libere et quiete et honorifice teneat et ut hallimotum ville nostre placita sequentia [? l. sequatur] nisi abbas ~im asseruit et hoc sibi preceperit *Ch. Westm.* 246; **1221** juratores dicunt quod ipse O. latro est et receptator latronum et ~im predictorum *SelPlCrown* 93; **1229** concessimus burgensibus nostris Oxonie omnes libertates . . viz. quod habeant ~im gildam suam mercatoriam (*Ch.*) *MGL* II 672; confirmacionem de omnibus terris quas etc. . . et ~im totam terram . . de O. . . faciebat *Meaux* I 303.

nominatio [CL]

1 naming, assignation of name.

horum igitur trium, id est Patris et Filii et Spiritus Sancti, et ~ones et operationes et invocationes et preconia tam in lege quam in prophetis multipliciter inserta video *Eccl. & Synag.* 73; multivoca autem sunt cum in ejusdem rei intellectum et ~onem plura verba concurrunt, ut ensis, mucro, gladius J. SAL. *Met.* 895A; dividitur hec lux ab hac tenebra, recipiuntque diei et lucis ~onem consimili modo ei quem diximus superius GROS. *Hexaem.* II 9. 1; dat tres ~ones hujus circuli ROB. ANGL. (II) 166.

2 (rhet.) figure of speech in which one assigns to something a name for the sake of imitation or expressiveness, onomatopoeia.

in hoc nomine 'fragor' per 'fragorem' designans similem, id est per sonum qui provenit ex fractura ramorum damus intelligi sonum qui provenit . . ex tu-

multu hominum . .; et iste color appellatur ~o VINSAUF *AV* 3. 5 p. 286.

3 specification, nomination, legal designation.

et parentibus ipsius occisi juret *unceases ap*, id est sacramentum sine electione vel ~one (*Quad.*) *GAS* 105; nisi odium vel aliquid competens in ~one proponatur, cur haberi non possint (*Leg. Hen.* 31. 8) *Ib.* 564; propter ~onem dotis BRACTON f. 95b; advocationes seu ~ones ecclesiarum de S., E. etc. *Meaux* II 192; **1478** si forte evenerit quod lanis hujusmodi veteribus . . fraus . . quevis fuerit comperta vel quod indebita ~o aut injusta paccatura fiat, venditor emptori reparabit dampnum *Foed.* XII 81 **1541** sine ~one aliqua (v. compermutare).

4 (*ad nutum et* ~*onem*) at beck and call.

s**1455** erimus . . servi vestri paratissimi . . pergentes . . ad nutum et ~onem imperii regii vestri *Reg. Whet.* I 170.

nominative [LL]

1 by name.

in ipsum Anglorum regem Henricum ~e comminatorium emisit edictum H. Bos. *Thom.* IV 17; aut ~e excommunicati sic aut . . excommunicatorum participio *Ib.* IV 23 (cf. *ib.*: excommunicatus vel ex nomine vel ex participio).

2 in the nominative case.

cum enim dicitur 'quod factum est in ipso vita erat', potest hec dictio 'vita' teneri ~e et ablative NECKAM *SS* II 37. 1; modi significandi ~e BACON XV 150.

nominativitas, condition of being in the nominative case.

completa causa exigencie a parte illius quod exigitur non est significatum sub ~ate cum numero et persona debitis BACON XV 150.

nominativus [CL]

1 (gram.) of the nominative case; (also as sb. m.) nominative case.

~o plurali ALDH. *PR* 123; ~us singularis has habet breves: A, ut 'citharista' . ., E ut 'sedile', . . O, ut 'ordo' BEDE *AM* 2359; primus ~us, quia per ipso nominatio fit ALCUIN *Gram.* 868D; potest et ita distingui ut causa ~us casus sit LANFR. *Comment. Paul.* 387; Ecclesiastes a ~o Ecclesiaste secundum Grecam declinationem descendit ANDR. S. VICT. *Sal.* 94; unde si recte instructus es in minoribus, dices actum hujus verbi 'precipio' transire in rem designatam per hunc ~um 'tu' NECKAM *SS* III 46. 13; apcior est ~us nominis ad evocacionem quam hoc pronomen 'ipse' BACON XV 1.

2 known by name, renowned, celebrated.

quidam ballivus, armis jam nominativus (J. BRIDL.) *Pol. Poems* I 141; tunc ~us in armis fuit, et bellicosus reputabatur *Ib.* I 142.

3 (abl. as adv.) by name.

consanguinei defuncti fratrum nostri ordinis in annuo capitulo in conventu ~o debent absolvi (*Inst. Sempr.*) *MonA* VI 946.

4 in name only.

~o hic cancellarius ex perdite potestatis et presentis sui status recordatione confusus DEVIZES f. 37v.

nominator [CL], nominator, one who nominates for election.

attenduntur circa ~ores quia computare debent et videre quot istum nominant et quot illum L. SOMERCOTE 44; **1264** electores sive ~ores *SelCh* 401; jurabunt primi electores seu ~ores *MGL* II 663; **1350** ~ores electorum cancellarii per scrutinium eligantur *StatOx* 64.

nomisma [CL < νόμισμα], **numisma** [cf. nummus]

1 coin, piece of money; **b** (of spec. denomination); **c** (w. ref. to *Matth.* xxii 19); **d** (fig.).

aureum illud nomisma quod eo de Cantia venerat BEDE *HE* III 8 p. 143; non terras victusque, domus, nummismata, vestes ALCUIN *SS Ebor* 867; ad thecam accedens, haustum non parvum numismatum numerum in sinu recondit AILR. *Ed. Conf.* 746C; idem numisma quod vir suus obtulerat in limine domus sue mulier invenit W. CANT. *Mir. Thom.* III 31; de omni massa illa nummismatum R. COLD. *Cuthb.* 129; **1456** cum copia numismatis principaliter generet universalem prosperitatem in quacumque regione *Pat* 481 m. 13. **b** nomisma est solidus vel denarius *Comm. Cant. app.* p. 562; numisma idem est quod denarius, nomine et effigie principis insignitus, nam ab initio nomisma nummus argenteus erat BART. ANGL. XIX 131; georgius nobilis pro vj s. viij d. vocatur *angell* continens in numismate ymaginem S. Michaelis Archangeli cum dracone HERRISON *Abbr. Chr.* 9. **c** genus numismatis quod Caesari pendebatur BEDE *Luke* 329; prolato nummismate census suam cuique censuit restituendam esse imaginem J. SAL. *Pol.* 497C; **d** prius aes retinet planis nummisma figuris ALCUIN *WillV praef.* 17; veri namque et summi regis est, cujus in omni vero numismate, hoc est non ficta justitia .. imago imprimitur J. FORD *Serm.* 116. 12; ave, de qua Deo gratum / est nummisma fabricatum / quo mundus redimitur WALT. WIMB. *Virgo* 53; rex Anglie destinat .. aliquos milites .. de regno suo ad regem Alemannie, ut qui sibi affinitate non erat annexus, virtute tamen crucis numismatis federe indissolubili uniretur *Flor. Hist.* III 88.

2 coinage, currency.

projecti sunt .. oboli et quadrantes diversi nummismatis *Lib. Eli.* III 57; habebat autem tunc temporis in Anglia nummum novum in diebus Henrici regis primi sed rarum adhuc pre novitate numismatis J. FORD *Wulf.* 1; **1247** sicut veteri cuneo veterem monetam ante numismatis nostri mutacionem fieri fecerant *Cl* 101; **1486** officium magistri cunagii sive numismatis *Pat* 564 m. 18 (7).

3 money.

ut cupidus fulvum nomisma capessat ALDH. *CE* 5. 10; farcit .. fulvo nummismate saccum *Id. VirgV* 2618; quisque numisma sitit consultus in ede potentis D. BEC. 802; laminas argenteas .. fecit avelli et omnia redegit in nomisma *G. S. Alb.* I 82; **1284** parati sumus solvere si facultas nummismatis ad presens se apud nos optulerit *AncC* 47/186; **s1258** marce trescente, Simon, si pontificent te, / per nummisma teres fit Simon Symonis heres *Chr. Ed. I & II* I 50.

nommus v. nummus.

nomos [CL < νόμος], law.

hupage de avido / habita in Qurii nomo / ut sis heres in Papho (*Adelphus Adelpha Mater*) *Peritia* IX (1995) 40; Juno quasi jurans ~os, quia sine calore ignis et humore aeris nichil potest nasci J. FOXTON *Cosm.* 83. 1.

non [CL]

1 (as negative in sentence or cl.) not; **b** (*non solum* .. *sed* or sim.) not only .. but; **c** (*non nisi*) not except, only (*v. et. nisi*). **d** (in double neg. to emphasize affirmative aspect). **e** (in double neg. to emphasize negative aspect).

idcirco spatium respirandi non habent GILDAS *EB* 1 p. 27; diruit, ut populum non fallat cultibus error ALDH. *VirgV* 697; si .. amor noster de corpore .. traheret .. non diceret Dominus .. BEDE *Cant.* 1067; timor .. non ne mittaris in gehennam sed ne te deserat praesentia Domini *Id. Ep. Cath.* 112; nun fanthasma, sed in sumnis sibi Christus exstitat HIL. RONCE. 50; GLANV. VI 1 (v. dos 2a); **1276** clericus coronatoris ibi venit et coronator non *Hund.* II 174b. **b** ita ut non Britannia, sed Romania censeretur GILDAS *EB* 7; non legitime sed ritu tyrannico *Ib.* 13; **672** non solum artes grammaticas .. quin immo allegoricae potiora .. disputationis bipertita bis oracula ALDH. *Ep.* 5 p. 490; non tamen monstrum sed homo monstruosa magnitud[in]e fuit *Lib. Monstr.* I 51; non in solo olfactu, verum etiam in gustu AD. SCOT *QEC* 5. 810B. **c** [bitumen] non potest dividi ullatenus nisi sanguine menstruali *Comm. Cant.* I 72; nam ejusmodi compositio nonnisi in dactilicum metrum cadit ALDH. *Met.* 10 p. 82; modo non habent nisi xlvij libras (*Kent*) *DB* I 2rb; non habet ibi aliam rectitudinem nisi quod .. (*Surrey*) *DB* I 30ra. **d** **1200** deadvocavit quod ipsa .. non tenuit (v. deadvocare h); Jhesu, te canens gaudeo, / nam, tuo tactus oleo, / non gaudere non poterit J. HOWD. *Cyth.* 37. 3. **e** **804** ut nullus homo .. non praesumat *CS* 313; **1412** nullus .. non faciat apprenticium sibi (v. apprenticiagium).

2 (w. negative jussive subj.).

non se putent adulteri tenebris noctis aut parietum obtegi .. quia tenebrae non obscurabuntur a Domino BEDE *Prov.* 959; **793** non exeatis post luxurias carnis ALCUIN *Ep.* 20; non trices, non tardes *Gl. Leid.* 12. 23; non occupes te in hiis BACON V 152; **1335** predicti ballivi venerunt in curia per le non omittas propter libertatem predicte ville de Kyngeston' super Hull' *SelCKB* V 82.

3 (in final cl. = *ut* .. *non*) so that .. not, lest.

non se extollat humana praseumptio, plenitudinem virtutum sola Dei sapientia possidet BEDE *Prov.* 965.

4 (as answer, after dir. or indir. qu.) no.

dixit mihi "scis quae sint [v. l. sunt] ista omnia quae vidisti?" respondi ego "non" BEDE *HE* V 12 p. 308; "et nosti quare Gamalihel fecit illud?" "non" PETRUS *Dial.* 137; petit ab attornato .. si aliquid velit dicere .. attornatus dicit quod non *State Tri. Ed. I* 63.

5 (as modifier, sts. log. & phil.) non-: **a** (w. sb.); **b** (w. adj.); **c** (w. ppl., also as sb.); **d** (w. pron.); **e** (w. inf. as sb.); **f** (w. adv.).

a **1227** cadit assisa mortis propter non-tenuram *BNB* III 609 *marg.*; de hiis qui a non-domino manumissi sunt RIC. ANGL. *Summa* 32 p. 56; adimplet ergo et non solvit semen qui dicto modo perducit semen ad non-esse, quia hoc est verum esse seminis sic transire ad non-esse GROS. *Cess. Leg.* I 10. 27; ergo omne non-animal est non-homo BACON XV 291 (v. contrapositio 3); si in vacuo moveretur, non fieret in tempore sed in non-tempore, quod est instans *Id. Tert.* 149-50; dicitur infinitum non per privationem terminorum quantitatis, sed per negationem corruptionis et non-esse *Ib.* 194; neque enim possibile est ex non-substantiis substantiam componi *Ps.*-GROS. *Summa* 305; recesserunt quieti per non-sectam .. Willelmi *State Tri. Ed. I* 36; non potest accipere non-esse per corrupcionem DUNS *PW* 146 (v. corruptivus 1a); per assistenciam vel non-assistenciam alicujus alterius actus OCKHAM *Quodl.* 260; si non tota quantitas precedens corrumpitur sed aliqua pars manet, tunc aut advenit aliqua pars quantitatis de novo, aut non. si sic, quero de subjecto ejus immediatio, quia non recipitur in non-aere, certum est *Ib.* 442; existencia ergo creature non facit ad Dei delectacionem augendam; cum, posita creature non-existencia, tantum volendo negacionem oppositam, eternaliter delectaretur WYCL. *Dom. Div.* 35. **b** **a1172** in terra arabili et non arabili *Cart. Mont. S. Mich.* 52; sed [veritas] non-eterna alia est mansiva et stabilis *Ps.*-GROS. *Summa* 294; modus essendi quantitativus vel non-quantitativus OCKHAM *Quodl.* 368; non potest habere de Deo cognicionem aliquam que sit cognicio absoluta non-connotativa, affirmativa non-negativa, simplex non-composita, propria non-communis *Ib.* 381; 'non-album' significat multa affirmative que non significat 'album' *Ib.* 508. **c** non enim unit se Deus non-amanti, neque amanti ante unionem unitur postea, sed simul fit utrumque FISHACRE *Sent. Prol.* 95; illam enim mutacionem que est ex omnino non-ente in ens, non potest alia mutacio precedere, .. GROS. *Hexaem.* I 8. 6; medium esset inter aliquid et nihil, juxta Platonem, vel inter ens et absolutum non-ens, juxta Aristotelem *Ps.*-GROS. *Summa* 308; generatio quandoque nomen est motus a non-subjecto in subjectum *Ib.* 369; de non-facto in factum BRADW. *CD* 478C (v. contradictorius 1b); loquor de illo per quod aliquid non-distans a loco est presens loco OCKHAM *Quodl.* 399 (cf. ib.: aliqua duo sunt presencia indistancia localiter); substancia ligni est non-mota localiter *Ib.* 404 (cf. ib. 405: manebit immota localiter); circa hostiam non-consecratam *Ib.* 432; non tamen penitus idem significant nisi ista contradictoria 'ens' et 'non-ens'; que penitus idem significant, quia quidquid significat 'ens' affirmative significat 'non-ens' negative, et nihil aliud significat affirmative *Ib.* 507; per solum motum localem sine omni respectu medio potest de non-sedente fieri sedens .. *Ib.* 724. **d** idcirco 'non-aliquid' vox nullam rem aut quod sit aliquid significat ANSELM (*Casus Diab.* 11) I 249; cum hoc non sit aliquid sed pocius non-aliquid OCKHAM *Quodl.* 548; est in re commune quod non est de se hoc, et per consequens de se ei non repugnat non-hoc *Id. Sent.* II 166. **e** **1324** omnes isti calumniaverunt de non-jurare *MGL* II 303. **f** aliquid autem est imperfectum secundum perfeccionem non-simpliciter, que de racione sui includit limitacionem, et ideo necessario habet imperfeccionem annexam, ut 'hic homo', 'hic asinus' DUNS *Ord.* 241; propter quod non potest corpus suum nonorganice movere, sicut potest angelus OCKHAM *Quodl.* 372.

6 (in litotes).

hi non parvo .. tempore .. et in quadam ac si angusta timoris porticu luctabuntur GILDAS *EB* 1 p. 27; intellegimus nos non numquam saluti nostrae contraria postulare BEDE *Ep. Cath.* 117; unum a majoribus accepi quo non mediocriter judicium offendebat hominum W. MALM. *GR* II 218; **1203** milites de comitatu non malecredunt A. fratrem A. .. quod ipse non consensit predicto maleficio *SelPlCrown* 47.

7 *f. l.*

867 ego Eþelred rex Occidentialum Saxonum non et [l. necnon et] Cantpariorum *CS* 516.

nonagenarius [CL], of ninety years: **a** (of person); **b** (of age).

a non est .. dignum, Eleazarum ~ium transire ad vitam alienigenarum M. PAR. *Maj.* I 67; sanctus Audoenus ~ius migravit ad Dominum *Eul. Hist.* I 228; Pacubius .. ~ius mortuus est W. BURLEY *Vit. Phi.* 308. **b** usque ~iam decrepitae vetustatis senectam ALDH. *VirgP* 29 p. 267.

nonagenus [CL]

1 ninety each.

nonaginta .. unde nonagenarius .. et ~us .. et nonagies OSB. GLOUC. *Deriv.* 375.

2 (in comp. numeral) ninetieth.

Christi millenus centenus jungitur annus / cum nonageno, rex ibi castra locat GARL. *Tri. Eccl.* 49.

nonagesies v. nonagies.

nonagesimus [CL], ninetieth (also in comp. numeral).

899 anno .. ejusdem incarnationis .. DCCC nonagessima nona [*sic*] *CS* 580; unde et Dominus fertur centesima ~a tertia olympiade natus ABBO *QG* 20 (43); de sexagessimo et septuagessimo et octuagesimo, nec non et ~o supersedimus hoc in loco sermocinari, ne forte perturbemus audientes BYRHT. *Man.* 232; **1295** anno Domini millesimo nonagesimo v *FormA* 425; anno D nonogesimo vij° *Ann. Exon.* 7v.

nonagia [ME, OF *nonage*], estate or guardianship of a minor.

c1480 filia .. parvula .. tradita est in custodiam regis qui dedit eam, cum ~ia, domine M. regine (*Chr. Tewk.*) *MonA* II 64a.

nonagies [CL], **nonagesies,** ninety times.

~ies, per nonaginta vices OSB. GLOUC. *Deriv.* 383; Jupiter est equalis terre ~esies quinquies et Saturnus est similis terre ~esies et semel BACON *Maj.* I 235.

nonaginta [CL], ninety (also in comp. numeral).

p675 in libro de ~a heresibus ALDH. *Ep.* 4 p. 484; ubi pastor relictis ~a novem ovibus .. venit visitare unam quae erraverat BEDE *Ep. Cath.* 54; **s381** centum et ~a annorum (v. 2 decursus 2c); ita congregatis ex Jerosolimis ~a equitibus W. MALM. *GR* IV 384; Carneades philosophus, laboriosus sapientie miles, ~a annos continuavit et consummavit in studiis P. BLOIS *Ep.* 81. 240D; septuaginta ebdomades abbreviate sunt septuagies septem anni lunares, id est quadringenti et ~a anni lunares GROS. *Cess. Leg.* II 7. 8.

nonaginti v. nongenti.

nonalis [ML], (eccl. & mon.) that occurs at or after Nones; **b** (as sb. n. pl.) meal or sim. that occurs after Nones.

die .. Purificacionis incipit prefatus potus ~is et habetur cotidie duodecim leccionum si Nona post prandium cantetur (*Cust. Bury St. E.*) *HBS* XCIX 41. **b** **1314** pro decimis ~ium parochie *Reg. Durh.* II 680.

nonare [cf. CL nonus], (math.) to move to ninth place (absol.).

si .. divisor fuerit decenus secundat a se, .. si centenus mille millenus ~at THURKILL *Abac.* f. 58.

nonaria [CL = *slave-girl celebrating the Nones of July*], prostitute who may solicit after the ninth hour of the day.

~ia, -e, i. meretrix quelibet que post nonam dabatur juvenibus OSB. GLOUC. *Deriv.* 376; hec est racio .. quare meretrices ~ie apud Romanos vocabantur, quia ad horam nonam licuit eis egredi de domibus suis et non ante HOLCOT *Wisd.* 192.

nonci- v. nunti-. **noncupare** v. nuncupare. **noncuplus** v. nonuplus. **nondecimus** v. nonus.

nondum [CL; al. div.]

1 not yet.

qui ~um ad integram fidem sunt . . idonei GILDAS *EB* 66 p. 63; hunc Pater omnipotens nondum baptismate lotum / . . / . . beavit ALDH. *VirgV* 679; nundum audivimus de istis secretis M. SCOT *Part.* 292 (v. 1 delectus); **1269** A. uxor J. S. ~um mortua cognovit coram coronatore quod visu congnovit quosdam qui interfuerunt ad . . feloniam faciendam *SelCCoron* 14; **1285** eidem satisfactum . . nundum extitit *RGasc* II 245a; **1398** non est dum levatum (v. dum 1).

2 (*nondum . . non*) neither . . nor.

~um divinae religionis, non humani officii ratio colebatur, sed . . cupiditas ad se explendam corporis viribus abutebatur ALCUIN *Rhet.* 2.

nongentesimus [CL], nine-hundredth.

949 adest annus ~us quadragenus atque nonus Dominici incarnationis *CS* 882; anno Dominice incarnationis ~o vicesimo quarto W. MALM. *GR* II 131; anno . . ~o septuagesimo quarto *Chr. Rams.* 185.

nongenti [CL], nine hundred.

~arum sexaginta familiarum mensuram BEDE *HE* II 9 p. 97; ~i anni ÆTHELW. I 1 (v. bis 2); tertia aetas juxta utramque computationem annis constabat ~is quadraginta duobus BYRHT. *Man.* 238; cum Adam prothoplaustus senuerit et factus fuerit nongintorum annorum et xxx misit Seth filium suum ad Paradisum *Holy Rood-Tree* 54; **1267** faciant habere eidem J. ~as de canabo et quod fieri faciant . . tentorium *Cl* 332; sub pena amissionis illarum nonagintarum et quinquaginta marcarum *Chr. Rams.* 400; **c1421** item novingentas [missas] in honorem novem ordinum angelorum (*Test. Hen. V*) *EHR* XCVI 91.

nonginti v. nongenti. **nonies** v. novies.

nonius [cf. CL nonus], of noon.

ad radios solis siccatur nonius humor G. WINT. *Epigr.* 62.

nonna [LL, cf. *vóvva*], **nunna** [AS *nunne* < nonna]

1 nun.

de adulteriis nati et de nonnis generati ÆLF. *Ep.* 2a. 5; nonna, *arwyrþe wydewe oððe nunne Id. Gram.* 299; **c1010** nullus itaque Christianus nonnam [AS: *nunnan*] Deo dicatam violet *GAS* 257; hortatu nunnae religiosae quae illum locum servabat GOSC. *Transl. Aug.* 45D; qui cum nunna [AS: *nunnan*] . . fornicabitur (*Quad.*) *GAS* 185.

2 (as name of bird) blue titmouse (*Parus caeruleus*).

parum tertium, Angli nonnam a similitudine quam cum velata monacha habet, nominant TURNER *Av.* G5 p. 132.

nonne [CL]

1 (in question to which one expects affirmative answer) is it not the case that . .?

~e . . perpetuo vovisti . . ? GILDAS *EB* 34; nonne magum merito geminis fraudavit ocellis, / cernere ut numquam splendentem lumine Phoebum? ALDH. *CE* 4. 2. 16; ~e res existens rei non existentis est signum, ut rubor future serenitatis aut tempestatis? J. SAL. *Met.* 937D; si quispiam dicat "errare nolo", ~e eum errare nolle verum erit? DUNS *Ord.* III 136.

2 (in question to which one expects negative answer) is it at all possible to . .?

nonne domus poterit componere se sine lignis? GOWER *VC* VI 523.

nonnichil v. nonnihil.

nonnihil [CL; al div.]

1 not nothing, not a little, a certain amount; **b** (w. partitive gen.); **c** (w. *de*).

si vocare liceret in jus vel patrem suum filio, vel dominum servo, ~il, mi pater reverende, mea fortassis parvitas haberet . . AD. SCOT *QEC prol.* 799D; non nihil est GIR. *GE proem.* p. 6 (v. dispendium 2b). **b** hi omnes . . nonnichil mutue letitie habuere W. MALM. *GR* IV 349; nonnichil juris sibi vendicabat in hoc Jesu, qui ait . . BALD. CANT. *Serm.* 4. 13. 405. **c** qui pudore retinetur ab imitatione . . humilitatis

Christi, nonnichil adhuc de suo spiritu habet BALD. CANT. *Serm.* 16. 42. 490-491.

2 (as quasi-adv.).

regnum nonnichil ampliatum W. MALM. *GR* I 16; illi concitatiores et nonnichil moti *Id. HN* 509; nam et rex in favorem fratris vergebat pronus; quamquam nonnichil in ejus animo ponderaret Lanfrancus *Id. Wulfst.* II 1 p. 25; nam hodie quoque ~il laboravi AILR. *Spec. Car.* I 29. 533.

nonnisi [CL; al. div.], not unless, but, only; **b** (w. *tantum*).

quamvis casso labore multoties iteratam ~i ad eundem locum cantando perducerent B. *V. Dunst.* 23; ut . . milites ~i diligentissime explorata necessitate committere sineret W. MALM. *GR* V 390; omnes quatuor mortui inventi fuerunt. unde? ~i ex cibo et ipsius malitia *Quaest. Salern.* B 84; juvenibus autem ~i una veste uti toto anno permisit, nec aliquem culcius quam alterum progredi, nec opulencius epulari W. BURLEY *Vit. Phil.* 62. **b** ~i virgam tantum habere in manu voluit BEDE *HE* III 18 p. 163.

nonno [cf. LL nonnus, AS *nunne*], monk.

797 ut monachi seu nunnones suo majori regulariter constituto . . subjecti sint *Clovesho* 368.

nonnullies [CL nonnullus + -ies], not never, not a few times, several times.

a1350 tot et tales, ut presumitur, maliciose ~ies fatigavit *StatOx* 94.

nonnullus [CL; al. div.]

1 (sg.) not none, not a little, a certain amount of.

aequalibus pene terminis, regnum ~o tempore cohercens BEDE *HE* II 5 p. 89; habet . . ad aeternitatem ~am similitudinem ANSELM (*Incarn. B* 15) II 34.

2 (pl.) not a few, a number of; **b** (as sb. m. pl.) some men; **c** (as sb. m. sg., collect.) not a small number (of), quite a few.

nec enumerans patriae portenta . . quorum ~a . . torvis vultibus intuemur GILDAS *EB* 4; ~i beatae vitae aemulatores ALDH. *VirgP* 14; ~as . . pontificum epistulas . . adtulit BEDE *HE pref.* p. 6; ~as forsitan in insula vineas fuisse GIR. *TH* I 6 p. 28. **b** itaque ~i miserabbiliter reliquiarum in montibus deprehensi acervatim jugulabantur GILDAS *EB* 25; a ~is . . doctorum aestimatur anima ipsius in ea . . permansura *Comm. Cant.* III 115; quam de stirpe bona et claris natalibus ortam / nonnulli juvenum thalamis adsciscier optant ALDH. *VirgV* 1785. **c** c1211 ~um . . novimus, qui fautores promotionis sue . . ample . . remuneravit GIR. *Ep.* 6 p. 224.

nonnumquam [CL; al. div.], not never, sometimes, often, or sim.; **b** (dist. from *numquam*).

nunc Deo, interdum civibus, ~am etiam transmarinis regibus GILDAS *EB* 4; quod autem septinarius ~am [v. l. nonnunquam] Spiritus Paracleti gratiam praefiguraverit ALDH. *Met.* 2 p. 64; unde solet in Scripturis ~am ipsum quoque templum Libani vocabulo designari BEDE *Hab.* 1239; hilariter dictabat et ~am inter alia dixit . . CUTHB. *Ob. Baedae* clxii; mox ut ~am et fere semper W. MALM. *HN* 524. **b** est autem ut sophistice incipiatur ad in disputatione fallendum curandum in contentiosa frequenter, in exercitativa nonnunquam, in inquisitiva nunquam BALSH. *AD* 36.

nonnunquam v. nonnumquam.

nonnus [LL; cf. *vóvvos*], (senior or respected) monk (also as title).

a**987** per fratrem nostrae societatis ~um Leofsinum (*Ep. Dunst.* 17) *Mem. Dunst.* 380; lector . . omnes . . cum adjectione nominis ~i debet nominare *Cust. Cant. Abbr.* 264; non debet ex usu moderno cognomine sue obediencie provocari, ut dicatur sic, 'cantor' vel 'sacrista' . . sed puro nomine est provocandus, cum numero nominis sui deputato, sic, '~us A. quintus' vel '~us B. decimus' *Cust. Cant.* 229; *a dan*, sicut monachi vocantur, ~us *CathA.*

nonogesimus v. nonagesimus.

nonpar [CL non + par; cf. OF *nonper*, ME *nounpere*], umpire.

1384 tunc ipsi quatuor homines eligerent duos nounpares . . et . . defendentes disposicioni predictorum quatuor hominum et nounparum similiter starent

PlRCP r. 180; **1414** in ~em electum in casu quo predicti arbitratores non concordarent (*PlRCP*) *Collect. Staffs* XVII 51.

nonquid [CL non + quid; cf. CL numquid], (in question to which negative answer is expected) is it the case that?, surely . . not?

~id venit? . . non LIV. *Op.* 201.

non-regens [cf. CL regere], (acad.; as adj.) whose regency has expired; **b** (as sb. m.) nonregent, Master of Arts whose regency has expired.

a**1350** si contingat magistrum non regentem in fata descedere *StatOx* 62. **b** a**1350** quod non regens habeat crucem universitatis in funeracione sua *Ib.*; **1428** in plena et solempni convocacione regencium et ~encium universitatis Oxoniensis in domo congregacionis, prout moris est, celebrata *EpAcOx* 42.

nonschenchus v. nonshenchus.

nonshenchus [AS, ME *non* < nona + ME *shenche* < AS *scenc*], nuncheon, 'noon-cup', light refreshment in the afternoon.

1375 in ij nouncheynchis ad dictos Nicholaum et famulum suum, iij d. *Arch. Bridgw.* 297 p. 222; **1399** pro nonschenchis datis carpentario in fabricacione . . cloace *Ac. Chamb. Cant.* 137b; **1411** pro nonschenchis pro operariis apud le Lyon diversis temporibus *Ib.* 138a.

nonuplus [ML], **noncuplus** [cf. LL decuplus], nine-fold; **b** (in comp. numeral).

quare quod ex BH in seipsam nonuplum ei quod ex HG in seipsam ADEL. *Elem.* XIII 18; si sesquioctava inquiritur describantur numeri naturales octupli et noncupli, et erunt numeri tercii versus sesquioctavi ad numeros secundi versus ut hic ODINGTON *Mus.* 50; disponantur omnes octupli et angulares noncupli, et sine ulla ambiguitate omnes sesquioctavi sunt reperti *Ib.* 51; inter breves et maximas est proporcio noccupla, et semibreves . . et maximas est proporcio vigecupla septupla HOTHBY *Cant. Mens. L* 53. **b** nam secundum quantitatem qua erit corpus lune pars una, erit magnitudo corporis terre trigintuplum noccuplum et quarta ejus fere BACON *Maj.* I 233; quantitas de corpore terre . . est trigintupla noccupla ad quantitatem corporis lune *Ib.*

nonus [CL]

1 ninth (also in comp. numeral); **b** (~*us decimus* or sim.) nineteenth. **c** (abl. sg. as adv.) in ninth place, ninthly.

prima et tertia et ~a nec non et tricesima die pro eis missa agatur THEOD. *Pen.* II 5. 2; in illa die ante Natale Domini hora ~a *Ib.* II 8. 5; archiepiscopus ~us Doruvernensis ecclesiae BEDE *HE* V 24 p. 356; anno Dominice incarnationis nongentesimo quinquagesimo ~o W. MALM. *GR* II 148; **1340** de ~a parte garbarum agnorum et vellerum *RScot* 590a. **b** qui ab decimo ~o Tiberii Caesaris usque ad quartum Neronis annum pertingit BEDE *Cant.* 1215; ~o decimo . . vitae meae anno *Id. HE* V 24 p. 357; videbor / cicli nonadecimus cum deficit extimus annus HWÆTBERHT *Aen.* 29. 4; nonusdecimus numerus ad ciclum lunarem et decennovennalem inveniendum sinceriissimus est BYRHT. *Man.* 228; anno etatis sue ~o decimo W. MALM. *GR* V 391; de nonadecima . . littera que est T OSB. GLOUC. *Deriv.* 568. **c** ~o dicunt quod . . OCKHAM *Pol.* I 309.

2 (as sb. m.) ninth day.

data Lateranis ~o kalendas Decembris W. MALM. *GR* V 414.

3 (as sb. f.) ninth part, one ninth.

1297 cum archiepiscopi, episcopi, abbates . . milites et alii de regno nostro . . nonam partem omnium bonorum suorum mobilium . . nobis concesserunt pro innovatione et confirmacione Magne Carte, assignavimus . . A. de C. et T. de. D. ad dictam ~am in com' predicto assidendam, taxandam, levandam, et colligendam (*Pat*) *RParl* I 241a; **1341** assessoribus ~e garbarum (*Breve*) *Reg. Rough* 70; **1341** super subsidio ~e nobis nuper per communitatem regni nostri concesse *RScot* 666b; rex dilecto clerico . . receptori ~e ac quintedecime nobis per communitatem . . concessarum *Ib.*; **c1341** imposicio ~arum *FormA* 225; **1353** de decimis, quintisdecimis, ~is, lanis, auxiliis, et aliis oneribus (*Cl*) *MonA* VI 296b; de exoneracione ~e regi concesse *Meaux* III 24.

4 ninth hour of the day, or noon; **b** (*alta ~a*) high noon; **c** (sts. w. exact hour, to indicate A. M. or P. M.).

a mane secundae feriae usque ad ~am sabbati (*Chesh*) *DB* I 262va; c**1125** a ~a vigiliarum S. Werburge usque ad vesperam sequentis diei *Cart. Chester* 6 p. 47 (cf. ib. 10 p. 68 [c**1140**]: ab hora nona vigilie S. Werburge); **1342** ab hora ~e . . usque ad diem confeccionis presencium *FormA* 142; Romanos . . a ~a usque ad vesperam occiderunt *Meaux* I 181. **b 1251** eodem die visi fuerunt in villa de B. ad altam ~am *SelPlForest* 100. **c** ipso die Rogero post ~am de more sedenti ad mensam reficiendi gracia dixit puer . . *V. Chris. Marky.* 35; circa meridiem vel ~am vel post ~am circa *midovernon Cust. Bleadon* 204; 24° [die] serenum ante ~am, et post ~am fuit pluvia bene magna W. MERLE *Temp.* f. 7; **1412** quod diebus singulis hore studendi sint ante ~am, ab hora nona usque ad undecimam, post ~am vero, ab hora prima usque ad horam quartam *StatOx* 219; **1440** in festo sancti Nicholai hora quasi decima ante ~am in revestiario ecclesie cathedralis Dunelm' *DCDurh. Reg.* III f. 260v.

5 (eccl. & mon.) Nones, daily office usu. said at the ninth hour.

dato signo ~am [AS: *non*] agant. peracta ~a [AS: *gedonum none*] dicant . . *RegulC* 25; dormivimus, et iterum surreximus, et cantavimus ~am [AS: *non*] ÆLF. *Coll.* 101; decantent ~am *Id. Regul. Mon.* 175; laudes canentes debitas / nonam [AS: *nonsang*] dicentes psallimus *AS Hymns* 60; si [precentor] . . non venerit . . ad sextam, sive ad ~am *Cust. Westm.* 31; **1344** dicatur ~a post majorem missam (*Stat.*) *Eng. Clergy* 285.

6 (pl.) Nones, the ninth day before the Ides of each month.

adsumptus est in caelis . . Jesus . . iij ~as Maias die v feriae THEOD. *Laterc.* 11; unde quidam hinc ~as existimant dictas quasi novae initium observationis vel quod ab eo die semper ad idus novem dies putarentur BEDE *TR* 13; Graeci . . nullam in suis mensibus kalendarum, ~arum, iduum distinctionem observant *Ib.* 14; passi sunt . . famuli Christi quinto ~arum Octobrium die *Id. HE* V 10 p. 300; et quartas nonas Christus templo offerebatur / nonarumque diem festum celebramus Agathae / *Kal. Met.* 9-10; quae iij° ~as Novembris sanctae Edithae elevacione perpetuatur festiva Gosc. *Edith* 268; scriptum apud regale castrum Wynsoris stilo rudissime profluente iiij ~as Januarii *Mir. Hen. VI* I prol. p. 9.

7 (as sb. n. in enumeration) ninth point, argument, or sim.

~um [ME: *þe niʒeðe reisun*] est quia quanto citius hic inchoatur penitencia, tanto minus restat corrigendum in pena purgatoria *AncrR* 126.

nophum v. noffus.

Nordicus [cf. AS *norþ*], **Norricus, Norriscus** [cf. AS *Norren*]

1 (as adj.) of Norway, Norwegian; **b** (*accipiter Norriscus*) gerfalcon. **c** (in gl. understood as) strong, vigorous.

cenobia monachorum . . in regno ~dico ORD. VIT. X 6 p. 27. **b** de xx in ora aut accipitrem ~resc' (*Worcs*) *DB* I 172ra; **1130** de C accipitr' ~risc' *Pipe* 111; **1159** Mauricius de Creon debet j accip' Norr' *Pipe* 64. **c** *strangg*; . ., vigorosus, . ., ~icus *CathA*.

2 (as sb.) Northman, a Norwegian; **b** (as nickname passing into surname).

interea Haroldus de pugna ~icorum revertebatur W. MALM. *GR* III 239; Magnus Olavi ~icorum regis filius ORD. VIT. X 6 p. 26; contra ~dicos quos in navibus suis servire contra Anglos videbant *Ib.* p. 31; sanctus Olavus . . apostolus ~ichorum in Norwegia M. PAR. *Maj.* I 507; Tostius . . regi ~icorum Haroldo . . fedus . . pepigit *Ib.* 537 (=*Flor. Hist.* I 589); **1269** concedimus . . regi Norwagie quod predicta damna . . predictis ~icis illata . . corrigantur *RL* II 330; Neustria a ~icis HIGD. I 28 (v. Normannia). **b 1167** pro Gillberto ~isco *Pipe* 171.

Nordmannus v. Northmannus. **Norensis** v. Norrensis. **Norgualensis** v. Northwalensis. **Norichus, Noricus** v. Nordicus.

norma [CL]

1 sort of instrument, carpenter's or mason's square.

qui . . laboriosius . . operatur et crebra adpositione ~ae ac sollerti circumspectione oculorum ne tortum faciat indiget BEDE *Cant.* 1167; ~a, *rihtebred GlC* N 172.

2 (transf. or fig.) norm, rule, standard.

normam justitiae qui servant tramite scripto ALDH. *VirgV* 1299; cujus quoque manus in hujus ~ae mensuram editae describuntur *Lib. Monstr.* I 25; ipsa [gens] . . ad perfectam vivendi ~am perveniret BEDE *HE* V 22 p. 347; bis ternae que sint normae dialecticae, inqui *Altercatio* 71; in formam informia redigens, in ~am enormia queque reducens GIR. *TH* III 50 p. 195.

3 (eccl. & mon.) religious or monastic rule; **b** (dist. acc. author).

qui . . modum ecclesiasticae ~ae ignorat . . suum spiritum . . conteret BEDE *Prov.* 984; consuetudinem eorum a quibus ~am disciplinae regularis didicerat *Id. HE* III 23 p. 175; **738** obsecro ut . . monasterialis ~am vitae custodire studeatis BONIF. *Ep.* 40; prelato nostro subjectionem et obedientiam ex corde servare debemus, aliter enim ~am quam profitemur non bene tenemus ALEX. CANT. *Dicta* 14 p. 161; numerus monachorum . . ad ~am institucionis regularis compositus W. MALM. *Wulfst.* I 14 p. 21; cum monachus quidam, ~am abhorrens, aufugere conatus esset (*V. S. Ivonis*) *NLA* II 89. **b** Basilius . . qui regularem monasticae conversationis ~am . . luce clarius ad liquidum digessit ALDH. *VirgP* 27 p. 263; regulari itaque sancti patris Benedicti ~a [AS: *regullicre . . rihtincge*] honestissime suscepta *RegulC* 4; affectemus . . ~am . . Benedicti ÆLF. BATA 5. 13 (v. hierarcha 4).

4 (understood as) liquid measure.

~a, *wæterpund* ÆLF. *Gl.* 150.

normalis [CL]

1 perpendicular, that forms an angle of 90°.

scutorum . . arrearum divisarum tria sunt genera . . arearum eciam partes et accidencia demonstrasse justum fuerit, ~es ipsorum lineas depingentes SPELMAN *Asp.* 78.

2 that conforms with or is governed by norm, rule, or standard; **b** (eccl. & mon., w. ref. to monastic rule).

enimvero nobis inevacuabili veritatis testudine galeatis, congruit ~ibus agenda rubricare methodiis O. CANT. *Pref. Frith.* 15. **b** maluit augustae certamen inire palestrae / normalis sese dedans sub regmine vitae FRITH. 74; plures instituit normali tramite cellas *Ib.* 423; permansitque in eo normali tramite vivens WULF. *Swith.* I 190; Elge monasterium in quo . . virgineos choros sub ~i disciplina . . rexit *Lib. Eli.* I 19.

normaliter [CL=*at right angles*], according to norm, rule, or standard; **b** (eccl. & mon., w. ref. to monastic rule).

in hac volo contione partes Latinas ~iter et digestim propalare OSB. GLOUC. *Deriv.* 4. **b** nec minus ipse tamen refovens normaliter omnes / aethralem vitam testatur jure sequendam FRITH. 1328; coeperunt fratres inibi normaliter alti / quaerere solliciti, cujus suffragia sancti / hunc facerent aegrum WULF. *Swith.* I 431.

Normananglus v. Normannanglus.

Normandensis [Normannia (cf. et. AS *Normandig*) + -ensis], of Normandy.

in ~i regione *Enc. Emmae* II 16 (v. confinitas).

Normanglus v. Normannanglus.

Normannanglus [Normannus + Anglus], an Anglo-Norman.

a**1150** Oddo . . plures Normananglorum principes . . sibi associavit *Lib. Hyda* 296; Willelmus rex Normanglorum primus *Ib.* 297.

Normannia [cf. Northmannus, AS *Normandig*], Normandy.

de escangio ~ie (*Suff*) *DB* II 436; pauca . . que tunc habebat in ~ia magis Britannie quam Francie vicina erant W. MALM. *GR* V 404; quales namque fuerunt inclyti ~ie duces AILR. *Ed. Conf.* 741B; **1200** habeat breve ad senescallum ~ie *CurR* I 257; ita Haroldus . . in ~iam est adductus M. PAR. *Maj.* I 529; ~ia [TREVISA: *Normandie*], que et Neustria a Noricis, id

est Norvagenis [TREVISA: *Norwayes*] proprie est dicta HIGD. I 28.

Normannicus [ML; Normannus + -icus]

1 typical of or perpetrated by Norsemen.

carminibus studui Normannica bella reponi G. AMIENS *Hast.* 16; Neustriam . . ~a feritate invadunt W. JUM. I 6 (7); ante ~as irruptiones in Galliam SPELMAN *Asp.* 26.

2 Norman, of a Norman or Normandy: **a** (of person or ethnic group); **b** (of topographical feature); **c** (of artefact); **d** (of act or action).

a Willelmo comite ~o in regem Anglorum coronato HERM. ARCH. 24 p. 58; Riulfus . . unus procerum ~e gentis W. MALM. *GR* II 145. **b 1126** ~um litus cum omni familia sanus subiisti *Ep. Anselm. Bur.* 97. **c** quantum prestaret Anglicis bipennibus ensis ~us W. MALM. *GR* III 236. **d** allato . . ad se nuntio adventus ~i *Ib.* 239.

3 (of language or dialect): **a** Norwegian. **b** Continental Norman or Anglo-Norman French.

a Isonii . . ob longevioris glaciei seriem glaciales tam patria quam et Danica et ~a lingua nuncupantur ÆLNOTH *Cnut* 10 (v. glacialis 1b). **b** minime facunde viro sed ~e lingue sciolo W. MALM. *GR* III 303; habet enim linguam Britannicam, Anglicam, ~am, que et Gallica est, et Latinam, que solis patet litteratis GERV. CANT. *MM* 416; **1271** idiomata unius lingue ut Picardicum et ~um BACON *CSPhil.* 438 (v. idioma 5); cum tamen ~a lingua [TREVISA: *þe langage of Normandie*], que adventicia est, univoca maneat penes cunctos HIGD. I 59.

Normanninus [Normannus + -inus], of Normandy.

in ipsis partibus ~is *Ps.*-ELMH. *Hen.* V 47 p. 117.

Normannus v. Northmannus.

normatrix [CL normare + -trix], (eccl. & mon.) one who upholds or enforces monastic rule (f.), abbess.

interulam . . puer sancti sudore madentem / corripuit, normatrici tulit atque beatae . . FRITH. 1363 (cf. EDDI 66: ad abbatissam).

normula [LL]

1 norm, rule, standard; **b** (eccl. & mon.).

hac triptertita discretionis ~a omnis heroici exametri versificatio . . principaliter constat ALDH. *Met.* 9 p. 78; tripertitam divisionum ~am *Id. PR* 112 p. 151; multimodis et mysticis / elucubrata normulis (ÆTHELWALD) *Carm. Aldh.* 2. 110; **754** nostrae rusticitatis ~a (CUTHB. *Ep.*) *Ep. Bonif.* 111 p. 242; **10** . . ~is, *gemetum WW*; he malum vitare docent eos et adherere bono, ac post fidem rectissime sunt ~e que docent omnem bonum FORTESCUE *NLN* II 36. **b** patrum commentariis exposita et . . quadriformis ecclesiasticae traditionis ~is . . digesta ALDH. *VirgP* 4 p. 232; **716** beatissimae virgini . . dominae Eadburgae monastice ~ae conversationis BONIF. *Ep.* 10 tit.; **747** relegiosae conversationis ac bene vivendi ~am . . praedicando insinuent *Clovesho* 14 p. 367; **754** sacrae institutionis ac doctrinae ~am rite consequuntur (CUTHB. *Ep.*) *Ep. Bonif.* 111 p. 242; a**797** ubique regularis vitae in hac terra cadit ~a et saecularis vitae crescit formula ALCUIN *Ep.* 67; quicquid de rebus, quale in ea scripta sunt, fidei ~a poscat W. MALM. *GR* I 88 p. 89.

2 model, pattern.

litteris ornate contextis . . opusculum sigillabo quibus et ~is precedentibus aperiet seraturas oculti archani nostri *Dictamen* 340.

3 (act of) ruling, authoritative pronouncement.

s**1461** talia deberent . . resumi . . in manus . . regis, ibique expectare meliorem legalioremque ~am disposicionis *Reg. Whet.* I 416.

Norreganus v. Northigena. **Norresc'** v. Nordicus.

Norrensis [AS *Norren*, ME *Norrene, Norreis* + -ensis]

1 (as adj.) of or from Norway, Norse, Norwegian; **b** (*asturcus ~is* or sim.) gerfalcon.

erant .. annuli ferrei ad duo capita loculi, sicut solebat fieri in cista Norensi BRAKELOND 154. **b** **1169** R. filius H. debet j accipitrem *Norreis* mutatum *Pipe* 8; **1231** petit .. et j austurcum ~em *CurR* XIV 1272.

2 (as sb.): **a** a Norwegian, Norseman. **b** a native or inhabitant of the North of England, a Northerner.

a in bello Heraldi contra ~es et aecclesia recepit terram suam antequam rex W' in Anglia [*sic*] venisset (*Worcs*) *DB* I 177vb; **a1180** Henricus .. omnibus ~ibus qui veniunt ad portum de Grymesby .. salutem *BBC* (*Lincoln*) 178; ut rex Eadwardus Norenses domuerit. anno Domini DCCCCIX rex Eadwardus misit expeditionem militarem in Northanhumbriam contra Danos M. PAR. *Maj.* I 439. **b** **s1252** congregati sunt igitur in multitudine gravi tam Norenses quam Australes et nonnulli de portibus transmarinis *Ib.* V 318; **s1261** summonitis omnibus Anglie prelatis .. convenerunt omnes Australes Londoniis .. Norenses apud Beverleiam *Flor. Hist.* II 468; qui vero barones, licet fuissent de diversis partibus regni Anglie, tamen omnes fuerunt vocati Norenses *Leg. Ant. Lond.* 201; **s1326** magna dissensio .. inter Norenses et Suthrenses *Ann. Paul.* 213.

Norriganus v. Northigena. **Norriscus** v. Nordicus. **Norrus** v. northus.

Northigena [cf. northus < AS *norþ*], **Northwegena, Norreganus, Norwegenus** [cf. AS *Norweg* < *norþ*+*weg*], a Norseman, a Norwegian.

rex totius Angliae et Denemarciae et Norreganorum (*Lit. Cnuti*) *GAS* 276; dum [Cnuth] Danos, Anglos, Northigenasque regit G. WINT. *Epigr. Hist.* 1; Aulafus, rex Norreganorum FL. WORC. I 151; rex Norreganorum Magnus *Ib.* II 42; Dani .. ad sotietatem victorie Norreganos ascivere W. MALM. *GP* V 259 p. 412; Norwāgĕniis Dunelma propinquans (*Vers.*) H. HUNT. *HA* I 6; rex Northwigenarum ORD. VIT. X 6 p. 29; barbarus Nordwigena *Ib.* p. 31; Magnus Nortuigenarum potentissimus rex ... audax Nordguigena *Ib.* XI 8 p. 193; Haraldum cognomento Harfau, Norwagenorum regem AILR. *Ed. Conf.* 777D; Norvagenis [TREVISA: *Norwayes*] HIGD. I 28 (v. Normannia); Norrigani regem suum sanctum Olavum propter ejus simplicitatem respuentes regem Canutum super eos induxerunt KNIGHTON I 18.

Northmannigena, Normannigena

1 (as adj.) Norman-born, Norman.

tres legitimi milites Normannigene diffamati sunt (*V. S. Gundlei* 15) *VSB* 188; veniebant hostes de nemoribus ut nocerent Angligenis et Normannigenis civibus (*V. S. Iltuti* 26) *Ib.* 232.

2 (as sb.) person of Norman origin, a Norman.

Robertus Wiscardus, Nortmannigena, dux Apulie W. JUM. VII 43; dum Normannigene Gallis clari superatis / Anglica regna petunt (*Vers.*) H. HUNT. *HA* VII 32; hic Normannigenum virtus, furor ardet, in Anglos / sevit STEPH. ROUEN I 1467; Osbertus .. et Hugo, Normannigene, sua castella relinquentes et Scotorum regem adeuntes, ab ipso recepti sunt M. PAR. *Maj.* I 522.

Northmannus, Nordmannus [AS *Norþmann*], **Normannus** [ME *Norman*, OF *Normant*; cf. AS *Normen*]

1 Northman, a native of a northern country; **b** (understood as) Dane; **c** (understood as) Norwegian.

s893 eodem anno capta est civitas Eboracensis a Nordmannis *Chr. S. Neoti*; Northmanni autem dicuntur, quia lingua eorum 'boreas' *north* vocatur, 'homo' vero *man*: inde Northmanni, id est homines boreales W. JUM. I 4 (cf. STEPH. ROUEN I 1051). **b** **s789** eo .. tempore primum iij naves Normannorum [*gl.*: id est Danorum] applicuerunt in insula quae dicitur Portland *Chr. S. Neoti.* **c** Dani, Northmanni .. et Suevi ÆTHELW. I 4 p. 9.

2 a Norman: **a** (man); **b** (woman); **c** (as proper name); **d** (passing into surname).

a dominus noster, princeps Normannorum ANSELM (*Ep.* 164) IV 37; sed nostris diebus per Normannos Siciliam, per Pisanos Corsicam et Sardiniam W. MALM. *GR* I 92; illo resupinato secutus risus Northmannorum; Francis reprehendentibus factum, excusat Rollo impudentiam *Ib.* II 127; **c1125** pacem et securitatem inter Anglos et Normannos servari (*Articuli Willelmi*) *GAS* 486; **c1130** tempore H. regis qui tercius ex Normannis regnavit in Anglia *Ch. Westm.* 249; indomita gens Normannorum est ORD. VIT. IX 3 p. 474. **b** Boamundus Rotberti Guiscardi ex Normanna filius fuit W. MALM. *GR* IV 387. **c** Hugo filius Normanni (*Suff*) *DB* II 299; clericus iste, natione Anglus, nomine Normannus ANSELM (*Ep.* 234) IV 141; **c1150** teste Normanno de Arrecio *Cart. Chester* 8 p. 56; **1167** idem vicecomes reddit compotum de catallis Normanni qui uxorem suam interfecit *Pipe* 100; Normannus Clericus de Middelton' *Ib.* 199; **1228** Normannus de Arescy *Pat* 212; **c1270** Willelmus Postel, Ulf, Heruis, Normannus, Willelmus filius Siuuardi *Feod. Durh.* 157a n; Normannus de Arcy *State Tri. Ed. I* 78. **d** **1242** de bladis magistri Simonis Normanni in Crewelton' *Pipe* 320; misit ad curiam Romanam Simonem Normannum M. PAR. *Maj.* III 495.

northpars [al. div.; AS *norþ*+CL pars; cf. AS *norþdæl*], northern part.

a1190 unum toftum ex nordparte ville de Kirkebi *Danelaw* 118; **c1195** ex northe parte thofti *Ib.* 287; **c1200** ex nort parte Brothercroft *Ib.* 399; **1200** ex ~te rivi inter abbatiam et molendinum suum *RChart* I 43a; **c1225** ex norparte ville de Kirkeby (*Ch.*) *Free Peasantry* 182; ex north parte ville *Ib.*; **a1250** ex nord parte vie de Linc' (*Ch.*) *Ib.* 174.

northus, nordus [AS *norþ*], **Norrus** [cf. AS *Norren*]

1 northern part, north. **b** the North.

c1120 a northo de Lambremor *Scone* 1 (cf. ib. 5 p. 6: ex aquilone); **c1195** pro illa .. medietate que jacet ex nordo inter .. salinam Godwini .. et salinam Agmundi *Danelaw* 384. **b** si sit *east* intro, si sit *norð* [v. l. nordus] intus, emendet sicut scripta pacis continent (*Quad.*) *GAS* 145.

2 inhabitant or native or a northern country or region: **a** a Norwegian. **b** a Northumbrian.

a Cnutus totius Anglie, Danorum, et Nororum [v. l. Norrorum] rex (*Cons. Cnuti*) *GAS* 279. **b** separavit regnum Merciorum a regno Nordorum NEN. *HB* 208.

3 (as name of fish from the North Sea) cod, mulvel.

hic norus, *a mellewelle WW*.

Northwalensis, Northwalanus, Northwalus [cf. AS *Norþwealhcynn*], inhabitant or native of North Wales, a Northwalian.

Northwalensium, id est Britonum Aquilonalium, regulos apud Herefordensem urbem coegit occurrere W. MALM. *GR* II 134; Caduallo Laurh rex Venedotorum, qui nunc Norgualenses dicuntur G. MON. IX 12 p. 453; rex Northwalanorum Grifinus .. rex Norwalanorum Grifinus *Chr. Melrose* 54; **s1064** Norualorum rex Grifinus a suis interficitur *Chr. Man.* 50; Leolinus .. roboratus de federe Northwallensium .. consolatus est suos M. PAR. *Maj.* V 646; Northwallos [vv. ll. Nortwales, Nortwallos, Northwalles; TREVISA: *Norþ Wales*] ab Australibus scindit certis limitibus HIGD. I 38 p. 400.

Northwalia, ~iae [cf. AS *Norþwalas*], North Wales.

†**c1150** teste .. Chatwaladro rege Nortwaliarum *Cart. Chester* 8 p. 59; **1242** heredibus Lewelini principis Norwallie *Pipe* 177; Leolino principe Norewallie M. PAR. *Maj.* III 261; ad Nevyn in Norwallia [v. l. Northwallia; TREVISA: *Norþ Wales*] HIGD. I 38 p. 416; cum iste Henricus regnasset in Anglia XXX annis Griffinus princeps Northwallie mortuus est, relinquens post se duos filios Lewlinum et David KNIGHTON I 220.

Northwegena v. Northigena. **Norus** v. Northus.

Norwegensis [AS *Norweg*+-ensis], a Norwegian.

contra Danos et ~ienses (*Leg. Ed.* 32C 7) *GAS* 659; Norguegenses [v. l. ~enses] indignati illum recipere G. MON. IX 11; et Norwegenses trans equora lata remotos / subdidit *V. Merl.* 1098; sed Northwegenses quos duxerit insula victrix stravit NECKAM *DS* III 837; Loth sororio Arthuri regnum assignaverat ~ensium M. PAR. *Maj.* I 239; quos Norwagenses [TREVISA: *Norþways*] et Dani sedes sibi in ea fecerunt HIGD. I 27 p. 286; fuge remedium ad Anglos et Norguigenses FORDUN *Chr.* IV 8 (=BOWER IV 9: Norwigenses).

Norwegia [AS *Norweg*; ME *Norweie, Norwai*], Norway.

rex totius Anglie et Danemarkie, et Norregie W. MALM. *GR* II 183; subjugavit sibi viriliter et strenue Scanciam totam, que modo Norweya [v. l. Norweia] vocatur (*Leg. Ed.* 32E) *GAS* 659; comitante se rege Norwagie Haroldo cognomento *Harfager* AILR. *Ed. Conf.* 766B; mihi Dacia servit, mihi ~ia succumbit M. PAR. *Maj.* I 499; in regno Norguegie BACON *Maj.* I 293; navigantes a Dacia et Noruegia [v. l. Norguegia; TREVISA: *Norway*] litus Gallici oceani obtinuerunt HIGD. I 28 p. 290; **c1330** abbas ad partes Norwagie pro negociis nostris et suis est profectus *Reg. Aberbr.* I 318.

Norwegius [cf. Norwegia], of Norway, Norwegian.

rex Dachus pugnax et rex Norwegius audax GARL. *Tri. Eccl.* 16.

Norwingus, a Norwegian, Norseman.

straverat Haraldus Norwingos nuper et armis / fessus STEPH. ROUEN I 1451.

nos [CL]

1 we (also gen., w. ref. to community, mankind, or sim.); **b** (w. emph. *-met*) cf. *ipse* 18; **c** (abl. w. *-cum*).

quod ita apud nos quoque contemnitur GILDAS *EB* 108; nobis pauperibus confer suffragia certa ALDH. *VirgV prol.* 12; divinitate Patri aequalis, humanitate nobis consubstantialis BEDE *Tob.* 935; invenimus nos undiqueversum pari tempestate praeclusos, nullamque spem nobis in nobis restare salutis *Id. HE* V 1 p. 282; **1219** nos [judices] elegistis, non nos elegimus nos ipsos (v. eligere 3c). **b** notandum .. quod et sapientiam invocare et nosmet ipsos ad noscendam prudentiam cor inclinare suades BEDE *Prov.* 946A; **c1120** ego Alexander .. et ego Sibilla .. pro nobismetipsis et pro animabus patrum et matrum *E. Ch. Scot.* 36 p. 29; ut verum bonum nostrum invincibiliter nobismetipsis desideremus GROS. *DM prol.* 4 p. 3; solicitudines seculares recolligere totaliter ad nosmetipsos HOLCOT *Wisd.* 178; **1349** penes nosmetipsos (v. cancellarius 1b). **c** magnificavit .. misericordiam suam nobiscum Deus GILDAS *EB* 10; nobiscum tanquam mus in pera vel serpens in sinu constitutus GIR. *SD* 94.

2 (=*ego*): **a** (authorial, in narrative discourse or sim.); **b** (of person in authority, king, bishop, or sim.); **c** (iron.).

a **p675** nos .. secundum .. scripturae auctoritatem .. asserimus ALDH. *Ep.* 4 p. 482; epistulas .. nobis nostrae historiae inserendas .. adtulit BEDE *HE pref.* p. 6; haec nos, ad alia tendentes, suis narrare permittimus *Ib.* III 8 p. 193; **747** qui nobis narrant, adiciunt quod hoc scelus ignominiae maximae cum sanctis monialibus .. per monasteria commissum sit BONIF. *Ep.* 73 p. 148; charissima nostri ÆTHELW. II *prol.* p. 15. **b** **c710** (11c) si quis .. rex post nos elevatus in regnum *CS* 91; **1200** Johannes Dei gratia .. sciatis nos concessisse et hac carta nostra confirmasse *RChart* I 43a; **1287** nobis Petro .. Exonie episcopo officii .. debitum .. exercentibus *MonExon* 303b; [dixit] episcopus "et nos .. dolemus de domino tuo .." *Proc. A. Kyteler* 5; **1350** per nos commissarium predictum *MunAcOx* 172. **c** cum fastu grandi .. in hujuscemodi verba prorupit: "quid putat magister Giraldus reditus nostros nobis auferre et nos ita suppeditare?" GIR. *SD* 96.

noscere [CL; *usu. perf. as pres.*; *act. fut. ppl.* nosciturus]

1 to (get to) know, acquire or have knowledge of (through study, experience, or sim.); **b** (usu. person, w. ref. to closeness or familiarity); **c** (w. ref. to sexual intercourse).

quid celabunt cives, quae non solum norunt, sed exprobrant jam in circuitu nationes? GILDAS *EB* 26; noverant odorem vestimentorum *Comm. Cant.* I 159; quis poterit digne rerum misteria nosse ALDH. *VirgV* 74; Latinam .. linguam aeque ut propriam .. norunt BEDE *HE* IV 2 p. 205; ~o .. novi, notum .. vel noscitum [v. l. nocitum] verbum activum OSB. GLOUC. *Deriv.* 373; misit nuncios ad .. papam, causam ~ituros quare ipse papa .. non pariter adjudicavit *Meaux* II 273. **b** virtutes sanctorum quos in Italia clariores nosse vel audire poterat BEDE *HE* II 1 p.

76; non admittas Ollonem sed . . abneges te nosse [MS: nosce] hominem MAP NC IV 16 f. 58; ut melius hominem ~atis GIR. SD 82; rustica mensa diu nutritum †naverat [ed. Hervieux: noverat] anguem WALT. ANGL. Fab. 30. I. **c** edocebat virum . . ut suam uxorem sicut seipsam diligeret nec preter illam aliam nosset EADMER V. Anselmi I 31; noli flere, soror mea, quoniam non novit te ut homo virginem nosse solet SIM. GLASG. V. Kentig. 2; [virgo] que virum non noveras J. HOWD. Sal. 7. 11.

2 to be aware of, understand, (refl. pass.) to be known (to); (notum facere w. dat.) to make known (to), inform, notify; **b** (w. acc. or nom. & inf. or sim.); **c** (w. quod, indir. qu., or sim. & ind. or subj.)

si . . summat alterius opus, illud notum faciat abbati cum reverentia GILDAS Pen. 16. **b** divisionum species in pedibus . . qui ad grammaticos pertinere ~untur ALDH. PR 112 p. 151; †680 (10c) si quis . . ea solvere conatus fuerit noverit se ante tribunal examinis Christi rationem redditurum CS 50; **960** quicumque hoc . . minuere . . satagerit, ~at se reum esse . . coram Christo CS 1056; c1130 notum vobis fieri volumus nos concessisse . . Ch. Westm. 243; c1140 universitati vestre notum facio me concessisse . . Cart. Chester 7 p. 52. **c** jam notum est qui sit hortus dilecti BEDE Cant. 1174; **948** (13c) notum esse volo omnibus quia ego . . offero CS 860; tribus vocalibus, id est A, O, U, eas sequentibus, omnibus ferme notum est quod sonent in faucibus ABBO QG 10 (23); c1140 ~ant tam presentes quam futuri quod . . reddo . . et concedo Cart. Chester 351 p. 234; **1153** nostis quidem quanta mala feci rebus S. Werburge Cart. Chester 349 p. 232 (cf. Ch. Chester 34; also v. l. : notum est vobis quod multum forisfeci); c1212 quid etiam in fautores discordiarum et fotores statuant canones satis est notum GIR. Ep. 5 p. 192.

3 to recognize, (be able) to authenticate or verify.

demon, notum sigillum non ausus contempnere, legit scriptum W. MALM. GR II 205; **1198** interrogatus fuit si Willelmus nosset sigillum carte et utrum esset patris sui CurR I 45.

4 to distinguish, discern.

ternarius . . numerus hujus substantie unam ostendit radicem que viz. substantia novenario dinoscitur [MS: ~itur] numero ROB. ANGL. (I) Alg. 72; tribus modis ~untur principia ligaturarum, sc. cum proprietate, sine proprietate, et cum proprietate opposita HAUDLO 120.

5 (w. inf.) to know how (to), be able to.

qui apostolicam sedem legitime obtinent quique bene norunt largiri spiritalia GILDAS EB 92; si hunc vos Apostoli retinetis . . affectum, ejus quoque cathedrae legitime insidere ~atis Ib. 103; nec spinam lorica noscit defendere prosae ALDH. VirgV 2852; dum nequaquam omnes, qui cum eo venerant, psalmos cantare, quanto minus legere in aecclesia, vel antifonas sive responsoria dicere nossent Hist. Abb. Jarrow 11; claret quia . . viam veritatis recto discretionis pede nosset incedere BEDE Prov. 981.

6 (refl.) to be skilled (at) or familiar (with).

1297 (1324) eligi faciatis . . hominem discretum . . et qui in mercacione lanarum . . se noverit sufficienter MGL II 132.

7 (p. ppl. as adj.) widely or well known: **a** (of person); **b** (of topographical feature); **c** (of fact, term, or sim.).

a propheta signis indubitanter admirandis notus GILDAS EB 38; s1367 hic notus [w. play on nothus] Henricus fuit olim regis amicus (Bellum Hispaniae) Pol. Poems I 94. **b** **679** juxta notissimos terminos a me demonstratos CS 45; **738** juxta notos terminos constitutos Ch. Roff. 3; **845** istis notissimis terminibus circumcinctis ab oriente . . a meridie . . ab occidente . . ab aquilone CS 853; †934 (11c) in civitate omnibus nota quae Lundonia dicitur CS 701. **c** haec quae notissima sunt . . David . . de Domini sui ascensione praedixit BEDE Acts 950; **957** meo fideli ministro quem vocitant nonnulli noto vocamine Lyfing . . concedo CS 994.

8 personally known (to), familiar.

duo notitiores mihi sunt quam alii NEN. HB 204; perflat summa Nōthus [v. l. Nōtus], crebro mihi flamine nōtus SERLO WILT. 2. 83; per quemdam clericum suum sancto viro notissimum V. Edm. Rich P 1807C.

9 (math.) definite, rational, that can be expressed in finite number or quantity.

notandum quod cum census radicem, sive notam sive surdam duplare volueris, multiplica duo cum duobus, et cum producto multiplica censum ROB. ANGL. (I) Alg. 140.

10 (as sb. m.) familiar person, acquaintance.

donec [Jesus] quereretur inter cognatos et notos AILR. Jes. I 6; [leprosus] rediens nōtis . . suis vilescebat eo quod nōtis fedis exhorrescebat W. CANT. Mir. Thom. VI 55; hoc a vicinis omnibus et notis evincam fieri MAP NC IV 16 f. 58; coadunantes sibi omnes amicos et notos suos Chr. Man. 88.

11 (sb. n. pl.) (well-)known things, facts, or sim.

vobis nota canam, fratres, quae fecerat olim / ecclesiae vestrae pontificalis apex ALCUIN Carm. 9. 165; ut nota tibi scribere ac gustata eructare sufficerem AILR. Jes. I 2; nota . . sic accipienda sunt, quod bene dispositis intellectu innotescant J. SAL. Met. 907B; nova namque palam an nota proponet? GIR. TH intr. p. 6.

12 (inf. nosse as sb. n.) knowledge, skill, ability.

pro nosse ac posse suo, cum zelo secundum scientiam reparent AD. SCOT QEC 1. 805B; omne quod potest obesse omittendo, . . quidquid valet prodesse, pro posse et nosse admittendo Ib. 15. 826D.

noscibilis [LL]

1 knowable, that can be ascertained or understood.

ad que planius internoscenda habeantur vulgarius ~ia exempla hec BALSH. AD 18 n; ex hoc patet quod non est distinguere inter proposicionem per se notam et per se ~em, quia idem sunt DUNS Ord. II 136.

2 (widely or generally) known.

†**956** (14c) ~i nuncupatur vocablo CS 920.

noscibilitas [LL noscibilis + -tas], state or condition of being knowable, knowability, knowableness.

assumptum patet, quia necessitas primorum principiorum et ~as eorum non est propter exsistenciam terminorum in re DUNS Ord. II 130; nec mirum de tali equivocacione, quia relacio propter parvitatem sue entitatis vix sufficit terminare aciem mentis, ne ulterius penetret ad essenciam. ideo, ut dicit Avicenna, est difficilis ~as WYCL. Ente Praed. 75.

noscitabundus [CL], that recognizes or knows again.

leo . . quasi ~us ad hominem accedit DICETO Chr. 41 [A. GELLIUS V 14. 11].

noscivus [CL noscere + -ivus], of or concerned with knowing, cognitive.

verumptamen est ordo inter opposita sicut inter vires, cum ens, sub racione qua unum, movet memoriam vel vim intellectivam; et sub racione qua verum, movet racionem vel vim ~am WYCL. Ente 99.

nosocomium [LL < νοσοκομεῖον], hospital, infirmary; **b** (understood as) leprosarium, hospital for sufferers from leprosy.

~ium, seocra manna hus ÆLF. Gl. Sup. 185; xenodochium, ~ium, gerontochomium, orphanotrophium BELETH RDO 2. 15D; misothonium, a spytylhous WW; a fermory; . . misocomium CathA. **b** xenodochium, cui planctibus impletum †missocomium [l. nosocomium; gl.: misoconium, maladerye] adjacebat BALSH. Ut. 50; ei locum inter consimiles in aliquo misochomio [gl.: maladerie] . . inpetretis GARL. PP 8; misocomium, maladerie HALES Exoticon gl. 321.

nostella v. nostla.

noster [CL]

1 our, given to or owned by us (also general, w. ref. to community, mankind, or sim.); **a** (of body or its part); **b** (of artefact); **c** (of abstr.).

a ex quo Salvator nostrae cunabula carnis / sumpserat ALDH. VirgV 1636; corpus ~rum . . inmortalitatis gloria sublimatum BEDE HE II 1 p. 76; unica spinosa arbor . . quam nos ipsi ~ris propriis oculis vidimus ASSER Alf. 39. **b** c1130 manerium ~rum (v. 3b infra); immo preparemus domos ~ras AILR. Serm. 19. 2. 303; venit et . . aufert nobis pecunias ~ras T. CHOBHAM Praed. 155. **c** bonas cogitationes . . putant ~ra in mente generari BEDE Ep. Cath. 14.

2 common to or shared by us: **a** (of country, nation, or sim.); **b** (of language); **c** (of custom, practice, or abstr.).

a si . . Deus voluisset aliquod . . melius genti ~rae EDDI 6; si quid de ~ra gente memorabile posteris posset reperiri W. MALM. GR II prol.; quod enim ~re regionis animal tantam sustineret molem? Id. GP V 222 p. 373. **b** tribus, ut lingua ejus exprimitur, cyulis, ~ra longis navibus GILDAS EB 23; **863** hec sunt pascua porcorum que ~ra lingua Saxhonica denbera nominamus CS 507. **c** infirmitates . . ~ras . . portaverit THEOD. Laterc. 19; ut ~ra mortificatio illius inmortalitate vivificaretur Ib. 21; nisi quod moenia ~ro more erecta . . haberet ASSER Alf. 54.

3 (of person or group of people): **a** connected or related to us (var.); **b** governed or supported by us, under our influence, authority, or sim.

a ut hostes ecclesiae . . sint ~ri . . et amici ac defensores ~ri non solum foederati GILDAS EB 92; secundum auctoritate[m] majorum ~rorum THEOD. Laterc. 13; Salvator mundi est frater ~er . . Deus noster est factus per Mariam frater ~er ANSELM (Or. 7) III 23; carissimas . . matres ~ras, domnam Evam et domnam Basiliam Id. (Ep. 118) III 256. **b** c1130 Herbertus abbas . . et totus conventus . . nos concessisse fratribus et monachis ~ris de Malvernia manerium nostrum de Powica Ch. Westm. 243.

4 (affectionately) dear to, respected or venerated by, us: **a** (of God or person); **b** (of country or region).

a sermonibus sanis Domini ~ri Jesu Christi GILDAS EB 105; Gregorius, pervigil pastor et pedagogus ~er, ~er inquam ALDH. VirgP 55 p. 314; potens virtutibus ille Columba vester, immo et ~er, si Christi erat BEDE HE III 25 p. 188; hoc illi salutationis alloquium persolvunt "salve, Dunstane ~er . ." W. MALM. GP II 74 p. 149; Jeronimus ~er GIR. SD 28. **b** eorum humilitas . . ~ram denique Normaniam excitavit H. READING (I) Ep. 10. 1133C; Walliam ~ram illo nephando crimine maculavit GIR. SD 68.

5 (of period of time) present, contemporary, in which we live or act.

in tyrannis ~ri temporis GILDAS EB 62; ipse Cissa . . nunc ~ris temporibus sedem Guthlaci possidet FELIX Guthl. 48 p. 148; qui librum Boetii . . planioribus verbis elucidavit, labore illis diebus necessario, ~ris ridiculo W. MALM. GP II 80; diebus ~ris GIR. SD 10.

6 (of substance or sim.) (good or suitable) for us.

argentum vivum . . non est medicina ~ra RIPLEY 354 (v. fulgidus a).

7 (of act or action): **a** made or performed by us. **b** that affects us, experienced by us.

a si non lugubri divortio barbarorum quam plurima ob scelera ~ra civibus adimerentur GILDAS EB 10; opera ~ra vana nec mercede digna BEDE Acts 984; cum agnita ~ra peccata . . cordis contritione punimus Id. Cant. 1179. **b** non solum baptizari propter ~ram ablutionem dignatus est Id. Ep. Cath. 114A.

8 (in plant-name) that grows in our country, region, or sim.: **a** (artemisia ~ra) feverfew (Chrysanthemum parthenium). **b** (solsequium ~rum) marigold (Calendula officinalis).

a inter artemisiam et artemisiam ~ram que febrifugium dicitur NECKAM NR II 166 (v. febrifuga). **b** solsequium ~rum, quod calendula dicitur Ib. (v. 1 kalendula 1).

9 (= meus): **a** (authorial); **b** (of person in authority, king, bishop, or sim.).

a veluti pulchro tegmine opusculi ~ri GILDAS EB 37; testimonia huic epistolae inserta . . sicut ~ra mediocritas posset Ib. 94. **b** reverentissimus frater ~er Augustinus [Lit. Papae] BEDE HE I 32 p. 68; **798** Adrianus papa . . antecessor ~er [Lit. Papae] CS 288; **816** (11c) ego Coenwulf rex Merciorum . . augentis . . hanc ~rae donationis libertatem Deus dixit . . augeat CS 356; Anselmus archiepiscopus . . sciatis quia filius vester Anselmus, carissimus nepos ~er ANSELM (Ep. 211) IV 107; **1200** Johannes Dei gratia . . sciatis . . hac carta ~ra confirmasse (v. nos 2b).

10 (as sb. m. pl.): **a** our people, persons from our midst, community, tradition, or sim. **b** our (my) troops.

a sicut bene quidam ~rorum ait GILDAS *EB* 92; p**675** si quilibet de ~ris, id est catholicis ALDH. *Ep.* 4 p. 484; quando . . CH pro X in aliquibus dictionibus scribunt ~ri ABBO *QG* 11 (26); hoc apud ~ros opere divino firma fide certificatum dubie disquiri jam non oportet BALSH. *AD rec. 2* 133; c**1211** nos in optimo statu quietis . . forsan essemus, nisi ~rorum proditio, quibus benefecimus, statum nostrum mutasset GIR. *Ep.* 6 p. 108. **b** s**1106** Henricus rex Anglorum . . tandem . . vicimus et sine multa cede ~rorum W. MALM. *GP* I 62.

11 (as sb. n.): **a** our midst or community, or so as to become ours. **b** our (my) money or sim. **c** (*~rum est* w. inf.) it is our task (to).

a dimissione facta ab episcopo, cujus erat canonicus, in ~rum illum suscepimus H. CANTOR f. 8v; veniens Eboracam, sicut dignitatis hujus mos exigit, in ~rum susceptus, a Roberto . . intronizatus est *Ib.* f. 9. **b** c**1211** pereat palefridus ille, quamquam emptus ex ~ro GIR. *Ep.* 6 p. 208; **1291** Bernardum . . super . . expensis . . quas . . fecit racione prosecucionis . . de ~ro servetis . . indempnem *RGasc* III 13a. **c** non est ~rum interim nosse occulta Dei judicia ROLLE *IA* 230.

12 (pl.) our (my) things, possessions, circumstances, or sim.

qui non tam ~ra quam Dei despiciunt GILDAS *EB* 94; c**693** vestra vobis reddimus non ~ra largimur *CS* 81; **1146** ~ra enim hujusmodi sunt: . . G. FOLIOT *Ep.* 61.

nostio v. notio.

nostla, nostella [ME *nostille, nostle* < AS *nostle*], nostel, loop on the traces of a harness.

1265 in albo coreo empto ad ~las et ad alia necessaria cartar' x d. *MinAc* 949/3 f. 5; **1267** in albo coreo empto ad nost'las et ad unum capistrum *Ib.*; **1285** in diversis sellis . . ~ellis, treinellis, tractibus, colariis . . et novis axibus ad carectas emptis *Rec. Wardr.* 126; **1285** custus carectarum . . in albo corio et *nosteles* et alio hernes' empto (*Essex*) *MinAc* 843/26; **1286** custus carectarum . . in albo corio ad nostel' et ad hernes' emend', ij d. *Ib.* 843/27; **1316** in j par' de ~lis ad carett', j d. ob. (*Cambs*) *MinAc* 1132/13 B 10.

nostralis [CL noster+-alis], (pl.) our troops or people.

quingenti tales se constituere sodales / currus nostrales perdere resque sales W. PETERB. *Bell. Hisp.* 121.

nostras [CL]

1 (as adj.) born in our country or region, our.

~ates viri ad nos transibunt facile *Enc. Emmae* I 2.

2 (as sb.) our people, persons born in our country, sharing our traditions, or sim.; **b** (dist. from *alienus*); **c** (w. ref. to) our troops.

in ambabus partibus illius fluminis, quod ~ates vocitant Avene BYRHT. *V. Ecgwini* 377 (*recte* 367); ~ates illuc usque profecti sunt H. READING (I) *Ep.* 10. 1133C; **1157** celia que a ~atibus usu vulgari cervisia nuncupatur J. SAL. *Ep.* 85 (33 p. 57); cum . . culpis nostris exigentibus, ~ates vagi et profugi super terram reclinatorium suo capiti non haberent P. BLOIS *Ep.* 78. 240A; ad ~ates in posterum totius regni dominium devolvetur GIR. *EH* I 9; si sc. ob Latini penuriam eciam ~acium liceat immiscere sermonem, dicitur . . *the chyme Mir. Hen. VI* II 44 p. 118. **b** concurrebant . . non solum ~ates ad curiam, . . verum eciam alieni veniebant MAP *NC* V 5 f. 63. **c** in illos clades quas olim ~atibus ingesserunt viriliter vindicamus G. MON. IX 18; ~ates ascenderunt ipsas congeries que creverant ultra altitudinem *G. Hen. V* 13 p. 90; s**1412** habitusque est tractatus ut ~ates ab hostili desisterent equitacione et a predacionibus temperarent *Chr. S. Alb.* 68.

3 (in gl.).

~ates, nostrorum *GlC* N 158.

nostratim [CL], in our manner, style, or sim.

Althelmum nam altissimum / cano atque clarissimum / alto nostratim nomine / nuncupatum (ÆTHELWALD) *Carm. Aldh.* 4. 61; plurima nostratim patravit signa stupenda *Mir. Nin.* 21; ~im, nostro more OSB. GLOUC. *Deriv.* 367.

nostratius [cf. CL nostras, *gen.pl.* nostratium], (of language) our own.

Henricum . . hiis nostris seculis mirificavit clemencia Conditoris sermone ~io intitulata ad me deferens *Mir. Hen. VI* I *prol.* p. 3.

nostro [CL noster+-o], custom or practice common to us.

~one, nostrorum more *GlC* N 157.

nosubulus [cf. LL nosus < νόσος+-bula+-us], (bot.) ground ivy, hayhove (? *Glechoma hederacea*).

nosubullus, i. congiola, A. *heyhove MS BL Sloane 405* f. 13v.

nosus [LL < νόσος], malady, disease.

gyri [i. e. hiera] ~us Graece, elefantiosus Latine, sacerdotalis infirmitas *Comm. Cant.* III 13.

nota [CL]

1 mark, sign, indication: **a** (of or w. ref. to letter or numeral); **b** (w. ref. to diacritic sign or sim.); **c** (as modifier); **d** (w. ref. to shorthand character or cipher); **e** (of natural phenomenon); **f** (of abstr.).

a est . . ~a . . numeri BEDE *Orth.* 7 (v. D 3); a**871** in membranae scedulis litterarum ~is providae mentis sagacitate . . commendare solent *CS* 406; presbiter iste fuit Scottorum gente beatus / comptis qui potuit nōtis ornare libellos ÆTHELWULF *Abb.* 210; quando inter C et E vel I interponitur ~a aspirationis, ut 'Chereas' et 'parroechia' ABBO *QG* 11 (25). **b** circumflexus est ~a de acuto et gravi facta ut est mêta, mûsa ALDH. *PR* 141 p. 200; hec dipla . . i. ~a in testamentis signandis OSB. GLOUC. *Deriv.* 169; obelus, ~a in libris vel ferrea regula *Ib.* 398. **c** de ista ~a negacionis 'non' HOLCOT *Wisd.* 173. **d** sectator coepit esse . . Senecae inventoris ~arum BYRHT. *V. Osw.* 433; sunt et ~e que scripturarum distinguunt modos, ut deprehendatur quid in eis lucidum, quid obscurum, quid certum, quid dubium J. SAL. *Met.* 850D. **e** unde ei illa umbra . . umbreque tam obscura ~a incubuerit ADEL. *QN* 70. **f** ut . . non pertimescas libertatis aureae decenti ~a inuri GILDAS *EB* 1 p. 27; ubi . . tanta cordis est . . unitas, plus ipsae sibi invicem sunt ~ae conscientiae ANSELM (*Ep.* 178) IV 61; per . . spei humilitatis et fiducie ~as sensibus anime Deum diligentis inscribit J. FORD *Serm.* 65. 6; voces sunt ~e passionum que sunt in anima BACON *CSTheol.* 44.

2 stain, spot, speck; **b** (as sign of unhealthy discoloration); **c** (on artefact, as decoration); **d** (fig.) mark of disgrace or disapproval, slur, stigma.

~am, maculam *GlC* N 150; ~ae, *speccan Ib.* N 160. **b** [leprosus] rediens nōtis etiam suis vilescebat, eo quod nōtis fedis exhorrescebat W. CANT. *Mir. Thom.* VI 55. **c** **1157** vas salarium est argenteum aureas habens ~as J. SAL. *Ep.* 75 (34) p. 61. **d** beatissimum dicebam Petrum ob Christi integram confessionem, at Judam infelicissimum propter cupiditatis amorem . . sed Nicolaum miserum propter immundae haereseos [sc. Nicolaitarum] ~am GILDAS *EB* 1 p. 26; nec aliquem interim inoboedientiae ~a damnante ANSELM (*Ep.* 280) IV 194; inficit . . gravis simonie ~a W. MALM. *GR* I 76; ~am enim criminosi et hypocrite fere pariter vitans J. SAL. *Thom.* 11 p. 308; quam periculosum sit homini innocenti ~am tanti criminis inurere P. BLOIS *Ep.* 45. 130C; lividorum latratibus cepit . . crudelitate notari . . et ob hoc constat sine causa ~am incurri GIR. *TH* III 50.

3 signal, gesture.

ludunt humeri et ad singulas quasque ~as digitorum flexus respondet AILR. *Spec. Car.* II 23. 571; videant . . quantum cum perfecto silentio, et absque semicorrosis verbulis, et digitorum superfluis ~is, in lectione, studium in claustro AD. SCOT *TT* 613B.

4 ? clock-face.

1428 pro emendacione del ~e et fusi . . ejusdem orelogii (*KRAc* 514/16 m. 2) *ArchJ* CXXX 219; in denariis solutis Thome Clokmaker pro factura . . veli, *spryng'*, ~e, fusi (*Ac. Foreign* 61 m. 25*d*) *Ib.* 220.

5 (mus.) note. **b** (as written, sts. w. ref. to shape); **c** (on a monochord).

habito superius de modo, sc. quid sit modus et quot sunt species, de figuris vel ~is, de pausationibus, de consonantiis modo habendum est de discantu GARL. *Mus. Mens.* 11. 2; de figuris sive de ~is, . . et de earum proprietatibus . . primo est tractandum de prima ~a procedendo ad ultimam, et voco illam figuram sive ~am primam que prima est in voce *Fig.* 40; nota quod quelibet ~a major alia perfici potest HAUBOYS 194. **b** puncta vel ~e conjunguntur duo simul vel tres vel quatuor ad plus secundum libros troporum et ecclesiasticos *Mens. & Disc.* (*Anon. IV*) 41; ut prima ~a esset nimis longa et secunda nimis brevis *Ib.* (*Ib.*) 83; ~as vocabulorum que brevitates scribendi subicio, non quod ipsis multum utar, sed ut in aliis scriptis cum reperte fuerint cognoscantur . . diesis vero hec ~a, s ODINGTON *Mus.* 77; de ~is . . he [figure] ~e vocantur quia per ipsas nobis cantus innotescit *Ib.* 93; punctus quadratus vel ~a quadrata, quod idem est HAUDLO 80; figura . . habens in se tres quadrangulos, longa triplex, id est trium perfeccionum ~a vocatur *Ib.* 116; denique viciosum est ~as ligabiles non ligare, ligareque nonligabiles *Ib.* 140; si due ultime plane ~e in uno corpore obliquo . . inveniuntur HAUBOYS 330. **c** monochordi figure vel ~e sunt iste . . WILL. 16.

6 musical notation, score.

1317 portiforium sine ~a *Reg. Heref.* 40; **1342** missale sine ~a (*Vis. Totnes*) *EHR* XXVI 118; c**1450** missale plenarium cum ~a (*Cart. Reading*) *EHR* III 123.

7 (tone of definite) pitch.

ad quid illa vocis contractio et infractio? hic succinit, ille discinit, alter supercinit, alter medias quasdam ~as dividit et incidit AILR. *Spec. Car.* II 23. 571; nunciatum est domino abbati . . quod vocem suam ob presenciam et reverenciam regis unam ~am cantando exaltaret THORNE 1963; tunc angelus cantabit 'hec est ara Dei celi'; fiat ~am [*sic*] secundum arbitrium agentis *Chester Plays* 6. 667.

8 melody, tune, sound; **b** (w. ref. to) musical accompaniment (vocal or instrumental). **c** song (in quot., of a bird).

meli nostri non tam jam notula quam prolixa ~a . . in cithara nostra resonavit H. BOS. *LM* 1323C; composuit historiam, et eidem ~am melicam adaptavit *G. S. Alb.* I 32; dulcibus atque silent organa clausa notis GOWER *VC* I 128; organa nulla sibi nota vel citharistea plaudunt *Ib.* VII 753. **b** quocienscumque . . fit servicium mortuorum sine ~a *Obs. Barnwell* 218; **1354** divinis officiis . . cum ~a dicendis *Lit. Cant.* II 321; **1383** dicatur sine ~a antiphona de Beata Virgine *Ib.* xxxii; **1451** missam . . sine ~a . . celebrari *Ib.* III 213. **c** luscinia notas exaltavit, / quam tamen ancipiter cantantem culpavit (*Vers.*) *Latin Stories* 155.

9 note, brief record of facts, memorandum, or sim.; **b** (leg.) note of essentials of agreement recorded as first stage of levying of final concord.

s**1205** dixit . . papa ut acciperem ~am et diligenter inspicerem si forte quid esset corrigendum *Chr. Evesham* 170; **1289** placuit domino [archiepiscopo] ut totum negocium committeretur domino episcopo Cycestrensi et quod dictus officialis faceret quandam ~am quam dominus promisit se libenter consignaturum, cujus transcriptum vobis transmitto, sed dominus cancellarius noluit eam consignare *DCCant.* 253; **1337** ~a, sub stilo expense necessarie, de viij s. solut' pro una piscaria in Sunderland *Ac. Durh.* 534; ~e dictate fuerunt per . . tuos nuncios super literis opportunis per te . . concedendis nobisque mittendis AD. MUR. *Chr.* 182. **b** **1200** Rogerus de Norwico habet ~am *CurR* I 145; **1200** secundum continentiam ~e facte in curia *Ib.* 310; **1201** contencio fuit de ~a *Ib.* 477; **1219** G. . . ponit loco suo N. . . versus A. . . de capiendo cirographo suo. et nos habemus ~am *CurR* VIII 38; **1250** ~a est inter notulos [v. l. notulas cyrographorum] *CurR* XIX 1189; dicit quod . . finem levavit rite . . et petit quod inspiciantur rotuli de Banco, breve, et ~a, et pes ejusdem finis *State Tri. Ed. I* 25; traditum fuit . . negocium ad notarium ut expediretur. perpendit autem pars abbatis quod ~a non fuerat bene concepta pro parte ipsorum THORNE 1991.

10 brief comment, critical annotation, or sim., relating to a written text.

1384 cum idem Johannes Bedford ad ~as cujusdam libri ejusdem Johannis de Ravenser infra certum terminum bene et competenter perficiendas (*PlRCP*) *MS PRO C. P.* 52.

11 mention, record.

adjiciendum hoc etiam et ~a non indignum arbitror GIR. *LS* 416; quidquid .. ~a dignum inveni in unam summam .. compilavi BRACTON I.

12 knowledge, awareness (of fact or sim.).

eadem, cum ad parentum juvenis ~am devenisset, ad judicem adducitur *Latin Stories* 60.

notabilis [CL]

1 noteworthy, remarkable, striking (also w. ref. to notoriety); **b** (as sb. n.) remarkable or noteworthy feature or phenomenon.

quem .. sic Omnipotentis gratia .. protexerat ut omnem aetatem absque ~i reprehensione transigeret OSB. *V. Elph.* 126; ut .. pontificem cuidam prefecto, ~is sevitie viro .. committeret W. MALM. *GP* III 101 p. 230; dicit .. verbum memorabile et ~e de humilitate Gregorius T. CHOBHAM *Praed.* 240; lotura lavas lateris / scelus orbis notabile J. HOWD. *Cyth.* 7. 12; s**1464** fuit aliqua ~is pluvia HERRISON *Abbr. Chr.* 8. **b** est et aliud ibi ~e quia .. fluvius influens amaricatur GIR. *TH* II 2; **1431** primitus textum .. legant: deinde ipsum .. exponant, et tunc .. ipsius textualia excerpunt ~ia *StatOx* 236.

2 (of person or group of people): **a** outstanding, eminent; **b** (w. implication of wrongfulness) notorious. **c** (as sb. m., usu. pl.) eminent or important person.

a aveto, celebri laude notabilis / aveto, salubri luce capabilis / Augustine placabilis WULF. *Poems* 165; quod .. ~is ambassiata virorum nobilium versus prefatos Karolum et ducem Burgundie mitteretur *Ps.*-ELMH. *Hen. V* 88 p. 246. **b** neque decet te, ut ulla praesumptione insolitae rei te ~em et reprehensibilem hominibus ostendas ANSELM (*Ep.* 278) IV 192; is Stigandum palam ~em reddidit, nolens ab eo sacramentum .. suscipere W. MALM. *GP* III 115 p. 252; si quo possint eos impietatis crimine ~es reddere ANDR. S. VICT. *Sal.* 73; c**1212** per notarium suum omni nequitia ~em GIR. *Ep.* 5 p. 196; notarius etiam ille notis non innoxiis tam ~is aliosque ~es reddens *Ib.*; festucam, fatue, notas in socio / cum sis notabilis carnali vicio WALT. WIMB. *Palpo* 184. **c** rex .. ad hujusmodi admittendos viros, justos, ~es, prudentes suos commissarios constituit *Ps.*-ELMH. *Hen. V* 47 p. 118; major et aldemanni una cum certis aliis de ~ioribus civitatis (J. CARPENTER) *MGL* III 463.

3 that can be (easily) noticed, observed, perceived, or sim.: **a** (of topographical feature); **b** (of amount or number); **c** (of artefact); **d** (of act, abstr., or sim.).

a eorum capita in excelsis locis ~ioribus villarum et civitatum super spicas ferreas exaltata *Plusc.* XI 10 p. 391. **b** vendicio autem arborum in ~i quantitate non fiat sine episcopi qui pro tempore fuerit consilio et assensu *Norw. Cath. Pri.* 113; s**1379** venerunt et armigeri †innotabili [MS: in notabili] numero cum eisdem, usque ad numerum .. ccclx lancearum WALS. *HA* I 404. **c** in monocordo sic ponuntur: ab aliquo puncto ~i protrahatur una recta linea quantum placuerit, et puncto consimili terminetur WILL. 16. **d** quod si post G idem quis fecerit, proponimus unde sit imperitia ~is, quia stultum est dicere 'pingue' pro 'pinge' .. ABBO *QG* 10 (24); tria demonstrativa sunt secundum hanc in sua ~i materia differenciam: hic sc., is et iste *Ps.*-GROS. *Gram.* 44; sine ~i fine et redempcione facienda *MGL* I 39; si major vel aldermanni pro causa ~i electum non viderint admittendum .. *Ib.*

4 that can be distinguished, discernible.

de variacione sex specierum ~ium et modo perfeccionis et imperfeccionis earundem in figura trianguli TORKESEY 58.

5 (as sb. n.) note, brief comment or sim., that relates to a written text.

una cum ~ibus que ipsemet frater Rogerus posuit supra textum in multis locis BACON V 1 *tit.*; sicut dictum est in tercio ~i suprascripto OCKHAM *Dial.* 539.

notabilitas [LL=*indication*], noteworthy passage, excerpt, or sim.

quasdam ~ates medicinales .. inveni et collegi J. MIRFIELD *Brev.* 46; multas .. auctoritates et .. ~ates quas .. in scripturis sacris .. reperi .. curavi distinguere capitulis secundum ordinem elementorum alphabeti *Id. Flor.* 114; c**1396** sermones et ~ates theologie (*Invent.*) *Meaux* III xcvi.

notabiliter [CL]

1 visibly, noticeably, perceptibly.

ex predictis patet quod tota diccio gravari non potest quia sic nulla sillaba ~ius alia pronunciaretur *Ps.*-GROS. *Gram.* 33; ideo ~iter designat eum significare hic ventos (J. BRIDL.) *Pol. Poems* I 135; nota quod dicit ~iter tempora ad designandum quod in predictis versibus duos numeros ostendebat *Ib.* 177.

2 in a blameworthy manner, reprehensibly.

ut .. legitima jugalitatis fecunditas ob liberorum posteritatem sumpta ~iter squalescat ALDH. *VirgP* 9 p. 238; **10** .. ~iter, *tælwyrðlice WW*.

notabundus [CL notare+-bundus], (well-) known, remarkable, or sim.

tanti viri fama ubique ~a vagavit FELIX *Guthl.* 44 p. 136.

notalis [CL nota+-lis], that notifies or announces; (as sb. f.) bell that is used to announce a specific event.

et pulsata notale [l. notali] pro dicto puero mortuo *Mir. Montf.* 91.

notamen [LL], mark, sign, indication; **b** (w. ref. to) name.

est nomen dictum quasi ~en eo quod hoc notamus singulas substantias vel res ALCUIN *Gram.* 859B; **949** agiae crucis hanc cartulam ~ine perstrinxi *CS* 880 p. 34; noto .. verbum activum .. et ~en OSB. GLOUC. *Deriv.* 373. **b** **1080** quarto idus Julii .. ~ina isdem attestarunt [?l. attestantibus] Hugone de Lafertel, Nigello de Lando .. *Regesta* I 125 p. 33.

notanter [cf. CL notare], clearly, distinctly.

est ut idem doctor subsequenter ait, 'caro crucifixa et sanguis effusus' et ~anter adjunxit 'crucifixa' et 'effusus' quia caro .. in altari est sacramentum carnis crucifixe et sanguis in calice est sacramentum sanguinis prout effusus est (TYSS.) *Ziz.* 141; ~anter designa nobis has firmentatas doctrinas tam periculosas NETTER *DAF* I 2 (*recte* 3b); ubi satis ~anter discernit vocabula *Ib.* I 504a.

notare [CL]

1 to provide with mark, sign, or sim., to mark: **a** (artefact, w. stamp or sim.); **b** (in written text or document); **c** (w. ref. to authorial signature); **d** (syllable, w. accent); **e** (abstr.).

a ita ut .. quicquid habere potuisset aeris, argenti vel auri imagine Caesaris ~aretur GILDAS *EB* 7; notandum quod tallia sic debet scribi vel ~ari: .. per talliam .. sic ~atam *FormMan* 13. **b** ex eodem libro x capitula, quae per loca ~averam, .. illis coram ostendi BEDE *HE* IV 5 p. 215; **778** (11c) ego Aldredus .. propriam meam donationem signo crucis ~avi *CS* 223. **c** hic Pauli et Senecae breviter responsa leguntur / quaenam notavit nomine quisque suo ALCUIN *Carm.* 71. 4. **d** omnia propemodum acuuntur et quia antepaenultima accentu ~atur, idcirco .. duo tempora in tribracho ad arsin et unum ad thesin pertinebunt ALDH. *PR* 117 p. 162. **e** albis et nigris lapillis in urnam projectis secundi dies et adversi ~abantur ANDR. S. VICT. *Dan.* 62.

2 to mark with spots or stains.

~atam, maculatam *GlC* N 151.

3 to mark (person) with sign of distinction or sim.

antichristi, id est haeretici, etsi nomen Christi invocant, si signo Christi se ~ant .. tamen de mundo sunt BEDE *Ep. Cath.* 107; a**722** ad venerabilem fratrem nomine Berhtheri presbiteratus gratia decoratum et confessionis titulo ~atum *Ep. Bonif.* 14 p. 26.

4 to mark with infamy, to brand, accuse, stigmatize, or sim.; **b** (w. gen. denoting reprehensible deed); **c** (w. *de* or *super*).

quatenus incesti fuscetur crimine virgo / almaque probrosis notetur vita loquelis ALDH. *VirgV* 1954; ne me aliqui inoboedientem ~ent ALCUIN *Rhet.* 1; **10** .. ~etur, *sio geleahtrad WW*; omnium digitis quasi fatuus ~ari W. MALM. *GR* III 235; felix .. / .. / qui verum loquitur meretur odia, / notatur digito, 'laborat mania' WALT. WIMB. *Palpo* 23; **1448** rector .. ~atur cum Johanna Durant uxore Willelmi Durant, crimen tamen adulterii cum dicta Johanna Durant .. negavit (*Court Bk. Linc.*) *Eng. Clergy* 232. **b** ~at eos maliciae pertinacis BEDE *Mark* 251B; eum .. ~antes superbiae *Id. HE* II 2 p. 83 (cf. M. PAR. *Maj.* I 259); ut .. Normannos omnes ignominie ~atos ab Anglia effugaret W. MALM. *GR* II 199 p. 244; sed etiam illas arrogantie ~avit *Id. GP* V 276. **c** si quis autem .. de aliquo gravi .. cuperet me ~are OCKHAM *I. & P.* 2; **1428** comparuit .. Johannes M., ~atus de crimine heresis *Heresy Tri. Norw.* 39; **1448** dominus Egidius Chawcere .. ~atur super ruina mansi rectorie sue (*Court Bk. Linc.*) *Eng. Clergy* 236.

5 to draw, delineate, depict, or sim.

certas .. in celo metas ~abant, intra quas volantium avium omina considerarent ALB. LOND. *DG* 11. 11; tres ligate totaliter ascendendo sic ~antur: fac quadrangulum et alium quadrangulum jungendo conum cum cono *Mens. & Disc.* (*Anon. IV*) 42; figurarum cum litera vel supra literam, prout simplices accipiuntur si bene depinguntur vel ~antur, nulla erit ambiguitas *Ib.* (*Ib.*) 48.

6 to provide (written text) with notes or sim., annotate.

c**1445** constituciones Johannes [*sic*] xxij ~ate per Goffridum (*Catal. Librorum*) *JRL Bull.* XVI 473.

7 to mention, record (usu. in written text).

caveto igitur, ne tibi, quod a Salomone ~atur, accidat GILDAS *EB* 36; **749** quorum nomina et personae infra ~antur *CS* 179; censae dicuntur quorum patrimonia puplice ~ata sunt et ascripta *GlC* C 331; a**976** rura .. superius ~ata *CS* 1159; actus ejus videt et ~at et ad judicem Deum reportat ANSELM (*Ep.* 337) V 275; ut nomen Oswaldi .. inter martires ~aretur W. MALM. *GR* II 208.

8 (mus.): **a** (absol.) to write or record musical note or tune. **b** (trans.) to write down in score. **c** to provide (liturgical book) with musical notation.

a in scribendo vel illuminando aut tantum ~ando *Cust. Westm.* 165 (v. illuminare 8b); simili modo .. prout Petrus notator optimus et Johannes dictus Primarius .. in majori parte ~abant usque in tempus magistri Franconis et alterius .. Franconis, qui inceperant in suis libris aliter pro parte ~are *Mens. & Disc.* (*Anon. IV*) 46; ~abant plurimi juxta ascensum et descensum regulā diapason, diapente, diatesseron *Ib.* (*Ib.*) 62. **b** quia semper tenor solebat sumi ex cantu ecclesiastico ~ato quatuor regulis *Ib.* (*Ib.*) 60. **c** **1288** gradale ~atum (v. gradalis 3b); **1294** missale ~atum *Invent. Ch. Ch.* 5; **1295** antiphonarium bonum ~atum .. et post ympnatum ~atum *Vis. S. Paul.* 324a; missale bonum ~atum *Ib.* 325a; gradale .. bene ~atum *Ib.* 326a; unum troperium .. in cujus inicio ~antur omnes sequencie *Ib.* 326b; **1319** in libris ~andis et ligandis ad capellam, v s. *Comp. Swith.* 407; **1417** himnarium per totum ~atum *Reg. Cant.* II 119 (v. hymnarium); **1425** lego .. parvum portiphorium meum ~atum *Ib.* 313; **1439** lego iij processionarios cum ympnario ~ato *Ib.* II 595.

9 to show, make known or manifest (also w. ref. to prefiguration); **b** (w. acc. & inf.); **c** (w. *quod*).

se manibus David portans te Christe notavit / corpus gestantem proprium sociosque cibantem AD. DORE *Pictor* 148. **b** multifariam in hujus modi dispositione stultitiam inesse ~at BEDE *Ep. Cath.* 35. **c** per hoc .. ~at quod tam partes interioris hominis quam exterioris infirme fuerunt T. CHOBHAM *Serm.* 21. 152va; hoc nomen incarnatus ~at quod ille incarnatus fuerit priusquam incarnaretur S. LANGTON *Quaest.* 140.

10 (of sign, expression, or sim.) to denote, designate, stand for.

nigredo maliciam .. ~at .. candor bonitatem ANDR. S. VICT. *Dan.* 62; per hoc quod dicitur 'factus ad imaginem Trinitatis' ~atur unitas essentie divine NECKAM *SS* I 7. 1; ita ut hec dictio 'ad' non ~et collationem similitudinis, sed sit designativa finalitatis *Ib.* 7. 8; D ~at quingentos BACON *Gram. Gk.* 82 (v. D 3).

11 to be aware of, understand, take into account, bear in mind; **b** (w. acc. & inf.); **c** (w. *quod* or *quia* & ind. or subj.); **d** (w. *de*); **e** (w. indir. qu. & subj.).

verba .. proposita que sunt 'irrito, assevero ..

radico' et ex eo compositum 'eradico' . . ~ate semper penultimas productas ABBO *QG* 6 (14); ~ate, i. scitote, hoc, ~ate ÆLF. BATA 5. 5; episcopus singulis subtiliter ~atis, "protestor vobis", inquid *V. Chris. Marky.* 19; **1178** sane ~are hic possumus problema Joathan de filiis Gedeonis P. BLOIS *Ep.* 48. 145A. **b** ~andum quoque nomina monosillaba quaedam esse ALDH. *PR* 113 p. 153. **c** ~andum ergo est quod dixit scelus idolatriae esse nolle Deo adquiescere GILDAS *EB* 38; ~andum sane, quod iniqui reges principes Sodomorum vocentur *Ib.* 42; ~andum quod Focas grammaticus praeteritum tempus frico fricui exposuit, Gregorius . . non fricuit sed fricavit ALDH. *PR* 137 p. 191; ~andum . . quia Hieronimus . . hoc in loco filiam posuit Aminadab BEDE *Cant.* 1188; ~andum quod ea quae . . conscripsi partim ex eis . . adsumsi *Id. HE pref.* p. 7. **d** et ~a de qualibet perfecte perfecta, pre et post, tercia pars imperfici potest HAUBOYS 198. **e** ~andum quam . . conditionem servorum glorificet BEDE *Ep. Cath.* 54; ~andum quanta utatur arte loquendi *Id. Retract.* 1013.

12 to discern, distinguish, observe; **b** (heavenly body, w. ref. to prognostication).

iste etates solent ~ari in homine: primo infantia, dein pueritia, postea adolescentia AILR. *Serm.* 43. 7. **b** cum celestia signa nocturnus ~ares et divideres ADEL. *QN* 73.

notariatus [CL notarius + -atus], notariate, office or profession of notary: **a** (Eng.); **b** (Scot.).

a 1336 tam in cancellaria nostra quam in officio notaritatus [*sic*] *Cl* 157 m. 5; notarius autem tenetur hujusmodi certificatorium ejus manu et signo ~us subscribere et signare *Praxis* 51; signum . . ~us est huic instrumento apponendum. nam quilibet notarius solet habere quoddam speciale . . signum *Ib.* 289. **b** c**1418** signum ~us officii *Melrose* 533; **1537** tres notarios et tabelliones publicos auctoritate nostra creandi et de officio ~us . . per pennam et calamum investiendi *Mon. Hib. & Scot.* 607a; **1543** in litteratura ac arte ~us exercenda satis edoctum *Form. S. Andr.* II 253.

1 notarius [CL, LL, *as sb. only*]

1 (as adj.) of a secretary, scribe, or sim.

798 nisi forte ~ia manus verba . . immutasset ALCUIN *Ep.* 149 p. 245.

2 that concerns correct use of signs, symbols, or sim.: **a** (*ars ~ia*) stenography or cipher; **b** (as title of work, also assoc. w. *notorius*, w. ref. to secret knowledge, magic, or sim.).

a majorum nostrorum invidia aut negligentia artem dico deperisse ~iam J. SAL. *Met.* 850D; pro decem cifra ponatur . . et cetera secundum algorismi periciam operare. qui autem sciverit artem notoriam, hujus artis summam perfeccionem attinget BRADW. *AM* 250. **b** reperta sunt secreta Aristotelis Athenis, in quibus Virgilius artem ~iam reperit, que post combussit, secundum Val[erium Maximum] R. NIGER *Chr. II* 108; effoditur . . tumulus, in quo invenitur contineri corpus Virgilii, et ad caput liber in quo 'ars notoria' [v. l. notaria] erat scripta, cum aliis studii ejus characteribus GERV. TILB. III 112 p. 1002; multi igitur libri cavendi sunt . . quia pure magici sunt, ut . . liber de Arte Notoria BACON *NM* 532; omnes libri magici . . ut liber De Morte Anime, et liber Fantasmatum . . et libri [v. l. liber] De Arte Notoria *Id. Tert. Sup.* 48.

3 (as sb. m.) amanuensis, clerk, scribe (also w. ref. to stenographer); **b** (of a prophet); **c** (fig.).

tam ~iorum caracteres quam grammaticorum periodos colo et commate . . instruendo ALDH. *VirgP* 32 p. 272; dictandi tenorem ~iis excipientibus et antiquariis describentibus *Ib.* 59 p. 320; sceptor [l. exceptor], ~ius *GlC* S 122; **10**.. ~iorum, *notwritera WW*; erat . . vir honorabilis et dives et habebat unum ~ium juvenem et bonum hominem *Descr. Constant.* 247; hic ~ius, *a noterer WW*. **b** in libro qui titulatur nomine Baruc, ~ii Jeremie prophete, scriptum est: *Eccl. & Synag.* 79. **c** amor, scriba sis et notarius J. HOWD. *CA* 231.

4 (leg.) notary; (*~ius publicus*) notary public (also as common clerk, registrar, or sim.); **b** (royal, Eng.); **c** (in Chancery); **d** (of city, borough, or sim.); **e** (eccl. & mon.); **f** (papal); **g** (acad.); **h** (Scot.); **i** (imperial, Cont.).

1325 ego, M. de A. . . clericus, Wygorniensis diocesis auctoritate apostolica ~ius publicus *MunAcOx* 116; **1392** signo notorii munitum *Ziz.* 348; hujus copie verum originale sub sigillo episcopi . . et publico sigillo notorii *Ib.* 356; C. cavens ne judices judicia trahant in

---

longum, et oratorum et notari[or]um lucro, populi vero maxime incommodo L. ~iis et oratoribus emolumentum vetas? LIV. *Op.* 369. **b** quod responsum placuit domino regi, et confestim, vocato ~io suo, magistro viz. Johanne de Cambe, injunxit ei in scriptis redigere formam pacis, domino rege formam dictante ac verba ex ore regio proferente G. *Durh.* 17. **c** c**1420** quod sint duo ~ii sive tabelliones cancellarie [etc.] *Chanc. Orders* 7c. **d** s**1260** odium infernale quod dicti vigiles habebant erga ~ium ejusdem castelli, qui erat Anglicus *Ann. Cambr.* 98; **1388** presente me Willelmo de Chester, ~io publico et clerico communi civitatis predicte *Mem. York* II 17. **e** quam sententiam . . Titillo ~io [sc. archiepiscopi Theodori] scribendam dictavi BEDE *HE* IV 5 p. 217; **745** Gregorius ~ius regionarius et numenculator (*Acta Concilii*) *Ep. Bonif.* 59 p. 109; **800** nec me mora tenuit tarditatis, quominus ea ipsa die, accito ~io, ut tuae venerabili voluntati satisfacerem, . . cartulam conscribere jussi ALCUIN *Ep.* 207; acolitus . . dicitur ~ius quia baptizandorum nomina scribit BELETH *RDO* 90. 92; s**1206** abbas duobus capellanis monachis, uno advocato, uno ~io, et decem servientibus preter pueros ad servicium ejus necessarios . . sit contentus (*Vis. S. Mar. Ebor.*) *EHR* XLVI 450. **f** accipiens Johannes ~ius, relegit sancto et apostolico concilio W. MALM. *GP* III 100 p. 227; data per manus Eustachii, primicerii nocariorum . . confirmata per manus Paschalis . . consiliarii apostolice sedis (*Lit. Papae*) *Id. Glast.* 50 p. 108; **1169** preterea vobis innotescere volo quod nuntios domini pape, viros venerabiles, Gratianum domini pape ~ium . . audire curavi *Act. Hen. II* I 438; Prosper . . Leonis pape primi ~ius DICETO *Chr.* I 22; **1207** rex . . omnibus domini pape ~iis et capellanis *Pat* I 69a; **1424** in nostrorum ~iorum publicorum et testium infrascriptorum ad hoc specialiter vocatorum . . presencia (*Lit. Papae*) *Canon. S. Osm.* 1. **g** c**1470** unus magister arcium ~ius publicus . . in scribam registrarium et tabellionem cancellarii et universitatis . . habeatur *StatOx* 285; **1590** in praesentia . . ~ii publici et registrarii . . Jacobi Hussey *Ib.* 442. **h 1426** eo R. de H. presbiter Glasguensis diocesis publicus apostolica auctoritate ~ius *Reg. Paisley* 149; **1460** ~io transeunti de Elgyn versus Rosmarky ad testificandum dictam summonicionem . . x s. *ExchScot* 20; **1549** secretarius et ~ius in concilio *Conc. Scot.* II 85. **i 1237** mandatum est Hugoni de P., . . quod emi faciat duas cuppas . . quarum unam conferat patri Egidio B. et alteram magistro Waltero, ~io domini imperatoris, ex parte regis *Cl* 466.

5 (as sb. f.) office of notary.

1281 cum . . abbas . . Elie de M. . . officium ~ie seu cartolarie nomine nostro concesserit *RGasc* II 145a; possem adhaerere ~iae, missisque litteris vitam tutari et ad extremos annos honeste producere LIV. *Op.* 369.

6 (as sb. n.) place in which texts are written or stored.

pluteum, scriptorium, atramentarium, notatorium [v. l. notarium], plumacium OSB. GLOUC. *Deriv.* 472.

7 (pl.) musical notation, score.

quatuor antiphonaria cum ipsis ~iis *Chr. Evesham* 268.

2 notarius v. 2 notorius.

notatio [CL]

1 (act of) marking, providing with a mark or sim.

1589 pro . . ~one de viij de *les towells* de *tel' hollaund Ac. LChamb.* 80 f. 10 (=*Misc. LChamb.* 36 p. 104: *marking of viij towells*).

2 (act of) marking with infamy, branding, accusation.

inquisitores pravitatis heretice . . timore verecundie seu ~onis super causa heresis . . pecunie summas graves ab eis extorquent RIC. ARMAGH *Def. Cur.* 1400 (*recte* 1300).

3 (act of) providing with musical notation.

1462 pro ~one historie predicti festi [dedicacionis ecclesie] in quatuor libris una cum aliis scriptis in processionariis *Fabr. York* 134; **1485** pro scriptura et ~one quir' quatuor cum pergameno pro capella *Ac. Durh.* 249.

4 observation (in quot., w. ref. to prognostication).

constellatio, ~o siderum *GlC* C 517.

---

5 (rhet.) 'notation', substitution of one letter for another, which results in change of meaning.

antithesis est litere pro litera positio, ut olli pro illi. qui modus in coloribus ~io vocatur, ut precones pro predones GERV. MELKLEY *AV* 8.

notative, by way of noting or pointing.

actus tales cum fuissent in statu innocencie, possunt esse sine peccato, non autem civile dominium; ideo penes proprietatem et exproprietatem civilem distinguuntur seculares usurarii vel civiles e clericis, non autem penes conjugium vel virginitatem. ideo dicit Christus clericis ~e "vos autem non dominamini gentiliter" WYCL. *Civ. Dom.* IV 385.

notator [ML]

1 one who registers, records, or writes down; **b** (w. obj. gen.).

noto . . inde ~or OSB. GLOUC. *Deriv.*. 373. **b** propter . . omnium ~orum ipsius mensurabilis musice perfectissimam instruccionem HAUBOYS 180.

2 (leg.) notary.

providus et prudens in cunctis esto notator / discretus brevia, cartas formare, receptas / . . / debita, gersumas, fines, scutagia, misas / imbreviare D. BEC. 1142; ad me, qui Tremulus dicor bonus esse notator (*Vers.*) LIV. *Op.* 86; per certos doctores, episcopos, et alios, quorum presencium ~or unus exititerat . . materia . . juridice committebatur disputanda AD. USK 29.

3 (mus.) one who records musical notation, tunes, or sim.

boni ~ores in figurando sic depingunt supradicta *Mens. & Disc.* (*Anon. IV*) 41; ~ores quidam solebant in cantu ecclesiastico . . inter duas lineas scripture . . quatuor regulas regulare ejusdem coloris *Ib.* (*Ib.*) 60; est enim vicium scriptoris atque ~oris; et racio est quia scriptor inter sillibas nimis spacium dimittit, ~or vero spacium implet nec curant, nisi ut argentum lucrantur TUNST. 253.

notatorius [cf. CL notare + -torius, notator + -ius]

1 (as adj.) that concerns correct use of signs, symbols, or sim.; (*ars ~ia*) stenography or cipher.

majus artificium occultandi quod datur in arte ~ia, que est ars notandi et scribendi ea brevitate qua volumus BACON *NM* 545.

2 (as sb. m.) notary, legal clerk, scribe, or sim.

1296 in presencia mei ~ii et testium infrascriptorum *Reg. Cant.* 1262.

3 (as sb. n.) place in which notes or texts are written or stored.

scriptorium, atramentarium, ~ium OSB. GLOUC. *Deriv.* 472.

notatus [ML], note, record, mention.

nomina virtutes rerum vitiumve notatu / dignum J. HERD *Hist. IV Regum* 6.

note [cf. CL noscere], in a known or manifest manner.

notus . . unde ~e, ~ius, ~issime OSB. GLOUC. *Deriv.* 373.

notegeldum, notegildum v. noutegeldum.

notella [ML]

1 (little) note, mark, or sim.

~a, notula, parva nota OSB. GLOUC. *Deriv.* 383.

2 (little) stain or spot (fig.), mark of infamy.

ave, pulcris pulcra costis, / in qua neque ringens hostis / notellam impungeret WALT. WIMB. *Virgo* 96.

notere [ML], to become known or manifest.

a nosco ~eo . . quod non est in usu OSB. GLOUC. *Deriv.* 373.

notescentia [cf. CL notescere], (act of) making known or manifest.

preceptum autem vel mandatum Dei quandoque sumitur materialiter vel causaliter pro illo quod precipitur, quandoque pro ~ia qua Deus notificat non esse sic faciendum, et quandoque pro aggregato WYCL. *Ente* 279.

nothe [cf. CL nothus], falsely, not genuinely.

ipsa ostendent nobis qualiter unusquisque sentit, sive ~e sive legitime M. PAR. *Maj.* III 454.

notheus v. notius.

nothis, noti, representation of γνῶθι σεαυτόν; cf. Juv. *Sat.* XI 27.

noti seliton, id est, scito teipsum J. SAL. *Pol.* 480A; de celo descendit nothis elitos BERN. *Comm. Aen.* 3; descendit de celis nothis elithos, id est, cognosce te- ipsum NECKAM *NR* II 167 p. 278; dicuntur hujusmodi proprietates notiones—quamvis pro quorundam judi- cio a 'nothis' Greco dicantur notiones. unde et poeta ait 'descendit de celo nothis elithos' *Id. SS* II 8. 1.

1 nothus [CL < νόθος]

1 born out of wedlock, illegitimate. **b** (as sb.) bastard; **c** (passing into nickname or surname).

Aldfridus in regnum frater ejus ~us substituitur BEDE *CuthbP* 24; et nothus Anglorum germanus regmina sumpsit / Aldfridus ÆTHELWULF *Abb.* 36; data ei in conjugium filia ~a W. MALM. *GR* V 400; filium ~um de concubina pellice generaverat R. COLD. *Godr.* 593; occurrunt .. fratres germani et ~i [*gl*: le bastarz, bastard] BALSH. *Ut.* 47; s1251 per magnum sigillum legitimare proposuit sororem regis ~am BOWER X 4. **b** porro quid spuriis, queso, quid nothis et illegitime natis cum hereditate commune? GIR. *JS sup.* 145; commiscet Cesares et candidarios, / nothos et nobiles, claros et spurios WALT. WIMB. *Sim.* 140; *a bastarde*, .. ~us ex nobili patre, spurius ex nobile matre *CathA.* **c** Briht ~us (*Suff*) *DB* II 380v [? cf. *Eng. name* Brihtnoð]; usque ad Guillelmi ~i tempora magis bellare quam legere vel dictare laboraverunt ORD. VIT. III *prol.* p. 2; ad Willelmum ~um qui fuit dux Normannie et postea rex Anglie *Meaux* I 89.

2 (gram., transf. & fig.): hybrid, composed with more than one element: **a** (of letter); **b** (of noun).

a nos decem et septem genitae sine voce sorores / sex alias nothas non dicimus annumerandas / .. / terni nos fratres incerta matre crearunt ALDH. *Aen.* 30 (*Elementum*) 2. **b** alia [nomina] ~a sunt, quae ex parte Latina sunt et ex parte Graeca TATWINE *Ars* 1. 17 p. 9; media [nomina] quae et ~a, ex parte Graeca sunt, ex parte Latina, quae corrumpunt ultimas syllabas, manentibus prioribus BONIF. *AG* 476; ~a [sc. nomina], adultera eo quod incerti generis *Gl. Leid.* 43. 6.

3 (as sb. m.) adulterer.

notus, aliquando pro vento, aliquando pro adultero OSB. GLOUC. *Deriv.* 383; hic ~us .. i. adulter, et hic mechus .. in eodem sensu *Ib.* 603; 'Notus', pro vento australi, non habet aspiracionem ad T literam, sed '~us', pro adultero habet BACON *Tert.* 247.

2 Nŏthus v. 4 Nŏtus.   **noti** v. nothis.

notifer [CL Notus + -fer], that brings wind and rain.

noetiferum Aprilem vendicat alma Venus *Kal. M. A.* I 404.

notificabilis [CL notificare + -bilis], that can be made known or manifest.

notifico .. unde .. ~is OSB. GLOUC. *Deriv.* 373.

notificabiliter, in a knowable or manifest manner.

notifico .. unde .. ~iter adverbium OSB. GLOUC. *Deriv.* 373.

notificamen [CL notificare + -men], (act of) making known or manifest.

notifico .. et hoc ~en OSB. GLOUC. *Deriv.* 373; ~en, demonstratio, notificatio *Ib.* 383.

notificanter, in a knowable or manifest manner.

notifico .. unde ~er adverbium OSB. GLOUC. *Deriv.* 373.

notificare [CL]

1 to make known (through announcement,

demonstration, description, or sim.); **b** (w. acc. & inf.); **c** (w. *quod*, indir. qu., or sim.); **d** (absol. or intr.).

ut ad Anglos redeat hortatur, .. quorum fines longe lateque ~arentur utrisque *Enc. Emmae* II 3; ut postea multiformis sapientia .. ~aretur coelestibus per ecclesiam LANFR. *Comment. Paul.* 293C; ut scirem quid vobis de regis voluntate ~are possem ANSELM (*Ep.* 210) IV 106; ut hec precepta singuli episcopi subjectis ~ent W. MALM. *GP* I 5 p. 11; vobis ex hoc facto ~o fidem Walensium MAP *NC* II 23 f. 32; ~ans .. istas duas virtutes de anima, Avicenna dicit .. J. BLUND *An.* 336. **b** ~o vobis me noviter isse Romam W. MALM. *GR* II 183; c1140 ~o vobis me concessisse .. *Ch. Chester* 22; [pontifex] ~et omnibus hunc locum me crebro visitaturum AILR. *Ed. Conf.* 757A. **c** c930 ego Æþelstanus rex ~o omnibus prepositis meis .. quod .. volo ut .. *Conc. Syn.* 47; qui .. ~abit vobis quomodo dominus Baldewi- nus et Willelmus jam iter Romae ingressi fuerant, quando vestram suscepi epistolam ANSELM (*Ep.* 378) V 322; quia tanto minus quam magne sint erga bonos egritudinis ~aretur, quanto quietiores adversus bonos existerent OSB. GLOUC. *Deriv.* 265; a1240 ~amus quod .. Johannem capellanum .. destinavimus *RL* II 81; ultimo vero postquam fuerit in se completum restat qualiter ad alia se habeat ~etur *Ps.-Gros. Gram.* 37; 1377 nullus .. Christi vicarius habet .. potestatem, nisi vicarie, in nomine Dei, ~are ecclesie quem Deus habilitat (WYCL.) *Ziz.* 249. **d** breviter quidem tibi volebam ~are, sed modo rogatus monstrabo aperte PETRUS *Dial.* 68; ~ando consiliumque dando ut pro- moverentur GIR. *Spec.* IV 36.

2 to define.

Boetius .. sic ~at eternitatem: 'eternitas est in- terminabilis vite possessio tota simul sc. existens' NECKAM *SS* II 35. 5; inferius in eodem libro ~at Au- gustinus ordinem, dicens: 'ordo est per quem aguntur omnia que Deus constituit *Ib.* IV 25. 19; numerus .. dupliciter ~atur, formaliter et materialiter: formaliter ut .. multitudo ex unitatibus aggregata, materialiter ut .. unitates collecte SACROB. *AN* 2.

3 to characterize, help to comprehend, ex- plain, or sim.

oportet dictas equivocationum causas distinctius ~ari BALSH. *AD rec.* 2 44; personarum alia est Pa- ter, alia est Filius, alia Spiritus Sanctus. personas autem ~ant proprietates NECKAM *SS* II 8. 1; dicunt quod innascibilitas est proprietas ~ans statum Patris *Ib.* II 9. 2.

4 to reveal, disclose, discover.

timens ne aliquo infortunio ~atus ab hostibus ca- peretur CIREN. I 134.

5 (intr.) to signal, to gesture.

abbas .. in prima ablucione ~ante ei cantore inchoet [sc. officium misse] *Miss. Westm.* 572 n.

notificatio [ML]

1 (act of) making known or manifest; **b** (w. obj. gen.).

notificamen, demonstratio, ~o OSB. GLOUC. *Deriv.* 383; 1390 ut ad vos que in animo gerimus, benigna ~one perveniant *FormOx* 228. **b** primo ad indica- cionem et ~onem vere absolucionis a peccato impense a Deo BRADW. *CD* 418A; s1452 de .. publicacionibus, ~onibus .. bullarum *Reg. Whet.* I 90.

2 declaration, statement; **b** (with implication of qualification or exemption).

'a me ipso non veni, sed verax est qui misit me' .. huic dicendum est quod non fuit presumpcio sed humilis ~o et per experimenta probacio HOLCOT *Wisd.* 85; pro viribus impugnare nitentes, quasdam provoca- ciones, appellaciones, inhibiciones .. ~ones, prefixio- nes .. et alia impedimenta .. fecerunt *Reg. Brev. Orig.* 62. **b** tenentur errorem suum pure et absolute .. sine omni condicione, ~one, et palliacione revocare, et se errasse confiteri OCKHAM *Dial.* 757.

3 definition: **a** (w. subj. gen.); **b** (w. obj. gen.).

a 'uti est res que in usum veniunt referre ad ea quibus fruendum est'. hec, licet sit ~io seu diffinicio Augustini, tamen propria est OCKHAM *Pol.* II 545. **b** ~o vel diffinitio rei debet dari per nobiliora BACON VIII 239.

4 thing that has been made known, copy of a text.

per carte .. attestationem cujus carte hec est ~o *Chr. Abingd.* I 44; **1312** supradicti fratres tradiderunt mihi .. duo [*sic*] ~ones dicte appellacionis *Collect. Ox.* II 237; **1332** monachi .. petebant in ~one harum litterarum quod .. possent dictas litteras copiare *Lit. Cant.* I 467.

notificativus [CL notificare + -tivus], that makes known or manifest (in quot., w. obj. gen.).

sicut exterior facies est exterioris hominis ~a KIL- WARDBY *Jejun.* 170.

notio [CL]

1 knowledge, understanding.

801 numquid verba defecerunt salutationis, seu causae non supervenerunt, quarum ~onem carta nec deferet ad aures nostras? ALCUIN *Ep.* 228; ~o est quidam intellectus vel simplex animi conceptio J. SAL. *Met.* 874D; ~o non est prior actu notionali; ergo ~o non est principium actus notionalis R. MARSTON *QD* 9; ~o, A. knowyng WW.

2 (leg.) cognizance, competence to deal with a matter judicially.

1418 in .. causis .. movendis coram quibuscumque judicibus ordinariis sive delegatis aut arbitris ~onem aut jurisdiccionem habentibus qualemcumque *Reg. Cant.* I 50.

3 (phil.) notion, concept, idea; **b** (dist. from *esse* or *essentia*).

perit .. exercitium rationis quo rerum apud se ~ones quas Greci ennoias dicunt querit et tenet J. SAL. *Met.* 927C–D; per hanc .. intelligimus .. di- vinam sapientiam que dicta est Hecate, id est cen- tum potestates quoniam infinitarum rerum ~ones in se continet BERN. *Comm. Aen.* 53; quandoque circa opus bonum sollicitos nos affectus ~onis prave sol- licitat P. BLOIS *Serm.* 40. 684B; substancia dat esse, species ~onem, virtus manentiam *Ps.-Gros. Gram.* 11. **b** detur quod connumerari queat essentie ~o. ergo erit hec vera, 'Pater ~one et essentia est persona' NECKAM *SS* II 2. 2; sicut hoc nomen 'missus' vel 'similis' signando divinam essentiam connotat ~onem S. LANGTON *Quaest.* 138; priora sunt aut secundum esse aut secundum ~onem. secundum esse sunt cause priores, secundum ~onem est totum notius eo cujus est totum *Ps.-Gros. Gram.* 64.

4 distinguishing characteristic.

intelligentia .. ut ait Boetius omnia capit que in- feriores animi ~ones, id est sensus et imaginatio, et ratio BERN. *Comm. Aen.* 44; quattuor animi notiones *Ib.* 53; communis .. opinio theologorum est quinque esse ~ones, innascibilitatem viz. et paternitatem et spi- rationem et filiationem et processionem NECKAM *SS* II 8. 1; nonne multi .. dixerunt quod paternitas non est Deus et quod nulla ~o sive relatio ut paternitas et filiatio est Deus? T. CHOBHAM *Praed.* 81; pater- nitas, filiacio, spiracio, processio, quibus si addatur innascibilitas, fiunt quinque ~ones, quibus divine per- sone innotescunt et ideo vocantur ~ones R. MARSTON *QD* 27.

5 acquaintance (with a person).

in precordiis Salvatoris de tue ~onis familiaritate gaudere LUCIAN *Chester* 38.

notionalis [CL notio + -alis]

1 (phil. & theol.) of or concerned with know- ledge, understanding, or sim., notional, specu- lative (usu. dist. from *essentialis*).

tertio queritur utrum primo secundum rationem intelligendi divina essentia perfecte existat; quam sit in Deo pluralitas personarum. et videtur quod sic, quia actus ~es per quos est in divinis personarum pluralitas, presuppunt perfectam existentiam per- sone cujus sunt actus MIDDLETON *Sent.* I 36b; actus ~es fundantur super actus essenciales immanentes; .. ergo sunt tantum duo actus ~es qui sunt productivi intra, fundati super eosdem essenciales DUNS *Ord.* II 287; cum enim actus distinguunt potencias .. videtur quod istis potenciis quibus conveniunt actus essenciales non competant actus ~es *Ib.* 310.

2 of or that clarifies a concept or idea.

nominum ergo aliud est essentiale ut 'Deus', 'ju- stus', 'fortis', aliud est personale ut 'Pater' et 'Filius', aliud ~e ut 'paternitas', 'filiatio' NECKAM *SS* II 10. 1; major enim .. est convenientia inter terminos ~es et personales quam inter terminos essentiales et personales *Ib.* II 27. 4; omnia que notificant essentiam dicuntur essentialia, que personam personalia, que notiones ~ia BART. ANGL. I 6; nomina .. ~ia quedam sunt abstractiva, ut paternitas, nativitas .. quedam concretiva et adjectiva ut innascibilis *Ib.* I 15; ille terminus 'Deus' numquam supponit personaliter nisi per limitacionem appositi ~is, ut Deus Pater differt a Deo Filio, Deus genuit Deum .. WYCL. *Log.* II 51.

3 (as sb. n.) thing that exists as concept or idea.

essenciale precedit ~e *Quaest. Ox.* 301.

notionaliter [CL notio+-alis+-iter], (phil. & theol.) as a notion or concept, notionally; **b** (dist. from *essentialiter*).

cum dicitur quod spirare amorem est amare, verum est ~iter et potentia per quam amans ~iter amat, non est divina voluntas tantum, sed voluntas cum modo supradicto habendi eam MIDDLETON *Sent.* I 114 b; unde quinque ponuntur relaciones inter personas divinas, sc. tres ~iter constituentes personas WYCL. *Ente Praed.* 69. **b** utrum verbum in divinis tantum accipiatur ~iter quod non, quia verbum est cum amore ~iter, set noticia accipitur essencialiter *Quaest. Ox.* 316; quia principium essencialiter sumptum non dicit nisi relacionem racionis .. ut autem accipitur ad intra, ~iter vel personaliter, dicit relacionem realem DUNS *Ord.* VI 166; potest hic spiritus accipi dupliciter: ~iter pro Spiritu Sancto .. essencialiter pro tota Trinitate HOLCOT *Wisd.* 26.

notioritas [CL notus+-ior+-tas], state or condition of being better known.

secunda veritas est quod sicut duplex est prioritas nature ascendendo et descendendo, sic duplex est ~as nature, cum proporcionaliter ut aliquid est prius, sic est nocius in natura WYCL. *Ente* (*Sum.*) 16.

notissia v. notitia.

notitia [CL]

1 acquaintance (with a person), personal knowledge.

habuit .. rex .. fratrem .. ejusdem episcopi .. per cujus ~iam .. ad diligendum .. episcopum pervenit BEDE *HE* III 23 p. 175; si ego ad ~iam et amicitiam illius regis .. pervenirem ASSER *Alf.* 79 p. 66; 'proximum', cognatum, vel in civitate vel quolibet beneficio vel ~ia aliqua ad se pertinentem ANDR. S. VICT. *Sal.* 58; ut ~iam et familiaritatem ejus .. habeas *Ib.* 128; cum subcelerarius .. adventantibus mulierum turbis de vicinia et ~ia monachorum ad festum, ut solent, cum quadam illarum inter septa monasterii fornicationem incurrit GIR. *IK* I 2 p. 25; **1436** pro sincerissima affeccione quam penes meam personam a tempore mutue ~ie per annos quadraginta *DCDurh. Reg. Parvum* II f. 93v.

2 knowledge, information, awareness, or sim.; **b** (w. subj. gen. or poss. pron.); **c** (w. obj. gen.); **d** (w. *de*); **e** (w. acc. & inf. or indir. qu.).

quia quod odore ~iae perceperit immunda actione sordidavit BEDE *Prov.* 973; nullus habet hanc ~iam nisi Pater et Filius ANSELM (*Proc. Sp.* 7) II 198; hinc ad ~ie perfectionem prima et dilucida patet via J. SAL. *Met.* 896C. **b** quamvis auctor integritatis virginale munus clanculis occultare latebris deliberaret et divinae dumtaxat majestatis ~iae, cui abdita secretorum arcana produntur, cognitum fore satageret ALDH. *VirgP* 44 p. 297; **705** latere quidem tuam ~iam potuisse non arbitror quanta et qualia inter regem Uest Sexanorum WEALDHERE *Ep.* 22; id .. in ~iam domini episcopi delatum W. MALM. *GP* II 75 p. 161; vitam viri venerabilis Waltheni .. ~ie posterorum stylo transmissurus J. FURNESS *Walth.* 6; **1383** fecit nullum vastum ad eorum notissiam *Chanc. Misc.* 229/14; **1450** ad quorum notecias presentes litere perveniuntur *Reg. Glasg.* 377. **c** Juvencus Hispanus primo prologi versu hujus rei ~iam pandit ALDH. *Met.* 10 p. 85; quia ~iam amoremque perpetuae claritatis mentibus infundunt BEDE *Prov.* 1012; nolebant Anglis eam quam habebant fidei Christianae ~iam pandere *Id. HE* V 22 p. 347; a**797** non confidant in linguae ~ia, sed in veritatis intellegentia, ut possint contradicentibus veritati resistere ALCUIN *Ep.* 74; **1271** nullam habent ~iam interfecti *SelCCoron* 30. **d** quicquid se de pontificibus Eboracensibus ~ie nostre vel majorum relatione vel librorum revolutione infudit W. MALM. *GP* III *prol.* p. 210; de .. gentium origine aliquam ex eorum chronicis contraxi ~iam GIR. *TH intr.* p. 8; **1291** dum .. de dictis heredibus fides aut ~ia habeatur (*Ch.*) *EHR* XV 518; **1296** de quibus [hominibus] adhuc nulla habetur ~ia *SelPlMan* 45; de die prenominato nullam se .. habuisse ~iam affirmabant *Croyl. Cont. B* 487. **e** quomodo captus fuerit anterior sermo ~ie dedit W. MALM. *GR* IV 387 p. 454; c**1179** pervenit ad ~iam vestram Hamonem presbiterum habere pupblice concubinam ARNULF *Ep.* 115; **1370** habentes ~iam plenam quando .. transmissus fuit ambaxiator *Foed.* VI 673.

3 note, record, or mention.

~iam de numero et ordine collectarum sacerdoti qui missam est celebraturus .. super missale .. evidenter ostendere *Cust. Westm.* 39; **1340** veram ~iam subscriptorum universorum (*Lit. Regis*) AVESB. f. 88; de successione abbatissarum .. compendiosam ~iam exprimere dignum duxi ELMH. *Cant.* 217.

4 (math.) known rule, axiom.

mox deinde, per communem quandam ~iam, GA et CM equalia ROB. ANGL. (I) *Alg.* 132.

5 (phil.) concept, idea.

quia ergo tale exigit tale, et non exigitur a tali, tam ad essentiam quam ad ~iam, ideo hoc illi substantiale dicitur esse J. SAL. *Met.* 879A.

notitiatim [cf. CL notitia], by notice.

non pro ultione alicujus ~im peccati, sed, urgente violentia incommodi, animam exui W. MALM. *Mir. Mariae* 174.

notitio [LL], knowledge, information.

illa que mihi nunc mendaciter imponuntur ad publicam deducere cupio ~onem OCKHAM *I. & P.* 2.

notitior v. noscere.

notius [CL < νότιος], southern.

s**885** in condenso adhaerenti notheas fluvio partes Tamesi ÆTHELW. IV 3 p. 44.

notivagare v. noctivagare.

notorie [ML]

1 by common knowledge, as is well known.

cumque ecclesia parochialis de C. ad dictorum abbatis et conventus de B. collacionem seu presentacionem ~ie spectans ad presens de jure vacet et de facto *Chr. Peterb.* 87; iter arripuerunt versus Lugdunum, ubi papa ~ie dicebatur *Ann. Lond.* 143; a**1341** possessiones et redditus .. ~ie consistebant per manus spoliatrices gentis Scottorum *Pri. Cold.* 29; infra fines et limites parochie dicte ecclesie et loca decimabilia ejusdem ~ie provenientes *Reg. Brev. Orig.* 44; **1511** a domo matris ipsius Ricardi infra eandem vilam de Catton ~ie situatam [? l. situata] *Sanct. Durh.* 154.

2 in a perceptible manner, notably, clearly, openly, publicly.

s**1265** nisi .. dicti prelati inveniantur ~ie necligentes *Reg. S. Thom. Dublin* 81 p. 72; **1295** fama publica ~ie referente que nulla tergiversacione potest celari *Ch. Sal.* 367; cum, ubi essemus .. ~ie certum esset AD. MUR. *Chr.* 92; episcopus sponte ac ~ie dignitati sue renunciavit J. READING f. 163v; **1424** unum .. capellanum .. in magistrum .. collegii, per capellanos .. collegii .. electum et .. custodibus pro magistro .. collegii per dictos capellanos, sub sigillo suo communi, ~ie nunciatum *Lit. Cant.* III 145; **1442** in mee mentis sanitate perfecta ~ie existens, infirmitate tamen corporali graviter detentus *Test. Ebor.* II 86.

3 notoriously, infamously, flagrantly.

cum vos .. damna enormia .. contra Deum et justiciam ~ie et frequenter intuleritis TREVET *Ann.* 344; c**1320** ~ie delinquentes ~ie puniantur *MGL* I 127; **1333** sunt ingressi homicidia, incendia .. perpetrando et pacem nuper inter nos et ipsos initam ~ie infringendo *RScot* 225a; s**1399** rex .. alios .. in vicecomites fieri demandavit .. perjurium ~ie incurrendo *V. Ric.* II 192.

notorietas [CL notorius+-tas], state or condition of being well-known, notoriety (also w. ref. to scale or scope).

1280 super ~ate intrusionis predicte per viros fidedignos .. inquisivimus *Reg. Ebor.* 101; **1330** ex facti ~ate didicimus .. quod .. in ecclesia .. nostra predicta officium misse .. tam exiliter est fundatum *Reg. Heref.* 34; ad hec .. facti ~as congruum novit dare responsum BIRCHINGTON *Arch. Cant.* 29; **1384** visis et .. inspectis articulis infra scriptis famam et facti ~atem continentibus *Ziz.* 350; **1424** comperimus et rei ~ate perpendimus quod .. *FormA* 69; **1441** ~ate illa, que nulla tergiversacione celari potest BEKYNTON I 235.

1 notorius v. 1 notarius.

2 notorius [ML; CL, LL *as sb. only*], **2 notarius** [cf. AN *notaire, notoire*]

1 well known; **b** (of person) famous; **c** (of sign or artefact) easily recognizable.

c**1179** quod sane factum adeo manifestum et ~ium semper extitit, ut nullo umquam velamine servaret absconditum ARNULF *Ep.* 115; hoc quodam alio referente .. factum est ~ium in castris *Itin. Ric.* I 49; nam circa rem gestam evangelii eo quod usitatior et ~ia sit, sufficit scribere tantummodo nomina personarum AD. DORE *Pictor* 142; c**1235** asserit tamen illud esse ~ium in partibus illis *Feod. Durh.* 280; **1295** propter ~iam et manifestam utilitatem suam *Reg. Newbattle* 177; **1334** omnes illos de quibus ~ia suspicio habetur quod ipsi hujusmodi mala et facinora .. fecerunt *RScot* 285b. **b** amicis nostris ~iis *Leg. Ant. Lond.* 128. **c** **12..** pulli equorum aliquo signo ~io insignentur distincte et aperte *Cart. Glouc.* III 216; c**1284** quia sigillum meum non est ~ium *Reg. Paisley* 65.

2 (w. impl. of infamy) notorious, infamous: **a** (of person); **b** (of act or action).

a c**1250** publici et ~ii predones viarum publicarum *Conc. Scot.* II 18; **1313** idem R. misit J. Y. ~ium exploratorem suum in felonia facienda de societate sua ut quereret opportunitatem quando idem R. eundem constabularium posset interficere *Eyre Kent* I 98; ipse idem, per composicionem post habitam, inter alios notarios transgressores, a regii favoris exceptus gracia *Ps.*-ELMH. *Hen. V* 67 p. 192; **1423** quod non sit communis aut notarius latro *Cart. Glam.* 1509. **b** s**1191** nomina eorum .. quorum factum ita evidentia facti ~ium sit quod nulla possunt tergiversatione inficiari *G. Ric. I* 223; **1239** consequi etiam videtur .. quod episcopus vester non possit hujusmodi delictum quantumcunque ~ium incontinenti punire GROS. *Ep.* 73 p. 237; peccatum nostrum tam ~ium erat .. *G. Roman.* 293; c**1308** communitatem ville nostre .. in errorem trahere ~ium *Bury St. Edm.* 176; de publica punicione peccati mortalis notarii [v. l. notorii] *Plusc.* XI 5 p. 377; **1549** ~iis criminibus irretiti *Conc. Scot.* II 118.

3 (*~um est*) it is (scandalously) well-known that .. : **a** (w. acc. & inf.); **b** (w. *quod*).

a quod notum in Wallia nimis est atque ~ium canonicos Menevenses .. publicos fornicarios .. esse GIR. *JS* I 128; **1279** postquam ~ium fuit in Anglia ipsum a sede Cantuariensi ad Portuensem fuisse translatum PECKHAM *Ep.* 42; ~ium est ipsum esse .. sentencia innodatum GRAYSTANES 17 p. 61. **b** sicut publica fama predicat et per diversas Anglie partes ~ium habetur quod ad memoriam ipsius crebro fiunt miracula *Canon. G. Sempr.* f. 124; **1319** ~ium est quod .. predictus Willelmus indictatus fuit et utlagatus (*Chanc. Misc.*) *EE County Court* 170.

4 (as sb. n.): **a** well-known fact, information, or sim. **b** notorious or infamous offence.

a c**1200** prima productio Alicie contra Johannem ferrarium, ad probandum ~ium *SelCCant* 25 (cf. ib. 27: secunda productio Alicie contra J. de matrimonio); **1454** publicum ~ium existit quod .. pauci .. residenciam facerent *Reg. Glasg.* 403. **b** Willelmus abbas .. multis impetitus ~iis .. sententiam depositionis accepit DICETO *YH* I 402; c**1230** si vero de .. alio ~io deprehensi fuerint *Reg. S. Osm.* I 20; **1300** que omnia per viam ~ii idem .. abbas se pretendit canonice reperisse *Reg. Cant.* II 703.

5 (abl. sg. as adv.): **a** by common knowledge, as is well known. **b** (w. impl. of wrongfulness) notoriously, infamously.

a **1586** coram .. magistro Julio Caesare legum doctore .. in edibus suis vico dicto Lothebery civitatis Londinie ~io situatis presente me Willielmo Harewarde notario publico .. *SelPlAdm* II 42. **b** **1299** ecclesias .. tanquam sibi appropriatas contra jus commune ~io detinebant *Reg. Cant.* II 562.

notorizare [2 notorius+-izare], to make known or manifest.

1523 horrendum scelus .. clamore populi et evidentia ~ante patrati sceleris est deductum quod .. *Form. S. Andr.* I 84.

notta [? cf. ME *notte* < AS *hnot*=*close-cropped*], notch, narrow opening cut from the edge.

1385 duo paria chirothecarum, viz. unum par sine apertura, et aliud cum duobus noctis (*Invent.*) *MonA* VI 1365.

notula [LL], **-us**

1 (small) mark, sign, or indication; **b** (of or w. ref. to letter or number); **c** (as mark of distinction or her.).

notella, ~a, parva nota OSB. GLOUC. *Deriv.* 383; nec miretur quis tantam vim fuisse in ~is, cum et musici cantores paucas caracteribus multas acutarum et gravium differentias indicent vocum. et ob hoc quidem caracteres illos musice claves dicunt J. SAL. *Met.* 850D; quis ciclus notulas Domini comprendit et omnes / scit concurrentes GARL. *Tri. Eccl.* 88. **b** †**909** (11c) quorum inferius vocabula litterarum ~is designantur *CS* 620; seculi primam et secundam etatem ~is numerorum exarans paucissimis DICETO *Chr.* I 18; M et N quia magis quam alie clauduntur, et magis claudentibus ~is figurantur et N bipedale quia ut furcata exit per nares *Ps.*-GROS. *Gram.* 25. **c** **1432** singule .. mistere .. cum diversis signis et inbroudacionibus de serico et aliis ~is sumptuosis .. eleganter sunt distincti [*sic*] (J. CARPENTER) *MGL* III 458; Rogerus vero de Mortimer, filius junior, semitis dissectam aream pluribusque consignatam ~is SPELMAN *Asp.* 139.

2 (fig., w. impl. of infamy) stain, slur, stigma.

juvent me pueri, quorum sunt cordula / beati numinis beata vascula, / quos nulla criminis denigrat notula, / nulla deliliat cordis sordecula WALT. WIMB. *Palpo* 165; ave, virgo, verbi parens, / ante partum et post carens / corruptele notula *Id. Virgo* 79.

3 (mus.) note.

hoc profecto modulati nunc in hac cithara meli due ~e concrepande H. BOS. *LM* 1307A–B; sequitur de representatione figurarum sive ~arum, viz. quomodo per hujusmodi figuras denotetur longitudo vel brevitas GARL. *Mus. Mens.* 2. 1; omnis nota que post se punctum habet omnino perfecta dicitur quia ipsa et omnes ~e oblique ab ea ascendentes omnino prefecte sunt, preter simplam impartibilem TORKESEY 59; ~e supraposite sunt in figura pausarum *Ib.* 60; vocantur longe et alique breves et alique semibreves et alique minime TUNST. 256b; fuit enim merula que humana arte docta novem ~as in ordine ita perfecte secundum musicam cantabat ut nullus musicorum defectum in earum notarum prolacione inveniret UPTON 198.

4 musical notation, score.

s**1220** unum missale cum ~a sufficienti (*Vis.*) *Reg. S. Osm.* I 280.

5 (little) melody or tune (usu. pl.).

meli nostri non tam jam ~a quam prolixa nota H. BOS. *LM* 1323C; muliebribus modis ~arum articulorumque cesuris stupentes animulas emollire nituntur J. SAL. *Pol.* 402C; fidicinem .. habens et precentorem cantilene ~is alternatim .. respondentem GIR. *IK* I 4 p. 48; si quis haberet ~as illius cantici, certum est quod dulcissime fuerunt T. CHOBHAM *Serm.* 13. 50va.

6 (little) note, brief record, memorandum, or sim. **b** (leg.) abstract of essential particulars that relate to proceedings in court.

nomina .. sua regiis .. memoralibus inseri ~is .. curarunt GIR. *PI* III 25 p. 291; cum tamen super marca ei tunc tradita certi essemus et postea per ~as nostras inventas et scripta nec non et servientum assercionem magis super hoc certificati *Id. SD* 78; hac .. de gente notabile mihi videtur quod .. futura presagiant pacis et guerre, cedes et adulteria ~arum indiciis certissime declarat *Eul. Hist.* II 169; **1454** (xxx iiij li. xi ij s. iiij d.) .. nunc continentur in pendenciis dicti comitis Huntlee in proxima ~a *ExchScot* 658. **b** **1202** habemus ~am infra hos rotulos *CurR* II 96; **1250** quod nota est inter ~os *CurR* 137 m. 1; si dicant testes quod interfuerim .. confectioni et recitationi ~e BRACTON 38.

7 brief comment, critical annotation, explanatory note (to written text, diagram, or sim.); **b** (w. *de*); **c** (w. *super*).

precor .. quatinus in operibus Aristotilis, ubi difficiliora fuerint, ~as faciatis, eo quod .. J. SAL. *Ep.* 211 (201); ~as contra magis notabiles tam sententias quam sermones per loca disposui (*Ep.*) GIR. *TH* p. 204; ~a doctrinalis. capitulum xlv natura nihil facit frustra M. SCOT *Phys.* 45; hujus origo mali multis ignota modernis / exeat et notulis nota sit illa meis GARL. *Tri. Eccl.* 67. **b** proximo sequuntur ascendentes .. et .. tabula lune, et sub ea ponuntur quedam ~e de imagine signorum *SB* 5; dignum duxi aliquas de bono conjugii inserere ~as CAPGR. *Hen.* 135. **c** a**1332** ~e super quosdam versus psalterii *Libr. Cant. Dov.* 35; qui [Robertus de Kilwarby] inter cetera industrie sue opera insignes ~as super Priscianum et super Logicam compilavit KNIGHTON I 268; **1396** ~e super Psalterium (*Catal. Librorum*) *Meaux* III lxxxvii.

1 nōtus v. noscere. **2 nŏtus** v. 1 nothus.

3 nōtus [CL noscere+-tus], (act of) knowing, knowledge.

quod tam pii facti sunt in auctores rei, / quod rodendo mortuum necdum parcant ei, / nota loquor, denotant nota notus mei *Poem S. Thom.* 90.

4 Nŏtus [CL < Νότος], **2 Nothus,** south wind; **b** (gen.) wind; **c** (transf. or fig., w. ref. to haughtiness or gases in the body).

Auster vel Nothus, *suðen wind* ÆLF. *Gl.* 143; **10..** Nothus, *suðan wind, oððe dooc, hornungsunu WW*; solutas naves Nothus provexit in salum W. MALM. *GP* I 51; ~us, aliquando pro vento, aliquando pro adultero OSB. GLOUC. *Deriv.* 383; respiciens pluvium porta severa Notum L. DURH. *Dial.* I 434; Auster sive Nothus †plumas cum flumine [l. pluvias cum fulmine] mittit NECKAM *DS* II 85; [ventus] tertius cardinalis Auster, qui et Nothus dicitur J. FOXTON *Cosm.* C. 15. d. 1. **b** nec rimabatur hostis vulneri aditum, sed in Nothos fortunam emittens W. MALM. *GR* IV 357. **c** ventrem .. / plus epulo tendit: duplex sic regnat Erinis / interius, venterque notho [v. l. noto] turgescit utroque HANV. V 129.

noucha v. nusca. **noudtegeldum** v. noutegeldum. **nouncheynchus** v. nonshenchus. **nounpar** v. nonpar.

nous, noys [ML < νοῦς], mind, intellect; **b** (usu. personified, w. ref. to the Divine mind).

dicite, quaeso, patres, nōū [v. l. sophiae] fervore calentes FRITH. 291; rerum conditor optimus .. animam mente, quam Greci noyn [MS: noym] vocant, exornavit ADEL. *ED* 10; in hac difficultate tractandi de Deo de noy, de hyle, de simplicibus formis *Id. QN* 76; in noy, in serie rerum mundanarum, / provide disposuit Dator gratiarum *Poem S. Thom.* 72; intellectus .. exercet circa superiora et celestia sicut de cogitato et noy RIC. MED. *Anat.* 216. **b** antequam conjuncta essent, universa que vides in ipsa noy simplicia erant ADEL. *ED* 12; lusit ab eterno summi sapientia Patris, / singula disponens, ars, noys, ordo, decor NECKAM *DS* IV 257; rerum cunctarum est unicus auctor / ars est una, manus unica, vera noys *Id. Poems* 460; vera sigillatrix rerum fit ad instar idee / alma Noys, sed homo destruit hujus opus GARL. *Epith.* I 132; hic [angelus] simul ergo Noym videt et scit et hanc gerit, astris / ocior et celeri vernula mente volat *Ib.* VI 67; ubi et accipit ista tria, racio, nous, et mens divina indifferenter et convertibiliter pro eodem BRADW. *CD* 583B.

noutegeldum [ME *noutegeld*; cf. ON *naut*, AS *neat*+*geld*], 'neat-geld', manorial rent paid in cattle.

1157 idem vicecomes r. c. de quater xx li. et x s. et viij d. de notegildo *Pipe* 119; **1158** supradictas terras de me et heredibus meis habeant et teneant .. quietas ab omni neutegeldo (*Ch.*) *VCH Cumberland* I 320 (plate); **1159** idem vicecomes r. c. quartum xx li. et x s. et viij d. de noutegildo *Pipe* 33; **1169** idem vicecomes r. c. de notegeldo *Pipe* 120; **1177** tuam de firma comitatus quam de notegildo [v. l. netegeld'] *Pipe* 120; **1179** vicecomes r. c. de vij li. et xiiij s. de veteri neutegeld' .. et .. de noutegeld' hujus anni *Pipe* 26; a**1180** de vj vaccis de nowtegeld' in Coupland (*Ch.*) *VCH Cumberland* I 316; dedi .. monachis de sancta Bega vj vaccas de meo nautegild' de Copuland' uno quoque anno quando accipio nautegild' in Copuland' *Ib.*; **1180** r. c. de xxxj s. et viij d. de nouttegeldo *Pipe* 75; **1188** idem vicecomes r. c. de quater xx li. et x s. et viij d. de nouhtegeldo *Pipe* 190; **1190** idem vicecomes debet xij s. et v d. de nouthegeldo *Pipe* 49; lviij l. et x s. et iij d. num' de firma de Westmeriel' cum ~o *Pipe* 75; **1193** de noudtegeldo cum consuetudinibus *Pipe* 73; **1198** idem r. c. de quater xx li. et x s. et viij d. de ~o *Pipe* 141; **1199** idem vicecomes r. c. de quater xx li' .. de ~o *Pipe* 210.

novacula [CL], **~um** [LL]

1 razor, knife; **b** (spec. as) lancet; **c** (spec. as) knife for clipping nails; **d** (quasi-fig. or fig.).

non habeo tabulam .. neque ~am ad scribendum, nec cotem ad acuendam meam ~am, ut possim acuere pennam meam ÆLF. BATA 4. 16. p. 40; accipe ~am et barbam meam rade cum illa *Ib.* 4. 25 (v. fricare 4); **10..** navacula, *scirseax WW*; hoc ~um [v. l. hec ~a], i. rasorium quia novat hominem OSB. GLOUC. *Deriv.* 376; testa .. capitis ita fuit gladio vorante decisa, quasi videretur foramen illud ~i peracuti verbere vel precisionis secamine abrasa R. COLD. *Osw.* 51 p. 380; correpta ~a testiculos ejus abscidit GIR. *GE* II 17 p. 246. **b** callositas auferatur per incisionem cum ~a GAD. 127. 1. **c** ~um, *næglsex* ÆLF. *Gl.* 142; **11..** hec ~a, *rasur,* i. *neil chneif WW Sup.* 68. **d** omnes mortis ~a abrasi fuissent W. JUM. VI 6 (v. abradere 1b); **1183** quis scit, si Spiritus Sanctus idcirco humane generationis ~a, vite telam in nato regio, quam nondum perfecte texuerat, tempestive preciderit, ne .. P. BLOIS *Ep.* 167. 462B; capillos viserit capiti ejus, quos nullius ~a adulationis sive occultae dolositas presumptionis possit incidere J. FORD *Serm.* 49. 12; abcedat veritas, privetur infula, / offendens principes lingue novacula! WALT. WIMB. *Palpo* 123.

2 (pl.) shears, scissors.

dolosas novaculas ad crines Samsonis / radendos *Carm. Lew.* 157.

3 (*~a lunae*) crescent of the moon.

aliquando in mane ejusdem diei est ~a veteris lune et in vespere ~a lune BACON *Tert.* 283.

4 (*~um chirurgiae*) spearwort (? *Ranunculus lingua* or *Ranunculus flammula*).

~um cirurgie, lanceolata aquatica idem, respice in *boryth Alph.* 124.

novaculare [CL novacula+-are], to shape like a crescent (refl. & pass.); **b** (p. ppl. as adj.) crescent-shaped.

per hoc patet responsio ad objectum de incidentia tempore eclipsis, quoniam lux intensior ~atur et tamen ipsa novaculatio luce quadam minori superducitur PECKHAM *Persp.* I 7 p. 80. **b** tempore eclipsis solaris apparet incidencia radiosa ~ata secundum quantitatem luminis solaris quod abscindit pars lune interposita inter solem et terram *Ib.* p. 72.

novacularis [CL novacula+-aris], crescent-shaped.

sic tempore eclipsis non appareret hujus incidencia ~is PECKHAM *Persp.* I *7 p. 72.

novacularius [CL novacula+-arius], razor-maker.

in vico .. superiori sunt .. ~ii [*gl.*: *rasermakers*] WHITTINGTON *Vulg.* 66.

novaculatio [CL novacula+-are+-tio], crescent shape.

in tempore .. eclipsis fit ~o predicta quia impeditur accidentalis et secundaria lucis diffusio PECKHAM *Persp.* I 5; *Ib.* I 7 (v. novaculare a).

novalis [CL=*left unploughed between crops, fallow*]

1 (as adj.) newly tilled.

~is ager, *brocen land* vel *geworht land* ÆLF. *Gl.* 147; est ager ~is qui continuis annis novatur OSB. GLOUC. *Deriv.* 32.

2 new, newly started. **b** freshly made, new.

s**1293** bellum ~e fit Normannis generale *Ann. Exon.* 16v. **b** servisia ~e W. WORC. *Itin.* 2.

3 (as sb. m. or n., usu. pl.) fallow or newly tilled land; **b** (w. ref. to *Jer.* iv 3); **c** (subject to taxation); **d** (fig.).

in ~ibus, i. e. operibus sive sermonibus patrum optima institutione excultis BEDE *Prov.* 980; **10..** navalium, *dincge WW*; **10..** ~ibus, *wyrþelandum WW*; ex ~ibus que sunt terre diu non culte ANDR. S. VICT. *Sal.* 56; hoc ~e .. i. ager qui singulis annis renovatur OSB. GLOUC. *Deriv.* 376; ~ia [*gl.*: *waret*] iterando rebinare aut veracta renovare NECKAM *Ut.* 113; hibernis ~ibus, ~ibus, i. *warez* et est ~e terra antiqua vel pratum aliquod nuper aratum et sic jacet per totam hiemem absque semine et contra estatem iterum aratur et tunc primo inseminatur *GlSid* f. 150ra.   **b 804** novare prius ~ia, et non seminare super spinas ALCUIN *Ep.* 311.   **c 1162** si que fiant ~ia in dicto feodo, inde percipiet decimas *Act. Hen. II* II 256; si de ~ibus tantum . . decimas retinetis, nobis in ea re damnum erit tolerabilius P. BLOIS *Ep.* 82 255A; **c1190** ~ium vestrorum que propriis manibus colitis . . nullus a vobis omnino exigere decimas . . presumat *Cart. Chester* 61 p. 110; **1218** ut nullus a vobis de ~ibus . . decimas exigere . . presumat *Cart. Cockersand* I 24; **1304** pro decimis ~ium *Reg. Heref.* 412.   **d** ecclesiarum ~ia roscidis sacrorum dogmatum imbribus ubertim perfudit ALDH. *Met.* 2 p. 66; millenos animarum manipulos in fructibus ecclesiae ~ibus . . protulit *Id. VirgP* 28 p. 264; arbiter ast rerum praesciverat hunc aliorsum / vomere salvifico sulcare novalia Christo FRITH. 183; fructificetque Deo cordis nōvale prematque / virtutum messis semina nequitie NECKAM *VM* 191.

4 profit or revenue from newly tilled land.

1252 abbas et conventus de Hulton concesserunt et fideliter promiserunt dictis abbati et conventui de Dieulacres quod de cetero nulla alia ~ia facient *Cart. Dieul.* 357; **1289** nobis est cum querela ostensum quod nove avoaciones decimarum . . recipiebantur de novo ac eciam impediebant eundem super percepcione ~ium *RGasc* II 477b; vetant dari stipendia, / decimas ac novalia, / curatis dum sunt miseri *Pol. Poems* I 236.

5 (gen.) cultivated land, field, or sim.; **b** (in place-name).

navalis [l. novales], campi culturae dediti *GlC* N 3; nam ~e illud quod Aswyk dicitur ex vastissimo producebat marisco *Croyl. Cont. B* 479.   **b** ubi et crucem . . erexit; a qua locus Anglice Crosfeld id est Crucis ~e nomen accepit J. FURNESS *Kentig.* 23 p. 200.

6 (understood as) harrow, instrument for tilling of soil.

navalia [l. novalia], *fælging GlC* N 146.

novalitas [CL novalis + -tas], profit, revenue.

sed si de exhibitione justitie aut pacis reformatione loquantur, non erit sine ~ate negotium, ab utraque parte exigitur aliquid P. BLOIS *Serm.* 729D.

novaneus [CL novus + -aneus], newly settled, established, or sim.

Romania dicitur Romanorum gens ~ea vel nova *Eul. Hist.* II 71.

novare [CL]

1 to make or devise as new.

credendum . . est primum factorem nec creatum esse nec ~atum sed eternum necessario PETRUS *Dial.* 23; nichil enim se unquam aut creare aut ~are poterit: et sic creatorum aut ~atorum numerus fine carebit *Ib.*; dum fuit in terris, non omnes quos sibi legit / Cristus, erant fidi, lege novante Dei GOWER *VC* IV 678.

2 to replace with another of the same sort, to replenish, give anew, resupply, or sim.: **a** (crop or sim.); **b** (stock).

a a**1219** cum omnibus decimis . . de apibus, de ortis, et de omnibus que ~antur per annum *Reg. Tristernagh* 90.   **b** palmas mundate post prandia; vina novate [*gl.*: de novo date] GARL. *Mor. Scol.* 193.

3 to make different from previous state or condition, to change, alter (in quot., *status quo*).

eum quidem prudentissime . . . si rem ~are mallent perfida mobilitate, quanta sese agunt W. POIT. I 41.

4 to replace by or exchange for something new; (leg.) to novate.

s**1428** si quod sibi compeciit in decimis ipsis, occasione dictarum dacionis, donacionis, concessionis, et confirmacionis, pretense, pro quadam annua pensione pecuniaria, sibi a dicta ecclesia de Horpolle solvenda, ~arunt et in eandem pensionem . . commutarunt AMUND. I 243.

5 to make as new, regenerate, renew, revive; **b** (person, w. ref. to making beautiful or attractive); **c** (fallow land, w. ref. to *Jer.* iv 3); **d** (abstr. or fig.).

finiendum suo termino finivit, continuanda continuavit, et innovanda ~avit GROS. *Cess. Leg.* I 10. 31. **b** hoc novaculum, i. rasorium, quia ~at hominem OSB. GLOUC. *Deriv.* 376 (v. novacula 1a); [femine] purpurea veste letantur sepe novari D. BEC. 2246.   **c 804** ~are prius novalia ALCUIN *Ep.* 311 (v. novalis 3b).   **d** in cruce confixus jam saecula prisca novavit ALDH. *Met.* 10 p. 87; ut salutare tuum . . in ~andis [AS: *niwungum*] cordibus oriatur *Rit. Durh.* 2.

6 (intr., of moon) to enter a new phase.

que modo luna novat, cum cornua plena coibunt / arte nova ficti, criminis ultor ero *Babio* 317.

novatio [CL]

1 (act of) making or devising as new or for the first time, introduction, initiation.

in die natali ecclesie, que hodie instituta est in ~ione sacramentorum [cf. *Apoc.* xxi 5] (*Ord. Gilb.*) *HBS* LIX 33.

2 change, alteration.

1324 cum hujusmodi ordinaciones et ~ones vendicionis et victualium in dicta civitate fieri non debeant *MGL* II 396.

3 exchange, replacement by something new; **b** (leg.) novation, transfer of obligation or sim. to a new person.

s**1428** quibus quidem ~oni et commutacioni abbates et conventus dicti monasterii . . adquieverunt AMUND. I 243.   **b** tollitur obligacio . . per ~onem, ut si transfusa sit obligacio de una persona in aliam que in se susceperit obligacionem. interventu enim nove persone nova nascitur obligacio BRACTON 101 (=*Fleta* 129).

4 fallow or newly tilled land.

1374 in . . pratis, pascuis et pasturis, ~onibus, aucupacionibus, et piscaturis *Mon. Hib. & Scot.* 351a.

novator [CL = *one who coins or invents*], one who changes (in quot., *status quo*).

ut si qui essent, qui de illorum erroribus quererentur et religionem cuperent restitutam, eos statim, quasi ~ores rerum et homines factiosos, condemnarent pro haereticis JEWEL *Apol.* A 7 p. 8.

nove [CL], ~**iter** [LL]

1 in a novel or unusual manner.

in tanto strepitu conclamant Vascones ista / strage nove Franci federa fracta luunt GARL. *Tri. Eccl.* 63.

2 as a novelty, for the first time.

claritatem non a se ~iter inventam, sed antiqua sibi patrum auctoritate traditam esse docuerit BEDE *Tab.* 469; hoc esse verum Pascha . . Niceno concilio non statutum ~iter sed confirmatum est *Id. HE* III 25 p. 186; quoniam materia varias in se, quas nunquam habuerat, ~iter formas suscepit . . PETRUS *Dial.* 22.

3 anew, afresh, again.

1296 que omnia sicut a vobis recepimus tam summo pontifici compendiose quam aliis de consilio nostro in eadem curia intendimus ~iter plenius destinare *DC Cant.* 263; **1299** super quo intendimus vestre discrecionis presidium . . ~iter postulare *Reg. Cant.* II 562.

4 not long ago, recently, newly.

tres episcopos . . in absentia pontificis nostri in sua propria loca episcopatus sui ~iter inordinate solus ordinavit EDDI 24; multa milia monachorum suorum sub manu episcoporum ~iter ordinatorum relinquens *Ib.* 25; benedictio super regem ~iter electum EGB. *Pont.* 100; **802** propter lectionem unius libelli quem ~iter scripsi de catholica fide ALCUIN *Ep.* 258; naturalem humiditatem retardat a dissolutione et ~iter generatam defendit, ne cito resolvatur BACON IX 44; **1406** cum . . Rogerus . . viam universe carnis ~iter sit ingressus *Lit. Cant.* III 99.

5 soon, before long, within a short time; (superl. ~**issime**) very soon.

'fluminibus scindetur terra' quasi diceretur ad hoc terram esse scindendam, ut flumina ex illa ~iter orirentur BEDE *Hab.* 1245; qui deliciatur a pueritia servus erat, ~issime autem contristabitur in se *Id. Prov.* 1022; a**1350** bachilarii cursorie legentes, seu actualiter determinantes seu ~iter incepturi *StatOx* 24; "Scocia te plangit?" "non modo sed noviter." *Plusc.* VI 21.

6 (superl.) most recently, lately. **b** (~*issime natus*) youngest.

possunt versus de quibus ~issime disputavimus de antiquo Dei populo . . intellegi BEDE *Prov.* 949; c**1087** abbas . . omnes terras suas . . ita bene habeat sicut melius habuit . . die qua ego ~issime in Angliam veni *Regesta* I *app.* p. 131; eadem sorte Berhtwlfus tredecim regnans annis ~issime a piratis Danorum ultra mare fugatus est W. MALM. *GR* I 96; **1192** postquam . . faciem vestram ~issime vidi P. BLOIS *Ep.* 143. 429A. **b** filius suus ~issime natus *Capt. Seis. Cornw* 22.

7 in the last place.

huic [Mesopotamiae] ad meridiem succedit Babylonia, deinde Chaldaea, ~issime Arabia eudemon BEDE *Nom. Act.* 1038.

8 (in gl.).

novus . . unde ~e secundum analogiam adverbiorum sed non est in usu, sed in loco ejus dicimus ~iter OSB. GLOUC. *Deriv.* 376.

†**novelis**, *f. l.*

si 41160 dividitur per 235, qui est numerus lunationum unius circuli decem †novelis [v. l. novenalis, l. decemnovenalis], exhibit . . GROS. *Cess. Leg.* II 7. 8.

novellare [CL = *to plant nurseries*], to renew, make as new.

1399 cordialiter recreatur, certis relacionibus ~etur BEKYNTON I 288.

novelletum [CL], place in which young plants or trees are grown (in quot., vineyard).

~um, ubi sunt vites novellae quomodo finetum [i. e. vinetum] *GlC* N 155.

novellulum [CL novellus + -ulum], (pl.) (little) news.

s**1436** vocatis ipsis, annunciat eis hec ~a AMUND. II 126.

novellus [CL], ~**is**

1 somewhat new, newish; **b** (as sb. n. pl.) newish things or circumstances (in quot., dist. from *novus*).

~am, novam diminutivum *Gl. Leid.* 35. 56; ~us, aliquantulum novus OSB. GLOUC. *Deriv.* 383.   **b** si transfers ad nova tu te, / transfero sic ego me, nova promo novellaque pro me M. CORNW. *Hen.* 107.

2 made, experienced, or sim., for the first time, new, novel: **a** (of artefact); **b** (of custom, religion, or sim.); **c** (as sb. f. or n. pl.) novel things. **d** news.

a contra Domini preceptum . . et de sua substantia incipit aliquam ~am habitationem edificare AILR. *Serm.* 24. 11. 328.   **b** in primo limine ~ae religionis ALDH. *Met.* 2 p. 71; super evangeliis multiplicandis, quia ~e consuetudinis est, . . nihil in canonibus expressum GIR. *GE* I 48 p. 126; jam . . reputatur apostata . . qui non custodit ritus ~os quibus oneratur mater ecclesia WYCL. *Ver.* III 197.   **c 1516** in vino, pomis, *waffers*, et aliis ~is datis et expenditis super abbatem Salop . . *Med. Stage* II 251.   **d** nec alique aliunde ~e audiri omnino valuissent GIR. *EH* I 36; **1400** auditis hiis ~is nostris *Lit. Cant.* III 75.

3 different from, replacing or adding to an older one, new.

c**1213** maluit enim cum archidiacono ~o super hiis agere quam cum antiquo GIR. *Ep.* 7 p. 248.

4 newly or recently established, enlisted, or sim.; **b** (of person or group of people, also w. ref. to lack of experience); **c** (of institution or abstr.); **d** (as sb. m.) novice, beginner.

~us, nuperus OSB. GLOUC. *Deriv.* 385; **1253** villa de Gannoc ~a est plantacio *Cl* 365.   **b** c**642** ultra . . statutum ~o tunc populo . . mandatum (*Lit. Papae*) *CS* 21; neofitus, rudis, ~is *GlC* N 100; pasce, jubente pio, patres juvenesque novellos / Christo, quo valeant dulces gustare loquelas ALCUIN *Carm.* 56. 1. 4; Willelmus frater domini regis ultimus . . tiro ~us M. PAR. *Maj.* V 18.   **c** qualiter beata Mildretha . . a ~a parrochia sancti Gregorii ficto nomine Miltrudis usurpata defenditur GOSC. *Lib. Mild. cap.* p. 68; in tam subita et ~a rerum creatione PETRUS *Dial.* 26; †**618** (**11** . .) pater ~ae adhuc Anglorum ecclesie *CS* 13; secundum formam constitucionis ~e *Proc. A. Kyteler* 31;

primo enim quamdam opinionem ~am recitabo, quam eciam consequenter improbabo W. ALNWICK *QD* 405. **d** hic ~us, hic novicius, *a novys WW*.

5 a (of animal or plant), newly born, planted or grown, fresh, young, tender. **b** (of material or artefact) newly made, extracted, or acquired.

a novelletum, ubi sunt vites ~ae quomodo finetum [l. vinetum] *GlC* N 155; ibi . . x acrae prati et vinea ~a (*Worcs*) *DB* I 175vb; decimae de ~is gregibus [AS: *geogope teopunge*] in Pentecosten (*Quad.*) *GAS* 291–2; quam profitendi dilationem . . ideo subintulit quoadusque ~a sua plantatio caperet incrementum et solidamentum *Canon. G. Sempr.* f. 62; pro fabis ~is emptis apud London' *Househ. Henry* 403; solent estivo tempore viridarii vel ob tuendos damularum ~os fetus terrendosque eis insidiantes latrunculos . . *Mir. Hen. VI* I 4. **b** plurima basilicis impendens rura novellis ALDH. *CE* 3. 6; vetustum cuprum preferetur auro ~o MAP *NC* IV 5 (v. cuprum a); ~ae mansionis attemptavit hospicia *Ps.*-ELMH. *Hen. V* 42 p. 103.

6 of the present, contemporary.

c**801** quod et jam antiquis vel his ~is diebus probare poteris ALCUIN *Ep.* 241.

7 (made) as new, restored, regenerated.

adulescentulae . . non vetustatae per culpam sed ~ae per gratiam BEDE *Cant.* 1236; **796** esto praedicator pietatis, non decimarum exactor, quia ~a anima apostolicae pietatis lacte nutrienda est, donec crescat, convalescat et roboretur ad acceptionem solidi cibi ALCUIN *Ep.* 107.

8 (as sb. f.) shoot, young branch or tree (usu. w. ref. to olive-tree); **b** (w. ref. to *Psalm* cxxvii 3).

ideo inseritur ~a que possit sufficienter consimiles fructus producere BACON XI 250; **1446** J. M. habet clausuram suam defectivam . . per quam averia vicinorum consumunt †nonellas [l. novellas] bosci domini *CourtR Carshalton* 61. **b** stipabant undique novelle et generose generosum propagines, magnati magnatum filii tanquam ~e olivarum in circuitum mense ejus H. BOS. *Thom.* II 11; non olive solum sed ~e facti sunt olivarum J. FORD *Serm.* 119. 4; **1412** ~as olivarum . . vernantes *Conc.* III 350b; filii tui sicut ~e olivarum in circuitu mense tue CAPGR. *Hen.* 135.

9 (leg., as title of a commentary on the Decretals): **a** (by Johannes Andreas); **b** (by papal lawyers).

a patet per Johannem Andree in ~a eodem titulo, super verbo nullatenus audiatur CONWAY *Def. Mend.* 1413 (*recte* 1313); **1411** prima pars Johannis in ~a super Decretales *Lit. Cant.* III 121; c**1450** ~a Johannis Andree super Decretales *Reg. Aberd.* II 129. **b** c**1396** libellus . . ~arum Papalium et aliorum statutorum ordinis *Meaux* III lxxxiv.

10 (as surname).

1579 catechismum Alexandri ~i . . vel cathechismum Johannis Calvini *StatOx* 413.

novem [CL]

1 nine.

bis nōvem scribens aetatum lustra fuisse ALDH. *VirgV* 332; per ~em ordines angelorum . . fiducialiter adjuravit *V. Cuthb.* III 6; ~em ferme milibus passuum procul abest BEDE *HE* IV 27 p. 268; decennovenalis ex tribus corruptis partibus vocabulum sumpsit, id est ex decem et anno et ~em BYRHT. *Man.* 228.

2 (in comp. numeral; as one word or *al. div.*); **b** (*novemdecim*) nineteen; **c** (*novemviginti*) twenty-nine; **d** (*~em centum*) nine hundred.

non triginta octo sed triginta ~em faciunt BEDE *Acts* 976. **b 1253** dedi . . novemdecim denariatas quieti redditus *SelPlJews* 16. **c 1269** novemviginti marcis sterlingorum *Cl* 135. **d 1255** liberetis novem centum marcas sterlingorum *RGasc* I sup. p. 51a.

November [CL], **~rius** [ML], November; **b** (personified); **c** (as adj.) of November.

[apud Anglos] ~er *Blodmonath* . . . mensis immolationum, quod in eo pecora quae occisuri erant diis suis voverent BEDE *TR* 15; virginis alma caro est tumulata bis octo Novembres (*Vers.*) *Id. HE* IV 18 p. 248; qui decimo et quarto summi dormivit in anno / ordinis accepti, octavo sub sole Novembris ALCUIN *SS Ebor* 1583; die sexta ~ri [vv. ll. ~rii, ~ris] mensis, id est octavas Idus *Id. WillP* 24; ter quarter et menses, mensis jam jamque Novembri / Idibus octenis *Id. WillV* 24. 7. **b** multiplici rutulet gemma ceu in fronte November *Kal. Met.* 67; Scorpius altivolans titulat ambitque Novembrem / Scorpius hibernum preceps jubet ire Novembrem *Kal. M. A.* I 417; contra currunt bis nonis rite quaternis / Junius, Aprelis, September et ipse November BYRHT. *Man.* 42; plebsque dicata Deo veniens cum supplice voto, / incipiente suum gyrare Novembre recursum WULF. *Brev.* 39. **c** quarto Iduum ~rium die BEDE *HE* II 18 p. 120; **1168** in Kalendis ~ribus (v. kalenda 1c); c**1452** pridie ~ias . . Kalendas *Cant. Coll. Ox.* III 105.

novemdenarius [CL novem+denarius], (number) nineteen.

qui continet alium numerum ter et ejus 4 quintas, ut ~ius ad v BACON XV 224.

novemplex [CL novem+-plex], that consists of nine, ninefold.

ut . . ab illo dependiant ordine ~ici COLET *In I Cor.* 253.

novenarius [CL]

1 (as adj.) that consists of nine, ninefold.

nam quod novem hauriunt angelorum ordines, id novinario progressu in universa diffunditur; ut nihil sit tam vile in rebus, quod sit omnino novinariae hujus liberalitatis expers COLET *Cel. Hier.* 180; in genere rerum et novinariis ordinibus facile suos duces decumanos sequuntur quaeque, exceptis hominibus; qui ut redigantur in novemplicem ordinem, ad similitudinem celestium, . . ordinator ipse rerum omnium voluit homo esse *Id. In I Cor.* 253.

2 ninth.

novenus, nonus, novenarius OSB. GLOUC. *Deriv.* 383; concessus est . . ~ius denarius ad predictorum [sc. Scotorum] pertinaciam reprimendam *Flor. Hist.* III 103.

3 (as sb. m.): **a** number nine. **b** set of nine.

ideo Trinitatis quodam modo differentiam per trium inparium se, paribus intermissis, sequentium censeo naturam discutiendam, quorum primus sit quinarius, secundus septenarius, tertius ~ius ABBO *QG* 22 (48); ~ius, ipse gloriosus, perfectus est, qui nimio honore exultat in principe vel auctore . . numerorum BYRHT. *Man.* 216; ergo ~ius est equalis octonario NECKAM *NR* II 173 p. 296; ~ius . . qui crescit per additionem unitatis ad octonarium, et componitur ex triplici ternario, et immediatius se habet cum denario BART. ANGL. XIX 122; quo facto, scribe supra quicquit remanebit / facque novenarios de cifris cum remanebis (*Carm. Alg.* 62) *Early Arith.* 74; cum Deus sit Dominus super universitatem creatam, sicud denarius excedit ~ium WYCL. *Blasph.* 34. **b** in festivis . . diebus novem psalmos, novem lectiones . . cantamus . . sed ~ius psalmorum et ~ius lectionum . . pro eodem accipiuntur quantum ad figuram numeri BELETH *RDO* 22. 34A.

novendialis [CL], held or celebrated on the ninth day after a person's death.

quod autem apud alienos nonus dies celebratur, et vocatur ~is, Augustinus in libro Quaestionum redarguit, maxime cum nullus sanctorum hoc fecisse probetur, cum sit consuetudo gentilium ALCUIN *Suppos.* 1278D; 'novendiales dissipare pulveres' [Horace *Epod.* 17. 48] inde etiam ludi, qui in honorem mortui celebrabantur, ~es dicuntur ALB. LOND. *DG* 6. 27.

novendium [cf. CL novendialis], period of nine days.

1549 post ~ium ea [sc. pignora] distrahantur *Stat Ox* 349.

novennis [LL], nine years old (also w. *natu*).

assignant ei interpretem et ducem fratrem suum minorem, et etate jam quasi ~em *Mir. Wulfst.* II 11 p. 158; puer scholaris, ~is natu W. CANT. *Mir. Thom.* IV 27.

novennium [LL novennis+-ium], period of nine years.

imperium . . non ultra ~ium prorogatum W. MALM. *GR* I 33; vixit in episcopatu aliquot dies super ~ium *Id. GP* I 72 p. 138; ~io, quo sanctus ille supervixit, ipsum cum opportunitas aut necessitas incumberet equitandi, jugiter portans J. FURNESS *Walth.* 28; ~io

.. paganis vastantibus subjacuit provincia sine rege ELMH. *Cant.* 169.

novenus [CL]

1 (pl.; also in comp. numeral) nine (each or at a time), every nine.

diminutio illa . . per denos et ~os annos tota conficitur BEDE *TR* 42 p. 255; imperio functum denis simul atque novenis / orbibus annorum ALCUIN *SS Ebor* 1080; septies ~i lxiij BYRHT. *Man.* 30.

2 ninth; **b** (*~ae Kalendae*) ninth Calends (w. ref. to ninth day before the beginning of each month; *cf. et. kalenda* 2). **c** (as sb. f.) ninth part, one ninth.

1443 hora ~a ante prandium *MunAcOx* 534; s**1445** ab hora tercia post nonam usque ad horam ~am *Chr. Hen. VI & Ed. IV* 149; **1458** hora ~a ante meridiem *Law Merch.* I 122; s**1460** terminato anno octavo, inchoanteque ~o *Reg. Whet.* I 357; **1512** hora ~a ante meridiem vel circa *Scot. Grey Friars* II 245; **1526** inter horam novinam et . . decimam (v. meridies 1b). **b** tres pueri retenent nōvenas jure kalendas *Kal. M. A.* I 398; pridie Nonas, ~e kalende LUCIAN *Chester* 36. **c** si iiij septimas in iiij ~as multiplicare volumus ADEL. *Alch.* 23.

3 that consists of nine, ninefold.

qui tenet ordinibus tria grandia vasa novenis ALCUIN *SS Ebor* 1495; ut nos accipiat celi chorus ordo novenus GARL. *Myst. Eccl.* 198; novenus celicum conventus ordinis / panem de penore mendicat virginis WALT. WIMB. *Carm.* 124.

4 (med.) that lasts nine days.

febres . . nominantur ab auctoribus septene, quintene, ~e, et similes GILB. I 39. 2.

noverca [CL], stepmother; **b** (pejorative, dist. from *mater*); **c** (transf. & fig.).

si paenultima positione longa fuerit . . ut marisca, ~a ALDH. *PR* 121 p. 168; presertim . . propria hereditatis patriam cum ~a HUGEB. *Wynn.* 2; ~a, *steopmoder GlC* N 167; illicita . . ~arum conjugia TURGOT *Marg.* 8; tum Martellus, ne quid deesset impudentie, ~am defuncti matrimonio sibi copulavit W. MALM. *GR* II 231; **1200** ut nullus teneatur ad confirmationem a patre vel matre vel . . ~a *Conc. Syn.* 1061. **b** nam subit huic [urbi] pro cive latro, pro matre noverca, / pro pastore lupus, pro patre tortor atrox L. DURH. *Dial.* II 41; quam propositionem probabilem dicit . . ut matres amare, ~as invidere J. SAL. *Met.* 919C. **c** a**797** inimitorque ~a tam tenerum de paterno gremio per libidinum vortices caro rapuit ALCUIN *Ep.* 65; mors immatura, temporalis beatitudinis ~a W. MALM. *GR* I 48; ad totius Anglie ~am, Bristoam G. Steph. 29; inimica in tempore memorie ~a oblivio J. SAL. *Pol.* 385B; rebus servandis sub ea manet optima nutrix / pinus, sed ficus esse noverca solet NECKAM *DS* VIII 72; c**1237** ~a pacis et unitatis fraterne est dissimilitudo *Ann. Durh.* 99.

novercalis [CL], of or characteristic of a stepmother (usu. pejorative).

illo post triennii tempus ~i fraude occiso OSB. *V. Dunst.* 37; mulier, ~i odio vipereum dolum ruminans W. MALM. *GR* II 162; eo loci . . jacuit S. Eduardus, hujus sancte [sc. Elgive] ex filio Edgaro nepos, quem, ~i fraude innocenter cesum, celum excepit *Id. GP* II 86 p. 187; sua mater non fuerat, immo noverca; quanquam non ~i sed materno diligens affectu GIR. *EH* I 42 p. 295; odioque ~i armans se in privignum, ab eo sue infecunditatis exegit penas *Mir. Wulfst.* I 17; **1283** ~is fortune verberibus flagellandi PECKHAM *Ep.* 430.

novercaliter [CL novercalis+-iter], in the manner of a stepmother, like a stepmother.

Vortino per novercam, filiam Hengisti, ~iter occiso GERV. TILB. II 17 p. 935; s**1423** o me privatum gracia et sinistra fortune non dextra ~iter consignatum AMUND. I 136.

novercari [LL], **~are**

1 to act like a stepmother (fig., w. ref. to harshness, cruelty, or enmity); **b** (w. dat.); **c** (w. *in* & acc.); **d** (pres. or p. ppl. as adj.) harsh, cruel.

[tyrannus] non patrocinari revera novit sed per omnia ~ari GIR. *PI* I 16 p. 56; **1257** ~ante fortuna *Cl*

154; anus metit mors rugosas / et puellas speciosas / aliquando percutit, / lacque colli papulando, / frontis viva novercando / tenerosas excutit WALT. WIMB. *Van.* 144; siquidem vita brevis .. inutilis demum occupacio nos impediunt multa scire, ~ante semper oblivione memorie inimica HIGD. I *prol.* p. 4; s**1461** o rota versatilis nimis! oque rotabilis axis! / sorte novercante fatoque modum variante, / corruit Henricus (*Vers.*) *Reg. Whet.* I 414. **b** cui nunquam temeraria presumpcio ~ata est, cum in omne periculum quasi cecus irruerit MAP *NC* II 19 f. 30; nec aliud suis causabatur profectibus ~ari et gaudiis nisi temporis brevitatem AD. EYNS. *Hug.* I 10 p. 34; otium .. continuum virtutibus .. ~atur GIR. *Sym.* I 10 p. 235; rose rubor suis audet / nodis explicari, / Aquilonem sibi gaudet / jam non novercari P. BLOIS *Carm.* 1. 3. 40; adversitates quam plurime regno ~arunt FAVENT 2; fatigacionis futuris temporibus inopinate ~averit *Ib.* 21. **c** hinc pater extirpat, pater ~atur in filios *Ep. Cant.* 206. **d** poteram et hoc mihi titulum mutasse feliciter, et fortune ~antis etiam in nomina delusisse prudenter ineptias D. LOND. *Ep.* 3; c**1396** alma mater nostra .. ~ati nominis infamiam et vocabulum assumere non veretur *FormOx* 423.

2 (trans.) to treat as a stepchild (*i. e.* harshly or unjustly).

eas [postulaciones] annuere nolumus, nec regni nostri populum propter pastoris absenciam fore sinere ~atum *Dictamen* 342.

3 to have as a steprelative: **a** (*filia ~ata*) stepdaughter. **b** (p. ppl. as sb. f.) stepsister on the mother's side. **c** (p. ppl. as sb. m.) stepbrother on the mother's side.

a rex .. filiam habuit ~atam SIM. GLASG. *V. Kentig.* 1. **b** steppsyster on the modyrs syde, ~ata, -te, fem., prime *PP*. **c** steppebroder on the moderys syd, ~atus, -ti *PP*.

novercarius [CL noverca + -arius], stepfather.

1219 ad .. ~ium ipsius heredis *CurR* VIII 103.

novercatio [cf. LL novercari + -tio], behaviour in the manner of a stepmother (fig., w. ref. to harshness or sim.).

quodque multo mirabilius est, senectutis omnem citra ~ionem pulchriora temporis efficiuntur ex diuturnitate E. THRIP. *SS* 8. 6.

novicialis [CL novicius + -alis]

1 of or pertaining to a novice.

s**1291** J. de Ch. et W. de W. susceperunt habitum ~em in die Ascensionis Domini *Ann. Dunstable* 370.

2 that consists of novices.

adhuc vagiens in cunabulis plebs ~is de domo Syon in Anglia (*Ep.*) *Reg. Whet.* II 399.

noviciatus [CL novicius + -atus], (eccl. & mon.) novitiate, probationary period of a novice.

que in principio sui ~us circa ipsos gerenda sunt *Cust. Cant.* 5; tempus ~us est tempus probacionis secundum jura HOLCOT *Wisd.* 117; tantam et non nunquam majorem habeant sollicitudinem circa temporalia post professionem quam in ~u OCKHAM *I. & P.* 47; in monasterio nostro in ~u est defunctus *Meaux* I 96; ut qui annum ~us absolverit apud monachos prius quam abbas vocaretur FERR. *Kinloss* 34.

novicius [CL]

1 (as adj.) newly elected or sim. into a certain position. **b** (eccl. & mon.) newly professsed or ordained.

~ius, -a, -um, quod aliter dicitur nuperus OSB. GLOUC. *Deriv.* 376; dicitur nuperus nuper adveniens ~ius autem ad nova paratus *Ib.*; neophytus quod est noviter plantatus in officio vel religione vel alibi quasi ~ius BACON *Gram. Gk.* 64. **b** a**1158** hiis testibus: A. monacho, R. de B. monacho, H. ~io monacho *Ch. Westm.* 258; **1350** in expensis monachorum ~iorum de Rammes' *Elton* 345; **1441** in v tunicis nigris pro v ~iis sacerdotibus *Ac. Durh.* 184.

2 (of army, w. ref. to newly enlisted soldiers) fresh, inexperienced.

comitis milicia plurima tenella, / in armis novicia, parum novit bella *Carm. Lew.* 102 p. 4.

3 of or typical of a novice.

de solitariis qui non fervore ~io querunt eremum AILR. *Serm.* 43. 22; vidi .. quosdam ad ordinem sacerdotalem .. promotos qui ~io fervore ita in castitatis federa se conjurant ut .. J. GODARD *Ep.* 243.

4 (abl. sg. as adv.) anew, afresh.

1281 bene vellemus quod .. xl vel l marcas vel marcatas in jocalibus presentetis pocius novicio mutuando quam de supradicta summa partem aliquam subtrahatis *Reg. Heref.* I 274.

5 (as sb. m. or f., eccl. & mon.) novice; **b** (transf. & fig.).

quatinus .. si qua ~ios essent docenda, praesens ipse perficeret *Hist. Abb. Jarrow* 11; c**1050** cum autem ~ius in cella ~iorum .. probatus fuerit, egrediatur de ea (*Pont. Claudius*) *HBS* XCVII 97; tunc ipso praecipiente ducat eum magister ~iorum in aecclesiam LANFR. *Const.* 168; tentationibus ~ium impugnantibus respondere ANSELM (*Ep.* 335) V 272; [Claricia] magistra fuit ejusdem Juliane dum esset ~ia *Canon. G. Sempr.* f. 148v; magister novisciorum [*sic* MS] *Reg. Whet.* II 232. **b** preparasti Deo thorum, / et abbatem angelorum / fecisti novicium WALT. WIMB. *Virgo* 29.

6 (w. ref. to) novitiate.

c**1380** tempore ~ii magistralem curam super me melliflue supponastis [*sic*] *FormOx* 326.

novies [CL], nine times.

mare per id temporis vicies ~ies adffluit simul et remeat BEDE *TR* 29 p. 233; habentes .. ~ies xx acras prati (*Notts*) *DB* I 281vb; quod iste rex ~ies anno uno .. contra hostes conflixerit W. MALM. *GR* II 118; novem componitur nongenti .. i. ~ies centum OSB. GLOUC. *Deriv.* 376; centum viginti quinque anni reperiuntur †nonies [l. novies] BACON *Tert.* 278; oportet me implere ~ies viginti missas pro me celebrandas, et ex duobus unum eligas *Ghost Stories* 415.

novigerulus [CL novus + gerulus], who bears or transmits news or sim. (w. ref. to gossiping).

significat hominem audacem, inverecundum, facile bellicosum, mendacem, verbosum, ~um M. SCOT *Phys.* 67; significat hominem .. magnanimum multum sui sensus, ~um, et cito credentem *Ib.* 69.

novilunium [LL], **noviluna**

1 new moon, the moon seen as crescent. **b** representation of crescent moon.

cornua [solis] .. ad orientem versa sunt ut in ~io GERV. CANT. *Chr.* 277; sol ~io similis factus est M. PAR. *Maj.* II 151 (= B. COTTON *HA* 61: novilune); si volueris flebotomari .. non attemptes aliquid horum facere donec ~ium tantum crescat quod recedat a sole per iiij vel vj gradus BACON V 108; stella clarissima ingressa est circulum ~ii *Eul. Hist.* I 382. **b** una [capa] de alba diapra cum †novilimiis [l. noviluniis] *Ord. Exon.* 546; casula, stola, et phanona Indi coloris cum nonilimiis [l. noviluniis] et stellis *Ib.*

2 time of new moon (usu. to mark the beginning of a lunar month); **b** (used to mark period of time); **c** (fig.).

Hebraei .. non alia mensium exordia quam neomenias, id est ~ia, norant BEDE *TR* 13; hoc patet in lunaticis .. qui in ~io [TREVISA: *whanne þe mone is newe*] et plenilunio potissime molestantur BART. ANGL. V 3 p. 125; cum .. menses lunares incipiant a ~io BACON *Tert.* 215. **b** annos bis denos et tres, novilunia septem / regnavit J. HERD *Hist. IV Regum* 175. **c** ~ii intellectualis initium BEDE *Sam.* 645.

novinarius v. novenarius. **novingenti** v. nongenti.

novitare [cf. CL novare], to make or devise as new or for the first time.

quicquid suspecta dominorum commenta ~ent (*Quad.*) *GAS* 533.

novitas [CL]

1 state or condition of having come into existence for the first time, newness, novelty (also w. ref. to strangeness or sim.); **b** novel thing, event or act; **c** (w. implication of wrongfulness).

tanta miraculorum caelestium ~ate perculsus BEDE *HE* I 7 p. 21; regina tanti sceleris ~ate perculsa *Enc. Emmae* III 7; felicemque se putabat qui carminis ~ate aures mulceret domine W. MALM. *GR* V

418; fide .. longe lateque recepta et ~ate signorum confirmata BALD. CANT. *Commend. Fid.* 605. **b** mulier leprosa .. ad .. sancti Yvonis monumentum .. unda divinitus exundante se perluit, atque .. cutem .. mundam induit .. fama tantae ~atis .. frequenter populos attraxit GOSC. *Mir. Iv.* lix; tot literas sibi mutuo scribunt ~atibus, que contingunt OCKHAM *Dial.* 709. **c** inde heresis glescit necnon jactantia crescit / his quoque congreditur praesumptio trux novitatum ALDH. *VirgV* 2699; c**798** per apostolicae doctrinae publicam pergite stratam, nec per diverticula cujuslibet ~atis in dexteram vel in sinistram a via regia declinate ALCUIN *Ep.* 137 p. 211; audivi praefatae ~atis auctorem in sua perseverantem sententia dicere se non ob aliud abjurasse quod dicebat, nisi quia a populo interfici timebat ANSELM (*Incarn. B* 1) II 4; †**959** (12c) privilegia monasteriorum .. nulla possunt improbitate convelli, nulla ~ate mutari *CS* 1050 p. 263; per fraudes et ~ates extorquendi pecuniam inventas GIR. *GE* II 32 p. 323; **1402** presertim cum per habitatores ipsos Flandrie nulla est commissa super Anglicos ~as .. tantum facere dignemini, ut prefate ~ates et consimiles amodo cessent, et facte prout decet, restituantur *Foed.* VIII 277.

2 state or condition of being different from, adding to, or replacing, an older one, newness (usu. dist. from *vetustas* or sim.).

scriptura sacra saepe adulescentiam pro ~ate vitae ponere consuevit BEDE *Cant.* 1224; per veteris hominis mortificationem et ~atem justae vitae ANSELM (*Or.* 3) III 10; non tantum secundum vetustatem pereunt, verum et in ~atem transeunt PULL. *Sent.* 982C; pro vetustate recuperavimus ~atem, pro corruptione incorruptionem AILR. *Serm.* 23. 7. 323; †**811** (12c) si quis litteras supra scriptas ob scripturae ~atem parvipenderit, cartam vetustam studiose revolvat, et idem inveniet *CS* 338 p. 473; innovatis .. in fide Christi, vetustas transiit, ~as accessit BALD. CANT. *Commend. Fid.* 592.

3 state or fact of being new, in good condition, or sim. **b** freshness.

vestimenta .. prisca ~ate et claritudine miranda parebant BEDE *HE* IV 28 p. 276; quatenus ecclesia Blesensis ruinis deformata veteribus in optatam redeat ~atem P. BLOIS *Ep.* 78. 240B. **b** pitancia .. de allece recenti in ~ate .. quatuor aut tres .. debet continere *Cust. Westm.* 76.

4 youth.

1257 in magnam iram commotus, quia hoc fuit in sua ~ate *IMisc.* 10/7.

5 (w. ref. to having been newly elected or sim.) initial period (in office): **a** (royal or sim.); **b** (eccl. & mon.).

a **790** Aeðelredus .. processit .. de miseria in majestatem cujus regni ~ate detenti sumus et nolentes .. venire ad vos ALCUIN *Ep.* 8; germano Willelmo nuper defuncto, Henricus rex ~ate tener Angliam in fide tenere satis habuit W. MALM. *GR* III 274; aliquibus imperatorum Romanorum vel regum in sue ~atis principio *Leg. Ant. Lond.* 27; **1279** quilibet senescallus in sua ~ate, cum apud V. primo venerit, jurabit .. presentem ordinacionem se servaturum *RGasc* II 60a; recepit .. ducatum et comitatum .. quos rex Francie in sua ~ate, propter non factum homagium, occupavit AD. MUR. *Chr.* 32. **b** in prima .. debet prelatus assignare aliquem canonicum .. qui fratrem conversum diligenter doceat ordinem suum *Obs. Barnwell* 222; **1328** quo ad unum clericum domini regis in ~ate vestra [sc. archiepiscopatus] de jure ad beneficium ecclesiasticum promovendum *Lit. Cant.* I 276; nec post dimidium [annum sue conversionis], nec eciam in sua ~ate, postquam fuerint professi, stabunt ad skillam, donec cursus ad eos venerit *Cust. Cant.* 175; **1333** dominus R. prior in ~ate sua de acceptacione conventus dedit munera subscripta (*DCCant.*) *MS D. E.* 3 f. 45.

noviter v. nove.

†**novitus**, *f. l.*

quidam clerici itinerantes tempestate fulguris †in nouito [ed. Twisden: in nocturno; ?l. cum tonitruo] KNIGHTON I 103.

novodecimalis [cf. LL decemnovennalis], that consists of 19 (years).

in positione cicli novodecimalis GROS. *Comp.* 212.

novus [CL]

1 made, experienced, or heard of for the first time, new. **b** (as sb. n.) a new thing. **c** (pl.) news.

~a quaedam plasmata, immo diabolica organa GILDAS *EB* 67; nobilis in Roma vixit pulcherrima virgo / Constantina novae praebens spectacula vitae ALDH. *VirgV* 2052; contra nascentem heresim ~am laborare contendit BEDE *HE* II 1 p. 76; ~a monasteria quot et quanta fecerit scribere dissimulo W. MALM. *GR* II 131; ecclesiam edificationis genere ~o fecit *Id. GP* II 73 p. 141; semel actum semper est ~um LUCIAN *Chester* 66. **b** omnis se lues heresos .. insulae ~i semper aliquid audire gaudenti .. infudit BEDE *HE* I 8 p. 22; **790** mittite .. mihi litteras .. de sanitate vestra vel nostrorum hominum, vel quid ~i accidisset illis in partibus ALCUIN *Ep.* 8; cum de ~is et de quibus rarum est disserere disputatur BALSH. *AD rec. 2* 113; ~a .. an nota proponet GIR. *TH intr.* p. 6. **c** non legat eis epistolam nec mittat eis ~a BACON V 141; ~a quedam molesta et tristia compellimur nunciare *Leg. Ant. Lond.* 134; **1327** ~a curie Romane que .. michi misisitis bene ~a dici possunt, quia prius similia non audivi *Lit. Cant.* I 234; ~a venerunt ad parliamentum quod Scoti omnes insurrexerunt *Ann. Paul.* 362; ~a venerunt principi quod rex Francie vellet precedere nos *Eul. Hist.* III 221; **1419** ~a missa de viginti mille et ducentis Scotis interfectis per regem *MGL* I 614.

2 uncommon, unusual, strange.

pulchra sunt quidem verba .. sed .. ~a et incerta BEDE *HE* I 26 p. 46; vidimus hic quod in oculis nostris ~um apparuit, caseos sc. cervinos GIR. *IK* II 11 p. 141.

3 different from, replacing, or adding to an older one (usu. dist. from *antiquus* or *vetus*). **b** (of persons w. the same name or compared w. each other) new, (the) second. **c** (*~us Adam*) Jesus Christ as the new Adam.

ut Jacobus primus in ~o dumtaxat episcopus Testamento, corporaliter interiit GILDAS *EB* 73; ossa ejus .. in locello ~o posita in ecclesiam transferri BEDE *HE* IV 17 p. 244; cum item suscitentur omnes, redibit quisque vir ad uxorem suam, quam habuit, aut aliam ~am habebit? PETRUS *Dial.* 55; sedis apostolice et ~a et vetera edicta W. MALM. *GR* I 87; solebant .. tam major ~us quam antiquus et aldermanni pariter .. convenire *MGL* I 24; decimo septimo die ~i mensis CHAUNCY *Passio* 146. **b** diligit ille Rachel, nec Liam ferre recusat / uxoremque novus duxit utramque Jacob (*Vers.*) W. MALM. *GR* V 439; **1167** Stangrim ~us r. c. de .. *Pipe* 27. **c** hec est illa uxor ~i Ade, que ei de proprio latere edificata est cum dormiret in cruce AILR. *Serm.* 21. 2. 353.

4 (abl. sg. m. or n. as adv.) anew, afresh, again.

ne cadat ipse novo plura timere potest GOWER *VC* III 250.

5 newly or recently established, elected, or arrived, new, fresh: **a** (of person); **b** (w. ref. to lack of experience); **c** (of kingdom or institution).

a ~us militiae ductor BEDE *HE* III 2 p. 130; **1071** ego .. ~us Anglus .. LANFR. *Ep.* 2 p. 38; exile .. et angustum id esset munus quod familiari ab olim suo, ~o Anglo, vir largiretur apostolicus W. MALM. *GP* I 41; nova .. per regnum de ~i regis adventu fama preconante *G. Steph.* 4; c**1229** duas virgatas terre quas Ricardus ~us homo tenuit *Ch. Chester* 425; c**1230** ad quem finem postea devenit negocium nescit, quia ~us homo fuit *Feod. Durh.* 243. **b** tiro, ignarus, ~us *GlC* T 164; ~us .. homo et Anglice consuetudinis penitus expers W. MALM. *GP* I 25 p. 39. **c** in Anglorum ecclesie, quae adhuc ad fidem ~a est BEDE *HE* I 27 p. 49; excusabitur facile, quia ~um regnum sine magna pecunia non posset regere W. MALM. *GR* III 280.

6 (of product or material): **a** freshly grown or made. **b** newly produced, not re-used.

a dicebatur mensis ~arum fructuum *Comm. Cant.* I 248; lac ~um in fiala ponere solebat BEDE *HE* III 27 p. 194; dum ~am cervisiam bibit W. CANT. *Mir. Thom.* II 84 (v. cervisia 1b); **1206** de fabis siccis j prebendarium rasum vel de ~is cumulatum de granario *Chr. Evesham* 218; quare vinum ~um sc. quando in eo celebratur digestio .. movetur sursum BACON VIII 200; **1337** memorandum quod ~us baco incipitur hic primo hoc anno *Househ. Ac.* 224. **b** **1320** in discarcacione veteris maeremii .. in discarcacione xxviij peciarum ~i maeremii *KR Ac* 482/1 m. 5.

7 of the present time, contemporary.

recentia quasi sanctiora a ~is audire magistris BEDE *Ep. Cath.* 125; modernos, ~os *GlC* M 263.

8 like new, restored, renewed, regenerated: **a** (of person, w. ref. to regeneration through baptism or grace; **b** (of artefact); **c** (of abstr.).

a ut ex ~o homine novus videatur fructus exsurgere AILR. *Serm.* 27. 16. 351; creatura Dei sumus per naturam, sed ~a creatura per gratiam BALD. CANT. *Commend. Fid.* 592; ~us .. homo eosdem habet domesticos et amicos qui sunt cives sanctorum et domestici Dei *Id. Serm.* 3. 8. 520. **b** ecclesiam Salesberiensem et ~am fecit et ornamentis excoluit W. MALM. *GR* V 408. **c** apparuit ~us viror evangelicae veritatis BEDE *Prov.* 1019.

9 (in place-names).

Bernardo de ~o Mercato .. salutem ANSELM (*Ep.* 270) IV 185; ego Rualdus abbas ~i Monasterii Wintonie W. MALM. *GR* III 298 p. 352; **1167** ~a villa et Huntelega r. c. de .. *Pipe* 71; in Novoburgo .. pernoctavimus GIR. *IK* I 5 p. 55; David rex Scottorum dolo cepit duo castella, sc. ~um Castellum et Carliol' R. NIG. *Chr. II* 180; **1230** priori de Novo Loco in Schirewod' *Pipe* 75; Daniel de ~o Castro *Ib.* 310; **1372** ecclesia Sancti Johannis Baptiste extra Novamportam Dublinensem *Mon. Hib. & Scot.* 346b.

10 (*a, de,* or *e ~o*): **a** from the beginning. **b** anew, afresh. **c** recently.

a denique ecclesiam suam, quam a ~o fecerat, cum fortuitus ignis .. pessumdedisset, liberalitate .. refecit W. MALM. *GP* II 96 p. 206; in ejus diocesi sunt duo duntaxat cenobia e ~o facta *Ib.* II 97; **1209** in .. iiij carucis factis de ~o, et in carucis reparandis *Pipe Wint.* 50; **1480** capellam .. primitus erectam .. reparari et reedificari; aliaque plurima edificia eidem capelle .. conveniencia de ~o construi facere (*Pat*) *MonA* VI 1360b. **b** in melius reparatur per fidei gratiam ut quasi de ~o incipiamus, quia de vetustate innovamur BALD. CANT. *Commend. Fid.* 592; de ~o prescribit rex certam formam episcopis de bastardia M. PAR. *Maj.* IV 614; **1450** pro lxxxx petr' plumbi emp' pro magno plumbo voc' le *Burneleade*, de ~o facto hoc anno, xxxx s. *Ac. Durh.* 633. **c** **1223** Radulfus quesitus quando levavit tumberellum et per quod warantum dicit quod de ~o et ea occasione quod .. *BNB* III 504; ducens filium regis Boemie .. per papam de ~o factum imperatorem AD. MUR. *Chr. app.* 247; comes de Menetheth, jam de ~o captus .. et incarceratus *Ib.* 253.

11 (superl.) most recent, latest.

usque ad annum obsessionis Badonici montis, ~issimaeque .. non minimae stragis GILDAS *EB* 26; haec praedicta villa est infra metam .. secundum primam mensuram et secundum ~issimam extra (*Yorks*) *DB* I 373va; usque ad hec ~issima tempora nostra *Found. Waltham* 27; **1417** quoniam ~issimis hiis diebus ipsa Petri navicula .. pene periclitatur *Reg. Cant.* III 48.

12 last in series or position. **b** (of child) youngest.

quid tu .. insularis draco .. ~issime stilo, prime in malo GILDAS *EB* 33; interjectiones omnes .. in ~issimis syllabis fastigium capiunt ut 'papae', 'attat' BEDE *AM* 107; haec ad praecedentis anni ~issimum pertinet mensem *Id. HE* V 21 p. 339; ante ~issimam syllabam prime .. persone ABBO *QG* 15 (33); die mensis augusti ~issimo *Mir. Hen. VI* I 1 p. 17. **b** **1355** filius ejus ~issimus quem reliquerit superstitem habebit terram illam per finem quem faciet cum domino suo ad voluntatem ipsius domini *AssessR Cornw* 1 m. 21*d*.

13 (*~issimus Adam*) man born in the sixth age (*cf. I Cor.* xv 45); **b** (also w. ref. to Christ as the last Adam).

sicut sexto die .. factus est primus Adam in animam viventem, sic sexto annorum millenario fiat ~issimus Adam in spiritum vivificantem GROS. *Cess. Leg.* III 4. **b** 'factus est primus Adam in animam viventem ~issimus Adam in spiritum vivificantem' .. ipsum Dominum dicit qui in carne et anima apparens Spiritu Sancto plenus extitit vel omnem electum qui .. gratiam quoque Spiritus Sancti .. accipit BEDE *Ep. Cath.* 30.

14 most distant or remote, furthest.

ut .. ~issimos quoque per circuitum mundi terminos evangelii fama percurrat BEDE *Acts* 941; **1197** manum munificentie .. usque ad ~issimos fines Anglie porrexistis P. BLOIS *Ep.* 160. 456B.

15 last remaining (w. ref. to *Matth.* v 26).

'~issimum quadrantem', ~issimam cogitationem *Comm. Cant.* III 5; requiret usque ad ~issimum quadrantem P. BLOIS *Ep.* 5. 16B; **1178** patrimonii hujus zelator est Dominus, rationem tecum districtissimam positurus, et usque ad ~issimum quadrantem exiget universa *Ib.* 15. 53B; usque ad quadrantem ~issimum *Croyl. Cont. B* 526 (v. extenuare 1d).

16 last in order of time (*cf. et. I Cor.* xv 52); **b** (*~issimus dies* or sim., also as sb. m.) Judgement Day; **c** (*~issimum judicium*) Last Judgement.

Johannes evangelista in epistola sua dicit 'filioli, ~issima ora est' THEOD. *Laterc.* 23; ~issimam horam ~issimum saeculi tempus .. dicit juxta illam Domini parabolam BEDE *Ep. Cath.* 93; **961** qui .. hanc libertatem .. firmaverit illaesam .. liberetur a Domino cum ~issima insonuerit tuba *CS* 1065 p. 287; en sunt ~issimi dies de quibus ait apostolus: .. ANDR. S. VICT. *Dan.* 25. **b** **764** sciat se in praesenti vita Domini benedictione esse privatum et in ~issimo maledictione subjacere *Ch. Roff.* 6; **931** (12c) sciat se ~issima ac magna examinationis die .. cum Juda proditore .. periturum *CS* 674; ut in eternum duraret et usque ad ~issimum diem PETRUS *Dial.* 41; et gemine morti huic in victoria resurrectionis Christi jam ex parte absorpte et in ~issimo die plenius absorbende J. FORD *Serm.* 83. 9. **c** c**967** sciant se in ~issimo judicio coram omnium justo Deo ipso judice rationem reddituros *CS* 1139.

17 last before one's death. **b** (as sb. n. pl.) last hours or moments (*cf. et. Sirach* vii 40).

quae ~issima mandata sorori commendaverit FELIX *Guthl.* 50 *tit.* p. 150; in die ~issimo, in fine vite sue ANDR. S. VICT. *Sal.* 92. **b** idcirco in omnibus operibus tuis memorare ~issima tua et in aeternum non peccabis ALDH. *PR* 142 (143) p. 203; ~issimorum suorum in omnibus operibus suis memor BEDE *HE* IV 3 f. 210; ~issima, finis et exitus ANDR. S. VICT. *Sal.* 57; c**1170** ~issima sua crebro memorans et vite humane conditionem *Chr. Rams.* 84; ut ~issima nostra .. jugiter memoremur *Cust. Westm.* 198.

18 last or lowest in authority or influence (*cf. Marc.* ix 34).

precessor .. Dominus Jesus .. ~issimus omnium fieri dignatus est J. FORD *Serm.* 85. 8; c**1220** prostratus jacebit et ubique in conventu ~issimus erit (*Chap.*) *EHR* LII 272.

19 highest or ultimate in authority or power, supreme.

a**802** credo .. in ~issimum Deum, unum atque verum, trinum personis, unum subsistentia *CS* 298.

nowtegeldum v. noutegeldum.

nox [CL]

1 night, time between sunset and sunrise. **b** darkness (partly personified); **c** (understood as something dark, unclear, unstable, or evil); **d** (fig.); **e** (as title of book); **f** (as sb. m.).

si potest fieri candela ardeat ibi per singulas noctes THEOD. *Pen.* II 1. 8; quem subnixis precibus unius noctis intercapidinem importune poposcerat ALDH. *VirgP* 47; eadem hora noctis qua ille viderat visionem *V. Cuthb.* I 5; T. R. E. reddebat firmam unius noctis (*Suss*) *DB* I 20va; quando jejunavit quadraginta diebus et quadraginta noctibus AILR. *Serm.* 31. 29; a**1248** in crepusculo noctis (v. crepusculum a). **b** omni insulae ita incumbit nox, ut omnes paene a via recta avertat GILDAS *EB* 93; defectio solis .. et fuit nox hora diei vj THEOD. *Laterc.* 10; nox ruit et tetro mundum velamine vallat ALDH. *VirgV* 628; Eumenides, filiae noctis, idest *hegitissae Gl. Leid.* 43. 53; nox prelium diremit, atiebus quasi ex conviventia discedentibus W. MALM. *GR* II 180; quia ubicumque filii noctis sunt, etiamsi sint cum filiis lucis, in media nocte sunt J. FORD *Serm.* 56. 9; **1209** R. statim levavit clamorem, et sequebatur eos donec nox ab eo illos abstulit (*Eyre Salop*) *SelPlForest* 8. **c** quia cenaculum sit altitudo spiritalium charismatum; nox, obscuritas scripturarum BEDE *Acts* 984; nox dicta quod noceat aspectibus vel negotiis humanis sive quod in ea fures latronesque nocendi aliis occasionem nanciscantur. est autem nox solis absentia terrarum umbra conditi *Id. TR* 7; hoc modo significat nox peccatum et dies virtutem T. CHOBHAM *Praed.* 7. **d** hec inter quid nox animi nisi continuatur? L. DURH. *Dial.* I 145; quia .. noctem ignorantie nostre diripuisti et opera tenebrarum redarguisti J. FORD

Serm. 7. 5; lucis transmitte spiculum / quod cordis noctem abicit J. Howd. *Cyth.* 97. 10.   **e** quam refert idem A. Gellius Noctium Atticarum, libro primo R. Bury *Phil.* 3. 41.   **f** a**806** (12c) unicuique anno de illa partum ac refectionem duorum noctium *CS* 324.

2 a (*nocte,* also w. *de* or *in; cf. et. noctu*) at or by night.   **b** (*nocte dieque, diem ac noctem*) day and night, incessantly.

a si per diem aliquid pecora tollent, in nocte redintegrari *Comm. Cant.* I 120; cepit nocte maritima loca circuire *V. Cuthb.* II 3; chantari, vermes qui cantant nocte sicut locuste *Gl. Leid.* 38. 5; in nocte . . possumus psallere et orare T. Chobham *Praed.* 29; de nocte permiserunt sex latrones intrare *PlCrGlouc* 19; nisi potuerint nocte redire ad propria, debent esse ad sumptus domini *Cust. Battle* 29.   **b** ergo diem ac noctem ponti sub gurgite mersus Aldh. *CE* 4. 2. 7; sunt aliique fame cruciati nocte dieque Wulf. *Brev.* 460.

3 a (*media nox* or *meridies noctis*) middle or noon of night, midnight.   **b** (*nox intempesta* or *soporata*) the dead of night (*v. et. intempestus* 1a).

a charadrion . . dicitur ipsa volare per medias noctes in sublimitatem caeli *Comm. Cant.* I 359; coepit . . circa mediam noctem clamare Bede *HE* IV 8; **1538** post meridiem noctis in principio ejusdem diei (v. meridies 1b).   **b** nocte soporata, solus dum tempore quodam / anxia corda gerens curis loca congrua adivit Alcuin *SS Ebor* 94; intempestum vel intempesta nox, *midniht* Ælf. *Gl. Sup.* 175.

4 (gen. sg. or pl. as modifier, to designate something that occurs or is active at night) night-.

cum Bethlehemitis pastoribus custodiens vigilias noctis supra gregem suum Gosc. *Edith* 40; nicticorax . . [MS f. 103vb: i. noctis corvus] dicimus etiam nicticorax, i. vigilans corvus Osb. Glouc. *Deriv.* 370; quod dierum, non noctuum inducie forent Liv. *Op.* 376.

5 (feud.) a night's provision (of food or sim.); **b** a night's right of fishing (paid as tax).

tunc reddidit hoc manerium x noctes de firma et x libras; modo reddit c libras ad pondus et c solidos de gersuma (*Essex*) *DB* II 5v; reddiderunt ij noctes de firma *Ib.* 6; valet xx libras et j noctem mellis (*Norf.*) *Ib.* 111v.   **b** ad easdem . . piscarias pertinent tres quarte noctes super Lyveremere . . et sexta nox super Merchfen . . et tercius piscis de duodecima nocte (*Cust. Ely*) *Terr. Fleet* 169.

6 (med., *filia noctis*) pustule.

pustule . . vocantur filie noctis (v. filia 7c).

7 (liturg.) eve.

sacra nocte Dominici diei post celebratum nocturnarum horarum divinum offitium W. Malm. *GR* II 111; infirmarius benedicat ij candelas grossas ad celebrandum in sacra nocte *Cust. Cant. Abbr.* 271; natus est . . Christus nocte Dominica *Eul. Hist.* I 65; quod et factum est in nocte sancti Bricii Knighton I 9.

8 period from sunset to sunset (with intervening day).   **b** (liturg., eccl. & mon. *noctes tenebrarum*) the triduum before Easter.

quadraginta jacens noctes depressa dolore Alcuin *SS Ebor* 1139; si regem vel archiepiscopum requirat [fur] vel sanctam Dei ecclesiam, habeat novem noctes de termino, et querat quicquid querat, non habeat vitam diucius, de quo vere palam erit, nisi capi non possit (*Quad.*) *GAS* 172; si aliquis scienter eos [perjuros] detinuerit pro una nocte . . pro secunda . . pro tertia nocte (*Leg. Ed.* 18. 3) *Ib.* 644; **1375** dictum R. postea inde ejecit de domo sua vi et armis per tres noctes continuas, et dicunt quod est communis noctivagus et male fame et quod est communis *webber Leet Norw.* 67.   **b** a**1251** in septimana . . Pascionis Domini proxima ante diem Dominice resurreccionis tribus noctibus que wlgari sermone appellantur noctes tenebrarum *Reg. Ant. Linc.* 1041 vol. III p. 368.

noxa [CL]

1 harm, injury (also act or behaviour that intends harm or injury); **b** (w. subj. gen.).

10 . . ~am, *dare WW*; [mures] nulli tamen ~am vicariam referebant W. Malm. *GR* III 290.   **b** qui

prius doctor esse desiderat quam discat stultitiae ~am Bede *Prov.* 991.

2 pain, malady, distress or ailment (sts. med.). **b** 'bitch-daughter', nightmare.

morbos absterge, noxas minue / nosque fac interesse gaudiis / beatorum Alcuin *Carm.* 120. 7. 5; epatis complexio si fuerit calida cognoscitur ex amplitudine venarum et ex siccitate ~e M. Scot *Phys.* 35; si epar fuerit frigide complexionis . . ~a semper erit tenera *Ib.;* ~a, morbus, *hedwert Teaching Latin* I 142; c**1270** nil unquam fuit in quo continue ~am egritudinis [medici] temperarent (*Ch.*) *Feod. Durh.* lxxvi.   **b** *þe bychdoghter,* epialtis, epialta, ~a CathA.

3 wrongful or punishable deed, offence, transgression; **b** (w. ref. to primordial sin).

solvere jam scelerum noxas dignare nefandas Aldh. *Aen. prol.* 36; **1073** sincero tibi corde illam ~am indulgeo Lanfr. *Ep.* 47 (19); et genibus flexis veniam deposcere noxis (*Vers.*) Ælnoth *Cnut* 44; hujus ~e crimine infamatus abbas . . deportatus est W. Malm. *GR* III 270; an proprii operis [Ovidii] ~a deportationem meruerit J. Sal. *Pol.* 503A; Moyses . . orat, ut dimittat populo ~am P. Blois *Ep.* 102. 323B.   **b** quia paenitet se ~a primae praevaricationis animae simul et corporis morte constringi Bede *Hom.* I. 1. 22; **935** illamque justae severitatis sententiam protoplasti prevaricationis ~am evasisse *CS* 707; per Ade ~am Pull. *Sent.* 744C; quid non ante, post ~am nuditate confusi sunt, maxime genitalium *Ib.* 752B.

4 guilt.

Christus per lignum crucis aufert mundi noxam (*Vers.*) Aldh. *Met.* 10 p. 84; **10** . . ~am, *gylt WW;* hec ~a . . i. culpa Osb. Glouc. *Deriv.* 370; quia nullius ~e conscius est, nullas timet insidias Map *NC* III 2 f. 36; rex et martyr Albertus innocenter et sine ~a extinctus *V. II Off.* 24.

5 punishment.

hec condiccio tantum domino competit, et adversus furem tantum et heredes ejus, licet non contractaverint. item, mixta est, quod probatur quia datur in peculium, ergo est ex negotio: datur ad ~am, ergo est ex delicto. unde dominus servum ~e dedere cogetur Vac. *Lib. paup.* 118.

6 person who can cause harm or injury, witch.

a wyche . . incantatrix . . ~a CathA.

noxalis [CL], **noxialis** [LL]

1 harmful, injurious: **a** (leg., of act or action); **b** (moral or spiritual).

a qui domino volente furtum fecit, ~alem proposuit accionem, trahitur ad legem Vac. *Lib. paup.* 14; vel an eum in potestate habeat cujus nomine ~ali judicio agit *Ib.* 106; **1466** ne ipse partes . . laboribus nimiis . . fatigarentur et ~ales differencie inter se . . subsequerentur *Reg. Paisley* 150.   **b** que [proximorum derogatio] licet estimetur a quibusdam levis, est tamen valde ~ialis, nutrix malitie, justitie jugulatrix Alex. Cant. *Dicta* 7 p. 143; quando prohibitum esum usurpaverunt, merito gustus genitoribus ~ialis Pull. *Sent.* 761B; obtinet . . vicem validissime pactionis, per quam eliminantur ab humano spiritu et purgantur universi ~iales affectus P. Blois *Ep.* 140. 418D.

2 blameworthy, culpable.

noxa . . i. culpa, et inde hic et hec ~ialis et hoc ~iale Osb. Glouc. *Deriv.* 370.

noxaliter [ML], in a harmful or injurious manner (in quot., leg.).

quia si scientes abfuerunt cum ageretur cum domino ~iter, eos noceret Vac. *Lib. paup.* 102.

noxialis v. noxalis.

noxie [LL], in a harmful or injurious manner.

nam et luxoriae quo liberius frena laxantur eo ~ius delectatur Bede *Prov.* 1025; rogo . . quatenus et quod ego adhuc ~ie sum a me auferatur Anselm (*Ep.* 71) III 192.

noxietas [LL], harmfulness, injuriousness (also med.).

natura per sudorem expulit humorum ~atem *Canon. G. Sempr.* f. 77; sequitur quod . . amaritudo et ~as quorundam ad edendum ex peccato hominis accesserunt Gros. *Hexaem.* XI 3. 1.

noxius [CL]

1 physically harmful, injurious (also med.).

ad timorem posteris incutiendum ~ium germen radicitus amputare curavit Bede *Acts* 955; jusserunt . . me . . incidere tumorem illum, ut efflueret ~ius umor qui inerat *Id. HE* IV 17 p. 245; noxius et nimium jam pendit in arbore fructus Alcuin *Carm.* 47. 18; cum redit illa lues, Europe noxia labes (*Vers.*) W. Malm. *GR* II 135 p. 151; restat ~ie radicis tertius ramus Ailr. *Spec. Car.* II 25. 574; statim . . ut ~ium hoc virus mens insana conceperit *Ib.* 26. 574; qui manus apposuerunt ~ias super archiepiscopum Wals. *HA* II 15.

2 harmful to circumstance or interest; **b** (moral or spiritual).

sic regum series per tempora longa cucurrit / premultis scelerum noxia criminibus Alcuin *Carm.* 69. 126; latro ideo malus est quia ~ius est Anselm (*Mon.* 1) I 14; qui miserabilis aut ~ius putabatur, sanctus et venerabilis comprobatur! Dominic *V. Ecgwini* I 7.   **b** clementer veniam tribuens peccata remittat / actibus aut dictis seu solo noxia sensu Aldh. *VirgV* 2826; malorum unitas semper est bonis ~ia Bede *Acts* 989; supervacuis immo etiam ~iis aures atque animum mancipasse doctrinis *Id. Hab.* 1249; ad ~ie voluptatis memoriam Ailr. *Spec. Car.* III 15. 590; ~ie titillationis hora [sc. fornicationis] Gir. *GE* II 2 p. 176.

3 (as sb. m.) harmful or injurious person, delinquent, miscreant.

~ii sanguinem de noxa commissa . . liberavit R. Cold. *Cuthb.* 129 p. 277.

4 (as sb. n.): **a** harmful or injurious thing; **b** error, offence, transgression.

a cupiebant . . ~ia et odibant scientiam qui litterae legalis superficiem sequebantur Bede *Prov.* 943; c**886** superstitiosa cavere, superflua resecare, ac ~ia quaeque . . exstirpare *Conc. Syn.* I 8; fit ibi intus ab omnibus ~iis absoluta vacatio Ailr. *Spec. Car.* III 4. 579.   **b** lectos cernere qui dignaris, corrige, versus, / radens noxia vatis, delens crimina noxe / Osw. *Vers.* 18; multa ~ia in peregrinos sacri itineris machinatus W. Malm. *GR* II 225.

noy v. ny.   **noys** v. nous.

nubata [cf. CL nubes], rain water.

rayne water or water off rayne, ~a, -te *PP.*

nubecula [ML], small cloud; **b** (fig.); **c** (w. ref. to *III Reg.* xviii 44).

Phoebe . . / . . / . . noctem nigram nubiculis / lucens lustrat corniculis (Æthelwald) *Carm. Aldh.* 4. 33; solis ardor ne ferri nequeat interposita . . ~a levi . . temperatur Bede *Luke* 318; persistebat claritas solis limpidissima, nulla videbatur in aethere ~a Gosc. *Lib. Mild.* 26; veniale . . peccatum est in aliquo cum virtute, sicut ~a et sol sunt simul in eodem hemisperio Neckam *SS* IV 24. 4; s**1387** apparuit . . ~e et pluit sanguinem Knighton II 241.   **b** **1166** transeuntes per ~as rationum . . tandem inferant . . J. Sal. *Ep.* 183 (175 p. 158); fallaciarum ~as dissiparet *Id. Met.* 858C; inter quos ~am odii seminavit adulatio P. Blois *Ep.* 161. 457B; levis nubecula sed sine tenebra, / lava nos aspera de mundi salebra Walt. Wimb. *Carm.* 79; nigra mentis nubecula J. Howd. *Cyth.* 12. 5; quam jocunda securaque mestorum consolacio est ipsa hujus felicissimi regis memoria, cujus abundantissima caritatis ~a tanto copiosius hodie rorat e superis . .! *Mir. Hen. VI* II 29 p. 90.   **c** "vidi hodie mane ~am a mari ascendere, et facta est in nubem maximam . ."; processit igitur inde arbitratus se ~am, i. e. parvulum, a mari, i. e. Wallia . . natum Map *NC* II 23 f. 31v; ~a ascendit de mari quasi vestigium hominis orante Helya Ad. Dore *Pictor* 151.

nubeculosus, cloudy, obscure.

ratio inferentie vobis plenius liquet et Grecis, michi vero et mei similibus ~ior est J. Sal. *Ep.* 169 (194 p. 272).

nubella [CL nubes + ella] small cloud (in quot., fig.).

ave, virgo, verbi cella / carnis condens sub nubella / Deitatis radium Walt. Wimb. *Virgo* 8; hic Phebus speciem obductam aperit, / lunaris obicis nubella preterit *Id. Carm.* 307.

nubere [CL]

1 to cover, veil.

hoc verbum ~o dicitur quandoque pro tegere . . et tunc inde dicitur hec nubes . . quia ~it, i. tegit, celum OSB. GLOUC. *Deriv.* 378.

2 (w. ref. to the contractual parties) to get married; **b** (w. dat.).

nupti qui jam conubia spernunt ALDH. *VirgV* 92; qui prohibent ~ere BEDE *Gen.* 31 (v. dispositio 2c); est . . epythalamium carmen ~entium quod decantatur a scolasticis in honorem sponsi et sponse GROS. *Hexaem. proem.* 97; nonobstante quod ipsi ~entes vel alii . . asserant *Conc. Scot.* II 68. **b** post divortium uterque ~et cui voluerit ROB. FLAMB. *Pen.* 64.

3 (of a woman) to marry; **b** (w. dat., also refl.); **c** (w. acc.); **d** (w. *cum* & abl.); **e** (p. ppl. *nupta* as sb. f.) bride, wife.

invasit Almarus episcopus pro foris factura, quia mulier que tenuit nupsit intra annum post mortem viri *DB* II 199; dicitur et Juno 'introduca', quod ~entes puellas introducat ALB. LOND. *DG* 4. 3; sacrificavit . . primo numinibus, que urbi presunt, quasi nuptura pro rei publice utilitate *Ib.* 9. 13; **1248** Ragenilda . . dat ij s. quia nupsit sine licencia *SelPlMan* 14; vidi in quibusdam partibus, quando mulieres ~ebant et de ecclesia redibant . . *Latin Stories* 111; in sociam recipitur mulier omnis cum ~at et nunquam in ancillam FORTESCUE *NLN* II 43. **b** c**675** Hermionam . . quae . . Neoptolemo nupsit ALDH. *Ep.* 3 p. 479; tertia vero filiarum regis . . nupxit Henrico duci Saxonum TORIGNI *Chr.* 303; s**1160** Maria . . nupsit comiti M. (v. abbatissa a); **1231** nubsit ipsa cuidam Willelmo *BNB* II 396; **1232** nupsit se cuidam Hugoni *Ib.* 540; sic mulier se ~erit villano *Fleta* 436; hymeneum, id est carmen nupciale, quia sc. Polixene, que nupsisse debuerat viva Achilli vivo TREVET *Troades* 17. **c** proprium filium . . nupsit [Semiramis] *Eul. Hist.* I 31. **d** uni [sc. mulieri] licentiam dedit Theodorus quae confessa est votum, post xj annos ~ere cum illo viro THEOD. *Pen.* II 12. 14. **e** ~a, *beweddod ÆLF. Gl. Sup.* 174; nove ~e blanditiis delinitus est W. MALM. *GR* II 205; infula ~arum tenuis OSB. GLOUC. *Deriv.* 209; ~as, i. sponsas *WW*.

4 (of a man) to marry; **b** (w. dat.); **c** (w. acc.).

Basilius judicavit puero licentiam ~ere ante xvj annum si abstinere non potuisset THEOD. *Pen.* I 8. 14; c**1400** quod presbyteri . . ~ere possunt . . sine peccato *Conc.* III 248b; monitus et exoratus fuisset ~ere *Plusc.* VI 20; **1543** Johannem . . conjugatum seu nuptum . . *Offic. S. Andr.* 84. **b** hic . . nupsit cuidam nepti Lavinie G. MON. I 3 (=M. PAR. *Maj.* I 16); nupsit filie et heredi domini de S. Amando G. *Hen.* V 24. **c** filius regis Dacorum . . nupsit veram heredem Britannie *Eul. Hist.* II 239; c**1408** dato quod pater . . postmodum ~at matrem . . liberorum *Doc. Bev.* 11.

5 (of a man) to give (a woman) in marriage.

rex . . nupsit . . filiam suam regi Scotie GERV. CANT. *GR cont.* 203; quam Henrico . . postea nupsit BROMPTON 807; Adam terciam filiam Henrico de Hastings nupsit *Plusc.* VII 5.

6 (fig., w. ref. to mystic marriage).

aspice, nupta Deo, quae sit tibi gloria terris BEDE *HE* IV 18 p. 248; sponsa Christi . . que . . Unigenito Patris . . ~ere meruit J. FORD *Serm.* 30. 6.

7 to have sexual intercourse (w. *cum* & abl.).

si vir cum uxore sua retro nupserit, xl dies peniteat primo THEOD. *Pen.* I 14. 21; si in tergo nupserit, penitere debet quasi ille cum animalibus *Ib.* I 14. 22; si vir et mulier se conjunxerint in matrimonio, et postea dixerit mulier se viro non posse ~ere cum ea . . accipiat aliam *Ib.* II 12. 32; ~isti cum uxore tua retro vel cum ancilla, dies lx BONIF. *Pen.* 431; si in tempore menstruo ecclesiam intrasti aut cum viro nupsisti, dies xl *Ib.* 435.

8 (*nuptum dare, collocare,* or sim.) to give in marriage.

filium tuum ac filiam aliis nuptum trade BEDE *Prov.* 958; hanc ipse frater . . regi nuptum dedit W. MALM. *GR* II 126; duas postulanti Cesari misit, quas ille quomodo nuptum locaverit jam sermo preoccupavit *Ib.* II 135; sororem suam . . hosti . . nuptum collocavit *Ib.* II 180; s**1126** filiam suam . . Fulconis filio nuptum collocavit *Id. HN* 450; s**1126** ne rex . . filiam cuiquam nuptum daret extra regnum *Ib.* 452.

9 (w. dat.) to be combined with, united to; **b** (refl.).

cujus uxor, caro sc. humana, cui in utero virginali

---

quasi in thalamo suo mirabili dispensatione nupsit divinitas AILR. *Serm.* 14. 6. 291; magnum melos nubit modestie / ut sit meror cantus letitie J. HOWD. *Ph.* 534; pectus puerpere / quo carni nostre [Jhesu] nupseris *Id. Cyth.* 119. 9; pocula nubunt fellea condimento *Id. Cant.* 79. **b** non veterata nove clamidi sit penna locata [v. l. se penula nubat] D. BEC. 1197.

10 (transf., of climbing plant) to become bound to.

fago nubunt edere *Ps.*-MAP 238.

nubes [CL]

1 cloud; **b** (transf.). **c** (~is escaeta) something fallen from the clouds.

Christus . . assumptus est a nuvibus [v. l. nubibus] THEOD. *Laterc.* 11; grandinibus / quae . . caelitus / crebrantur nigris nubibus (ALDH.) *Carm. Aldh.* 1. 54; densiores . . harum [sc. nebularum], cum ascendunt, . . in ~es primo concrescunt ADEL. *QN* 64; dicunt quidam quod quando sibi obviant ~es, tunc soleant esse coruscatio et tonitruum AILR. *Serm.* 15. 10; humores . . a terreno contagio sublimati ~es vocantur GIR. *TH* I 6; et similiter aqua que condensatur in ~ibus et conculcatur *Quaest. Salern.* B 170; hec ~es, *a clowd, clowde WW.* **b** in consertas sagittarum ~es W. MALM. *GR* IV 383; s**1066** incipit letifera ~es sagittarum; tonitruum sequitur ictuum H. HUNT. *HA* VI 30; in ~e [gl.: *nue*] telorum NECKAM *Ut.* 105. **c** per commestum cujusdam nubis escaetae *Fleta* II 169 (v. escaeta 2d).

2 (fig.); **b** (w. ref. to allegorical exegesis).

802 negotia saecularia, quae impediunt quadam ~ium concretione caritatis radios ALCUIN *Ep.* 253; detrusis caecitatis ~ibus FELIX *Guthl.* 53 p. 168; hec tenebrosam tristitiarum ~em proscindit luce jocunda GOSC. *Transl. Mild.* 18 p. 177; fallaciarum ~e depulsa J. SAL. *Met.* 930A; infidelitatis sue ~e cecati BALD. CANT. *Serm.* 7. 46; Galonis et Sadii serena fuerit et sine ~e societas MAP *NC* III 2 f. 39; ut sub ~e latens palam patesceret veritas *Reg. Whet.* II 424. **b** nubs, inquit, levis [*Is.* xix 1]: castissimam viz. Mariae virginis gremium humanae corruptionis spurcitia et virili complexu carens praefigurat ALDH. *VirgP* 38; allegorice ~es sunt ecclesiae magistri sublimes . . rigantes corda auditorum BEDE *Prov.* 952; est . . pudor iste ~es tegens . ., ~es obumbrans faciei virginali ne forte per diem sol urat eam, id est ut qui gloriatur non in se sed in Domino glorietur J. FORD *Serm.* 4. 5; ave, nubes roris, / cordis durioris / humum molliens J. HOWD. *Sal.* 46. 1.

3 cloudiness; **b** (med., in urine).

beryllus ~e aurea tegitur et sex angulos habet *Ps.*-BEDE *Collect.* 313. **b** ut urina tincta cum ~e alba RIC. MED. *Signa* 34; si urina fuerit vehementis citrinitatis et non apparuit in propria periodo ~es GAD. 4. 1.

nubescere, to become clouded, obscured, or marred.

nec macule nevo nubescit HANV. I 384; [Homer] nec tulit, ut nomen tenui nubesceret umbra *Ib.* VI 495; nubescit fletibus ut forte doleas WALT. WIMB. *Palpo* 107; cujus incomparabilis milicia, nullius caliginis ~ens macula, perpetuis merebatur eternari titulis *Ps.*-ELMH. *Hen.* V 37.

nubeus [cf. CL nubes], cloud-coloured.

1579 toge Fraunc' de *satten* de colore ~eo *Ac. LChamb.* 70 f. 18v (cf. ib. 5/35 p. 172: *French gown of cloudy colored satten*).

nubialis v. conubialis. **nubicula** v. nubecula.

nubidus [ML *gl.*], cloudy, dark.

~us, obscurus, caliginosus OSB. GLOUC. *Deriv.* 384; terge pulverea, cenosa, sordida, / fac atra nivea, fac suda nubida WALT. WIMB. *Carm.* 74; serena, domine, maxillam nubidam / et pinge dextera rubente pallidam / Marie faciem olim prefulgidam *Ib.* 629; hunc laudat Galba, quia nubida vertit in alba *Id. Scel.* 144.

nubifer [CL]

1 that brings clouds.

inter ~era gelidi aeris spatia FELIX *Guthl.* 31 p. 104; turbat mare nubifer Eurus NECKAM *DS* II 101.

2 cloud-bearing (fig.).

nobis preridet estas luctumque pruina / ducit in oppositum nubiferasque genas GARL. *Epith.* VI 6.

---

3 (fig.) that involves confusion.

889 ~eris deprivationum fuscationibus *CS* 561; **943** manente negligentia ~eris fuscationibus *CS* 787.

nubigena [CL]

1 (as sb. m., w. ref. to Centaur) born from a cloud.

~a, hoc est centaurus ALDH. *PR* 133 p. 185; **10** . . ~u [l. ~a], *wolcenwyrcende WW*; [Centauri] qui etiam ~e appellantur, quasi geniti a nube *Natura Deorum* 133.

2 produced from a cloud.

nubigenas implorat aquas GARL. *Epith.* I 293.

3 who dwells in a cloud.

quis autem explicet hos ~as, sc. ut nubes volantes . . flores eremi, Antonios et Macharios GOSC. *Aug. Min.* 750C.

nubigenu v. nubigena.

nubiger [LL], borne by a cloud, produced from a cloud.

quoniam quolibet menstruo maris incremento amnis illius vada mutantur, quolibet ~ero imbrium augmento non reperiuntur GIR. *IK* I 8 p. 73.

nubila v. 2 nubilus.

nubilare [CL]

1 (intr.) to cloud over, become dim.

adhuc Benna hortatur ut ~antes acies ipsa per se abluere non dedignetur GOSC. *Edith* 272.

2 (trans.) to obscure, darken.

ignis innocuus in rubo rutilat / nec rubum nubilo fumali nubilat WALT. WIMB. *Carm.* 87.

nubileus, cloudy, dark (partly fig.).

sicut annos remissionis vel jubileos a remissione vel a jubilo scimus esse dictos . . ita annus ab incarnacione Domini millesimus centesimus octogesimus septimus nobis est ~eus a nubilo dicendus, tam nubilo temporis quam tenebris infelicitatis MAP *NC* I 15 f. 12.

nubilis [CL]

1 (of a woman) of marriageable age; **b** (as sb.).

†plenam nubilis [l. plenis nubilem] annis . . eduxit ex latere THEOD. *Laterc.* 17; filiam . . Fulconis . . vix ~em ipse etiam impubis despondit W. MALM. *GR* V 419; si fecundari virgo jam nubilis optat NECKAM *DS* VII 145. **b** raptus etiam impedit matrimonium; quia si innubilem rapuisti ad matrimonium vel ~em ad stuprum reddes eam ROB. FLAMB. *Pen.* 63.

2 (of age or time of life) suitable for marriage.

filia ejus quam desponderat citra ~es annos obierat W. MALM. *GR* III 238; quoadusque duxerat, usque ad nubiles annis, prenobilem dominam BLAKMAN *Hen.* VI 7; **1523** infra annos ~es *Offic. S. Andr.* 26.

nubilose, cloudily, obscurely.

nubilosus . . et ~e adverbium OSB. GLOUC. *Deriv.* 378.

nubilosus [CL]

1 cloudy: **a** (of weather); **b** (of period of time).

a in ~o aere BEDE *Prov.* 1014; aliquoties ~us obsistit aer *Id. Gen.* 22; quo ~ior et obtusior, tanto benignior atque salubrior aura GIR. *TH* I 3; in tempore ~o vel aquoso NECKAM *Ut.* 116; aer ibi ~us est et spissus SACROB. *Sph.* 109; **1268** tempus erat ~um ac serenum *SelCCant* 277. **b** in Januario prima septimana fuit obscura et aliquantisper nubulosa W. MERLE *Temp.* 4; animorum eciam species cum celi mutacione quandoque vertuntur, et die . . sereno nitent, ~o fatiscunt *Eul. Hist.* I 430.

2 gloomy, murky.

inter ~os [vv. ll. nubilos, nebulosos; *gl.*: i. e. obscuros] . . lucos FELIX *Guthl.* 27.

3 (fig.) obscure, confused. **b** (as sb. n.) obscurity, confusion.

~a tandem caligine . . in serenitatem conversa *Chr. Rams.* 4; verumtamen hujus ~e temptationis mestitudinem satis cita et certa depulit consolatio *Chr. Witham* 500. **b** laus nobis ejus nectare plus dulcescat, / qua celi semper regia gratulatur, / ut hoc nubiloso transcurso diescat, / et vera nobis claritas oriatur J. Howd. *Cant.* 128.

1 nubilus v. imbulus.

2 nubilus [CL]

1 cloudy, overcast.

erat tunc ~us aer et ventus contrarius W. Malm. *GR* IV 320.

2 dark, gloomy.

~us, tenebrosus, caliginosus Osb. Glouc. *Deriv.* 263.

3 (fig.) troubled, gloomy.

musice . . dulcedo . . ~os vultus serenat Gir. *TH* III 12; ambitiosi / etheris invidiam nubila sentit humus Nig. *Poems* 404; letitie cedet nubilus iste dolor Neckam *Poems* 124.

4 (fig.) darkened, confused.

nisi si quis tam ~us est ut Catonis supercilium emuletur W. Malm. *GR* III 304; clara super lunam superos veri tenet aula; / inferius mundum nubilus error agit J. Sal. *Enth. Phil.* 1136.

5 (as n. sb.) cloud.

ferunt . . juga peragrasse montium et capite sublimia caeli ~a pulsasse *Lib. Monstr.* I 56; in terris gradior, sed nubila vertice tango Bonif. *Aen.* 263; sidera dum lucent, trudit dum nubila ventus Alcuin *SS Ebor* 1594; elementa letis renidebant vultibus, nulle nebule, ~a nulla pigro contrahebant celo contagia W. Malm. *GP* I 18; mox Tiresias cecatur a Junone, illa viz. causa, quod hiemis tempus ~o aeris caligante nigrescat Alb. Lond. *DG* 4. 8; [pars illa aeris superior] nec commovetur ventis nec contrahitur in ~a nec conspissatur in pluviam Gros. *Hexaem.* VI 1. 1; hoc nubulum, *a clowde WW.*

6 (as n. sb., fig.) cloud: **a** (w. ref. to trouble or sorrow); **b** (w. ref. to doubt or deceit); **c** (w. ref. to ignorance, obscurity, or mental confusion).

a letus ergo dies visus est revirescere populis, cum post tot anxietatum ~a serenarum promissionum infulgebant lumina W. Malm. *GR* V 393; sola ore Polixena floret / sospite et in faciem nil audent nubila mentis J. Exon. *BT* VI 83; [Deus] ~um in serenum vertat Ad. Scot *QEC* 11. 820A; pax optata redit, conduntur tela, nitescunt / nubila que fuerant, Anglorum gaudia crescunt Wykes *Vers.* p. 130. **b** omne ~um dubitationis sua de mente pepulerunt Bede *Tob.* 931; ut dubietatis ~um depelleret, certitudinis lucem infunderet W. Malm. *GP* V 265; sub hoc deceptionis ~o Gir. *SD* 88; si corpus actionis tue lucidum fuerit nullam habens de erroris ~o neque de simulationis fuco, . . J. Ford *Serm.* 108. 3. **c** alii adeo sub obscuritatis ~o jacent ut nec eorum sciantur mauseola W. Malm. *GP* II 73; ecce qualiter fatuis sub ~o tali fraus velata Gir. *SD* 136; **1284** talibus tractatibus interim vos ad considerationis nubulum trahere forsan molientes Peckham *Ep.* 604.

7 (as sb. n.) covering.

~a, velamina *GlC* N 179.

nubis, *f. l.*

pes ciconie, respice in nubis [l. ibis; v. et. imbis] *Alph.* 138.

nubs v. nubes. **nubula** v. nebula, nubilus. **nubulosus** v. nubilosus. **nubulus** v. 2 nubilus. **nubutus** v. imbuere 1c. **nuca** v. 1 nucha.

nucalis [LL], that produces nuts.

alii [arbores] vocantur Thebaici qui et Nicolai, alii †mutales [l. nucales; Trevisa: mucales], quos Greci †canathos [l. cariotas] vocant Bart. Angl. XVII 116.

nucalla v. nucilla.

nucarius [LL]

1 nut-tree.

nux vel ~us, *hnutbeam* Ælf. *Gl.* 139.

2 (*herba ~a*) cow parsnip.

spondilion, sive ut Latini dicunt, herbam ~am, folia habet similia platano *Alph.* 178.

nucca v. 2 nucha.

nuceare, to gather nuts.

1211 de iij s. j d. de denariis ~eandi et nucibus venditis *Pipe Wint.* 165; **1226** de denariis ~eandi et nucibus venditis *Cust. Taunton* liv; **1236** de quolibet bussello j d. qui ~iatur *Ib.*; **1249** consuetudo ~eandi *Ib.*

nucedulus [cf. CL nux], animal that eats nuts, squirrel.

~us . . i. species animalis eo quod nuces specialiter edat, sc. *escuroel Teaching Latin* I 393.

nucella v. nucilla.

nuceus [CL], of nut-tree wood or nut.

sed erit cum hec virga ~ea convertetur eis in virgam ferream J. Ford *Serm.* 60. 4; poculum ~um deauratum *Cant. Coll. Ox.* I 84.

1 nucha [Ar. *nuk̲ā'*], (anat.) marrow of spinal cord.

nervus quidem precisus et ~a similesque casus partes inferiores reddunt insensibiles Alf. Angl. *Cor* 8. 9; mediante ~a [Trevisa: *be mene of þe rigge bon*] i. medulla spinali que est in spondylibus dorsi Bart. Angl. III 12; per medullam spine dorsi que a physicis ~a dicitur *Id.* III 22 p. 75; a cerebro iterum oritur nuca, id est spinalis medulla Ric. Med. *Anat.* 218; sperma . . per urinales vias et ~am ad virgam descendit Gilb. VII 283. 2; est radix cerebrum: cerebro, mediante medulla, / respondet nucha servat et illa modum; / recte respondent nuche spondilia Garl. *Epith.* VI 274–5; †micha [l. nucha] dicitur medulla ossium spondilium *SB* 30; a medulla spinae (~a barbaris dicitur) D. Edw. *Anat.* C iv.

2 nucha, ~us [Ar. *nuqra*], (anat.) nape of the neck.

1198 eum vulneravit super ~um suum *CurR* I 63; fiat scapularum scarificatio vel in ~a Gilb. II 115v. 2; a ~a versus dorsum Gad. 13v. 1; epar compatitur renibus, . . cerebro, nucce, coxe, pedi *Ib.* 30. 2; *Ib.* 71v. 1 (v. 1 galea 1c); ~a, A. *the hole of the polle WW.*

nucheus v. nusca. **nuchia** v. nusca. **nuchus** v. 2 nucha.

nucicula [ML *gl.*], small nut, almond.

nucicula, -e, i. amygdala, quasi minor nux Osb. Glouc. *Deriv.* 370; nucilla, parva nux, que et ~a dicitur *Ib.* 382.

nucida, small nut.

hanc ~am [sc. amygdalam] multi vocant quasi minorem nucem Bart. Angl. XVII 3.

nucifragus, -a, kind of bird: **a** nutcracker. **b** nuthatch.

a cui [avi] Rheti ~ae nomen, a nucibus quas rostro frangit et comedit, indiderunt Turner *Av.* E 6 p. 94. **b** ~us, A. *a notehach WW.*

nucifrangium [nux+frangere, cf. CL **nucifrangibulum**], nutcracker.

nutcracke, ~um Levins *Manip.* 5/35.

nucilla [ML *gl.*], **~alla, ~ella, ~ula,** small nut.

inde ~illa . . et hec ~ula . . ambo diminutiva Osb. Glouc. *Deriv.* 370; ~illa, parva nux *Ib.* 382 (v. nucicula); ~alla [*gl.*: G. *nugate*] (Neckam *Ut. gl.*) *Teaching Latin* II 107; queritur unde contingat nucleos quosdam fructuum dulces esse ut in nucibus et ~ellis videmus, quosdam amaros ut in persicis et cerasis? *Quaest. Salern.* B 64.

nucipeta, kind of bird, nuthatch.

avicula, quam Angli ~am vocant, et Germani meyspechtum, . . per arbores eodem modo, quo picus ascendit Turner *Av.* I 3 p. 162.

nucleare [CL], to crack nuts, to remove the kernel from a nut.

~eo . . quod non est in usu, sed componitur enucleo . . i. adaperire, enodare Osb. Glouc. *Deriv.* 370; *to crakk nuttes,* ~iare, enucliare *CathA.*

nuclearium, grove of nut-trees.

hoc ~iarium, locus ubi crescunt nucliarii *WW.*

nuclearius, nut-tree.

~earius . . i. arbor que fert nuces Osb. Glouc. *Deriv.* 370; hec ~iarius est quelibet arbor ferens nuces *WW*; *a nutter,* ~earius *CathA.*

nucleatio, cracking of nuts.

a crakkynge, ~iacio, enucliacio *CathA.*

nuclete v. micleta.

nucleolus, ~um, small kernel.

hoc nucleum, -ei, unde hoc ~um Osb. Glouc. *Deriv.* 370; *a kernell* ~us Levins *Manip.* 57.

nucleus [CL]

1 edible kernel of nut; **b** (dist. from shell, also fig.).

adamans . . numquam . . ultra magnitudinem ~ei avellanae repertus *Comm. Cant.* I 295; Domine . . sanctifica pomas et nuces ~eosque et omnem fructum arborum Egb. *Pont.* 116 (=*Rit. Durh.* 130); **10..** nuculeus, sive ~eus, *heaslhnute cyrnel WW*; cujus rei similitudinem in ~eo amigdalino possumus invenire Bald. Cant. *Serm.* 7. 49; et bina nuclēum que claudit amygdalus archa Hanv. IV 42; substantiam assumit molliorem que ~eus appellatur *Quaest. Salern.* B 63; mel cere nuclēusque nuci nexu sociali / unitur M. Rievaulx (*Vers.*) 1. 9; de simia ~eum nucis comedente *Spec. Laic.* 9. **b** sicut . . ~eus diutius servatur cum testa, absumendusque recentior invenitur quam sine testa, sic . . *Simil. Anselmi* 146; interior thesaurus, tanquam teste ~eus, innato sibi jure fruatur Gir. *EH pref.* p. 223; in testa parva continetur ~eus suavis, in favo mellis dulcedo, granum medicinale in malo granato S. Langton *Ruth* 86; plerique nucem [sciencie] abiciunt inconsulte priusquam testa soluta ~eus attingatur R. Bury *Phil.* 13. 179; quanto minus lucet luna quam sol, quanto minus valet testa quam ~eus Knighton II 154.

2 pine-cone or its seed.

~eus, quando simpliciter de nucleo pine intelligitur *SB* 32; †nucheus [l. nucleus] quando simpliciter ponitur pro †nucheo [l. nucleo] pinee intelligitur *Alph.* 126.

3 stone or pip of a fruit.

facit fructus calorem ascendere, eritque amarus, eruntque ~ei ejus pyramidales propter attractionem caloris superius Alf. Angl. *Plant.* 45; ~ei cerasorum M. Scot *Phys.* 2; ponatur . . in substantia pomi assati vel elixi, abjectis ~eis interioribus Gad. 4v. 2.

nucli- v. nucle-. **nucula** v. nucilla. **nuculeus** v. nucleus.

nudare [CL]

1 to expose, lay bare, uncover; **b** (part of body). **c** to unsheathe (sword). **d** to expose to attack.

~ata cruce [AS: *gebarudre rode*] dicant antiphonam *RegulC* 44; retectos, ~ato, *abarude GlP* 321. **b** capita vestra nolite ~are *Comm. Cant.* I 353; bibens nectar nudabat turpe veretrum Aldh. *VirgV* 2505; Pictavensem qui pene ad pudenda ~atus erat W. Malm. *GR* IV 383; auram ~ato capite liberius carpas Gir. *TH* I 35; unde Michol eum discoopertum et ~atum improperat tanquam si ~etur unus de scurris Ad. Dore *Pictor* 148; sicut pavo stellatum caude curvamen concavans anteriora ornat, posteriora vero turpiter ~at, ita . . Alb. Lond. *DG* 4. 5. **c** gladii ~abantur W. Malm. *GR* II 201; **s1139** quoniam audirent, quidam etiam viderent, gladios circa se ~ari *Id. HN* 477 p. 34; venerant . . in loricis et galeis ensibusque ~atis *V. Thom.* B 46; quid enim per gladium qui post istos ~atur, nisi potestas ab eis usurpata datur intelligi J. Ford *Serm.* 49. 7. **d** cuicunque discrimini terga ~are W. Malm. *GR* III 240; omnes incunctanter dorsa ~arent *Ib.* IV 357.

2 to strip, divest of clothing; **b** (w. acc. of clothing divested).

qui eum ~aret et vestimentis suis spoliaret T. Chobham *Praed.* 150. **b** fratres . . comprehensos . . ~abant omnes vestes suas, et femoralia detrahebant *Eul. Hist. Cont.* III 407.

3 to strip: **a** (of vegetation); **b** (of hair or sim.).

a arborem ~atam foliis novis induit Andr. S. Vict. *Sal.* 112. **b** hic plumis nudantur aves; perfusus et unda / sus fervente suum perdit abinde pilum L. DURH. *Dial.* II 483; solent . . etiam comis capita ~are GIR. *DK* I 11.

4 to strip (a place) bare.

capsas sanctorum ~averunt W. MALM. *GR* IV 318; tegulis . . aereis fastigia aecclesiarum ~avit *Ib.* IV 356; ecclesias . . ornamentis ab antecessoribus editis ~avit ORD. VIT. VII 8 p. 190.

5 deprive of: **a** (w. abl.); **b** (w. *ab* & abl.).

a regno ~atus in exilium concessit W. MALM. *GR* I 17; ~atos facultatum auxilio *Ib.* II 147; ut Andegavensem omni occasione ~aret *Id. HN* 519 p. 73. **b** facultatibus ~ati ab impiis BEDE *Prov.* 991; mors sensus sepelit, os turpat rictibus / et nudat genulas a forme floribus WALT. WIMB. *Sim.* 83; **1334** se monstrant a veritate et racione ~atos OCKHAM *Pol.* III 16.

6 to discover, reveal.

1424 ~atis antiquis bundis cimiterii *Mem. York* II 108.

7 to divulge, expose (abstr.).

crudelitate ~ata GOSC. *Transl. Mild.* 5 p. 160; occulta omnia ~abuntur AILR. *Inst. Inclus.* 33; artes suas aperta fronte ~aret W. MALM. *GR* II 180; in secreta confessione symmyste suo rei veritatem de se ~avit J. FURNESS *Walth.* 66; **s1376** sicut nuper quidam alius jugulatus fuerat in custodia carcerali, ne [per] responsa sua aliorum crimina ~arentur *Chr. Angl.* 82.

nudatio [CL], uncovering, stripping: **a** (of person or part of body); **b** (of object).

a ~onem Christi BELETH *RDO* 104. 109 (v. b infra); ~io et inquietacio brachiorum mortiferum signum in acutis est J. MIRFIELD *Brev.* 66; ~io . . pectorum mulieris . . non est propter necessitatem nature GASCOIGNE *Loci* 145; capitis ~io *Croyl. Cont. C* 565. **b** altaris ~io representat realem Christi nudationem quando milites spoliaverunt eum partiti vestimento illius BELETH *RDO* 104. 109.

nude [LL], nakedly (fig.): **a** (w. vb. of seeing) clearly. **b** (w. vb. of thinking or speaking) simply, unequivocally. **c** (w. vb. of acting) straightforwardly.

a si tu es Deus, fac me videre ~e divinam essenciam DUNS *Ord.* I 83; **s1342** divina essencia immediate, ~e, et aperte se eis ostendente *Meaux* III 39; omnia ista Deus ~e videt HOLCOT *Wisd.* 26. **b** familiaritatem qua ei magis ~e loqui consuevi AILR. *Spec. Car.* I 29. 533; non sufficit ~e asserere quod eis veritas est revelata . . sed oportet quod talem revelacionem . . miraculi operacione confirment OCKHAM *Dial.* 429; patet quam ~e assumitur quemlibet Romanum episcopum habere sanctam ecclesiam sponsam suam WYCL. *Sim.* 30. **c** si ita ~e et in superficie procedatur, . . indiscrete agitur, quasi querela manente indiscussa BRACTON 184; proprius sacerdos . . possit ~e subditum suum solvere vel ligare CONWAY *Def. Mend.* 1415 (*recte* 1315); quod Scotti omnes ~e et pure se regie voluntati submitterent *Eul. Hist.* III 161; scripturas sanctas tenere et ~e . . sequi NETTER *DAF* I 2. 2.

nudicollum [cf. CL nudus + collum], bare part of the neck.

utebatur . . cilicio a ~o usque ad poplitas A. TEWK. *Add. Thom.* 346.

1 nudipedalia, nakedness.

~ia, -e, i. nuditas OSB. GLOUC. *Deriv.* 382

2 nudipedalia v. nudipedalis.

nudipedalis [CL nudus + pes + -alis]

1 barefoot.

ipse ~is incessit R. COLD. *Godr.* 88.

2 (as sb. n. pl., ~ia exercere) to walk barefoot (as a sign of humility).

Paulus . . caput raserit, ~ia exercuerit BEDE *Acts* 990; parasceve . . debent exercere ~ia usquequo crux adoretur ÆLF. *Regul. Mon.* 185; religionis vir electus est . . pannosus et miser, omni tempore exercens ~ia H. Bos. *Thom.* IV 16.

nudipes [LL], barefoot.

cilicio quoque indutus inermis et ~es incedat ÆLF. *EC* 39; quod . . illum ~edem . . nec etiam foribus

admiserit W. MALM. *GR* III 266; ~edes in nive ECCLESTON *Adv. Min.* 16 (v. 2 gutta 6a); **s1303** penitenciam . . fecerunt . . ~edes *Ann. Lond.* 130 (v. caputium 1a); **s1401** illi . . dixerunt se de scurris ~edibus non curare *Eul. Hist. Cont.* III 388; discalciatus et ~es visitando honorare devovit *Mir. Hen. VI* III 91 p. 160.

nudipula [CL nudus + pes + -ula], who walks barefoot.

~a, nudis pedibus incedens OSB. GLOUC. *Deriv.* 383.

nuditas [LL]

1 nakedness, absence of clothing; **b** (w. ref. to shame at nakedness). **c** state of being destitute of clothing; **d** (trans. & fig.).

Moises . . praecepit ne discooperias ~atem patris tui *Comm. Cant.* I 85; [homines] in naturali ~ate . . crudis cum aqua piscibus ita vivere dicuntur *Lib. Monstr.* I 15; ~ate pellicias . . redimens MAP *NC* IV 6 f. 48v; ~as nil est nisi absentia vestis S. LANGTON *Gl. Hist. Schol.* 40. **b** pudibunda corporis ~as ALDH. *VirgP* 37 p. 286; dejecti pre pudore, pre corporis turpitudine et ~ate confusi AILR. *Inst. Inclus.* 33; ~ati quam luxuria titillans protinus sibi per suffusionem pudoris sordescere fecit J. FORD *Serm.* 101. 8; in principio maledixit Deus . .; tercio Cam ex ore Noe, quia derisit ~atem ejus M. RIEVAULX (*Serm.*) 61. **c** neglecta pauperum ~ate vel esurie BEDE *Ep. Cath.* 36; **940** terram trado ad repellendam ~atem . . . levius proinde indumenta vestimentorum adquirere possunt *CS* 748; **1169** non . . quod . . sed quod illos, nisi caritas in vobis per gratiam amplius excitetur, fami, ~ati et periculis omnibus exposuistis J. SAL. *Ep.* 289 (292 p. 672); luxuriantur in lacrymis viduarum, et in fame pupillorum, in pauperum ~ate, in afflictione simplicium P. BLOIS *Ep.* 95. 298C. **d** ne quod ad . . Dei accepere protectionem, ad sui operimentum honoris et ecclesie detorqueant ~atem J. FORD *Serm.* 49. 8; omnes . . philosophie domestici sunt vestiti duplicibus, ut tegatur tam ~as quam ruditas intellectus R. BURY *Phil.* 4. 46; **s1422** post hanc tegende ~atis pelliceam tunicam, literam, sc. . . in pelle scriptam AMUND. I 91.

2 bareness (fig.), naked truth: **a** (of subject or theme); **b** (of style).

a **s1412** rei geste nuditatem . . intimamus *Chr. S. Alb.* 67. **b** dum inconpositi sermonis mei ~atem attendo, . . GREG. *Mir. Rom. prol.*

3 (of word) emptiness, lack of substance or meaning.

sola ~ate verborum diu inaniter . . aures occupavit BEDE *HE* I 17 p. 35; verborum ~ate contempta W. MALM. *GR* II 165.

4 lack.

per inobedientiam Adae justitiae debitae ~atem . . quam comitatur beatitudinis quoque ~as, ut sicut sunt sine omni justitia, ita sunt absque omni beatitudine ANSELM (*Orig. Pecc.* 27) II 170.

nudiusquartana [cf. CL nudiustertianus], the fourth day since, now four days ago.

†aneus quartana [l. a. nudiusquartana], die quarta *EE* 338. 28; a nudus quartana, die quarta *GlC* A 568.

nudiusquartus [cf. CL nudiustertius], the fourth day since, now four days ago.

componitur etiam ~us adv., i. transacta quarta die OSB. GLOUC. *Deriv.* 160; nudius quartus, *thys day foure days WW*.

nudiustertius [CL, *al. div.*]

1 the third day since, now three days ago.

milites . . eum temptabant dare a quodam suo familiarissimo, quem ante ~ius hostibus praeventum a morte liberaverat G. *Herw.* f. 321b; [Maria] que nudius tercius ei terribiliter in visu noctis apparuerat *V. Chris. Marky.* 42; ~ius adv., i. transacta tertia die OSB. GLOUC. *Deriv.* 160; ~ius, inquit, dum sacris vestibus induerar ad missarum solemnia A. TEWK. *Add. Thom.* 30; meminisse decet clementiam vestram unde ~ius venerabilis Cantuarie archiepiscopus et ego querimoniam coram vobis deposuimus *Chr. Battle* f. 61; **s1264** nudius tercius ante bellum . . mandatum dirigunt . . regi *Flor. Hist.* II 492.

2 ((*ab*) *heri et* ~*ius*) (from) yesterday and the day before.

ab heri / nudiusque- . . -tertius (*Rubisca*) *Peritia* X (1996) 72 (v. nedulus); advertens . . Dunstanus faciem regis non esse sicut heri et ~ius OSB. *V. Dunst.* 11; quod si bos cornupeta fuerit ab heri et ~ius (*Quad.*) *GAS* 35; que cum circa matrem suam heri et ~ius non observaretur, quesita est et in lacu reperta W. CANT. *Mir. Thom.* II 46; non sicut heri et nudius tercius eam contemplantes, repleti sunt stupore et extasi in eo quod contigerat illi *Mir. Wulfst.* I 44 p. 145.

3 ((*ab*) *heri et* ~*ius*) previously, throughout the past.

ab heri et nudius tert[ius], i. toto tempore preterito *Gl. Bodl.* 44; demon . . qui heri et ~ius interpolatis ingrediebatur horis, quasi . . individuus frequentavit T. MON. *Will.* II 7; interna illa qua . . uti solebas suavitas, jam defecit tibi. dulcedo que tibi inerat heri et ~ius jam in magnam amaritudinem versa est AD. SCOT *QEC* 24. 841D; **1187** ab heri et ~ius, ex quo locutus es ad servum tuum, impeditioris lingue factus sum P. BLOIS *Ep.* 23. 84B; continuimus nos ab heri et ~ius GIR. *GE* II 7.

4 the third year since, now three years ago.

s1123 fedus quod papa nudius tercius inter reges pepigerat ruptum est ORD. VIT. XII 37 p. 453.

nudulus [CL], completely naked. **b** (w. *ab* & abl.) utterly devoid of.

nudus . . et inde ~us, i. ex toto nudus OSB. GLOUC. *Deriv.* 382; corpore seminudus . . adivit. . . per aspera montium, per devexa vallium, ita ut erat ~us degreditur. nec . . vestem pelliceam . . acceperat AD. EYNS. *Hug.* IV 13 p. 68. **b** si princeps aliquam affirmet nugulam / quam palpo comperit a vero nudulam . . WALT. WIMB. *Palpo* 100.

nudus [CL]

1 (of body) naked, nude, unclothed; **b** (of part of body; also w. acc. of respect); **c** destitute, who lacks clothing, also as sb. m.; **d** (transf.).

maritus quoque non debet uxorem suam ~am videre THEOD. *Pen.* II 12. 30; pasceret obscenos ut nudo corpore visus ALDH. *VirgV* 2259; alii [juvenes] stantes ~i *V. Cuthb.* I 3; exuviis pugillaribus a victore exuitur, et satis ~us in campo relinquitur *Mir. Wulfst.* II 16 p. 171; **1440** vidi eos multociens in uno lecto solum cum sola et ~um cum ~a jacentes et insimul laborantes *DCDurh. Reg.* III f. 250v. **b** ~is pedibus et ~o desuper corpore LANFR. *Const.* p. 167; scintillans ferrum ~a manu portavit ORD. VIT. V 16 p. 433; stant miseri . . ~o latere palpitantes AILR. *Inst. Inclus.* 33; in estate poteritis si volueritis ~is pedibus [ME: *bar fot*] incedere *AncrR* 171; **s1426** corpus . . in capella infirmarie ~a facie jacuit STONE *Chr.* 13. **c** si . . dicat mihi pauper ~us, quem ego nolim vestire, ideo se ~um esse, quia ego illum ~um esse volo . . ANSELM *Misc.* 335; cum essem miser . . et pauper . . et ~us et erubescerem nimis, opprobrium paupertatis mee non sustinens J. FORD *Serm.* 11. 5; aliquis dicitur ~us, quia parum habet de vestibus SICCAV. *PN* 115; redimo incarceratos, tego ~os T. CHOBHAM *Praed.* 28; nudo nullus est amicus; / pauper enim et mendicus / est bubone vilior WALT. WIMB. *Van.* 89. **d** his indumentis carens, anima ~a apparebit in die judicii AILR. *Serm.* 21. 38. 359; caritas . . sine te . . omnis virtus ~a est, vestem non habens qua se contegat J. FORD *Serm.* 12. 7.

2 (as sb. n.): **a** (*ad* ~*um*) next to the bare skin. **b** (*in* ~*o*) on an exposed part of the body.

a utebatur . . ad ~um tamdiu lorica, quousque tota putrefieret *V. Har. concl.* f. 24; Christus spoliatus est vestimentis suis usque ad ~um T. CHOBHAM *Serm.* 1. 4rb. **b** si vulnus eveniat alicui . . in ~o et manifesto, ut ante capillos, ante manicam, sub genibus, duppliciter emendandum est (*Leg. Hen.* 93. 1) *GAS* 609; qui vulnus alicui faciet ac sanguinem, emendet hoc per uncias: . . in ~o pro singulis unciis x d. (*Ib.* 94. 2) *Ib.* 611.

3 (of thing) uncovered: **a** (of earth) bare. **b** (of sword) unsheathed.

a omnia in solitudinem et in ~um campum vastando redigere G. *Steph.* 104; supra ~am humum derelictus est ORD. VIT. VII 16 p. 249; **1275** quod ille qui seminaverit terram alterius recuperet vesturam illam quam seminavit . ., et alius revertat ad terram suam ~am *CourtR Wakefield* I 72; ~a humo residens, . . pervigil . . pernoctavit *Meaux* I 204. **b** ~um gladium WALS. *HA* II 15.

4 (*sub ~o aere*) under the open sky, in the open.

nobis .. toto anni circulo sub ~o aere rotatis Gosc. *Edith* 290; extra fores Cartusie ~o sub aere faciens .. Ad. Eyns. *Hug.* IV 13 p. 68.

5 unarmed, unprotected. **b** (w. dat.) exposed to.

~i et inermes ad bella procedunt Gir. *TH* III 10 p. 150; ad numerum trecentorum millium armatorum, ~is sequacibus .. exceptis *Plusc.* IX 12. **b** eos .. inermes ac ~os ferientibus gladiis reliquit Bede *HE* II 2 p. 84.

6 (of object or artefact) that lacks something ordinarily expected: **a** (of sheepskin) that lacks wool, shorn of fleece. **b** (of wheel or part of cart) that lacks metal reinforcement. **c** (of sailyard) that lacks a sail. **d** (of membrane or written text) that lacks ink, blank.

a 1287 remanent v pelles ~e et j pellis agnina *Rec. Elton* 28; **1308** de xviij pellibus bydencium ~is *Ib.* 131; **1314** in vendicione xxxvj pelles bydencium lanutas, ij pelles ~as et vij pelles agnorum *Ib.* 227. **b 1308** in ij paribus rotarum ferratarum emptis .. vj s. j d. quad.; in iij paribus rotarum ~arum emptis .. vj s. j d. quad. *Rec. Elton* 136; **1312** in ij sellis ~is ad carectas emptis .. iiij d. *Ib.* 167; **1314** carecte: .. in ij paribus rotarum ferratarum et ij paribus rotarum ~arum .. xij s. *Ib.* 212; **1341** in j pari rotarum ~arum (v. 1 frettare 2a); **1350** in ij herciis ~is (v. 1 cavilla 4); **1388** iij caruce cum ferris et hernesio precii vj s. viij d., item j currus ~us cum hernesio pro iiij^or equis precii iiij s. *Chanc. Misc.* 240/2; habet .. duas carectas quarum una est ferrata et alia debilis et ~a, precii xxiij s. *Ib.* 240/27; **1397** pro uno pari rotarum ~arum pro carecta .. ad cariandum calsem de puteo subtus montem de P. *KR Ac* 479/23. **c 1287** est status molendini talis .. una virga satis velata, alia virga omnino ~a *CourtR Ramsey* 272. **d** luna .. secunda est in B, tertia in C, similiter ~is, id est nullo puncto adnotatis Bede *TR* 23 p. 226; **1351** unam chartam ~am (v. charta 1c); si minor sit, modo ~o formabitur ad modum losonge sic: Hauboys 262; nulla ~a obliquitas per se ligatura dici potest *Id.* 322.

7 (w. abl. or *ab* & abl.) free from, devoid of.

amittasque habitum justitiae .. ac ~us ab ornamento virtutum existere comproberis Bede *Prov.* 1005; ubique dulcissimos supernae contemplationis fructus, saeculo ~us Deo plenus, solitaria cotidie hauriebat conversatione Alcuin *WillP* 4; fronte capillis ~a W. Malm. *GR* III 279.

8 of a primary or pristine condition, basic; **b** (of leg. arrangement or customary procedure).

si Christus homo pulcrior est quam possit esse creatura ~a, sicut carbo ignitus pulcrior est quam possit esse lignum ~um, .. Gros. *Cess. Leg.* III 1. 24; nullo .. modo generatur caro nisi caro sit ignis vel aqua vel materia ~a T. Sutton *Gen. & Corrupt.* 167; c**1470** circa ~am facturam domus istius (v. cristatio). **b** salarium ~a sponsione constitutum petatur condictione ex lege .. sed si per stipulationem .. certi condictione petatur Ric. Angl. *Summa* 26; **1296** J. .. capit toftum et bondagium ~um sine equo et bove *Hal. Durh.* 7; usus .. dividi potest in ~um usum et in usumfructum Ockham *Pol.* I 303; nec valet ~a eleccio Wycl. *Ver.* II 172 (v. deputatio 2a); ~um officium misse *Ord. Cartus.* 104 (v. conventualis 1c).

9 clear, plain, simple. **b** manifest.

ille siquidem honor est in solis et ~is et puris intellectibus P. Blois *Ep.* 151. 443A; verbis ~is et manifestis Gros. *Cess. Leg.* I 9. 3; ipsum testificaretur tum verbis ~is tum signacionibus allegoricis *Id. Hexaem.* I 4; e vero et de et ex cum ceteris sequentibus ut pro, pre, palam, sine, absque, tenus dicunt racionem materie ad formam, quia quedam est ~a, quedam disposita, quedam perfecta, quod dicunt iij preposiciones e, de, ex *Ps.*-Gros. *Gram.* 56; de consilio non ~o sed fraudulento Lyndw. 981 (v. consilium 2a). **b** omnia archana et ultima patebunt et ~a erunt Andr. S. Vict. *Sal.* 77; amicos .. quorum nobis ~a sint omnia, quibus omnia nostra pandamus secreta Ailr. *Spir. Amicit.* 3. 80. 690; peccata eorum omnibus ~a erunt et aperta T. Chobham *Praed.* 42; omnis res que persuaderi debet animo auditoris, multo melius insinuabitur per similitudinem quam per simplicem et ~am veritatem *Ib.* 282; ambo [sc. intellectus et voluntas] se convertunt ut sunt ut ~e, pure et sole potencie Duns *Ord.* II 289.

10 that is nothing more than, mere.

melius exemplis quam ~a verbositate informor Aldh. *Met.* 10 p. 92; ne putes te ~a solummodo professione verborum mihi posse placere Bede *Cant.* 1213; inermis nude ventoseque facundie deridet ineptias J. Sal. *Met.* 933A; crevit puer ~o adhuc nomine Albanus, immo non ~o nomine sed divina etiam preordinatione W. Newb. *Serm.* 880; compassio misericordie .. in sola voluntate nonnumquam consistit ... at compassio discipline non ~a voluntate estimanda est Bald. Cant. *Serm.* 4. 46. 411; omnes promisimus ei obsequium servitutis nostre in baptismo. et non fuit ~a promissio; fuit vestita congrua juris sollempnitate T. Chobham *Praed.* 148.

11 empty-handed, unsuccessful.

s**1257** cogebantur .. inutiliter commorari donec ~i reverterentur negotio ipsorum tamen infecto Oxnead *Chr.* 213

nuellus [AN *nuel* < nodellus], boss, knob.

1241 Willelmus Aurifaber reddit eadem die ibidem j turettum argenti cum nuwell' pro j schopa *LTR Mem* r. 5.

nuere [*backformed* < CL adnuere], to give a nod of approval, to assent to.

ad nuendam mortalibus beati viri vitae sanctitatem Willib. *Bonif.* 9 p. 56; nuo .. i. annuere, sed non est in usu Osb. Glouc. *Deriv.* 376; Crispinus Crispiniano / Cristi pila nuens nomine ferre potest Elmh. *Met. Hen. V* 488.

nuga v. nugae.

nugacitas [LL]

1 inconsequentiality, trifling nature.

a**796** hoc nostrae ~atis opus apta conclusione terminare cupientes *CS* 1007; ~as, *unnytnis GlC* N 187; iccirco tunc tacuimus quatinus sopitus ignis quiete extingueretur et suppressa ~as perpetuo silentio deleretur Gosc. *Lib. Mild.* 1.

2 idle gossip, meaningless talk, joking.

abstinete vos a colloquio ~atis Alcuin *Dogm.* 294D; ~as est assiduitas dicendi nugas Holcot *Wisd.* 182; *a jape*, nuga .. ~as *CathA.*

3 frivolous or immoral behaviour. **b** (pl.) follies, frivolities.

1183 quis scit, si Spiritus Sanctus .. vite telam .. tempestive preciderit, ne fascinatio ~atis in posterum averteret sensum ejus et mundane fictionis dolositas deciperet animam ejus P. Blois *Ep.* 167. 462B; illa ~atis atque inutilium studiosissime fugitans animum seriis omni momento occupare contendit J. Ford *Serm.* 20. 4; ve miseris genis meis, quas vel levitas indisciplinata ~ate decolorat aut gravitas severa deponit *Ib.* 20. 5; **1236** nefandum est [domum Dei] in domum jocationis, scurrilitatis, et ~atis convertere Gros. *Ep.* 32. **b** dissuadendis tante perniciei ~atibus insistere Ad. Marsh *Ep.* 149.

nugaciter, inconsequently, idly, frivolously.

ruptis sulcorum glebulis jugerum occa ~iter deperiret Aldh. *VirgP* 31 p. 270; **10..** ~iter, *unnytlice WW*; nugax .. unde ~iter, ~ius, ~issime adverbia Osb. Glouc. *Deriv.* 379; *japanly*, ~iter *CathA.*

nugaculus [ML], somewhat trifling, (as sb. m.) trifler, joker.

nugaculus .. i. gerens nugas Osb. Glouc. *Deriv.* 379; ~us, aliquantulum nugax *Ib.* 384; *trygflare*, turfator .. nugax .. ~us *PP*; *japande*, nugans, ~us *CathA.*

nugae [CL], **nuga** [ML]

1 something of little or no consequence, trifle; **b** (sg.); **c** (w. ref. to literary work, freq. in meiosis).

inimici Dei omnes amatores mundi, omnes inquisitores ~arum Bede *Ep. Cath.* 32; nunc de seriis, nunc de ~is colloqui W. Malm. *GR* II 167; ~is incitati vindictam sumere nitentur G. Mon. I 10; advertens eum logicis ~is et non literature operam adhibuisse Gir. *GE* II 37 p. 350. **b** gerra, .. i. nuga et ineptia Osb. Glouc. *Deriv.* 251; hec ~a, -e, i. derisio *Ib.* 379; hec ~a, *a chape WW*; *a jape*, ~a *CathA.* **c** pondus vestrae auctoritatis facit me dare pondus meis ~is. cum enim celsitudo vestra tanti pendat opuscula nostra ut ea petere et legere dignetur Anselm (*Ep.* 109) III 241; videor a quibusdam frivolas contexere ~as dum exoticas sibique incognitas profero partes Osb. Glouc. *Deriv.* 203.

2 idle gossip, foolish tales. **b** nonsense, meaningless talk.

inmemor atque sui per deliramenta nugarum, / plurima verborum vacua jactasset ab ore B. *V. Dunst.* 4; hic est Artur de quo Britonum ~e hodieque delirant, dignus plane quem non fallaces somniarent fabule W. Malm. *GR* I 8; ne videar ~is credere *Ib.* IV 333; fabellis .. et ~is suos pascit interim auditores J. Sal. *Met.* 828D; scito .. quia fabulationes et ~e, que .. sunt .. maxime in ore Carthusiensium, blasphemie sunt Ad. Scot *QEC* 17. 830A; ~e .. sunt trufe, verba viz. ad nihilum apta vel salte narraciones ludicre Holcot *Wisd.* 182. **b** vetulum accedente morbo ~as delirare W. Malm. *GR* II 227.

3 frivolous or immoral behaviour; **b** (w. ref. to life at court, usu. court of Henry II).

c**675** prostibula vel lupanarium ~as, in quis pompulentae prostitutae delitescunt Aldh. *Ep.* 3 p. 479; ~as, nequam *GlC* N 190; ~as, errores, *gemear GlP* 667; ~as .. suas salsa quadam venustate condiens W. Malm. *GR* V 439; de .. miraculis sanctorum mallem scribere multo libentius quam de ~is infrunitorum Ord. Vit. VIII 10 p. 327. **b 1167** excussis curialibus ~is et illecebris voluptatum J. Sal. *Ep.* 169 (194); si .. in alea et venatica ceterisque curialium ~is omnem .. consumpsissem etatem *Id. Met.* 823C; de ~is curialium Map *NC tit.*; tunc carebit anus rugis, / vina verbis, aula nugis, / tunc volabunt arbores Walt. Wimb. *Van.* 105; archilevita .. cancellarius .. effectus regis se moribus conformavit, ~is et seriis pariter, et venacioni intendebat Brompton 1058.

nugaegerulus v. nugigerulus.

nuganter, in a trifling or frivolous manner.

nugatorie et ~er adverbia Osb. Glouc. *Deriv.* 379.

nugari [CL], **~are**

1 to engage in inconsequential, trifling, or frivolous activity.

.. belli simulacra figurat / arma legit, naves per aquas nugando suaves R. Cant. *Malch. prel.* 5 p. 42; tertia nugandi sors instat amorque jocandi *Ib.* II 132; **1164** more divitum, quos oblectat hoc ~andi genus, in avibus celi luderet J. Sal. *Ep.* 134 (136 p. 2); si jubet ut nugas agites, ~are decenter *Id. Enth. Pol.* 381A; quisve polos et eosdem Ixionis axes / circinet et tociens uno nugetur in orbe? Hanv. VII 237.

2 to talk nonsense, to say something meaningless. **b** to joke.

quid tu ~ando mutire disponis? Gildas *EB* 1; fiunt interdum designationes ex quibus ~ari accidit, velut idem replicando ut 'quidam homo bipes' .. alie ex quibus falsum dicere ut 'homo quadrupes' Balsh. *AD rec. 2* 119; nomina non sic ponimus ut ex eis vel ~ari vel falsum dicere contingat *Ib.* 136; ideo ~atur cum dicitur homo animal vel animal homo Siccav. *PN* 65. **b** sepe de ejus simplicitate solitos ~ari, sepe insignes facetias in illum jaculari W. Malm. *GR* II 197.

3 to deceive; **b** (w. dat.).

circumstante metu si flenda vides sine fletu, / vestis nugatur, qua luctus significatur Serlo Wilt. *App.* 4. 20 p. 158. **b** verbis, risu, basiis vane gloriatur / et sibi ficticiis lusibus nugatur P. Blois *Carm.* 5. 6. 4.

nugas [LL], trifling or frivolous person.

hi .. in his ultimis oceani finibus delitescentes ~as [v. l. vagos] qui perierant requisierunt Ad. Eyns. *Hug.* IV 11; similiter hic et hec et hoc nugas .. nomen Hebreum et idem significat quo nugax sed est indeclinabile et ponitur Zophonie iij versu xviij '~as quia lege recesserant, congregabo,' .. id est homines trufatores vani et inutiles Holcot *Wisd.* 92; *a trufeler* .. nugax, ~as indeclinabile *CathA.*

nugatio [ML]

1 fact or argument that lacks seriousness or importance, a trifle. **b** joke, jest. **c** (in gl.).

loquacissime ~oni .. respondere stylo speciali non curavimus J. Bury *Glad. Sal.* 598; exclusis inutilibus ~onibus ac eciam frustratoriis vanitatibus ad rem non pertinentibus *Plusc. prol.* p. 5. **b** *a jape*, nuga, ~o *CathA.* **c** nugor .. ~o Osb. Glouc. *Deriv.* 379.

2 idle repetition. **b** (log.) meaningless proposition, tautology.

nec dicas propter hoc esse ~io que est inutilis repeticio unius et ejusdem, quoniam . . non ab re est sepius verbum repetere J. MIRFIELD *Flor.* 118. **b** quoniam si vegetabile est differentia perfectiva essentie anime, tunc est hic ~io: anima vegetabilis, sicut hic: homo rationalis J. BLUND *An.* 39; (SHIRWOOD) *GLA* III 19 (v. inopinabilis 1b); quamvis omnis sermo sit significativus . . non tamen est ~o cum dicitur sermo significativus KILWARDBY *OS* 488; 'animal animal racionale currit' . . hoc est simpliciter inconveniens et vicium quia est ~o actualis et manifesta, quare non est sustinere BACON XV 44; propter eamdem causam non est ~o dicendo nasus simus, vel aliud hujusmodi SICCAV. *PN* 65; si unum esset idem essencialiter cum ente . . tunc multitudo esset non ens. idem dicendo 'ens unum' esset ~o DUNS *Metaph.* IV 2 p. 157.

nugator [CL]

1 trifler, one who wastes time on frivolous pursuits.

~or, inutilis, vanus, *swæm GlP* 76; **1166** dum magnificus erat ~or in curia, . . magnus habebatur J. SAL. *Ep.* 193 (187 p. 244); a**1168** utuntur . . ad hoc ministerio quorumdam ~orum *Ib.* 248 (245); ex cubicullariis et aule ~oribus episcopos [? *supply* et] abbates factos auctoritate propria ad officium apparitorum revocavit R. NIGER *Chr.* II 167.

2 one who talks nonsense, buffoon.

hic gerro . . i. ~or OSB. GLOUC. *Deriv.* 251; [me] decuerat ad philosophantium transisse cetum quam ad collegia ~orum J. SAL. *Pol.* 386C; hic ~or, A. *trifulere, chaper WW*; *CathA* (v. gerro).

nugatorie [CL]

1 in a trifling manner, frivolously.

~e et nuganter adverbia OSB. GLOUC. *Deriv.* 379.

2 meaninglessly.

quid ~e, quid improbabiliter, quid falso . . dici soleat BALSH. *AD* 8.

nugatorius [CL]

1 inconsequential, trifling, frivolous. **b** superfluous.

c**1155** qui juventutis et adolescentie vestre florem in rebus ~iis expendistis P. BLOIS *Ep.* 6. 19A; opus igitur promissionis aggredior, quod ne propter eorum scripta ~ium videretur, brevis et valde compendiosus et facilis procedere destinavi GERV. MELKLEY *AV* 1. **b** impertinentibus . . celaturis ~iis *G. S. Alb.* I 219 (v. domitialis 2).

2 who talks nonsense.

vascus, nugax, ~ius . . vaniloquus OSB. GLOUC. *Deriv.* 625.

3 nonsensical: **a** untrue. **b** (log. & phil.) meaningless.

a inter . . sermones ~ios magis et vanos quam sibi coherentes GIR. *DK* I 16; proinde non admirandum, si cuidam visioni, que anno verbi incarnati MCCVI in partibus nostris contigit, a quibusdam contradicatur et velut ~ia habeatur, sed . . COGGESH. *Visio* 4; inhians in vanitates et insanias falsas . . non nisi ~ia comprehendit ~ium dixerim quicquid ab eo quod vere est declinat J. GODARD *Ep.* 238. **b** non solum superfluum sed et ~ium esse textum et glosas aut simul aut separatim legere R. MELUN *Sent.* I 15; si quis sic dicat 'probabile est ratio' nisi addatur 'omne' aut 'aliquod' aut 'nullum', pluribus ~ium videbitur vel nihil BALSH. *AD* 20; nugacio non absolvitur omnino a consideracione gramatici, quamvis locucio ~ia, in gramatica sit inconveniens BACON XV 45.

4 ineffectual.

dictus monachus iterum insurgens et in ipsum irruens ictus non ~ios ter vel quater iteravit M. PAR. *Maj.* V 32.

nugatrix [LL], frivolous (f.).

hec rota nugatrix sic giro vagatur eodem / motu, ne possit rebus inesse quies GOWER *VC* II 191.

nugax [CL]

1 foolish, frivolous (also as sb. m.).

quod . . sapientissimi . . viri . . fecerunt . . nos ~aces et ad ludibria nati destruemus? W. MALM. *GP* V 265; ~ax . . dicitur homo mendax qui totaliter et superflue dat se trufis et inutilibus HOLCOT *Wisd.* 92; *tryfflare*, turfator . . ~ax . . nugaculus *PP*.

2 harmful, injurious.

tunc famosus erat Cyprianus fraude nugaci / doctus in horrenda sceleratorum arte magorum ALDH. *VirgV* 1854; ~ax, injuriosus OSB. GLOUC. *Deriv.* 384; c**1184** lubricus et ~ax oculus qui negligentem depredatur animam, lenocinantis seculi negatur vanitatibus *Ep. J. Exon.* 50.

3 who utters a nonsensical or meaningless statement.

si . . equus dicatur patronomicus . . junctura incompetens est. . . Virgilius . . procul dubio longe ~acior si dixisset in campo . . patronomico J. SAL. *Met.* 842D; si modum aut tempus quis querat in nomine . . eum quasi ~acem grammaticus castigabit *Ib.* 846B.

nugella [ML *gl.*], little trifle, joke.

~a, nugula, parva nuga OSB. GLOUC. *Deriv.* 384.

nugicanus [CL nugae+canere], who utters nonsense.

nugor . . componitur quoque ~us et nugidicus OSB. GLOUC. *Deriv.* 379; *a trufeler* . . ~us, nugidicus *CathA*.

nugidicus [CL nugae+dicere], who talks nonsense, who chatters, chatterer, gossip. **b** (as sb. m.) idle talker.

nugor . . componitur quoque . . ~us OSB. GLOUC. *Deriv.* 379; nec Aristotiles quem solum ~i ventilatores isti dignantur agnoscere J. SAL. *Met.* 864D. **b** non placet principi nisi gnatonicus, / nisi blandiloquus, nisi nugidicus WALT. WIMB. *Palpo* 20; nunc jacet pallidus heri mirificus; / bustum interroga, si sim nugidicus *Id. Carm.* 334; *a trufeler* . . ~us *CathA*.

nugifer v. nugiger.

nugifluus [CL nugae+-fluus], who is fluent in nonsense, foolish (in quot., as sb. m.).

contra nugifluis lex, modus, ordo perit. / nugifluus verbum sine tempore fundit ineptus J. SAL. *Enth. Phil.* 332–3.

nugiger [ML *gl.*], who brings forth trifles, frivolous, (also as sb. m.) trifler.

~er, gerens nugas, quod et nugigerulus dicitur OSB. GLOUC. *Deriv.* 384; nevos seducat femina ~a *Latin Stories* 177; *a trufeler* . . ~er [v. l. nugifer] *CathA*.

nugigerulus [CL]

1 one who brings forth trifles, talks nonsense, or tells lies or jokes.

~us . . i. ille qui gerit nugas OSB. GLOUC. *Deriv.* 251; multa siquidem et fallaciter loqui ~i est J. SAL. *Pol.* 664A; de te ac tuis famulis / tanquam de nugigerulis / juste modo conquerimur / . . / cum falsis fictis garrulis / hucusque sic deludimur *Pol. Poems* I 249; ut . . linguas suas contaminent in hiis turpibus que . . nugegeruli pigerent exspuere *Reg. Whet.* II 385; hic ~us, *a trifelle WW*; *a trufeler*, . . ~us *CathA*.

2 messenger, bringer of disturbing information.

Job percutiebatur . . praesente ~o alter intrabat ALCUIN *Suppos.* 1231A; arguens ~um psitaico carmine ANSELM BURY *Mir. Virg.* 32.

nugiloquus [CL nugae+loqui], who talks nonsense.

1166 ~os evitent detractores J. SAL. *Ep.* 205 (190); quod ~os ventilatores dedoceri oportet ut sciant *Id. Met.* 864B.

nugiparus [ML *gl.*], that produces nonsense.

componitur quoque . . ~us, i. nugas pariens OSB. GLOUC. *Deriv.* 379.

nugisonus [ML *gl.*], that utters nonsense.

nugor . . componitur quoque . . ~us OSB. GLOUC. *Deriv.* 379.

nugivendus [CL, v. l.], one who advertises trifles or nonsense.

qui nugivendus est pro lingue munio / ad latus sedeat regis in prandio WALT. WIMB. *Palpo* 42.

nugola v. nugula.

nugose [ML], frivolously.

nugosus . . i. nugis plenus, unde ~e adverbium OSB. GLOUC. *Deriv.* 379.

nugosus [ML], foolish, mendacious.

~us, nugis plenus, ridiculosus, injuriosus OSB. GLOUC. *Deriv.* 384; non sint tua verba bilinguis / . . / non sis nugosus; pariunt certamina nuge D. BEC. 97.

nugula [LL]

1 little trifle, joke.

nugella, ~a, parva nuga OSB. GLOUC. *Deriv.* 384; ~is ab animo manuque longius amandatis E. THRIP. *SS* 3. 47; nugola . . *gas* Gallice (NECKAM *Ut. gl.*) *Teaching Latin* II 109.

2 little lie.

nugulam / . . a vero nudulam WALT. WIMB. *Palpo* 100 (v. forficula b).

nuktalgicus v. nyctalgicus.   **nullanenus** v. nullatenus.

nullare [ML]

1 to annul.

1430 si judicium predictum sit infirmatum, ~atum seu reversatum *Cl* 281 m. 15*d*.

2 to destroy, annihilate.

~o, A. *anoynter* [cf. ME, OF *nient*, OF *nientir*] *WW*.

nullatensis, of nowhere, not attached to a place.

ut puta quod sint capellani pape vel episcopi ~es *Spec. Incl.* 1. 2 p. 68.

nullatenus [LL], by no means, certainly not; **b** (*non ~us*, as intensive negative).

servo Dei ~us licet pugnare THEOD. *Pen.* II 14. 4; commoneo ut ea . . ~us spernendo contemnas ALDH. *PR* 142 p. 203; ~us praetereundum arbitror miraculum BEDE *HE* IV 10 p. 224; ~us enumerare possum mala que feci ORD. VIT. VII 15 p. 228; **1265** hoc nullatinus omittat *Cl* 28; **1327** suspicio quod absit nullanenus oriatur per quod ad vos graviter capere debeamus *RScot* 218b; **1458** proventus . . ecclesie . . nullatinus sufficiunt . . ad sustentacionem . . capellani *Eng. Clergy* 126. **b** indigni non ~us accedant GIR. *GE* I 9 p. 29.

nullatinus v. nullatenus.

nullatio [ML *gl.*], reduction to nothing, ruin.

c**1480** in contemptum domini regis . . et ad ~onem et destruccionem predicti abbatis et conventus sui *Peasants' Rising* 16.

nullibi [LL], nowhere.

1308 ~i beneficiatus *Reg. Cant.* II 1088; **1310** requisitus . . super lxiiij articulo, qui talis est 'item, quod ubique', respondit, quod ~i, quod sciat *Conc.* II 375a; illud, quod non est, ~i habet locum OCKHAM *Pol.* II 526; ~i de isto mencio reperitur CIREN. II 30; *nowhere,* nullubi, nusquam LEVINS *Manip.* 84/18.

nullic [cf. CL nullus, istic], nowhere.

mane igitur hiis eductis nominatimque cum scriptis accersitis . . hujus Roberti nomen ~ic est repertum (*V. S. Edm.*) *NLA* II 656.

nullicubi [cf. nullic, CL ubi], nowhere.

nobilis abathia consitur, qua nobilior nullucubi reperitur AD. MUR. *Chr.* 213; lapides magnetes . . simulacrum in medio servabant, ita ut ~i posset dissilire HIGD. I 24 p. 26; erubescent cum me viderint qui diserunt me ~i velle morari, nisi ubi delicate possem pasci ROLLE *IA* 175; a**1396** recordum . . ~i poterat reperiri *Meaux* III 175; **1453** mandamus . . quatinus extra locum et septa monasterii nostri de Coldyngham vos ~i transferatis *Pri. Cold.* 179; cum ei ~i pararetur remedium, elanguebat pavidus *Mir. Hen. VI* II 43.

nulliloquium [cf. CL nullus+loqui], act of saying nothing.

apud ipsum inter stultiloquium et ~ium nichil erat medium GIR. *SD* 12.

nullimodus [cf. CL nullus+modus], of no sort.

credere nullimoda tibi tunc ratione valebit WULF. *Swith.* I 62; c**1234** ita quod .. nunquam poterimus exigere nec clamare ~am demandam *Starrs* I 4; **1311** cognoscentes nos .. dominium seu propartem dominii aliqualis ibidem de vastis [etc.] dicte ville habere ~um *Cart. Chester* 344a p. 229; decanus .. nulliusmodam vocem habet *Stat. Linc.* II lxxxi; **1532** quod ~us artifex laborator .. habeat .. aliquem leporarium odorinsecum *KR Mem* r. 47.

nullipotens [cf. CL nullus+potens], of no power, powerless.

ergo si sint duo omnipotentes, uterque illorum faceret alium ~entem, non destruendo illum, sed prohibendo per suum nolle esse volitorum ab alio DUNS *Ord.* II 235; negentur, qui negant Deum esse omnipotentem active et ~entem passive, id est, non posse ab alio quidquam pati BRADW. *CD* 5C; non sequitur quod A potest facere B ~entem OCKHAM *Quodl.* 11.

nullitas [ML]

1 nothingness, worthlessness, inefficacy.

de ~ate magie BACON *NM tit.* 523.

2 (leg.) nullity. **b** (*sub poena ~atis*) under penalty of being declared null and void.

1332 causas ~atis dictorum processuum *Lit. Cant.* I 514; **1438** nonnulla ad invalidacionem seu pocius ~atem .. objecta fuerint BEKYNTON I 202; s**1435** dignetur ergo sanctitas vestra causas appellacionum hujusmodi et negocii principalis ~atis dicte pretense excommunicacionis AMUND. II 61; **1475** mittatis appellacionem, ut possimus facere committi in partibus causam ~atis et surrepcionis *Pri. Cold.* 234. **b** sub pena ~atis talis acti seu decreti *Reg. Moray* 272; **1559** sub pena tertiae partis fructuum supradictorum necnon ~atis hujusmodi locationis fructuum *Conc. Scot.* II 170.

nulliter [ML], invalidly.

quod capitulum statuerunt, licet ~er, quod .. *Stat. Linc.* II 201; **1389** factum est .. contra coronam Anglie .. ergo ~er *Reg. Heref.* 77; **1460** ecclesiam dicte mense .. quamquam ~er et de facto, univit *Mon. Hib. & Scot.* 427b; **1550** matrimonium .. ~er contractum *Offic. S. Andr.* 110.

nulliusmodus v. nullimodus.

nullomodo [al. div.], by no means, certainly not (v. et. 2 *nullus* 4).

nullusmodo [v. l. nullomodo] repperiet istud ante predictum THEOD. *Laterc.* 24; adamans .. quantum percutietur ~o in illum aliquod percutientis videri poterit *Comm. Cant.* I 295; quod ~o dixisset, si esset quelibet natura sublimior AILR. *Spec. Car.* III 9. 586; hoc .. nulli est negandum; hinc ~o est dubitandum BALD. CANT. *Commend. Fid.* 24. 1. 589; quanta sublimior cogitari potest, immo quanta ~o cogitari potest *Id. Serm.* 13. 49. 478.

nullotiens, never.

c**1430** ~ens hujusmodi lauticie in partibus Indorum poterunt reperiri *Cant. Coll. Ox.* III 71.

nullubi v. nullibi. **nullucubi** v. nullicubi.

1 nullus v. millus.

2 nullus [CL]

1 no, not any. **b** (*~us homo* or sim.) no one. **c** (*~us alius*) no other. **d** (w. part. gen.). **e** (w. intensive neg.).

ut ~us repperiatur operatur [v. l. operator] vineae Dei THEOD. *Laterc.* 23; insueta labia humanae locutioni ~am vocem in verba distinguunt *Lib. Monstr.* I 7; **838** ~aque altercatio alicujus questionis .. exorta sit *CS* 421; ex his ludis habet .. unam quae ~i manens pertinet (*Surr*) *DB* I 30vb; **1157** quod rerum ecclesiarum venditiones .. facte sine assensu et conscriptione cleri inutiles et ~ius momenti sunt *Doc. Theob.* 103; c**1211** quomodo ibi sanctitas ubi sola cupiditas regnat et ~a caritas? GIR. *Ep.* 6 p. 232; in asino ~um est accidens indivisibile quod denominet asinum OCKHAM *Quodl.* 350. **b** ~us ex filiis hominum tangit metrum THEOD. *Laterc.* 12; adeo ut .. ~ius anima hominis .. daretur BEDE *HE* IV 21 p. 249; quis nos erigeret? ~us homo potuit quia omnis homo jacuit AILR. *Serm.* 30. 10; ~us .. homo liber est in hoc mundo, quia .. est servus inimici sui, ut corporis et mundi T. CHOBHAM *Serm.* 87. 67vb. **c** ~a esset alia causa insolitae illo in loco viriditatis BEDE *HE* III 10 p. 147. **d** sciebat illam ~um virorum plus illo diligere BEDE *HE* IV 17 p. 243; c**1049** ut ~us secularium hominum prefatam terram invadere praesumat *CS* 390; ut ~us civium cum eo colloqui .. auderet W. MALM. *GR* II 175. **e** **804** ut ~us homo hanc positionem crucis Christi .. non praesumat minuere *CS* 313; **1378** numquam a principio guerre ~a dictarum domorum .. firmam solvit *IMisc* 214/9 m.2; **1412** nullus .. extra gildam mercatoriam non faciat .. apprenticium *BB Wint.* 31.

2 (as sb. m) no one (*cf. nemo*).

~us in divinitate ex Deo Patre natus est nisi Filius *Comm. Cant.* III 122; **679** a ~o contradicitur *CS* 45; pene ~us consolari potuit *V. Cuthb.* I 3; ~us capiebat theloneum—nisi rex (*Surr*) *DB* I 32ra; ~ius .. stilo absolute comprehensus GIR. *TH intr.* p. 6; ~i licet jus divinum ignorare T. CHOBHAM *Praed.* 235; ~o [*sic*] scienti papam esse hereticum licet papam vocare OCKHAM *Dial.* 721; **1331** ~ius filius (v. filius 2a).

3 (as sb. n.) nothing (cf. *nihil*). **b** (*in ~o*) in no respect.

1221 juravimus quod nulla .. canonicis .. super .. ecclesia .. vel ejus advocacione movebimus *Dryburgh* 24; **1333** ~um ibi exstat (v. 2 friscus 2). **b** parvuli .. in ~o existentes rei donec propria sponte peccare incipiant BEDE *Ep. Cath.* 119; eorum in ~o ledatur perfectio AILR. *Spir. Amicit.* III 55. 686; **1219** bene defendit quod in ~o est contra finem illum *CurR* VIII 41; omni .. communitati seu congregacioni, que in ~o vel in ~is ab alio vel ab aliis dependet seu regitur OCKHAM *Pol.* I 252; s**1452** ei .. de dictis sexcentis libris .. in ~o adhuc est solutum *Reg. Whet.* I 75.

4 (*~o modo*) by no means, certainly not (*v. et. nullomodo*); **b** (in reply to question).

705 quia ~o modo possum inter illos reconciliare WEALDHERE *Ep.* 22; ut Lundoniensis episcopi ~o modo dicioni subjaceat BEDE *HE* I 29 p. 64; ~o modo invenietis corripi coram extra syllaba ABBO *QG* 4 (9); quod enim simpliciter necesse est, ~o modo aliter esse potest J. SAL. *Met.* 871A; qui sic mentitur, ~o modo peccat T. CHOBHAM *Praed.* 292. **b** "utrum anima possit cogitare .. sine memoria, velim respondeas." "~o modo" AILR. *An.* I 31.

5 non-existent.

beneficia ejus .. aut parva videantur aut ~a AILR. *Serm.* 28. 18; non sua virtute, que ~a est, sed illius spiritus participatione reviviscant *Id. Spec. Car.* I 15. 518; sive hec magna signaverint sive modica sive ~a LUCIAN *Chester* 62; illud quod ~a res est, omnino nihil est OCKHAM *Quodl.* 219.

6 null, void. **b** (*pro ~o haberi* or sim.) to be regarded as null and void.

questio tibi proposita ~a erit ROB. ANGL. (I) *Alg.* 74; **1219** donum ~um fuit *CurR* VIII 133; ~a erit sententia RIC. ANGL. *Summa* 35 (v. irritus 1a); **1268** si aliter institutus fuerit, ~a sit institutio ipso jure *Conc.* II 12b; in talibus non est judex .. et ideo que circa talia faceret, ~a essent OCKHAM I 85. **b** **1339** hoc scriptum .. inane, et pro ~o, imposterum habeatur *Lit. Cant.* II 205; **1549** pro ~is et invalidis .. habeantur *Conc. Scot.* II 112; **1564** hec .. dimissio et concessio vacua sit et pro ~o habeatur *Pat* 999 m. 26; **1581** quod .. hec .. concessio vacua sit ac pro ~o habeatur *Pat* 1205 m. 8.

7 worthless.

in personam ~issimam tot persone convenerant GIR. *Galf.* II 19.

nulluscunque, none whatever.

1257 ~iscunque .. expensis volens parcere, dum .. *Conc.* I 724a.

num, numne, numnam [CL]

1 (interr. particle in dir. qu. expecting neg. answer) surely .. not ..?

num centennis tu ob religiosa merita .. exceptus paene omni prole servaberis? nequaquam GILDAS *EB* 30; num arborum silvestrum natura contempnitur ..? ALDH. *VirgP* 9; quid fecisti? num nostrum iter nocturnum lustrando explorare temptasti? BEDE *CuthbP* 10 p. 190; num natus proprius possit odisse patrem? ALCUIN *Carm.* 60. 16; numnam miracula quibo? FRITH. 1310; putas num et tunc seculares .. vitam obedientium .. estimabunt insaniam? BALD. CANT. *Serm.* 7. 72.

2 (in dir. qu. expecting affirmative answer, = *nonne*) is it not the case that ..?; **b** (foll. by *non*).

num ei obtemperare .. consentis? BEDE *HE* II 12 p. 109; num ego ero unus ex duobus qui episcopali dignitate sullimandi sunt? W. MALM. *GP* II 75 p. 165; nonne sum omnium rerum pulcherrimus? num regum ditissimus? .. nonne hominum ydoneissimus? *AncrR* 157; cumque Philisteum constat vicisse gigantem / funda manu David, num Deus ista tulit? GOWER *VC* II 306; num .. leges .. addiscende sunt? FORTESCUE *LLA* 4 (v. apprehensor 2). **b** quid igitur? num non ante, die sexto, homo legitur esse creatus? ALCUIN *Exeg.* 521C.

3 (in dir. statement).

qui .. sui .. recte num ne [*sic*] obiti muneris racionem .. coram Deo reddere [debet] BEKINSAU 744.

numbriare [AN *numbrer* < CL numerare], to enumerate.

c**1360** dantes eidem [admirallo] .. potestatem arraiandi, regendi, ac gubernandi omnes naves tocius armate predicte .. ac singulos homines in eisdem ad vadia retentos, tam marinarios, quam alios quoscumque, et nomina eorum ~iandi, ac querelas omnium .. audiendi *Foed.* VI 170.

numella [CL], shackle (used to secure animal or criminal by foot or neck).

~a, quoddam genus catenarum OSB. GLOUC. *Deriv.* 377; r. c. de j duodena nemellorum receptis de fabrica *Ac. Beaulieu* 228; †munella [l. numella], A. *a shakel*; .. ~a, A. *a shakel WW*; *a fettyr*, .. versus: compes sit furis, sed equorum dico nomellam; .. *a shakylle*, ~a *CathA*.

numellare, to shackle.

shakelyd, ~atus *PP*; *to schakylle*, ~are *CathA*.

numen [CL]

1 divine approval, will, or sanction.

spargebatur .. rumor, haud equidem sine mente et ~ine Dei .. Anselmum fore archiepiscopum W. MALM. *GP* I 47; hoc ~en, quasi Dei nutus OSB. GLOUC. *Deriv.* 376; Dominus .. nec tales sibi incorporat, etsi sacramentaliter eucharistiam sumant, qui de ecclesia sunt nomine et non ~ine GIR. *Spec.* IV 25 p. 322.

2 power, authority; **a** (divine); **b** (human).

a tenebrescunt .. / .. / germanae Phoebi numina / atque praeclara lumina (ALDH.) *Carm. Aldh.* 1. 63; maxima, praecipuum quae gestas numine nomen ALDH. *VirgV praef.* 22; **802** his duobus .. muneribus divina vestram inconparabiliter sublimitatem, ejusdem nominis et ~inis antecessoribus gratia superexaltavit et honoravit ALCUIN *Ep.* 257; genetrix .. / rectoris, caelos, terras qui et numine portat ÆTHELWULF *Abb.* 205; **814** (10c) divinis ~inibus muniendo *CS* 346; quid tandem agas pater colendissime et quo felici numine res tuae succedant vehementer scire cupio FREE *Ep.* 57. **b** pseudoanchoritas .. praedicere futura et virtutes alias facere, quocumque ~ine [*gl.*: i. e. potestate] nesciens, conperit FELIX *Guthl.* 46 p. 142; condoluere patres, caeco quia numine fratres / nituntur validis tabularia menda tueri / obicibus FRITH. 264; s**881** agmina Francorum e contra insiliunt armis victoriaeque funguntur ~en, barbaro exercitu fugato ÆTHELW. IV 3 p. 44; hic jacet .. / .. / numen Wallorum *Feudal Man.* 147.

3 divine being, deity; **b** (w. ref. to pagan god or goddess); **c** (w. ref. to angel).

quid pagani pro idolatria sua adducent, colentes opera manuum suarum, in quibus nihil est ~inis, sicut satis ostendunt philosophi? DUNS *Ord.* I 71. **b** Nictelia litando furibunda ~ina reconciliarent ALDH. *VirgP* 50; sunt enim ~ina aliqua tantum celestia, aliqua tantum terrestria, aliqua media ALB. LOND. *DG* 2; hoc .. nec gentilium error circa sua non tam ~ina quam demonia dignabatur admittere J. SAL. *Pol.* 445A; exultant superi, cum Bachus ditat eorum / mensas; numina sunt munere leta suo NECKAM *Poems* 112; ~ina dicuntur dii fortes terre vehementer elevati T. CHOBHAM *Serm.* 23. 90vb. **c** angelicum superam numen recucurrit ad ethram FRITH. 1257.

4 the Godhead (w. ref. to Christian God).

frequentat, ut amnestia / nancta foret a Numine / Petri juvante famine (ÆTHELWALD) *Carm. Aldh.* 2. 71; haec est .. domus quam mater Numinis alti / incolitans servat ÆTHELWULF *Abb.* 434; **938** favente superno ~ine *CS* 730; Alme Deus . . ~en per secula regnans ORD. VIT. XI *prol.* p. 159; non opus hoc hominis, sed Numinis esse probatur L. DURH. *Dial.* III 289; unitur creatura / nature Numinis / in dispare natura P. BLOIS *Carm.* 21. 1. 6; Numen terrigenis est nummo vilius / et anteponitur Deo denarius WALT. WIMB. *Sim.* 2.

5 property under one's jurisdiction.

942 modicam ~inis mei partem id est undecim mansas agelluli . . concessi *CS* 778; **958** modicam ~inis mei partem terrae . . concedo *CS* 1027.

numenculator v. nomenclator.   **numera** v. numerus.

numerabilis [CL]

1 that can be numbered, counted, or measured, numerable.

s**1139** multis et vix ~ibus sumptibus W. MALM. *HN* 469 p. 27; tunc ergo primo scias te scire cum cognoveris in diversitate ~ium ipsorum [sc. casuum] numerum *Ps.*-GROS. *Gram.* 41; ad primum dicendum quod geometria non tractat de numeris nisi per accidens quia enim magnitudines ~es sunt KILWARDBY *OS* 89; quod quidem est ad se ens et per se, nullo modo plurificabile vel ~e DUNS *Ord.* IV *app.* p. 384.

2 of, relating to, or denoting number.

nec enim quoties nominibus utimur ~ibus, consequens statim ut ibi numerus H. BOS. *LM* 1363A; nec putet aliquis hujusmodi rationes a proprietatibus ~ibus sumptas esse vanas, cum Augustinus dicit quod ideo factus sit mundus in sex diebus quia senarius est numerus perfectus GROS. *Cess. Leg.* III 4. 7 p. 141.

numerabiliter [ML], by enumeration.

~er innumerabilis ALCUIN *Dub.* 1040B (v. mensurabiliter 1); numero . . unde . . numerabilis, unde ~er adverbium OSB. GLOUC. *Deriv.* 377; natura . . panis sacramentalis remanet et sic ~er distinguuntur multe hoste consecrate, licet omnes ille sint corpus Christi WYCL. *Apost.* 117.

numeralis [LL]

1 that expresses or denotes number: **a** (of character, figure, or letter); **b** (of counter); **c** (of word or part of speech).

a numerus annorum Christi per ~es literas continetur ELMH. *Met. Hen. V* p. 81; numerus annorum Domini . . per apices ~es ponuntur *Ib.*; numeros hic per notas ~es rubros etiam majusculos consignatos FERR. *Kinloss* 19. **b** memoriter ut credo dixisse me retines scaccario superponi pannum virgis distinctum in cujus interstitiis ~es acervi collocantur *Dial. Scac.* I 5L; soluta hoc termino a vicecomite firma . . in primis a calculatore per ~es acervos in distantium virgarum spatiis distribuitur *Ib.* II 27B. **c** alia [sc. adverbia] sunt ~ia ALCUIN *Gram.* 888B; sume [adjectiva] *syndon* ~ia, *þa geswuteliað getel* ÆLF. *Gram.* 13; [nomina] ab actu inponuntur, ut interrogativa, . . ficticia, ~ia , . . *Ps.*-GROS. *Gram.* 37; nominativus ponitur absolute cum dicitur 'unus, duo, tres', etsi loquamur de alia oracione ~i verum est quod ponuntur absolute BACON XV 167; 'similitudo' supponit pro duobus similibus conjunctim acceptis, sicut nomen ~e OCKHAM *Quodl.* 616.

2 numerical: **a** of or relating to number, that can be expressed by number. **b** of or concerned with number, counting, or calculation. **c** (as sb. n.) title of a book about number. **d** numerical device.

~i accidentium discretione ADEL. *ED* 12; nulla tamen numeralis eas proportio nectit / aut impar numerus par datur esse pari NECKAM *DS* X 155; ex unitate materie ~i sequitur illa potentia falsissima BACON *Maj.* I 148; trinitas est quasi quoddam totum ~e, saltem in conceptu intellectus, pluralitas autem ibi est quasi pars tocius hujus DUNS *Ord.* III 183; pluralitas ~is arguit majorem perfeccionem quam unitas OCKHAM *Quodl.* 201; **1433** decrevit quod isti termini 'major pars' intelligantur de majori parte ~i, sc. personarum . . et non facultatum *StatOx* 255. **b** quos non capit ars numeralis FRITH. 190; in . . articulis abaci ~ibus ADEL. *ED* 11 (v. abacus 2a); si doceri dignemur quam sint investigande rationum ~ium arcane potestates AD. MARSH *Ep.* 190 (*recte* 180) p. 323; non est possibilis apud philosophos infinitas nisi ~is effectuum producibilium per motum [sc. generabilium et corruptibilium], quia in speciebus finitatem ponebant DUNS *Ord.* II 191. **c 1396** ~e magi-

---

stri W. de Montibus (*Catal. Librorum*) Meaux III xc. **d 1470** pro alio annulo argenteo cum uno ~i vendito, xij d. *Ac. Churchw. Som* 192.

3 numbered, counted.

in fine due imperfecte sub intentione perfectionis unius longe in pausatione, quamvis pausatio ~is non fuerit, quod . . *Mens. & Disc. (Anon. IV)* 54; **1367** denarii ~es (v. denarius 4a).

numeralitas [ML], quality of being numerical.

omne igitur numeraliter unum est ens indivisum et ab aliis divisum, a forma substantiali in materia unitatem, a materia vero ~atem, a compositione entitatem et actualitatem . . habens *Ps.*-GROS. *Summa* 319.

numeraliter [ML], according to number, numerically.

secundum quod [res] . . ~er diverse sunt ADEL. *ED* 11; omne . . ~er unum est ens indivisum *Ps.*-GROS. *Summa* 319; carmina tamen poetica ex parte qua ~er coaptata sunt et harmonice ad judicium musici pertinent KILWARDBY *OS* 491; vel encia variantur ~er et essentialiter vel non BRADW. *CD* 699E; sicut multa supposita sunt sua species et tamen ~er distinguuntur WYCL. *Apost.* 117; regula tam diversa ~er non est una NETTER *DAF* I 182a.

numerare [CL]

1 to number, count, determine the number of (also absol.); **b** (w. internal acc.). **c** to count (in roll call or for quorum).

quid David ~ando populum evenit? GILDAS *EB* 38; non 'dies prima' dicit, quia non est ordo sed numerus; quod nos facimus et triplicamus ~ando *Comm. Cant.* I 25; tot genera morborum . . et quis potest . . omnia ~are AILR. *Serm.* 43. 13; manifestum est quod numerus essentialis non est aliud ab ipsis rebus ~atis SICCAV. *PN* 96. **b** illi qui solent per digitos suos ~are omnes numeros AILR. *Serm.* 39. 4. **c 1449** ~ati sunt prelati et alii canonici *Cap. Aug.* 120.

2 to calculate, measure, reckon.

'trecentorum cubitorum', geometrica arte ~atus est *Comm. Cant.* II 11; cum enim primo mensi prima feria data sit, atque eidem xxx dies ~andi ratione, secundo mensi tertia ab ea accidet feria ADEL. *Elk.* 4; intra triginta dies a die sentencie ~andos RIC. ANGL. *Summa* 37 p. 85; potentia non ~atur numeratione ejus sed numeratione formarum SICCAV. *PN* 136; sic per vos potestis ~are ordines supradictos in diminutione unius, si placuerit, . . *Mens. & Disc. (Anon. IV)* 36; cujus eciam primo anno millesimus annus condicionis urbis Rome impleri ~atur *Eul. Hist.* I 331; notula musicalis est figura quadrilatera soni ~ati, tempore mensurati significativa ad placitum *Mus. Mens. (Anon. VI)* 399.

3 to enumerate, specify.

tribus . . Levi non est ~atus cum eis *Comm. Cant.* I 401; quod Christi patres et avos numeraret avorum ALDH. *CE* 4. 10. 18; cetera quae dudum numeravimus agmina *Id. VirgV* 2730; in catalogo apostolorum priores solent ~ari Petrus et Johannes BEDE *Ep. Cath. prol.* 9; per omnes litteras de xxx hominibus ~atis xiij manumisit *Chr. Rams.* 59; magister Willelmus de Dunelmo, et multi quos longum esset ~are M. PAR. *Maj.* III 168; aliqui addunt modos alios sed non est necessarium illos ~are GARL. *Mus. Mens.* P I 7.

4 (w. *in* & abl.) to reckon, include among.

c**1090** in hoc autem dominio ~atur terra Pagani qui tunc temporis prepositus ibi erat *Regesta* p. 132; in his ~ari possint scismatici BALD. CANT. *Serm.* 15. 35. 552.

5 to reckon, consider.

heu michi, pereat dies, in qua concepta eram, non illa ~etur, in qua sum nata! G. *Roman.* 402; **1340** saniorem . . partem [communitatis] ex prerogativis in sciencia et prioritate domus aliisque consimilibus, ex quibus unus alio . . sanior solet ~ari, vocari decerno *Deeds Balliol* 288.

6 (math.) to measure, be a divisor or submultiple of.

si enim G D ~averit A B, erit ejus pars ADEL. *Elem.* VII 4; cum propositi fuerint duo numeri ~antes numerum aliquem, erit minimus ~atorum ab eis eundem ~atum ~ans *Ib.* VII 35; numerus perfectus est qui omnibus se ~antibus equalis est, ut sex tribus, duobus

---

et unitate equalis est, ut hic tres, duo et unus faciunt sex ODINGTON *Mus.* 47.

7 (gram.) to assign number to.

actus personatur et ~atur a numeracione et persona subjecti sive nominativi BACON XV 3.

8 to count out (money), pay down; **b** (absol. or intr.) to pay money or tax.

'mercede inputatis', i. non ~atis sed pro precio reputentur ei *Comm. Cant.* I 399; Tangemere [reddit] de firma x libras et j unciam auri et xl solidi ~antur pro ij hidis Oswellini *Dom. Cant.* 99; eos apud venditorem dimittens, ei pretium ~avi P. BLOIS *Ep.* 71. 220A; c**1214** a monacho de C. pro fratre suo clerico, quatinus in ecclesia . . institueretur, marca argenti . . est ~ata GIR. *Ep.* 8 p. 264; **1329** in solucione facta . . ~antibus pecuniam apud Berwicum, de curialitate vj s. viij d. *ExchScot* 217; **1382** per liberacionem factam quondam domino Johanni Lyoun . . testante et ~ante Waltero de Julach xxvj li. *ExchScot* 96; **1422** super expensas ejusdem hospicii (*KRAc*) *JRL Bull.* XXVI 264. **b** s**1141** cives Londonienses . . quasi servi ultime conditionis non sub nomine aut titulo liberi adjutorii sed tallagii . . regi . . ~are sunt coacti M. PAR. *Maj.* IV 95.

9 to assess.

numquam in hidis ~atum fuit nisi tantum vj hide (*Hants*) *DB* I 38va; ipsa aecclesia . . pro iij hidis fuit libera . . sed T. R. E. fuit ~ata pro xv hidis (*Worcs*) *DB* I 175vb.

10 (p. ppl.) (*pecunia ~ata* or sim.) coined money, money reckoned by tale.

libras ~atas *DB* I 162ra (v. libra 6b); **1318** furtive cepit et asportavit quadraginta solidos in denariis ~atis ipsius N. *SelCCoron* 114; **1368** in pecunia ~ata (v. 2 grota b); **1416** sex libras sterlingorum in pecunia ~ata ipsius querentis ibidem inventas cepit *Mem. York* II 60; **14** . . ~ata moneta (v. moneta 3a).

numerarius [LL], (as sb. m.) accountant.

numerus . . inde . . ~us OSB. GLOUC. *Deriv.* 377.

numeratim [ML], by precise calculation or enumeration.

calculatim, ~im OSB. GLOUC. *Deriv.* 139.

numeratio [CL]

1 numbering, reckoning. **b** census.

ideo numerantur secundum ~onem materiarum in quibus existunt SICCAV. *PN* 116; non tantum est unitas principium, quia ab illo incipit ~o, sed quia ipsa est per se pars numeri DUNS *Metaph.* IV 2 p. 166; ~o naturalis est omnium numerorum ab unitate quantumlibet nullo interciso continua progressio ut hic: 1, 2, 3, 4, 5, 6, et cetera ODINGTON *Mus.* 47; **1449** cum supervisu . . †munerationis [l. numeracionis] mercandisarum predictarum *Cl* 307 m. 16d. **b** de iteranda populi ~one a xx annis et supra R. NIGER *Mil.* II 59; bene intellexit Joab quod propter peccatum ~onis que ex superbia fiebat populus moreretur S. LANGTON *Chron.* 128.

2 numbering: **a** representation of number by a figure. **b** representation of number by a letter of the alphabet, reckoning of the numerical value of a word, gematria.

a est . . ~o cujuslibet numeri per figuras competentes artificialis representatio SACROB. *AN* 1. **b** tertio decimo Apochalipsis ubi dicitur quod numerus Antichristi est sexcenti sexaginta sex, dicit Beda, cum hic liber Grece editus sit, querenda est exposicio per ~onem Grecam BACON *Gram. Gk.* 81.

3 roll-call.

1449 ~o prelatorum *Cap. Aug.* 120; **1549** commentarius . . magistrorum . . conficiatur, eo ordine ac ~one qua literario honore insigniti sunt *StatOx* 356 (v. 1 commentarius b).

4 (gram.) assignment or possession of number.

actus debet recipere personam et ~onem a suo subjecto BACON XV 10; numeratur et personatur a ~one et personatione suppositi *Ib.* 141.

numerative [ML], according to number, in accordance with the accounts.

s**1408** computavit dies . . qui sufficerent †munerative [MS: numerative] expensas *Chr. S. Alb.* 44.

numerator [ML], counter, teller: **a** (papal); **b** (Eng. Exchequer); **c** (Sc.).

a s**1239** existens sibi .. ~or (v. bullator). **b 1226** liberationem trium ~orum .. quorum quilibet cepit per diem iij d. *Pat* 93; **1359** ministris de recepta scaccarii .. viz. .. tribus ~oribus cuilibet eorum v m. *IssueR* 398; **1376** Thome Durant uni ~orum de eadem recepta (*IssueR* 459 m. 33) *EHR* XXXV 418; **1506** unius ~orum recepte scaccarii nostri *Pat* 599 m. 10 (12). **c 1460** ~oribus pellium .. pro feodis suis *ExchScot* VI 582; **1460** ~ori, pro feodo suo, ex consideracione auditorum, xiij s. *Ib.* VII 29; **1493** Willielmi Hungate unius ~orum recepte nostre .. confidentes ipsos .. deputatos .. facimus *RScot* 512b.

numerose [CL], in or with large numbers, plentifully.

aucti ~e qui contra imperatricem contendebant H. Hunt. *HA* VIII 19; sed digitos agiles ars prestat, et hec numerose / et vigiles animos prestat avaritie L. Durh. *Dial.* IV 97; sicut .. visibilibus hostibus opponuntur arma visibilia, multo magis invisibilibus hostibus, qui ~ius occurrunt, opponenda sunt arma spiritualia R. Niger *Mil.* I *prol.* p. 98; licet .. fluant aque largissime ad percussionem, ut populi ~ius veniant ad fidem propter verbi et violentie percussionem *Ib.* II 46; sub illius cura grex fecundus fetibus ~ius multiplicabatur J. Furness *Pat.* 13; frequentius et ~ius .. post invente fuissent Gir. *TH* I 32.

numerositas [LL]

1 number, amount; **b** (w. adj. or noun qualifying or contrasting to imply size).

qui aliorum sapientium cum annorum ~ate metientes se non posse laudari autumant P. Cornw. *Panth. prol.* 39; non sit necesse .. librorum capitulorumque ~atem evolvere *Fleta prol.* f. 3; **1300** numerus autem personarum .. esse debet prout ~as cleri et populi *Reg. Carl.* I 126; termini propria ~ate multiplicentur, id est 4 in 9 Odington 55; eorum gesta precipua cum annorum eorum ~ate *Eul. Hist.* I 3; **1434** prout ~as cleri et populi ac multitudo vel paucitas exigit eorum *MunAcOx* 507. **b 671** quanto rarior doctorum ~as reperitur Aldh. *Ep.* 1 p. 477; **974** (13c) presbiteri qui in plurima ~ate .. afferrunt eos qui hoc constitutum infringerent *CS* 1310; perdita ergo angelorum tanta ~ate, creavit Deus hominem ut dampnum .. suppleretur G. Crispin *Serm.* 6 p. 172; famulos pauce ~atis habebat R. Niger *Chr. II* 146; cum canum immensa ~ate, silvas subeunt *Arthur & Gorlagon* 12; **1440** tum quod tanta ~ate plena sint Bekynton I 35.

2 large number, great amount (usu. with partitive gen.).

hec annorum ~ate marcescit Aldh. *Met.* 4 p. 75; a**798** nullatenus divinae abundantiam clementiae ~as tuorum superare poterit peccatorum Alcuin *Ep.* 131 p. 196; quoniam angelice multitudinis damna, hominum erant ~ate reparanda Pull. *Sent.* 741C; panis ~as .. sacerdoti ejusque familie non defecit R. Cold. *Cuthb.* 64 p. 129; erat quedam mulier apud Wich prolis ~ate fecunda *Mir. Wulfst.* II 12; s**1457** copia diviciarum, ~ate urbium, gloriaris (*Lit. Papae*) *Reg. Whet.* I 273.

3 total.

800 inproperans et mihi praefatus pater divitiarum multitudinem, servorum usque ad viginti milia ~atem; ignorans, quo animo quis habeat saeculum Alcuin *Ep.* 200 p. 332; arbitramur enim demonum ~atem novem ex ordinibus corruisse Pull. *Sent.* 887D.

4 (phil.) condition in respect of number: **a** plurality. **b** variety.

a propter relationum autem ~atem non sequitur quod multa sint, quia earum ~as non exigit ~atem aliquam existentiarum vel essentiarum Gros. 192; duplex sit opinio, una quod ipsa sit una numero in omnibus—dico ~ate essencie et non ~ate individui—alia .. Kilwardby *OS* 188; per unitatem vel ~atem compositionis Bacon *Maj.* II 549; individua, unius speciei dico, differunt solo numero, id est ~ate, sc. vij accidentium .. vel sic, differunt numero, id est ~ate forme communis sive speciei *Id.* XV 197; quod tale est non est multa numero, cum ~as sit ab actu et forma, eo quod solus actus dividit et distinguit Siccav. *PN* 81. **b** paradisus .. habens pro capacitate quantelibet ~atis fructum ad esum Pull. *Sent.* 746B.

5 importance, value.

cecitas agnitionem tollit veritatis et cupiditas amorem aufert virtutis et vanitas rectitudinem adimit intentionis, licet multitudo eis conferat ~atem, tamen mihi veram non videntur habere sanitatem Ad. Scot *Sol.* 864D.

numerosus [CL]

1 that contains many units. **b** that contains many individuals.

classem ~am jussit parari *Enc. Emmae* I 3; ecclesiae, in quibus ~ae .. bibliothece continebantur, incense sint W. Malm. *GR* II 123. **b** ~a utriusque sexus caterva confluxit Aldh. *VirgP* 37; tantam rerum molem, tam ~am multitudinem, tam formose formatam Anselm (*Mon.* 7) I 22; congregationibus monachorum ~issimis .. institutis W. Malm. *GR* II 213; nullum peperit filium et ~um producit populum Lucian *Chester* 54.

2 numerous, many: **a** (w. pl. sb.). **b** (w. sg. sb.).

~a cocorum utensilia servabantur Aldh. *VirgP* 50; ~is virtutibus, non viribus innumeris viri victoriam consequuntur Gir. *EH* I 8 p. 241. **b** in villa .. cum ~o comite resedit Ælnoth *Cnut* 40; spiritibusque malis numeroso crimine fari R. Cant. *Poems* 293. 3.

3 abundant, plentiful.

Argus multos habuisse oculos ~ae visionis describitur *Lib. Monstr.* I 39; in corporis semine est vis invisibilis et incorporaliter ~a Ailr. *Anim.* I 52; non fit essentia major vel ~ior, sed ejus esse ~ius Kilwardby *OS* 279; **1425** precedentibus ~o lumine torchearum *Mem. York* II 156.

4 that produces a large amount.

quas segetes numerosus ager, quos undique pisces / flumina, stagna, lacus et mare prebet ei [sc. Dunelmo]? L. Durh. *Dial.* II 187; ratio scientie .. de verbo frequentius concipit et per verbum ~ius .. parit J. Sal. *Met.* 827B.

5 that can be numbered.

adeo in aves nostras deseviunt ut ex multis pauce et ex fere innumeris jam reddantur ~e Gir. *IK* I 9 p. 79.

6 relating to number, measured, harmonious.

pulcritudo est '~a equalitas' [cf. Aug. *Mus.* VI 13] ergo est in Deo ~a equalitas: et si equalitas ~a, ergo distinctio R. Marston *QD* 74.

numerus [CL]

1 (math.) sum of units, number; **b** (abl. sg. w. cardinal numeral); **c** (w. adj. of distributive numeral). **d** (*~us par, impar*) even, odd number. **e** (*~us aureus, terminarius*) golden number. **f** (*~us perfectus*) perfect number. **g** (*~us diminutus*) fraction, number larger than its aliquot parts. **h** (w. var. math. terms).

~us est multitudo ex unitatibus composita Adel. *Elem.* VII def. 2; inveni nihil aliud esse ~um, nisi quod ex unitatibus componitur Rob. Angl. (I) *Alg.* 66; unitas .. est rei in se indivisio et ab aliis divisio, ~us autem unitatum collectio Kilwardby *OS* 271; Augustinus .. docens quod ~os locales precedunt temporales in silencio existentes *Id. SP* f. 27vb; ~us est collectio unitatum ad invicem *Mens. & Disc.* (*Anon. IV*) 64. **b** papa cum clero suo, ~o decem et novem W. Malm. *GR* IV 352; ut collecte fuerunt trecente viginti quattuor ~o presentatur G. Mon. I 11; hic accipitur 'singulare' non pro omni illo quod est unum ~o .. sed accipitur pro re que est una ~o et non est signum naturale vel voluntarium Ockham *Quodl.* 72. **c** quis victoribus solum et in tricentenario ~o .. benedixit? Gildas *EB* 69; quod septinarius ~us nonnumquam Spiritus Paracleti gratiam praefiguraverit .. Aldh. *Met.* 2 p. 64; quadragenarii .. ~i dimidium est viginti Bede *Acts* 946; clerici .. vix ad quaternarium ~um assurgere poterant W. Malm. *GP* I 44; cur ibi senarius ~us, hic septenarius? Ailr. *Spec. Car.* I 19. 523. **d** ~o Deus inpare gaudet Abbo *QG* 22 (48); ~i infiniti, omnem tamen parem esse vel imparem definivit J. Sal. *Met.* 839A; impar numerus Neckam *DS* X 156 (v. numeralis 2a); queritur utrum tempus sit ~us par vel impar Bacon VIII 39. **e** majus inconveniens accidit ex primatione designata per aureum ~um in kalendaria Bacon *Tert.* 281; terminarius ~us qui est in kalendis Januarii *Id.* VI 55; istud kalendarium .. habet sibi supposita duas tabulas parvas ostendentes aureum ~um et litteram dominicalem pro omni tempore .. *SB* 5. **f** centesimus significat virginitatem quia iste ~us perfectus est Ailr. *Serm.* 39. 4; perfectus ~us est cujus partes multiplicative reddunt summam equalem toti, ut senarius, quia unitas et binarius et ternarius senarium perficiunt Neckam *NR* II 173; ~us .. perfectus est cujus radix est ternarius ad quem equaliter descendere potest per tres partes equales Hothby *Cant. Mens.* L 51. **g** natura enim ~i hoc exigit, ut quemadmodum in numeris integris multiplicatur, ita etiam in ~is diminutis, hoc est in fractionibus Rob. Angl. (I) *Alg.* 98; diminutus [sc. ~us] est, cujus partes multiplicative reddunt summam minorem toto, ut octonarius Neckam *NR* II 173 (v. diminuere 3d). **h** nullus ~us est infinitus; quia non sequitur 'infinitus ~us partium proporcionalium est in isto continuo; igitur infinitus ~us est in isto continuo' Kilvington *Soph.* 42 [43] m; omnis namque ~us perfectus, sphericus, circularis, cubicus, quadratus Bradw. *CD* 120C.

2 number as abstract concept.

sciendum quod ~us duplex: realis que est unitas et multitudo vocalis que est ipsa forma diversa vel terminacio vocis per quam cognoscitur utrum ad unum vel ad plures pertineat ipsa diccio Bacon XV 172.

3 number, numeral; **b** (gram. & phil.); **c** (*~us singularis, pluralis*).

in civitate Lincolia erant .. novies centum et lxx mansiones hospitate. hic ~us Anglice computatur j centum pro cxx (*Lincs*) *DB* I 336ra; sciendum quod totius ~i fundamentum est unitas et denarius Thurkill *Abac.* f. 55; omnis .. ~us cujus principium non est prima unitas falsus est ~us T. Chobham *Serm.* 10. 45rb; ultra denarium ~us non est sed solum ~i replicacio Gros. *Cess. Leg.* III iv 4. **b** si genus aut numerus vel casus ab ordine cedat Aldh. *VirgV* 2840; per accidentia vero ut per qualitates, genera, casus, ~os, et figuras J. Sal. *Met.* 848B; ~us .. vocalis Bacon XV 172 (v. numerus 2); circa loca .. sex notentur sc. quantitas, figura, qualitas, ~us, ordo, et distancia intercepta Bradw. *AM* 6. **c** tam singulari quam plurali ~o Aldh. *PR* 118 p. 162; novissimae syllabae .. longae sunt, quia producit eas ~us pluralis Bede *AM* 104; notandum quod sapientem singulari ~o stultos describit plurali *Id. Prov.* 939; ~i nominum sunt duo, singularis ut hic sapiens, pluralis ut hi sapientes. sunt etiam numero communia, ut nubes, dies, res Bonif. *AG* 480; ideo ut sit differentia singularis et pluralis ~i Abbo *QG* 17 (39); an pluralis ~us pro singulari positus est? Andr. S. Vict. *Dan.* 61; ~us ergo dupliciter singularis et pluralis apud Latinos invenitur *Ps.*-Gros. *Gram.* 40; item nomina et verba pluralis ~i hanc vocalem E habencia in ultimis sillabis requirunt hanc litteram Z, verbi gracia, *amez, enseignez Orthog. Gall.* S 6.

4 (w. gen. pl. sb.) numerical sum of a quantity of persons or things, total; **b** (as sb. n.).

secundum ~um sex dierum plasmationis Adae Theod. *Laterc.* 4; crescente ~o fidelium Bede *HE* II 20 p. 126; **762** ~us xij gregum in istis tribus partibus singulariter in unoquoque teneatur *Ch. Roff.* 4; Romulus ut augeret civium ~um statuisset omnium reorum refugium W. Malm. *GR* II 172; ordo modi est ~us punctorum ante pausationem *Mens. & Disc.* (*Anon.* IV) 23; dicimus autem ~um formarum substancialium qui resultat ex unitatibus essencialibus Siccav. *PN* 96; J. de G. dividit semibreves ulteriores .. et quilibet ~us istorum unam brevem valet Hauboys 262. **b 824** scito ut in eis multorum agrorum ~a congregentur *CS* 381; **849** (11c) post ~a dierum illorum *CS* 455 (1).

5 (w. adj.) quantity, amount. **b** extent.

tam brevis ~us habentur .. quos solos veros filios habet [ecclesia] Gildas *EB* 26; c**693** (8c) competenti ~o (v. competere 2b); Bancor, in quo tantus fertur fuisse ~us monachorum Bede *HE* II 2 p. 84; xenia .. inestimabilis .. pretii et ~i W. Malm. *GR* I 95; **1313** testamentum .. per testes legitimos in ~o magno probatum *Reg. Cant.* 1343. **b** pius Osuualdus numero non territus ullo Alcuin *SS Ebor* 241; vulnus .. si .. ejus ~us non fuerit multus, vocatur scissura Gad. 122. 1 (v. contusio).

6 total sum, amount; **b** (of money).

fuit autem cum Domino Moyses quadraginta diebus et noctibus ut hoc ~o temporis disceret quod illi .. decalogum .. possent implere Bede *Tab.* 398; **1373** jactent quod averia possunt sustentari infra camp' de G. et ponent quolibet ten' ad certum ~um ita quod illum ~um nullus excedat *Hal. Durh.* 118; **13..** sciendum quod quando quarterium frumenti venditur pro xij d. et aliud quarterium frumenti venditur pro xviij d. minoratur ~us ponderis de vj d. crescentibus de xlv s. iiij d. (*Assisa Panis*) *EHR* XIV 504; **1464** summa tam xliij .. ~us totalis clix *Feod. Durh.* 208. **b** breve regis obtinebat ut quietus esset ab hiis que de terra ipsius pro essartis exigebantur, apposito ~o qui de hiis exurgebat *Dial. Scac.* I 11E.

7 group of persons.

illud quod de Judaeorum, in quorum ~o etiam Judas erat, abjectione generaliter positum erat BEDE *Acts* 944; e numero quorum Vuilfridus . . / . . alebat oves FRITH. 487; a**957** precibus sanctorum eorum ~o merear conjungi in caelis *CS* 936; primus de ~o patrum suorum sacris sacrilegis renuntiaret W. MALM. *GR* I 9; **1564** scholares . . nullius collegii aut aule ~o accensi (v. 2 accensus).

8 (mil.): **a** numerical strength. **b** unit, corps.

~o confisi, effuse in bellum ruunt W. MALM. *GR* I 47; nec ille pro ~o militum, quo tumebat, moram pugne fecit *Ib.* III 233; fortius invaluit ~o hostium, fortitudine tyrannorum J. FORD *Serm.* 85. 3. **b** Hugonem . . inter militares ~os sibi serviturum redegerat W. MALM. *GR* III 262.

9 reckoning, counting. **b** method of reckoning.

quis modus aut numerus vel certe calculus index / explanare valet virtutes illius ALDH. *VirgV* 855; foris rapum est et extra ~um hidarum (*Sussex*) *DB* I 28rb; de illis . . quos gladius peremit non est ~us W. MALM. *GP* I 62; immensitatis sue scientia et sapientia cujus ~us aut finis non est J. SAL. *Met.* 881A; jejunium ~i est ut cum quidam semel tantum comedit in dies quidam bis BELETH *RDO* 11. 25. **b** ex predictis mansionibus . . sunt modo wastae cc Anglico ~o, i. ccxl; et eodem ~o septies centum et lx sunt modo hospitatae (*Lincs*) *DB* I 336rb.

10 (~o, ad ~um): **a** by tale, by counting (money). **b** by counting (as dist. from testing by assay or weight).

a hoc quod rex habet valet vij libras et x solidos ~o (*Hants*) *DB* I 39ra; tempore regis E. valebat l libras et post et modo lx libras. tamen redd[it] ad ~um quater xx libras *Ib.* 44va; **1230** de c et lxv li. et j m. ~o et firma comitatus *Pipe* 110; **1257** reddendo . . x libras ~o *CS* 47. **b** reddit lxx li. pensatas . . et vij li. et xxvj d. ad ~um (*Kent*) *DB* I 2va; reddebat x libras ad ~um. modo reddit xvj libras de albo argento (*Bucks*) *Ib.* 143ra; annotantur ea que regum munificentia contulit ecclesiis . . quibusdam blanca quibusdam ~o *Dial. Scac.* I 5S; **1203** silva . . reddit . . per annum xxxviij libras de albo argento . . tempore regis Edwardi reddebat xviij libras ad ~um *Ambrosden* II 165; **1224** videatur si debeant de firma civitatis sue c li. bl[ancorum] vel ~o *KRMem* m. 14; **1225** loquendum de firma comitatus Ebor' utrum sit alba vel ~o *Ib.* m. 4d.

11 number as providing order, measure; **b** (*sub* ~o); **c** (w. ref. to *Sap.* xi 21).

~us in quo intelliguntur signa futura et sollemnitates divinae *Ps.*-BEDE *Collect.* 117; in ejusmodi hominum sorte et ~o versaretur J. FORD *Serm.* 115. 3; astrologie ~is comprehensis, defectus solis et lune etiam predicere potuit W. BURLEY *Vit. Phil.* 8. **b** innumeros [globos] sub numero consignasti, / quibus et situs debitus adaptatur J. HOWD. *Cant.* 55; in toto clxxx milia et iij m. et ij c. preter pedites qui sub ~o cadebant *Eul. Hist.* II 335; **1363** aulam collegiatam, sub certo studencium ~o . . fundavimus *Lit. Cant.* II 446. **c** omnia in pondere et mensura et ~o constituens BEDE *Prov.* 987; omnia studeant agere in ~o et pondere et mensura J. FORD *Serm.* 55. 9.

12 (mus.) rhythm.

quintus modus imperfectus sumitur hoc modo: omnes longe in pari ~o GARL. *Mus. Mens.* 5. 8; primus et secundus . . in tribus simul et semel sunt considerandi, sc. in modo, in ~o, in concordantia *Ib.* 11; fiunt ~i recordabiles, quibus anima recordatur soni jam facti R. MARSTON *QD* 387; sic igitur patet quod in anima sunt quinque genera ~orum . . judiciales, sensuales, progressores, recordabiles, occursores *Ib.* 393.

13 (in phr.): **a** (~o, *in* ~o) in number, numerically. **b** (*in* ~um) to a large number. **c** (~o) precisely. **d** (~o, dist. from *merito*).

a portenta . . diabolica paene ~o Aegyptiaca vincentia GILDAS *EB* 4; eisque semper ~o et preliari scientia prestarent W. MALM. *GR* II 125; Turci autem nec ~o nec armis impares ORD. VIT. IX 9 p. 529; quia in ~o visibiliter sumus, licet in rei veritate plures sint nobiscum, quam cum illis OCKHAM *Err. Papae* 958; motiva ejusdem, que sunt sex in ~o *Id. Dial.* 874 (*recte* 872). **b 1346** ceciderunt reges duo . . alii eciam barones et milites in ~um ad quorum nomina non possumus adhuc devenire (RIC. DE WYNKELEYE

Ep.) AD. MUR. *Chr. Cont. A* 216. **c** queritur utrum eadem sit materia ~o in omnibus. . . queritur utrum idem corpus ~o resurgat *Quaest. Ox.* 111. **d** illi pauci ~o, sed multi merito W. MALM. *GR* IV 337; altera [occasio] nec merito minus quam ~o secunda GIR. *TH intr.* p. 4; propter heresim . . est ipso jure . . papatu . . privatus, tanquam de congregacione fidelium secundum veritatem tam merito quam ~o non existens OCKHAM *Pol.* I 123.

14 Numbers, fourth book of the Pentateuch.

sicut in libro ~orum apertissime scribitur (*Ep. Ceolfridi*) BEDE *HE* V 21 p. 335; legimus . . in libro ~orum *Id. Cant.* 1130; in libro ~i scriptum est BALD. CANT. *Commend. Fid.* 12. 9. 582; quod legitur ~orum xxj T. CHOBHAM *Serm.* 13. 49rb; ut habetur decimo ~orum BACON *Tert.* 28; Genesis, Exodus, Leviticus, ~us . . *Meaux* III lxxxiv.

15 die.

a dice, . . ~us *CathA.*

16 (as adj., cf. CL *innumerus* or ME *numerous*), numerous, many.

post alias humanitates numeras sibi preostensas et factas *Ps.*-ELMH. *Hen. V* 107.

numinaliter [cf. CL *numen*], by the power of the godhead.

suas ulciscendo ~er injurias E. THRIP. *SS* 3. 5.

numisma v. nomisma.

nummarius [CL]

1 financial, relating to money, (*res ~a*) money, funds.

s**1298** ut . . quoties . . de re ~a agendum putaret, consueverit . . ad eosque [sc. episcopos] mittere ex consiliariis aliquot qui . . rogarent . . ut certas pecunias . . imperaret P. VERG. XVII 340.

2 (as sb. m.) moneyer, one who coins money.

perdidit ingentem nummarius ante mucronem WULF. *Swith.* I 277 (cf. ib. I 218: cui solitum formare numismatis aera).

3 (as sb. f.) financial regulation, law about money.

~a, lex de nummis OSB. GLOUC. *Deriv.* 385.

nummata, 1 nummatus, ~um, [ML], pennyworth; **b** (of grain); **c** (of manufactured goods); **d** (of land).

dic matri tue . . ut elemosynam quam solet facere persequatur cunctis diebus vite sue donec ei vel una supererit ~ata substantie W. CANT. *Mir. Thom.* II 36; **1199** exceptis . . undecim ~atis redditus *RChart* 12b; forum unde tolloneum colligitur . . de iiij ~atibus *Reg. S. Aug.* 28. **b 1309** ~ata frumenti *CartINorm* 238. **c 1164** quatuor ~atas savonis *Regesta Scot.* 243; c**1200** unum ~atum cere . . persolvere non omittant *Cart. Glam.* 794; c**1230** mittere debet ad curiam ~atam cervisie *Bec* 47; quod justum et antiquum pondus prime future stagni Cornubie antiquitus et nunc et semper solebat esse et debet esse majus de xxx numatis stagni quam pondus prime future Devonie *BBExch* 363. **d** a**1119** concedo . . xij solidatas et iiij ~atas terre *Regesta* 1196 p. 336. c**1205** concessi . . burgensibus . . ut cum quolibet plenario tofto suo habeant sex acras terre quas de boscho extirpaverint infra predictas ~atas terre ad faciendum inde commodum suum *BBC* (*Ayr*) 52; **1222** R. prepositus tenuit . . de purprestura . . vj ~atum terre *Dom. S. Paul.* 7; **1228** viginti ~atas terre in eodem manerio, sc. dimidiam acram quam E. . . tenet *MonExon* 24.

nummaticus, of money.

1377 de fonte sapiencie margaritam haurire, que summa non potest ~a comparari *FormOx* 384.

nummatius, money-collector.

~ius, A. *a penitollere WW.*

1 nummatus v. nummata.

2 nummatus [CL], supplied with money, wealthy.

nec nummata queunt corda vacare libris J. SAL. *Enth. Pol.* 270 (= R. BURY *Phil.* 15. 194).

nummicola [CL nummus+-cola], one who worships money.

legis amatores adeas et scripta colentes; / contra nugaces nummicolasque cave J. SAL. *Enth. Phil.* 1650; [dives] ~a est, non Christicola NECKAM *NR* II 187; felix nummicola par esset superis, / si posset gracia burse vel muneris / obstare viribus fati vel funeris WALT. WIMB. *Sim.* 70; sollicitudinem hanc stupendam ~is R. BURY *Phil.* 18. 233.

nummipeta [cf. CL nummus+petere], one who seeks money.

nummipete cum libricolis nequeunt simul esse J. SAL. *Enth. Pol.* 281 (=DOCKING 119, R. BURY *Phil.* 15. 194); quamvis nummipete id totum uniant / quod Tagus expuit . . WALT. WIMB. *Sim.* 84.

nummolarius v. nummularius.

nummosus [LL]

1 (of person) moneyed, rich.

valde ~os et pecuniosos nos esse sciebant GIR. *SD* 116; **1222** non sum valde ~us *RL* I 191; nummosus dicitur felix quem verius / appellat miserum, quid videt clarius WALT. WIMB. *Carm.* 364; purpuratum et nummosum / oratorem graciosum / bursa facit pendula *Id. Van.* 79; episcopus Roffensis ~us reputabatur *Hist. Roff.* p. 366; archiepiscopus . . quamvis ~us nichil effundebat GRAYSTANES 42.

2 filled with money.

~us . . i. nummis plenus OSB. GLOUC. *Deriv.* 381; mersus mercator nummosum per mare mordet / saccum GARL. *Tri. Eccl.* 30.

3 (of property) abounding in money.

spectabile quorum / vix opus inciperet nummosa pecunia Cresi H. AVR. *Hugh* 958.

4 concerned with money.

defraudatur honor nummosum propter amorem; / hinc nummosum amor tibi non defraudet honorem D. BEC. 1627-8.

5 (fig.) made of money.

avarities nummosis nexa cathenis D. BEC. 800.

nummularius [CL]

1 of or relating to the changing of money.

argentariam seu ~iam mensam tenendi, nos *banque* dicimus *Jus Feudale* 118.

2 (as sb. m.) money-changer, banker; **b** (w. ref. to *Joh.* ii 14–16).

pecuniam suam dicit ~iis esse faenerandam BEDE *Luke* 565; trapezeta, et ~ius, et colobista idem sunt, qui nummis fenerantur et vilis negotiis *Gl. Leid.* 29. 42; gibber . . susceptus a quodam trapezeta humanitas . . salvator . . respiciens . . ~ii labores . . medelam prebuit languenti LANTFR. *Swith.* 2; trapezeta vel numularius, *mynetere* ÆLF. *Gram.* 302; nullus dives nisi ~ius W. MALM. *GR* IV 314; sic quasi ad mensam ~ii sedens, graviter puniebatur M. PAR. *Maj.* V 629. **b** nummolarii ad hoc sedebant ad mensas ut inter emptores venditoresque hostiarum prompta esset pecuniae taxatio BEDE *Hom.* II 1. 115; Leo simoniacam haeresim in Galliis debellabat, ~iorum mensas et cathedras vendentium columbas evertebat Gosc. *Transl. Aug.* 31D; qui sunt ~ii qui vendunt columbas in templo BALD. CANT. *Serm.* 5. 11. 532; et ~orum mensas fortiter evertisse BELETH *RDO* 102. 108.

3 one who coins money.

forfex, forceps ~iorum, quasi quod foris est in nummo capiens OSB. GLOUC. *Deriv.* 242; ~ii . . fabricant monetam . . licet denarios monetant, sui non sunt denarii sed mittuntur ad cambium GARL. *Dict.* 128.

nummulus, ~um [CL]

1 small coin; **b** (w. ref. to *Matth.* xii 42); **c** (w. ref. to *Matth.* xxvi 15).

nummus . . inde hic ~us . . et hic nummullus, -li, ambo diminutiva OSB. GLOUC. *Deriv.* 381; ut hoc figmento emendicatis ~is lacunam impleant ventris W. MALM. *GP* V 277. **b** parvula sed viduae Dominus duo nummula praefert ALCUIN *Carm.* 65. 3. 3. **c** Christum vendiderat latro latronibus, / ter decem nummulis corda pascentibus WALT. WIMB. *Sim.* 21.

2 money personified as a saint.

prece sancti Nummuli perorante pro me, / si blasphemus fuero, mox placebo Rome *Poem S. Thom.* 89.

nummus [CL]

1 coin; **b** (w. gen. or adj. to denote sort of coin); **c** (fig.).

imago Decii apparebat in ~is *Comm. Cant.* III 115; marsuppium est sacculus ~orum BEDE *Prov.* 941; in eis [pauperibus] distributio ~orum [AS: *penega*] *RegulC* 40; accipiens .. ~um super filii caput complicuit .. *Mir. Frideswv.* 63; ter denis nummis venditur hic Dominus *Vers. Peterb. Psalter* 65. **b** reddit xl libras alborum ~orum (*Gloucs*) *DB* I 164ra; imperatorii ~i bizantini vocati W. MALM. *GR* IV 354 (v. Byzantinus); jussit .. distribui argentum et aurum optimatibus, ~os ereos inferioribus *Ib.* IV 357. **c** cum .. remunerantem ~um acciperet in coelis B. *V. Dunst.* 38; nonne vides quomodo terrenus homo .. cepit amare imaginem ~i cujus pretium in errore et stulta opinione consistit BALD. CANT. *Serm.* 3. 21. 522; nec distulit dives nimis mansuetudo ~um tributi semetipsum utique pro nobis solvere exactori J. FORD *Serm.* 119. 4.

2 penny; **b** (w. adj. denoting time or occasion of payment); **c** (w. ref. to *Luc.* x 35); **d** (as minimal amount).

juravit .. se nunquam inde quicquam vel ad liij ~os defraudasse *V. Kenelmi B* 82r. 2; reddebat .. xxxij nommos *DB* II 5; sub eo iij liberi [tenent] v acras et val[ent] decem ~os *Ib.* 309b; xv ~i; et pro omni parva pecude semper pro solido ~us (*Cons. Cnuti*) *GAS* 389 (cf. ib. *Quad.*: xv den., et de omni parvo pecore semper pro solido denarius reddatur); **1186** pro xij denariis quietus sit. si vero xij ~os dare non poterit .. ita admensuretur quod persolvere valeat *BBC* (*Coventry*) 154; laguna enim cervisie .. pro duobus ~is vendebatur TROKELOWE 95. **b** ~os matutinales GIR. *GE* II 25 (v. matutinalis 1b); **12..** ~us dominicalis (v. dominicalis 3c). **c** profuit ut Christus jam vulnera dira gementi / in curam nummos protulit atque duos ALCUIN *Carm.* 21. 26. **d** †**995** (12c) cum nec unum tantummodo ~um haberet .. rogitabat .. quo sibi pecuniam .. donaret *CD* 689; omnis regine substantia ad unum ~um emuncta W. MALM. *GR* II 199; beatum se .. astruat qui cenobium illius vel ~o vel valenti illustrat *Ib.* 213; nemo omnium extra tuam dignitatem me uno donavit ~o FREE *Ep.* 64.

3 money: **a** (sg.); **b** (pl.); **c** (personified).

a nec .. / auri fallentis gestant marsuppia farsa / sed loculos nummi calcant ut tetra venena ALDH. *VirgV* 1093; quo magis hec abeunt in sumptus, et mage crescunt; / nummus in expensam non rediturus abit J. SAL. *Enth. Phil.* 1632; quicumque plus amat ~um quam Deum, Deum negligit AILR. *Serm.* 9. 35. 257; omnes amant bursam fetam, / omnes nummum et monetam, summo querunt studio; / solus nummus nunc optatur WALT. WIMB. *Van.* 8; **1334** quod thesaurus noster ~i est exhaustus *RScot* 291a. **b** occurrerunt magna pollicenti ~i regis Anglie W. MALM. *GR* IV 307; omnium rerum est vicissitudo et ~i quaslibet injurias levant *Ib.* V 405; c**1155** sciatis nos concessisse novam decimam tam de piscibus quam de ~is *Doc. Theob.* 90; opes sunt proprie in auro et argento et ~is et pretiosa veste ANDR. S. VICT. *Sal.* 104; animum, qui numquam cum ~orum pondere poterit transvolare ad celum AILR. *Inst. Inclus.* 32. **c** quibus .. est dominus nummus D. BEC. 1557 (v. dea c); nummus est dominus qui sceptrum bajulat; / quos placet, elevat; quos placet, jugulat WALT. WIMB. *Sim.* 42.

4 counter used for reckoning.

ad quadrangulam tabulam que dicitur calculis bicoloribus vulgo scaccarium; potius autem est regis tabula ~is albicoloribus, ubi etiam placita corone regis tractantur W. FITZST. *Thom.* 39; **1404** magistro Waltero Forster, clerico rotulorum et registri .. pro pergameno pro rotulis scaccarii, vj s. viij d. et pro ~is ad computandum, xx s. *ExchScot* 611; **1406** pro expensis auditorum .. mensa scaccarii ac ~is numeracionis inclusis *Ib.* 647; **1465** cum .. mensa, tripodibus, scannis, clavis, contouris sive ~is *Ib.* 363.

5 (her.) roundel representing gold or silver coin.

tres ~i Bizantini aurei in fascia conchiliata supra parmulam argenteam ... totidem ~i argentei in taenia furva in aureo scuti alveolo sunt equestris familiae Bramstonorum (BAD. AUR.) UPTON *app.* 91.

numquam [CL], never, under no circumstances; **b** (*aut vix aut ~am* or sim.); **c** (w. double neg. reinforcing neg. aspect).

si cum matre quis fornicaverit xv annos peniteat et nunquam mutat nisi Dominicis diebus THEOD. *Pen.* I 2. 16; qui ~am Romanorum decreta mutari a se sepe jam dicebat voluisse *Ib.* 5. 2; moriens mea numquam pulpa putrescit ALDH. *Aen.* 14 (*Pavo*) 4; te .. ea in loca introducam ubi ~am te .. invenire valeant BEDE *HE* II 12 p. 108; sed ~am geldavit (*Sussex*) *DB* I 27ra; Lucas .. homagium michi nunquam fecit ORD. VIT. XII 39 p. 460. **b** aut vix aut ~am ANSELM (*Ep.* 375) V 319; vix aut ~am in bonam sententiam convenire W. MALM. *GR* II 165; qui odit, aut vix aut ~am habebit ANDR. S. VICT. *Sal.* 18; negotiatores .. ~am vel raro veniunt ad ecclesiam T. CHOBHAM *Praed.* 68; vix aut ~am *G. Roman.* 389. **c** c**1195** confirmavi .. quod ego nec heredes mei poterimus ullo tempore terram illam .. ~am vendere, invadiare .. neque aliquo alio modo alienare *Ch. Westm.* 382; **1391** promittens .. controversiam ullo ~am tempore non inferre (v. disbrigare).

numpquit v. numquid.

numquid [CL]

1 (interr. particle in dir. qu. expecting neg. answer) surely .. not?; **b** (w. *quis*) surely no one. .?; **c** (foll. by negative answer).

si quis gentilis elemosinam facere et abstinentiam haberet et alia bona .. ~id ea in baptismo perdidit? THEOD. *Pen.* II 4. 3; **801** ~id regularis constrictio prohibet te. .? (v. constrictio b); ~id meliora sunt saxa Hybernie quam Britannie .. ? G. MON. VIII 12; terra in manus impii data fuit. nunquid satis fuit? ANDR. S. VICT. *Dan.* 30; numpquit doletis pro oculo qui remansit? O. CHERITON *Par.* 116; ~it placet Deo qui sic ab eo se ipsum membrum abscindit *AncrR* 140. **b** ~id Olimpiaca Petro quis major in aula .. ? FRITH. 292. **c** ~id de longinquo territans? absit. BEDE *Retract.* 109.

2 (interr. particle in dir. qu. expecting affirmative answer); **b** (foll. by *non*).

~id propius adpropinquasti mihi temptando quam debuisti? *V. Cuthb.* II 3; "~id regem habetis? aut quo nomine censetur?" cui respondimus: "regem habemus, Edwardum nomine .." *Found. Waltham* 19; quando .. Dominus voluit subvertere Sodomam ubi Loth, amicus ejus, erat, "festina" inquit "egredi, quia dum inter eos es, non potero quicquam facere." ~id hic amore ligatus erat? *AncrR* 163; ~id .. est conveniens ut filii condicio ad patris .. condicionem referatur? FORTESCUE *LLA* 42. **b** num quid Deus facta impiorum non respicit? GILDAS *EB* 59; ~id non habuimus equos viliores plurimos? BEDE *HE* III 14 p. 156; **798** ~id non homo ex anima et carne constat .. ? ALCUIN *ad Beatum* 321; sed ~id seipsam non intelligeret? ANSELM (*Mon.* 32) I 51; ~id non illud tantum esse conspicitur quantum nullatenus aggredi sufficit nisi apostolica sanctitudo et inspiratio prophetica AD. MARSH *Ep.* 50.

3 (interr. particle in indir. qu.) whether.

querebatur .. ~id rex .. poterit dissolvere parliamentum *Eul. Hist. Cont.* III 362.

numquidnam, (interr. particle in dir. qu. expecting neg. answer) surely .. not?

~am talem agnoscis canonicum qui quondam a Vetusto—cum ceteris infauste viventibus—expulsus est Coenobio? LANTFR. *Swith.* 1; nunquidnam aliquid tale in verbis Danielis obicere poteris? PETRUS *Dial.* 48; verum ~am idcirco a bonis perpetrandis vacandum? OSB. GLOUC. *Deriv.* 157.

numularius v. nummularius. **numullus** v. nummulus.

1 nun v. non.

2 nun [LL < Heb.], fourteenth letter of Hebrew alphabet.

Runica Manuscripta 350 (v. daleth); differunt quia per mim, sc. M, filius Jude, filius Jeramel per †men [l. nun] sc. N scribitur S. LANGTON *Chron.* 80; habent quinque dupplicatas in figuris, set non nomine nec sono, ut caph, .. nun BACON *Gram. Heb.* 203.

nunc [CL]

1 now, at the present time. **b** nowadays; **c** (dist. from past); **d** (dist. from future); **e** (w. ref. to past) then.

~c igitur .. mundi consilia perquiramus THEOD. *Laterc.* 1; nunc precibus Dominum .. / pulsemus ALDH. *VirgV* 1587; **822** quattuor causis quae ~c nominabo *CS* 370. **b** Agarreni .. qui ~c abusive Sarraceni nominantur *Comm. Cant.* I 195; ubi nunc urbs aurea et gemmis aspersa litora dicuntur, ibi .. *Lib. Monstr. prol.*; Mysia, provincia Asiae, ~c Aeolis dicta BEDE *Nom. Act.* 1038; venit ad locum ubi ~c est civitas Turonorum G. MON. I 14. **c** ne ~c quidem ut antea civitates patriae inhabitantur GILDAS *EB* 26; qui tunc .. in clero illius conversatus, ~c monasterio .. abbatis jure praeest BEDE *HE* V 6 p. 289; quomodo tibi ~c videtur ille clericus, de quo hesterno die judicare promisisti? FELIX *Guthl.* 47 p. 144; Reopendune, quod erat tunc cenobium nobile, ~c, ut audivi, pauco vel nullo incolitur habitatore W. MALM. *GR* I 42 p. 43; tunc ut ~c MAP *NC* IV 5 (v. cuprum a); fac nunc quod prius feceris J. HOWD. *Cyth.* 140. 1. **d** tunc vere sabbatizabunt justi cum Domino .. quando area ventilata fuerit .. quando non late[bi]t quod ~c latet THEOD. *Laterc.* 24; quem nunc persequeris, posthac devota sequeris FRITH. 690; ~c latet in semine, postmodum apparebit in messe AILR. *Serm.* 28. 12; eadem .. caritate qua diligimus ~c Deum, diligemus tunc T. CHOBHAM *Praed.* 185. **e** Johannes .. evangelista .. usque ~c in hoc mundo duravit et dimisit eum Domitianus THEOD. *Laterc.* 25; ipse occidit Pantha in campo Gai et ~c facta est strages Gai campi et reges Brittonum interfecti sunt NEN. *HB* 64.

2 (in temporal phr.): **a** (*usque ~c, ~c usque*) until now. **b** (*ex ~c*) from now on.

a 679 sicuti ~c usque possessa est *CS* 45; ~c usque ordinem quo scriptae sunt retinent BEDE *Ep. Cath. prol.* 9; episcopus qui ~c usque superest *Id. HE pref.* p. 7; signa Deus faciet nunc usque salutis ALCUIN *WillV* 27. 4; usque ~c moratus sum Becci ANSELM (*Ep.* 296) IV 216; usque ~c appellatum est flumen Brittannica lingua Habren G. MON. II 5. **b** ?**1312** ex nunc omen cor letetur quia ve preteriit *Pol. Songs* 260; **1338** ex ~c semper in futurum *Reg. Newbattle app.* p. 293.

3 (*nunc .. nunc* or sim.) at one moment .. at another, sometimes .. at other times.

ex eo tempore ~c cives, ~c hostes vincebant GILDAS *EB* 26; lectio nunc fieret, sed nunc oratio sacra ALCUIN *SS Ebor* 863; ~c est conjugationis secundae, ~c quartae ABBO *QG* 14 (32); Gualenses .. nunc sibi, interdum Saxonibus ingrati consurgentes G. MON. XII 19; multis modis commendat Deus caritatem suam ergo nos: ~c rebus, ~c verbis, ~c beneficiis, ~c promissis BALD. CANT. *Serm.* 12. 1. 477; humores .. ~c nives, ~c pluvie dicuntur GIR. *TH* I 6.

4 (in text or argument) now, at this point. **b** (*restat ~c* w. inf.) it remains (to).

~c jam ad id unde digressus sum retorquam articulum THEOD. *Laterc.* 23; nunc igitur casto veneror rumore Mariam ALDH. *VirgV* 1673; de medio ~c dicamus quia .. venit Cantiam BEDE *HE* IV 23 p. 254; verum quia superius .. explicavimus, ~c quoque .. exponemus FELIX. *Guthl.* 36 p. 114; c**1130** ~c, igitur, karissimi patres et domini, estote fideles et amici S. Petri et ecclesie ejus *Ch. Westm.* 244; sed hec hactenus; ~c ad propositum redeamus J. SAL. *Met.* 928C; ~c autem si latera caeli tangerent se tactu mathematico, impossibile est quod fiat medium positivum inter illa latera sine motu locali omnium parcium OCKHAM *Quodl.* 47. **b** restat ~c intimari quomodo eandem .. incitet BEDE *Cant.* 1110; restat nunc de rerum earum universitate .. discutere ANSELM (*Mon.* 7) I 20; restat ~c parare ut in subsequentibus explicabitur G. MON. I 2.

5 (w. command).

te rogo, ne metuas nunc me ALCUIN *SS Ebor* 895; rege nunc nostram pelagi per caerula cymbam *Ib.* 1321; nunc age, communi si vivas optime voto FRITH. 1026; dic ~c, cor meum ANSELM (*Prosl.* 1) I 97; considerate ~c quale gaudium debetis habere in ista die AILR. *Serm.* 41. 10.

6 (w. exclamation).

eia nunc, homuncio, fuge paululum occupationes tuas ANSELM (*Prosl.* 1) I 97; ecce ~c future satietatis primitivam dulcedinem degustant BALD. CANT. *Serm.* 1. 50. 572.

7 (as quasi-adj.) present, current.

anno Regis E. ~c nono, incipiente decimo *Reg. Malm.* I 256; theologi ~c temporis et Gratianus, et sancti plures BACON *Maj.* I 396; anno regni regis ~c terciodecimo *State Tri. Ed. I* 1; **1327** tempore domini

E. nuper regis Anglie, patris regis ~c *RParl Ined.* 166; **1397** de licencia domini nostri regis ~c *Lit. Cant.* III 53; **1430** tempore domini regis ~c *Feod. Durh.* 9; anno regni . . domini regis ~c Henrici . . tricesimo *FormA* 72.

8 (as sb.).

esset tempus medium inter duo ~c BACON XIII 379 (v. contiguus 2); diximus autem 'in quo est', quia, quod fit leve, est grave in actu semper ante ultimum ~c sue corruptionis SICCAV. *PN* 172; omnes ~c est medium duorum temporum T. SUTTON *Gen. & Corrupt.* 197.

nunci- v. nunti-.   **nuncitare** v. nuntiare.

nuncubi [CL], (interr. particle) is it the case that . . anywhere?, now where . .?

~i, A. *now where WW.*

nuncupare [CL]

1 to name (w. proper noun): **a** (person or sim.); **b** (place or topographical feature); **c** (astr.).

a [fauni] qui sic a fando ~ati sunt . . *Lib. Monstr.* I 5; quos Christicolas . . ~abant ALDH. *VirgP* 34; perrexit adire patronum / gens Augustinum quem nuncupat Anglica tota WULF. *Swith.* I 1459; [ipsum Dei sanctum] quem tu Hebrea lingua messiam nominas, Greci vero christum et Latini unctum nuncupant, . . *Eccl. & Synag.* 60; Apollinem . . diversis nominibus ~ant et sub variis significationibus frequentissime ponunt ALB. LOND. *DG* 8. 1; de parte illa vulgariter ~ata Dolphini seu Armeniaci *Ps.-ELMH. Hen. V* 91. **b 704** (8c) in provincia quae ~atur Middelseaxan *CS* 111; in loco qui lingua Anglorum ~atur Maserfelth BEDE *HE* III 9 p. 145; **780** situs est juxta rivulum quod ~atur Caerent *CS* 236; in castro quod ex nomine beati Audomari . . ~atur *V. Ed. Conf.* f. 52r; precipuum monasterium . . antiquo vocabulo Streneshalh, modo Witebi ~atur W. MALM. *GR* I 50; duas acras prati ~atas Bordland *Reg. Kilmainham* 37; **1427** magistrum . . collegii vulgariter ~ati Baylyolhall *Deeds Balliol* 152. **c** zodiacus . . / cyclus . . / quem mazaroth reperimus / nuncupari antiquitus (ALDH.) *Carm. Aldh.* 1. 85.

2 to designate, call.

auctoritas Graecae interpretationis dactilum digitum ~avit ALDH. *PR* 120; tunica interior quam supra lineam strictam ~at BEDE *Tab.* 480; sonis prepositis et preparatis quartus superveniens in debita quantitate ordinatus, et isto modo quadruplum ~atur GARL. *Mus. Mens.* 16. 2; que apud musicos dicitur equalitas et quoad sonum unisonus ~atur *Mens. & Disc.* (*Anon. IV*) 65. 10; recte semibrevis ~abitur minorata HAUBOYS 272; **1530** phiolas . . vulgariter ~atas *crwyttes Invent. Ch. Ch.* 143.

3 to refer to as.

adulteros recte ~at quos derelicto amore sapientiae caelestis ad amplexum . . amicitiae mundialis BEDE *Ep. Cath.* 32; cum Deus dicitur esse Pater, significatur esse de quo aliquis nascitur; . . quando Spiritus Sanctus ~atur . . monstratur esse qui de aliquo procedit ANSELM (*Proc. Sp.*) II 178; vos . . sicut ministri Dei . . ignis urens recte ~amini BALD. CANT. *Serm.* 5. 5. 531; ille . . cujus adventum angelus nuntiabat, potest bene ~ari armilla AILR. *Serm.* 9. 22. 255; filiam Pharaonis vocat matrem Moysi, que et 'filia Domini' noncupatur . . S. LANGTON *Chron.* 90.

4 to call, utter the name of.

vocare . . ciere . . ~are OSB. GLOUC. *Deriv.* 144.

5 to dedicate.

Hieronymus quoque noster . . cui operam suam ~aret non tacuit MAJOR *praef.* p. xxx.

nuncupatim [LL], by name.

quorum ~im nomina et vitas persequi nec propositum est nec otium W. MALM. *GR* II 207; ~im illam et illam, quecumque famosioris prostibuli esset, abbatissam vel priorem . . instituturum cantitans *Ib.* V 439.

nuncupatio [CL]

1 name (w. proper noun). **b** term.

ille autem subulcus qui super caeteros eminebat Eoves appellatus est: ex cujus nominis ~ione locus nomen suscepit, hoc est Eoveshamm BYRHT. *V. Ecgwini* 364; nomine Bruti vocabitur insula, et ~io extraneorum peribit G. MON. VII 3; vulgari . . ~ione

sanctus Vincentius de Carvo vocatur GIR. *TH* II 24; doctor . . cujus ~io magister Rogerus Normannus *Id. RG* II 1; vetustissimoque majoris Britannie nomine in Anglie ~onem transeunte GERV. TILB. II 20. **b** sed nec victimarum ~io, nec extensio manuum . . sordidis actionibus videtur assignanda PULL. *Sent.* 857D; ut terribili ~ione mortis par utriusque metus et horror prevaricatori incuteretur J. FORD *Serm.* 105. 2; vide quia hec vox 'divina essentia' quandoque a theologis ita accipitur, ut hec appellatio superior sit his numcupationibus, 'justicia' etc. NECKAM *SS* II 64. 7.

2 (theol., w. ref. to adoptionist heresy) appellation, naming.

omne hoc quod audis plurale est ~ione, sed unum est potestate ALCUIN (*Adv. Felicem* II 6) *Dogm.* 152A; atque super haec dualitatis nomina id est, veritatis et ~ionis, proprietatis et adoptionis *Id.* (*Adv. Elipand.* IV 5) *Ib.* 290A; ubi non attenditur nature participatio sed ~io sola J. CORNW. *Eul.* 5 p. 270.

3 oral testament.

~io, *underne yrfebec* ÆLF. *Gl.* 115.

nuncupative [LL]

1 in accordance with a name, by name.

hos solos vere et ~e literatos esse dicebat GIR. *GE* II 37 p. 349; [sacerdos] angelus dici potest ~e *Id. Symb.* 21 p. 256 (v. comparative); ad raciones principales. dico quod apostolus loquitur de idolis, et ideo de 'diis' ~e DUNS *Ord.* II 238; s**1422** frater, non ortu sed ordine, non natura sed ~e, de materia scribendi quam ministras AMUND. I 91.

2 merely in name, nominally; **b** (theol.).

[Romanum pontificem] esse servum servorum necesse est; non equidem ~e ad gloriam, . . sed substantive, utpote qui servis Dei serviet J. SAL. *Pol.* 814A; unde rex, dives, dominus, lex, jus, . . nunc sumuntur in Scriptura vere et simpliciter, et nunc reputative seu ~e; et hinc concordantur Scripture que videntur in sentenciis repugnare; ut I Reg. xiii 1 dicitur quod Saul 'duobus annis regnavit' [supple] vere et simpliciter; postea vero circiter octodecim annis tyrannisavit et fuit rex ~e solum WYCL. *Civ. Dom.* I 135. **b** multi hoc nomine [sc. Jesu] dici poterant tunc, non tamen substantialiter sed ~e BEDE *Mark* 296C; qui enim ~e dicitur Deus inter omnia est: qui vero essentialiter Deus super omnia est ALCUIN (*Adv. Elipand.* I 14) *Dogm.* 253B; aliud est enim Deum vel Dei filium proprie et substantialiter esse vel nominari, et aliud ~e dici *Eccl. & Synag.* 68; PULL. *Sent.* 787A (v. essentialiter 1a); protervus potest . . dicere quod Deus erat verbum ~e WYCL. *Incarn.* 21.

3 orally.

1355 probatum fuit testamentum Roberti filii A. . . defuncti ~e factum coram nobis *Test. Karl.* 7.

nuncupativus [LL]

1 concerned with naming. **b** (gram.) designative.

insula que ~o usu ab incolentibus Ramesia promulgatur *Chr. Rams.* 182. **b** potest tamen alter pro altero capi, ~us viz. pro adverbiali et adverbialis pro ~o THURKILL *Abac.* f. 57; illa ergo quarta persona, quo nomine ~o partis humane posset censeri? NECKAM *SS* I 29. 4.

2 (theol.) according to name, in name only.

798 adserens Christum Jesum nec Filium Dei esse verum nec etiam verum Deum esse, sed ~um ALCUIN *Ep.* 148 p. 241; **798** gradatim vero praefatus Felix semper ad pejora descendit. primo . .; secundo . .; tertio, ~um Deum eum cum ceteris sanctis esse adfirmabat *Id. ad Beatum* 319.

3 so-called, self-styled. **b** self-arrogated.

rex terre ~us et preordinatus, non aperuit os suum *Rish.* 372. **b** nam omnis creatura vindictam sic presumptive accipiens perit peccato superbie . . . talis . . presumptuosa ac ~a accepcio faceret hominem esse deum WYCL. *Div. Dom.* 218.

4 (w. ref. to will or testament) oral.

1351 fabricaverunt . . quoddam testamentum †nuncupatum [MS: nuncupaturum] sub nomine dicte Johanne *SessPEssex* 134; **1446** G. F. . . suum testamentum sive ultimam voluntatem ~am condidit in hec verba *Test. Ebor.* II 125; testamentum ~um *Entries* 143.

nundinae [CL]

1 market-day. **b** weekday, day on which business may be done.

~as octo dierum . . ambitu BEDE *TR* 2 (v. celebrare 3a). **b 10** . . ~arum, *wicdaga WW.*

2 market-place. **b** market-stall.

10 . . ~arum . . *ceapstowa WW;* **1110** rex . . concessit . . sancto B. . . ferias viij dierum . . cum . . consuetudinibus que optime habentur in aliquibus ~is per . . Angliam *Chr. Rams.* 265; lingua tota die per vicos et civitates, per fora et ~as discurrat AILR. *Inst. Inclus.* 2; c**1185** concessi . . scoppam meam in ~is Norhant' *E. Ch. Northants* p. 158; certos domos in ~is Westmonasterii FLETE *Westm.* 116. **b** mercatores reliquerunt ~as, mulieres colos et opus textrinae BYRHT. *V. Osw.* 472; argisterium, stationes, ~e OSB. GLOUC. *Deriv.* 57.

3 market, fair. **b** market revenue.

muneribus de terreno ~arum mercatu allatis ALDH. *VirgP* 30; a**1136** sciatis me concessisse . . abbati M. ~as Malmesburie per quinque dies *Reg. Malm.* I 333; quidam mercator robatus fuit in eundo versus ~as de W. *PlCrGlouc.* 9; ~a, Gallice *feyre Teaching Latin* II 20; **1418** in tribus ~is, viz. Pentecost et duobus festis Sancti Petri, . . nullus magister . . bordas shope sue exponat *Mem. York* I 197; **1459** feriarum sive ~arum infra portam . . annuatim tenendarum *Lit. Cant.* III 233. **b** liberas ab omni tallagio et consuetudine cum quarta parte ~arum ejusdem loci . . *Doc. Theob.* 245; **1152** clamans quod ~e Sancti Florencii que ab antiquo de jure ecclesie Beati Florentii . . fuerant, nunc . . auferrentur *Act. Hen. II* I 29; **1427** tenementa . . simul cum ~is, feriis, tolnetis . . *FormA* 409.

4 trade, sale; **b** (eccl.); **c** (fig.).

~ae, negotiationes *GlC* N 183. **b** heredes Simonis Magi . . se ad ~as electionis accinxerat P. BLOIS *Ep.* 126. 376B; s**1345** ex quibus ~is Clementinis multi . . depauperati fuerunt AD. MUR. *Chr.* 174. **c** cum multas virtutes quasi merces varias in unum fasciculum comportaverit ad celestes ~as profecturus P. BLOIS *Ep.* 27. 93A; honoris ambitiosi ~as *Ib.* 131. 389C; ad ~as vanitatis *Ib.* 140. 417B; venit . . Augustinus quasi ad ~as hujus mundi in quibus habuit diabolus merces suas T. CHOBHAM *Serm.* 18. 67ra.

5 tournament.

militaresque ~as a Willelmo comite Eboraci et Alano comite de Richemunt adversus alterutrum conductas solvit *Hexham* I 141; utinam cum . . oppido lassi de agro aut de ~is litium revertimur ad vos, confoveri mereamur apud vos J. FORD *Serm.* 117. 12; Trojana agmina a vulgo tormenta dicuntur ad differentiam hastiludiorum que Alexander papa . . detestabiles vocat ~as NECKAM *Sac.* 365 n. 41; s**1217** facta est autem ista belli congressio, quam in opprobrium Lodowici ac baronum '~as' appellabant, quarto decimo kalendas Junii . . WEND. II 218.

nundinalis [CL]

1 (as adj.) of a market, relating to trade, for sale.

1287 hujusmodi venditio firme similis . . facit decimas ~es que debent . . pauperum necessitatibus providere PECKHAM *Ep.* 686.

2 (as sb. n.): **a** market-place. **b** market-right.

a †c**1083** ~ia et argisteria, id est mercatoria loca *Regesta* p. 58. **b** †**1087** cum ~ibus *Cal. Doc. France* 502.

nundinari [CL], ~are, to buy, acquire.

in -r terminata . . osculor, ~or, glorior ALDH. *PR* 120 p. 166; ~at, mercatur *GlC* N 189; spatium terre ab episcopo . . ~atus, ad unumquemque pedem mancam auri . . pensitavit W. MALM. *GR* II 124; pro auxiliis Willelmo . . prebitis, factus esset episcopus, divinum munus bellicosis laboribus ~atus *Id. GP* I 42; monachi non esse ut per doctrinam ~etur famam, ut cupiditate glorie vendat litteraturam *Ib.* I 46; eadem etiam cubiculariis ~anda preceperat ut quod minus haberent predia, suppleret curia *Id. Wulfst.* III 19.

nundinarius [CL], **a** that has a market. **b** that issues from a market.

a s**1294** in civitatibus muratis et villulis ~iis *Flor. Hist.* III 275. **b** Dionisius de Walth' tenet ad firmam tolneta forinseca et ~a ville de Abergellene redd. per annum term. pred. viij li. x s. *Surv. Denb.* 253.

nundinatio [CL], **a** act of setting out for trade, trafficking. **b** market, fair.

~o, quasi propositio *GlC* N 178; quietum te semper audierimus, plus fide et manu nitentem, quam vel pudenda mendicacione, vel turpi ~one G. HOYLAND *Ascet.* 284. **b 1012** (12c) infra civitatis Wentanae moenia . . juxta politanam ~onis plateam *CD* 720.

nundinator [CL], trader, trafficker.

his laudibus suscitaverunt majorem viri animum Edwardi regis in cujus pectore nichil umquam ~or ecclesiarum, nichil unquam deprehendit avarus, quod suis conduceret artibus W. MALM. *Wulfst.* I 11; mango, mercedarius, ~or, negotiator OSB. GLOUC. *Deriv.* 477; sane in foro rerum venalium generis hujus laudum ~ores, quo negotiantur in eis, grandiosa et eximia queque in ipsum preconiorum finem dicenda reservant J. FORD *Serm.* 36. 4.

nundum v. nondum. **nunicare** v. nuntiare. **nunna** v. nonna. **nunno** v. nonno. **nunquam** v. numquam.

nuntia [CL], messenger, emissary (f.), (also fig.).

ipsius altithroni ductrix et nuntia dicor BONIF. *Aen.* 39; hec eorum [sc. demonum] ~a nequam et executrix irarum MAP *NC* II 14 f. 28; verum hujuscemodi declinationes nequaquam ad sponsam pertinere causaberis, neque enim amoris indices sed ire magis ~e sunt J. FORD *Serm.* 42. 2; nuntia Junonis varios induta colores / concipit Yris aquas BERN. *Comm. Aen.* 7; hec est arca Noe viva, / hec columba cum oliva, / hec est pacis nuntia GARL. *Poems* 4. 3a.

nuntiare [CL]

1 to announce, report (fact or occurrence); **b** (w. acc. & inf.); **c** (w. indir. qu.); **d** (w. *quod*); **e** (absol., usu. w. dat. of indir. obj.) to tell, report; **f** (w. prep. & abl.) to inform.

Christus per angelum virgini ~atur THEOD. *Laterc.* 12; nuntiat in mundo nostri cunabula regis ALDH. *VirgV* 330; obitum . . episcopi . . eadem hora noctis qua ille viderat visionem, longe lateque ~atum esse audierunt *V. Cuthb.* I 5; sedentes angeli qui resurrectionem ejus ~ant BEDE *Hom.* II 10. 152; Christum evangelizare, hoc est enim Latine bene †muntiare [l. nuntiare] *Id. Ezra* 821; cujus voluntate cognita frater, qui cellae hospitium procurator est, abbati . . rem ~et LANFR. *Const.* 168; nonciavit David fideliter ea que gerebantur apud Saulem S. LANGTON *Chron.* 100; **1275** in j nuncio ~anti comitisse mortem Symonis Robbi *Ac. Stratton* 63. **b** ~avit . . abbatissam jam migrasse de saeculo BEDE *HE* IV 21 p. 257; abbas autem illos fuisse in domo viduae . . alium sibi ~asse aiebat FELIX *Guthl.* 43 p. 134; fama . . / nuntiat, hanc cursu sanctum petiisse fugaci WULF. *Swith.* I 1192; ~atum est regi ibi prope unam leucatam esse transitum congruentem ultra flumen Summe *G. Hen.* *V* 11. **c** delatores ~ant quanta illum Athelwoldus astutia emunxerit W. MALM. *GR* II 157; quomodo dicti monachi ad monasterium . . pervenerunt . . astruimus presentibus †nunicare [l. nunciare] *Pri. Cold.* 53. **d** ~atum est nobis quod . . ad hoc audendum duces tuo exemplo provoces W. MALM. *GR* I 80; ~averunt regi per tres haraldos quod preliarentur *G. Hen.* V 11. **e** pulsans ad ostium ~avit abbatissae BEDE *HE* III 11 p. 149; **1239** C. G. gradiens versus monasterium de H. R. vidit unum damum jacentem mortuum in campo A. de B. . . et statim ~avit G. de B. foristario *SelPlForest* 71; **1294** per ipsum regem ~ante Dunolmi episcopo *RScot* 21a. **f** de defectu suorum verus interpres ~avit ORD. VIT. IX 9 p. 531; s**1305** regi . . super his omnibus . . ~antes *Flor. Hist.* III 129.

2 to announce the arrival of.

de ~atis subito hostibus GILDAS *EB* 1; de quibuscumque †nuncitantibus imminentia pericula . . quilibet debeat speculatorem ~antem gladium venientem audire OCKHAM *Dial.* 649.

3 to deliver, convey (message, news).

si bona ~averint subsecuturus continuo W. MALM. *GR* II 177; ave, domus regia, / quam edificavit / Rex, qui pacis gaudium / mundo †muntiavit [l. nuntiavit] S. LANGTON *BVM* 3. 26; s**1346** venit etiam qui ~aret nova de Cressy AD. MUR. *app.* 249.

4 to make known, indicate.

multa alia nobis aliter videntur visus et alii sensus ~are quam sint ANSELM (*Ver.* 6) I 184; *demostrer* . .

~are *Gl. AN Ox.* f. 154r; aurora . . lucem diei jam ~ante AD. MUR. *app.* 247.

5 to bring forth, say, utter.

quando 10 dixisti numerum almuzahar pronunciasti, et quando pro 6 dixisti alszian protulisti, et quando quot dixisti, numerum almuhen sive magol, id est ingotum, pronunciasti [v. l. nunciasti], et quando pro 4 dixisti numerum alchemon edidisti ROB. ANGL. (I) *Alg.* 122n.

6 to denounce.

inquisitio capta per preceptum domini regis, domino Willelmo de V. ~ante *Mon. Francisc.* II 292; **1301** excommunicacionis sentenciam incurrit et . . ad instanciam . . religiosorum fuerat publice ~atus *Reg. Cant.* I 402; licet cuilibet Christiano ipsum [sc. papam] ecclesie de heresi ~are OCKHAM *Pol.* II 794; **1525** P. baro . . cepit edificare castrum in terris episcopi . . et cum hoc audisset episcopus venit et ~avit novum opus *Reg. Clogher* 240.

nuntiatio [CL]

1 announcement, message.

dicitur evangelium omnis bona ~o de Deo T. CHOBHAM *Praed.* 89; audita . . nunciorum ~ione AVESB. f. 124.

2 making known, teaching (in quot., w. obj. gen. of subject taught).

est . . predicatio divini verbi ad informationem fidei et morum ~o. . . ad informationem fidei et morum dico, quia hic debet esse finis omnis predicationis, ut instruantur auditores in fide et in bonis moribus T. CHOBHAM *Praed.* 15.

3 (feast of) Annunciation (25 March).

1204 ad ~onem sancte Marie iiij^{or} lib^r *RChart* 124.

4 position as papal legate or nuncio.

1332 sub sigillo quo utimur in officio ~onis nostre *Lit. Cant.* I 517; responderunt quod non irent ad abbatem racione ~onis sue, set sicut vicinus ad rogatum ejus THORNE 2063.

5 (leg., *novi operis* ~*o*) action of warning a neighbour that new alterations are damaging one's property (with intention of halting the work).

si de edificio sit, quia interdictum de novi operis ~one tantum de edificiis est VAC. *Lib. paup.* 255; **1259** non obstante ~one novi operis per sacristam . . monasterii Sancti Edmundi *Pat* 73 m. 5.

nuntiativus, that contains an announcement or message, (*litterae* ~*ae*) letters nunciative.

a**1394** in omnibus litteris ~is utique status nostri quas cotidie quasi per singulos intervenientes vestre serenitati dirigimus *Dip. Corr. Ric. II* 21; exoro quatinus per sublimitatis vestre litteras continencie status vestri ~as mea velitis desideria recreare *Ib.* 95.

nuntiator [CL], reporter, announcer, messenger.

angeli minorum, archangeli summorum creduntur ~ores PULL. *Sent.* 885D; **1295** publice leticie ~orum oraculis . . affluentibus *Reg. Cant.* I 11; ex quibus verbis non habetur quod Samuel deposuerit Saul, sed quod ~or fuit deposicionis facte a Deo OCKHAM *Pol.* I 51.

nuntiatorius, that contains an announcement or message, (*littera* ~*ia*) letter nunciatory.

1338 littera ~ia ad prandium *Lit. Cant.* II 194.

nuntiatrix [LL], reporter, announcer, messenger (f.).

hec est palme nuntiatrix GARL. *Poems* 4. 8b (v. judicatrix).

nuntium [CL]

1 message: **a** (oral); **b** (from God); **c** (pl.) news.

a intravit quasi ~um domini sui referens BEDE *HE* II 9 p. 99; desperati reditus audito ~o W. MALM. *GR* I 3. **b** angelorum . . agmina . . quasi divinum ~um deferentia OSB. *V. Dunst.* 41; **10** . . euuangelium, id est bonum ~um, *godspel WW*; Dominus . . mittit ad nos cotidie ~um suum, evangelium sc., quod interpretatur

bonum ~um T. CHOBHAM *Serm.* 9. 38va; ille non predicat euuangelium, id est bonum ~um, qui alium fructum querit quam Deum *Id. Praed.* 90. **c** hic valent pillule ex aloe, et mastice cum succo absin. et ~a terribilia . . . omne genus singultus extinguitur si nuncientur terribilia GILB. V 210v. 2; venerunt certa ~a de bello commisso in Portyngalia *Chr. Westm.* 150.

2 message (written).

jubens . . ut cum ~um ejus acceperint . . redeant cuncti W. POIT. I 33; debet ferre ~a in manerio quando ei jussum fuerit *Cust. Glast.* 38.

3 mission, embassy. **b** (*in* ~*um*, ~*o*, w. gen.). **c** purpose of mission.

qui post ~um quod pro prelatis Anglie . . in curia Romana . . consummaverat, infirmatus est Oxonie dysenteria ECCLESTON *Adv. Min.* 94; **1333** presencium . . latori consilium et auxilium impendere velitis ad faciendum injunctum ~um, ex parte nostra, domino regi *Lit. Cant.* II 31; c**1410** magistrum J. . . in hoc ~o exeguendo eidem mittimus paternitati *FormOx* 215. **b** si quis in ~um regis est et breve ejus deferat (*Leg. Hen.* 79. 2) *GAS* 595; **1217** Radulfum . . qui in Hibernia in ~um nostrum proficiscitur *Pat* 32; **1219** Radulfo . . eunti in ~um domini regis ad Lewelinum . . salvum conductum prebeant *Ib.* 189; **1265** cum . . R. profecturus sit in ~um nostrum . . ad partes Hibernie *Cl* 55; ibi in ~um domini *Cust. Taunton* (ib. 18: ibit in ~o domini). **c** celato apud parentes ~o W. MALM. *GR* II 157; s**1454** missi . . fuerunt ad . . abbatem coquinarius . . et sacrista, qui venientes ad eum exponebant suum ~um *Reg. Whet.* I 140.

nuntius [CL]

1 (as adj.) that conveys an announcement or message.

nuntia fama volat, patris et miracula narrat WULF. *Swith.* II 278; fama . . quae tam falsi quam veri ~a volat W. POIT. I 33.

2 (med.) indicative, prognosticatory.

hujus urina non est ~a *Quaest. Salern.* Ba 71; si autem in diuturna febre in die cretica vel ~a appareat, maxime in die quarta cujuslibet septimane, significatur ab apostemate in membris liberatio GILB. I 33v. 2.

3 (as sb. m.) one who conveys an announcement, messenger. **b** (w. play on etym. of ἄγγελος) angel. **c** herald (also fig.).

quod cum ~i certi narrassent regi BEDE *HE* IV 1 p. 203; certus ~us aut brevis ad monasterium venerit LANFR. *Const.* p. 190; ~is ad ipsos transmissis que pacis erant tractare . . satagebant GIR. *EH* I 3 p. 233; et dicit glosa quod iste fuit Nabal Carmelus, qui tondens oves, noncios David contumeliis affecit S. LANGTON *Chron.* 81; ~us [ME: *messager*] vero nobilis viri debet reverenter recipi et cum hillari wltu, precipue si sit secretarius Domini *AncrR* 65; dum rex Willelmus venatum aliquando intenderet adest ~us qui dicat Cenomanniam fore obsessam KNIGHTON I 105. **b** inter veridicas rationalis secundae a ~is derivationibus non pertimescas . . inuri GILDAS *EB* 1; nuntius e caelo pinnatus labitur alto ALDH. *VirgV* 2368; angelus vel ~us, *engcel* ÆLF. *Gl.* 154; angeli nomen ab officio sumptum sit, quia angelus '~us' dicitur ANSELM (*Ep. Inc.* 2) II 13; angelus, divine viz. gratie ~us, apparebit AILR. *Serm.* 14. 2. 290; omnis . . sacerdos angelus Domini esse debet, id est ~us ejus T. CHOBHAM *Serm.* 19. 69vb. **c** descendit celitus / puer, qui nascitur, / eterni nuncius / et filius / parentis P. BLOIS *Carm.* 20. 1a. 5; mortis est nuncius puer cum nascitur, / mortis est nuncius flos cum producitur, / mortis est nuncius quicquid corumpitur, / nam mortem nunciat omne quod moritur WALT. WIMB. *Sim.* 157-9.

4 envoy, legate, representative: **a** (papal); **b** (archiepiscopal); **c** (royal); **d** (of secular lord); **e** (of mil. leader); **f** (of trade organization); **g** (~*us sollemnis, specialis*).

a 1169 ~os domini pape . . quos pro negotio archiepiscopi . . ad me transmisit *Act. Hen. II* 438; **1291** sedis apostolice ~us . . in Anglia residens *Mon. Francisc.* II 54; **1330** Icherii . . pape in Anglia ~ii *Lit. Cant.* I 323; ~o camere Domini pape in Anglia *Meaux* I 433. **b** dominus Cantuariensis . . destinavit ~um ad sedem apostolicam A. TEWK. *Add. Thom.* 3. **c** homines de hund' dicunt se nunquam vidisse brevem aut ~um regis *DB* I 36ra; **1169** sepius ~os nostros ad pedes paternitatis vestre direximus *Act. Hen. II* I 436; **1177** ~i vestri a Romana curia redierunt exonerati quidem argento, onerati plumbo P. BLOIS *Ep.*

41. 121C; **1388** debent [ballivi] . . ix li. ciij s., quos liberaverunt domino cancellario ad distribuendum ~is regis *ExchScot* 181; **1429** ego Johannes Ivest ~us domini regis de Scaccario apud Westmonasterium *Reg. Cant.* II 435. **d 1155** habet etiam mittendo ~um suum in Pasca xiiij micas et duas summas vini *Act. Hen. II* I 35. **e** nec mora missa in Germaniam legatione. . interea . . reversi sunt ~i ex Germania G. MON. VI 12. **f 1407** ~i consulares communitatum de Hansa *Lit. Cant.* III 105. **g 1234** alii . . per ~os sollempnos et per litteras pecierunt misericordiam *BNB* II 666; **1327** qualiter Scoti nostri . . pacis tractatum cum nostris solempnibus ~is . . contemptibiliter recusarunt *RScot* 219a; **1443** universitas . . de . . liberalitate . . principis . . centum . . volumina, per dilectos et speciales ~os suos . . recepit *MunAcOx* 765; **1487** negociorum nostrorum gestores ac ~os speciales et generales *Conc. Scot.* I ccxxxix.

5 servant, hireling.

1289 recipiant . . a bestia onerata [sc. transeunte pontem] cum ~o ducente . . bestiam tres obolos *RGasc* II 531a.

6 (med., also fig.) indicator, prognosticator.

impudicus . . oculus impudice mentis est ~us BALD. CANT. *Serm.* 13. 18. 471; oculus . . quasi ~us [ME: *erindebere*] cordis *AncrR* 14.

nuper [CL]

1 recently, not long ago; **b** (superl. *nuperrime*).

signavi ei mulierem . . plorantem propter filium suum ~er mortuum *V. Cuthb.* IV 6; historiam . . quam ~er edideram BEDE *HE* pref. p. 5; vena cui nuper medio est incisa lacerto ALCUIN *SS Ebor* 1123; rex ~er defunctus ANSELM (*Ep.* 214) IV 113; nec alicujus criminis ~er in Jesum commissi sibi conscia erat BALD. CANT. *Serm.* 2. 438. **b** provinciam . . quam ~errime rex Ecgfrid . . obtinuerat BEDE *HE* IV 12 p. 229; iiij Arpendi vineae ~errime plantatae (*Herts*) *DB* I 138va; si alicujus sancti qui ~erime fuerit, vita producatur in medium W. MALM. *Wulfst. prol.* p. 2; **1166** recolo me per Fulconem ~errime omnia plenissime nuntiasse J. SAL. *Ep.* 178 (171); posterisque proponantur in exemplum, quibus ~errime magnificum virum Henricum regem Anglie . . glorificavit Altissimus *Mir. Hen. VI* I 1 p. 16.

2 (as quasi-adj.) recent, former.

solebat ~er major se offerre . . ad compotum suum *MGL* I 25; **1423** Roberto ~er clerico de consilio ~er regis (*IssueR*) *EHR* XXI 20; **1588** totam illam ~er cantariam sive liberam capellam nostram *Pat* 1319 m. 19.

3 (~*er obiit*), as title of writ.

1252 breve ~er obiit non jacet ei qui plus vult petere quando heres aliquid habet de hereditate (*Casus Placitorum*) *Selden Soc.* LXIX p. lxxxij; certa pars hereditatis petita fuit per aliud breve de recto quam per breve ~er obiit BRACTON f. 376v; in brevi . . ~er obiit limitatur tempus sicut in brevi de nove disseysine [*sic*] *Fleta* 306.

nuperime, nuperrime v. nuper.

nuperus [CL]

1 newly arrived.

dicitur ~erus nuper adveniens OSB. GLOUC. *Deriv.* 376.

2 newly instructed, who has little education.

noviter instructus, quod et rudis et ~erus dicitur OSB. GLOUC. *Deriv.* 506.

3 recent.

de cujus ~errima revelatione parum quid . . hic inserimus GOSC. *Transl. Aug.* 26A; s**1423** ~errima distemperantia (v. distemperantia c).

nuptatorium v. nuptorium.

nuptiae [CL]

1 (act or state of) marriage.

spernuntur . . primae . . praesumptivae ~ae GILDAS *EB* 35; cum . . invitus ad ~arum commercia cogeretur ALDH. *VirgP* 37 p. 285; hanc pater et genetrix pactis sponsalibus ambo / ad stirpem generis satagebant dedere nuptiis *Id. VirgV* 1985; hic, tanquam pignus daturus ad ~as vel suas oblaturus primitias, accedit coram Domino GOSC. *Edith* 43; potiendi puella spem

imbibit nec distulit quin ~as peteret W. MALM. *GR* I 7; post breves nuptias / fallacis glorie / momento moritur (*Pol. Poems*) *EHR* V 316.

2 wedding-feast, nuptial celebration; **b** (w. ref. to *Matth.* xxii 9); **c** (w. ref. to *Joh.* ii 1); **d** (in title).

si quis ~as habet vel matrimonia non licita, tamen licitum est escam quam habent manducare THEOD. *Pen.* II 12. 31; ~is regaliter factis ASSER *Alf.* 9; ut cum in ~is ludi videntur, cantilenae audiuntur, cibus et potus deliciosi sumuntur *Simil. Anselmi* 17; **1221** nullam culpam habuerunt nisi propter hoc quod fuerant ad quasdam ~as ad convivium ubi predicti fuerunt *PlCrGlouc* 61; **1320** rogabit illum ut veniat ad ~as (v. custos 6f). **b** vocavit me, puto, ad ~as. ita cuncta placent, cuncta splendent J. FORD *Serm.* 43. 5. **c** Jesus . . cum discipulis suis ad ~as in Chana vocatus est ORD. VIT. I 5 p. 14; per interpellationem Marie aqua in ~is [ME: *neoces*] convertebatur in vinum *AncrR* 147. **d** unde Martianus in Philologie ~is 'major filiarum Prognoes' inquit ABBO *QG* 19 (41).

3 sexual congress.

sanitate recuperata, ~is minime privantur nec esu carnium ÆLF. *Ep.* 2a. 3; tempus habent operi ~arum indulgendi legitimi conjuges cum spes vel necessitas procreandi prolis permiserit ANDR. S. VICT. *Sal.* 110; [angeli] cum sint incorporei . . non sunt ~is indigentes [TREVISA: *hem nediþ weddinge ne wifinge*] BART. ANGL. II 2.

4 (fig.); **b** (w. ref. to death); **c** (w. ref. to dedication of church).

non vino veteri quod in ~is ecclesiae defecit sed musto sunt gratiae spiritalis impleti BEDE *Acts* 948. **b** donec . . ad complexum et ~as summae caelestis virgo beata intraret BEDE *HE* III 24 p. 179. **c** [Haraldus] ipsum regem sancte memorie Edwardum invitavit ad ~as Christi et ecclesie illius *Found. Waltham* 16.

nuptialis [CL]

1 of or pertaining to marriage or a wedding, nuptial; **b** (w. ref. to *Matth.* xxii 9); **c** (w. ref. to *Joh.* ii 1); **d** (as sb. m. pl.) wedding, nuptials.

~e triclinium ALDH. *VirgP* 46 p. 300; epithalamium, carmen ~e OSB. GLOUC. *Deriv.* 201; ne temporibus quibus orationi . . vacandum est, ~is usus exerceatur AILR. *Spec. Car.* 3. 32. 605; ~i more toto in epulis die in thalami deliciis nocte consumpta GIR. *EH* II 3; est Dominus celebraturus ~es epulas T. CHOBHAM *Serm.* 7. 31rb; **1342** velum ~e deficit (*Vis. Totnes*) *EHR* XXVI 112. **b** ne . . ~em caritatis ac fidei vestem pulvere vitiorum sordidet BEDE *Ep. Cath.* 25; a**796** haec sunt ~ia vestimenta, in quibus superni regis convivia possidere digni efficiamini ALCUIN *Ep.* 54; sine caritate que vestis est ~is ad convivium summi regis intrare AILR. *Serm.* 28. 23. **c** c**798** spurcissimis errorum faecibus limpidissima ecclesiasticae fidei pocula inficiunt et ~e vinum . . salubriter potandum convertit ALCUIN *Ep.* 139. **d 10..** ~es, *þa giftelican WW.*

2 (transf. & fig.).

ablutus aqua salutari, ~i veste induitur *Pass. Æthelb.* 1; vestis ~is ex virtutum varietate contexta AILR. *Inst. Inclus.* 27; leta jam venias in orto vernali, / vernans in floribus vernandi decoris, / jecur in ignibus immergas amoris, / thoro cervicem applica nupciali J. HOWD. *Cant.* 362.

nuptialiter [LL]

1 as befits a wedding.

genialiter, voluptuose vel ~er OSB. GLOUC. *Deriv.* 261; tercio quasi ficte rogat Andromacham ut inducat Polixenam ad ornandum se ~er TREVET *Troades* 65.

2 in lawful marriage.

s**1169** donec pueri, qui nondum per etatem nuptias contrahere poterant, suo tempore ~er convenirent W. NEWB. *HA* II 24; videbit Mercurii seminudi, dum querit philologie ~er copulari, . . pudenda patere SIC-CAV. *PN* 83.

nuptiolae [ML *gl.*], small wedding.

~e, parve nuptie OSB. GLOUC. *Deriv.* 378.

nuptis v. nuptiae.

nuptorium [ML *gl.*], **nuptatorium**, place in which weddings take place.

~atorium . . i. domus vel locus ubi nubitur OSB. GLOUC. *Deriv.* 378; ~orium, *brydale hows PP; a weddynge howse* ~orium *CathA.*

nuptus [CL], marriage, (~*ui tradere* or sim.) to give (a woman) in marriage.

Gaufridus . . filiam habebat . . quam viro cuidam de vico . . Willelmo nomine ~ui collocaverat *Mir. Fridesw.* 76; Willielmus . . ~ui tradidit amitam suam R. NIGER *Chr. I* 93; cui . . filiam suam se ~ui daturum spopondit GIR. *EH* I 10; [Haroldus] filiam W. ducis Normannorum ~ui traditam contempsit *Found. Waltham* 20; **1290** sorores et neptes ipsius cum bonis eisdem tradere ~ui *Mon. Hib. & Scot.* 155a; s**1238** rex tradidit sororem suam . . ~ui Simoni de Monteforti *Ann. Lond.* 35; s**1191** filiam . . Roberto de B. nuptu traditam, cuidam Roberto de R. . . matrimonio copulavit *Plusc.* VI 35.

nupxit v. nubere.

1 nurus [CL], daughter-in-law.

beata Maria . . ~us patris ALDH. *VirgP* 40; **10..** †snoru [l. nurum], *snoru* . . †murum [l. nurum], *snore WW*; sic transfigurat se in angelum lucis, ut uxor a viro, filius a patre, ~us a socru discedant, proh dolor! GERV. CANT. *Chr.* I 270; cum in eadem camera cum filio suo uxorato jaceret, ipso absente . . versus stratum . . ~us . . incessit GIR. *GE* II 17 p. 248; doctores evangelice doctrine . . incitaverunt filium adversus patrem . . et socrum adversus ~um KNIGHTON *Cont.* 187; hec ~us, A. filia in lege, uxor filii *WW.*

2 nurus v. nutus. **nuruus** v. 1 nurus.

†nusa, f. l.

1209 [pro uno] pari †nusarum [l. hosarum] vac' ad opus Robini de Samford', ij s. *Misae* 132 (cf. ib. 150: pro hosis vaccineis ad opus Robini de S.).

nusca [cf. OIr. *nasc*, OF, ME *nouche*, OHG *nuscha*], clasp, buckle, brooch, 'ouch'.

dedit . . unam †miscam [l. nuscam] auream gemmis pretiosis ornatam et unum [*sic*] cortinam *Chr. Rams.* 199; **1206** quandam ~am auream *Pat* 58b; **1237** in perlis et nuschiis de argento deauratis *Pipe* 81 r. 15; in j nuschia argentea deaurata ad predictam capam de samito *Ib.*; **1249** fieri faciat unam capam chori de bono samitto, et unius coloris, cum lato aurifragis et magna ~a *Cl* 143; **1251** de j nuchia cum garnata incisa *Pipe* 95 r. 7d; **1260** cum quadam nuschia competenti ad dictam capam *Cl* 234; **1297** una nouschia vetus auri cum camahuto *Doc. Scot.* 415; **1300** una nouchea auri parva cum camahuto fusco *Ac Wardr* 345; **1302** j nouschea ad modum aquile aurea cum rubettis . . j nouchea auri cum imaginibus regis et regine *KR Ac* 357/13 m. 1d; **1303** quedam nuchia cum camahuto situata in auro *DocExch* 280; **1332** cuilibet unum nucheum auri cum ameraldis (*KR Ac* 386/7) *Arch.* LXXVII 138; **1352** j nouch' cum . . ij emerald' a latere dicti nouch' *Reg. Black Pr.* IV 43d; ij parv' nouch' auri rotundi cum iij perulis minoribus *Ib.* 44; **1388** nouchis et aliis jocalibus *CoramR* 508/29; **1399** ordinamus quod de omnibus jocalibus nostris residuis, viz. circulis, nochiis et aliis jocalibus quibuscunque, preficiatur nova fabrica navis ecclesie *Foed.* VIII 76.

nuschia v. nusca. **nusciosus** v. nuscitiosus.

nuscitiosus [CL =*who suffers from night-blindness*], one whose senses are keener at night.

nasciosus, qui plus vespere sapit vel vidit *GlC* N 39; nusciosus, qui plus vespere videt sapit et olet OSB. GLOUC. *Deriv.* 384.

nusquam [CL]

1 nowhere, in no place; **b** (w. ref. to written text). **c** (~*am esse*) to be non-existent. **d** (foll. by adv. of place or sim.).

discessere . . spiritus maligni et me relicto ~am conparuerunt BEDE *HE* III 11 p. 150; locum hunc longo incoluimus tempore ac in sempiternum putavimus incolere quoniam ~am alium habemus FOLC. *V. Bot.* 403; ita a muribus repente circumvallatus est, ut ~am esset effugium W. MALM. *GR* III 290; **1168** timeo enim ne ~am sint, qui inveniuntur J. SAL. *Ep.* 234 (240 p. 458); quomodo appropinquavit Deus, qui ubique praesens est et ~am deest? AILR. *Serm.* 2. 9. 265; quiescet ergo ubique vel ~am, dico naturaliter SICCAV. *PN* 149. **b** nomen autem Sunamitis ~am me alias legisse memini BEDE *Cant.* 1187; nam syllabam naturaliter productam ~am in metro correctam me legisse memini ABBO *QG* 3 (8);

meque ab ejus laudibus ~am accipies deviare *Enc. Emmae arg.* p. 6; ~am legimus et omnino negamus Spiritum Sanctum esse Filium ANSELM (*Proc. Sp.* 4) II 191; miracula . . descripta ~am reperire potui J. FURNESS *Kentig. prol.*; ~am [MS: ~is] enim legitur quod aliquis ecclesiam sancti Edmundi leserit et eam injuste persecutus fuerit, quin . . (*V. S. Edm.*) *NLA* II 676. **c** quod . . non invenitur usquam, esse puto ~am J. SAL. *Met.* 843C. **d** piscium genera que ~am alibi reperiuntur GIR. *TH* I 10; porcorum ~am terrarum tantam copiam vidimus *Ib.* I 24.

2 (as equivalent of *numquam*) never. **b** under no circumstance, in no way.

~am ultra domum rediit BEDE *HE* I 12 p. 25; noctibus in furvis nusquam cessavit ab odis / . . sacris ALCUIN *Carm.* 61. 11; ducem . . pure laudabimus, ~am a veritatis limite passu uno delirantes W. POIT. I 20; e sepulchro abreptum ad hanc diem ~am visum W. MALM. *GR* II 204; s1139 tanti reatus conscius quantum nostra secula ~am vidissent *Id. HN* 472 p. 30; paucos menses redire dixerat, at ~am venit LIV. *Op.* 196. **b** estimantes Anglici quod fiebat ~am verum esse J. READING f. 163; de pace reformanda . . colloquentes, partes ~am concordarunt *Id.* f. 169v.

Nusquama, Nowhere-land (as equivalent of Utopia).

1516 ~am nostram nusquam bene scriptam ad te mitto MORE *Ep. Erasm.* II 461.

nutabunde, doubtfully, hesitantly.

nutabundus . . i. dubius . . et inde ~e adverbium OSB. GLOUC. *Deriv.* 376.

nutabundus [CL]

1 a (of person or sim.) tottering, staggering (also as sb.). **b** (of speech) faltering. **c** (of tree) swaying, toppling. **d** (of sand) shifting. **e** (quasi-fig.).

a famis dira . . vagis ac ~is haeret GILDAS *EB* 20; nonnulli solum se ~i vix eportantes W. POIT. I 27; tremendo palleat [sc. demon] et ~us in omnibus membris appareat (*Exorcismus*) *Text. Roff.* f. 56v; qui in infirmitate ~us est AD. SCOT *Serm.* 112D. **b** nutabundis non fatur virgo loquelis ALDH. *VirgV* 2308. **c** arborem . . quae . . caelesti numine ~a . . corrueret ALDH. *VirgP* 21; pini stipitem . . intrepidus ~um aspexit *Ib.* 26. **d** invictae mentis fundamina nequaquam arenosis sablonum glareis ultro citroque ~is subdiderat ALDH. *VirgP* 43 p. 296. **e** p675 fundamentum . . ecclesiae . . in Christo . . collocatum nequaquam ingruentibus tempestatum turbinibus ~um vacillabit ALDH. *Ep.* 4 p. 486; regnum Merciorum ~um et (ut ita dicam) exsangue W. MALM. *GR* I 96.

2 uncertain, hesitant, wavering; **b** (of person); **c** (of plant); **d** (quasi-fig.).

~us, dubius, incertus OSB. GLOUC. *Deriv.* 384. **b** nequaquam formidosis gestibus tremibunda nec meticulosis palloribus ~a ALDH. *VirgP* 52 p. 309; mulier . . ~a, similisque parieti inclinato . . inter comminationem Dei et suggestionem diaboli quid crederet, nescia BALD. CANT. *Serm.* 4. 30. 409A; s1189 ipse quoque circa eum ~us W. NEWB. *HA* III 25. **c** gracilis ingenii frutices et ~a verborum vimina patulis defusa ramusculis succreverunt ALDH. *Met.* 4. **d** ut tam favorabile viri Dei praeconium falsis suspicionum argumentis ~um elideret ALDH. *VirgP* 32 p. 271; pedetemptim ~is gressibus venimus ad vigessimum numerum BYRHT. *Man.* 230; fides nostra ~a et fluctuans BALD. CANT. *Sacr. Alt.* 679B.

nutamen [CL], (act of) nodding up and down: **a** (indicating doubt or uncertainty); **b** (indicating approval or assent).

a ~en, dubitamen OSB. GLOUC. *Deriv.* 384. **b** ~en . . quod et pro nutu dicitur *Ib.*

nutanter, by nodding up and down: **a** (indicating doubt or uncertainty) doubtfully. **b** (indicating approval or assent) specifically.

a ~er, i. dubitanter OSB. GLOUC. *Deriv.* 376. **b** ~er, i. . . assignanter *Ib.*

1 nutare [CL]

1 to nod, bow (as sign of assent or respect, also tr.).

artes confutant, quibus urbes menia nutant [*gl.*:

inclinant se, ad honorem quarum artium] GARL. *Mor. Scol.* 128; idram, que vultibus / ad omnes omnium nutus nutantibus / blanditur WALT. WIMB. *Palpo* 143; 1441 ubi de ambassiata fit sermo, caput ~at BEKYNTON I 231.

2 a (of person) to totter, stagger. **b** (of tree) to topple. **c** (of building) to totter, give way. **d** (quasi-fig.).

a corda timore rigent, pes nutat membraque frigent R. CANT. *Malch. app.* p. 172 1. 854; tu nutantis es bacillus, / tu Tonantis es pulvillus / et reclinatorium WALT. WIMB. *Virgo* 66; felix qui biberit tantum ut pereat / nutans et ebrius et vinum oleat *Id. Carm.* 171; ~at ut ebrius *AncrR* 77 (v. ebrius 1a). **b** cum [fraxinus] jam casura . . ~aret . . sub securi W. CANT. *Mir. Thom.* VI 41. **c** en, statim fulcra flamine / nutabant a fundamine (ALDH.) *Carm. Aldh.* 1. 132; moenia marcescunt et propugnacula nutant, / quae quassat caries ALDH. *VirgV* 639; nec Bacchus valuit . . / . . / numine nutantes fani fulcire columnas, / sed titubant templi . . marmora *Ib.* 1335. **d** littera si titubet vel certe sillaba nutet *Ib.* 2839; vel neglectu officii vel arrogantie tumore ~antes impellens . . in ima vitiorum lapsos gravius allidat GIR. *TH* I 22; animum . . per diversa ~antem nimium perturbat horum improvidentia *Chr. Battle* f. 66; alta petens casum metuo, per lubrica nuto, / per clivum repo, per mare preda nato GARL. *Epith.* VI 125.

3 to waver, be uncertain.

quatenus inflictis nutarent pectora flagris ALDH. *VirgV* 1059; quamvis sic intellectu penetrari non possint . . nullatenus tamen certitudinis eorum ~at soliditas ANSELM (*Mon.* 64) I 75; ita . . ut ubi erravero, corrigas et ~antem . . sententie tue auctoritate corrobores AILR. *An.* III 1; 1166 ut ~antium firmetis fidem J. SAL. *Ep.* 183 (175) p. 162; ab ejus firmitudine nulla umquam hesitatione ~avi P. BLOIS *Serm.* 772D; exercitus et qui supererant de indigenis sine rege ~antes *NLA* I 234.

4 (tr.) to cause to founder.

divertant cursus fluminum et minas nutandi [v. l. imitandi, ed. conject. nudandi], muris fodiendi opera subministrent *Ps.-ELMH. Hen.* V 18.

2 nutare v. urcare.

nutatio [CL], tottering, swaying.

ex qua commocione turrium atque castrorum pars magna ruit, pars vero, quae remansit, ex ~one non parum debilitata est ALEX. CANT. *Mir.* 36 (I) p. 230.

nutatim [ML]

1 with a nod.

~im vel nutim, i. de nutu in nutum OSB. GLOUC. *Deriv.* 376.

2 hesitantly, doubtfully.

~im, dubitatim, dubitanter OSB. GLOUC. *Deriv.* 384.

nutim v. nutatim. **nutramentum** v. nutrimentum.

nutribilis [LL]

1 nourishing, nutritious. **b** tasty.

item ex temperato, sc. calido et humido, similia sunt sanguini, ideo multum ~iora sunt ceteris *Quaest. Salern.* B 314; res non ~is ~i admixta NECKAM *NR* II 98 (v. amicabilitas b); dietandi sunt cibis ~ibus et digestibilibus GILB. II 81. 2; humidum . . ~e duplex est, id est unum attractum ad singula membra per virtutem immutativam . . . alterum vero quod est semper infusibile a venis . . que sunt vie nutrimenti *Ps.-GROS. Summa* 521; hujusmodi . . vinum ex parte nutritibili [*sic*] multum est nocivum BACON VIII 204. **b** albus aque clarusque liquor . . / . . nutribilisque sapor H. AVR. *Poems* 20. 100; in florum et fructuum redolencia et in omnium talium ~ium sociali frequencia, que singulas gule species provocare solebant *Spec. Incl.* 1. 4 p. 80.

2 that can be nourished. **b** (as sb.) that which is nourished.

fotilis . . i. ~is OSB. GLOUC. *Deriv.* 212 (v. fotus 1a). **b** retinere quod necessarium est ~i BACON II 111; principium convertendi humidum nutribile vel collatum in substantiam ~is *Id.* VIII 259.

nutricamen, nourishment.

alimentum, alimonia, ~amen OSB. GLOUC. *Deriv.* 199.

nutricare [CL], ~ire, to nourish, feed.

~are, nutrire, fovere OSB. GLOUC. *Deriv.* 384; 1211 in porcis sustinendis et purcellis ~iendis, viij quarteria *Pipe Wint.* 124; in corde petrino verbum Dei exarescit si humore gracie divine non ~atur T. CHOBHAM *Serm.* 3. 13ra.

nutricatio [CL], feeding, nutrition.

secundum ~onis organum epar eo quod epsesi celebrande sit apparatum nuncupatur, calido humido ad coagulationem terminatum ALF. ANGL. *Cor* 14. 7; si qua . . fortuna lacte deficiente ad ~onem haud sufficeret BOECE f. 18v.

nutricator, nurturer.

educatorius, ~or, confotor OSB. GLOUC. *Deriv.* 199.

nutricatura, fostering, rearing.

de ~a inventi pueri (*Quad.*) *GAS* 23.

nutricia v. nutriciaria, nutricius. **nutricire** v. nutricare.

nutriciaria, nursery.

1318 ad cameram regine ubi ~ia solebat esse *KR Ac* 468/20 f. 19; *a nurische house,* alumpnaria, †nutricia [l. nutriciaria] *CathA.*

nutricius [CL]

1 who nurses, that nourishes.

hec nutricula . . et nutrititius, -a, -um OSB. GLOUC. *Deriv.* 380.

2 (as sb. m. or f.) nurse, rearer; **b** (fig.).

virguncula ulnis ~ie blandientis allata W. MALM. *GR* II 217; qui omnes nos . . genuit in verbo evangelii et fovit ut ~ius, quemadmodum gallina congregat pullos suos sub alas *Canon. G. Sempr.* f. 85v; ad domum ~ie [MS: nutrice] sue divertens CIREN. II 75. **b** Alredum . . gerulum et ~ium elegerunt W. DAN. *Ailred* 19 (v. gerulus 3b); languida segnities, Veneris nutricia, tractat / otia HANV. I 7; nutrix . . puerum incipientem incedere continet inter manus . . ne cadens laedatur. Christus est ~ius noster HOLCOT *Wisd.* 112.

3 (as sb. m.) foster-father, guardian, tutor; **b** (w. ref. to Christ); **c** (w. ref. to Joseph). **d** protector.

801 ego . . saecularis ~ii occupatione liberatus, soli Deo servire desiderans ALCUIN *Ep.* 234; elegit . . venturis ad Se . . ~ios liberis, reges, pontifices, ducos B. *V. Dunst.* 2; occiso genitore ~iorum diligentia . . Scottiam evadunt W. MALM. *GR* I 47; pronus ad carissimi promotionem ~ii puer facilis annuit MAP *NC* III 3 f. 40v; premissa omnia . . oblivioni perpetue tradita fuissent, . . si non venerabili predecessore suo, et ~io, ingratitudinem rependisset *G. S. Alb.* III 463; dominus Johannes Savage . . cum nutrice [*altered to* nutrio suo] . . ad invicem subtus sibi elegerunt sepulturam AMUND. I 439 *app.* **b** Joannes . . discipulos suos misit ad Jesum, ut a suis avulsos uberibus potiori ~io traderet et magistro J. FORD *Serm.* 2. 1. **c** oportebat . . Mariam habere virum qui . . Salvatoris nostri esset ~ius fidissimus BEDE *Hom.* I 3. 10; eruditus . . in somnis . . ~ius salvatoris sanctus Joseph AILR. *Anim.* 3. 13; ea benignitate, qua Joseph quondam ~ium suum sustinuit ac voluit dici patrem suum J. FORD *Serm.* 26. 7. **d** in luctum decidit populus, hunc patrem [sc. Godwinum], hunc ~ium suum regnique memorabant suspiriis *V. Ed. Conf.* 45v; per supradictos germanos duces, suos. sc. ~ios *Ib.* 48v.

4 provider of food.

ad Dominum totam levavit animam tortuosi ~ius zabuli MAP *NC* II 6 f. 25; ~ius . . sum . . vester et has domos feci et omnia que in eis sunt mea sunt *Ib.* IV 16 f. 58v.

5 foster-son, ward, pupil.

tertium vero [filium] . . Anglica captiva . . ei peperit, quem Turer Ingherrie filius, regis Magni ~ius nutrivit ORD. VIT. X 6 p. 27; eamus igitur in fugam ocius, / ascendat asinum Christus nutricius WALT. WIMB. *Carm.* 237; 1301 cum ego David . . ~ius fuissem in domo ipsorum *Cart. Haughmond* 801; s857 Adulphus rex ~ius sancti Swithuni sancto Petro dedit tributum quod *Romescot* vocatur *Ann. Worc.* 367; s1087 suam intercessionem penes novum regem, suum ~ium . . imploravi *Croyl.* 95; curam sui monasterii . . suo ~io et tunc priori . . commisit *G. S. Alb.* III 419.

6 (as sb. f.) food, fodder.

1310 propriam ~iam porcorum suorum *ChartR* 97 m. 11.

7 (as sb. m. or n.) product of feeding, nourishing, or rearing (an animal), herd.

1180 r. c. . . de censis . . et reguard' de terra ~iorum in Creuric' *RScacNorm* I 1; c**1230** non potest bovem vel equum masculos de proprio ~io sine licencia dominorum vendere (*Cust. Lessingham*) *Doc. Bec* 106 **1252** comes et homines sui habeant porcos suos de †nutrivo [l. nutricio] suo proprio in bosco ipsius comitis toto tempore passionis *CurR* 146 m. 9*d*.

nutricula [CL], nurse, fosterer; **b** (fig.).

hec nutrix . . et inde hec ~a Osb. Glouc. *Deriv.* 380; virgo verbigena, felix nutricula / . . / magnum in modica claudit domuncula Walt. Wimb. *Carm.* 81. **b** insulam, tyrannorum quondam ~am, familiare philosophie domicilium effecerint W. Malm. *GR* I 12; factus archiepiscopus ~e sue septem dedit pallia, de quibus . . tota antiqua ornatur ecclesia *Ib.* II 184; est . . Normannia . . patiens malorum ~a *Ib.* V 397; in insulam denuo tirannorum ~am redeuntes Cantlow *Orig. Cantab.* 278.

nutricus v. nutricius.

nutrimen [CL], nourishment; **b** (w. ref. to food and drink); **c** (w. ref. to fuel); **d** (w ref. to rain).

~en, fomen Osb. Glouc. *Deriv.* 199 (v. educamen). **b** aliger hunc praepes gracili nutrimine farris / paverat Aldh. *VirgV* 788; ars mea escarum et vini nutrimine crescit Bonif. *Aen.* (*Luxuria*) 301. **c** incendia . . sarmentorumque ~ine succensa Aldh. *VirgP* 21. **d** nec sitiens pratum caperet nutrimina limphae *Id. VirgV* 262.

nutrimentalis [LL], (med.) that nourishes.

semen animalis cujusque hepatis ventriculum . . subintraret et spiritus ~is eidem duplicaretur M. Scot *Sol.* 720; ut sint vie per quas feratur sanguis ~is *Ps.-Ric. Anat.* 7; insuper per ~is humoris consumptionem corpus excecat, cutis superficiem contrahit et corrugat . . Bart. Angl. IV 3 p. 77; presencia humidi ~is Bacon VI 42; quia inquantum recipiunt infusionem continuam humidi ~is *Ps.*-Gros. *Summa* 521; si a vulnere illo evacuetur humidum radicale vel humidum ~ale propinquum, quod dico propter sanguinem qui est nutrimentum ultimum membrorum Gad. 102v. 2; contingit . . quandoque quod ex empimate cadit paciens in ptisim unde pulmo bibit humiditatem corporis ~em J. Mirfield *Brev.* 74.

nutrimentum [CL]

1 nourishment, food; **b** (w. ref. to appetite); **c** (of plant); **d** (w. ref. to fuel); **e** (fig.).

carnalis vitae ~a Aldh. *PR* 142 (143); fomenta, i. . . ~a *GlH* F 605; ob humida ~a . . ventris fluxum vix . . ullus evadit Gir. *TH* I 33; uniri enim semini ~um necesse est Alf. Angl. *Cor* 12. 4; ~um non statim in prima digestione est aptum ad nutriendum membra, sed oportet adhuc ulterius digeri et multum subtiliari Kilwardby *SP* f. 40va. **b** cujus oculi sunt valde grossi . . significant homines simplices, tardi intellectus et grossi ~i M. Scot *Phys.* 64. **c** in ~o plantarum est terra mixta aque T. Sutton *Gen. & Corrupt.* 173; rami debile ~um recipientes a radicibus germinare vel florere possunt, sed non fructificare Holcot *Wisd.* 164. **d** ignis sine ~o sui non retinetur, ex quo enim si deficit ~um, et ipse deficit *Quaest. Salern.* C 15. **e** in delectatione [sc. peccati] fit ~um, in consensu perfectio Bede *HE* I 27 p. 61; manifestum sanctae ecclesiae ~um docendo ministrent *Id. Cant.* 1193; ~um virtutum est cordis munditia Anselm (*Ep.* 185) IV 70; vitiorum ~a et impedimenta salutis Bald. Cant. *Serm.* 17. 2. 501; ibi non est ~um humoris gracie Dei T. Chobham *Serm.* 3. 13ra; o preciosissimum ~um, o nobilissimum restaurativum . . *Spec. Incl.* 3. 2 p. 119.

2 sustenance, sustaining of life by means of food. **b** rearing, upbringing.

11.. Billingeham cum omnibus suis appenditiis . . ad ~um inibi servientium restituit *Feod. Durh.* xli. **b** de ~o et edoctione illius in aula paterna Felix *Guthl.* 11 *cap.* p. 66; **1313** quedam A. habens custodiam . . filii sui racione nutramenti post mortem . . mariti sui *Eyre Kent* 86.

3 (med.) process of nourishing, nutrition.

motu illo vitali qui nobis communis est cum arboribus ad corporis incrementum et ~um Ailr. *An.* 3. 29; sunt . . hec in animali: vita, ~um, sensus, motus Alf. Angl. *Cor* 2. 2; ~i . . est duplex effectus, . . restauratio et augmentum *Ib.* 13. 1.

4 (as collect. sb.) product of livestock farming, young animal; **b** (dist. from parent).

a**1157** sciatis me concessisse . . decimam molendini et decimam de ~o et fructu *Act. Hen. II* I 26; a**1160** plenam decimacionem eis persolvant tam de ~is animalium quam de agricultura *Doc. Theob.* 141; c**1185** quicquid ipsi habuerint in ~is animalium . . unde decime dari solent *Cart. Chester* 305 p. 195; **1190** sane laborum vestrorum quos propriis manibus vel sumptibus colitis, sive de ~is animalium vestrorum, nullus a vobis decimas exigere . . presumat *Cart. Cockersand* I 4; **1235** de vestrorum animalium ~is nullus a vobis decimas exigere vel extorquere presumat *Reg. Dunferm.* 272; de . . animalium ~is . . decimas . . extorquere *Meaux* I 382. **b** **1150** habeat in communi pastura iiij vaccas cum fetibus earum, et iiij equas cum pullis earum, et iiij sues cum toto ~o *Fabr. York* 147; **1189** pastura ad xxx vaccas cum earum ~o trium annorum *Cart. Sallay* 201; **1190** pastura ad mille oves et xl equas cum omni ~o earum *Couch. Kirkstall* 222; **1200** xl vaccis cum ~is suis *Ib.* 256; **1259** ut de ortis et virgultis nostris ac nostrorum †aliamentum [?l. aliamentis et] nutriamentis . . nullus a nobis decimas exigere . . valeat *Cart. Mont. S. Mich.* 33 p. 25.

nutrire [CL]

1 to nurse, suckle, feed with milk.

dexteram mammam virilem pro exercendis operibus et ad fetus ~iendos sinistram habet muliebrem *Lib. Monstr.* I 19; quae . . feminarum . . desideret . . suae . . genetricis uberibus parvulum ~iri? Bede *Cant.* 1205; villice . . que regis filios ~ire solebat W. Malm. *GR* II 139.

2 to nourish, feed; **b** to feed, fatten (animal); **c** (land or plant); **d** (fig. or quasi-fig.); **e** to fuel (in quots., fig. or quasi-fig.). **f** to be nutritious. **g** (pr. ppl. as sb.) one who nourishes, nourisher. **h** (pr. ppl. as sb. n.) substance that nourishes, nutrient.

quem ~it . . palmeti dactilus Aldh. *VirgV* 783; lac est signum maternae caritatis et ~it parvulos Ailr. *Serm.* 23. 19. 325; nutrimentum proportionaliter transmittitur ad omnes partes corporis ~iendas J. Blund *An.* 352; ea que delectabilius assumuntur alimenta onerare magis naturam avidam quam ~ire *Mir. Hen. VI* I *prol.* p. 10. **b** teneros pullos prolemque nutrire suesco Aldh. *Aen.* 31 (*Ciconia*) 6; quod eam dederit feminae Godrici . . eo quod ~iebat canes suos (*Berks*) *DB* I 57vb; c**1198** per servicium quod fecit patri meo et mihi postea, ad ~iendam unum cabellum *Ch. Chester* 271; corvus . . non ~it pullos suos dum albi sunt, sed pascit eos cum nigrescunt T. Chobham *Praed.* 281; c**1280** si ipsum equum aut bovem . . nutteret *Crawley* 233; **1301** burgenses possunt ~ire porcos suos prope ~itos in boscis domini *BBC* (*Manchester*) 71; de animalibus que ~iuntur ex herbis Ockham *Quodl.* 223. **c** plante videntur ~iri sola aqua T. Sutton *Gen. & Corrupt.* 173; **1357** in cc palices emp' pro bost' faldand' pro fimo ~iendo v s. v d. *Ac. Durh.* 384. **d** corpore nam Christi sacroque cruore nutrimur Aldh. *CE* 3. 76; parva . . erat ecclesia gentium et necdum ad generandos vel ~iendos per doctrinam Christo filios sufficiebat Bede *Cant.* 1215; necesse erat . . ut discipuli . . qui adhuc erant parvuli, ~irentur hoc lacte Ailr. *Serm.* 11. 33. 277; sextus [sc. catulus] est loquacitas. ille catulum istum ~it [ME: *feded*] qui multum loquitur, jactat, judicat alios *AncrR* 68. **e** nec . . remedium sospitatis fomitem ~iat perditionis Aldh. *VirgP* 13; in quorum cordibus divinus ille ignis ~iri solet et quasi foveri Ailr. *Serm.* 14. 9. 291. **f** plus nutrit, turbatque minus lens, pisa, lupinus Neckam *DS* VIII 19. **g** ale nutrientis in umbra quiesce J. Howd. *Cant.* 107. **h** in die . . accessionis duarum tertianarum nihil sumat de ~iente. in die interpolationis accipiat ~iens ut sufficiat Gilb. I 23r. 1.

3 to produce. **b** (*comam ~ire* or sim.) to grow hair. **c** (fig.) to foster, give rise to.

quod ver gignit et parturit, estas ~it et provehit Gir. *TH* I 6; hec . . terra . . pluvias abunde gignit et ~it *Ib.* **b** si esset canicie decoratus aut barbam ~iret Byrht. *Man.* 228; in mulieribus que comam ~ire solent Bald. Cant. *Serm.* 12. 24. 483; **1200** si quis vero inventus fuerit comam ~iens . . si . . tonsuram non resumpserit . . suspendatur *Conc. Syn.* 1073; Anicetus . . constituit ut clerici comam non ~irent M. Par. *Maj.* I 126; **1520** comis protensis, barbis ~itis *Conc. Scot.* I cclxxvii. **c** cum . . frequentibus contra finitimos excursionibus ~isset audaciam W. Malm. *GR* I 74; ea [sc. crimina] nequaquam nostra taciturnitate ~iamus sed potius sapientis eloquii libertate . . diluamus W. Newb. *Serm.* 820; honores enim artes ~ire solent Gir. *TH intr.*; concupiscenciam pro viribus generans et voluptatem ~iens *Spec. Incl.* 1. 4 p. 78; non inanem spem ~ire pergo Free *Ep.* 59.

4 to bring up, rear: **a** (act., w. ref. to place or person); **b** (pass.); **c** (in phr.).

a **798** quos idem pontifex alumnos ~ivit *CS* 291; Euboricae ad portum . . / . . / quae proprium sibi me nutrivit alumnum Alcuin *SS Ebor* 1651; **1112** pro redemcione animarum illorum qui me ~ierunt, sc. Willelmi regis . . et Matildis regine *Ch. Durh.* 9. **b** vernaculos, i. servi domestici qui in domo ~iti sunt *Comm. Cant.* I 95; omnes . . ablati sunt, excepto ipso abbate et uno puerulo, qui ab ipso ~itus et eruditus . . *Hist. Abb. Jarrow* 14; quos . . misit in Galliam ~iendos regi Bede *HE* II 20 p. 126; monasterio Beda nutritus in illo Alcuin *SS Ebor* 1300; in curto regio ~iti cum magna nutritorum et nutricum diligentia Asser *Alf.* 75; miror cur Christianorum et non pocius Sarracenorum, cum quibus semper conversatus atque ~itus es, delegeris fidem Petrus *Dial.* 62; audivi de quodam rustico qui ~itus erat in fimo et fetore *Latin Stories* 84. **c** verum quia de conversis atque ~itis congregatur monachorum ordo, dicendum est quia solet esse contentio quaedam inter ~itos monachos atque conversos *Simil. Anselmi* 78; c**1235** natus et ~itus (v. nasci 1e).

5 to tend, deal gently with.

qui delicate a pueritia ~it corpus suum . . ubi ad annos adulescentiae pervenerit lascivum hoc . . sentiet Bede *Prov.* 1022; Dominus . . voluit . . ut hominum pusillanimitatem ~iret ac panis ejusdem caelestis exhiberet capacem *Id. Cant.* 1140.

6 (p. ppl. as sb. m.) foster-son, ward, pupil.

c**1127** me concessisse Henrico canonico meo ~ito magistri Hugonis scolas sancti Pauli *E. Ch. S. Paul.* 217; c**1211** nepos et ~itus, coepulator et commensalis meus, hec facere non debueras Gir. *Ep.* 6 p. 218; c**1215** liberavi Johanni ~ito meo molendinum *Cart. Osney* IV 170; **12..** ego Walrandus Lupus, rector ecclesie de Essen', dedi . . ~ito meo . . duas rodas terre mee *AncD* B 1444.

nutritibilis v. nutribilis.

nutritio [LL], nutrition, nourishment; **b** (fig.).

post ~onem factam Bacon *Tert.* 159; si loquamur de comestione que precedit ~onem, illa non est nisi divisio cibi Duns *Sent.* II 8. 1. 4; sperma . . residuum est humidi cibalis, relictum post sufficientem membrorum ~onem, generacioni aptum propter similitudinem suarum parcium ad membra a quibus deciditur Kymer 19. **b** hoc . . sacramentum sub talibus speciebus disposuit Omnipotens, que magis conveniunt hominis ~oni *Spec. Incl.* 3. 2 p. 117; a**1410** istius privilegio ~onis religio fulget monastica *FormOx* 214; s**1426** nos securem in excisionem sterilis, fimum vero in ~onem fertilis, pro viribus apponemus Amund. I 212; s**1458** pro stabilicione et ~one perpetue . . unitatis . . inter partes predictas *Reg. Whet.* I 300.

nutrititius v. nutricius.

nutritivus [ML]

1 that provides nourishment, nutritious; **b** (transf.).

quando apparuerit ~a materia cum digestione completaque perfectione Alf. Angl. *Plant.* II 13; sunt nutritiva plus dulcia, candida vina D. Bec. 2711; hortus . . in quo . . radices tam ~e quam medicinales parantur Bacon II 8; sanis bene convenit cibus grossus; infirmis cibus ~us ac etiam delicatus Birchington *Arch. Cant.* 13; s**1316** panis . . non habebat virtutem ~am . . quia grana a calore solis . . non habuerant nutrimentum Wals. *HA* I 146; de partibus animalium plus fecundancia sunt omnes carnes digestibiles, multum ~e, presertim propiores ossibus Kymer 19. **b** lactativa bibit veteris precepta Minerve, / nutritiva parum Hanv. VIII 8.

2 concerned w. nourishment or nutrition. **b** (n. pl. sb.) digestive organs.

prima harum [vegetabilium] et precipua est generativa; huic deservit augmentativa, illi vero ~a Alf. Angl. *Cor* 13. 3; vis ~a J. Blund *An.* 9 (v. generativus 1a); abstinentia concernit ~am [sc. potentiam] et castitas generativam *Ps.*-Gros. *Summa* 467; hec est ~a que humores continue convertit in corpus Middleton *Sent.* I 55a; [animata] in quibus est virtus

~a T. SUTTON *Gen. & Corrupt.* 174; c**1301** an in Christo potencia ~a et augmentiva sit una potencia *Quaest. Ox.* 331. **b** venenum .. spiritualia prius, deinde ~a cita diffusione sic occupavit *Mir. Wulfst.* I 17; asma [etc.] .. fiunt quandoque vicio ~orum, ut stomachi, splenis et epatis GILB. IV 198. 1; huic [sc. epati] omnia ~a ministrant .. sc. nutrimentum preparando vel preparatum decoquendo RIC. MED. *Anat.* 223; dyafragma est pellicula dividens spiritualia a ~is *SB* 18.

3 that produces, productive (also fig.); **b** (w. obj. gen.).

iam flammas odii, quas incenderat ultro, non suffert ultra Parius; jam a fornace ~a violenter erumpunt MAP *NC* III 3 f. 39v. **b** stagnis .. piscium et avium natatilium ~is *Chr. Rams.* 8; s**1414** unionis ipsius ecclesie .. impeditivum, schismatis inveterati ~um WALS. *HA* II 303.

nutritor [CL]

1 feeder, nourisher; **b** (quasi-fig.).

eadem gratia que plantatori et debetur ~ori *Cart. Glouc.* III 7. **b** pastor ovium, hoc est animarum ~or fidelium in mundo natus est BEDE *Hom.* 337; tua me .. bonitas creavit .. tua patientia .. toleravit, nutrivit, expectavit. .. Domine meus .. tolerator et ~or meus ANSELM (*Or.* 2) III 7.

2 foster-father, guardian, tutor; **b** (w. ref. to Joseph).

latera regiorum tenerrima puerorum .. totidemque ~orum .. laceravit GILDAS *EB* 28; ab ipso tenerrimae rudisque infantiae ~ore ALDH. *Met.* 2 p. 67; apparuit magister quondam meus et ~or amantissimus BEDE *HE* V 9 p. 297; **10..** altor vel ~or, *fosterfæder WW*; Bachus eundem habuit ~orem J. SAL. *Pol.* 393D; **1452** pro expensis Henrici Van Velde, Theotonici, alias ~ori domine regine *ExchScot* 500. **b** ille ager est juxta sepulchra sanctorum patrum justi Symeonis et Joseph ~oris Domini SÆWULF. 845.

nutritorius [LL]

1 of a nurse, concerned with rearing.

inde hic nutritor .., ~ius, -a, -um OSB. GLOUC. *Deriv.* 380.

2 (as sb. n.) nursery.

lego .. cuilibet mulierum generosarum .. in ~io infancium mearum adtunc existencium, xl s. *FormA* 433.

nutritura [ML]

1 act of feeding, nourishing, or rearing (an animal), nourishment. **b** product of feeding, nourishing, or rearing (an animal), flock, herd.

qui emissus non solum lactis aufert [essenciam], sed etiam quod satis inutile [est] ~e lactis infert attenuationem, unde minus nutrimento est idoneum *Quaest. Salern.* B 252; **1204** quod .. vendant libere et quiete ea que habuerint de ~a *RChart* 122; mula .. accessit ad ipsum propter ~am suam BACON V 146. **b** si .. probare poterit per tres partes visneti sui, quod [vivum averium] sit de ~a sua, disrationa[b]it (*Leis Will.* 21. 5) *GAS* 509; ~e pullorum invigilant ut vi ipsa ~a penne eis decidant GIR. *SD* 74 (v. invigilare 2a); c**1230** habebit ~am porcorum suorum in bosco de Eppinges *Cust. Waltham* f. 211; s**1289** dicit quod prefati porci fuerunt de ~a ipsius prioris in D. *Ann. Dunst.* 343; cum .. magnus factus fuisset pullus [Cucule], ille devoravit Burnetam, nutricem suam. maledicta sit talis ~a! J. SHEPPEY *Fab.* 34.

2 (leg., responsibility for) feeding, nourishing, or rearing (a minor).

1279 vidua remanens in franco banco dum se tenet castam habebit ~am heredis *Reg. S. Paul.* I 107; cum .. Johannes .. habuisset ~am corporis Johannis filii Petri .. per assignacionem ejusdem Petri patris predicti Johannis *State Tri. Ed. I* 53; **1295** pro custodia et ~is quorundam heredum in *gavelkend* que ad archiepiscopum pertinent *Pipe* 141 r. 28*d*; **1430** E. nuper uxor J. T. .. petit ~am et custodiam J. T. filii sui etatis trium annorum una cum custodia omnium illarum terrarum *CourtR Banstead*; idem T. ut proximus amicus ipsius J. P. cepit ipsum J. B. in custodiam suam causa ~e *Entries* 390.

3 upbringing, training, education; **b** (dist. from *natura*).

omnem .. barbariem pro Francorum ~a exutus W. MALM. *GR* I 97; filius comitis Clarensis, ibi ~e commissus GIR. *IK* I 11; **1219** pro honore vestri et pro longa ~a *RL* I 55. **b** a natura simul et ~a violenciam passus estimandus est *V. Har.* 1 f. 4; ceteris nationibus neque natura neque ~a permixtum GIR. *JS* VII 361; nec minus mihi apud vos effecit gratia, quam apud alios diuturna ~e conditio, aut natura P. BLOIS *Ep.* 14. 42D; majores enim vestri officiales tales dumtaxat sibi substituunt, quos exspectatio lucri, vel affinitas, aut natura, aut ~a commendat *Ib.* 95. 299C.

nutritus [ML], nourishment.

1240 pueris suis apud matricem ecclesiam baptizatis nisi ~us necessitas aliter fieri compulerit *Ch. Sal.* 253.

nutrius, nutrivus v. nutricius.

nutrix [CL]

1 nurse; **b** (dist. as *diurna, sicca*). **c** nourisher, feeder.

~ix .. alumnos .. refocilans ALDH. *Ep.* (9) 12 (v. gerulus 3a); solent .. ipsae ~ices particulas panis dentibus conficere et inter lactandum parvulorum faucibus minuta massa immittere BEDE *Cant.* 1130; **10..** altrix vel ~ix, *fostermoder WW*; domum .. obstetricibus et ~icibus refertam GIR. *GE* II 22; alii dicunt nenias esse cantus ~icum ad sedandos fletus puerorum et ad eos consopiendum GROS. *Hexaem. proem.* 150; hec ~ix, A. *norysch, norys WW.* **b** **1423** ~ix .. diurnia (v. diurnus 1b); **1445** cum .. concesserimus carissime et dilecte nobis Matillidi Fossebroke quondam sicce ~ici nostre unum dolium vini rubei de Vasconia .. citra festum Pasche proximo futurum .. *Cl* 295 m. 17. **c** quercus erat veterum nutrix fidissima patrum; / successit Cereris lautior usus ei NECKAM *DS* VIII 49.

2 a (w. ref. to the Virgin Mary); **b** (w. ref. to St. Paul); **c** (w. ref. to 'mother Church'). **d** (mon., w. ref. to abbess).

a virgo, nutrix orphanorum WALT. WIMB. *Virgo* 149. **b** o sancte Paule, ubi est illa nominata ~ix fidelium, fovens filios suos (w. ref. to 1 *Thess.* ii 7) ANSELM (*Or.* 10) III 39. **c** interpretante Jesu genetrix et ~ix ejus sit ecclesia tota pro eo quod in auditione .. verbi Dei ipsius portetur utero uberibusque lactetur J. FORD *Serm.* 71. 2. **d** Deo devotarum .. nutrix .. feminarum BEDE *HE* IV 6 p. 219 (v. 2 mater 6).

3 (of land) breeder, producer.

de singulis quae terra fovet mortalium ~ix *Lib. Monstr.* I *pref.*; c**798** Hispania—quae olim tyrannorum ~ix fuit, nunc vero scismaticorum ALCUIN *Ep.* 137 p. 212; ipsa [terra Egypti] .. est camelorum ~ix et mater innumerabilium S. SIM. *Itin.* 44.

4 (fig.) that which promotes or fosters: **a** (virtue or sim.); **b** (vice or sim.).

a dilectio .. / virtutum genitrix, almorum florida nutrix FRITH. 455; te ~ix salutis mentis meae .. obsecrant .. praecordia mea ANSELM (*Or.* 7) III 18; nihil in amicitia fide prestantius que ipsius et ~ix videtur et custos AILR. *Spir. Amicit.* III 62. 687; sapiencia .. que mater est et ~ix [ME: *murice*] omnium virtutum *AncrR* 145; narracio est fida ~ix sub brevitate sermonum sententiam applicans subsequentem *Dictamen* 338. **b** pigritia ~ix est egestatis et penuriae BEDE *Prov.* 960; nutrix errorum et stulta vocabar BONIF. *Aen.* (*Ignorantia*) 320; quae [proximorum derogatio] .. est .. ~ix malitiae, justitiae jugulatrix ALEX. CANT. *Dicta* 7 p. 143; otiositas .. est .. omnium malorum parens, libidinis artifex, pervagationum altrix, ~ix vitiorum AILR. *Inst. Inclus.* 9; vitiorum ~ix .. opulentia GIR. *IK* I 3 (v. creatrix b); suspicio inquietudinum ~ix J. FORD *Serm.* 24. 7.

nuttere v. nutrire.

nutus [CL]

1 nod, slight movement: **a** (as sign or gesture used instead of speech); **b** (made w. eyes); **c** (made w. hands); **d** (of tipping of scales).

a cum .. morbus .. quateret vitalia, sotio ad se delato solo ~u valedixit W. MALM. *GR* I 54; quod dicitur ~u signisque loquuntur a sermonis proprietate J. SAL. *Met.* 848A; commotum .. et .. prorumpentem in verba, solo ~u cohibeam AILR. *Spir. Amicit.* III 37. 684; claustrales per ~us et signa corporalia suos intellectus aliis exprimunt J. BLUND *An.* 103; hic prius perficit jussa quam jubeas; / huic solum sufficit ut nutu moneas WALT. WIMB. *Palpo* 107. **b** adnictare, ~um cum oculis facere OSB. GLOUC. *Deriv.* 54; suavissimo oculorum ~u mihi silentium imperare AILR. *Spec. Car.* I 76. 530; hilaritas in vultu .. in oculorum etiam ~u serenitas *Id. Spir. Amicit.* III 89. 692; nutibus / locacibus / me capiunt ocelli P. BLOIS *Carm.* 2. 5. 52; non juxta dies pristinos, cum ~ibus ibas oculorum et pedibus tuis composito gressu incedebas J. FORD *Serm.* 64. 6; oculum parvum [? l. parum] claudebat et quosdam †nutos [? l. nutus] equivocos faciebat *Latin Stories* 78. **c** adnutare, ~um cum manibus vel cum aliqua alia re facere OSB. GLOUC. *Deriv.* 54. **d** lingua eorum assimilatur lingue statere que .. ad minimum pondus facit ~um et se inclinat ad partem graviorem HOLCOT *Wisd.* 198.

2 will (orig. as expressed by gesture); **b** (of God).

spondebat dona puellis / si mallent animo nutum complere nefandum ALDH. *VirgV* 2228; provintiales .. ~ui suo substraverat W. MALM. *GR* III 258; numquid durum non est alterius hominis ~us tantum observare, suis voluntatibus renuntiare BALD. CANT. *Serm.* 7. 45; non casu nec fortune ~u ANDR. S. VICT. *Sal.* 62. **b** victoria quae temporibus nostris Dei ~u donata est GILDAS *EB* 2; divi / certius ut quiret Christi cognoscere nutum ALDH. *VirgV* 1273; quod Domini ~u dispositum esse constat BEDE *HE* I 14 p. 30; expleto, Dei ~u, presenti sermone, ad propositum libet redire PETRUS *Dial.* 13; templo vero reedificato, Dei ~u venit terre motus et iterum subvertit templum *Itin. Mand.* 58; s**1414** ~u Dei eadem nocte captus est predictus dominus R. de A. *Chr. Northern* 284.

3 power, authority; **b** (of God).

~um, *geweald GlS* 211; ut libros suos .. si resultarent, apostolico ~u corriperet W. MALM. *GR* I 57; superbivit enim ac per hoc voluit omnium aliorum appetitus et voluntates et actus sue voluntatis ~ui obedientes esse et obsequentes GROS. *Cess. Leg.* I 6. 10. **b** omnipotens Auctor, nutu qui cuncta creavit ALDH. *Aen.* 91 (*Palma*) 1; a**705** casu ita obtingente vel .. supernae dispensationis ~u moderante (ÆTHELWALD) *Ep. Aldh.* 7 p. 496; †nurus [l. nutus], potestas deifica *GlC* N 200; **903** Christo cujus ~u et imperio simul cuncta creata sunt *CS* 600.

4 (in phr.): **a** (*ad ~um*); **b** (*ad ~um et voluntatem*); **c** (*pro ~u*).

a justum .. est ut quod gratiosius .. habeas Deo .. ad ejus ~um offeras W. MALM. *Mir. Mariae* 112; ad ~um .. venerabilis patris nostri Rogeri *Canon. G. Sempr.* 35v. **b** omnia que desiderabat anima ejus ad ~um et voluntatem ejus affluebant ANDR. S. VICT. *Dan.* 39; ad ~um et voluntatem nobilis illius matrone, Glithe uxoris Tovi le Prude *Found. Waltham* 24. **c** habens in propria potestate .. quando et quomodo creaturas ceteras pro suo ~u disponeret BEDE *Gen.* 16; consonantes .. singule vocalium pro suo ~u animando movent ABBO *QG* 11 (25); discipulum suum ad fas omne nephasque pro ~u flectere potens GIR. *SD* 112.

nux [CL]

1 fruit covered by shell, nut. **b** nutshell. **c** nut-tree. **d** (fig.).

nux .. amarissimum habet corticem et testa durissima accingitur .. et .. fructus dulcissimus intus repperiatur BEDE *Cant.* 1185; juglantis vel nux, *hnutu* ÆLF. *Gl.* 137; pomum omne corio vel cortice duro tectum dicitur nux BART. ANGL. XVII 108; **1269** P. de N. custos foreste .. appropriavit sibi injuste .. nuces in dominicis boscis que valuerunt .. sex marcas et dimidiam *SelPlForest* 47; est hic notandum de nucibus quod iste parve de corulo non vocantur nuces proprie a medicis, sed avellane GAD. 73v. 2. **b** sed numquid habere Dunelmum / esse putet vacuam Petrus habere nucem L. DURH. *Dial.* II 242; **1328** item j nux nigra pro cipho non facto precii vj d. *KR Ac* 239/13 m. 2. **c** nux, *hnutbeam GlC* N 184; quare si aliquis dormit sub nuce in estate, post sompnum gravedinem fecerit capitis? *Quaest. Salern.* P 124; est .. nux arbor alta et procera, habens ramos et nodos diffusos et folia lata et nervosa BART. ANGL. XVII 108; nux, *noyer* GARL. *Dict. gl.* 143. **d** hinc nonnulli solo nomine religiosi, sibi placentes et de specie sanctitatis singulariter gloriantes; qui oculos nucis habuerunt, ut in oculis alienis festucam clare viderent STUDLEY 3.

2 (dist. by kind): **a** (w. *Alexandrina, Gallica, major, Persica, regalis, regia*, or ellipt.) walnut. **b** (w. *avellana, coryli, minor, minuta, parva, pontica, silvestris*) hazelnut, cobnut. **c** (w. *longa*, *minor, phyllidis*) almond. **d** (w. *muscata* or sim., *Indie, mirifica*, or *myristica*) nutmeg. **e** (w. *Indica, Indie, magna*) coconut. **f** (w. *Maroquitana*).

a 1186 pro j bussello seminis canabi et j summa nucum regalium *Pipe* 179; nux . . usualis est domestica, que a multis dicitur Gallica Bart. Angl. XVII 108; cum aqua sambuci vel cum succo corticum nucismajoris Gad. 13. 2; cum sanari cepisset digitus, instar Gallice nucis super fracture locum struma concreta resedit *NLA* II 626; nux qui ponitur simplex dicitur . . A. *walnote MS BL Arundel 42* f. 96rb; carena basilica, i. nux Alexandrina, quam multi Persicam dicunt, nauseam provocat, venenis est contraria si commesta fuerit *Alph.* 31; **1511** item tenentes hujus schire habent solvere singulis annis centum xxiiij sarcula lignorum aridorum unacum iiij lib. de nucibus Gallicis *Reg. Aberd.* I 378; nux Persica, regia, juglans, idem *a walnut or a walnut tre* Turner *Herb.* B iii v; nux epitheto vacans significat *a walnutte Ib.* **b** in modum sylvestris nucis Lanfr. *Ep.* 46 (21); nux avellana . . agrestis et sylvatica est, nam sine cultura crescit in corylis Bart. Angl. XVII 109; nux pontica vel avellana idem *SB* 32; careon, nux idem, inde leptecarion, i. nux minuta sc. avellana *Alph.* 30–1; nux coruli, *nottes of hasellys MS Cambridge Univ. Libr. Dd. 10. 44* f. 109rc; nux pontica, nux parva, nux coruli, *hasell MS Cambridge Univ. Libr. Dd. 11. 45* f. 110. **c** amigdala, quasi minor nux Osb. Glouc. *Deriv.* 370; vinum . . sapidum ut nux Phillidis [gl. *noiz de l'almaunde*] Neckam *Ut.* 103; nux longa, *almundis MS Cambridge Univ. Libr. Dd. 10. 44* f. 109rb. **d** nux muscata, piper, gingiber, cinnama, cumin Neckam *DS* III 545; nux muscata . . est . . fructus arboris in India nascentis . . et est multum medicinalis Bart. Angl. XVII 109; **1244** de vino duo sextercia zedeoariata et alia duo vel tria muscata nucibus muscatis *Cl* 274; nucis miristice, i. muscate Gilb. V 228. 2; quo facto, pulveres subscriptarum specierum in panno lineo inclusi apponantur, viz. zinziberi . . clovys, cinamomi, nucis Indie . . *Pop. Med.* 240; **1303** de Castelano de Hispannia pro vij libratis nucium muscatarum *Crawley* 270; **1325** de . . j cipho de nuce muga cum pede argent' *MinAc* 1126/5 r. 1; **1372** computat in . . gariophili, galanga, canella, nucibus mugatis, amigdolis *ExchScot* 370; **1377** computat in empcione de j libra canelle, et de dimidio libre nucium mogatorum . . vj s. vj d. *Ib.* 547; nux mirifica, nux muscata idem *SB* 32. **e 1265** de j cipho de nuce de India *Pipe* 113r. 2d; nux magna, que venit de Yndia *Alph.* 126. **f** nux Maroquitana comestis gravis ejus xj fortiter camasticatis [i. e. commasticatis] et post modicum vini puri cum summa celeritate dolorem colice et yliace ex fr[igidit]ate sedat Gilb. V 228v. 1.

3 (in names of plants or parts of plants): **a** (*nux agrestis*) sea holly. **b** (*nux pini*) pine cone (in quot., w. ref. to representation on artefact). **c** (*nux vomica, Indica*) nux vomica.

a iringi aut iringion aut nux agrestis *Alph.* 87. **b** c**1315** casula una de rubeo panno de Tharse cum nucibus pini aureis *Invent. Ch. Ch.* 52. **c** nux Indeyca, nux vomica, castaneola idem *Alph.* 126n; nux vomica, i. *chastyn MS BL Harley* 2378 f. 115v; nux vomica, *chasteynes MS BL Sloane* 282 f. 171va.

4 (*nux Romana*) amber.

nux Romana, i. *cakabre SB* 32.

5 a coconut shell as material from which to make a cup. **b** cup made of coconut shell.

a 1251 de uno cipho de nuce *Pipe* 95 r. 8; **1390** de . . uno cipho de nuce arg' deaur' in cooperculo ponderante xviij s. vj d. *Ac. Foreign* 25G. **b 1334** nux una . . cum pede et cooperculo argenteo et ammellato *Arch. J.* LIII 277; **1404** item j nux cum pede et circulo argenteo et deaurato ex dono A. de C. *Ac. Durh.* 395; **1506** pro mutacione unius ciphi qui appellatur nux *Cant. Coll. Ox.* 246.

6 (of cross-bow or siege-engine) nut.

1209 ad nuces balistarum faciendas *SelPlForest* 146; **1284** pro ballistis faciendis . . cccc nuces *Cl* 102 m. 11 (v. ballista 2); **1295** Willelmo Limer adlimand' [*sic*]

nuces . . x d.; . . Davit fusori pro una nuce de proprio metallo . . *KR Ac* 5/10; **1307** centum nuces pro balistis unius pedum, quinquaginta nuces pro balistis duorum pedum et viginti nuces pro balistis de turno *KR Mem* r. 6; **1337** (v. ballista 2).

ny [LL < *νῦ*], nu, thirteenth letter of Greek alphabet. **b** numeral (= 50).

nomen vero filii [scribitur] per chi et ni, i. e. per C aspiratum at N S. Langton *Chron.* 204; my, ny, xi, omicron Bacon *Gram. Gk.* 7; labda, mi, ni *Id. Maj.* I 75 (v. delta a). **b** noy, N, l *Runica Manuscripta* 351.

nychelides v. periscelides.

nychthemera [ML < *νυχθήμερον*], period of twenty-four hours.

Arietis nota mystica . . aequinoctialis nycthemerae loco aptissime assignatur Dee *Monas* XI 194.

nyctalgicus [*νυκτ-+αλγ-+-ικός*], of one who suffers pain at night.

nuktalgicus est gibra / et ophthalmus ut talpa / non agens Dei mandata (*Adelphus Adelpha Mater*) *Peritia* IX (1995) 40.

nyctalmus [ML < *νύξ+ὀφθαλμός*], (med.) ability to see at night or inability to see by day.

pestilentia . . nictalmus, *nihtege* Ælf. *Gl.* 114; **10** . . nyctalmus, *nihteage WW*; nictalmus *Gloss. Poems* 104 (v. hepaticus 1c).

nyctalopia [cf. CL nyctalops < *νυκτάλωψ*], night-blindness.

zinghites lapis est vitrei coloris qui gestatus in collo valet contra nyctalopam Bart. Angl. XVI 104; deficit visus ab hora nona ad vesperum, et vocatur noctiluia Gilb. III 140. 2; juvamentum . . in dolore capitis et emigranea . . et scabici palpebrarum et nectilopis Ps.-Ric. *Anat.* 44; artarie que sunt post aures que flebotomantur propter species obtalmie . . et pannos et nectilopos *Ib.*; noctilupa est passio oculorum per quam homines versus noctem nihil vident; et dicitur noctilupa quasi nocte lucem pellens Gad. 112v. 1; noctilopa est passio in qua debilitatur visus a vespere *SB* 31.

nyctelium [CL nyctelius; *νυκτέλιον*], night-festival.

orgia, quae Graece nictelia vocantur, id est nocturna Aldh. *PR* 123; **10** . . nyctilia, *nihtgild WW*.

nyctemera v. nychthemera.

nycteris [*νυκτερίς*], bat.

nicteris, i. vespertiliones *Gl. Laud.* 1074.

nycthemera v. nychthemera.

nycticorax [LL < *νυκτικόραξ*], nocturnal bird, night-owl or night-raven; **b** (w. ref. to *Deut.* xiv 16); **c** (w. ref. to *Psalm.* ci 7).

nicticorax nocturnus corvus dicitur Aldh. *PR* 123; ~ax . . i. vigilans corvus Osb. Glouc. *Deriv.* 370; sunt et ibi germina noctis, noctua, nicticorax, vultur, et bubo, quorum oculi tenebras amant Map *NC* I 10 f. 8; ~ax, quod est bubo Bacon *Gram. Gk.* 64; hoc facit augurium homini sicut cetera animalia faciunt, ut aquila, cornicula, nocticorax, corvus, bubo M. Scot *Phys.* 57; hic strix vel nicticorax, *freseye Gl. AN Ox.* 518; *a nyghte raven*, cetuma, nicticorax, noctua, strix CathA. **b** in Deuteronomio noctua et ~ax ponuntur pro diversis avibus . . ergo ~ax est bubo et non noctua Bacon *Min.* 353. **c** ipse idem nunc pellicano, nunc ~aci . . comparatur Ailr. *Serm.* 482A; ideo David, postquam assimulavit anachoritam pellicano, comparat eam nicticoraci [ME: *nicht fuwel*] in domicilio. . . nicticorax in domicilio significat anachoritam sub domate ecclesie . . *AncrR* 45.

Nyctimene [CL < *Νυκτιμένη*], (name of the daughter of Epopeus King of Lesbos, changed

into an owl, cf. Ovid *Met.* II 590, applied to) night-owl.

improba Nyctimine, que patris adire cubile / ausa fuit, . . . / . . / post sceleris tenebras nubila noctis amat Neckam *DS* II 579.

nyctimine v. nyctimene.

nympha [CL < *νύμφη*]

1 semi-divine female water spirit; **b** (*Castalida ~a*) muse. **c** (*candela ~arum*) St. Elmo's fire.

sub profundissimis stagnis sicut ~as habitare fabulantur *Lib. Monstr.* I 34; nimpha, dea aquae *GlC* N 109; nimba [l. nympha], virgo caelestis *Ib.* 111; **10** . . ~as, *gydena WW*; **10** . . nymfae, *wæterælfenne Ib.*; tanti decoris et gratie ut nichil tale in suis Nimphis et Gratiis fingere possent poete Gosc. *Transl. Mild.* 22 p. 186; ~a est dea fontis Bacon *Gram. Gk.* 64. **b 10** . . castalidas ~as, *dunælfa WW.* **c** candelae nympharum G. *Herw.* 337 (v. candela 4).

2 young girl. **b** bride.

hebetudine ~arum Gildas *EB* 32; hec †ampha [l. nimpha], *a madyn WW.* **b** nimpha, *bryt* Ælf. *Sup.* 171.

nymphaea [CL < *νυμφαία*], **~aeon**

1 yellow or white water lily.

nimphea, *eadocca* Ælf. *Gl.* 136; nimphea, *collon croh Gl. Durh.* 304; nimpha, *fleathor vyrt Ib.*; recipe radicem erule, urtice, bardane, lapacii acuti, ninfee, rasani . . Gilb. VII 334v. 2; †limphea [l. nimphea] aquatica, lilium aquaticum, neniphar *Alph.* 103; nimphea sive ut alii cacabus Veneris, i. papaver plaustre sive ut Latini gallam plaustrem vocant. nascitur in aquis stantibus vel locis non cultis et aquosis, folia habet similia cicoree sed minora et oblonga, alcius super aquam proferens capud, multa infra aquam capita habens ex una radice, flos est illi albus sicut lilii cum parvo pallore *Ib.* 125.

2 soapwort, scabious.

nimpha aquatica similis est boraginis, sed planta habet folia. juxta aquam crescit. quidam vocant eam scabiosam, quidam saponariam *Alph.* 125; saponaria, borax vel boryth, herba fullonum idem, A. *crowesope Ib.* 158.

3 heliotrope.

nimphea . . *sigel hueorva Gl. Durh.* 304.

4 bracken.

felioteron [i. e. thelipteron] aut nimphon aut epio dicitur *Alph.* 64; nimphon, respice in seleoteron *Ib.* 124.

nymphaeum [CL < *νυμφαῖον* = *spring sacred to the nymphs*], bathing place.

a bayne or stewe, a washing place, ~um CathA.

nymphula, young girl. **b** corn-dolly.

assit etiam nimphula [gl.: *une damoysele, meschine*], cujus facies talamum serenet Neckam *Ut.* 101. **b** s**1390** statuit eciam primipulum unum reliquos precedentem in palo autumpnalem ~am, quam *rapegyrne* vulgus soleat appellare, ad altum gerentem Bower XV 1.

nymphus [LL < *νυμφίος*], bridegroom.

Canellus nimphus [gl.: *minister*] jussa ministrat (*Rubisca*) *Peritia* X (1996) 75.

nytinum, *f. l.*

hoc †nytunum [? l. jejunum, intestinum], A. *a bowelle WW.*

2005, 03, 09B   45.00 (12.98)